MARTINE JOLLY

Réussir votre cuisine

PRÉFACE DE MICHEL GUÉRARD

ROBERT LAFFONT

Si vous désirez être tenu au courant des publications de l'éditeur
de cet ouvrage, il vous suffit d'adresser votre carte de visite
aux Éditions Robert Laffont, Service « Bulletin », 6, place Saint-Sulpice,
75279 Paris-Cedex 06.

ISBN : 2-221-50320-1

Sommaire

Avertissement :
Tous les astérisques renvoient à des recettes figurant à l'index alphabétique en fin de volume. Une table des matières détaillée se trouve à la tête de chaque chapitre.

Un vrai livre de cuisine n'est pas chose aisée à faire. Pourtant, Dieu sait s'il nous en pleut tous les jours "des verts et des pas mûrs"!..

Aussi, je tire vraiment mon chapeau bas à celui-ci, à vous son auteur, chère Martine, pour son talent, ses qualités d'intelligence et de précision, de bon sens rassurant et d'originalité mutine.

Un vrai livre qui va prendre par la main la maîtresse de maison la plus timorée (mais pourquoi pas son cuisinier de mari?) pour la conduire pas à pas vers la réussite qu'elle n'osait espérer.

Et je me plais alors à penser, mesdames, au plaisir gourmand qui sera le mien demain dans vos salles à manger — mes favorites — pour mordre à belles dents dans votre cuisine d'amour, mâtinée de chaleur, de sensibilité ... et d'appétit!

Michel Guérard

Introduction

J'ai simplement voulu, dans ce livre, écrire les recettes de la cuisine que j'aime et que je fais pour les repas de tous les jours et pour les repas de fête.

C'est une cuisine héritée d'une tradition familiale et qui ne peut donc ni vous surprendre, ni vous inquiéter. Je l'ai adaptée à mes goûts, à notre époque, à nos possibilités, en l'allégeant et en la simplifiant. J'aime avant tout les bons produits et leur laisser leur saveur vraie. J'évite donc les préparations compliquées qui risquent de les dénaturer et je pratique surtout des cuissons courtes, des sauces légères du dernier moment qui mettent le produit en valeur et ne le « tuent » pas.

C'est une cuisine facile, mais pour que vous ayez toutes les chances de succès, chaque chapitre contient :

— des informations sur les produits employés ;
— des conseils pour vous aider à vous organiser ;
— des suggestions pour que vous ayez la possibilité de combiner et d'innover.

Enfin des recettes détaillées sans termes professionnels parfois troublants et où j'ai donné les temps de cuisson et les temps de préparation, ceux-ci à titre indicatif, car ils sont fonction de votre habileté et de votre rythme personnels.

Ces recettes sont suffisamment nombreuses et variées pour que vous ayez toute possibilité de faire de bons repas familiaux et de recevoir vos amis selon votre budget, votre compétence, votre temps et votre courage.

Je pense que la cuisine doit être abordée simplement ; c'est une affaire de goût et d'un peu d'imagination.

Aussi, que vous soyez débutante ou que vous cherchiez ici à confirmer ou à étendre vos connaissances, je souhaite que ce livre vous aide à prendre confiance en vous et à réussir en cuisine.

Savoir s'organiser...

LA MISE EN PLACE

À la tête de chaque recette de ce livre, il est précisé à quel moment le plat décrit peut être fait et de quelle façon on peut mener sa préparation.

Ceci dans le but de permettre à la maîtresse de maison de composer ses repas au mieux de son temps.

Voici quelques conseils pour bien équilibrer un repas de fête un peu élaboré, comportant normalement une entrée, un plat principal et un dessert :

En premier lieu, éviter toujours trois plats à faire au dernier moment.

Ensuite, respecter quelques règles simples : servir deux plats froids, entrée et dessert faits la veille et l'avant-veille, et un plat principal chaud, préparé le jour même.

Ou bien, les jours précédents, mijoter un plat principal à réchauffer, préparer un bon dessert et garder seulement une entrée chaude à faire le jour même.

Choisir pour le repas un jour de la semaine où l'on aura du temps les jours précédents pour les achats et la confection des plats.

Enfin, pratiquer ce que les cuisiniers appellent une bonne « mise en place » et qui consiste tout simplement à préparer à l'avance tout ce qui peut l'être pour n'avoir à terminer que le strict nécessaire au dernier moment.

Voici un petit répertoire des principaux produits utilisés que l'on peut mettre en attente avant de s'en servir :

Les fines herbes, les oignons et les échalotes s'épluchent, se hachent, se coupent le matin pour le soir. Enfermés dans des boîtes hermétques, ils gardent tout leur parfum. (Si on en a le temps, on peut essayer de garder ce travail pour le dernier moment, ces ingrédients n'en auront que plus de saveur et de fraîcheur.)

Les bouillons, courts-bouillons et nage se conservent parfaitement au frais pendant deux ou trois jours au réfrigérateur et se réchauffent au moment de leur utilisation.

Les salades vertes, l'oseille, les épinards s'épluchent, se lavent le matin pour le soir. Bien égouttés et séchés dans un torchon, ils attendent au frais dans le réfrigérateur.

Les légumes supportent très bien d'être épluchés et détaillés plusieurs heures à l'avance et se conservent, selon les espèces, dans un torchon, une boîte ou de l'eau (précision donnée à chaque recette).

Les crustacés peuvent être cuits à l'avance, car il est bon pour eux de refroidir lentement à la température de la cuisine sans passer par le froid qui durcit leurs chairs.

S'il est nécessaire de les décortiquer, on le fait plusieurs heures à l'avance et on les enferme dans des boîtes hermétiques sans les mettre au froid.

Les poissons et les viandes. La « mise en place » finale est essentiellement fonction de la recette choisie.

On gagnera beaucoup de temps à les faire préparer, vider, désosser, dépouiller, larder, etc., par le poissonnier, le boucher ou le volailler. Ils en ont l'habitude, ils sont complaisants, et ces opérations techniques exigent un savoir-faire et une rapidité qu'une non-professionnelle ne saurait savoir.

Pour terminer ces conseils, ajoutons qu'un repas de fête n'a aucunement besoin d'être l'accumulation de produits onéreux et de plats cérémonieux. Il est au contraire avantageux et bien apprécié de mélanger le plat très raffiné et le plat de bonne cuisine de famille. Rien ne s'oppose à ce que l'on serve un navarin après une salade de homard, et des feuilletés aux écrevisses avant un bœuf mode en gelée.

Un menu bien composé, des plats prêts à l'avance, un temps bien employé à une bonne mise en place, et recevoir des amis devient une fête et non la corvée dont la maîtresse de maison sort exténuée en ayant de surcroît le sentiment d'avoir tout raté.

AUTOCUISEUR ET CONGÉLATEUR

Ce sont deux outils précieux dans une cuisine actuelle. Il ne faut pas cependant en systématiser l'emploi.

Les cuissons rapides, l'abondance de merveilleux produits frais sur les marchés rendent, à mes yeux, inutile et regrettable tout usage permanent de l'autocuiseur ou du congélateur. Il faut employer l'un et l'autre à bon escient.

L'autocuiseur est une marmite sous pression qui permet de réaliser des cuissons très rapides, donc de gagner du temps.

Son utilité n'apparaît par conséquent que pour les produits ou les plats exigeant une longue cuisson.

Les légumes intéressants à cuire de cette façon sont :

Les artichauts : 20 minutes ;
Les pommes de terre : 10 à 12 minutes ;
Les haricots blancs secs : 45 minutes ;
Les lentilles : 15 minutes ;
Les pois cassés : 30 minutes.

Dans le cas des viandes, l'autocuiseur sert surtout à la cuisson des viandes bouillies ou mijotées. À noter cependant que les sauces n'ont pas l'onctuosité et la succulence des longues cuissons traditionnelles. Elles sont en général trop longues, trop liquides et il est nécessaire de les faire réduire à découvert à feu vif. Pourtant, il est avantageux parfois de pouvoir cuire :

Une daube en 1 heure 30 ;
Un bœuf bourguignon en 1 heure ;
Une langue de bœuf en 1 heure ;
Un bœuf à la mode en 1 heure 30 ;
Un pot-au-feu en 1 heure 30 ;
Un navarin en 30 minutes ;
Des paupiettes de veau en 15 minutes ;
Une rouelle de veau en 30 minutes ;
Un tendron de veau en 30 minutes ;
Une poule au pot en 25 minutes par kilo ;
Un civet de lièvre en 20 minutes par kilo.

Mais l'autocuiseur n'apporte rien dans tous les cas de cuisson courte ou « saisie ».

Le congélateur conserve par le froid à une température de — 18° à — 25°.

Ce qu'il faut y mettre :

Un stock permanent, — souvent renouvelé de produits surgelés :

Paquets de pâte feuilletée et de pâte brisée ;

Légumes : petits pois extra-fins, haricots mange-tout, salsifis, épinards en branches, etc. ;

Fruits : framboises, myrtilles, cassis, à utiliser en coulis ou en tartes ;

Filets de poissons et plats cuisinés pour faire face à l'imprévu ;

— Un grand marché de produits frais : viandes, beurre, poissons, volailles, évitant le ravitaillement quotidien et permettant de « tenir » quinze jours ;

— Des bouillons de pot-au-feu et de volailles excellents à utiliser ensuite pour des soupes, sauces et ragoûts ;

— Des produits de saison abondants sur le moment, rares et chers par la suite, tels que gibiers, fruits rouges, petits légumes nouveaux, volailles de printemps, chevreau, agneau de lait, etc.

Ne pas y mettre :

— Ce qu'on a toute l'année chez le marchand à prix avantageux ;

— Ce qui n'est pas parfaitement frais ;

— Les plats mijotés « maison » qui supportent bien 3 à 4 jours de réfrigérateur et moins bien 3 à 4 mois de congélateur.

Dans les deux cas, produits surgelés et produits frais :

— Assurer un roulement permanent et consommer les plus anciens pour finir par les plus récents, donc bien dater tous les paquets ;

— Ne pas oublier que le temps de conservation n'est pas le même pour chaque produit ; les écarts sont souvent importants : du bœuf cru ou des légumes se conservent douze mois, un plat cuisiné deux seulement.

Dans le doute, adopter pour les produits congelés « maison » les temps de conservation à ne pas dépasser inscrits sur les produits surgelés similaires ;

— Ne jamais recongeler un produit dégelé même partiellement, donc utiliser la totalité d'un paquet ou d'une portion ;

— Ne jamais décongeler un produit hors de son emballage ;

— Dégeler selon les instructions données sur le paquet quand il s'agit de surgelés.

Enfin, se dire que le congélateur est un instrument utile, mais que les produits frais ont bien des qualités...

PETIT MATÉRIEL DE CUISINE

Pour faire la cuisine vite et bien dans de bonnes conditions, il faut posséder un matériel convenable et de bonne qualité.

Voici, à titre indicatif, une liste de récipients et d'instruments qui doit permettre à la cuisinière débutante ou expérimentée de faire face... à toutes les recettes de ce livre.

Les récipients :

1 jeu de 5 casseroles à fond épais, en acier inoxydable de 14 à 22 cm de diamètre.
2 casseroles, une grande et une moyenne, en aluminium, permettant des ébullitions plus rapides.
1 jeu de couvercles pour toutes ces casseroles.
1 haut fait-tout de 28 cm de diamètre.
1 marmite large et basse de 28 cm de diamètre sur environ 14 cm de hauteur.
1 couscoussier de 22 cm de diamètre.
1 cocotte ronde en fonte de 24 cm de diamètre.
1 cocotte ronde en fonte de 18 cm de diamètre.
1 cocotte ovale en fonte de 22 cm de large sur 28 cm de long. Choisir ces cocottes avec des couvercles creux.
2 vraies poêles de professionnel en fonte noire de 24 cm et de 28 cm de diamètre.
1 jeu de 3 poêles de 15 cm, de 19 cm et de 24 cm de diamètre à revêtement téflon.
1 poêle ovale en fonte ou en téflon de 26 cm sur 19.
3 plats ovales allant au four (terre, pyrex, porcelaine à feu) respectivement de 15 cm sur 23, de 20 cm sur 30, de 26 cm sur 36.
2 plats à soufflés (terre, pyrex, porcelaine à feu) respectivement de 17 cm et de 20 cm de diamètre.
2 sauteuses (poêles à bord haut) à fond épais de 24 cm de diamètre.
1 gril en fonte.
1 bassine à frire avec son panier.
1 casserole à bains-marie.
Moules à tartes de différents diamètres (24 cm convenant pour 4 à 6 personnes).
Moule à manqué de 15 cm de diamètre et de 10 cm de hauteur.
1 poissonnière.
1 turbotière.
1 jeu de saladiers ordinaires.
1 jeu de bols ordinaires.

Les auxiliaires, les instruments :

1 mixer.
1 balance.

1 verre gradué.
1 compte-minutes.
1 batteur électrique avec 1 jeu de fouets.
1 moulin à légumes.
1 moulin-julienne.
1 mouli-râpe.
1 presse-fruits.
1 passoire à pieds.
1 passoire à manche.
1 passoire ronde en étamine métallique.
1 chinois, passoire en forme de cône en étamine métallique.
1 tamis rond, à bord de bois.
1 planche à découper avec une rigole.
1 planche de travail de 50 cm sur 30 minimum.
1 jeu de couteaux comprenant au moins :
  1 couteau à découper « tranche-lard »,
  1 couteau à « filets de soles »,
  2 petits couteaux d'office,
  1 couteau-scie,
  1 couteau économe.
1 fusil pour les aiguiser.
2 à 3 cuillères en bois.
2 spatules en bois.
1 raclette en caoutchouc.
1 large spatule métallique.
1 pelle plate à trous.
1 fourchette à deux pointes à long manche.
2 à 4 cuillères en métal à soupe et à café.
2 à 3 fourchettes en métal.
1 écumoire.
1 grande louche.
1 petite louche dite louche à crêpes.
1 petite écumoire.
2 fouets à main, un grand, un petit.
1 pilon et un mortier.
1 rouleau à pâtisserie.
1 cuillère à pommes pour faire des boules.
1 coupe-œufs.
1 dénoyauteur.
1 poche à douille.
1 ouvre-boîtes électrique ou à main.
1 décapsuleur.

1 tire-bouchon.
1 paire de gros ciseaux.
2 jeux de boîtes hermétiques rondes s'emboîtant les unes dans les autres.

TABLEAU D'ÉQUIVALENCE DES POIDS ET MESURES

Beurre	1 noisette : 4 g			
	1 noix : 15 g			
	1 grosse noix : 25 g			
	1 œuf : 40 g			
	1 gros œuf : 70 g			
Crème fraîche	3 cuillères à soupe : 1 pot de 10 cl			
Contenance	1 verre ordinaire à moutarde : 12 cl			
	7 cuillères à soupe : 1 verre ordinaire			
	1 tasse à thé : 125 g			
	CUILLÈRE À CAFÉ		CUILLÈRE À SOUPE	
	rase	débordante	rase	débordante
Farine	3 g	6 g	10 g	20 g
Fécule	3 g	6 g	10 g	20 g
Sucre semoule	4 g	8 g	12 g	22 g
Sel	3 g	6 g		

1 morceau de sucre n° 4 : 5 g

LES RECETTES

1.

Les sauces

BOUILLONS — BASES

GELÉE DE VIANDE

SAUCES FROIDES

Tous les astérisques renvoient à des recettes figurant à l'index alphabétique en fin de volume.

Les sauces

Je n'aime pas les sauces compliquées. Je n'utilise pas les *fonds* et peu la farine.

J'aime avant tout les sauces du dernier moment, faites à partir du plat préparé et le terminant agréablement. On en trouvera de cette sorte à travers tous les chapitres de ce livre.

Voici cependant une série de sauces froides et chaudes — classiques et moins classiques — faites pour assaisonner et accompagner des plats qui en seront enrichis et améliorés.

Les bouillons - bases

Les bouillons longue cuisson

— *Propriétés.* Ce sont des liquides parfumés, obtenus par ébullition prolongée, lente et régulière, de viandes, de légumes et d'ingrédients aromatiques.

— *Usage.* Élément de potages. Mouillement des viandes mijotées. Base de sauces.

— *Préparation, cuisson, réduction.* Voir à la suite des recettes du pot-au-feu* et de la poule au pot*.

Le bouillon instantané en tablette

Il est à utiliser sans hésiter quand on n'a pas fait de pot-au-feu ou de poule au pot.

Je recommande seulement d'employer celui de volaille, le bouillon instantané de bœuf ayant un goût particulier le rendant plus difficile dans son emploi.

— *Précautions à prendre :*

1. Saler très peu les éléments qu'il va mouiller puisqu'il l'est déjà.
2. S'il doit réduire et mijoter, employer seulement la moitié ou le quart d'une tablette pour 1/2 litre d'eau (précision donnée aux recettes).

La gelée de viande

Elle fait en général partie intégrante d'un plat (voir *bœuf mode en gelée*, page 288).

Quand il est nécessaire de faire de la gelée spécialement, voici deux procédés.

Traditionnelle

La gelée se fait en quatre temps :

1. Faire du bouillon de bœuf* en ajoutant aux éléments de celui-ci un pied de veau coupé en deux pour fournir les éléments gélatineux nécessaires.
2. Dégraisser soigneusement ce bouillon après passage au réfrigérateur (voir p. 288).
3. *Clarification :* le but de cette opération est de transformer un liquide trouble en un jus limpide et transparent à saveur plus corsée.

Ingrédients *: pour 1 litre 1/2 de bouillon*
300 g de viande de bœuf hachée
3 blancs d'œufs • 1/2 verre de vin de Xérès
1 tasse à thé de cerfeuil, persil, estragon hachés
par parties égales
Préparation *: 10 à 12 minutes*
Cuisson *: 30 minutes*

Laver, sécher, effeuiller les herbes, les hacher finement et les verser dans un saladier. Ajouter les blancs d'œufs, la viande hachée. Mélanger soigneusement le tout.

Faire tiédir le bouillon dans une casserole, puis le verser doucement dans le saladier en délayant le mélange avec une cuillère de bois. Transvaser le tout dans la casserole et, à feu moyen-doux, porter à ébullition sans cesser de tourner.

Au premier bouillon, arrêter de tourner et laisser mijoter à petit feu pendant 30 minutes. Toutes les parties solides montent en croûte à la surface tandis que le jus devient limpide en dessous.

Retirer ensuite cette croûte à l'aide de l'écumoire. Passer le liquide à travers une passoire fine recouverte d'une toile à beurre. Il est devenu tout à fait transparent.

Vérifier l'assaisonnement en sel et en poivre. Parfumer avec le vin de xérès.

La proportion indiquée est approximative et surtout fonction du goût de chacun. À noter cependant que les saveurs doivent être un peu fortes à chaud pour être parfaites à froid.

4. *Refroidissement :* mettre à prendre au réfrigérateur avant emploi. Pour napper et garnir un plat : attendre que la gelée ait la consistance d'huile épaisse, elle est alors commode à employer. Puis remettre au frais pour qu'elle finisse de se solidifier.

Rapide et instantanée

Quand on n'a pas l'intention de faire un pot-au-feu, la gelée en sachet donne d'excellents résultats à condition de la proportionner et de la parfumer agréablement.

GELÉE AU XÉRÈS

***Proportions :** pour 500 g de gelée*
1/2 litre d'eau • la moitié de la poudre du sachet (12 g)
2 cuillères à soupe de Xérès • sel, poivre
***Préparation :** 10 minutes*
***Temps de prise au froid :** 1 heure 45*

Bien observer les proportions.

Délayer la poudre en versant l'eau froide petit à petit.

Porter doucement à ébullition en remuant jusqu'au premier bouillon.

Retirer du feu. Verser dans un saladier. Ajouter du sel (environ 2 g) et 3 à 4 tours de moulin à poivre. Parfumer avec le xérès. Bien mélanger le tout. Laisser refroidir 5 à 10 minutes à la température de la pièce, puis mettre dans le haut du réfrigérateur.

Au bout de 1 heure à 1 heure 15, la gelée est comme une huile épaisse. La sortir, la mélanger à nouveau avec la cuillère puis napper ou garnir le mets choisi que l'on remet ensuite au froid.

Au bout de 2 heures, la gelée est au point, souple, ayant la consistance agréable d'une « sauce solide ».

GELÉE À L'ESTRAGON

Proportions : *pour 500 g de gelée*
1/2 litre d'eau • la moitié de la poudre du sachet (12 g)
2 cuillères à café d'estragon haché • sel, poivre
Préparation : *10 minutes*
Temps de prise au froid : *1 heure 45*

Hacher finement des feuilles d'estragon. Délayer la poudre avec l'eau froide, ajouter l'estragon haché.

Porter doucement à ébullition en tournant sans cesse jusqu'au premier bouillon.

Retirer du feu, verser dans un saladier, saler (environ 2 g) et poivrer de trois tours de moulin. Bien mélanger. Laisser un peu refroidir, puis mettre dans le haut du réfrigérateur.

Au bout de 45 à 50 minutes, la gelée est arrivée à la consistance d'huile épaisse ; bien la mélanger pour répartir l'estragon qui est tombé au fond et garnir le mets choisi.

Remettre au froid, le plat est bon à servir au bout de 1 heure 45 environ.

Les sauces froides

Les vinaigrettes

Les plus simples des sauces froides sont les vinaigrettes, assaisonnement habituel des salades et des crudités. Mais grâce à la variété des vinaigres et des huiles, on peut agréablement modifier le goût de ces sauces.

• Les huiles classiques

— *Huile d'arachide :* son goût est neutre, elle donne seulement du gras à la vinaigrette.
— *Huile d'olive :* le parfum du fruit est plus ou moins accentué selon qu'elle est plus ou moins fruitée ; elle est légère et moins grasse à la langue que l'huile d'arachide.
— *Huile de noix :* très particulière. Au goût du fruit s'ajoute une légère saveur amère. Assez forte, elle doit s'employer en quantités modérées.

Pour atténuer le goût de ces deux dernières huiles, il est toujours possible de les couper par moitié avec de l'huile d'arachide.

À ces huiles, on peut ajouter l'huile de colza, de maïs et de tournesol. Je les cite pour mémoire, car les appréciant peu, je ne les emploie pas.

• Les vinaigres

À proscrire, le vinaigre d'alcool ; il est seulement acide.
— *Vinaigre de vin :* le plus employé. Il faut le choisir de bonne qualité pour que soit sensible le parfum du vin sans excès d'acidité.
— *Vinaigre de Xérès :* son goût est délicieux, très parfumé, peu acide. Il se marie admirablement avec l'huile d'olive et l'huile de noix. Sa saveur est telle qu'on peut à volonté mettre ou ne pas mettre de la moutarde quand on l'emploie.

• Le citron

Employé avec modération et mélangé à l'huile d'olive, sans moutarde, il est l'assaisonnement idéal pour certaines crudités.

VINAIGRETTE CLASSIQUE

Proportions
4 cuillères à soupe d'huile • 1 cuillère à soupe de vinaigre
1 cuillère à café de moutarde blanche • sel, poivre

Délayer d'abord la moutarde dans le vinaigre. Ajouter le sel et le poivre. Puis travailler légèrement avec l'huile.

• Les aromates et condiments

A cette vinaigrette classique, on peut ajouter :
— Des fines herbes : persil, civette et cerfeuil hachés ;
— De l'estragon haché ;
— De l'échalote hachée.

Ces éléments aromatiques sont classiquement employés avec vinaigre de vin et huile d'olive ou d'arachide.

Le goût fin du vinaigre de Xérès se marie mal avec les échalotes et la civette. En revanche, il admet très bien persil, estragon, cerfeuil.

L'huile de noix supporte bien le persil, des noix grossièrement pilées, ou de fines lamelles de truffes.

Les mayonnaises

Cette sauce est une émulsion à froid, d'huile et de jaune d'œuf. On emploie essentiellement l'huile d'arachide, l'huile d'olive donnant un goût âcre et peu agréable.

MAYONNAISE AU NATUREL

***Proportions :** pour un bol*
1/4 de litre d'huile d'arachide • 1 jaune d'œuf
2 cuillères à café de moutarde blanche
2 cuillères à soupe de vinaigre de vin • sel, poivre
***Préparation :** 10 minutes*

Dans une jatte un peu profonde, mettre le sel, le poivre, la moutarde, le jaune d'œuf et une cuillère à soupe de vinaigre.

Fouetter soigneusement le tout, puis monter la mayonnaise en laissant couler un filet d'huile tandis que l'on travaille régulièrement le mélange avec un petit fouet ou une fourchette, jusqu'à ce qu'on ait épuisé l'huile.

A ce moment, vérifier l'assaisonnement en sel et poivre et rajouter la deuxième cuillère de vinaigre en incorporant bien.

Si la mayonnaise est bien prise, elle ne peut plus tourner.

Emploi : Viandes et volailles froides. Salades. Salade russe.

Remarques :

1. Avec les batteurs électriques, on réussit sans risque une mayonnaise. Elle est malheureusement moins souple, donc moins fine et moins légère. Pour éviter qu'elle ne devienne trop dure, on versera l'huile plus rapidement et le vinaigre ajouté en dernier lieu la détendra.
2. Une mayonnaise peut se faire à l'avance et même se conserver du jour au lendemain, à condition de la mettre dans une boîte hermétique et d'éviter de la mettre au réfrigérateur, car le passage du chaud au froid lui serait fatal.
3. Si malgré toutes les précautions, la mayonnaise a tourné, il est très facile de la rattraper en mettant un jaune d'œuf dans un bol, puis de verser en filet la mayonnaise tournée en fouettant en même temps avec le batteur électrique.

MAYONNAISE LÉGÈRE

Proportions
1 bol de mayonnaise au naturel • 1 blanc d'œuf*
***Préparation :** 15 minutes*

Battre le blanc en neige très ferme. L'incorporer au dernier moment à la mayonnaise au naturel.

Emploi : Salades.

MAYONNAISE AUX CÂPRES

Proportions
1 bol de mayonnaise au naturel sans vinaigre*
2 cuillères à soupe de câpres hachées
***Préparation :** 15 minutes*

Égoutter les câpres, les hacher grossièrement.
Faire une mayonnaise au naturel sans vinaigre.
Incorporer les câpres.
Goûter. Si la mayonnaise est un peu fade, rajouter du vinaigre des câpres.

Emploi : Poissons au court-bouillon froid. Crustacés. Salade de pommes de terre.

MAYONNAISE AUX CORNICHONS

Proportions
*1 bol de mayonnaise au naturel * sans vinaigre*
4 à 5 cornichons moyens
***Préparation :** 15 minutes*

Hacher grossièrement les cornichons.
Faire une mayonnaise au naturel sans vinaigre.
Incorporer les cornichons.
Goûter. Rajouter éventuellement du vinaigre des cornichons si vous trouvez cette mayonnaise trop fade.

Emploi : Salade de pommes de terre. Salade de riz. Viandes rouges froides.

MAYONNAISE AUX HERBES

Proportions
*1 bol de mayonnaise au naturel **
1 tasse à thé de 1/3 persil, 1/3 civette
1/3 cerfeuil hachés
***Préparation :** 25 minutes*

Laver les herbes. Bien les sécher. Prendre les feuilles de persil et celles de cerfeuil. Ne pas utiliser les tiges. Hacher finement en ajoutant la civette.
Faire une mayonnaise au naturel.
Bien incorporer les herbes.
Goûter et vérifier l'assaisonnement.

Emploi : Salades. Poissons froids. Crustacés.

MAYONNAISE AU KETCHUP

Proportions
*3/4 de bol de mayonnaise au naturel**
1/4 de bol de ketchup
***Préparation** : 10 minutes*

Faire une mayonnaise au naturel. Incorporer ensuite le ketchup en mélangeant bien.

Emploi : Crudités. Club-sandwich. Salade de poulet.

MAYONNAISE À LA TOMATE FRAÎCHE

Proportions
*1 bol de mayonnaise au naturel **
2 tomates moyennes
***Préparation** : mayonnaise, 10 minutes*
tomates, 5 minutes

Choisir 2 tomates bien rouges. Les plonger 1 minute dans l'eau bouillante. Retirer la peau. Les couper en petits dés en enlevant toutes les graines et le jus. Les suspendre dans une mousseline pendant que l'on fait la mayonnaise, pour que le reste du jus continue à s'égoutter.
Au dernier moment, incorporer délicatement les dés de tomate à la mayonnaise.

Emploi : Poissons froids. Crustacés. Viandes blanches froides.

AÏOLI

***Proportions** : pour un bol*
1/4 de litre d'huile d'arachide • 1 jaune d'œuf
2 gousses d'ail • sel, poivre
***Préparation** : 15 minutes*

Éplucher les gousses d'ail et, dans un mortier, les piler jusqu'à ce qu'elles aient la consistance d'une pommade.
Ajouter le jaune d'œuf et mélanger.
Procéder ensuite comme pour une mayonnaise au naturel *.

Emploi : Salade de pommes de terre. Poissons et crustacés.

MAYONNAISE CRÉMÉE AU CITRON

Proportions
1/4 de litre d'huile d'arachide • 1 jaune d'œuf
1 cuillère à soupe de crème fraîche • 1 citron
1 cuillère à café de moutarde forte • sel, poivre
***Préparation :** 12 minutes*

Faire une sauce mayonnaise au naturel*, mais en employant le jus d'un citron à la place du vinaigre.

Quand la mayonnaise est prête, y incoporer la crème fraîche en mélangeant bien avec une cuillère. Vérifier l'assaisonnement. Rajouter éventuellement sel, poivre et un peu de citron.

Emploi : Salades. Volailles froides.

Sauces diverses

SAUCE GRIBICHE À MA FAÇON

***Proportions :** pour un bol*
9 cuillères à soupe d'huile d'olive ou d'arachide
3 cuillères à soupe de vinaigre de vin • 1 œuf
1/2 tasse à thé de 1/3 cerfeuil, 1/3 persil, 1/3 civette hachés
2 cuillères à café de moutarde blanche • sel, poivre
***Préparation :** 15 minutes*
***Cuisson :** œuf, 10 minutes*

Faire cuire dur un œuf*. Pendant ce temps laver les herbes, bien les sécher. Séparer les feuilles de persil et de cerfeuil des tiges et les hacher avec la civette.

Préparer une vinaigrette classique*. Ajouter les herbes. Laisser tomber dans la sauce l'œuf dur passé à travers une petite moulinette. Mélanger délicatement.

Emploi : Langue de bœuf en pot-au-feu. Crustacés tièdes.

FLEURETTE AU VINAIGRE DE XÉRÈS

***Proportions :** pour un bol*
1/4 de litre de crème fleurette
1 cuillère à soupe de vinaigre de Xérès

1 cuillère à café de moutarde blanche
1 cuillère à café d'estragon haché • sel, poivre
***Préparation** : 10 minutes*

La crème fleurette est de la crème fraîche liquide. On la trouve chez tous les bons crémiers.

Prendre les feuilles d'estragon, les laver, les sécher et les hacher finement.

Dans une jatte, délayer la moutarde dans le vinaigre. Ajouter la crème fleurette, l'estragon haché, du sel et du poivre.

Battre délicatement le tout, pour bien assurer le mélange. Vérifier l'assaisonnement.

Cette sauce accompagne délicieusement romaine, frisée et certaines salades composées.

FLEURETTE AU CITRON

Employer pour les mêmes proportions de crème fleurette : 1 cuillère à soupe de jus de citron, du sel, du poivre.

L'estragon et la moutarde sont inutiles.

Même emploi que la fleurette au Xérès.

SAUCE FRAÎCHE À LA PULPE DE TOMATES

La préparation de la pulpe de tomates doit se faire 3 heures à l'avance et on l'assaisonne au dernier moment.

***Proportions** : pour 2 cuillères à soupe bombées*
6 belles tomates • 2 cuillères à café d'huile d'olive
1 cuillère à café d'estragon frais haché
1/2 cuillère à café de vinaigre
sel, poivre
***Préparation** : 20 minutes*

Couper les tomates en deux, les presser pour retirer les graines et l'eau de végétation. Retirer la partie dure de la tige et couper chaque moitié en deux morceaux.

Broyer au mixer pour avoir une purée qui va être très liquide.

Au-dessus d'un saladier, passer cette purée dans un tamis en s'aidant d'un pilon pour supprimer les derniers déchets.

Placer un torchon dans un autre saladier et verser la pulpe.

Nouer le torchon par les quatre bouts pour faire un ballot et accrocher ce ballot de manière qu'il soit suspendu au-dessus du saladier.

Presser le ballot entre les deux mains pour faire couler l'eau de végétation et laisser reposer 3 heures pour laisser s'écouler le reste du liquide et avoir une pulpe concentrée.

Au bout des 3 heures, laver, sécher, effeuiller l'estragon. Hacher les feuilles. Réserver dans un bol.

Verser la pulpe dans un récipient et assaisonner avec l'huile, le vinaigre, le sel et le poivre. Ajouter l'estragon et battre à la fourchette pour homogénéiser la sauce.

On peut la servir légèrement tiédie dans une casserole à feu doux, ou froide à température de la pièce.

Emploi : Œufs pochés froids. Filets de poisson pochés chauds.

SAUCE À LA TOMATE CONCASSÉE AU BASILIC

C'est une sauce garniture qui se présente sur assiette à côté du mets qu'elle accompagne.

***Proportions :** pour 4 assiettes*
6 tomates rondes moyennes
4 cuillères à soupe d'huile d'olive
2 cuillères à café de basilic frais haché
sel, poivre
***Préparation :** 15 minutes*

Plonger les tomates une minute dans l'eau bouillante. Les égoutter, les laisser refroidir.

Cueillir les feuilles de basilic, les laver, les sécher et les hacher finement. Réserver dans une tasse.

Retirer la peau des tomates, les couper en deux, les presser doucement dans la main pour enlever les graines et l'eau de végétation. À l'aide d'un petit couteau, couper la chair des tomates en très petits dés.

Sur chaque assiette, disposer un petit tas de tomates concassées. Saler, poivrer. Saupoudrer de basilic haché. Arroser d'excellente huile d'olive.

Emploi : Les poissons au court-bouillon. Des œufs cuits en cocotte au naturel*, démoulés et décorés d'une feuille de basilic entière.

SAUCE RAIFORT FROIDE

Elle se fait au dernier moment.

Proportions : *pour 4 personnes*
4 cuillères à soupe de crème fraîche très froide
4 cuillères à café d'eau glacée
4 cuillères à café de raifort râpé
(se trouve en flacon dans le commerce)
4 cuillères à café de jus de citron • sel, poivre
Préparation : *5 minutes*

Dans un saladier, battre au fouet la crème fraîche avec l'eau pour la faire monter et lui donner la consistance d'une mayonnaise légère.

Assaisonner avec le raifort, le jus de citron, du sel et du poivre. Bien mélanger le tout. Verser en saucière et servir avec le mets choisi.

Emploi : Avec des crudités sur une table de hors-d'œuvre froids. Accompagne des charcuteries froides telles que saucisses de Francfort, cervelas. Restes de viandes bouillies, pot-au-feu, poule au pot, langue.

SAUCE À L'AVOCAT

Proportions : *pour une saucière*
1 avocat bien mûr • 1 verre d'huile d'olive environ
1 cuillère à café de moutarde blanche
2 cuillères à café de vinaigre de vin • sel, poivre
Préparation : *10 minutes*

Choisir un avocat bien mûr (il doit être souple sous le doigt et d'un vert soutenu). Le couper en deux, retirer le noyau. À l'aide d'une cuillère à café, retirer toute la pulpe et la déposer dans une passoire fine. Piler et passer l'avocat à travers la passoire dans un bol profond. Ne pas oublier de gratter le dessous de la passoire pour tout récupérer.

En utilisant le petit batteur électrique, faire absorber l'huile d'olive à la pulpe en laissant couler en petit filet jusqu'à consistance de mayonnaise légère.

Ajouter alors la moutarde et le vinaigre, du sel et du poivre.

Tenir au frais dans le bas du réfrigérateur jusqu'à utilisation.

Emploi : Les poissons froids cuits au court-bouillon. Les restes de rôti de veau. Les crudités telles que : chou-fleur, carottes, champignons.

Remarque : Il ne faut pas « tuer » le goût de l'avocat par des assaisonnements excessifs, les quantités de vinaigre et de moutarde sont malgré tout approximatives, étant fonction du goût de chacun.

RÉMOULADE

Elle se fait au dernier moment.

Proportions : *pour un bol*
les 3/4 d'une tasse à thé d'huile d'olive ou d'arachide
1 cuillère à soupe de vinaigre de vin
1 cuillère à soupe de moutarde • sel, poivre
Préparation : *2 à 3 minutes*

Dans une jatte, délayer la moutarde et le vinaigre, du sel et du poivre. Verser l'huile en filet en fouettant régulièrement et énergiquement.

On obtient une sauce de même consistance qu'une mayonnaise légère, mais plus moutardée et vinaigrée, dont on doit se servir tout de suite car elle se désagrège rapidement.

Emploi : Celui de la vinaigrette classique.

Les sauces chaudes

Les sauces à base de farine

Ce sont des sauces familiales, peu de mon goût. Elles demandent à être cuites assez longtemps pour être bien « dépouillées » et débarrassées de leur goût de farine initial. Elles ont l'avantage de pouvoir attendre et ne risquent pas de « tourner ».

On les classe en deux catégories principales :

— Les sauces à base de roux blanc ;

— Les sauces à base de roux blond et brun.

• Les roux blancs

Principe : un mélange à peu près égal de beurre et de farine que l'on fait cuire à feu moyen jusqu'à ce que le mélange ne mousse plus mais reste blanc-jaune pâle. Il est alors bon pour être mouillé du liquide choisi.

• Les roux blonds et bruns

Même procédé que pour le roux blanc, mais on pousse la cuisson jusqu'à la couleur blonde ou rousse avant de le mouiller.

LA BÉCHAMEL

C'est la plus connue des sauces blanches et la plus maltraitée.

Faite à l'ancienne et longuement mijotée, elle est délicieuse et digne d'accompagner poissons, asperges, artichauts, etc.

Faite plus simplement, c'est une sauce-base utile à connaître, car elle est un point de départ ou un élément de liaison.

L'une et l'autre peuvent attendre à feu doux sans risquer de tourner.

• À l'ancienne

Proportions
1 oignon moyen • 1 carotte moyenne • 4 champignons
1 petite branche de céleri longue de 10 cm
1 branche de persil • 3/4 de litre de lait
1 cuillère à soupe pleine de farine (environ 20 g)
1 gros œuf de beurre • sel, poivre
***Préparation :** 10 minutes*
***Cuisson :** 1 heure en tout*

Éplucher la carotte et l'oignon. Les couper en petits dés. Préparer les champignons (voir p. 479), les couper en petits dés. Couper la branche de céleri en petits morceaux. Laver, sécher la branche de persil.

Dans une casserole à fond épais, mettre le beurre à fondre à feu moyen-doux. Quand il est fondu, ajouter tous les dés de légumes. À couvert, les faire s'attendrir doucement sans dorer pendant 10 à 12 minutes.

Les saupoudrer alors de farine et les tourner à feu doux en tous sens sans laisser prendre couleur.

Délayer en versant petit à petit le lait froid sur ce mélange. Ajouter la branche de persil. Saler et poivrer légèrement.

Porter à ébullition et épaississement en tournant sans cesse avec la cuillère. Au bout de 2, 3 bouillons, cesser de tourner et laisser mijoter à feu doux, à découvert pendant 3/4 d'heure.

Au bout de ce laps de temps, la sauce doit avoir réduit d'un bon 1/3, sinon continuer la cuisson à feu plus vif en remuant à la cuillère pour hâter la réduction. Vérifier alors l'assaisonnement en sel et en poivre.

La verser dans une saucière à travers une passoire fine en foulant et écartant les légumes pour que la sauce s'écoule facilement.

Remarque : Si la sauce doit attendre, la passer dans une autre casserole. Piquer au bout d'une fourchette une noix de beurre glacé et la faire fondre en la passant doucement à la surface de la sauce, ce qui évite la formation d'une « peau ».

• Rapide

C'est une sauce-base, elle est utile à connaître car elle est le point de départ ou l'élément de liaison de différentes préparations. Elle n'a cependant pas assez de saveur pour être une sauce d'accompagnement, comme la recette précédente.

Proportions : *pour une saucière*
2 verres 1/2 de lait
1 cuillère à soupe rase de farine (15 g environ)
1 noix de beurre (25 à 30 g environ)
1 pointe de couteau de muscade râpée • sel, poivre
Cuisson : *20 minutes*

Dans une casserole à feu doux, faire fondre la noix de beurre. Quand elle est presque fondue, verser la farine, mélanger avec la cuillère en bois et laisser cuire en tournant jusqu'à ce que le mélange ne mousse plus, mais soit uni et jaune pâle.

Verser d'un coup le lait froid. Porter à ébullition sans cesser de tourner jusqu'à épaississement. Saler, poivrer, parfumer avec la muscade et laisser « bouillotter » à très petit feu pendant un bon quart d'heure en remuant de temps en temps.

Si, en fin de cuisson, la sauce semble un peu épaisse, l'amener à bonne consistance en ajoutant et délayant un peu de lait. Elle est alors bonne à l'emploi.

Remarque : La passer à travers un chinois si on a fait des grumeaux.

• Au fromage

Faire une béchamel rapide. Râper 75 g de gruyère. Le mélanger et le faire fondre dans la sauce en fin de cuisson de cette dernière.

Emploi : La béchamel au fromage convient pour des plats gratinés et comme liant dans certaines entrées chaudes.

SAUCE AUX OIGNONS

Elle se prépare au dernier moment, mais elle peut attendre à feu doux sans risque de tourner.

Proportions : *pour une saucière*
1/2 litre de lait • 175 g d'oignons moyens
1 cuillère à soupe rase de farine (environ 15 g)
1 grosse noix de beurre (environ 30 g)
1 pointe de couteau de muscade râpée • sel, poivre
Préparation : *10 minutes*
Cuisson : *oignons, 10 minutes • sauce, 20 minutes*

Éplucher les oignons, les couper en rondelles et les mettre dans une casserole avec le lait. Porter à ébullition et faire mijoter à petit feu jusqu'à ce que les oignons soient cuits.

Les retirer à l'aide de l'écumoire. Bien les égoutter (garder le lait), les poser sur la planche et les hacher finement.

Dans une casserole à feu doux, mettre le beurre à fondre, ajouter la farine, mélanger et cuire jusqu'à ce que l'ensemble soit lisse et jaune pâle.

Délayer petit à petit en tournant avec le lait parfumé aux oignons jusqu'à ébullition et épaississement, ajouter les oignons hachés, du sel, du poivre et la pointe du couteau de muscade râpée.

Laisser mijoter à très petit feu pendant 12 à 15 minutes. Vérifier l'assaisonnement. Elle est alors bonne à l'emploi.

Emploi : On peut y réchauffer des restes de veau. Des restes de lapin. Des restes de canard.

SAUCE AU RAIFORT CHAUDE

Elle se fait au dernier moment, mais elle peut attendre à feu doux sans risque de tourner.

Proportions : *pour une saucière*
1/4 de litre de lait • 3 cuillères à soupe de crème fraîche
1 cuillère à soupe rase de farine (15 g environ)
1 noix de beurre (30 g)
3 bonnes cuillères à café de raifort râpé
(se trouve en flacon dans le commerce) • sel, poivre
Cuisson : *20 à 25 minutes*

Faire une béchamel rapide* avec la farine, le beurre et le lait.

La laisser mijoter sur le feu jusqu'à réduction de la moitié.

Ajouter alors la crème fraîche en mélangeant bien et porter à nouveau à ébullition en tournant. Ajouter le raifort râpé, laisser chauffer quelques instants. Saler, poivrer et verser en saucière, ou entourer le mets choisi en assiettes individuelles.

Emploi : Accompagne saucisses de Francfort chaudes. On y réchauffe des restes de porc froid. Des restes de poulet froid.

SAUCE PIQUANTE

Elle se fait au dernier moment, mais attend à feu doux sans risque de tourner.

***Proportions** : pour une saucière*
*2 verres de bouillon de bœuf **
ou de bouillon de volaille instantané (1 tablette pour 1/2 litre d'eau)
1 verre de vinaigre de vin
1 cuillère à soupe rase de farine (environ 15 g)
1 noix de beurre (environ 30 g) • 1 échalote
1 oignon moyen • 6 à 7 cornichons moyens
2 cuillères à café de persil et cerfeuil hachés • poivre
***Préparation** : 10 à 12 minutes*
***Cuisson** : 20 minutes environ*

Éplucher l'oignon et l'échalote, les hacher finement. Les mettre dans une casserole avec le vinaigre. À feu moyen, les faire cuire et ramollir pendant que le vinaigre réduit de moitié.

Au bout de ce temps, ajouter le bouillon de bœuf *, à défaut, du bouillon instantané. Laisser bouillir 1 à 2 minutes.

Dans une autre casserole, faire fondre le beurre à feu très doux, ajouter la farine. Laisser cuire en mélangeant avec la cuillère jusqu'à ce que le mélange ait la couleur roux soutenu. Délayer petit à petit avec le contenu de l'autre casserole en allant jusqu'à ébullition et épaississement.

Laisser mijoter à découvert à feu très doux pendant 12 à 15 minutes, en retirant les petites impuretés qui montent à la surface.

Pendant ce temps, couper les cornichons en fines rondelles. Laver, sécher, effeuiller les fines herbes, les hacher finement.

2 minutes avant la fin de la cuisson, verser ces ingrédients dans la sauce. Vérifier l'assaisonnement en sel et poivrer avec le moulin. Elle est bonne à l'emploi.

Emploi : On peut y réchauffer des restes de bœuf bouilli. Des restes de langue bouillie. Des restes de porc froid.

SAUCE ROBERT

Elle se fait au dernier moment, mais peut attendre à feu doux sans risque de tourner.

***Proportions** : pour une saucière*
*1/2 litre de bouillon de bœuf **
ou de bouillon de volaille instantané (1 tablette pour 1/2 litre d'eau)
1 cuillère à soupe rase de farine (environ 15 g)
1 œuf de beurre • 2 oignons moyens • 1 verre de vin blanc

1 cuillère à soupe de moutarde de Dijon
poivre de Cayenne
***Préparation :** 5 minutes*
***Cuisson :** 30 à 35 minutes*

Éplucher les oignons, les hacher très grossièrement.

Dans une casserole, mettre le beurre à fondre à feu doux. Quand il est chaud, ajouter les oignons. Les laisser cuire en douceur à couvert, jusqu'à ce qu'ils soient tendres et transparents. Les saupoudrer avec la farine et laisser cuire en tournant pendant 3 à 4 minutes, jusqu'à ce que l'on ait une jolie couleur blonde.

Mouiller avec le vin blanc en mélangeant avec la cuillère jusqu'à ébullition. Laisser réduire de moitié. Verser le bouillon de bœuf *, à défaut, du bouillon de volaille instantané, délayer avec la cuillère, porter à ébullition en tournant. Régler à tout petit feu et laisser mijoter à découvert un bon quart d'heure en retirant les petites impuretés qui montent à la surface.

Dans un bol, délayer la moutarde avec un peu de sauce. La remettre dans la casserole. Poivrer avec 1 pincée de cayenne. Chauffer quelques instants sans laisser bouillir. La sauce est alors bonne à l'emploi.

Emploi : Les mêmes que ceux de la sauce piquante.

SAUCE AU VIN ROUGE

Cette sauce se fait au dernier moment, mais elle peut attendre à feu doux avant d'y ajouter le beurre.

***Proportions :** pour une saucière*
1/2 litre de vin rouge • 2 échalotes
2 branches de persil • 1 brindille de thym
1/2 feuille de laurier • 1 cuillère à soupe rase de farine
100 g de beurre en tout • sel, poivre de Cayenne
***Préparation :** 5 à 7 minutes*
***Cuisson :** réduction du vin, 10 à 15 minutes • sauce, 10 minutes*

Sortir le beurre à temps du réfrigérateur.

Éplucher les échalotes, les hacher finement. Les mettre dans une casserole avec thym, laurier et persil. Couvrir avec le vin rouge. Porter à ébullition et laisser réduire de moitié.

Pendant ce temps, malaxer une noix de beurre et la farine dans un bol pour avoir une petite boule de pâte.

Quand il ne reste plus que la moitié du vin, le passer dans une autre casserole à travers un chinois.

Remettre sur le feu et porter de nouveau à ébullition. Saler.

Prendre une cuillerée de vin et délayer la boule de pâte, recommencer avec une autre cuillerée, puis verser le tout dans la casserole en donnant à celle-ci un mouvement circulaire. Laisser mijoter à très petit feu à frémissement imperceptible jusqu'à épaississement.

Incorporer hors du feu le beurre restant par petits morceaux en fouettant avec le petit fouet à main.

Relever le goût avec un peu de poivre de Cayenne. La sauce est alors bonne à l'emploi.

Emploi : Napper des œufs pochés. Ou des œufs mollets.

Les sauces réduites

Sans farine, elles sont fines, légères et délicieuses.

Elles sont la conséquence de la réduction de crème fraîche mélangée à un liquide de mouillement parfumé. On les termine parfois avec du beurre et des jaunes d'œufs. On y ajoute des éléments pour les parfumer et les enrichir.

Pour être parfaites, ces sauces doivent avoir une consistance onctueuse et non épaisse que l'on reconnaît à ce qu'elles nappent la cuillère et qu'elles coulent en un filet large et continu, on dit qu'elles *font le ruban*.

À tort, ces sauces inquiètent les cuisinières car beaucoup pensent que la crème ne doit pas bouillir car elle « tournerait ».

Effectivement, en début d'ébullition, la crème passe par un stade, qui paraît inquiétant, où elle se liquéfie, *monte* dans la casserole et semble se désagréger. C'est normal. Passée cette phase, la crème se reconstitue, réduit et arrive à l'état souhaité.

• Pour les réussir

1. La crème doit être d'excellente qualité et de première fraîcheur, car sinon elle réduit mal et reste en « eau ».
2. La quantité de liquide de mouillement doit être bien proportionnée à celle de crème. S'il y a trop de liquide, la crème est « noyée » et ne peut réduire.
3. Il ne faut pas arrêter la réduction trop tôt, car alors la sauce reste à l'état de bouillon crémeux.
4. Il ne faut pas pousser la réduction trop loin, sinon la crème tourne en beurre, se désagrège et on a quelque chose de gras et d'écœurant, non homogène, tout à fait désagréable.

• **Les remèdes**

1. *La sauce reste trop liquide :*
   Faire une liaison à la fécule. Proportions : 1 cuillère à café rase de fécule pour 1/4 de litre de sauce.
   Dans une tasse, délayer la fécule avec un peu de sauce pour avoir une pâte liquide sans grumeaux. Verser ensuite dans la sauce en tournant avec la cuillère. Attendre que l'épaississement se produise et retirer du feu.
2. *La réduction est allée trop loin :*
   À feu très doux, ajouter 1 cuillère à soupe de crème fraîche pour 1/4 de litre de sauce. Sans laisser bouillir, battre la crème dans la sauce avec le petit fouet à main pour homogénéiser, et chauffer le tout. Retirer du feu.

SAUCE AU CURRY À L'ÉCHALOTE

Elle se fait au dernier moment, mais peut attendre un peu dans le bain-marie ou sur un feu très doux avec une plaque d'amiante.

***Proportions :** pour 4 personnes*
5 cuillères à soupe de bouillon de volaille instantané
(1/2 tablette pour 1/2 litre d'eau)
1 échalote • 5 cuillères à soupe de crème fraîche
1 petit œuf de beurre (50 g) + 1 petite noix de beurre (10 g)
1 pointe de couteau de curry (à peu près 1,5 à 2 g)
***Préparation :** 1 minute*
***Cuisson :** 10 à 12 minutes*

Préparer le bouillon de volaille.

Hacher une échalote finement.

Dans une sauteuse assez large et à fond épais, ou une poêle à revêtement de silicone, mettre la petite noix de beurre à fondre à feu doux, ajouter l'échalote et la laisser fondre sans coloration. Mouiller alors avec le bouillon de volaille, porter à ébullition et laisser réduire de 1/3. Ajouter la crème fraîche et le curry, délayer, porter à ébullition et laisser réduire à petits bouillons jusqu'à ce que la consistance soit onctueuse. Baisser le feu, incorporer l'œuf de beurre morceau par morceau, en fouettant avec le petit fouet à main.

Vérifier l'assaisonnement en ajoutant éventuellement un peu de curry.

Passer la sauce à travers une fine passoire pour éliminer l'échalote.

Mettre en saucière ou verser tout autour du mets choisi en assiettes individuelles.

SAUCE AU CURRY ET AU VIN BLANC

Comme la précédente, elle se fait au dernier moment, mais peut attendre un peu.

***Proportions** : pour 4 personnes*
4 cuillères à soupe de bouillon de volaille instantané
(1/2 tablette pour 1/2 litre d'eau)
1 cuillère 1/2 à soupe de vin blanc
5 cuillères à soupe de crème fraîche
1 petit œuf de beurre (50 g)
1 pointe de couteau de curry (environ 1,5 à 2 g)
***Préparation** : néant*
***Cuisson** : 10 à 12 minutes*

Préparer le bouillon de volaille.

Dans une sauteuse un peu large et à fond épais, ou une poêle à revêtement de silicone, mettre le vin blanc et le bouillon de volaille à feu moyen, porter à ébullition et faire réduire de moitié. Ajouter alors la crème fraîche et le curry, délayer et faire réduire à petits bouillons jusqu'à consistance onctueuse. Baisser le feu et incorporer l'œuf de beurre morceau par morceau, en fouettant avec le fouet à main.

Vérifier l'assaisonnement en ajoutant éventuellement un peu de curry.

Mettre en saucière ou verser tout autour du mets choisi en assiettes individuelles.

Emploi : Les sauces au curry accompagnent bien les poissons au court-bouillon. La poule au pot. Le riz créole.

SAUCE AUX OURSINS

C'est une sauce coûteuse, mais exquise. Elle est à déguster un jour de fête avec un poisson fin ou un homard poché.

Elle se fait au dernier moment, mais peut attendre à feu doux sur une plaque d'amiante. Ou au bain-marie.

***Proportions** : pour une saucière*
*1 louche de nage * • 5 cuillères à soupe de crème fraîche*
6 oursins • sel, poivre

***Préparation :** 6 à 7 minutes*
***Cuisson :** 10 à 12 minutes*

Ouvrir les oursins *, extraire les petites langues rouges. Mettre dans un grand bol et, à l'aide d'un pilon, les écraser soigneusement pour faire une pommade bien lisse.

Dans une casserole, à feu moyen, mettre une louche de nage, laisser réduire de moitié. Ajouter la crème fraîche. Délayer et porter à ébullition. Laisser cuire jusqu'à ce que la consistance devienne lisse et onctueuse.

Verser alors une cuillère de ce mélange sur la pommade d'oursins, mélanger et recommencer avec une autre cuillère. Verser alors le tout dans la casserole. Laisser chauffer 1 à 2 minutes sans bouillir. Vérifier l'assaisonnement en sel et poivre. Servir en saucière ou entourer le mets choisi en assiettes individuelles.

Emploi : Poissons chauds au court-bouillon. Homard poché chaud.

SAUCE POISSON

On se sert de la nage qui a servi à cuire le crustacé ou le poisson. Elle se fait au dernier moment, mais elle peut attendre tenue au bain-marie, ou à feu doux sur une plaque d'amiante.

***Proportions :** pour une saucière*
*1 louche de nage **
5 cuillères à soupe de crème fraîche
2 jaunes d'œufs • 1/2 cuillère à café de jus de citron • sel, poivre
***Cuisson :** 10 à 12 minutes*

Dans une sauteuse ou une casserole à fond épais, porter la nage à ébullition et la faire réduire de moitié.

Ajouter ensuite la crème fraîche, mélanger. Laisser bouillir et réduire jusqu'à consistance lisse et onctueuse.

Pendant ce temps, battre deux jaunes d'œufs dans un bol.

Quand la sauce est à la consistance voulue, baisser le feu et verser une cuillère de liquide sur les jaunes. Délayer, recommencer l'opération une fois, et verser le tout dans la sauteuse en tournant avec la cuillère en bois. Laisser épaissir jusqu'à ce que la sauce nappe convenablement la cuillère et en évitant désormais l'ébullition.

Ajouter 1/2 cuillère à café de jus de citron. Vérifier l'assaisonnement. Servir en saucière ou entourer le mets choisi en assiettes individuelles.

• Au beurre de fines herbes

Préparer un œuf de beurre de fines herbes *.

Faire la sauce comme il est dit, et hors du feu, incorporer le beurre d'herbes en deux, trois morceaux successifs en fouettant avec le petit fouet à main.

• Aux écrevisses

Préparer et cuire 3 à 4 écrevisses à la nage * par personne. Décortiquer les queues.

Faire la sauce comme il est dit. Au terme de sa cuisson, ajouter les queues et laisser chauffer quelques instants.

• Aux truffes

Employer 2, 3 truffes moyennes *. Couper les truffes en fins petits bâtonnets. Réserver le jus.

Opérer la réduction de la nage, ajouter le jus des truffes et la crème fraîche. Continuer la sauce comme il est dit dans la recette.

Enrichir avec la julienne de truffes au dernier moment.

Emploi : Accompagne les crustacés. Les poissons cuits au court-bouillon.

SAUCE VOLAILLE

On se sert du bouillon qui a fait cuire une poule ou des poulardes *, à défaut, de bouillon instantané.

Elle se fait au dernier moment, mais elle peut attendre tenue au bain-marie.

Proportions : *pour une saucière*
*1 louche de bouillon de volaille **
ou 1/2 louche de bouillon de volaille instantané
(1/2 tablette pour 1/2 litre d'eau)
5 cuillères à soupe de crème fraîche • 2 jaunes d'œufs
1/2 cuillère à café de jus de citron • sel, poivre
Préparation : *10 minutes*
Cuisson : *10 à 12 minutes*

Dans une sauteuse ou une casserole à fond épais, porter le bouillon de poule à ébullition. Le faire réduire de moitié, ou le laisser tel quel s'il s'agit de bouillon instantané.

Ajouter la crème fraîche, mélanger.

Laisser bouillir et réduire jusqu'à consistance lisse et onctueuse.
Pendant ce temps, battre deux jaunes dans un bol.
Procéder comme il est dit ensuite dans la sauce poisson *.

• Au beurre d'estragon

Préparer un œuf de beurre d'estragon *. Faire la sauce comme il est dit et, hors du feu, incorporer le beurre d'estragon en deux, trois morceaux successifs en fouettant avec le petit fouet à main.

• Au beurre de moutarde

Préparer un œuf de beurre de moutarde *. Faire la sauce comme il est dit et, hors du feu, incorporer le beurre de moutarde en deux, trois morceaux successifs en fouettant avec le petit fouet à main.

Emploi : Accompagne du jambon chaud. Des restes de poulet. Des restes de dinde. Des restes de veau.

SAUCE DIABLE À MA FAÇON

Elle se fait au dernier moment

***Proportions :** pour une saucière*
*1/4 de litre de bouillon de bœuf **
ou de bouillon de volaille instantané
1 échalote • 1 verre de vin blanc sec
1 cuillère à café rase de fécule
5 cuillères à café rases de ketchup
1 œuf de beurre • poivre de Cayenne
***Préparation :** 5 minutes*
***Cuisson :** échalotes, 10 à 12 minutes*
***Finition :** 10 à 12 minutes*

Éplucher l'échalote et la hacher finement en la tenant par le bout dur, supprimer ce dernier.

Dans une casserole à feu doux, mettre l'échalote et le vin blanc, laisser réduire pendant 10 à 12 minutes jusqu'à ce que le vin blanc ait presque disparu et qu'il ne reste que les échalotes cuites et mouillées.

Pendant ce temps, si on n'a pas de bouillon de bœuf *, préparer le bouillon de volaille instantané (1/2 tablette pour 1/4 de litre).

Dans une tasse, mettre la cuillère à café de fécule et la délayer progressivement avec un peu de bouillon pour avoir une pâte liquide et lisse.

Verser le reste du bouillon sur les échalotes mouillées, porter à ébullition, ajouter la fécule délayée et tourner jusqu'à reprise de l'ébullition.

Laisser mijoter à tout petits bouillons pendant 8 à 10 minutes. Ajouter alors les cuillères de ketchup, délayer convenablement et laisser chauffer quelques instants. Vérifier l'assaisonnement en sel, ajouter du poivre de Cayenne et, hors du feu, fouetter dans la sauce un œuf de beurre incorporé en quatre, cinq morceaux successifs.

Passer la sauce à travers un chinois et la servir dans une saucière chaude ou entourer le mets choisi en assiettes individuelles.

Accompagne : Le bœuf bouilli. Le jambon chaud. Les poussins grillés.

Les sauces émulsionnées

Une émulsion est le mariage heureux d'ingrédients qui ne sont pas faits pour être mélangés. C'est dire que ces sauces émulsionnées ont fâcheusement tendance à *tourner*, les divers éléments qui les composent cherchant à se dissocier sous l'influence de différents facteurs. Ces facteurs sont en particulier :

— *Le feu trop vif*, donc il est plus sûr de faire ces sauces dans des casseroles à fond épais sur un feu très doux ou dans un bain-marie bien chaud, mais non bouillant ;

— *L'attente*, il est donc nécessaire de les faire au dernier moment.

Elles supportent néanmoins d'attendre un peu dans le bain-marie et il est ensuite normal qu'elles soient servies tièdes.

Elles accompagnent classiquement viandes, poissons et certains légumes tels que les asperges et les artichauts.

BEURRE BLANC

Il est préférable de le servir immédiatement dans la saucière de service. La sauce peut quand même attendre si on plonge la casserole dans un bain-marie d'eau chaude non bouillante.

Proportions : *pour 4 personnes*
250 g de beurre demi-sel • 2 échalotes grises si possible
3/4 de verre de vinaigre de vin • 1/4 de verre d'eau • poivre
Préparation : *5 minutes*
Cuisson : *réduction, 10 minutes • sauce, 10 minutes*

Hacher finement les échalotes. Les mettre dans une casserole à fond épais avec l'eau, le vinaigre et du poivre du moulin.

Mettre la casserole à feu doux et faire réduire le liquide. Il est important de le faire lentement pour donner aux échalotes le temps de cuire.

Pendant cette opération, préparer le beurre en morceaux gros comme des petits œufs sur une assiette. Ce beurre doit être souple et ramolli, donc le sortir suffisamment à temps du réfrigérateur.

Quand il ne reste plus de liquide au fond de la caserole, la retirer du feu pour la laisser refroidir quelques instants, elle doit être tiède.

Remettre à feu doux et, morceau par morceau, incorporer le beurre en fouettant vivement. N'ajouter le morceau de beurre suivant que lorsque le morceau précédent a pris un aspect crémeux et solide.

Quand la sauce est terminée, l'ensemble doit se tenir comme une mayonnaise un peu fluide et avoir une couleur jaune très pâle.

Cette sauce est l'accompagnement idéal des poissons au court-bouillon.

Remarques :

1. Si on a la chance d'avoir du vinaigre de champagne, il sera inutile de mettre de l'eau et la saveur de la sauce sera particulièrement délicieuse.
2. Le beurre doit être de première qualité. La sauce se réussit mieux avec du beurre demi-sel, mais à défaut, un beurre non salé conviendra très bien. Il faudra seulement ne pas oublier de la saler en fin de cuisson.
3. Je préfère laisser les échalotes dans la sauce, elle est ainsi plus savoureuse, quoique plus rustique.

   Il est cependant classique de la passer à travers un chinois avant de la servir, pour retirer les échalotes.

SAUCE HOLLANDAISE

Il est préférable de servir cette sauce immédiatement en la transvasant dans la saucière de service.

Elle peut néanmoins attendre un peu, si on la laisse dans la casserole plongée dans un bain-marie chaud et non bouillant.

***Proportions :** pour 4 personnes*
250 g de beurre d'excellente qualité • 3 jaunes d'œufs
1/2 verre de vinaigre de vin • 2 cuillères à soupe d'eau
le jus de 1/2 citron • sel, poivre gris

***Préparation** : 5 minutes*
***Cuisson** : réduction, 10 minutes ● sauce, 15 minutes*

Préparer sur une assiette le beurre ramolli, coupé en morceaux de la taille d'un petit œuf.

Dans une casserole à fond épais, mettre le vinaigre et du poivre gris mignonnette, c'est-à-dire les grains broyés grossièrement. Porter à ébullition à feu moyen jusqu'à ce qu'il ne reste plus de vinaigre.

Retirer la casserole du feu, la laisser un peu refroidir. Mettre les jaunes d'œufs, les battre au fouet, mélanger l'eau.

Remettre la casserole à feu doux et fouetter ce mélange jusqu'à ce qu'il épaississe. À ce moment, en fouettant vivement, incorporer le beurre morceau par morceau. N'ajouter le morceau suivant que lorsque le morceau précédent est bien pris dans la masse. La sauce se monte en fait comme une mayonnaise.

Quand tout le beurre est incorporé, saler et relever le goût avec le citron en redonnant quelques petits coups de fouet.

La hollandaise accompagne classiquement les poissons pochés et les asperges.

SAUCE MOUSSELINE

Il est préférable de servir immédiatement cette sauce. Elle peut néanmoins attendre un peu dans la casserole tenue dans un bain-marie chaud et non bouillant.

***Proportions** : pour 4 personnes*
250 g de beurre d'excellente qualité
3 jaunes d'œufs ● 2 cuillères à soupe d'eau
1/2 verre de vinaigre de vin ● le jus de 1/2 citron ● sel, poivre

***Crème fouettée** :*
2 cuillères à soupe de crème fraîche très froide
1 cuillère à soupe d'eau glacée
***Préparation** : 13 minutes*
***Cuisson** : réduction, 10 minutes ● sauce, 15 minutes*

On incorpore la crème battue au dernier moment.

Préparer la crème fouettée : dans un saladier glacé, verser la crème fraîche très froide et l'eau glacée. Battre doucement au petit fouet à main jusqu'à ce qu'elle commence à monter et augmenter de volume. Battre alors plus vite pour qu'elle prenne la consistance d'œufs en neige tenant au fouet. L'opération prend moins de 2 minutes (il est préférable de ne pas la prolonger car la crème tourne en beurre). Laisser la crème fouettée à la température de la pièce.

Faire une hollandaise *.

Incorporer la crème fouettée à la hollandaise en mélangeant avec la cuillère en bois. Verser en saucière et servir.

Emploi : Ceux de la hollandaise.

SAUCE BÉARNAISE

Il est préférable de servir immédiatement cette sauce en la transvasant dans la saucière de service.

Elle peut néanmoins attendre un peu dans la casserole tenue dans un bain-marie bien chaud, mais non bouillant.

***Proportions :** pour 4 personnes*
250 g de beurre d'excellente qualité
3 jaunes d'œufs ● 2 cuillères à soupe d'eau
3/4 de verre de vinaigre de vin ● 1 petite échalote
2 cuillères d'estragon haché ● sel, poivre
***Préparation :** 10 minutes*
***Cuisson :** réduction, 10 minutes ● sauce, 15 minutes*

Préparer sur une assiette le beurre souple et ramolli, coupé en morceaux gros comme des petits œufs.

Hacher finement l'échalote. Laver, sécher, effeuiller l'estragon. Hacher les feuilles.

Dans une casserole à fond épais, mettre le vinaigre, l'échalote, 1 cuillère à café d'estragon et du poivre mignonnette, c'est-à-dire les grains broyés grossièrement. Porter à ébullition à feu moyen et faire réduire en douceur jusqu'à ce qu'il ne reste plus qu'un léger voile de vinaigre au fond de la casserole.

La retirer du feu, la laisser un peu refroidir. Mettre les jaunes d'œufs, les battre au fouet, ajouter l'eau.

Remettre à feu doux et fouetter ce mélange jusqu'à ce qu'on le sente prendre et épaissir.

À ce moment, incorporer en fouettant vivement le beurre morceau par morceau. N'ajouter le morceau suivant que lorsque le morceau précédent est bien incorporé à la masse. La sauce doit prendre petit à petit la consistance d'une mayonnaise solide.

Quand le beurre est épuisé, ajouter l'autre cuillère à café d'estragon haché. Saler en mélangeant bien le tout au fouet.

Emploi : La béarnaise est l'accompagnement classique des grillades : bœuf ou poissons.

SAUCE CHORON

Proportions : *pour 4 personnes*
250 g de beurre • 3 jaunes d'œufs
2 cuillères à soupe d'eau • 3/4 de verre de vinaigre de vin
1 petite échalote • estragon haché
1 cuillère à café de concentré de tomates • sel, poivre
Préparation : *10 minutes*
Cuisson : *réduction, 10 minutes • sauce, 15 minutes*

Faire une béarnaise classique* et y ajouter en dernier lieu le concentré de tomates en le mélangeant bien.

Remarque : La saveur de la choron sera moins agressive et la sauce plus raffinée, si au lieu de concentré de tomates, on utilise du coulis de tomates* dans les proportions 2/3 de béarnaise, 1/3 de coulis.
Elle accompagne les viandes et les poissons grillés.

SAUCE CLAUDE JOLLY

Cette sauce se fait au dernier moment

Proportions : *pour une saucière*
125 g de beurre de première qualité
5 cuillères à café d'eau • 1 cuillère à soupe de moutarde
Cuisson : *2 à 3 minutes*

Sortir le beurre à temps du réfrigérateur pour qu'il soit ramolli, le fragmenter en morceaux.
Dans une casserole à feu moyen, mettre l'eau et le beurre à chauffer en donnant à la casserole un mouvement circulaire jusqu'à ce que l'ensemble soit onctueux comme une mayonnaise.
Hors du feu, incorporer la moutarde rapidement en tournant avec la cuillère. Servir immédiatement en saucière.
Cette sauce accompagne bien toutes les grillades.

Remarque : Si la sauce n'est pas homogène et semble se désagréger, on peut la « *rattraper* » en mettant une petite cuillère d'eau froide et en fouettant vivement.

Sauces de légumes

SAUCE CHAMPIGNONS

Elle se fait au dernier moment, mais attend très bien sur une plaque d'amiante sur feu doux.

Proportions : *pour 4 personnes*
250 g de champignons • 1 noix de beurre
*4 cuillères à soupe de bouillon de volaille **
*ou bouillon de légumes * ou court-bouillon corsé **
5 cuillères à soupe de crème fraîche
le jus de 1/2 citron (environ 2 cuillères à café) • sel, poivre
Préparation : *20 à 25 minutes*
Cuisson : *8 à 10 minutes*

Selon l'usage que l'on veut faire de cette sauce, on peut employer des liquides de mouillement différents.

Avec les champignons de Paris, faire une duxelles* dans une sauteuse. Les passer au mixer, à défaut, au tamis pour avoir une purée très fine. Remettre dans la sauteuse, la mouiller avec le liquide choisi, laisser bouillonner quelques instants en l'inclinant en tous sens. Ajouter la crème fraîche, mélanger avec la spatule et laisser bouillir et réduire jusqu'à consistance onctueuse.

Rectifier l'assaisonnement en sel et en poivre, ajouter le citron. Verser en saucière ou entourer le mets choisi présenté en assiettes individuelles.

Emploi : Avec des poissons pochés au court-bouillon. Avec des volailles pochées. Avec du chevreau et du lapin rôtis.

Remarque : Quand on fait cette sauce avec une viande rôtie, on procède d'une manière différente.

Quand la viande est prête, on la retire du plat, on gratte les résidus de cuisson avec le liquide de mouillement de la sauce. On ajoute la purée de champignons puis la crème fraîche et on opère la réduction en inclinant le plat sur un trou de gaz à feu moyen.

COULIS DE TOMATE AU NATUREL

Le coulis peut être fait à l'avance et réchauffé sans inconvénient au dernier moment, le tenir simplement dans une boîte hermétique, au réfrigérateur.

Proportions : *pour une grande tasse à thé*
1 kg de tomates
1 petit œuf de beurre • eau
Préparation : *20 minutes*
Cuisson : *20 minutes*

Plonger les tomates dans une grande casserole d'eau bouillante pendant 1 minute. Les égoutter, attendre qu'elles refroidissent un peu et enlever la peau. Couper les tomates en deux, presser doucement chaque moitié au-dessus d'un bol pour faire sortir l'eau et les graines. Les couper ensuite en morceaux.

Dans une poêle, faire fondre le beurre à feu moyen. Quand il est fondu, jeter les tomates et toujours à feu moyen les laisser mijoter à découvert en remuant de temps en temps avec la cuillère jusqu'à ce que l'ensemble réduise et perde toute son eau, ce qui prend à peu près 20 minutes. À ce moment-là, verser le coulis dans un tamis au-dessus d'un bol, passer et pilonner jusqu'à ce qu'il ne reste que des déchets filandreux. Racler sous le tamis pour ne pas perdre de pulpe.

À ce stade-là, le coulis a l'aspect d'une sauce ; il a juste besoin d'être réchauffé, salé et poivré.

S'il doit entrer dans la composition d'une autre sauce, il est préférable de le dessécher encore un peu. Il suffit pour cela de le remettre dans une petite poêle et, à feu moyen, le faire mijoter 5 à 6 minutes, jusqu'à ce que, en réduisant, il prenne davantage l'apparence d'une purée un peu fluide.

COULIS AUX OIGNONS

Proportions : *pour 1 kg de tomates*
2 oignons moyens
1 œuf de beurre • sel, poivre
Préparation : *23 minutes*
Cuisson : *30 minutes*

Éplucher les oignons, couper les deux extrémités qui donnent un goût âcre, les hacher.

Mettre le beurre dans la poêle à feu moyen. Quand il est fondu, ajouter les oignons et les faire fondre et blondir doucement. Verser dessus les tomates épluchées et préparées comme il est dit pour le coulis de tomates au naturel *, faire cuire de même et passer le tout au tamis. Saler, poivrer.

À L'ESTRAGON

***Préparation :** 25 minutes*
***Cuisson :** 20 minutes*

1/2 tasse à thé de feuilles d'estragon hachées à ajouter au coulis de tomates au naturel * en dernier lieu, quand on le réchauffe.

AUX FINES HERBES

***Préparation :** 30 minutes*
***Cuisson :** 20 minutes*

1/2 tasse à thé de civette, de feuilles de persil et de cerfeuil hachées, dans la proportion de 1/3 de chaque herbe, à ajouter au coulis au naturel en dernier lieu, quand on le réchauffe.

PROVENÇAL

***Proportions :** pour 1 kg de tomates*
2 oignons moyens • 1 gousse d'ail
1 branche de thym • 2 feuilles de laurier
1 cuillère à café de basilic frais
1 petit œuf de beurre
sel, poivre
***Préparation :** 25 minutes*
***Cuisson :** 30 minutes*

Éplucher et préparer les tomates comme il est dit pour le coulis de tomates au naturel *. Éplucher la gousse d'ail. Éplucher les oignons, les hacher.

Dans une poêle, faire fondre le beurre à feu moyen. Quand il est fondu, ajouter les oignons et laisser cuire jusqu'à ce qu'ils soient blonds.

Verser la tomate, écraser l'ail au-dessus de la poêle avec le presse-ail. Effeuiller la branche de thym dans les tomates.

Pendant que le coulis mijote, laver, sécher, hacher le basilic. Réserver dans un bol.

Passer le coulis, le réchauffer et ajouter le basilic frais. Saler, poivrer.

À LA CRÈME

***Proportions** : pour 1 kg de tomates*
2 cuillères à soupe de crème fraîche
***Préparation** : 20 minutes*
***Cuisson** : 25 minutes*

Faire le coulis de tomates au naturel *. Quand il est passé, le mettre à chauffer à feu vif en incorporant la crème fraîche. Laisser mijoter et réduire 5 à 6 minutes jusqu'à ce que l'ensemble soit homogène et onctueux. Saler, poivrer.

Les beurres

Beurres composés

Ils peuvent être employés tels quels sur une viande ou un poisson qu'ils agrémenteront agréablement, ou servir à la confection d'une sauce.

La technique est simple. Avoir un beurre d'excellente qualité, le sortir à temps du réfrigérateur pour qu'il soit ramolli au moment de l'emploi, le couper en morceaux, les mettre dans un grand bol et travailler à la fourchette ou à la cuillère en incorporant l'ingrédient choisi jusqu'à ce que l'ensemble ait l'apparence et la consistance d'une crème de beauté. On dit qu'il est en *pommade*.

Les beurres composés sont meilleurs faits au dernier moment. Si on les confectionne à l'avance, ne pas les mettre au réfrigérateur, tenir seulement dans un endroit frais, recouvert de papier alu pour que le beurre ne s'oxyde pas.

BEURRE D'AIL

Proportions : *pour une saucière*
250 g de beurre • 10 gousses d'ail
Préparation : *15 minutes*
Cuisson : *10 minutes*

Éplucher les gousses d'ail, les cuire dans l'eau bouillante 10 minutes, égoutter soigneusement sur un linge.

Les piler au mortier jusqu'à ce qu'elles soient en pâte. Incorporer au beurre ramolli jusqu'à consistance de pommade.

BEURRE D'ESCARGOTS

Proportions : *pour 4 douzaines d'escargots*
ou 4 douzaines de moules ou palourdes
300 g de beurre ● 1 belle échalote ou deux petites
2 belles gousses d'ail ● 1 cuillère à soupe de persil haché
sel, poivre
Préparation : *12 à 13 minutes*

Éplucher et hacher menu l'échalote. Éplucher l'ail. Le passer au presse-ail et le terminer en le pilant pour qu'il soit en pâte.

Laver, sécher, effeuiller le persil, le hacher.

Incorporer tous ces éléments au beurre ramolli, salé et poivré, jusqu'à consistance de pommade.

BEURRE D'ESTRAGON

Proportions : *pour une saucière*
200 g de beurre ● 1/2 tasse à thé d'estragon haché ● sel, poivre
Préparation : *12 à 15 minutes*

Laver, sécher, effeuiller l'estragon et le hacher finement.

Incorporer au beurre ramolli, salé et poivré, jusqu'à consistance de pommade.

BEURRE D'ÉCHALOTES

Proportions : *pour une saucière*
200 g de beurre ● 2 échalotes
1/2 verre ordinaire de vin blanc sec ● sel, poivre du moulin
1/2 tasse à café de persil haché
Préparation : *10 minutes*
Cuisson : *échalotes, 10 minutes*

Laver, sécher, effeuiller le persil. Le hacher finement. Éplucher les échalotes. Les hacher menu.

A feu moyen, mettre dans une casserole le vin blanc et les échalotes. Faire réduire en douceur pour que les échalotes fondent et arrêter la réduction quand il n'y a plus de liquide au fond de la casserole ; il faut que les échalotes soient encore mouillées.

Les verser dans un bol, et y ajouter le beurre, morceau par morceau, en travaillant avec le petit fouet à main ou une fourchette, de manière à obtenir une pommade lisse et homogène. Assaisonner avec du sel et du poivre en mélangeant bien.

BEURRE DE FINES HERBES

Proportions : *pour une saucière*
200 g de beurre ● 1 tasse à thé de civette,
de persil, de cerfeuil dans la proportion de 1/3 de chaque herbe
Préparation : *12 à 15 minutes*

Laver, sécher les herbes. Effeuiller le persil et le cerfeuil. Hacher le tout finement et incorporer au beurre ramolli, salé et poivré, jusqu'à consistance de pommade.

BEURRE MAÎTRE D'HÔTEL

Proportions : *pour une saucière*
200 g de beurre ● 1 cuillère à soupe 1/2 de persil haché
le jus de 1/4 de citron ● sel, poivre
Préparation : *10 à 12 minutes*

Laver, sécher et effeuiller, hacher les feuilles de persil. Travailler le beurre ramolli et incorporer persil, jus de citron, sel, poivre.

BEURRE DE MOUTARDE

Proportions : *pour une saucière*
200 g de beurre
1 cuillère à soupe de moutarde forte de Dijon
Préparation : *10 minutes*

Travailler le beurre ramolli et incorporer la moutarde.

Beurres cuits

BEURRE FONDU

Proportions : *pour 4 personnes*
150 g de beurre ● le jus d'un petit citron ● sel, poivre
Cuisson : *4 à 5 minutes*

Dans une casserole à feu très doux, mettre le beurre fragmenté en morceaux. Quand il est fondu, retirer à l'aide d'une cuillère toutes les petites impuretés de la surface. Saler, poivrer. Assaisonner avec le jus d'un citron et verser dans une saucière chaude.

Emploi : Poissons pochés chauds. Langouste grillée.

BEURRE FONDU ÉMULSIONNÉ

Cette sauce se fait au dernier moment.

***Proportions** : pour 4 personnes*
130 g de beurre • 3 cuillères à soupe d'eau
quelques gouttes de jus de citron • sel, poivre
***Cuisson** : 5 à 6 minutes*

Dans une casserole à feu doux, mettre l'eau et le beurre en morceaux, laisser fondre puis, en relevant le feu, porter à ébullition.

Laisser bouillir tout en imprimant à la casserole un mouvement circulaire. Petit à petit, l'ensemble eau-beurre s'émulsionne et constitue une sauce onctueuse.

Saler, poivrer, éventuellement aromatiser avec un peu de jus de citron.

Cette sauce toute simple et délicieuse assaisonne les légumes verts cuits à l'anglaise (voir p. 460), nappe agréablement poissons pochés et jambon chaud.

BEURRE NOIR

Cette préparation se fait au dernier moment.

***Proportions** : pour 4 personnes*
100 g de beurre • 2 cuillères à soupe de vinaigre

Dans une poêle, à feu moyen, faire fondre jusqu'à ce qu'il ne grésille plus et prenne une couleur marron.

Le verser alors sur le mets choisi et verser dans la poêle le vinaigre que l'on fait fumer 1 minute.

Répandre ensuite le vinaigre sur l'ensemble du plat.

Le beurre noir accompagne classiquement certains poissons et certains abats.

Il a l'inconvénient d'être indigeste et de goût prononcé. Je lui préfère de beaucoup :

BEURRE NOISETTE

Cette préparation se fait au dernier moment.

Moins « lourd » et d'un goût plus fin. On le traite de la même manière si ce n'est que la cuisson est arrêtée quand le beurre a atteint la couleur marron clair, dite « noisette », au moment où il ne grésille plus.

Il a exactement les mêmes emplois que le beurre noir.

2.

Les potages

Tous les astérisques renvoient à des recettes figurant à l'index alphabétique en fin de volume.

Les potages

Il existe plusieurs catégories de potages. On peut les classer en consommés, soupes, crèmes et veloutés.

Les consommés sont servis généralement en tasses, chauds ou froids, avec ou sans garniture.

Comme ils sont obtenus à partir de viandes et de légumes, ils présentent le double avantage de pouvoir être donnés au début d'un repas de fête, tandis que les ingrédients qui ont servi à leur préparation feront la base d'un excellent repas familial.

Les soupes ont un caractère plus rustique. Faciles et rapides à faire, elles utilisent avant tout pommes de terre et légumes verts.

Elles sont de ce fait le début des dîners de tous les jours, car agréables et nourrissantes. Il est regrettable que bien des familles en aient perdu l'habitude.

Avec les crèmes et les veloutés, on aborde des potages de conception plus élaborée. Ils sont parfaitement délicieux et ils auront toujours beaucoup de succès dans la mesure où l'usage s'en est un peu perdu.

Les consommés et les bouillons

CONSOMMÉ CHAUD

Il peut se faire à l'avance et se réchauffe doucement.

Proportions : *pour 4 personnes*
*2 litres de bouillon de pot-au-feu **
2 blancs d'œufs • 150 g de viande de bœuf hachée
Cuisson : *20 minutes*

Faire la veille un bon pot-au-feu. Passer le bouillon dans une étamine et le mettre au réfrigérateur.

Avant de l'employer, retirer avec une spatule toute la graisse figée qui est remontée à la surface.

Le mettre sur le feu à réduire (voir à « bouillon de bœuf »).

Pendant ce temps, délayer dans un saladier la viande hachée et les deux blancs d'œufs.

Prendre le bouillon tiède et le verser petit à petit en délayant avec une cuillère sur le mélange œufs-viande.

Remettre le tout dans la casserole et, en remuant avec la cuillère, porter à ébullition.

A partir de ce moment, baisser le feu et laisser mijoter doucement 15 minutes.

Passer le consommé à travers une étamine disposée dans un chinois. Vérifier l'assaisonnement en sel et en poivre. Servir dans des bols à bouillon.

Remarque : Faire mijoter le bouillon avec ce mélange d'œuf et de viande hachée a un double but : en corser le goût et le rendre absolument limpide, il a été « clarifié ». Cette opération n'est pas obligatoire — le bouillon peut être servi tel quel après avoir été dégraissé *s'il est bien corsé en goût* — mais elle a l'avantage de le rendre clair, ce qui est plus joli et plus appétissant.

Cette remarque est valable pour toutes les recettes de consommés qui suivent.

LES ACCOMPAGNEMENTS DU CONSOMMÉ CHAUD

• Au vermicelle

Proportions : *pour 4 personnes*
*1 litre de bouillon de bœuf**
3 cuillères à soupe de vermicelle
Cuisson : *3 minutes*

Dans le bouillon bouillant, jeter le vermicelle en pluie, laisser cuire 3 minutes. Servir.

• Aux tomates et au cerfeuil

Proportions : *pour 4 personnes*
*1 litre de bouillon de pot-au-feu **
2 tomates moyennes et bien fermes
1/2 tasse à café de cerfeuil haché
Préparation : *15 minutes*

Mettre les tomates 1 minute dans l'eau bouillante. Les retirer et enlever la peau. Les couper en deux et les débarrasser des graines et de l'eau de végétation. Couper ensuite la pulpe en petits dés de 1 cm de côté. Les suspendre dans une étamine ou les mettre dans une passoire pour laisser s'écouler l'excédent de jus.

Effeuiller le cerfeuil, laver les feuilles, les sécher dans un torchon et les hacher finement.

Dans le bouillon bouillant, jeter les dés de tomate et laisser chauffer 2 minutes, avant de mettre dans les bols à bouillon.

Parsemer chaque bol de cerfeuil avant de servir.

• Aux champignons

Proportions : *pour 4 personnes*
*1 litre de bouillon de bœuf **
4 à 5 têtes de champignons de Paris moyens
Préparation : *10 minutes*

Séparer les têtes des pieds des champignons. Laver rapidement les têtes à l'eau courante. Les sécher et les émincer en julienne, c'est-à-dire les couper en très petits bâtonnets.

Verser le bouillon bouillant dans des bols à bouillon et parsemer chaque bol de julienne de champignons.

Remarque : Les pieds pourront être utilisés pour faire une sauce (voir p. 48).

• Au poulet et aux truffes

Proportions : *pour 4 personnes*
*1 litre de bouillon de bœuf **
1 blanc de poulet cuit • 1 truffe moyenne fraîche (voir p. 534)
ou 1 petite boîte de truffes en morceaux dans le commerce
Préparation : *15 minutes*

Couper le poulet en fins petits bâtonnets.

Faire de même avec la truffe. Sinon, égoutter les morceaux de la boîte de truffes. Mettre le tout à chauffer 2 minutes dans le bouillon bouillant et servir en assiettes individuelles.

CONSOMMÉ EN GELÉE

Il se fait à l'avance.

Proportions : *pour 4 personnes*
*1 litre de bouillon de bœuf **
1/2 pied de veau • 150 g de viande de bœuf hachée
2 blancs d'œufs • xérès, au goût
1 cuillère à café de persil et estragon hachés
Préparation : *5 minutes*
Clarification : *20 minutes*

Prendre un bouillon de bœuf bien concentré *, dans lequel on aura ajouté un 1/2 pied de veau pour donner des éléments gélifiants.

Passer le bouillon à l'étamine, mettre au frais. Dégraisser avec la spatule. Procéder à la clarification (voir p. 61), indispensable dans ce cas.

Parfumer au xérès. Vérifier l'assaisonnement. Verser dans les tasses ou les bols à bouillon.

Faire prendre au réfrigérateur de sorte que le bouillon pris en gelée ait une consistance assez molle pour être agréablement mangé à la cuillère. Éventuellement, s'il semblait trop dur, le sortir du froid suffisamment à temps pour qu'il revienne à consistance convenable.

Au dernier moment, hacher finement feuilles de persil et d'estragon. Avant de servir, saupoudrer chaque tasse d'un peu de fines herbes.

BOUILLON DE LÉGUMES

Les légumes utilisés pour la préparation de ce bouillon ne sont pas servis. Ils sont volontairement employés en assez grande quantité et trop cuits pour donner toute leur saveur à l'eau dans laquelle ils auront mijoté.

Ce bouillon peut servir à différents usages. Tel quel, il est excellent les jours de régime ou de maladie.

Il peut aussi être employé comme base de sauces ou d'autres potages.

Il peut être fait à l'avance, il se conserve 2 à 3 jours au réfrigérateur.

***Proportions** : pour 4 personnes*
5 à 6 carottes • 4 beaux navets
4 poireaux entiers (vert et blanc)
2 belles branches de céleri • 2 branches de persil
2 branches de cerfeuil • 2 litres d'eau • sel, poivre
***Préparation** : 20 minutes*
***Cuisson** : 1 heure 30*

Éplucher, laver et couper tous les légumes en petits morceaux. Laisser les branches de persil et de cerfeuil entières après les avoir bien lavées.

Mettre le tout dans une grande casserole. Recouvrir d'eau froide. Saler très modérément. Faire partir à ébullition.

Laisser ensuite mijoter doucement à découvert de manière à faire réduire de moitié.

Passer ensuite le bouillon au chinois.

Avant de consommer, vérifier l'assaisonnement, resaler éventuellement, poivrer légèrement.

On pourra au goût le consommer tel quel ou y ajouter, pour un bol, au dernier moment, une petite noix de beurre.

Les soupes

SOUPE DE LÉGUMES

Elle peut se faire à l'avance et se conserve 2 à 3 jours au réfrigérateur.

***Proportions :** pour 4 personnes*
3 carottes moyennes • 2 navets moyens
3 poireaux moyens • 1 pomme de terre, type Bintje
1/2 gousse d'ail • 1 œuf de beurre • 1 litre d'eau • sel, poivre
***Préparation :** 15 minutes*
***Cuisson :** 45 minutes*

Couper les carottes, les navets et les pommes de terre en petits dés réguliers de 2 cm de côté. Enlever le vert foncé des poireaux, ne garder que le blanc et le vert tendre, couper en petits tronçons de 3 cm.

Mettre le tout dans une casserole, recouvrir d'eau. Ajouter la 1/2 gousse d'ail écrasée. Saler. Faire partir à ébullition et cuire à couvert en mijotant doucement pendant 45 minutes.

Mettre le beurre au fond de la soupière. Verser la soupe. Donner un bon tour de moulin à poivre et servir.

SOUPE À LA JULIENNE DE LÉGUMES

Elle peut se faire à l'avance et se réchauffe doucement.

***Proportions :** pour 4 personnes*
*1 litre d'eau ou de bouillon de volaille **
2 carottes moyennes • 1 navet
2 blancs de poireaux moyens • 1/4 de céleri-rave

100 g de champignons de Paris • 1 œuf de beurre
sel poivre
***Préparation** : 25 minutes*
***Cuisson** : pour les légumes, 10 minutes*
***Finition** : 15 minutes*

Couper tous les légumes en fine julienne avec un couteau bien affûté (les carottes et les navets peuvent être passés au mouli-julienne, grille moyenne, cela représente un gain de temps appréciable).

Dans une casserole, faire fondre le beurre à feu doux, y jeter tous les légumes et les faire étuver lentement à couvert en les remuant de temps en temps, jusqu'à ce qu'ils soient cuits légèrement croquants et non dorés.

À ce moment, recouvrir avec l'eau ou le bouillon. Saler, poivrer et laisser mijoter un petit 1/4 d'heure. Servir en soupière ou en assiettes individuelles.

Remarque : Ce potage est déjà délicieux quand il est seulement mouillé d'eau, mais il est évident que sa saveur est infiniment plus corsée quand est employé un bon bouillon de volaille.

On pourra donc envisager de préparer ce potage le jour où l'on aura fait une poule au pot *.

SOUPE DE CRESSON ET DE POMMES DE TERRE

Elle se fait au dernier moment.

***Proportions** : pour 4 personnes*
1 litre d'eau • 1 botte de cresson
2 pommes de terre type Bintje • 1 noix de beurre
1 cuillère à soupe de crème fraîche • sel, poivre
***Préparation** : 30 minutes*
***Cuisson** : cresson seul, 5 minutes • potage, 35 minutes*

Supprimer les tiges du cresson, le laver soigneusement, le sécher et garder une douzaine de feuilles en réserve. Éplucher les pommes de terre, les laver, les couper en morceaux, les laisser dans l'eau.

Dans une casserole, mettre la noix de beurre à fondre, jeter le cresson pour le faire étuver et évaporer son eau de végétation. Mouiller avec l'eau, ajouter les pommes de terre, porter à ébullition. Saler, poivrer et faire mijoter à petits bouillons pendant 35 minutes.

Passer le potage au moulin à légumes.

Remettre la casserole sur le feu, incorporer la crème fraîche en la délayant avec la cuillère en bois. Laisser mijoter 5 à 6 minutes. Vérifier l'assaisonnement.

Verser dans la soupière chaude, et parsemer le dessus du potage avec les feuilles de cresson mises de côté.

SOUPE À L'OSEILLE

Elle se fait au dernier moment.

***Proportions** : pour 4 personnes*
1 litre d'eau • 300 g d'oseille crue
3 jaunes d'œufs • 2 cuillères à soupe de crème fraîche
1 grosse noix de beurre • sel, poivre
***Préparation** : 20 minutes*
***Cuisson** : pour fondre l'oseille, 5 minutes*
ébullition, 20 minutes • épaississement, 6 à 7 minutes

Équeuter et laver soigneusement l'oseille. Mettre le beurre à fondre à feu doux dans une casserole et y jeter l'oseille. La faire étuver doucement, c'est-à-dire que de vert clair elle doit devenir vert foncé et diminuer considérablement de volume, en perdant toute son eau de végétation. Quand il n'y a plus d'eau et que sa consistance est molle, l'oseille est fondue.

À ce moment-là, verser l'eau, saler, poivrer, porter à ébullition et laisser mijoter 20 minutes. Baisser le feu, la soupe ne doit plus bouillir.

Dans un bol, battre les jaunes d'œufs avec la crème fraîche. Verser, en délayant, du jus chaud de la soupe. Puis reverser le tout d'un coup dans la casserole. En remuant avec la cuillère en bois, laisser épaissir lentement (cela s'appelle faire une « liaison à l'œuf et à la crème »), les œufs mis dans le liquide chaud cuisent lentement, mais il est essentiel que ce liquide ne bouille pas, car les œufs se mettraient en grumeaux et la liaison serait ratée. Dès que la soupe est onctueuse, ce qui se voit, car elle *nappe* la cuillère, la servir en soupière ou en assiettes individuelles.

SOUPE À L'OIGNON NON GRATINÉE

Elle se fait au dernier moment.

***Proportions** : pour 4 personnes*
*1 litre de bouillon de bœuf * ou d'eau*

4 beaux oignons • 1 œuf de beurre
125 g de gruyère • 12 tranches de baguette de pain • sel, poivre
***Préparation :** 25 minutes*
***Cuisson :** oignons, 10 minutes*
potage, 20 minutes

Éplucher les oignons, les couper en deux, puis les émincer en fines rondelles.

Dans une casserole à fond épais, faire fondre le beurre. Quand il est blond, mettre les oignons à cuire doucement à couvert jusqu'à ce qu'ils deviennent d'abord transparents puis blond foncé. Ils doivent avoir une couleur soutenue, mais il faut absolument éviter qu'ils ne noircissent, car la soupe prendrait un goût amer.

Quand les oignons sont arrivés à bonne couleur, verser dessus le bouillon (ou l'eau) froid. Porter à ébullition, saler modérément, poivrer et laisser mijoter à petits bouillons 20 minutes.

Pendant ce temps, couper des rondelles minces dans une baguette de pain, les faire griller au gril du four et râper le fromage.

Verser le potage dans la soupière chaude, y verser le fromage râpé en pluie, en mélangeant rapidement et servir en présentant à part le pain grillé que chacun mettra dans son assiette de potage.

SOUPE À L'OIGNON GRATINÉE

Elle se fait au dernier moment.

***Proportions :** pour 4 personnes*
*1 litre de bouillon de bœuf * ou d'eau*
4 beaux oignons • 1 œuf de beurre
125 g de gruyère • 4 tranches de pain grillé • sel, poivre
***Préparation :** 25 minutes*
***Cuisson :** oignons, 10 minutes*
potage, 10 minutes • au gril, 5 minutes

Procéder de la même façon que pour la soupe à l'oignon non gratinée. Pendant qu'elle mijote, râper le fromage et griller des tranches ou des 1/2 tranches (selon la taille) de pain de campagne. Les mettre dans une grande soupière, ou chaque tranche dans des petites soupières individuelles.

Verser dessus le bouillon et les oignons. Saupoudrer avec le gruyère râpé et mettre au gril du four pour faire prendre au potage une belle couleur dorée gratinée.

Servir immédiatement.

SOUPE DE POIREAUX ET POMMES DE TERRE

Elle se fait au dernier moment.

Proportions : *pour 4 personnes*
1 litre d'eau ● 5 à 6 poireaux moyens
2 grosses pommes de terre, type Bintje
1 œuf de beurre ● sel, poivre
Préparation : *15 minutes*
Cuisson : *poireaux, 5 minutes ● soupe, 45 minutes*

Prendre la partie blanche et vert tendre des poireaux, éplucher, laver et couper en quatre dans la longueur. Éplucher et laver les pommes de terre, les tailler en lames un peu épaisses.

Faire fondre une noix de beurre dans la casserole, y mettre les poireaux et les faire étuver à couvert et à feu doux, c'est-à-dire s'attendrir sans prendre couleur. Mouiller avec l'eau. Ajouter les pommes de terre, porter à ébullition. Saler, poivrer et laisser cuire à petits bouillons pendant 45 minutes.

Au fond de la soupière chaude, mettre le beurre restant et verser la soupe dessus. Servir.

SOUPE DE TOMATES ET POMMES DE TERRE

Elle se fait au dernier moment.

Proportions : *pour 4 personnes*
1 litre d'eau ● 4 tomates moyennes
2 pommes de terre moyennes, type Bintje
1 oignon moyen ● 1 gousse d'ail
2 cuillères à soupe de crème fraîche
1 cuillère à soupe de persil haché ● sel, poivre
Préparation : *15 minutes*
Cuisson : *30 minutes*

Éplucher la gousse d'ail. Éplucher l'oignon, le couper en rondelles. Couper les tomates en 4 morceaux. Éplucher et laver les pommes de terre, les couper en morceaux.

Mettre tous ces ingrédients dans une casserole et recouvrir d'un litre d'eau. Saler et porter à ébullition à feu moyen. Laisser mijoter à couvert 30 minutes. Pendant ce temps, effeuiller le persil, laver, sécher les feuilles, les hacher finement et les réserver.

Passer le potage au moulin à légumes au-dessus d'un récipient.
Remettre dans la casserole, ajouter et délayer la crème fraîche en réchauffant le bouillon jusqu'à ébullition. Retirer du feu. Verser dans une soupière chaude. Donner 2 à 3 tours de moulin à poivre et saupoudrer de persil haché.

Les crèmes et les veloutés

Les crèmes

CRÈME DE CAROTTES

Elle se fait au dernier moment.

***Proportions :** pour 4 personnes*
*1 litre de bouillon de légumes * ou d'eau, à défaut*
3 à 4 carottes • 3 pommes de terre moyennes type bintje
1 oignon • 100 g de beurre en tout
***Préparation :** 15 minutes*
***Cuisson :** 40 minutes*

Préparer le bouillon de légumes.

Éplucher, laver et couper les carottes en copeaux. Éplucher et couper l'oignon en fines rondelles. Éplucher, laver et couper les pommes de terre en morceaux.

Dans une casserole, à feu doux, mettre une noix de beurre et cuire à couvert oignons et copeaux de carottes. Quand ils sont attendris, ajouter les pommes de terre et le bouillon de légumes ou de l'eau à défaut. Porter à ébullition et faire cuire 30 à 35 minutes.

Égoutter les légumes, garder le bouillon. Passer les légumes au mixer, à défaut au moulin à légumes et au tamis très fin.

Remettre dans la casserole à chauffer en délayant avec le bouillon de cuisson pour avoir un potage de bonne consistance. Vérifier l'assaisonnement en sel et laisser « bouillotter » 2 à 3 minutes. Terminer en incorporant le reste de beurre par petits morceaux en fouettant doucement. Donner 2 à 3 tours de moulin à poivre et servir en soupière ou en assiettes individuelles.

CRÈME DE CÉLERI

Elle se fait au dernier moment.

Proportions : *pour 4 personnes*
*1 litre de bouillon de volaille **
ou bouillon de volaille instantané • 1 boule de céleri-rave
3 pommes de terre moyennes, type Bintje
2 noix de beurre en tout
1 cuillère à soupe de crème fraîche • sel, poivre
Préparation : *20 minutes*
Cuisson : *40 à 55 minutes*

Éplucher et laver le céleri-rave, le couper en copeaux comme des chips.

Éplucher, laver les pommes de terre, les couper en morceaux ; les laisser dans l'eau.

Prendre une large casserole, mettre une noix de beurre à fondre à feu doux. Quand il est fondu, mettre les copeaux de céleri à étuver, c'est-à-dire les faire s'attendrir doucement dans le beurre à couvert et en les remuant de temps en temps, l'opération prend à peu près 7 à 8 minutes. Le céleri doit être souple et non pas mou. À ce moment-là, ajouter les pommes de terre. Mouiller avec du bouillon de volaille * froid ou bien avec du bouillon de volaille instantané (1 tablette pour 1/2 litre d'eau). Porter à ébullition à feu moyen et laisser mijoter à couvert pendant 30 minutes.

Égoutter les légumes, mais garder le bouillon. Passer les légumes au mixer, à défaut, au moulin à légumes, ensuite dans un tamis très fin.

Remettre dans la casserole à feu doux, chauffer la purée, incorporer la crème fraîche, délayer avec le bouillon de manière à avoir une crème ni trop épaisse, ni trop fluide. Vérifier l'assaisonnement en sel. Laisser « bouillotter » 2 à 3 minutes et incorporer la noix de beurre restante en petits morceaux en tournant doucement. Donner 2 à 3 tours de moulin à poivre.

Servir tout de suite en soupière ou en assiettes individuelles.

CRÈME DE HARICOTS BLANCS

Elle se fait au dernier moment, mais les haricots peuvent se cuire à l'avance.

***Proportions** : pour 4 personnes*
150 g de haricots blancs secs environ
2 oignons moyens • 3 gousses d'ail
1 branche de thym • 3 feuilles de laurier
3 cuillères à soupe de crème fraîche • eau • sel, poivre
***Préparation** : 15 minutes*
***Cuisson** : haricots, 2 heures environ • potage, 15 à 20 minutes*

Préparer et cuire les haricots blancs secs * ou utiliser un reste. (À défaut de jus de cuisson, utiliser du bouillon de volaille instantané.)

Verser les haricots dans une passoire au-dessus d'un récipient de manière à conserver le jus de cuisson. Retirer le thym et le laurier. Passer d'abord les légumes au mixer, à défaut, au moulin à légumes puis au tamis, pour avoir une purée très fine et très lisse.

Remettre dans la casserole à feux doux, chauffer la purée pour retirer l'excédent d'eau. Incorporer la crème fraîche en travaillant avec la cuillère en bois. Délayer ensuite avec du jus de cuisson de manière à avoir une crème ni trop fluide, ni trop épaisse. Vérifier l'assaisonnement en sel et poivrer. Laisser chauffer pendant 5 à 6 minutes et servir.

LES ACCOMPAGNEMENTS DE LA CRÈME DE HARICOTS

On pourra employer les mêmes accompagnements que ceux de la crème de pois cassés *.

Pour donner une jolie note de couleur et ajouter un goût agréable, on pourra aussi, avant de servir le potage, le saupoudrer d'une cuillère à soupe de basilic haché frais.

CRÈME DE LÉGUMES

Elle se fait au dernier moment.

***Proportions** : pour 4 personnes*
*1 litre de bouillon de volaille **
à défaut, de bouillon de volaille instantané
(1/2 tablette pour 1/2 litre)
3 carottes moyennes • 2 navets moyens
2 poireaux moyens • 2 branches de céleri
100 g de champignons de Paris • 1 œuf de beurre
2 cuillères à soupe de crème fraîche • sel, poivre

***Préparation** : 15 à 20 minutes*
***Cuisson** : 1 heure*

Laver, éplucher et couper tous les légumes en petits morceaux. Les mettre dans une casserole, recouvrir de bouillon de volaille froid. Faire partir à ébullition. Saler légèrement, laisser mijoter à petit feu jusqu'à cuisson des légumes.

Quand ils sont cuits, les égoutter en réservant le bouillon au chaud, à feu doux dans une casserole. Les passer au mixer, à défaut, au moulin à légumes puis au tamis, de manière à avoir une purée très fine. Remettre cette purée dans la casserole à feu doux et incorporer le beurre par petits morceaux et la crème fraîche. Quand elle est bien lisse, verser petit à petit en délayant du bouillon chaud, de manière à avoir un potage de consistance onctueuse, ni trop épais, ni trop liquide. Laisser chauffer sans bouillir quelques minutes. Vérifier l'assaisonnement en sel et poivrer avec le moulin.

Servir en soupière ou en assiettes individuelles.

CRÈME DE LENTILLES

Elle se fait au dernier moment, mais les lentilles peuvent se cuire à l'avance.

***Proportions** : pour 4 personnes*
175 g de lentilles environ • 2 oignons moyens
2 gousses d'ail • 1 branche de thym
2 feuilles de laurier • 1 œuf de beurre
1 cuillère à soupe de crème fraîche • eau • sel, poivre
***Préparation** : 10 minutes*
***Cuisson** : lentilles, 1 heure à 1 heure 30 • potage, 15 à 20 minutes*

Préparer et cuire les lentilles * ou utiliser un reste (à défaut de jus de cuisson, utiliser du bouillon de volaille instantané).

Verser les lentilles dans une passoire au-dessus d'un récipient pour garder le jus de cuisson. Retirer le thym et le laurier, et passer le reste au mixer pour avoir une purée très fine.

Remettre à feu doux dans la casserole, chauffer la purée pour enlever l'excédent d'eau et incorporer la crème fraîche en tournant avec la cuillère en bois. Délayer avec du jus de cuisson pour avoir un potage ni trop fluide, ni trop épais. Vérifier l'assaisonnement en sel, poivrer. Laisser chauffer quelques instants. Ajouter le beurre et servir.

LES ACCOMPAGNEMENTS DE LA CRÈME DE LENTILLES

• Au saucisson de Morteau

***Proportion** : 1 saucisson*

Piquer le saucisson légèrement avec une fourchette et le mettre à cuire dans les lentilles pendant les 45 dernières minutes de cuisson.

Le sortir des lentilles. Le couper en rondelles assez épaisses et les remettre dans le potage avant de servir.

• Aux saucisses de Francfort

***Proportion** : 2 saucisses*

Piquer légèrement les saucisses avec une fourchette et les faire cuire 5 à 6 minutes dans de l'eau frémissante.

Couper en rondelles et les mettre dans la crème de lentilles avant de servir.

CRÈME DE POIS CASSÉS

Elle se fait au dernier moment, mais les pois peuvent se cuire à l'avance.

***Proportions** : pour 4 personnes*
250 g de pois cassés environ • 2 oignons moyens
3 gousses d'ail • 1 branche de thym
3 feuilles de laurier • eau • 1 cuillère à soupe de crème fraîche
1 gros œuf de beurre • sel, poivre
***Préparation** : 15 minutes*
***Cuisson** : pois, 2 heures environ • potage, 15 à 20 minutes*

Préparer et cuire les pois cassés * ou utiliser un reste de purée de pois cassés. Dans ce cas, à défaut de jus de cuisson, utiliser du bouillon de volaille instantané. Égoutter les pois cassés dans le moulin à légumes en prenant soin de garder le jus de cuisson. Enlever le thym et le laurier et passer au moulin à légumes les pois, l'ail et les oignons au-dessus d'une casserole.

Faire chauffer pour obtenir une purée épaisse et desséchée. Incorporer le beurre et la crème fraîche en tournant avec la cuillère de bois. Délayer avec du jus de cuisson de manière à avoir une soupe de consistance agréable, ni trop fluide, ni trop épaisse. Vérifier l'assaisonnement en sel, poivrer. Laisser mijoter quelques instants et servir bouillant.

LES ACCOMPAGNEMENTS DE LA SOUPE AUX POIS CASSÉS

• Aux lardons

Proportions : *pour 4 personnes*
*1 litre de crème aux pois cassés * • 150 g de poitrine fumée*
1 parcelle de beurre
Préparation : *20 minutes*
Cuisson : *soupe, 2 heures environ • lardons, 6 minutes*

Faire la soupe. La laisser au chaud à feu doux.

Enlever la couenne et les cartilages de la poitrine fumée, la couper en petits dés. Graisser légèrement avec une parcelle de beurre une poêle. Y faire rissoler les lardons à feu moyen.

Verser la soupe dans la soupière chaude et y ajouter les lardons en évitant de mettre leur graisse de cuisson.

• Aux chipolatas

Proportions : *pour 4 personnes*
*1 litre de crème aux pois cassés **
12 mini-chipolatas • 1 grosse noix de beurre
Préparation : *15 minutes*
Cuisson : *pois, 2 heures • chipolatas, 6 à 7 minutes*

Faire la soupe et la tenir au chaud.

Mettre le beurre à blondir dans une poêle, piquer légèrement les saucisses avec une fourchette et les faire rissoler doucement de tous les côtés.

Verser la soupe dans la soupière chaude et y ajouter les chipolatas en évitant de mettre la graisse de cuisson.

• Aux croûtons

Proportions : *pour 4 personnes*
*1 litre de crème aux pois cassés **
3 tranches de pain de mie sans croûte • 1 œuf de beurre
Préparation : *20 minutes*
Cuisson : *pois, 2 heures • croûtons, 5 minutes*

Faire la soupe. Pendant qu'elle finit de cuire, couper les tranches de pain de mie en petits dés réguliers de 3 cm de côté. Mettre le beurre à blondir dans une poêle et faire rissoler les croûtons en les remuant avec la spatule. Quand ils sont dorés régulièrement et non noircis, les prendre avec une écumoire et les poser sur un papier absorbant. Quand ils sont bien secs, les mettre sur une assiette.

Terminer la soupe et la servir accompagnée de petits croûtons dont chacun à table se servira à son gré.

CRÈME DE POIS FRAIS

Elle se fait au dernier moment.

***Proportions :** pour 4 personnes*
500 g de petits pois frais écossés ou
1 paquet de petits pois surgelés de 450 g
*1/2 litre de bouillon de volaille **
ou bouillon de volaille instantané
(1 tablette pour 1/2 litre d'eau)
1 cuillère à soupe de crème fraîche
1 œuf de beurre • sel, poivre
***Préparation :** 10 minutes*
***Cuisson :** petits pois, 6 à 7 minutes • potage, 10 minutes*

Faire cuire les petits pois à l'anglaise (voir p. 460). Les égoutter. Les passer au mixer, à défaut au moulin à légumes, puis au tamis fin. Verser la purée obtenue dans une casserole, délayer avec du bouillon de volaille *, à défaut, du bouillon de volaille instantané, jusqu'à consistance de purée fluide mais encore un peu épaisse. Mettre à chauffer doucement jusqu'à ébullition, ajouter la crème fraîche pour avoir une bonne consistance onctueuse définitive. Laisser bouillotter quelques instants.

Hors du feu, incorporer l'œuf de beurre en mélangeant. Vérifier l'assaisonnement en sel et poivrer.

Servir en soupière ou en assiettes individuelles.

Les veloutés

VELOUTÉ D'ASPERGES

Il se termine au dernier moment, mais la cuisson des asperges peut se faire à l'avance.

***Proportions :** pour 4 personnes*
8 asperges blanches moyennes • 3/4 de litre d'eau

1 cuillère à soupe de farine (environ 20 g) • 1 œuf de beurre
3 cuillères à soupe de crème fraîche
3 jaunes d'œufs • sel, poivre
***Préparation :** 15 minutes*
***Cuisson :** asperges 25 à 30 minutes*
têtes 10 minutes, potage 15 à 20 minutes

Couper les asperges en deux : 6 cm de têtes d'un côté, les tiges de l'autre. Réserver les têtes. Gratter et préparer les asperges *. Tenir les têtes dans l'eau fraîche. Couper les tiges en morceaux.

Les faire cuire dans l'eau bouillante salée à couvert pendant 35 minutes. Les égoutter dans une passoire en conservant le jus de cuisson.

Passer les morceaux d'asperges au mixer, à défaut, au moulin à légumes, puis au tamis fin. Verser la fine purée obtenue dans le jus de cuisson. Délayer.

Dans une casserole à feu doux, mettre à fondre l'œuf de beurre, ajouter la farine, mélanger, et cuire jusqu'à ce qu'on atteigne la couleur roux blond. Délayer petit à petit avec le jus d'asperges jusqu'à ébullition et épaississement. Laisser mijoter à petit feu pendant 15 à 20 minutes.

Pendant ce temps, faire bouillir de l'eau salée, y cuire les têtes d'asperges pendant 10 minutes. Les égoutter et réserver dans un torchon.

Délayer la crème fraîche et les jaunes dans un bol. Ajouter une cuillère de potage bouillant, délayer, recommencer une fois, et jeter le tout dans la casserole. Remuer avec la cuillère jusqu'à ébullition. Contenant de la farine, le velouté ne peut pas tourner et peut mijoter à petit feu jusqu'à consistance onctueuse et crémeuse.

Vérifier l'assaisonnement en sel et en poivre. Ajouter les têtes d'asperges à chauffer quelques instants et servir en soupière ou assiettes individuelles.

VELOUTÉ DE CHAMPIGNONS

Il se fait au dernier moment.

***Proportions :** pour 4 personnes*
250 g de champignons de Paris • 1/2 litre de lait
1 cuillère à soupe rase de farine (environ 15 g)
2 noix de beurre • 3 cuillères à soupe de crème fraîche
3 jaunes d'œufs • 1/2 citron • 1 cuillère à café de jus de citron

***Préparation :** 15 à 20 minutes*
***Cuisson :** 40 à 45 minutes*

Avec le beurre, la farine, le lait, faire une béchamel rapide * peu épaisse. La laisser mijoter à feu très doux pendant 20 à 25 minutes. Parer et nettoyer les champignons (voir p. 479). Réserver deux à trois têtes, les arroser avec du jus de citron pour qu'elles ne noircissent pas. Couper le reste en morceaux. Dans une poêle, mettre une noix de beurre à feu moyen. Ajouter les champignons en les remuant en tous sens, faire évaporer l'eau de végétation sans que les champignons se colorent, ce qui prend environ 6 à 7 minutes.

Les broyer ensuite au mixer pour avoir une fine purée. La verser dans une casserole à feu doux et délayer avec la béchamel, porter de nouveau à ébullition en remuant le mélange. Saler, poivrer.

Dans un bol, mélanger les jaunes d'œufs et la crème fraîche avec une à deux cuillères de potage. Verser le tout dans la casserole et chauffer jusqu'à ébullition en tournant jusqu'à ce que l'on ait une consistance lisse et onctueuse. Parfumer de quelques gouttes de jus de citron. Vérifier l'assaisonnement. Verser en soupière ou en assiettes individuelles.

Laisser tomber au-dessus de la soupière ou des assiettes de fins petits bâtonnets de champignons taillés au fur et à mesure dans les têtes réservées. Servir.

VELOUTÉ DE VOLAILLE

Il se fait au dernier moment.

***Proportions :** pour 4 personnes*
*1 litre de bouillon de poularde **
ou de bouillon de volaille instantané (1 tablette pour 1 litre)
1 cuillère à soupe de farine (environ 22 g)
1 œuf de beurre • 3 cuillères à soupe de crème fraîche
3 jaunes d'œufs • sel, poivre
***Préparation :** 3 à 4 minutes*
Cuisson : 35 à 40 minutes

Dans une casserole, mettre l'œuf de beurre à fondre. Quand il est fondu, ajouter la farine et en remuant avec la cuillère en bois, faire cuire jusqu'à la couleur caramel clair. Mouiller avec le bouillon de poularde, à défaut, du bouillon instantané, et à feu moyen, porter à ébullition en tournant sans cesse jusqu'à épaississement. À partir de ce moment, laisser mijoter à tout petit feu pendant 30 minutes. Enlever régulièrement avec une cuillère la peau et les impuretés qui se forment en surface.

Dans un bol, battre ensemble crème fraîche et jaunes d'œufs. Prendre une cuillère de potage chaud, et l'incorporer au mélange crème-œufs. Recommencer l'opération 2 à 3 fois puis jeter le tout dans la casserole en délayant bien. Continuer à chauffer doucement en tournant avec la cuillère jusqu'à ébullition. Le potage est prêt quand il couvre la cuillère. Contenant de la farine, le potage ne peut pas tourner. On peut donc le laisser à feu doux prendre la consistance nécessaire.

Vérifier l'assaisonnement en sel, donner 2 à 3 tours de moulin à poivre avant de servir en soupière ou en assiettes individuelles.

Accompagnement : Fine julienne de truffes *. Parfumer le velouté avec le jus de la boîte.

SOUPE DE MOULES

Ce potage se fait au dernier moment.

***Proportions :** pour 4 personnes*
1 litre de moules • 2 échalotes
2 branches de persil • 1 verre de vin blanc
1 œuf de beurre • 2 cuillères à soupe de crème fraîche
3 jaunes d'œufs • 100 g d'oseille • poivre, eau
***Préparation :** 20 à 25 minutes*
***Cuisson :** moules, 2 à 3 minutes • potage, 10 minutes*

Équeuter et laver l'oseille soigneusement, l'égoutter et la hacher grossièrement. La réserver dans un torchon. Gratter et laver les moules (v. page 179). Éplucher les échalotes, les hacher finement. Laver le persil.

Dans une marmite, mettre le persil, les échalotes, le vin blanc. À feu vif, faire bouillir pendant 2 à 3 minutes pour atténuer l'agressivité du vin blanc. Poivrer, ajouter le morceau de beurre et les moules. Cuire rapidement les moules en les brassant en tous sens pendant 2 à 3 minutes pour qu'elles s'ouvrent et rendent leur eau. Retirer la marmite du feu.

À l'aide d'une écumoire, sortir les moules et les poser dans une passoire au-dessus d'un saladier pour que s'écoule le reste du jus. Au-dessus d'une casserole, passer le jus de cuisson des moules dans un tamis recouvert d'une toile à beurre. Compléter ce jus avec de l'eau de manière à avoir 3/4 de litre de liquide. À feu doux, le porter à petite ébullition. Vérifier l'assaisonnement en sel et en poivre.

Pendant ce temps, décoquiller les moules, les réserver sur une assiette. Battre les jaunes d'œufs et la crème dans un bol. Prendre une cuillère de liquide bouillant et délayer ce mélange, recommencer une autre fois et verser le tout dans la casserole.

Ajouter l'oseille hachée et tourner à la cuillère jusqu'à ce que l'on sente un épaississement se produire juste avant le point d'ébullition qu'il ne faut pas atteindre sinon la soupe *tournerait.*

Mettre les moules à chauffer quelques instants et servir en soupière ou en assiettes individuelles.

Les potages divers

GASPACHO (potage froid)

***Proportions :** pour 4 personnes*
Le potage :
5 tomates moyennes • 1 petit concombre
2 oignons • 1 gousse d'ail
2 cuillères à soupe d'huile d'olive
sel, poivre • eau
***Préparation :** potage, 15 à 20 minutes*
accompagnements, 30 à 35 minutes

Les accompagnements :
la moitié d'un petit concombre • 1 poivron vert
2 tomates • 2 oignons • 1/2 tasse à thé de persil haché
1/2 tasse à thé de civette coupée
2 tranches de pain de mie de 2 cm d'épaisseur
3 cuillères à soupe d'huile d'olive
***Préparation :** 30 à 35 minutes*
***Cuisson :** croûtons, 3 à 4 minutes*

Laver les tomates et les couper grossièrement en morceaux. Les passer au mixer pour avoir une purée liquide. Verser dans un grand saladier.

Éplucher le concombre avec l'économe, le couper en deux dans le sens de la longueur, retirer éventuellement les graines. Le couper ensuite en morceaux. Éplucher les oignons et l'ail. Les couper en morceaux.

Mettre ensemble dans le mixer : concombre, ail et oignons. Broyer finement de manière à avoir une purée liquide homogène.

Ajouter à la purée de tomates dans le saladier. Bien mélanger. Ajouter l'huile d'olive. Saler, poivrer. Si l'ensemble paraissait un peu épais, délayer avec de l'eau pour avoir un potage et non pas une purée.

Faire quelques heures à l'avance et mettre dans le bas du réfrigérateur.

Retirer la croûte des tranches de pain de mie et les couper ensuite en cubes de 1 cm. Mettre à chauffer l'huile d'olive dans une poêle. Quand elle fume, mettre le pain et faire des petits croûtons dorés. Retirer de la poêle avec l'écumoire et poser sur un papier pour absorber l'excès de gras.

Plonger les tomates 2 minutes dans l'eau bouillante. Retirer la peau. Les couper en deux. Les presser doucement pour retirer les graines et l'eau de végétation. Couper ensuite la chair des tomates en petits dés aussi réguliers que possible et de la taille des croûtons.

Éplucher les oignons, les hacher grossièrement. Éplucher la moitié du concombre. Le fendre en quatre dans le sens de la longueur. Retirer les graines et le détailler en petits morceaux réguliers de la taille des autres ingrédients. Retirer la tige du poivron en découpant un rond tout autour. Le couper en deux et supprimer graines et parties ligneuses. Le préparer aussi en dés très petits.

Laver et sécher le persil, hacher les feuilles. Couper finement la civette.

Disposer sur la table chacun de ces ingrédients dans des coupes et des soucoupes.

Sortir le potage du réfrigérateur, le battre un peu au fouet avant de le verser dans la soupière de service.

Chacun ajoutera dans son assiette des accompagnements de son choix.

Ce potage d'origine espagnole est agréable et frais, à déguster les soirs d'été.

SOUPE AU CONCOMBRE

Elle se fait à l'avance pour être bien fraîche.

Proportions : *pour 4 personnes*
1 concombre et demi (fin ou moyen)
2 oignons moyens
1 tasse à thé de persil et d'aneth hachés par parties égales
1 verre de crème fleurette • 2 verres d'eau

1 citron • sel, poivre
***Préparation** : 30 minutes*

Éplucher le concombre. Le fendre en deux. Éventuellement, retirer les graines, le couper en morceaux. Éplucher les oignons, les couper en morceaux.

Passer le concombre et les oignons au mixer pour avoir une purée très fine et lisse. La verser dans un saladier.

Laver, sécher, hacher finement les herbes, les réserver dans une tasse. Éplucher la moitié de concombre, la fendre en deux, retirer les graines et la détailler en petits dés minuscules.

Diluer le mélange concombre et oignons avec l'eau et la crème fleurette pour avoir une purée très fluide. Relever le goût avec le jus du citron, le sel et le poivre. Ajouter les herbes hachées et les dés de concombre. Mettre au frais au réfrigérateur.

Avant de verser la soupe dans des petites soupières individuelles, la mélanger avec la cuillère.

Remarque : On peut faire cette soupe avec les herbes suivantes : 3/4 de tasse à thé de persil et cerfeuil hachés par parties égales, ou 4 cuillères à café de civette hachée.

WATERZOI AU POULET DE FRANCINE

Ce potage typiquement belge est à lui seul un plat complet. On peut le faire en deux fois : cuire le poulet et les légumes, les tenir au frais, puis faire réchauffer le tout et terminer, juste avant de servir, par la liaison de crème aux herbes.

***Proportions** : pour 8 personnes*
2 poulets de 1,300 kg • 4 carottes
4 poireaux • 1 pied de céleri • 3 oignons
1 tasse à thé d'estragon haché
1/2 tasse à thé de cerfeuil haché
1 tasse à thé de persil haché
2 branches de thym • 3 feuilles de laurier
3 à 4 gousses d'ail • 2 clous de girofle
300 g de crème fleurette (crème liquide) • 4 jaunes d'œufs
3 tranches de pain de mie sans croûte de 2 cm d'épaisseur
1 œuf de beurre • sel, poivre
***Préparation** : 50 à 55 minutes*
***Cuisson** : poulets, 45 minutes • légumes, 20 minutes*

Faire préparer les poulets par le volailler en demandant de laisser « tout après ». Les poser dans une marmite et les recouvrir d'eau froide. Porter à ébullition. Écumer soigneusement et ajouter les gousses d'ail, les clous de girofle, le thym et le laurier, du sel et du poivre. Laisser cuire à petits bouillonnements pendant 45 minutes environ. Les poulets doivent être cuits et non défaits.

Pendant que les poulets cuisent, laver, sécher les herbes finement, les garder dans un bol et préparer les légumes.

Les éplucher, les laver, ne garder que le blanc et le vert clair des poireaux, les détailler en julienne (fins petits bâtonnets). Réserver.

Quand les poulets sont cuits, les sortir de leur cuisson et les laisser refroidir un peu sur la planche à découper.

Mettre dans une casserole deux bonnes louches de cuisson des poulets, y ajouter la julienne de légumes et faire cuire 20 minutes environ. Retirer du feu, laisser le tout dans la casserole.

Les poulets étant un peu refroidis, les dépouiller de leur peau et détailler la chair en petits morceaux correspondant à une bouchée. Retirer de la marmite le thym et le laurier et y verser les morceaux de poulet, ainsi que la casserole de légumes. Laisser sur le feu à chauffer doucement. Vérifier l'assaisonnement en sel et poivre.

Détailler les tranches de pain de mie en petits dés. Mettre l'œuf de beurre dans une poêle à feu moyen. Quand il grésille, ajouter les croûtons et les faire revenir et dorer de tous côtés en les tournant à la fourchette. Quand ils sont prêts, les retirer avec une écumoire, puis les poser sur un papier absorbant, avant de les mettre dans une ou deux petites assiettes de service.

Dans un bol, battre ensemble la crème fleurette et les jaunes d'œufs, y ajouter toutes les herbes hachées. Prendre un peu de bouillon bouillant, le verser en tournant dans le mélange crème-œufs, recommencer une fois, puis remettre le tout dans la marmite, laisser chauffer en tournant le tout sans laisser bouillir.

Verser dans la soupière de service et servir accompagné des petits croûtons et si on le désire de riz à la créole *, que chacun ajoute à son gré dans son assiette.

3.

Les œufs

ŒUFS À LA COQUE

ŒUFS AU PLAT

OMELETTES

Tous les astérisques renvoient à des recettes figurant à l'index alphabétique en fin de volume.

Les œufs

C'est vraiment le produit à usages multiples. Nourrissant et aimé de tous, économique, base de nombreuses préparations, se prêtant à tous les accommodements, c'est à lui qu'on fait appel pour le repas de famille, ou l'entrée rapide d'un dîner d'amis.

Cependant, pour en avoir toutes les satisfactions, il faut :

- Les choisir de toute première qualité et d'une extrême fraîcheur.
- Ne pas les laisser traîner au réfrigérateur, mais les utiliser au moment de l'achat, ou dans les 2, 3 jours qui suivent.
- Les sortir du froid 1 heure au moins avant l'emploi pour qu'ils soient à la température de la pièce, des œufs glacés ne réagissent pas de la même manière et on risque avec eux de désagréables surprises.

Voici une série de recettes à partir des méthodes de cuisson classique.

Les œufs à la coque

Ils se font à la dernière minute.

Prendre des beaux œufs, parfaitement frais, de ferme de préférence (65 à 70 g de calibre). On compte en général 2 œufs par personne.

Méthode. Les plonger dans l'eau bouillante pendant 3 minutes, 3 minutes et demie, selon les goûts. Les retirer et les immerger 1 seconde dans l'eau fraîche pour arrêter la cuisson. Servir à l'intérieur d'une serviette pliée.

- **Choix de mouillettes**

1. Couper des morceaux de baguette de 10 cm de long. Retirer la mie pour avoir seulement la croûte, beurrer avec du beurre demi-sel. Couper ensuite en bâtonnets.
2. Faire griller des bâtonnets de pain de campagne, étaler le beurre quand le pain est encore chaud et servir.
3. Beurrer des bâtonnets de pain de campagne et parsemer dessus de la civette finement hachée. Appuyer un peu pour que la civette se colle.
4. Beurrer des bâtonnets de pain de campagne un peu larges. Saupoudrer de gruyère râpé. Mettre au four pour faire fondre et gratiner le fromage. Servir chaud.
5. Griller légèrement des bâtonnets de pain de mie. Beurrer à peine. Tartiner avec des œufs de saumon.
6. Les mouillettes d'Eugénie : tremper simplement une asperge dans l'œuf. Déguster. C'est délicieux.

- **Sans mouillettes**

On peut présenter les œufs à la coque autrement que dans leur coquille. Pour cela, quand ils sont cuits, les casser et les vider dans un ramequin un peu profond. Mélanger et casser grossièrement à la fourchette le blanc et le jaune.

AU NATUREL

Proportions : *pour 1 œuf*
1 noisette de beurre • sel, poivre
Préparation : *1 minute*
Cuisson : *3 minutes à 3 minutes 30*

Avant de le servir, mélanger à l'œuf une noisette de beurre, saler et poivrer légèrement.

AUX TRUFFES

Proportions : *pour 1 œuf*
*1 truffe * de 25 g environ*
1/2 cuillère à café de jus de truffes
1 noisette de beurre • sel, poivre
Préparation : *5 à 6 minutes*
Cuisson : *3 minutes à 3 minutes 30*

Sortir la truffe du bocal, la hacher grossièrement.

Dans une petite casserole, verser 1/2 cuillère à café de jus de truffes et la noisette de beurre. Chauffer vivement en donnant à la casserole un mouvement circulaire pour émulsionner le beurre dans le jus. Ajouter la truffe hachée, un peu de sel et de poivre et laisser chauffer à feu tout doux.

Cuire l'œuf à la coque, le briser dans le ramequin. Le saupoudrer de la truffe et servir.

AU SAUMON FUMÉ

Proportions : *pour 1 œuf*
1 noisette de beurre • 1 languette de saumon fumé • poivre
Préparation : *2 minutes*
Cuisson : *3 minutes à 3 minutes 30*

Sur une tranche de saumon fumé, couper une languette de 2 cm de large et de 8 cm de long, la détailler en fins petits morceaux.

Cuire l'œuf à la coque, le briser dans un ramequin, mélanger le beurre, parsemer de saumon fumé, poivrer avec le moulin et servir.

Les œufs au plat

Ils se font au dernier moment.

On compte en général 2 œufs par personne. Si on est peu nombreux, les faire cuire dans des plats individuels et les servir dans le plat de cuisson. Pour une famille, choisir une poêle proportionnée au nombre d'œufs pour les faire cuire (6 au maximum). Pour les servir, les faire glisser dans un plat rond de même taille.

AU NATUREL

Proportions : *pour un plat individuel*
2 œufs • 1 noix de beurre • sel, poivre
Cuisson : *2 à 3 minutes selon les goûts*

Faire fondre le beurre blond doré à feu moyen, casser les œufs près du plat pour que le jaune n'éclate pas. Saler, poivrer et servir quand tout le blanc est pris.

LES ŒUFS AU PLAT DE MA GRAND-MÈRE

Proportions : *pour une personne*
1 tranche de jambon blanc • 2 œufs
1 noix de beurre • sel, poivre
Préparation : *2 minutes*
Cuisson : *jambon, 3 minutes • œufs, 2 à 3 minutes*

Retirer le gras et la couenne de la tranche de jambon, la poser sur une assiette. Recouvrir de papier alu. Mettre l'assiette à chauffer sur une casserole d'eau bouillante.

Pendant ce temps, faire des œufs au plat au naturel *.

Retirer la feuille de papier alu du jambon. Faire glisser les œufs sur le jambon. Servir.

Si les convives sont nombreux, disposer les tranches de jambon dans un plat, le faire chauffer de même sur une grande casserole et cuire les œufs dans une grande poêle en augmentant la proportion de beurre et les faire glisser sur les tranches de jambon dans le plat.

AU BACON

En France, il s'agit en fait de poitrine fumée qu'on fait couper en tranches fines par le charcutier.

• Première manière

***Proportions** : pour une personne*
1 tranche de poitrine fumée • 2 œufs
1 noisette de beurre • poivre
***Préparation** : 2 minutes*
***Cuisson** : bacon, 3 minutes • œufs, 3 minutes*

Enlever la couenne et le cartilage de la poitrine fumée, la couper en deux dans le sens de la largeur. Dans un petit plat, mettre une noisette de beurre, poser les morceaux, faire rissoler en douceur pour faire lâcher la graisse, les retourner et casser les œufs dessus. Poivrer, ne pas saler. Faire cuire à petit feu jusqu'à ce que le blanc des œufs soit pris. Servir.

Cette manière de faire les œufs au bacon est rustique, mais elle donne un délicieux goût de fumé aux œufs qui ont cuit dans la graisse de la poitrine.

• Deuxième manière

***Proportions** : pour une personne*
1 tranche de poitrine fumée • 2 œufs
1 grosse noix de beurre • poivre
***Préparation** : 2 minutes*
***Cuisson** : bacon, 3 minutes • œufs, 2 à 3 minutes*

Enlever la couenne et les cartilages de la poitrine fumée, couper la tranche en deux dans le sens de la largeur. Dans une petite poêle, faire fondre un peu de beurre blond doré, faire rissoler croustillant la poitrine fumée des deux côtés, glisser la poitrine fumée sur une assiette. Supprimer l'excédent de graisse de la poêle.

Dans la même poêle, faire des œufs au plat au naturel *. Poivrer et sur chacun mettre un morceau de poitrine fumée.

Cette façon de présenter les œufs au bacon est plus esthétique, conforme à la tradition anglaise. La saveur est différente dans la mesure où la poitrine fumée bien croustillante a pris un goût plus accentué qui contraste agréablement avec le moelleux et la douceur des œufs.

AUX CHIPOLATAS

***Proportions** : pour une personne*
2 mini-chipolatas • 2 œufs
2 noix de beurre • sel, poivre
***Cuisson** : chipolatas, 6 à 7 minutes • œufs, 2 à 3 minutes*

Piquer les chipolatas de quelques coups d'épingle. Dans une poêle, faire fondre une noix de beurre blond doré à feu moyen. Mettre à dorer lentement les chipolatas en les tournant de tous côtés.

Pendant les dernières minutes de cuisson des chipolatas, faire dans un plat des œufs au plat au naturel *. Quand ils sont cuits, les garnir avec les petites saucisses en évitant de mettre la graisse qu'elles ont rendue.

AU POIVRON ROUGE

***Proportions** : pour une personne*
1 poivron rouge • 2 œufs
1 cuillère à soupe d'huile d'olive • sel, poivre
***Préparation** : poivron, 15 minutes*
***Cuisson** : œufs, 2 à 3 minutes*

Couper le poivron en deux, enlever la queue, les graines et toutes les parties fibreuses. Faire griller les deux moitiés au gril du four, peau au-dessus. Quand la peau est noire et boursouflée, sortir le poivron du four et retirer la peau. L'opération est très facile : en soulevant une extrémité avec un petit couteau pointu et en tirant ensuite avec les doigts. Couper le poivron en languettes étroites, les enduire légèrement avec les doigts d'un peu d'huile d'olive. Saler et poivrer.

Dans un petit plat, mettre l'huile d'olive. Quand elle est chaude, faire les œufs au plat au naturel *. Décorer avec des languettes de poivron disposées sur le blanc des œufs. Servir.

Remarque : Le reste du poivron sera employé en hors-d'œuvre (v. page 136).

AU BEURRE NOISETTE

***Proportions** : pour une personne*
2 œufs • 2 noix de beurre
1 cuillère à soupe de vinaigre • sel, poivre
***Cuisson** : œufs, 2 à 3 minutes • beurre, 50 secondes*
vinaigre, quelques secondes

Dans une petite poêle, faire fondre 1 noix de beurre à feu moyen. Mettre à cuire les œufs, saler, poivrer. Quand ils sont prêts, les glisser dans l'assiette chaude de service.

Ajouter l'autre noix de beurre dans la poêle, la chauffer jusqu'à la couleur noisette. La verser sur les œufs. Dans la poêle chaude, mettre le vinaigre, le laisser fumer quelques secondes et arroser les œufs. Servir.

Les omelettes

Elles se font au dernier moment.

Pour une omelette, on compte en général 2 œufs par personne. Mais si l'accompagnement est riche et important, 3 œufs pour 2 personnes suffiront tout à fait.

Pour toutes les omelettes, le point de départ est le même : dans un grand bol ou un saladier, battre des œufs entiers soigneusement.

Des œufs bien battus et bien mélangés donnent une omelette légère et homogène. Mal battus, on risque d'apercevoir à la cuisson des parcelles de blanc cuit se détachant sur le jaune. C'est à la fois moins bon et peu joli.

OMELETTE AU NATUREL

***Proportions** : pour 2 personnes*
4 œufs • 1 grosse noix de beurre • sel, poivre
***Préparation** : 2 minutes*
***Cuisson** : 2 à 3 minutes*

Battre les œufs, les saler et les poivrer.

Dans une poêle à feu moyen, faire blondir le beurre. Verser les œufs battus d'un seul coup.

En début de cuisson, « aérer l'omelette », en soulevant et remuant le mélange avec une spatule en allant jusqu'au fond de la poêle et en ramenant du bord vers l'intérieur. Quand toute la masse commence à se solidifier, donner à la poêle un mouvement de va-et-vient qui empêche l'omelette d'attacher et la laisser cuire une dernière minute de façon que le dessous soit doré et l'extérieur bien moelleux, à la limite du « baveux ».

Prendre le plat de service. Laisser glisser doucement l'omelette en la repliant à mi-chemin sur elle-même en s'aidant du bord de la poêle.

AUX LARDONS

***Proportions :** pour 2 personnes*
3 œufs • 75 g de poitrine fumée
1 noix de beurre • sel, poivre
***Préparation :** 6 minutes*
***Cuisson :** lardons, 5 minutes • omelette, 2 à 3 minutes*

Battre les œufs, saler très légèrement, poivrer. Enlever la couenne et les cartilages de la poitrine et la couper en petits dés.

Dans une poêle, faire fondre le beurre et, à feu assez doux, faire rissoler les lardons de manière qu'ils rendent leur graisse sans dessécher et durcir. Jeter les œufs battus sur les lardons et, en relevant le feu, faire cuire l'omelette * en mélangeant œufs et lardons.

Quand elle est cuite, la faire glisser sur le plat de service en la repliant à mi-chemin sur elle-même en s'aidant du bord de la poêle.

Remarque : On peut aussi faire cuire lardons et omelette dans deux poêles différentes, puis garnir l'omelette des lardons avant de la faire glisser dans le plat et de la replier. Mais pour mon goût personnel, faite ainsi, l'omelette est moins onctueuse et le mélange œufs-lardons moins intime.

AUX CHAMPIGNONS

***Proportions :** pour 2 personnes*
3 œufs • 125 g de champignons de Paris
1 grosse noix de beurre • sel, poivre
***Préparation :** 10 minutes*
***Cuisson :** champignons, 7 à 8 minutes • omelette, 2 à 3 minutes*

Préparer et cuire les champignons (v. page 479).

Dans la même poêle, jeter les œufs battus sur les champignons, mélanger et, en relevant le feu, faire cuire l'omelette comme à l'accoutumée *.

Quand elle est prête, la faire glisser sur le plat de service en la repliant à mi-chemin sur elle-même en s'aidant du bord de la poêle.

Remarques :

1. En saison, on pourra employer heureusement des girolles à la place des champignons de Paris. Veiller seulement à particulièrement bien les laver.
2. On peut faire cuire champignons et omelette dans deux poêles différentes, puis garnir l'omelette avec les champignons avant de la glisser dans le plat de service et de la replier.

AUX FINES HERBES

***Proportions** : pour 2 personnes*
4 œufs
1/2 tasse à thé de 1/3 cerfeuil, 1/3 persil, 1/3 civette hachés
1 grosse noix de beurre • sel, poivre
***Préparation** : 10 minutes*
***Cuisson** : 2 à 3 minutes*

Laver les herbes, les sécher. Prendre seulement les feuilles de persil et de cerfeuil et les hacher finement en même temps que la civette.

Battre les œufs. Saler, poivrer, ajouter toutes les herbes hachées. Bien mélanger.

Dans une poêle, mettre le beurre à blondir à feu moyen. Jeter le mélange œufs-herbes, faire l'omelette comme à l'accoutumée * et la faire glisser ensuite dans le plat de service en la repliant à mi-chemin sur elle-même en s'aidant du bord de la poêle.

À L'ESTRAGON

***Proportions** : pour 2 personnes*
4 œufs • 1 grosse noix de beurre
1 cuillère à soupe d'estragon haché • sel, poivre
***Préparation** : 10 minutes*
***Cuisson** : 2 à 3 minutes*

L'estragon ayant un goût accentué et particulier, il mérite d'être employé seul. Effeuiller les branches d'estragon. Laver les feuilles, bien les sécher, les hacher finement.

Battre les œufs, saler, poivrer, ajouter l'estragon haché. Dans une poêle, mettre le beurre à blondir à feu moyen, y jeter les œufs à l'estragon.

Quand l'omelette est cuite *, la faire glisser sur le plat de service en la repliant à mi-chemin sur elle-même en s'aidant du bord de la poêle.

AU FROMAGE

***Proportions :** pour 2 personnes*
3 œufs • 70 g de gruyère
1 grosse noix de beurre • sel, poivre
***Préparation :** 5 minutes*
***Cuisson :** 2 à 3 minutes*

Râper le fromage (il vaut toujours mieux râper le fromage soi-même, le gruyère déjà râpé, acheté dans le commerce, est en général moins frais, donc sec et parfois rance).

Battre les œufs, incorporer le gruyère râpé, saler, poivrer.

Faire blondir le beurre à feu moyen dans la poêle, y jeter le mélange. Quand l'omelette est cuite *, la glisser sur le plat de service et la replier à mi-chemin sur elle-même en s'aidant du bord de la poêle.

AUX OIGNONS

***Proportions :** pour 2 personnes*
4 œufs • 2 oignons moyens • 1 œuf de beurre • sel, poivre
***Préparation :** 10 minutes*
***Cuisson :** oignons, 6 à 7 minutes • omelette, 2 à 3 minutes*

Couper finement les oignons en rondelles. Mettre du beurre à blondir dans la poêle à feu moyen-doux et faire cuire les oignons en douceur à couvert en les remuant avec la spatule en bois, jusqu'à ce qu'ils soient d'abord transparents et moelleux, puis prennent une belle couleur blonde. Saler et poivrer légèrement.

Pendant ce temps, battre les œufs, les saler et poivrer.

Quand les oignons sont à point, jeter les œufs dessus en mélangeant bien et en aérant le mélange (v. page 97). Faire cuire l'omelette assez doucement pour éviter de faire brûler les oignons, ce qui donnerait un goût amer à l'omelette.

Quand elle est cuite, la faire glisser sur le plat de service en la repliant à mi-chemin sur elle-même en s'aidant du bord de la poêle.

Remarque : Si on craint de brûler les oignons en faisant l'omelette de cette façon, on peut faire cuire oignons et omelette dans deux poêles différentes et fourrer l'omelette de sa garniture avant de la mettre dans le plat de service et de la replier. Mais comme les œufs n'ont pas cuit avec les oignons, je trouve que l'omelette est moins parfumée.

AUX POMMES DE TERRE

***Proportions :** pour 2 personnes*
2 œufs • 1 pomme de terre BF 15 ou Roseval moyenne
1 œuf de beurre • sel, poivre
***Préparation :** 5 minutes*
***Cuisson :** pommes de terre à l'eau, 30 minutes*
au beurre, 5 minutes • omelette, 5 minutes

Faire cuire la pomme de terre à l'eau ou à la vapeur dans sa peau. L'éplucher, puis la couper en rondelles de 1/2 cm d'épaisseur.

Faire blondir le beurre dans une poêle à feu moyen, mettre les rondelles de pommes de terre à dorer de tous côtés.

Jeter les œufs battus salés et poivrés. Faire cuire lentement l'omelette comme une grosse galette et la laisser glisser dans un plat rond de service, sans la replier.

AUX CROÛTONS

***Proportions :** pour 2 personnes*
3 œufs • 1 tranche épaisse de pain de mie sans la croûte
de 1 cm 1/2 d'épaisseur
1 œuf de beurre plus 1 grosse noix de beurre • sel, poivre
***Préparation :** 3 minutes*
***Cuisson :** croûtons, 5 minutes • omelette, 2 à 3 minutes*

Couper le pain en dés réguliers. Faire blondir l'œuf de beurre à feu moyen-doux et mettre les croûtons à dorer en remuant en tous sens avec une fourchette pour obtenir une coloration uniforme et blonde.

Quand ceux-ci sont prêts, les sortir de la poêle avec une écumoire pour qu'ils soient bien secs et les réserver dans une assiette.

Battre les œufs, saler, poivrer et faire une omelette au naturel * dans une autre poêle avec la noix de beurre. Quand elle est à point, poser les croûtons sur une moitié de l'omelette en appuyant un peu pour qu'ils s'incrustent. Faire glisser l'omelette dans le plat de service par cette moitié-là et replier à mi-chemin sur elle-même en s'aidant du bord de la poêle.

Remarque : À défaut de pain de mie, on peut employer un morceau de baguette. On le tranche en rondelles de 1 cm d'épaisseur, et chaque rondelle en 4 croûtons. Ils sont moins beaux, moins réguliers qu'avec le pain de mie, mais aussi bons et cela permet d'utiliser un reste de pain.

À L'OSEILLE

***Proportions** : pour 2 personnes*
4 œufs • 150 g d'oseille • 1 gros œuf de beurre • sel, poivre
***Préparation** : 15 minutes*
***Cuisson** : oseille, 7 minutes • omelette, 2 à 3 minutes*

Battre les œufs dans un saladier, saler, poivrer. Équeuter et laver soigneusement l'oseille. L'égoutter.

Dans une casserole, mettre la moitié du beurre à feu doux. Quand il est fondu, ajouter l'oseille et la faire fondre et réduire doucement, de manière à enlever toute l'eau de végétation. Incorporer l'oseille aux œufs battus.

Dans une poêle, mettre le reste du beurre et cuire l'omelette comme à l'accoutumée *. Faire glisser dans le plat de service et replier à mi-chemin sur elle-même en s'aidant du bord de la poêle.

AUX TOMATES POÊLÉES

***Proportions** : pour 2 personnes*
4 œufs • 2 tomates • 2 œufs de beurre • sel, poivre
***Préparation** : 5 minutes*
***Cuisson** : tomates, 10 minutes • omelette, 2 à 3 minutes*

Couper les tomates en deux, les presser dans la main pour faire sortir les graines et l'eau de végétation. Employer un œuf de beurre pour les poêler (v. page 533).

Battre les œufs. Dans une poêle, mettre le deuxième œuf de beurre à blondir à feu moyen et faire une omelette au naturel *. La glisser dans le plat de service en la repliant à mi-chemin sur elle-même en s'aidant du bord de la poêle. L'entourer des moitiés de tomates et la napper du jus de cuisson réduit de celles-ci.

AUX FOIES DE VOLAILLE

***Proportions** : pour 2 personnes*
3 œufs • 2 foies de volaille crus • 2 noix de beurre • sel, poivre
***Préparation** : 5 à 6 minutes*
***Cuisson** : foies, 2 minutes • omelette, 2 à 3 minutes*

Bien enlever les filaments et le vert qui pourraient rester sur les foies. Les hacher très grossièrement. Mettre la noix de beurre dans une poêle à feu vif, y jeter les foies, et, en tournant et remuant vivement, les faire cuire pour qu'ils se raidissent et restent rosés à l'intérieur. Les réserver au chaud dans une assiette.

Battre les œufs, et avec l'autre noix de beurre, faire une omelette au naturel *. Quand elle est prête, parsemer le hachis de foies sur une moitié en appuyant un peu pour l'incruster. Faire glisser cette moitié-là sur le plat de service et replier à mi-chemin sur elle-même en s'aidant du bord de la poêle.

OMELETTE AUX OURSINS

***Proportions** : pour 2 personnes*
4 œufs • 3 oursins • 1 œuf de beurre
1 cuillère à café de crème fraîche • sel, poivre
***Préparation** : 5 à 6 minutes*
***Cuisson** : omelette, 2 à 3 minutes*

Ouvrir les oursins, extraire les petites langues rouges, réserver dans un bol.

Battre les œufs, saler, poivrer.

Dans une petite casserole, mettre à tiédir la crème fraîche à feu doux, ajouter les oursins pour juste les chauffer sans les cuire et durcir, poivrer légèrement.

Faire une omelette au naturel *. Quand elle est au point, poser le mélange crème et oursins sur une moitié de l'omelette. Faire glisser cette moitié-là dans le plat de service et replier à mi-chemin sur elle-même en s'aidant du bord de la poêle. Servir immédiatement.

Les œufs pochés

Méthode. Il est facile de faire des œufs pochés à condition de respecter les différents stades de l'opération.

La cuisson. Il faut une grande casserole plate remplie d'eau vinaigrée (1 cuillère à soupe pour 1 litre) non salée. Quand l'eau est frémissante, on casse les œufs et on les laisse tomber dans l'eau en se tenant le plus près possible de celle-ci. On peut faire cuire plusieurs œufs à la fois, à condition de ne pas les laisser tomber trop près les uns des autres. Il faut compter 3 à 4 minutes de cuisson.

Le rafraîchissement. Dès que le temps de cuisson est achevé, il faut prendre délicatement chaque œuf avec une écumoire et le plonger dans une casserole d'eau froide, ceci pour éviter que l'œuf ne continue à cuire.

La présentation. On retire les œufs de la casserole d'eau froide et on les pose sur une planche. Avec un petit couteau, on enlève tout le blanc en surplus, de manière que l'œuf prenne une jolie forme ovale. Ils sont bons à l'emploi et se prêtent à toutes sortes d'accommodements — froids ou chauds. Pour les réchauffer, il suffit de les remettre dans une casserole d'eau chaude, mais non bouillante (sinon ils durciraient) et de les égoutter ensuite sur un torchon. Ce qui permet de les préparer à l'avance.

Les œufs pochés froids

À LA GELÉE ET AU JAMBON

***Proportions** : pour 2 personnes*
4 œufs • 1 tranche de jambon de Paris
8 cuillères à soupe de gelée traditionnelle

ou gelée instantanée au xérès *
***Préparation** : 10 minutes*
***Cuisson** : 3 à 4 minutes*

Faire pocher les œufs (voir « méthode »). Couper la tranche de jambon en quatre, en enlevant le gras et la couenne. Prendre quatre ramequins. Mettre au fond de chacun un morceau de jambon. Poser l'œuf dessus et recouvrir de gelée tiède. Remettre au réfrigérateur pour faire prendre la gelée.

Remarque : Cette manière d'accommoder les œufs est intéressante pour employer un surplus de gelée à la suite d'un plat à base de gelée fait les jours précédents. On peut d'ailleurs accommoder les œufs en même temps que l'on prépare le plat en gelée, et les employer en entrée le jour qui suit.

Mais on a aussi un excellent résultat avec de la gelée instantanée bien préparée *.

À LA GELÉE À L'ESTRAGON

***Proportions** : pour 2 personnes*
4 œufs • 8 cuillères à soupe de gelée traditionnelle
ou gelée instantanée à l'estragon *
1 cuillère à café d'estragon haché • 8 feuilles d'estragon
***Préparation** : 20 minutes*
***Cuisson** : œufs, 3 à 4 minutes*

Faire pocher les œufs *. Laver l'estragon, le sécher, l'effeuiller, garder 8 feuilles, hacher le reste. Verser l'estragon haché dans la gelée bouillante et laisser infuser jusqu'à ce que la gelée, en se refroidissant, recommence à épaissir.

Mettre chaque œuf dans des ramequins individuels. Recouvrir avec la gelée à l'estragon. Décorer avec les feuilles d'estragon mises de côté et remettre au réfrigérateur. Consommer quand la gelée est de nouveau prise.

À LA GELÉE AUX TRUFFES

***Proportions** : pour 2 personnes*
4 œufs • 1 truffe moyenne de 30 à 40 g
ou l'équivalent en pelures ou en morceaux

8 cuillères à soupe de gelée traditionnelle
*ou gelée instantanée au xérès **
***Préparation :** 10 minutes*
***Cuisson :** 4 minutes*

Prendre une truffe *. La hacher grossièrement.
Pocher les œufs *. En poser un dans chaque ramequin, ajouter de la truffe hachée. Recouvrir de gelée tiède.
Mettre à prendre au réfrigérateur.

AUX FONDS D'ARTICHAUTS

***Proportions :** pour 2 personnes*
4 œufs • 4 fonds d'artichauts frais, à défaut, des fonds en boîte
*1 tasse à thé de mayonnaise aux câpres **
***Préparation :** 20 minutes*
***Cuisson :** artichauts, 35 à 40 minutes*
œufs, 3 à 4 minutes

Cuire les artichauts à grande eau bouillante salée. Retirer les feuilles et parer les fonds de manière qu'il ne reste ni foin, ni fibres ou rincer des fonds en boîte et les parer soigneusement.
Pocher les œufs *.
Faire la mayonnaise aux câpres. Poser un œuf sur chaque fond et napper de mayonnaise aux câpres.

À LA RATATOUILLE NIÇOISE

***Proportions :** pour 2 personnes*
*4 œufs • 6 cuillères à soupe de ratatouille * cuite*
***Préparation :** 15 à 20 minutes*
***Cuisson :** ratatouille, 1 heure environ*
œufs, 3 à 4 minutes

La veille, faire la ratatouille niçoise, retirer les feuilles de laurier et la tenir au frais.
Le jour même, faire les œufs pochés *, les rafraîchir. Les poser au centre d'un plat de service et les entourer de ratatouille niçoise.

Remarque : Ce plat peut également se déguster chaud.

Les œufs pochés chauds

AU COULIS DE TOMATES

***Proportions :** pour 2 personnes*
*4 œufs • 2 tasses à thé de coulis de tomates **
1/2 paquet de spaghetti • 1 œuf de beurre
***Préparation :** 20 minutes*
***Cuisson :** coulis, 20 minutes • œufs, 3 à 4 minutes*

Préparer un coulis de tomates au naturel et l'assaisonner. S'il a été fait la veille, le réchauffer doucement.

Pocher les œufs *.

Les poser dans le plat de service, entourer de coulis et servir accompagné de spaghetti au beurre *.

AUX ÉPINARDS À LA CRÈME

***Proportions :** pour 2 personnes*
*4 œufs • 500 g d'épinards à la crème **
***Préparation :** 40 minutes*
***Cuisson :** épinards, 10 minutes • œufs, 3 à 4 minutes*

Préparer les épinards à la crème. Pendant qu'ils finissent de mijoter sur le feu, faire pocher les œufs *.

Mettre les épinards sur le plat de service, poser dessus les œufs pochés. Servir tout de suite.

GRATINÉS AU FROMAGE

***Proportions :** pour 2 personnes*
*4 œufs • 1 bol de sauce béchamel au fromage **
50 g de gruyère râpé
***Préparation :** 15 minutes*
***Cuisson :** sauce, 20 minutes • œufs, 3 à 4 minutes*

Faire la sauce béchamel au fromage. Pendant qu'elle mijote, râper les 50 g de gruyère et mettre le four en position « gril ».

Pocher les œufs *.

Garnir le fond d'un plat qui va au four avec la moitié de la sauce, poser les œufs, recouvrir du reste de sauce. Parsemer le gruyère râpé sur le tout. Passer rapidement au four pour que le gruyère fonde et gratine. Servir immédiatement.

BÉNÉDICTINE

***Proportions :** pour 2 personnes*
4 œufs • 4 fonds de tarte salés
*3 cuillères à soupe de brandade de morue **
*1 bol de sauce hollandaise **
1 cuillère à soupe de crème fraîche • poivre
***Préparation :** 30 minutes*
***Cuisson :** hollandaise, 15 minutes • brandade, 5 minutes*
œufs, 3 à 4 minutes

Commander chez le pâtissier 4 fonds de tarte en pâte brisée salée. Acheter de la brandade de morue toute prête.

Mettre la brandade de morue à chauffer doucement et l'assouplir en la délayant avec la crème fraîche.

Pocher les œufs * et les tenir au chaud dans une casserole d'eau chaude non bouillante.

Mettre les fonds de tarte à chauffer dans le four tiède (150°).

Faire la sauce hollandaise, la tenir dans un bain-marie tiède.

Prendre les fonds de tarte et mettre de la brandade chaude au fond de chacun. Sortir les œufs de l'eau chaude avec une écumoire, les sécher rapidement sur un torchon et les poser sur les fonds de tarte. Napper de sauce hollandaise et servir immédiatement.

Remarques :

1. On peut remplacer la brandade de morue par une petite tranche de jambon de Paris.
2. On peut aussi faire ce plat avec des toasts de pain de mie grillés.

EN POMMES DE TERRE AU FOUR

***Proportions :** pour 2 personnes*
2 très grosses pommes de terre • 4 œufs
1 tranche épaisse de jambon de Paris
4 cuillères à soupe de crème fraîche
50 g de gruyère râpé • 1 œuf de beurre • sel, poivre
***Préparation :** 25 à 30 minutes*
***Cuisson :** pommes de terre, 25 à 30 minutes • œufs, 2 minutes*

Prendre des grosses pommes de terre, type Bintje, les laver, les sécher et les mettre à cuire au four *. Pendant qu'elles cuisent, râper le fromage, le réserver dans une tasse. Enlever la couenne et le gras du jambon de Paris, le hacher grossièrement. Le réserver.

Quand les pommes de terre sont cuites, les couper en deux avec un couteau bien affûté. Les évider soigneusement de leur pulpe avec une petite cuillère. Remettre les coffres au chaud. Passer la pulpe au tamis au-dessus d'une petite casserole.

Dans une autre casserole, porter la crème à ébullition et la laisser réduire et épaissir. Mettre la casserole de purée à feu doux et en travaillant au fouet, incorporer la crème réduite de façon à avoir une purée mousseuse. Saler, poivrer et continuer à travailler en ajoutant l'œuf de beurre par petits morceaux, puis le hachis de jambon. Tenir au chaud à feu doux sur une plaque d'amiante.

Faire pocher les œufs *, les tenir au chaud dans une casserole d'eau chaude, non bouillante.

Reprendre les coffres de pommes de terre. Garnir le fond avec une partie de la préparation purée-jambon. Allumer le four à position « gril ».

Retirer les œufs de l'eau chaude, les sécher sur un torchon, et en poser un dans chaque moitié de pomme de terre, recouvrir chacun avec le reste de purée. Parsemer de gruyère râpé et remettre au four quelques minutes en position « gril » pour faire gratiner le fromage et réchauffer l'ensemble, sans que les œufs risquent de recuire et l'ensemble de se dessécher.

ŒUFS POCHÉS AU VIN

Ces œufs peuvent se faire à l'avance. On les réchauffe au moment de l'emploi (v. page 104).

La sauce se fait au dernier moment.

***Proportions** : pour 2 personnes*
*4 œufs • 1 bol de sauce au vin rouge **
***Préparation** : 5 à 7 minutes*
***Cuisson** : sauce, 20 à 25 minutes • œufs, 3 à 4 minutes*

Faire des œufs pochés *. Les tenir au chaud dans une casserole d'eau chaude et non bouillante.

Faire la sauce.

Égoutter rapidement les œufs sur un torchon, les dresser sur un plat, les napper de sauce et servir.

Les œufs brouillés

Ils se font au dernier moment.

Méthode. La cuisson des œufs brouillés est délicate. Il existe deux manières de procéder, mais le point de départ est le même : les œufs doivent être battus rapidement pour les « casser », sans plus, et c'est à ce moment-là qu'ils seront salés et poivrés. On les verse ensuite dans une casserole.

- **Premier procédé**

On plonge cette casserole dans un bain-marie d'eau bien bouillante et on laisse les œufs prendre et s'épaissir petit à petit en tournant sans cesse avec la cuillère en bois, sans oublier de racler les bords et le fond de la casserole, en ramenant vers le centre. Quand l'épaississement commence à se faire, on ajoute du beurre par petits morceaux dont la quantité variera selon le nombre d'œufs employés. La cuisson des œufs est au point quand ils sont arrivés à une consistance moelleuse et fluide. Trop cuits, ils ressemblent à une omelette ratée. Il est nécessaire de retirer la casserole un tout petit peu avant le point de cuisson idéal, car ils continuent à cuire pendant qu'on les verse dans le plat de service.

- **Deuxième procédé**

On pose directement la casserole sur le feu très doux et on procède exactement de la même façon en employant les mêmes précautions.

Cuits selon la première méthode, les œufs brouillés sont plus lisses, plus crémeux et plus homogènes.

Par la seconde méthode, ils présentent un aspect plus dissocié, ils ont davantage de consistance, plus de « *mâche* », ce qui, à mon avis, laisse davantage s'épanouir le goût et leur évite d'être écœurants, surtout s'ils sont dégustés au naturel.

ŒUFS BROUILLÉS AU NATUREL

***Proportions :** pour 4 personnes*
10 œufs • 1 gros œuf de beurre • sel, poivre
***Préparation :** 5 minutes*
***Cuisson :** au bain-marie, 20 minutes • sur le feu, 10 minutes*

Les faire selon la méthode choisie et ne les accompagner d'aucun autre ingrédient.

SUR CROÛTONS

***Proportions :** pour 4 personnes*
10 œufs
4 tranches de pain de mie sans croûte de 1,5 cm d'épaisseur
2 gros œufs de beurre • sel, poivre
***Préparation :** 5 minutes*
***Cuisson :** croûtons, 10 minutes*
œufs : au bain-marie, 20 minutes • sur le feu, 10 minutes

Allumer le four à température tiède. Prendre le pain de mie. Mettre 1 œuf de beurre dans une poêle. Quand il grésille, faire dorer à feu moyen les tranches d'un côté, les retourner et dorer l'autre côté. Les tenir au chaud sur le plat de service, dans le four tiède.

Faire des œufs brouillés au naturel *, et dès la cuisson achevée, garnir les croûtons avec les œufs. Servir aussitôt.

AUX FINES HERBES

***Proportions :** pour 4 personnes*
10 œufs • 1 gros œuf de beurre
1 tasse à thé de persil, cerfeuil, civette hachés par parties égales
***Préparation :** 10 minutes*
***Cuisson :** au bain-marie, 20 minutes • sur le feu, 10 minutes*

Laver, sécher, effeuiller les herbes, les hacher.

Battre les œufs, saler, poivrer. Ajouter les fines herbes et faire cuire les œufs (v. page 110). Servir immédiatement.

AU FROMAGE

***Proportions :** pour 4 personnes*
9 œufs • 100 g de gruyère
1 gros œuf de beurre • sel, poivre du moulin
***Préparation :** 10 minutes*
***Cuisson :** au bain-marie, 20 minutes • sur le feu, 10 minutes*

Râper le fromage. Battre les œufs. Saler, poivrer. Mettre ceux-ci à cuire (v. page 110). Attendre qu'ils commencent à prendre. Ajouter le fromage, terminer la cuisson et servir immédiatement.

AUX TOMATES FRAÎCHES ET À L'ESTRAGON

***Proportions :** pour 4 personnes*
10 œufs • 3 tomates fraîches
2 cuillères à café d'estragon haché
1 gros œuf de beurre • sel, poivre
***Préparation :** 15 minutes*
***Cuisson :** au bain-marie, 20 minutes • sur le feu, 10 minutes*

Faire des tomates concassées *, les saler, les poivrer, les mettre dans une passoire pour laisser s'écouler le jus. Laver, sécher, effeuiller l'estragon. Le hacher finement.

Faire les œufs brouillés *. Au dernier moment de la cuisson, incorporer les tomates et l'estragon aux œufs. Servir immédiatement.

AUX DEUX JAMBONS

***Proportions :** pour 4 personnes*
9 œufs • 75 g de jambon de Paris
75 g de jambon de Bayonne • 1 gros œuf de beurre
sel, poivre du moulin
***Préparation :** 15 minutes*
***Cuisson :** au bain-marie, 20 minutes • sur le feu, 10 minutes*

Retirer la couenne, le gras et les parties nerveuses des deux jambons. Les hacher en menus morceaux.

Battre les œufs, poivrer, saler modérément à cause du jambon de Bayonne. Les mettre à cuire (v. page 110). Quand la cuisson est pratiquement terminée, ajouter les jambons hachés aux œufs et bien mélanger, de façon à répartir également les morceaux dans les œufs brouillés. Servir aussitôt.

Les œufs cocotte

Ils se font à la dernière minute.

Méthode. Casser avec précaution des œufs entiers dans des ramequins un peu hauts, individuels.

Les mettre dans un large récipient. Emplir celui-ci d'eau bouillante jusqu'aux 2/3 des ramequins.

Faire partir à ébullition régulière en veillant à ce que l'eau, en bouillant trop fort, ne retombe pas sur les œufs.

Couvrir avec un couvercle et compter 5 à 6 minutes de cuisson. Le blanc doit être pris moelleusement et le jaune liquide.

Les retirer rapidement car la cuisson continue pendant les instants où ils arrivent jusqu'à la table.

À LA BOURGUIGNONNE

Le ragoût pour le jus peut se faire à l'avance. On fait les œufs au dernier moment.

***Proportions :** pour 2 personnes*
4 œufs • 300 g de bœuf dans un bas morceau
75 g de poitrine fumée • 1 oignon • 1 noix de beurre
1 cuillère à soupe rase de farine • 1/2 verre de vin rouge
*1 verre de bouillon de bœuf **
ou de bouillon de volaille instantané
(1/2 tablette pour 1/2 litre d'eau)
1 brindille de thym • 1/2 feuille de laurier • sel, poivre
***Préparation :** 10 minutes*
***Cuisson :** ragoût, 1 heure 45 en tout • œufs, 5 à 6 minutes*

Faire couper le bœuf en cubes moyens par le boucher.

Retirer la couenne et les lardons de la poitrine fumée, la couper en dés moyens.

Éplucher les oignons, les couper en rondelles.

Dans une cocotte à feu moyen, mettre à fondre une noix de beurre. Quand elle grésille, ajouter les lardons, les faire rissoler en douceur. Les retirer avec une écumoire et les réserver dans une assiette. Remplacer par les oignons, les faire devenir d'abord transparents, puis dorés. Les retirer et les ajouter aux lardons. Dans cette graisse de cuisson, poser les morceaux de bœuf et les faire dorer de tous côtés. Remettre oignons et lardons. Saupoudrer avec la farine, tourner de tous côtés en laissant cuire quelques instants.

Mouiller avec le vin rouge en remuant les ingrédients, laisser réduire de moitié, ajouter le bouillon de bœuf si on en a, ou du bouillon instantané. Ajouter le thym et le laurier. Couvrir, régler le feu pour assurer un petit bouillottement continu pendant 1 heure 30.

Au bout de ce temps, arrêter le feu, retirer la viande. La réserver dans une boîte (elle entrera utilement dans la composition d'un hachis parmentier *) et la mettre au frais.

Se débarrasser du thym et du laurier et avec une petite cuillère, dégraisser la surface de la sauce. Celle-ci doit être courte et onctueuse. Si elle semblait trop claire, la faire réduire à découvert à plein feu jusqu'à bonne consistance.

Vérifier l'assaisonnement en sel et poivrer avec le moulin.

Dans les ramequins, casser les œufs, les recouvrir de sauce avec des lardons et des oignons.

Mettre à cuire (v. page 113). Servir aussitôt.

À LA CRÈME

***Proportions** : pour 2 personnes*
4 œufs • 4 cuillères à soupe de crème fraîche
sel, poivre
***Préparation** : 10 minutes*
***Cuisson** : 5 à 6 minutes*

Mettre un peu de crème au fond de chaque ramequin. Casser l'œuf dessus. Saler, poivrer. Recouvrir de crème. Donner un tour de moulin à poivre.

Faire cuire (v. page 113) et servir immédiatement.

AU COULIS DE TOMATES AUX HERBES DE PROVENCE

Ils se mangent chauds, ou froids. Dans ce dernier cas, on peut les faire à l'avance.

***Proportions** : pour 2 personnes*
4 œufs
*5 cuillères à soupe de coulis de tomates à la provençale **
sel, poivre
***Préparation** : 20 minutes*
***Cuisson** : coulis, 30 minutes • œufs, 5 à 6 minutes*

Faire le coulis de tomates à la provençale bien réduit.

Prendre des ramequins, les garnir d'une cuillère à soupe de coulis, casser l'œuf dessus, saler et poivrer. Couvrir d'un petit champignon de coulis.

Mettre les œufs à cuire (v. page 113). Servir aussitôt ou laisser refroidir.

AUX TRUFFES

***Proportions** : pour 2 personnes*
4 œufs • 4 cuillères à soupe de crème
*2 truffes moyennes * • sel, poivre du moulin*
***Préparation** : 15 minutes*
***Cuisson** : truffes et crème, 10 minutes • œufs, 5 à 6 minutes*

Hacher grossièrement les truffes et les mélanger à la crème. Dans une casserole, mettre le jus des truffes, ajouter le mélange de crème et de truffes hachées et, à feu moyen, faire réduire et épaissir la crème, saler et poivrer. Au fond de chaque ramequin, mettre un peu de cette préparation, casser les œufs, recouvrir du reste de crème et de truffes. Faire cuire et servir aussitôt.

Variante. À défaut de truffes, employer des champignons de Paris.

Les préparer en duxelles *. Garnir le fond des ramequins, couvrir les œufs. Ajouter 1 noisette de crème fraîche. Saler, poivrer. Cuire et servir aussitôt.

Les œufs durs

Ils se font cuire à l'avance.

Méthode. C'est bien la manière la plus simple de cuire les œufs. Il suffit de les plonger dans l'eau bouillante pendant un temps donné et de les rafraîchir ensuite dans l'eau glacée à la fois pour arrêter la cuisson et faciliter l'épluchage.

Pour ce mode de cuisson, il est plus que jamais impératif de ne pas employer des œufs sortant du réfrigérateur, car plongée dans l'eau bouillante, la coquille des œufs a toutes les chances de se fêler. Le blanc sort par la fêlure et les œufs durs sont ratés. Si, pressé par le temps, on est néanmoins obligé de prendre des œufs sortant du réfrigérateur, il est recommandé à ce moment-là de les faire partir à l'eau froide et de compter le temps de la cuisson à partir du moment où l'eau bout. Inconvénient : quand on coupe l'œuf en deux ou en rondelles, le jaune risque de ne pas être exactement au milieu du blanc, mais du côté où l'œuf a été posé dans la casserole.

On peut choisir différents temps de cuisson pour les œufs durs, selon l'emploi :

10 minutes : le jaune est dur. Au-delà de ce temps, le goût du jaune est moins fin. Il devient un peu sulfuré et verdit.

7 minutes : le jaune est encore moelleux. Ma grand-mère appelait cela « gras-cuit ».

5 minutes : les œufs sont alors *mollets*. Le blanc est bien pris, mais le jaune est encore liquide. *En cet état de cuisson, toutes les recettes d'œufs pochés peuvent être utilisées.* C'est une facilité pour la maîtresse de maison qui ne se sent pas sûre d'elle pour réussir les œufs pochés. Il faudra seulement qu'elle les épluche délicatement. Et c'est naturellement épluchés qu'elle pourra les réchauffer selon le procédé employé pour les œufs pochés.

Les œufs durs froids

ŒUFS DURS MAYONNAISE DES BISTROTS

Proportions : *pour 4 personnes*
*6 œufs ● 1 tasse à thé de mayonnaise * ● persil haché*
Préparation : *25 minutes*
Cuisson : *10 minutes*

Faire durcir les œufs. Les rafraîchir et les éplucher. Puis les couper en deux dans le sens de la longueur, recouvrir de mayonnaise et les saupoudrer de persil haché.

ŒUFS MIMOSA À MA FAÇON

Proportions : *pour 4 personnes*
6 œufs ● 1 cuillère à café de moutarde blanche de Dijon
2 cuillères à café de vinaigre de vin
huile d'olive ● 1 cuillère à soupe de persil haché ● sel, poivre
Préparation : *20 minutes*
Cuisson : *10 minutes*

Faire durcir les œufs. Les plonger dans l'eau glacée.

Laver, sécher et hacher le persil.

Éplucher les œufs, les couper en deux dans le sens de la longueur. Réserver les moitiés de blancs.

Mettre les jaunes dans un saladier, saler, poivrer, les écraser finement avec une fourchette. Incorporer la moutarde et le vinaigre. Continuer à travailler le mélange en incorporant l'huile en filet. On doit obtenir une pommade légère. Vérifier l'assaisonnement en sel et en poivre et éventuellement en moutarde et en vinaigre.

Garnir chaque moitié de blanc en formant un petit dôme. Saupoudrer avec le persil haché.

À L'AÏOLI

Proportions : *pour 4 personnes*
*6 œufs ● 4 tomates olivettes ● 1 bol d'aïoli **
Préparation : *30 minutes*
Cuisson : *10 minutes*

Faire durcir les œufs, les plonger dans l'eau glacée.
Préparer l'aïoli.
Éplucher les œufs, les couper en deux dans le sens de la longueur, les dresser sur le plat de service.
Couper les tomates olivettes (ce sont des petites tomates de forme ovale, elles contiennent peu de graines et peu d'eau), retirer graines et eau. Les disposer tout autour des œufs et napper ceux-ci d'aïoli.

Remarque : À défaut de tomates olivettes, de jolies petites tomates bien rondes conviendront tout à fait, à condition toujours d'enlever les graines et l'eau de végétation.

Les œufs durs chauds

ŒUFS À LA TRIPE

***Proportions :** pour 4 personnes*
7 œufs • 1 œuf de beurre • 4 oignons moyens
*1/2 litre de béchamel rapide * • sel, poivre*
***Préparation :** 15 minutes*
***Cuisson :** oignons, 15 minutes • béchamel, 20 minutes*
œufs, 10 minutes • finition, 5 à 6 minutes

Faire durcir les œufs, les plonger dans l'eau froide, les éplucher et les remettre dans une casserole d'eau chaude.
Éplucher les oignons, les couper en rondelles fines.
Préparer la béchamel, la tenir à mijoter à feu doux.
Dans une grande poêle, mettre le beurre à blondir à feu moyen-doux et faire cuire en douceur à couvert les oignons de façon qu'ils deviennent d'abord transparents et ensuite blonds dorés en évitant surtout qu'ils ne noircissent.
Pendant que les oignons cuisent, sortir les œufs de l'eau, les sécher et les couper en rondelles, avec un coupe-œufs.
Quand les oignons sont prêts, verser dessus, d'un coup, la béchamel chaude. Elle doit se colorer un peu sous l'effet du mélange avec les oignons et leur beurre de cuisson.
Ajouter délicatement les rondelles d'œufs durs. Laisser « bouillotter » quelques instants et servir dans un plat de service très chaud.
Cette préparation n'est pas très jolie à regarder, mais délicieuse à déguster.

AUX POMMES DE TERRE ET AUX ÉCHALOTES

Proportions : *pour 4 personnes*
5 œufs ● 500 g de pommes de terre BF 15 ou Roseval
3 échalotes ● 100 g de beurre en tout
3 cuillères à soupe de vinaigre de vin ● sel, poivre
Préparation : *20 minutes*
Cuisson : *pommes de terre, 30 minutes ● œufs, 10 minutes*

Faire cuire les pommes de terre dans leur peau à la vapeur ou à l'eau *.

Faire durcir les œufs, les plonger dans l'eau froide, les éplucher et les remettre dans l'eau chaude.

Hacher finement les échalotes.

Mettre le four à température douce.

Dans une poêle, faire blondir une noix de beurre à feu moyen-doux, mettre les échalotes à fondre et dorer à couvert doucement.

Pendant ce temps, éplucher les pommes de terre, les couper en rondelles de 1 cm d'épaisseur. Faire de même avec les œufs. En alternant, disposer les rondelles d'œufs et de pommes de terre dans le plat de service, recouvrir d'une feuille de papier alu et tenir au chaud au four.

Dès que les échalotes sont à point, en parsemer les œufs et les pommes de terre. Dans la poêle, ajouter le beurre restant, le chauffer à la couleur noisette, le verser.

Remettre la poêle à feu vif, y jeter le vinaigre, le faire fumer et le verser sur tout le plat. Servir immédiatement.

4.

Les hors-d'œuvre froids

Tous les astérisques renvoient à des recettes figurant à l'index alphabétique en fin de volume.

Les hors-d'œuvre froids

Ces préparations ne sont pas de la cuisine compliquée. Elles sont avant tout une façon agréable, mais minutieuse, d'accommoder des produits de saison de tous genres.

Ce chapitre est complété par celui des salades, certaines pouvant aussi servir de hors-d'œuvre.

On peut envisager ces plats différemment : servir un, deux ou trois hors-d'œuvre au début d'un déjeuner familial est une manière rafraîchissante et saine de commencer.

Préparés en abondance, nombreux et variés, tout présentés sur la table, complétés par des charcuteries et des poissons, ils deviennent un repas complet, amusant à concevoir quand on reçoit des amis.

Il ne faut pas cependant se faire d'illusions, ce type de menu présente deux inconvénients évidents : il n'est pas économique du fait de la variété et de la quantité des produits employés, d'autre part, il réclame beaucoup de temps.

Donc, là plus qu'ailleurs se posera le problème de l'organisation. Certains légumes, certaines préparations peuvent se faire à l'avance, d'autres pas. Dans le premier cas, l'usage des boîtes hermétiques facilitera beaucoup la tâche des maîtresses de maison et dans le cas des préparations du dernier moment, on commencera par les plus résistantes pour terminer par les plus fragiles.

Pour les aider, il sera indiqué à chaque recette le moment où elle peut être faite, mais les temps de préparation ne peuvent être qu'approximatifs dans la mesure où ils dépendent de la rapidité personnelle de chacune.

Voici enfin à titre de suggestion un choix de hors-d'œuvre pour un repas agréable de printemps ou d'été, ainsi que la façon de procéder pour tout mettre en place.

Cela dit, il est bien évident que chacune peut donner libre cours à son imagination pour l'élaboration d'un tel repas, à condition toutefois d'équilibrer harmonieusement charcuteries, poissons et légumes pour constituer un repas complet.

Une dernière recommandation : éviter le réfrigérateur. Le passage du froid au chaud n'est jamais indiqué, et autant il est agréable de manger frais, autant il est détestable de manger glacé.

TABLE DE HORS-D'ŒUVRE

CHARCUTERIES	POISSONS	CRUDITÉS
Saucissons variés Saucisse sèche Saucissons secs tels : Rosette de Lyon Arles Jésus Saucisson cuit à l'ail Jambons cuits et crus (Bayonne ou Parme) Rillettes d'oie ou de porc Pâté de campagne	Sardines à l'huile Maquereaux marinés au vin blanc Filets de harengs Anchoïade Crevettes grises Filets de thon à l'huile d'olive	Salade de pommes de terre * Tomates à l'huile d'olive Concombres vinaigrette Champignons sauce fleurette Chou-fleur au ketchup Poivrons rouges grillés Caviar d'aubergines Tomates farcies aux œufs durs

1. *Deux jours avant :* préparer les filets de harengs.

2. *La veille :*

- Acheter les charcuteries et les conserves de poisson.
- Préparer : les poivrons rouges grillés, le caviar d'aubergines, l'anchoïade (à mettre dans une boîte hermétique et à laisser à la température de la pièce).
- Cuire les pommes de terre et les œufs durs.
- Éplucher le chou-fleur et le mettre au frais dans une boîte hermétique.

3. *Le jour même :*

- Acheter les crevettes grises.
- Faire : dégorger les concombres, toutes les sauces et les assaisonnements dans les bols, la salade de pomme de terre, les tomates farcies aux œufs durs, le chou-fleur au ketchup, la salade de concom-

bres, les tomates à l'huile d'olive, les champignons sauce fleurette, les tartines d'anchoïade.

- Disposer dans les plats et raviers les charcuteries et les poissons.
- Dresser la table en disposant harmonieusement tous les différents éléments.
- Ajouter pain grillé et non grillé, une motte de beurre.

Cette table de hors-d'œuvre est « raisonnable » quoique abondante.

Il est évident que le foie gras, le caviar, le saumon fumé ou mariné cru * trouvent aussi leur place dans ce type de repas, mais c'est alors lui donner un caractère beaucoup plus luxueux qui risque d'en dénaturer le côté décontracté.

ANCHOÏADE

À l'avance : préparation de l'anchoïade.
Au dernier moment : griller le pain et tartiner.

***Proportions :** pour 4 personnes*
7 à 8 anchois en saumure • 2 gousses d'ail
huile d'olive • poivre
4 tartines de pain de campagne de 1,5 cm d'épaisseur
ou 8 rondelles de baguette de même épaisseur
***Préparation :** 20 à 25 minutes environ*

Sortir les anchois de la boîte, les mettre à dessaler 5 à 6 minutes dans l'eau froide courante. Les éponger et avec un petit couteau, retirer les filets de l'arête, couper la tête et la queue. Commencer par couper les filets en petits morceaux. Éplucher les gousses d'ail.

Mettre les anchois dans un mortier. Ajouter les gousses d'ail écrasées au presse-ail. Pilonner le tout en incorporant de l'huile d'olive en filet pour avoir une pommade. Poivrer.

Faire griller rapidement les tartines de sorte qu'elles soient moelleuses à l'intérieur. Les tartiner avec l'anchoïade. Repasser les tartines au gril du four 1 à 2 minutes pour que l'anchoïade se chauffe. Servir immédiatement.

Remarque : La préparation de l'anchoïade est beaucoup plus rapide si on emploie des filets d'anchois à l'huile déjà désarêtés.

On procède de la même façon en employant également l'huile de la boîte. C'est aussi bon, mais cette recette étant provençale, elle est moins authentique faite de cette manière, les Provençaux préférant les anchois au sel.

BOULES D'AVOCATS VINAIGRETTE

À faire au dernier moment.

Proportions *: pour 4 personnes*
2 avocats • 3/4 de tasse à thé de vinaigrette au vinaigre de xérès
1 œuf dur • 1/2 tassé à thé d'estragon haché
Préparation *: 20 minutes environ*

Choisir des avocats à point, ils doivent être souples sous le doigt quand on appuie légèrement et d'une couleur vert foncé, tirant sur le noir. Faire durcir un œuf en le plongeant 10 minutes dans l'eau bouillante. Le mettre à rafraîchir dans l'eau froide. Laver, sécher et effeuiller l'estragon, le hacher finement.

Préparer une vinaigrette avec de l'huile d'olive ou d'arachide au goût, mais avec du vinaigre de xérès. Y ajouter presque tout l'estragon haché. Réserver le reste.

Ouvrir les avocats en deux, retirer le noyau et à l'aide d'une petite cuillère spéciale dite « cuillère parisienne », faire de petites boules d'avocats que l'on mettra directement dans le saladier de service. Au-dessus des boules d'avocats, passer l'œuf dur dans une petite moulinette de manière à avoir des vermicelles d'œuf dur. En dernier lieu, verser l'assaisonnement et saupoudrer avec le reste d'estragon haché.

AVOCATS AU CRABE, SAUCE « ZOIZEAU »

À l'avance : le mélange sauce-crabe.
Au dernier moment : farcir les avocats.

Proportions *: pour 4 personnes*
2 avocats • 1 boîte de crabe de 110 g
2 cuillères à soupe de crème fraîche
2 cuillères à soupe de ketchup
5 cuillères à café de sauce anglaise (Worcestershire Sauce)
8 cuillères à café de jus de citron
4 à 5 piments-oiseaux
Environ 1/2 cuillère à café de vinaigre du flacon de piments
Préparation *: 10 à 12 minutes environ*

Sortir le crabe de la boîte et de son papier. Égoutter le jus. Au-dessus d'un saladier, l'émietter en retirant soigneusement toutes les parties cartilagineuses.

Préparer la sauce : dans un bol, mélanger crème fraîche et ketchup. Ajouter la sauce anglaise. Prendre dans le flacon 4 à 5 piments-oiseaux. Les hacher finement, les incorporer à la sauce. Mettre le jus du citron et ajouter du vinaigre de piments. La sauce doit avoir une saveur relevée et poivrée.

Mélanger miettes de crabe et sauce. Ouvrir les avocats en deux. Retirer le noyau. Bourrer et farcir les avocats en formant un large dôme. Servir frais.

Remarque : Les piments-oiseaux se trouvent en flacon conservés dans le vinaigre chez les marchands de produits exotiques.

CAVIAR D'AUBERGINES

À faire la veille.

***Proportions :** pour 4 personnes*
4 aubergines • huile d'olive • 1 filet de vinaigre de vin
1 grosse gousse d'ail ou 2 petites • sel, poivre
***Préparation :** 45 à 50 minutes environ*
***Cuisson :** aubergines, 15 à 20 minutes*

Choisir des aubergines longues, bien violettes, ni trop grosses ni en fin de saison, car elles contiennent trop de graines.

Sans les éplucher, les mettre à griller directement sur la famme du gaz. Les retourner régulièrement jusqu'à ce que la peau soit devenue tout à fait charbonneuse et craquelée de tous côtés et que les aubergines soient molles, ce qui prouve qu'elles sont cuites.

Les poser sur une planche et enlever la peau. L'opération se fait commodément en tenant l'aubergine par la tige, et en grattant et soulevant doucement la peau avec un petit couteau pointu. Elle s'enlève par particules. Il faut veiller à enlever tous les petits morceaux noircis de peau qui pourraient rester collés à la chair.

Couper ensuite les tiges et mettre les aubergines dépouillées sur une planche. Commencer par les hacher grossièrement avec un couteau. Les mettre ensuite dans un saladier. Éplucher la gousse d'ail et la piler au-dessus des aubergines avec le presse-ail. Écraser et pilonner avec une fourchette de manière à obtenir une purée. Il ne doit plus du tout rester de morceaux entiers.

Incorporer généreusement de l'huile d'olive en travaillant toujours à la fourchette. Compléter l'assaisonnement avec un filet de vinaigre de vin, du sel et du poivre du moulin.

Quand la préparation est terminée, on doit avoir l'impression qu'il y a trop d'huile. Elle sera absorbée pendant le temps d'attente puisque ce hors-d'œuvre doit être fait la veille et laissé à la température de la pièce.

Avant de mettre le caviar d'aubergines dans le plat de service, remuer à nouveau, vérifier l'assaisonnement et éventuellement rajouter huile, vinaigre, sel et poivre.

BETTERAVES À L'AIL ET AU PERSIL

À faire au dernier moment.

***Proportions** : pour 4 personnes*
2 à 3 betteraves bien fermes et petites • 1 gousse d'ail
*1 cuillère à café de persil haché • vinaigrette classique **
***Préparation** : 15 minutes environ*

Il est préférable de choisir des betteraves de petite taille, plutôt qu'une grosse. Les petites sont plus sucrées et ne sont pas filandreuses.

Enlever la peau et les couper en petits cubes de 2 cm de côté. La préparation est plus longue qu'en rondelles, mais meilleure dans la mesure où l'assaisonnement se mélange plus intimement aux betteraves. Laver, sécher, effeuiller le persil et hacher finement les feuilles. Éplucher la gousse d'ail.

Préparer la vinaigrette. Écraser la gousse d'ail avec le presse-ail et l'incorporer à la vinaigrette. Assaisonner les morceaux de betteraves dans un saladier de cuisine. Présenter dans le saladier de service, en saupoudrant les betteraves de persil haché.

CAROTTES RÂPÉES AU CITRON VERT

À l'avance : l'assaisonnement
Au dernier moment : râper les carottes.

***Proportions** : pour 4 personnes*
4 à 5 jeunes carottes moyennes et bien rouges • 1 citron vert
4 cuillères à soupe d'huile d'olive • sel, poivre
***Préparation** : 10 minutes environ*

Éplucher les carottes avec le couteau économe et en coupant les deux extrémités. Les râper au mouli-julienne avec la grille moyenne, car râpées en julienne trop fine, les carottes absorbent trop l'assaisonnement et deviennent « confites » très vite.

Préparer l'assaisonnement, mélanger aux carottes et présenter dans un ravier ou un saladier de service.

Remarque : J'ai suggéré cet assaisonnement au citron vert car celui-ci a un goût particulier et délicieux qui s'harmonise bien avec le goût sucré des carottes. Mais cet assaisonnement sera également très bon avec un citron ordinaire ou du vinaigre, c'est seulement plus classique.

CÉLERI MAYONNAISE AU CITRON

Peut se faire 2 à 3 heures à l'avance.

***Proportions :** pour 4 personnes*
1 petit céleri-rave
*3/4 de tasse à thé de mayonnaise crémée au citron **
***Préparation :** 20 minutes environ*
***Cuisson :** 2 à 3 minutes*

Mettre à bouillir de l'eau salée dans une casserole.

Éplucher le céleri, le laver, le passer ensuite au mouli-julienne grille moyenne. Jeter la julienne 3 minutes dans l'eau bouillante. Égoutter dans la passoire à pied et rafraîchir à l'eau froide. Cette opération a le double but d'attendrir le céleri et d'en atténuer le goût trop prononcé.

Mettre la julienne de céleri dans un torchon pour bien la sécher. Préparer la sauce. Mélanger céleri et sauce dans un saladier. Verser ensuite dans un ravier de service.

CONCOMBRES EN SALADE

Les concombres et les sauces peuvent se faire à l'avance. On assaisonnera au dernier moment.

***Proportions :** pour 4 personnes*
2 concombres moyens • gros sel
assaisonnement au choix (voir plus loin)
***Préparation :** 20 minutes environ*

• Préparation du concombre

Éplucher les concombres avec un couteau économe. Les couper en très fines rondelles ou mieux, les passer au mouli-julienne grille des chips ou dans un appareil électrique équivalent.

Dans un saladier, mettre une couche de rondelles, parsemer de quelques grains de gros sel, encore une couche, quelques grains de gros sel et ainsi de suite, jusqu'à épuisement. Laisser dégorger 2 heures.

Au bout de ce temps, verser dans une passoire et rincer à l'eau courante. Mettre ensuite les concombres dans un torchon fin, tordre et presser énergiquement pour extraire tout le jus. Ils sont alors prêts à être assaisonnés.

• Assaisonnements

— *Vinaigrette classique :* à peu près une 1/2 tasse à thé pour 2 concombres. On peut à volonté y ajouter de l'estragon haché.
— *Sauce moutarde à la crème fleurette :* cet assaisonnement est meilleur avec de la crème fleurette, mais à défaut on peut employer de la crème fraîche délayée avec un peu de lait pour la rendre plus fluide.

Proportions : *pour une salade de 4 personnes*
3 cuillères à soupe de crème fleurette
ou 2 cuillères à soupe rases de crème fraîche
1 cuillère à soupe rase de moutarde forte
le jus de 1/2 citron • sel, poivre

Remarque : Pour beaucoup, il semblera inutile de faire dégorger les concombres qui ne sont plus jamais amers. Cependant, j'insiste sur le fait qu'ils sont infiniment meilleurs traités de cette façon. La saveur spécifique s'en développe d'autant mieux que le légume est débarrassé de toute une eau inutile, et le presser dans un torchon n'enlève en rien le délicieux croquant.

CERVELAS RÉMOULADE

À l'avance : préparation des saucisses, préparation de la sauce.

Proportions : *pour 4 personnes*
*2 cervelas • 3/4 de tasse à thé de sauce rémoulade **
Préparation : *10 minutes environ*

Piquer légèrement les cervelas avec une fourchette et les faire cuire 8 à 10 minutes dans l'eau juste frémissante. Les retirer et les laisser refroidir.

Préparer la sauce.

Couper les cervelas en rondelles de 1 cm à peu près en supprimant les deux extrémités. Disposer les rondelles dans le plat de service et recouvrir de sauce rémoulade.

CHAMPIGNONS CRUS SAUCE FLEURETTE

La sauce peut se faire à l'avance.
La préparation des champignons au dernier moment.

***Proportions :** pour 4 personnes*
300 g de champignons de Paris petits ou moyens
*le jus d'un citron ● 3/4 de tasse à thé de sauce fleurette **
Préparation :
sauce, 5 minutes ● champignons, 15 minutes environ

Séparer les têtes des pieds. Employer seulement les têtes (les pieds pourront être gardés pour faire une sauce * ou un potage *). Passer les têtes sous l'eau courante pour enlever tout le sable. Les sécher avec un torchon. Arroser de jus de citron pour qu'elles ne noircissent pas.

Préparer la sauce fleurette.

Couper rapidement les têtes en fines lamelles, mélanger délicatement avec la sauce pour ne pas les briser dans un saladier de cuisine, et présenter ensuite dans le ravier ou le saladier de service.

CLUB-SANDWICH

Tout peut être préparé à l'avance, sauf les toasts et la poitrine fumée.

Il suffira donc, au dernier moment, de faire griller le pain, cuire la poitrine et d'empiler les éléments pour constituer le club-sandwich.

***Proportions :** pour 4 personnes*
1/2 poulet rôti froid ● 6 tranches fines de poitrine fumée
1 noisette de beurre ● 3 tomates moyennes
3 œufs ● 1 petite laitue
12 tranches de pain de mie sans croûte
*1 bol de sauce mayonnaise au ketchup **

***Préparation :** 50 minutes environ*
***Cuisson :** poitrine, 3 à 4 minutes*

- **Préparation**

Faire durcir les œufs 10 minutes dans l'eau bouillante, les mettre à rafraîchir dans l'eau froide. Couper les tomates en rondelles, enlever l'eau et les graines. Éplucher, laver, sécher la laitue en gardant les feuilles entières près du cœur. Enlever la peau du poulet, retirer la chair des os et la couper en petites escalopes.

Faire la mayonnaise au ketchup.

Retirer la couenne et les cartilages de la poitrine fumée. Couper chaque tranche en deux dans le sens de la largeur. Graisser une poêle avec une noisette de beurre et à feu moyen, faire rissoler croustillants les morceaux de poitrine fumée. Les retirer de la poêle pour qu'ils ne baignent pas dans la graisse de cuisson et les réserver sur une assiette.

Faire griller le pain de mie.

Éplucher les œufs, les couper en rondelles avec un coupe-œufs.

- **Présentation du club-sandwich**

Prendre un toast, tartiner de sauce au ketchup, poser une feuille de laitue et sur celle-ci des rondelles d'œufs. Mettre de la sauce, sur celle-ci poser des morceaux de poulet puis des rondelles de tomate, de la sauce, un morceau de poitrine fumée et un toast tartiné de sauce.

Recommencer à empiler les ingrédients de même façon en terminant avec les deux morceaux de poitrine fumée.

Finir le club par le dernier toast et servir sur des assiettes individuelles.

Cette préparation est plus qu'un hors-d'œuvre. Elle peut constituer l'entrée d'un déjeuner un peu abondant ou bien être l'élément unique d'un petit souper.

Remarque : Les toasts et la poitrine fumée doivent être chauds.

CHOU-FLEUR CRU À LA SAUCE KETCHUP

Peut se faire à l'avance.

***Proportions :** pour 4 personnes*
1 petit chou-fleur bien blanc
*1 tasse à thé de mayonnaise au ketchup**

Préparation
sauce, 10 minutes environ • chou-fleur, 15 minutes environ

Couper largement le tronçon du chou-fleur et séparer tous les petits bouquets en laissant seulement 2 cm de tige fine au bout de chaque bouquet. Laver et très bien sécher dans un torchon.
Faire la mayonnaise au ketchup.

On peut présenter ce hors-d'œuvre de deux manières :
1. Mélanger sauce et chou-fleur dans un saladier, puis disposer dans le saladier de service.
2. Mettre les bouquets de chou-fleur dans un plat en les disposant joliment et présenter la sauce dans une coupe à part. Chacun se servira de bouquets et les trempera dans la sauce avant de les déguster.

Toutes sortes de crudités peuvent d'ailleurs être présentées de cette manière, telles que :
— branches de céleri, petites carottes nouvelles entières, radis noirs et radis roses, poivrons verts, etc.

COURGETTES RÂPÉES AU BASILIC FRAIS

Au dernier moment.

***Proportions :** pour 4 personnes*
4 à 5 petites courgettes nouvelles de 10 à 15 cm de long
*vinaigrette classique * • basilic frais haché*
***Préparation :** 10 minutes environ*

Couper les deux extrémités des courgettes, les laver mais ne pas les éplucher. Laver, sécher et hacher finement des feuilles de basilic frais.
Râper les courgettes au mouli-julienne grille moyenne, ou avec un appareil électrique.
Faire l'assaisonnement. Ajouter les 2/3 du basilic frais. Le verser sur les courgettes et mélanger dans un saladier de cuisine.
Dresser dans le ravier ou le plat de service et saupoudrer avec le reste du basilic.

Remarque : Si on n'a pas de basilic frais, employer de l'estragon haché. Mais je déconseille le basilic séché dans ce type d'assaisonnement, alors qu'il est tout à fait recommandable dans des préparations à cuire.

SALADE DE FENOUIL

À l'avance : la sauce et la préparation des fenouils.
Au dernier moment : recouvrir de sauce.

***Proportions :** pour 4 personnes*
*3 petits fenouils ● 3/4 de tasse à thé de vinaigrette classique **
***Préparation :** 15 minutes environ*

Prendre plutôt des fenouils petits ou moyens, ils sont plus tendres. Couper les tiges et enlever toutes les petites feuilles vertes. Garder la partie arrondie du légume. Supprimer la base du fenouil ainsi que les premières feuilles un peu jaunes et filandreuses et le couper ensuite en rondelles aussi fines que possible. Avec les doigts, détacher les cercles les uns des autres.

Disposer sur le plat de service.

Préparer la vinaigrette et en arroser le fenouil avant de servir.

FILETS DE HARENG, POMMES À L'HUILE

À faire 2 à 3 jours à l'avance.

***Proportions :** pour 4 personnes*
2 paquets de filets de harengs
3 oignons moyens ● huile d'arachide
***Préparation :** 10 à 12 minutes environ*

Choisir chez le poissonnier des filets de hareng d'apparence déjà bien moelleuse et sans arêtes.

Couper les oignons en rondelles fines, en supprimant les deux extrémités de l'oignon qui ont souvent un goût âcre.

Dans une terrine, disposer une couche de filets les uns à côté des autres. Recouvrir d'une couche de rondelles d'oignons. Refaire une couche de filets, puis d'oignons, ainsi de suite jusqu'à épuisement, en terminant par des oignons. Recouvrir complètement d'huile ; tout l'ensemble doit être immergé.

Laisser macérer au frais 2 à 3 jours et non dans le réfrigérateur, recouvert d'une serviette.

Servir accompagné d'une salade de pommes de terre *.

Remarque : S'il en reste, les consommer dans les 2 ou 3 jours qui suivent, sinon ils fermentent et deviennent impropres à la consommation.

OURSINS EN CHIFFONNADE DE LAITUE

À l'avance : la chiffonnade de laitue, l'assaisonnement.
Au dernier moment : ouvrir et préparer les oursins.

Proportions : *pour 4 personnes*
12 oursins ● 1 laitue bien pommée
le jus d'un citron ● huile d'olive ● sel, poivre
Préparation : *15 minutes environ*

Éplucher la laitue en supprimant les grosses feuilles vertes pour ne garder que le cœur bien blanc et bien serré. Laver et sécher parfaitement. Sur une planche, poser le cœur et le couper en fines tranches comme un saucisson. On obtient de fins et longs rubans de laitue. C'est ce qu'on appelle faire une *chiffonnade*.

Préparer la sauce avec le jus de citron, une bonne huile d'olive un peu fruitée, du sel et du poivre.

Ouvrir les oursins et avec une petite cuillère, retirer les langues de corail sans les abîmer. Les réserver sur une assiette.

Prendre 4 assiettes. Au fond de chacune, mettre de la chiffonnade de laitue. Disposer dessus les langues de corail. Arroser de sauce préalablement bien battue à la fourchette. Servir.

Remarque : Les oursins étant un produit onéreux, cette préparation est à considérer comme une entrée délicate et raffinée. Elle n'a pas sa place sur la table de famille ou dans un choix de hors-d'œuvre.

POIVRONS ROUGES GRILLÉS

À faire la veille.

Proportions : *pour 4 personnes*
3 poivrons rouges doux ● huile d'olive ● sel, poivre
Préparation : *35 minutes environ*
Cuisson : *poivrons, 15 à 20 minutes*

Allumer le four en position « gril ». Laver les poivrons, bien les sécher. Enlever les tiges en découpant un rond tout autour. Couper les poivrons en quatre dans le sens de la longueur. Retirer les graines et toutes les parties ligneuses. Poser les poivrons sur une plaque, peau en dessus. Mettre au four et laisser griller jusqu'à ce que la peau soit noire et se boursoufle. Retirer du four et enlever toute la peau : soulever d'abord avec la pointe du couteau, puis tirer avec les doigts. Si la peau est bien grillée, l'opération est très facile.

Couper ensuite les morceaux de poivron dans le sens de la longueur, en languettes de 1 à 2 cm de large. Au fond d'un ravier, déposer une couche de languettes les unes à côté des autres. Saler, poivrer avec le moulin. Remettre une couche, saler, poivrer et ainsi de suite. Terminer en recouvrant d'huile d'olive ; les poivrons doivent baigner.

Ce hors-d'œuvre n'est que meilleur fait la veille, les poivrons ayant largement eu le temps de macérer. À défaut, les faire plusieurs heures à l'avance.

• **Poutargue :** la poutargue est un produit essentiellement méridional. Ce sont des œufs de mulet pressés et séchés. On la trouve chez les marchands de comestibles de luxe.

On peut la consommer nature avec des tartines de pain grillé beurrées.

Mais une manière agréable de la déguster consiste à la couper en fines lamelles que chacun assaisonnera d'un peu de jus de citron, d'huile d'olive et de quelques tours de moulin à poivre.

RATATOUILLE NIÇOISE FROIDE

À faire la veille.

La recette détaillée de ce plat se trouve au chapitre des légumes *. Chaud, il est en effet une excellente garniture pour certaines viandes.

Froid, il trouve sa place sur une table de hors-d'œuvre car il accompagne bien poissons et charcuteries.

Dans ce cas, on le présentera dans un saladier, saupoudré de basilic frais haché qui donnera à la fois une jolie note verte et un petit goût délicieux.

TOMATES À L'HUILE D'OLIVE

À faire au dernier moment.

Proportions : *pour 4 personnes*
6 à 7 tomates olivettes de préférence, à défaut, des tomates petites et bien fermes • huile d'olive • sel, poivre
Préparation : *20 minutes environ*

Couper les tomates en rondelles de 1 cm d'épaisseur. Si ce sont des olivettes couper dans le sens normal de la tige à la pointe. Si ce sont des tomates rondes, les couper perpendiculairement au sens tige-pointe.

Pour les deux sortes de tomates, enlever les graines de chaque rondelle avec la pointe du couteau.

Disposer une couche de rondelles au fond du saladier, saler, poivrer. Couvrir d'un léger filet d'huile. Remettre une couche de tomates et de nouveau, sel, poivre et huile. Ainsi de suite jusqu'à épuisement des tomates.

Il est nécessaire que l'huile d'olive soit de parfaite qualité. Volontairement, le vinaigre est supprimé. Son acidité contrarie le goût des tomates et en dénature le parfum.

TOMATES FARCIES AUX CONCOMBRES

À l'avance : préparation des concombres, creuser les tomates, l'assaisonnement.

Au dernier moment : assaisonner les concombres, farcir les tomates.

***Proportions** : pour 4 personnes*
6 à 8 tomates rondes moyennes • 2 concombres moyens
*vinaigrette classique * • 1 cuillère à café d'estragon haché*
***Préparation** : concombres, 20 minutes • tomates, 10 minutes*

Préparer les concombres (v. page 131). Couper le chapeau des tomates du côté de la tige et les évider avec une petite cuillère. Les retourner sur une planche pour laisser s'égoutter le reste du jus.

Faire la vinaigrette. Laver, sécher, effeuiller l'estragon, hacher finement les feuilles. Mélanger l'estragon haché à la vinaigrette.

Assaisonner les concombres.

Farcir généreusement chaque tomate avec la salade de concombres en formant un petit dôme. Disposer sur un plat rond de service et servir.

Remarque : La chair des tomates pourra être employée pour faire un coulis * ou être ajoutée aux éléments d'une ratatouille niçoise *.

TOMATES FARCIES AUX CHAMPIGNONS

À l'avance : la sauce fleurette, creuser les tomates.

Au dernier moment : préparer les champignons et farcir les tomates.

***Proportions** : pour 4 personnes*
6 à 8 tomates rondes moyennes • 300 g de champignons de Paris
*1/2 tasse à thé de sauce fleurette * • 1 cuillère à café de persil haché*
***Préparation** : 30 minutes environ*

Préparer et creuser les tomates. Laver, sécher, effeuiller le persil. Hacher finement les feuilles.

Préparer les champignons à la sauce fleurette *, mais couper les têtes en petits dés et non pas en lamelles.

Farcir largement les tomates avec les champignons en formant un petit dôme. Saupoudrer chacune d'un peu de persil haché. Disposer sur un plat de service rond.

Remarque : La chair des tomates pourra être employée pour un coulis * ou être ajoutée aux éléments d'une ratatouille *.

TOMATES FARCIES AU ŒUFS DURS

La veille : les œufs durs.
À l'avance : creuser les tomates et hacher les herbes.
Au dernier moment : la préparation des œufs et de la sauce.

***Proportions** : pour 4 personnes*
6 à 8 tomates rondes moyennes (selon appétit)
*5 à 7 œufs durs • 3/4 de tasse à thé de rémoulade **
1/3 de tasse à thé de cerfeuil et civette hachés
***Préparation** : 30 minutes environ*

Faire cuire les œufs durs (10 minutes à l'eau bouillante), les mettre à rafraîchir dans l'eau froide.

Préparer et creuser les tomates *. Laver, sécher les fines herbes, effeuiller le cerfeuil et hacher feuilles de cerfeuil et tiges de civette. Réserver dans une tasse.

Éplucher les œufs et les hacher grossièrement de manière à avoir des petits morceaux plus qu'un véritable hachis. Réserver dans un saladier.

Préparer la rémoulade, ajouter les 2/3 des herbes hachées et assaisonner les œufs durs avec cette sauce en mélangeant délicatement pour éviter d'abîmer les œufs.

Farcir largement chaque tomate avec cette préparation en laissant dépasser légèrement, et décorer en saupoudrant chaque tomate avec le reste des fines herbes hachées.

Remarque : La chair des tomates pourra être employée pour faire un coulis * ou être ajoutée aux éléments d'une ratatouille *.

TOMATES FARCIES AUX CREVETTES GRISES

Peut se faire à l'avance.

***Proportions :** pour 4 personnes*
6 à 8 tomates rondes moyennes
*crevettes grises cuites • 1 tasse à thé de mayonnaise légère **
***Préparation :** sauce, 10 minutes*
crevettes, 25 minutes • tomates, 10 minutes

Acheter chez le poissonnier de grosses crevettes grises cuites.
Préparer les tomates (v. page 138).
Faire la mayonnaise légère, mais bien la relever en moutarde.
Décortiquer les queues des crevettes. Les mélanger à la mayonnaise. Farcir légèrement les tomates en faisant un petit dôme. Disposer sur un plat de service rond.

Remarques
1. On peut aussi employer des crevettes surgelées. Cela représente un gain de temps appréciable.
2. La chair des tomates pourra être employée pour faire un coulis * ou être ajoutée aux éléments d'une ratatouille niçoise *.

SAUCISSES DE FRANCFORT AU RAIFORT

À l'avance : cuisson des saucisses, préparation de la sauce.

***Proportions :** pour 4 personnes*
*4 saucisses de Francfort • 3/4 de tasse à thé de sauce raifort **
***Préparation :** 10 minutes*

Préparer la sauce.
Piquer légèrement les saucisses avec une fourchette et les faire cuire 5 à 6 minutes dans l'eau frémissante. Veiller à ce qu'elles n'éclatent pas. Les sortir de l'eau et les laisser refroidir.
Couper les saucisses en rondelles, en supprimant les extrémités. Disposer dans le plat de service et napper avec la sauce.

Remarque : À la place de sauce au raifort, on peut aussi les servir avec une sauce gribiche *.

5.

Les entrées chaudes

Tous les astérisques renvoient à des recettes figurant à l'index alphabétique en fin de volume.

Les entrées chaudes

La plupart de ces « entrées » peuvent aussi servir de plat principal à un dîner de famille.

Beaucoup peuvent être faites à l'avance et réchauffées, ce qui est bien pratique pour une maîtresse de maison.

Certaines ont un caractère plus raffiné et emploient des produits coûteux. D'autres sont plus familiales et économiques.

Toutes cependant méritent de commencer un repas un peu plus élaboré. C'est seulement un choix à faire par la maîtresse de maison selon le budget, le temps... et le courage dont elle dispose.

Les entrées chaudes aux légumes

AUBERGINES FARCIES À LA TOMATE

Les aubergines peuvent être farcies à l'avance.
Elles seront passées au four au dernier moment.

Proportions : *pour 4 personnes*
4 aubergines longues, moyennes • 6 tomates moyennes
2 gousses d'ail • 1 brindille de thym
1/2 cuillère à café de basilic frais (facultatif)
5 à 6 cuillères à soupe d'huile d'olive
chapelure • sel, poivre
Préparation : *30 à 35 minutes*
Cuisson : *aubergines, 6 à 7 minutes • coulis, 20 minutes*
au four, 15 minutes

Préparer un coulis de tomates à la provençale * bien réduit, avec les tomates, une cuillère à soupe d'huile d'olive et les aromates.

Pendant qu'il cuit, couper les aubergines en deux dans le sens de la longueur. Fendre la chair de 2, 3 coups de couteau. Dans une grande poêle, mettre 3 cuillères à soupe d'huile d'olive. Quand elle est chaude, poser les aubergines côté chair. Les faire cuire pendant 6 à 7 minutes jusqu'à ce que la chair soit tendre. Allumer le four à température chaude (230°, position 6 à 7). Retirer la chair des aubergines à l'aide d'une petite cuillère, au-dessus d'un saladier. A l'aide d'une fourchette, la piler finement. Ajouter le coulis, mélanger soigneusement. Saler, poivrer.

Fourrer chaque moitié d'aubergine avec cette farce. Saupoudrer de chapelure. Huiler un plat allant au four. Disposer les aubergines côte à côte, les arroser avec l'huile d'olive restante. Mettre au four pendant 15 minutes. Passer au gril les dernières minutes pour avoir une belle couleur dorée. Servir dans le même plat.

GRATIN D'AUBERGINES

Ce plat peut être préparé à l'avance. On le chauffe et gratine au dernier moment.

***Proportions :** pour 4 personnes*
*4 aubergines • 3 tasse à thé de coulis de tomates **
huile de friture • 150 g de gruyère • 1 gousse d'ail
sel, poivre
***Préparation :** 35 à 40 minutes*
***Cuisson :** 1er temps, 3 à 4 minutes • 2e temps, 20 à 25 minutes*
coulis, 20 minutes

Ne pas éplucher les aubergines, supprimer seulement la tige. Les couper en 6 tranches fines dans le sens de la longueur. Les saupoudrer légèrement de sel et les faire dégorger pendant 1 heure.

Pendant ce temps, préparer le coulis de tomates, le relever avec une gousse d'ail écrasée, le saler, le poivrer et le réserver.

Essuyer soigneusement les aubergines, les faire frire comme il est dit dans « les aubergines frites » *. Les égoutter sur un papier absorbant.

Râper le gruyère dans un bol. Allumer le four à température moyenne (200°, position 5 à 6).

Tapisser le fond d'un plat allant au four avec des tranches d'aubergines posées côte à côte. Tartiner de coulis de tomates, le saupoudrer légèrement de gruyère râpé. Continuer en alternant les couches d'aubergines, de coulis et de fromage. Terminer par une couche de tranches d'aubergines généreusement saupoudrées de gruyère râpé. Mettre au four, faire chauffer pendant 20 à 25 minutes. Passer le four à la position « gril » et faire dorer le dessus du plat. Servir tel quel.

MOUSSAKA D'AUBERGINES

Cette entrée peut être faite à l'avance et être réchauffée à four doux.

***Proportions :** pour 4 personnes*
6 aubergines longues, sans graines • 500 g d'épaule d'agneau
2 gros œufs de beurre environ
*1 tasse à thé de coulis de tomates * • 1 brindille de thym*
2 oignons moyens • sel, poivre, chapelure
***Préparation :** 20 minutes*

Cuisson :
coulis, 15 à 20 minutes • tranches d'aubergines, 15 à 20 minutes
viande et oignons, 20 minutes • au four, 25 minutes

Demander au boucher de hacher 500 g d'épaule d'agneau ou tout autre morceau bien maigre.

Faire le coulis de tomates, éplucher et hacher menu les oignons.

Couper les tiges des aubergines, les peler et les couper en tranches épaisses de 1 bon centimètre dans le sens de la longueur.

Dans une large poêle, mettre du beurre à blondir, poser des tranches l'une à côté de l'autre, faire cuire et dorer sur une face, les retourner à la spatule, faire de même. Il n'est pas possible de faire toutes les tranches à la fois. Au fur et à mesure de leur cuisson, les prendre avec une écumoire et les réserver sur un plat et rajouter du beurre dans la poêle tant qu'il y a des tranches à cuire. Garder la poêle avec l'excédent de beurre.

Dans une autre poêle, mettre une grosse noix de beurre, le faire blondir, ajouter les oignons hachés et couvrir. Quand ils sont devenus transparents, relever le feu, mettre la viande hachée et faire dorer le tout vivement en remuant avec la spatule en bois. Baisser le feu, ajouter le coulis de tomates, 1 brindille de thym, du sel et du poivre. Bien mélanger et laisser mijoter le tout à couvert pendant 15 minutes.

Allumer le four à température chaude (220°, 230°, position 6, 7). Beurrer un plat allant au four. Tapisser le fond du plat d'une couche de tranches d'aubergines posées côte à côte. Étaler ensuite une couche de farce, puis de nouveau une couche d'aubergines, ainsi de suite en terminant par une couche d'aubergines. Saupoudrer de chapelure. Remettre une grosse noix de beurre dans la poêle où on cuit les aubergines, faire fondre à feu doux, arroser le plat d'aubergines avec le beurre. Mettre au four pendant 20 à 25 minutes. Passer le four en position « gril » pendant les 5 dernières minutes pour donner une belle couleur dorée. Servir dans le plat de cuisson.

FONDS D'ARTICHAUTS AUX CHAMPIGNONS

Les artichauts peuvent être cuits à l'avance. On réchauffe les fonds entre deux assiettes sur une casserole d'eau bouillante et on prépare les champignons et la sauce au dernier moment.

Proportions : *pour 4 personnes*
6 gros artichauts bretons • 350 g de champignons de Paris

*1 noix de beurre • 1 bol 1/2 de sauce béchamel au fromage **
50 g de gruyère râpé
***Préparation :** 30 minutes*
***Cuisson :** artichauts, 45 minutes • sauce, 10 à 12 minutes*
champignons, 5 à 6 minutes
***Finition :** 10 à 15 minutes*

Parer les artichauts, les cuire à grande eau bouillante salée. Pendant ce temps, préparer les champignons et la sauce béchamel.

Séparer les têtes des pieds des champignons. Supprimer la partie terreuse des pieds. Passer le tout sous l'eau courante pour enlever le sable. Les sécher dans un torchon. Avec un couteau bien affûté, les hacher très grossièrement. Dans une casserole à fond épais, mettre une noix de beurre à fondre à feu doux. Quand elle est fondue, ajouter les champignons hachés, saler, poivrer. Les couvrir et les faire cuire en douceur en les remuant de temps en temps jusqu'à ce que l'eau de végétation soit évaporée. Quand ils sont à point, retirer la casserole du feu et les laisser de côté.

Râper le gruyère, le mélanger à la béchamel en réservant 50 g. Tenir la sauce à feu très doux sur une plaque d'amiante. Allumer le four à température moyenne-douce (position 4, 5, 180°).

Retirer les feuilles des artichauts, parer les fonds en supprimant le foin et toutes les parties ligneuses.

Reprendre les champignons et les mélanger avec une cuillère à soupe de sauce. Vérifier l'assaisonnement.

Poser les fonds côte à côte dans un plat qui va au four. Sur chacun, mettre un petit tas de champignons. Napper ensuite avec le reste de la sauce. Parsemer le dessus du plat avec les 50 g de gruyère restants. Enfourner, laisser chauffer pendant 15 à 20 minutes. Passer au gril pendant les 5 dernières minutes pour faire dorer le dessus de la préparation et servir dans le plat de cuisson.

TOMATES FARCIES À LA VIANDE

Les tomates peuvent être farcies à l'avance. Elles seront cuites au dernier moment.

***Proportions :** pour 4 personnes*
4 grosses tomates • 150 g de chair à saucisse
2 tranches de jambon de Paris • 1 jaune d'œuf
3 cuillères à soupe de persil haché

2 oignons moyens • 100 g de beurre en tout • sel, poivre
Préparation *: 40 minutes*
Cuisson *: pulpe, 7 à 8 minutes • oignons, 5 à 6 minutes*
au four, 35 minutes

Couper le chapeau des tomates côté tige. Avec un petit couteau, enlever les graines et l'eau de végétation de chaque alvéole. Évider ensuite les tomates avec une petite cuillère. Couper la pulpe et la réserver sur une assiette. Retirer ce qui pourrait encore rester d'eau et de graines. Saler légèrement le fond de chaque tomate et les retourner sur la planche. Mettre la chair à saucisse dans une jatte. Éplucher les oignons, les hacher finement.

Dans une poêle, mettre une grosse noix de beurre à fondre à feu doux, ajouter les oignons et les laisser devenir transparents sans dorer en les retournant de temps en temps.

Pendant ce temps, laver le persil, le sécher, supprimer les tiges et hacher les feuilles. L'ajouter à la chair à saucisse. Retirer les oignons de la poêle, les verser dans la jatte.

Dans la même poêle, remettre une petite noix de beurre, faire fondre à feu doux et y ajouter la pulpe de tomates qu'on laissera fondre et réduire jusqu'à ce qu'il n'y ait plus d'eau.

Pendant ce temps, hacher finement le jambon et le mettre aussi dans la jatte. Dès que la pulpe de tomates est fondue, l'ajouter au reste des ingrédients. Allumer le four à température chaude (230° ou position 7). Bien mélanger tous les différents éléments avec sel et poivre. Finir de lier avec un jaune d'œuf en travaillant pour que le mélange soit homogène.

Remplir chaque tomate avec cette farce et recouvrir chacune de son chapeau. Mettre côte à côte dans un plat allant au four. Dans une petite casserole, faire fondre doucement un gros œuf de beurre. Le répandre sur les tomates.

Enfourner et faire cuire en arrosant de temps en temps avec le jus de cuisson. Quand les tomates sont cuites, les retirer du plat avec une écumoire et les disposer délicatement dans le plat de service chaud. Il reste au fond du plat le jus de cuisson, qui est trop liquide. Le verser dans une petite casserole et à plein feu sur le gaz, le faire bouillir jusqu'à ce qu'il réduise, devienne sirupeux et de couleur plus foncée. L'opération dure 2 à 3 minutes. Le verser ensuite sur les tomates et servir.

Remarques : En entrée, il est suffisant de donner 1 tomate par personne. En plat principal de dîner, on comptera 2 tomates par personne et on doublera toutes les proportions.

Des restes de rôti de veau ou de poulet seront parfaits à employer à la place du jambon de Paris.

TOMATES FARCIES AUX CHAMPIGNONS

Les tomates peuvent être farcies à l'avance. Elles seront cuites au dernier moment.

Proportions : *pour 4 personnes*
5 grosses tomates • 400 g de champignons de Paris
1 cuillère à café de concentré de tomates
100 g de beurre en tout • sel, poivre
Préparation : *30 minutes*
Cuisson : *pulpe de tomates, 7 à 8 minutes*
champignons, 5 minutes • au four, 20 minutes

Plonger une tomate 1 minute dans l'eau bouillante. La retirer, la peler, la couper en deux, retirer les graines et l'eau de végétation. Couper la pulpe, réserver dans un bol. Couper le chapeau des quatre autres tomates côté tige. Retirer les graines et l'eau de végétation de chaque alvéole avec un petit couteau. Les creuser à l'aide d'une cuillère. Concasser la pulpe et l'ajouter à celle de la première tomate. Retirer éventuellement le reste des graines. Saler légèrement le fond de chaque tomate. Les retourner sur la planche pour qu'elles continuent à rendre leur eau.

Séparer les têtes des pieds des champignons. Retirer la partie terreuse des champignons et laver le tout à l'eau courante fraîche. Les hacher grossièrement en petits morceaux.

Dans une poêle, mettre à feu moyen une noix de beurre à blondir, ajouter la pulpe de tomates et la laisser fondre jusqu'à ce que toute son eau soit évaporée. Saler, poivrer. En même temps, dans une autre poêle, mettre une noix de beurre à feu moyen. Quand elle est blonde, ajouter les champignons et les faire suer pour faire partir leur eau de végétation.

Dans un bol, mélanger la fondue de tomates, les champignons, la cuillère à café de concentré de tomates. Saler, poivrer. Allumer le four à température chaude (250° ou en position 8).

Remplir chaque tomate avec ce mélange. Recouvrir chacune avec son chapeau. Dans une casserole, faire fondre un œuf de beurre. Le verser ensuite sur les tomates. Mettre le plat dans le four chaud. Faire cuire 20 minutes. Retirer du four, transvaser les tomates avec une écumoire et dans une casserole faire réduire le jus de cuisson jusqu'à ce qu'il soit sirupeux. Napper les tomates et servir.

Remarques :

1. Cette recette sera tout aussi bonne et plutôt plus raffinée avec des girolles ou des cèpes en saison.
2. Le passage au four est pour *saisir* les tomates et leur faire rendre leur eau, la farce étant déjà cuite.
3. Si on souhaite donner 2 tomates par personne, doubler les proportions.

Les entrées chaudes au fromage

CRÊPES AU FROMAGE ET AU JAMBON

Les crêpes peuvent se faire à l'avance. On prépare la garniture et on les farcit au dernier moment.

Proportions : *pour 4 personnes*
*8 à 10 crêpes * de 15 cm de diamètre*
1 cuillère à soupe (20 g) de farine • 1 grosse noix de beurre
1/2 litre de lait • 1 jaune d'œuf
3 cuillères à soupe de crème fraîche • 200 g de gruyère
2 tranches de jambon de Paris • sel, poivre
1 pointe de muscade
Préparation :
pâte à crêpes, 10 minutes • plat de crêpes, 20 minutes
plat, 20 minutes

Préparer la pâte à crêpes 1 ou 2 heures à l'avance pour la laisser reposer. Faire les crêpes, les réserver sur une assiette.

Râper le fromage, en réserver 1/3 dans un bol, mettre le reste dans un saladier. Retirer la couenne et le gras du jambon, le hacher grossièrement. Réserver dans le même saladier que le fromage râpé.

Dans une casserole, mettre une grosse noix de beurre, la faire fondre à feu moyen, ajouter la farine, mélanger avec la cuillère en bois, laisser cuire quelques minutes jusqu'à la couleur jaune pâle. Verser d'un coup le lait froid et en remuant sans cesse, porter à ébullition jusqu'à épaississement. Mettre à feu doux et laisser « bouillotter » 5 à 6 minutes. Saler, poivrer et râper une pointe de noix de muscade au-dessus de la casserole.

Dans un bol, battre un jaune d'œuf, le délayer avec la moitié de la sauce bouillante (le reste de la sauce attend dans la casserole à feu doux), et verser sur le fromage râpé et le jambon. Bien mélanger le tout, vérifier l'assaisonnement en sel et poivre. Allumer le four à température moyenne (220° ou à 6).

Garnir chaque crêpe avec cette farce et les rouler. Beurrer largement un plat allant au four et disposer les crêpes côte à côte. Reprendre la sauce restée dans la casserole. Relever le feu et ajouter la crème fraîche en mélangeant avec la cuillère en bois. Laisser bouillir quelques minutes. Napper les crêpes avec cette sauce. Parsemer le plat avec le gruyère râpé réservé à cet effet. Mettre au four pendant 20 à 25 minutes. Passer en position « gril » pendant les 5 dernières minutes, pour donner une belle couleur dorée. Servir dans le même plat.

CROQUE-MONSIEUR

Ils peuvent être préparés à l'avance. On les enveloppe dans un torchon et on les tient au frais pour que le fromage et le jambon ne se dessèchent pas. On les fait cuire au dernier moment.

***Proportions** : pour 4 personnes*
8 tranches de pain de mie sans croûte • 300 g de gruyère râpé
2 tranches de jambon de Paris • 2 œufs de beurre
***Préparation** : 20 à 25 minutes*
***Cuisson** : 10 à 12 minutes*

Râper le fromage. Réserver dans un récipient. Couper des tranches de pain de mie d'à peu près 1 cm d'épaisseur et formant sans la croûte un carré régulier de 8 cm de côté. Retirer la couenne et le gras du jambon et découper dans les tranches 4 carrés de la même taille que les tranches de pain de mie.

Poser une tranche de pain sur la planche, la couvrir de gruyère râpé en appuyant un peu, poser le carré de jambon, recouvrir celui-ci de gruyère râpé, terminer avec un carré de pain de mie en appuyant un peu. Ficeler en croix chaque croque-monsieur avec du coton à repriser.

Dans une grande poêle à feu moyen, faire blondir la moitié du beurre, mettre les croque-monsieur à cuire et dorer en douceur, car sinon ils brûleraient à l'extérieur et ne cuiraient pas à l'intérieur. Remettre dans la poêle le reste du beurre et retourner chaque croque-monsieur avec une spatule. Laisser cuire de même manière l'autre face. Sortir de la poêle. Avec de petits ciseaux pointus, couper le fil qui les entoure, le retirer. Mettre les croque-monsieur dans un plat chaud et servir. Si on ne peut apporter les croque-monsieur immédiatement à table, les mettre au chaud au four tiède.

FONDUES AU FROMAGE

Ce plat se fait au dernier moment.

***Proportions :** pour 4 personnes*
1/4 de litre de lait • 100 g de farine • 50 g de beurre
100 g de fromage de gruyère ou de parmesan
3 œufs entiers • sel, poivre
Panure :
chapelure • farine • 2 blancs d'œufs • 2 cuillères à soupe d'eau
***Préparation :** 25 minutes*
***Cuisson :** 6 à 7 minutes*

Râper le fromage. Faire chauffer dans une casserole le lait, le beurre et du sel. Quand le mélange bout et que le beurre est bien fondu, verser d'un coup la farine et travailler pour avoir une pâte épaisse et lisse. Tourner avec la spatule en appuyant sur le fond de la casserole jusqu'à ce que la pâte ne colle plus ni à la casserole, ni à la spatule.

Hors du feu, incorporer les œufs entiers un par un, ajouter ensuite le fromage râpé et du poivre, en travaillant bien le mélange pour qu'il soit homogène.

Dans trois assiettes différentes, mettre de la chapelure, de la farine, les blancs d'œufs et les cuillères à soupe d'eau battus ensemble à la fourchette comme pour une omelette.

A l'aide d'une cuillère à soupe et de l'autre main mouillée, prendre de la pâte et façonner une boule, comme une balle de ping-pong. La passer d'abord dans la farine, ensuite dans les blancs d'œufs puis dans la chapelure. Poser sur une planche. Ainsi de suite jusqu'à épuisement de la pâte.

Faire chauffer de l'huile bien propre dans la bassine. Quand elle est chaude, ce qui se reconnaît quand elle crépite au contact d'une goutte d'eau, mettre à frire les boules sans qu'elles se touchent, les tourner une fois jusqu'à ce qu'elles soient dorées et montent à la surface. Les retirer à l'aide de l'écumoire, les poser sur un papier absorbant. Sur le plat de service, disposer une serviette et y mettre les fondues. Servir immédiatement.

GNOCCHI À LA FRANÇAISE

Les gnocchi peuvent être faits quelques heures à l'avance et être disposés dans le plat, recouverts d'un torchon. On fera la béchamel et on cuira au four au dernier moment.

Proportions : *pour 6 personnes*
125 g de farine • 100 g de beurre
175 g de gruyère râpé • 1/4 de litre d'eau
4 œufs entiers • 1/2 cuillère à café de sel
poivre • muscade • 1 litre de lait
1/2 litre de sauce béchamel rapide *
Préparation : *25 à 30 minutes*
Cuisson : *gnocchi, 6 à 8 minutes • béchamel, 7 à 8 minutes*
au four, 20 à 25 minutes

Râper le fromage, le réserver dans un bol. Préparer les gnocchi : dans une casserole, mettre 1/4 de litre d'eau, le sel, le beurre. Porter à ébullition jusqu'à ce que le beurre soit fondu. Hors du feu, verser la farine en pluie et travailler avec la spatule pour avoir une pâte lisse et compacte. Remettre sur le feu et tourner cette pâte en l'appuyant fortement contre le fond de la casserole.

Cette opération a pour but de cuire la farine et de « dessécher » la pâte. Quand celle-ci ne colle plus ni à la casserole ni à la spatule, elle est au point, la retirer du feu.

Incorporer les œufs l'un après l'autre en travaillant à la spatule pour bien assurer le mélange avant d'ajouter un autre œuf. La pâte doit être molle et coulante, mais se tenir ensemble. Si elle semblait trop épaisse, mettre un œuf de plus. Incorporer alors 100 g de gruyère râpé, du poivre et de la muscade que l'on râpe au-dessus de la casserole.

Avec ce mélange faire des boulettes de la taille d'une noisette. Dans une casserole, mettre le litre de lait à bouillir, faire tomber délicatement les boulettes dedans. L'ébullition s'arrête, elle ne doit pas reprendre, laisser les boulettes pocher à tout petit feu pendant 6 à 8 minutes.

Retirer les gnocchi avec une écumoire et les mettre à égoutter sur un torchon. Passer le lait qui a servi à les cuire.

Faire avec un 1/2 litre de ce lait une béchamel rapide, la laisser mijoter à feu doux. Allumer le four à température moyenne (200°, position 5).

Beurrer un plat allant au four. Disposer les gnocchi côte à côte. Faire fondre dans la béchamel 50 g de gruyère râpé. Verser et napper de sauce les gnocchi. Parsemer le plat avec le reste de gruyère râpé. Mettre au four modéré pendant 20 minutes à peu près, puis passer en position « gril » et faire dorer pendant 5 minutes. Servir dans le plat du four.

Remarque : Ce plat est très nourrissant, c'est plutôt l'élément principal d'un dîner agréable avec une salade verte.

GNOCCHI À LA ROMAINE

La pâte des gnocchi se fait à l'avance. On les termine au dernier moment.

Proportions : *pour 4 personnes*
1/2 litre de lait • 100 g de semoule
1 œuf entier • 1 jaune d'œuf
75 g de gruyère râpé • 80 g de beurre
1 cuillère à soupe d'huile
1 pointe de couteau de muscade râpé • sel, poivre
Préparation : *20 à 25 minutes*
Cuisson : *semoule, 12 à 15 minutes • au four, 12 à 15 minutes*

Râper le gruyère. Réserver dans un bol. Battre l'œuf entier et le jaune dans une terrine.

Dans une casserole, mettre le lait, 40 g de beurre, du sel, la muscade. Porter à ébullition à feu moyen. Quand le beurre est bien fondu, jeter la semoule en pluie, laisser cuire à feu doux. Au bout de 7 à 8 minutes de cuisson, ajouter les œufs battus, mélanger avec la spatule en continuant à cuire à feu très doux pendant 4 à 5 minutes. Retirer du feu et mélanger la moitié du gruyère. Vérifier l'assaisonnement en sel, ajouter du poivre.

Avec la cuillère à soupe d'huile, huiler une plaque. Étaler le mélange en une couche rectangulaire de 2 cm d'épaisseur. Bien laisser refroidir. Détailler en carrés de 6 cm sur 6 à l'aide d'une boîte ou de toute forme creuse carrée.

Beurrer un plat allant au four. Disposer les gnocchi côte à côte à l'aide d'une spatule en les faisant se chevaucher légèrement. Saupoudrer avec le reste du gruyère. Dans une casserole, faire fondre le beurre restant. Le verser sur les gnocchi. Mettre au four chaud pendant 10 minutes, passer au gril les dernières minutes pour les dorer. Servir dans le plat de cuisson.

Remarque : Cette entrée peut être, ou bien le plat unique du dîner avec une salade verte, ou la garniture nourrissante d'un rôti de bœuf ou d'une daube de bœuf.

SOUFFLÉ AU FROMAGE

Ce plat se fait au dernier moment.

Proportions : *pour 4 personnes*
1/2 litre de lait • 2 cuillères à soupe débordantes

de farine • 5 jaunes d'œufs • 6 blancs d'œufs
200 g de gruyère râpé • 1 œuf de beurre
sel, poivre • 1 pointe de muscade
***Préparation** : 20 à 25 minutes*
***Cuisson** : béchamel, 7 à 10 minutes • soufflé, 25 à 30 minutes*

Râper le gruyère. Réserver sur une assiette. Allumer le four à température moyenne (220°, position 6). Dans une casserole, à feu moyen, faire fondre le beurre, ajouter la farine, mélanger et laisser cuire 1 à 2 minutes jusqu'à la couleur jaune pâle. Verser d'un coup le lait froid et porter à ébullition jusqu'à épaississement, sans cesser de tourner avec la cuillère. On doit avoir une béchamel épaisse. Laisser « bouillotter » 1 à 2 minutes. Retirer du feu. Incorporer les jaunes l'un après l'autre. Ajouter le fromage râpé et mélanger. Saler, poivrer, râper une pointe de noix de muscade. Battre les blancs d'œufs en neige très ferme dans un grand saladier. Y verser la préparation au fromage. Mélanger rapidement en prenant l'ensemble du dessous et ramenant vers le dessus. Ne pas chercher à trop bien mélanger. Cela « fatiguerait » la préparation et le soufflé monterait moins bien.

Beurrer un moule à soufflé et mettre à mi-hauteur dans le four pendant 25 à 30 minutes. Le soufflé doit monter et prendre une couleur bien dorée. Quand il commence à se colorer, baisser le four à température douce jusqu'à la fin de la cuisson. Servir alors sans attendre, car le soufflé retomberait.

SOUFFLÉ AU JAMBON

***Proportions** : pour 4 personnes*
1/2 litre de lait • 2 cuillères à soupe débordantes
de farine • 5 jaunes d'œufs • 6 blancs d'œufs
100 g de gruyère râpé • 3 tranches de jambon de Paris
***Préparation** : 20 à 25 minutes*
***Cuisson** : béchamel, 7 à 10 minutes • soufflé, 25 à 30 minutes*

Râper le fromage. Enlever le gras et la couenne du jambon et le hacher finement, mais pas en purée.

Procéder de la même façon que pour le soufflé au fromage *, en incorporant le jambon en même temps que le fromage.

Les feuilletés

Cette entrée très raffinée est facile à faire, à condition d'employer de la pâte feuilletée surgelée et de respecter les indications de préparation et de cuisson.

On peut imaginer toutes sortes de garnitures, des plus modestes aux plus onéreuses.

À noter également que les feuilletés peuvent se faire à l'avance. Il suffira de faire la garniture au dernier moment, tandis que les feuilletés vides sont mis à réchauffer au four.

FEUILLETÉS AUX ARTICHAUTS

On réchauffe les feuilletés et on fait la garniture au dernier moment.

***Proportions :** pour 4 personnes*
1 paquet de pâte feuilletée surgelée
8 artichauts bretons • 1/4 de litre de crème fraîche
1/2 verre à moutarde d'eau de cuisson des artichauts
80 g de beurre • 1 œuf pour dorer
2 cuillères à café de cerfeuil haché • sel, poivre
***Préparation :** 35 à 40 minutes*
***Cuisson :** feuilleté, 25 minutes • artichauts, 35 minutes*
sauce, 6 à 7 minutes

Sortir la pâte feuilletée du réfrigérateur 2 heures avant l'emploi, ainsi que le beurre.

Laver, sécher le cerfeuil, hacher les feuilles. Réserver dans un petit bol. Faire bouillir une grande casserole d'eau salée, mettre les artichauts à cuire pendant 35 minutes. Quand ils sont cuits, garder en réserve un demi-verre de jus de cuisson. Allumer le four à température chaude (230°, position 7).

Étaler la pâte feuilletée au rouleau sur la planche farinée sur 1/2 cm d'épaisseur. Avec un bon couteau, couper franchement 8 rectangles réguliers de 12 cm de long sur 8 cm de large. Sur 4 rectangles, dessiner avec la pointe d'un couteau un autre rectangle à l'intérieur à 2 cm du bord. Superposer les rectangles 2 par 2 en mettant le rectangle dessiné dessus. Battre l'œuf comme une omelette et en badigeonner les rectangles de pâte en évitant de faire des coulures.

Mouiller la plaque du four, disposer les feuilletés, enfourner. Laisser prendre couleur pendant 5 minutes, puis baisser le four à température moyenne (200°, position 5), laisser cuire et monter pendant 20 minutes.

Sortir du four, retirer les couvercles formés par l'incision dessinée avant cuisson, laisser les feuilletés à l'entrée du four pour qu'ils se maintiennent chauds.

Retirer les feuilles et le foin des artichauts, parer soigneusement les fonds, c'est-à-dire enlever la tige et toutes les petites fibres. Émincer ces fonds en morceaux plats comme des escalopes. En garnir chaque feuilleté. Tenir toujours au chaud dans le four tiède *pendant que l'on fait la sauce :*

Dans une sauteuse ou une casserole à fond épais, délayer la crème fraîche et le jus de cuisson réservé des artichauts. À feu moyen, porter à ébullition et faire réduire jusqu'à épaississement. Ensuite, à feu très doux, incorporer le beurre ramolli morceau par morceau en travaillant au petit fouet à main.

Saler, poivrer, ajouter le cerfeuil haché, répartir ensuite la sauce dans chaque feuilleté, remettre le couvercle et servir rapidement avant que la sauce ne détrempe les feuilletés.

Remarques :

1. Je superpose 2 rectangles de pâte feuilletée uniquement pour avoir des feuilletés plus hauts.
   On peut se contenter d'un seul rectangle, mais le résultat est moins satisfaisant.
2. Il est plus pratique pour la maîtresse de maison de servir sur un plat unique. Cependant l'entrée sera plus élégante et meilleure si chaque feuilleté est présenté sur une assiette individuelle avec juste un peu de sauce à l'intérieur sur la garniture et le reste entourant le feuilleté en nappant le fond de l'assiette. Ainsi le feuilleté reste sec et ne se ramollit pas.

FEUILLETÉS AUX ASPERGES

Les feuilletés peuvent se faire à l'avance ; la garniture au dernier moment.

***Proportions** : pour 4 personnes*
1 paquet de pâte feuilletée surgelée
*20 à 24 pointes d'asperges • 1 bol de sauce hollandaise **
1 œuf pour dorer
***Préparation** : 35 à 40 minutes*
***Cuisson** : asperges, 10 minutes • feuilletés, 25 minutes*
sauce, 10 minutes

Sortir la pâte feuilletée du réfrigérateur 2 heures avant l'emploi.

Couper les asperges en deux pour garder 7 à 8 cm de têtes d'asperges (les tiges pourront être utilisées pour un velouté d'asperges *). Peler délicatement les têtes d'asperges avec le couteau économe. Les lier en petits bottillons. Les laisser dans une bassine d'eau froide. Allumer le four à température chaude (230°, position 7).

Préparer 4 feuilletés comme il est dit dans les feuilletés aux artichauts *.

Mouiller la plaque du four, disposer les feuilletés, enfourner. Laisser prendre couleur aux feuilletés pendant 5 minutes environ, puis laisser cuire et monter pendant 20 minutes.

Pendant la cuisson des feuilletés, faire bouillir une casserole d'eau salée. Mettre à cuire les têtes d'asperges pendant 10 minutes. Elles doivent rester fermes.

Pour les égoutter, les poser sur un torchon et couper le fil des bottillons. Couvrir avec le torchon.

Retirer les feuilletés du four. Retirer les couvercles formés par l'incision dessinée avant cuisson. Les poser sur le plat de service, garnir chacun avec des pointes d'asperges. Tenir le plat devant l'entrée du four pour qu'il se maintienne chaud.

Faire la hollandaise. La répartir dans chaque feuilleté, remettre le couvercle et servir rapidement pour éviter que la sauce ne détrempe les feuilletés, ou servir en assiettes individuelles comme il est dit à « feuilletés aux artichauts * ».

FEUILLETÉS AUX COQUILLES SAINT-JACQUES

Les feuilletés et la nage peuvent se faire à l'avance ; la garniture au dernier moment.

***Proportions** : pour 4 personnes*
1 paquet de pâte feuilletée surgelée • 1 œuf pour dorer
*12 coquilles Saint-Jacques à la nage **
250 g de beurre demi-sel • échalotes
vinaigre de vin • vin blanc • sel, poivre
***Préparation** : 40 minutes*
***Cuisson** : feuilletés, 25 minutes*
Saint-Jacques, 2 minutes • sauce, 15 minutes

Choisir des coquilles Saint-Jacques bien fermées et vivantes. Demander au poissonnier de les décoquiller. Les nettoyer (v. page 182). Trancher les médaillons de Saint-Jacques de manière à faire 2 médaillons de chaque. Allumer le four à température chaude (230°, position 7).

Préparer 4 feuilletés et les cuire comme il est dit à « feuilletés aux artichauts * ».

Préparer la nage *. Faire pocher les coquilles Saint-Jacques, les sortir avec l'écumoire et les égoutter sur un torchon.

Sortir les feuilletés du four. Inciser le couvercle. Garnir chaque feuilleté avec 6 médaillons de Saint-Jacques. Tenir au chaud à l'entrée du four.

Préparer la sauce beurre blanc *.

Disposer les feuilletés sur des assiettes individuelles. Verser un peu de beurre blanc sur les coquilles dans le feuilleté. Mettre le couvercle et couvrir le fond de chaque assiette avec le reste de sauce autour des feuilletés. Servir immédiatement.

FEUILLETÉS AUX ÉCREVISSES ET AUX OURSINS

La nage et les feuilletés peuvent se faire à l'avance ; la garniture au dernier moment.

***Proportions** : pour 4 personnes*
1 paquet de pâte feuilletée surgelée • 1 œuf pour dorer
*20 écrevisses à la nage * • 4 oursins*
1/2 louche de nage des écrevisses
1/4 de litre de crème fraîche • 80 g de beurre
légumes de la nage • sel, poivre
***Préparation** : 1 heure*
***Cuisson** : feuilletés, 25 minutes • écrevisses, 3 minutes*
sauce, 7 à 10 minutes

Acheter chez le poissonnier des écrevisses bien vivantes et des oursins bien lourds.

Sortir la pâte feuilletée du réfrigérateur 2 heures avant l'emploi.

Préparer et cuire la nage. Allumer le four à température chaude (230°, position 7).

Préparer et cuire quatre feuilletés comme il est dit à « feuilletés aux artichauts * ».

Pendant ce temps, préparer et cuire les écrevisses vivantes dans la nage frémissante 3 minutes. Les retirer avec une écumoire et les réserver dans la passoire à pieds. Retirer aussi les légumes de la nage et les égoutter sur un torchon.

Sortir les feuilletés du four. Retirer à l'aide d'un petit couteau les couvercles formés par l'incision dessinée avant cuisson. Décortiquer les queues des écrevisses et en mettre 5 dans chaque feuilleté. Ouvrir les oursins *, retirer les langues et les répartir également dans les feuilletés, finir de garnir avec des légumes de la nage en en mettant un petit peu de chacun. Recouvrir et tenir au chaud dans le four ouvert.

Préparer la sauce : dans une casserole à feu moyen, délayer la nage et la crème fraîche, porter à ébullition. Laisser réduire jusqu'à consistance onctueuse. Hors du feu, battre et incorporer le beurre morceau par morceau. Vérifier l'assaisonnement en sel et poivre.

Sortir les feuilletés, les poser sur des assiettes individuelles, soulever le couvercle et mettre une petite cuillère à soupe de sauce à l'intérieur. Répartir le reste de la sauce sur les assiettes autour de chaque feuilleté et servir.

FEUILLETÉS AUX PETITS LÉGUMES NOUVEAUX

Les feuilletés peuvent se faire à l'avance ; la garniture au dernier moment.

***Proportions** : pour 4 personnes*
1 paquet de pâte feuilletée surgelée • 1 œuf pour dorer
4 carottes longues • 4 navets longs • 8 oignons grelots
8 très petites pommes de terre Roseval ou BF 15
*1/2 verre à moutarde de bouillon de légumes **
ou jus de cuisson des légumes • 1/2 litre de crème fraîche
sel, poivre • 1 cuillère à café de jus de citron
***Préparation** : 50 minutes*

Cuisson :
pommes de terre, 20 à 25 minutes • légumes, 15 à 20 minutes
feuilletés, 25 minutes • sauce, 10 à 12 minutes

Préparer 4 feuilletés sur la plaque du four, comme il est dit à « feuilletés aux artichauts * ». Allumer le four à température chaude (230°, position 7). Éplucher et préparer les carottes, navets et pommes de terre en donnant à chacun la forme de grosses olives.

Enfourner les feuilletés.

Pendant ce temps, s'occuper de la cuisson des légumes pour qu'ils soient prêts en même temps que les feuilletés : faire cuire les pommes de terre à la vapeur * et dans une casserole d'eau bouillante salée, mettre les oignons, puis 5 minutes après les carottes et les navets. La cuisson totale doit être de 15 à 20 minutes. Veiller à ce que tous les légumes soient « cuits fermes ». Les retirer de l'eau avec une écumoire, les poser sur un torchon pour les sécher. Garder l'eau de cuisson si on n'a pas de bouillon de légumes.

Ouvrir les feuilletés, les garnir en répartissant dans chacun 2 pommes de terre, 2 oignons, 2 carottes, 2 navets. Tenir à l'entrée du four pour qu'ils restent chauds.

Préparer la sauce : dans une sauteuse ou une casserole, délayer la crème fraîche et le jus de cuisson réservé ou le bouillon de légumes. À feu moyen, porter à ébullition et faire réduire de moitié jusqu'à ce que l'ensemble épaississe et nappe la cuillère. Vérifier l'assaisonnement en sel et poivre du moulin. Relever le goût avec le citron.

Répartir la sauce sur les petits légumes dans les feuilletés, poser le couvercle et servir rapidement pour éviter que la sauce ne détrempe les feuilletés, ou servir en assiettes individuelles comme il est dit à « feuilletés aux artichauts * ».

FEUILLETÉS AUX MOULES

Les feuilletés peuvent se faire à l'avance ; la garniture au dernier moment.

***Proportions** : pour 4 personnes*
1 paquet de pâte feuilletée surgelée • 1 œuf pour dorer
1 litre de moules • 1 verre à moutarde de vin blanc sec
1 échalote • 1/2 tasse à thé de persil haché
5 cuillères à soupe de crème fraîche • 2 jaunes d'œufs
1/2 cuillère à café de jus de citron

Préparation : 40 minutes
Cuisson : feuilletés, 35 minutes • moules, 3 à 4 minutes
sauce, 7 à 10 minutes

Choisir chez le poissonnier des petites moules, elles sont plus fines et de meilleur goût que les grosses d'origine étrangère.

Les gratter soigneusement et les laver abondamment (v. page 178). Éplucher et hacher finement l'échalote, la réserver dans un bol. Laver, sécher le persil, hacher finement les feuilles, réserver dans un bol. Allumer le four à température chaude (230°, position 7).

Préparer 4 feuilletés et les faire cuire comme il est dit pour les feuilletés aux artichauts *.

Dans une grande casserole, mettre le vin blanc et les moules à feu vif pour les faire s'ouvrir et cuire. L'opération doit être rapide ; trop cuites, les moules deviennent dures et sèches. Les sortir de la casserole avec une écumoire et les décoquiller. Réserver entre deux assiettes sur une casserole d'eau bouillante pour qu'elles se tiennent chaudes. Passer le jus de cuisson au-dessus d'une casserole à travers une fine passoire plus une toile à beurre pour éviter qu'il y ait du sable.

Quand les feuilletés sont cuits, inciser le couvercle avec un petit couteau pointu. Répartir également des moules dans chacun et les tenir au chaud à l'entrée du four.

Reprendre la casserole où il y a le jus des moules et y ajouter l'échalote hachée et la crème fraîche, porter à ébullition à petit feu, laisser réduire pendant 6 à 7 minutes pour enlever l'agressivité du vin, cuire les échalotes et épaissir la crème. Dans un bol, battre les 2 jaunes d'œufs comme pour une omelette. Délayer avec une cuillère de sauce, puis encore une autre et remettre le tout dans la casserole, ainsi que le persil haché. Toujours à feu doux, chauffer la sauce en tournant sans cesse jusqu'à ce que l'ensemble couvre la cuillère. Arrêter avant ébullition, la sauce se désagrégerait. Ajouter 1/2 cuillère à café de jus de citron. Vérifier la teneur en sel, poivrer avec le moulin.

Répartir la sauce sur les moules, poser les couvercles et servir immédiatement sur le plat de service avant qu'elle ne détrempe les feuilletés, ou servir en assiettes individuelles comme il est dit à « feuilletés aux artichauts * ».

FEUILLETÉS AU RIS DE VEAU AUX TRUFFES

Le ris se prépare à l'avance. Les feuilletés peuvent se faire à l'avance. On cuit le ris au dernier moment.

***Proportions** : pour 4 personnes*
1 paquet de pâte feuilletée surgelée • 1 belle noix de ris de veau
1 carotte • 1 oignon • 1/2 feuille de laurier
*1 louche de bouillon de volaille **
ou de bouillon de volaille instantané
(1/2 tablette pour 1/2 litre d'eau)
1 verre de vin blanc sec • 2 cuillères à soupe de noilly
*4 truffes * de 25 g environ*
4 cuillères à soupe de crème fraîche
4 noix de beurre • sel, poivre
***Préparation** : voir « ris de veau * », 1 heure*
***Cuisson** : feuilletés, 25 minutes • ris, 20 minutes*
***Finition** : 8 à 10 minutes*

Préparer le ris de veau. Allumer le four à température chaude (230°, position 7).

Éplucher la carotte et l'oignon en petits dés réguliers. Couper les truffes en petits bâtonnets, les conserver dans leur jus dans une boîte hermétique.

Préparer et cuire les feuilletés, comme il est dit à « feuilletés aux artichauts » *. Quand ils sont prêts, les tenir au chaud pendant que se termine la garniture.

Dans une cocotte, mettre à fondre une grosse noix de beurre à feu moyen-doux. Quand elle commence à grésiller, ajouter les dés d'oignon et de carotte. Couvrir et laisser cuire jusqu'à ce que les légumes soient ramollis sans s'être colorés. Ajouter le ris de veau et le faire dorer doucement de tous les côtés, en veillant à ce que les légumes ne roussissent pas et n'attachent pas. Verser alors le noilly. En remuant la cocotte en tous sens, le faire réduire presque complètement. Mouiller avec le vin blanc, le bouillon de volaille si on en a, à défaut, avec du bouillon de volaille instantané, et le jus des truffes égouttées. Ajouter la 1/2 feuille de laurier. Couvrir et laisser mijoter doucement pendant 20 minutes, en retournant le ris de veau une fois.

Au bout de ce temps, retirer le ris de veau, le poser sur la planche et le couper en petites escalopes de la taille d'une bouchée, ce qui permet ensuite de retirer les dernières fibres nerveuses qui peuvent encore demeurer.

Inciser le couvercle des feuilletés, les garnir de ris de veau et de bâtonnets de truffes. Remettre le couvercle et tenir au chaud dans le four.

Passer le contenu de la cocotte au-dessus d'une sauteuse à travers un chinois en pressant sur les légumes pour extraire tout le jus. À découvert, réduire le jus de cuisson jusqu'à consistance sirupeuse. Ajouter alors la crème fraîche et laisser bouillir rapidement jusqu'à consistance onctueuse. Vérifier l'assaisonnement en sel et en poivre. Hors du feu, incorporer trois noix de beurre en fouettant vivement.

Présenter les feuilletés sur assiette individuelle chaude. Dans chacun, verser une cuillère de sauce. Répartir le reste dans chaque assiette et servir.

Les tartes

TARTE À L'OIGNON

Cette tarte peut se faire à l'avance et être réchauffée à four doux.

***Proportions** : pour 4 personnes*
1 paquet de pâte brisée surgelée • 500 g d'oignons
1 gros œuf de beurre • 4 œufs entiers
3 cuillères à soupe de crème fraîche
1/2 tasse à thé de lait • sel, poivre
***Préparation** : 15 à 20 minutes*
***Cuisson** : oignons, 10 à 15 minutes • tarte, 20 minutes*
***Finition** : 10 minutes*

Sortir la pâte surgelée à temps du froid. Éplucher les oignons. Les couper en fines lamelles. Allumer le four à température chaude (230°, position 7).

Sur la planche farinée, étaler la pâte au rouleau sur 1/2 cm d'épaisseur. Beurrer un moule de 24 cm de diamètre et le garnir avec la pâte en la pinçant bien tout autour du bord et en la piquant avec la fourchette pour qu'elle ne boursoufle pas. Recouvrir d'un papier sulfurisé et le remplir de haricots secs, enfourner et faire cuire pendant 20 minutes.

Dans une cocotte, mettre le beurre à fondre à feu moyen. Quand il est fondu, ajouter les oignons et les laisser suer et étuver doucement à couvert. Ils doivent devenir transparents, perdre leur eau de végétation et devenir blond doré. Quand ils sont à point, retirer la cocotte du feu. Saler, poivrer.

Dans une terrine, battre les œufs comme pour une omelette. Délayer avec la crème fraîche et le lait. Saler, poivrer. Verser cette préparation dans la cocotte et mélanger avec les oignons.

Sortir la tarte du four, retirer le papier et les haricots, et garnir avec la préparation aux oignons.

Remettre au four et faire prendre jusqu'à ce qu'une aiguille à tricoter trempée dans l'ensemble ressorte propre.

Démouler et servir.

TARTE AUX POIREAUX

Cette tarte peut se faire à l'avance et être réchauffée à feu doux.

Proportions : *pour 4 personnes*
1 paquet de pâte brisée surgelée • 500 g de poireaux
*1 tasse à thé de béchamel rapide **
125 g de gruyère • sel, poivre
1 bonne pointe de muscade • beurre pour graisser le moule
Préparation :
tarte, 10 minutes • poireaux, 10 minutes
Cuisson :
tarte, 20 minutes • poireaux, 6 à 7 minutes
béchamel, 10 à 12 minutes

Sortir la pâte surgelée du froid suffisamment à temps pour qu'elle soit bonne à l'emploi.

Éplucher les poireaux en enlevant toute la partie vert foncé et en les coupant en tronçons de 5 cm de long, puis en quatre dans le sens de la longueur. Faire cuire 6 à 7 minutes à grande eau bouillante, salée. Les égoutter puis sécher sur un torchon. Allumer le four à température chaude (220-230°, position 6, 7).

Sur la planche farinée, étaler la pâte en une épaisseur égale de 1/2 cm. Beurrer un moule de 24 cm. Le garnir avec la pâte en la pinçant bien au bord du moule et la piquer de coups de fourchette. Recouvrir d'un papier sulfurisé et le remplir de haricots ou de petits cailloux. Enfourner et faire cuire 20 à 25 minutes.

Pendant ce temps, râper le fromage et réserver dans un bol. Confectionner la béchamel rapide en la parfumant avec la muscade, et incorporer les 2/3 du fromage râpé ainsi que les poireaux. Laisser l'ensemble se réchauffer à feu doux.

Récupérer la tarte, mettre le four en position « gril ». Enlever le papier et les haricots. Répartir également sur la pâte les poireaux à la béchamel. Saupoudrer avec le reste de gruyère râpé. Remettre au four à 10 cm du gril et la faire dorer et gratiner pendant 5 à 7 minutes. Démouler sur le plat de service et servir.

QUICHE LORRAINE

Cette quiche peut se faire à l'avance et être réchauffée à four doux.

***Proportions** : pour 4 personnes*
1 paquet de pâte brisée surgelée • 200 g de poitrine fumée
20 cl de crème fraîche • 1 noix de beurre
4 œufs entiers • sel, poivre
***Préparation** : 15 minutes*
***Cuisson** : lardons, 5 minutes • quiche, 20 à 25 minutes*

Sortir la pâte surgelée du froid à temps.

Enlever la couenne et les parties cartilagineuses de la poitrine fumée. La couper en petits dés.

Faire chauffer une poêle (il n'est pas nécessaire d'y mettre du beurre) et faire revenir les lardons pour leur faire lâcher leur graisse. Allumer le four à température chaude (220°, position 6, 7).

Sur la planche farinée, étaler la pâte brisée sur une épaisseur de 1/2 cm. Garnir un moule à tarte beurré de 24 cm de diamètre en pinçant bien la pâte aux bords du moule et la piquer de coups de fourchette. Garnir le fond de la tarte avec tous les petits lardons, parsemer entre eux quelques petits copeaux de beurre.

Dans une terrine, battre les œufs comme pour une omelette. Mélanger la crème fraîche. Saler, poivrer. Verser cet appareil sur les lardons. Mettre au four. Surveiller la cuisson pour piquer la tarte avec une fourchette si des bulles se formaient à la surface. Démouler et servir.

Divers

BLINIS AU SAUMON FUMÉ

Les blinis sont des petites crêpes en pâte levée, d'origine russe. Ils doivent cuire dans des poêles de 10 cm de diamètre, à fond épais et ne pas être excessivement dorés.

Je les propose ici avec du saumon fumé, mais il est tout aussi classique de les servir avec des produits moins onéreux, tels que harengs gras de la Baltique ou œufs de saumon (caviar rouge).

Ils se cuisent au dernier moment.

***Proportions** : pour 4 personnes*
Pâte pour blinis : 250 g de farine
1/4 de litre de lait chaud • 20 g de levure de boulanger
3 œufs • 1 cuillère à soupe de beurre fondu
1/2 cuillère à café de sel fin • 4 tranches de saumon fumé
1 tasse à thé de crème aigre • 1 tasse à thé de beurre fondu
***Préparation** : 25 minutes*
***Cuisson** : blinis, 2 à 3 minutes chacun*

Acheter la levure chez le boulanger et préparer la pâte 3 à 4 heures à l'avance.

Faire chauffer le lait et délayer la levure en versant le lait petit à petit. Faire fondre 50 g de beurre dans une casserole. Dans un saladier, mettre la farine, le sel et les jaunes d'œufs ainsi que le beurre fondu. Travailler le tout à la cuillère pour le mélanger. Ajouter une petite quantité de lait et travailler la pâte pour qu'elle devienne lisse. La délayer ensuite en versant le reste du lait petit à petit et en mélangeant à la cuillère. On doit avoir une pâte à crêpe un peu épaisse. Si elle semble trop compacte, ajouter éventuellement un peu de lait. Mettre la pâte dans un endroit chaud, près d'un radiateur, par exemple. Au moment de l'emploi, battre 2 blancs d'œufs en neige très ferme, tourner la pâte avec la cuillère, puis incorporer les blancs en neige. Allumer le four à température tiède (70°, position 2).

Faire les blinis : à feu moyen, faire chauffer la petite poêle légèrement graissée de beurre ou d'huile, couler deux cuillères à soupe de pâte, cuire d'un côté, retourner à la spatule et faire de même pour l'autre côté. Tenir au chaud au fur et à mesure dans le four, sur le plat de service. Dans une saucière, mettre de la crème aigre, dans une autre du beurre fondu *.

Poser le saumon fumé sur les blinis (on en compte en général 2 par personne) et servir accompagné des deux saucières, dont chacun se servira à son gré.

Remarques :

1. La crème aigre se trouve chez les marchands de produits russes. À défaut, prendre de la crème fleurette et y ajouter du citron.
2. Pour plus de rapidité, employer deux poêles à la fois.

WELSH RAREBIT

Ce plat se fait au dernier moment.

Proportions : *pour 4 personnes*
4 tranches de pain de mie sans croûte
de 8 cm de côté et de 1,5 cm d'épaisseur
150 g de gruyère • 150 g de chester • 1 verre de bière
1 verre de vin blanc sec • 1 cuillère à soupe de moutarde blanche
sel, poivre de Cayenne
Préparation : *5 minutes*
Cuisson :
dans la sauteuse, 5 à 7 minutes • au gril, 2 à 3 minutes

Détailler les fromages en fines lamelles. Allumer le gril du four.

Mettre les fromages dans une sauteuse et les mélanger avec le vin blanc et la bière. À feu doux, porter à petite ébullition en tournant sans cesse avec la cuillère en bois jusqu'à ce que les fromages soient fondus et le mélange onctueux et homogène. Saler et poivrer au poivre de Cayenne, et laisser au chaud à très petit feu sur une plaque d'amiante.

Faire griller rapidement et légèrement les tranches de pain de mie, elles doivent rester moelleuses à l'intérieur. Mettre chaque tranche dans des petits plats individuels.

Incorporer la moutarde à la sauce dans la sauteuse, puis recouvrir largement chaque toast sans crainte de déborder et d'emplir le fond du plat.

Passer au gril rapidement pour faire prendre une jolie couleur dorée. Servir immédiatement.

6.

Les coquillages et les crustacés

LES COQUILLAGES

LES CRUSTACÉS

Tous les astérisques renvoient à des recettes figurant à l'index alphabétique en fin de volume.

Les coquillages

Les huîtres

C'est un coquillage raffiné. Il en existe de nombreuses variétés, mais on peut le classer en deux grandes catégories : les huîtres creuses et les huîtres plates. Ces dernières, les plus coûteuses, sont considérées comme les meilleures.

Les huîtres se consomment crues et très froides, ou pochées et chaudes.

On s'assure de la parfaite fraîcheur de l'huître par sa fermeture hermétique qui prouve qu'elle est bien vivante.

Une huître qui bâille est à jeter immédiatement.

CRUES

Pour les déguster crues dans les meilleures conditions. Les ouvrir peu de temps avant de servir. L'opération n'est pas facile (on peut demander à l'écailler de le faire). Il faut veiller en tout cas à tenir le coquillage bien horizontal pour ne pas perdre la précieuse eau et essuyer les bords de la coquille pour enlever les petites saletés.

Poser les huîtres sur de la glace pilée.

Servir avec des quartiers de citron ou une petite sauce de vinaigre de vin aux échalotes et de tranches de pain de seigle beurrées.

Dans le Bordelais, il est fréquent de relever les huîtres avec un peu de poivre de Cayenne et de les accompagner de petites saucisses chaudes grillées.

On sert généralement de 8 à 12 huîtres par personne selon la grosseur des huîtres et l'appétit des convives.

LES HUÎTRES POCHÉES AU NATUREL

Sur une casserole, mettre une passoire à trous très fins recouverte d'une toile à beurre. Ouvrir les huîtres et les détacher de la coquille avec une petite cuillère au-dessus de cette casserole pour ne rien perdre de leur eau et réserver les huîtres sur une assiette.

Faire chauffer la casserole qui contient l'eau filtrée des coquillages. Quand elle frémit, plonger les huîtres 1/2 minute pour les chauffer et non les cuire vraiment. Les retirer immédiatement avec une large écumoire. Les égoutter. Réserver l'eau de cuisson.

Dans cet état, elles sont bonnes à être employées en garniture d'un plat de poisson, de crustacés ou d'une sauce, l'eau de cuisson étant généralement utilisée pour la confection de cette sauce.

HUÎTRES POCHÉES AU BEURRE

Elles se font au dernier moment. On peut employer des creuses ou des plates.

***Proportions** : pour 4 personnes*
24 huîtres • 125 à 150 g de beurre • le jus d'un citron • poivre
***Préparation** : 25 à 30 minutes*
***Cuisson** : huîtres, 1/2 minute • sauce, 5 à 6 minutes*

Sortir le beurre à temps du réfrigérateur pour qu'il soit ramolli.

Ouvrir et décoquiller les huîtres au-dessus d'une casserole et d'une passoire pour recueillir leur eau. Allumer le four à température tiède.

Laver et essuyer les coquilles des huîtres. Les installer dans un plat à huîtres, ou les caler convenablement pour qu'elles ne basculent pas. Mettre le plat et les coquilles à tiédir dans le four.

Faire chauffer l'eau des huîtres et pocher les coquillages 1/2 minute. Les égoutter.

Sortir le plat du four, disposer une huître dans chaque coquille. Tenir au chaud sur la porte du four.

Préparer la sauce :

Relever le feu sous la casserole du jus de cuisson et le faire réduire de moitié. Baisser le feu, incorporer le beurre en une seule fois, mais fragmenté en plusieurs morceaux et tout en continuant à chauffer, imprimer à la casserole un mouvement circulaire, jusqu'à ce que le mélange eau-beurre s'émulsionne, épaississe et devienne onctueux. À ce moment, poivrer de quelques tours de moulin. Ne pas saler. Ajouter le jus de citron.

Verser une cuillère à soupe de sauce sur chaque huître et servir immédiatement.

Les moules

Ce sont de savoureux coquillages, mais il est impératif de les choisir bien vivants, car des moules qui ne sont pas de la première fraîcheur peuvent devenir très toxiques.

On reconnaît leur bonne qualité quand elles sont lourdes et parfaitement fermées, ce qui prouve qu'elles sont vivantes. Quand on les plonge ensuite dans une bassine d'eau fraîche pour les laver, éliminer celles qui se mettent à flotter à la surface.

Les meilleures moules sont petites et françaises, dites de bouchot. Élevées sur des piquets tout le long des côtes atlantiques et largement balayées par les marées, elles sont de ce fait particulièrement saines et non polluées.

Pour nettoyer les moules :

1. Les plonger plusieurs fois dans une bassine d'eau froide renouvelée.
2. Les gratter l'une après l'autre avec un couteau et tirer sur les fibres qui sortent de la coquille.
3. Les replonger dans une autre bassine d'eau fraîche et revérifier chaque moule pour éventuellement enlever d'autres saletés.

Pour ouvrir les moules :

Les mettre dans un large récipient à feu vif, secouer celui-ci de temps à autre ou brasser avec une cuillère jusqu'à ce que les moules soient toutes ouvertes. L'opération prend 2 à 3 minutes. Ne pas insister plus longtemps, car sinon les moules cuisent trop, ce qui les fait se racornir et devenir caoutchouteuses.

Ainsi préparées, les moules sont prêtes à être ajoutées en garniture dans d'autres plats. Il faut alors les décoquiller et les réserver. Puis, prendre un tamis fin, le recouvrir d'une toile à beurre et au-dessus d'un récipient, filtrer l'eau qui sera utilisée dans la préparation où seront employées les moules.

Elles peuvent aussi être mangées crues avec un filet de citron ou de vinaigre aux échalotes.

Par goût, je les préfère cuites. Voici donc quelques manières agréables de les préparer.

LES MOULES MARINIÈRES

Ce plat se fait au dernier moment.

***Proportions** : pour 4 personnes*
3 litres de moules • 2 verres de vin blanc sec
3 échalotes • 3 branches de persil
1/2 tasse à thé de persil haché • 3 gousses d'ail
1 gros œuf de beurre • poivre
***Préparation** : 30 minutes*
***Cuisson** : vin, 5 minutes • moules, 3 à 4 minutes*

Gratter et laver soigneusement les moules. Laver un bouquet de persil. Le sécher. Garder 3 branches entières et hacher les feuilles des autres branches pour en avoir une demi-tasse à thé. Éplucher les gousses d'ail, les garder entières. Éplucher les échalotes, les hacher finement.

Dans un large fait-tout plutôt bas que haut, mettre le vin blanc, les échalotes, les branches de persil, les gousses d'ail. À feu vif, faire bouillir pendant 5 minutes. Poivrer alors généreusement, ajouter le morceau de beurre, les moules et le persil haché. Les faire cuire et s'ouvrir en brassant en tous sens à l'aide d'une cuillère.

Verser alors les coquillages dans une soupière en retirant les branches de persil et les gousses d'ail, ou individuellement dans quatre assiettes creuses. Ne pas oublier alors de répartir le jus également.

Les moules marinières se servent généralement en entrée.

MOULES À LA POULETTE

Ce plat se fait au dernier moment.

***Proportions** : pour 4 personnes*
3 litres de moules • 2 verres de vin blanc sec
3 échalotes • 3 branches de persil
1/2 tasse à thé de persil haché • 1/4 de litre de crème fraîche
3 jaunes d'œufs • 1 œuf de beurre • poivre
***Préparation** : 35 minutes*
***Cuisson** : vin, 5 minutes*
moules, 3 à 4 minutes • sauce, 7 à 8 minutes

Gratter et laver soigneusement les moules. Laver un bouquet de persil, le sécher, garder 3 branches et hacher les feuilles des autres branches pour en avoir 1/2 tasse à thé. Éplucher les échalotes, les hacher finement.

Dans un large fait-tout, mettre le vin blanc, les échalotes hachées, les branches de persil. À feu vif, faire bouillir pendant 5 minutes. Au bout de ce temps, poivrer généreusement et ajouter les moules. Les faire cuire et s'ouvrir en les brassant en tous sens à l'aide d'une cuillère en bois.

Quand elles sont cuites, les retirer à l'aide de l'écumoire et les déposer dans la passoire à pieds au-dessus d'un récipient pour que le reste de jus s'égoutte. Allumer le four à température tiède.

Retirer la coquille vide de chaque moule et disposer les coquillages dans un grand plat creux, coquille en dessous. Recouvrir d'une feuille de papier alu et tenir au chaud dans le four.

Au-dessus d'une casserole, filtrer le jus de cuisson à travers un tamis recouvert d'une toile à beurre. Mettre la casserole à feu moyen, ajouter le persil haché et porter à petite ébullition.

Dans un bol, battre les jaunes d'œufs dans la crème fraîche. Prendre une cuillère de jus bouillant et délayer le mélange crème-œufs, refaire de même avec une autre cuillère, puis verser le tout dans le jus des moules. À feu doux, chauffer la sauce en la tournant sans cesse jusqu'à ce que l'on sente l'épaississement se produire et que la sauce couvre bien la cuillère, mais éviter l'ébullition.

Sortir du feu, ajouter l'œuf de beurre en 2 morceaux successifs et en fouettant vivement. Vérifier l'assaisonnement.

Prendre le plat dans le four et verser la sauce sur les moules. Servir en entrée sans attendre.

MOULES AU BEURRE D'ÉCHALOTES

Les moules peuvent être cuites à l'avance et préparées avec leur beurre. Elles seront alors chauffées au four au dernier moment.

***Proportions** : pour 4 personnes*
4 douzaines de moules • 250 g de beurre • 3 échalotes
1 cuillère à café de persil • 1 cuillère à café de cerfeuil
***Préparation** : 1 heure*
***Cuisson** : moules, 3 à 4 minutes • au four, 12 à 15 minutes*

Sortir le beurre du réfrigérateur pour qu'il soit ramolli.

Gratter et laver soigneusement les moules sous l'eau courante.

Les mettre dans un large fait-tout. À feu vif, les faire s'ouvrir en les brassant en tous sens avec la cuillère. Les retirer avec une écumoire et les poser dans une passoire à pieds pour les laisser s'égoutter.

Éplucher les échalotes, supprimer l'extrémité dure, les hacher très finement. Laver, sécher, effeuiller le persil et le cerfeuil, hacher finement les feuilles. Dans un bol, mettre le beurre coupé en morceaux, ajouter les fines herbes hachées, malaxer à la fourchette jusqu'à consistance de pommade.

Enlever la coquille vide de chaque moule. Recouvrir généreusement chaque coquillage d'un dôme de beurre d'échalotes et les disposer côte à côte dans un plat qui va au four ou dans des plats individuels à escargots. Allumer le four à température moyenne pendant que l'on garnit les moules pour qu'il soit à point quand le plat sera prêt à être enfourné.

Laisser chauffer à peu près 1/4 d'heure, le temps que le beurre soit fondu, les moules chaudes et non racornies. Servir en entrée.

Remarque : On peut remplacer le beurre par un beurre d'escargots * plus corsé.

Autres coquillages

Les coques : c'est un coquillage très sableux, il faut donc, malgré toutes les précautions de lavage, bien filtrer le jus comme il est dit pour les moules. On les mange : Au naturel : simplement ouvertes sur feu vif comme les moules *. Cuites et accommodées à la vinaigrette aux fines herbes *. À la poulette *.

Les praires : charnues et fines de goût, elles sont habituellement mangées crues avec un filet de citron.

Les palourdes : très bonnes crues ou cuites, elles se prêtent à tous les accommodements qui conviennent aux moules.

Les oursins : on les ouvre du côté plat en coupant la coquille à l'aide de ciseaux, comme on ouvre un œuf à la coque et on se débarrasse de l'eau. On déguste ensuite les petites langues rouges que l'on détache à l'aide d'une cuillère. C'est exquis et à mon avis la meilleure façon de s'en régaler. Cependant l'extrême finesse de goût des oursins permet de les employer dans diverses préparations : En salade *. En garniture d'omelette *. En sauce pour poissons *. En garniture dans les feuilletés aux écrevisses *.

Les pétoncles : ce sont des coquillages que l'on rencontre rarement chez les poissonniers. Ils ressemblent exactement à des coquilles Saint-Jacques miniatures. Il faut aussi les choisir lourds, vivants et bien fermés. L'ouverture et le nettoyage de ces petits coquillages sont longs et fastidieux, c'est pour cela qu'ils rencontrent généralement peu de succès. C'est regrettable, car ils sont fins et délicieux. On les accommode comme les coquilles Saint-Jacques *.

Les coquilles Saint-Jacques

Elles doivent être vivantes, donc dans leurs coquilles bien fermées. On les trouve ainsi d'octobre à mai, période de la pêche de la coquille Saint-Jacques en France.

On rencontre presque toute l'année des coquilles décortiquées d'importation qui sont mortes et dont la fraîcheur est donc impossible à évaluer...

COQUILLES SAINT-JACQUES À LA NAGE

Ce plat étant une entrée raffinée, mais coûteuse, je le conseille pour un dîner de fête. La nage peut se faire à l'avance. On la réchauffe pour faire cuire les coquilles.

***Proportions** : pour 8 personnes*
3 à 4 coquilles par personne
250 g de beurre d'excellente qualité
Ingrédients de la nage :
3 carottes moyennes • 2 branches de céleri
3 échalotes • 2 oignons moyens • 2 blancs de poireaux
1/2 litre de vin blanc sec • 1 litre d'eau
1 poignée de gros sel • 2 gousses d'ail non épluchées
3 à 4 zestes de citron • 20 grains de poivre vert
1 clou de girofle • 5 branches de persil
2 feuilles de laurier • 1 branche de thym
***Préparation** : nage, 30 minutes • coquilles, 20 minutes*
Cuisson :
nage, 50 minutes • coquilles Saint-Jacques, 3 à 4 minutes

Sortir le beurre du réfrigérateur pour qu'il soit ramolli.

Préparer la nage : éplucher et couper les carottes en fines rondelles, les tenir dans l'eau fraîche. Éplucher et retirer toutes les fibres du céleri, le couper en petits morceaux de 1 cm de large. Éplucher et couper les échalotes en rondelles. Éplucher les poireaux, garder le vert tendre et le blanc, couper en tronçons de 1 cm de large.

Mettre tous ces légumes dans une large casserole. Bien la couvrir et sur le feu moyen, faire étuver les légumes sans matière grasse, c'est-à-dire faire sortir l'eau de végétation et les attendrir. Mener cette opération pendant 10 minutes en les remuant à la spatule de temps en temps et en recouvrant bien la casserole.

Mouiller ensuite avec l'eau et le vin blanc. Ajouter tous les autres ingrédients aromatiques. Porter doucement à ébullition et laisser mijoter à petit feu à découvert pendant 40 minutes. Au bout de ce temps, les légumes sont au point et la nage est prête.

Acheter chez le poissonnier des coquilles Saint-Jacques lourdes et bien vivantes — demander qu'il les décoquille en laissant la noix et la partie rouge appelée corail. À la maison, les passer sous l'eau courante, bien retirer tous les petits filaments noirs et les membranes qui pourraient rester, et les réserver en les enveloppant dans un torchon.

Retirer de la nage le thym, le laurier, le persil, les gousses d'ail et la faire chauffer doucement jusqu'à ce qu'elle soit frémissante.

Dans une terrine, mettre le beurre coupé en morceaux et le battre avec une fourchette pour qu'il atteigne la consistance d'une crème de beauté. En remplir une saucière, la laisser à la température de la pièce. Mettre un légumier creux à chauffer au four tiède.

Plonger les coquilles Saint-Jacques dans la nage frémissante et laisser cuire 3 à 4 minutes. Les sortir avec une écumoire et les poser dans le plat de service. Parsemer avec tous les légumes de la nage et verser le jus de manière que les coquilles et légumes baignent largement. Servir avec la saucière de beurre en pommade.

Chaque convive se sert dans une assiette creuse chaude de coquilles, de légumes et de nage, il prend ensuite la quantité de beurre en pommade qu'il désire et le fait fondre en fouettant avec sa fourchette dans son assiette. C'est délicieux.

Remarque : Le temps de cuisson des coquilles Saint-Jacques peut paraître court, mais c'est à dessein. C'est celui qu'il faut pour que la chair ne soit plus transparente. Dès qu'elle est opaque jusqu'au cœur, la coquille est cuite, moelleuse et savoureuse, au-delà elle devient un petit bout de chair caoutchouteux et résistant.

COQUILLES SAINT-JACQUES MEUNIÈRE À L'ESTRAGON

Ce plat se fait au dernier moment.

Proportions : *pour 4 personnes*
12 coquilles Saint-Jacques
2 noix de beurre et deux œufs de beurre
persil haché • estragon haché • sel, poivre
quelques gouttes de jus de citron
Préparation : *20 minutes*
Cuisson : *2 minutes environ sur chaque côté*

Choisir chez le poissonnier des coquilles Saint-Jacques bien lourdes et fermées. Lui demander de les décoquiller. Retirer ensuite tous les petits filaments et membranes demeurant autour des noix et du corail. Les passer sous l'eau courante, les poser sur un torchon et les sécher en les épongeant. Avec un petit couteau bien affûté, couper chaque noix dans le sens de l'épaisseur de manière à avoir deux médaillons.

Laver, sécher, effeuiller le persil et l'estragon, hacher finement les feuilles.

Dans une grande poêle, mettre deux noix de beurre à fondre à feu moyen, quand il est doré, poser les coquilles Saint-Jacques à cuire sur une face, laisser dorer doucement, saler et poivrer. Retourner les coquilles et faire cuire de la même manière, saler et poivrer. La cuisson doit être menée de façon que les coquillages ne soient plus transparents, mais moelleux et dorés.

À l'aide de l'écumoire, les poser délicatement sur un plat de service chaud et remettre dans la poêle les herbes hachées et deux œufs de beurre que l'on fait simplement fondre et mousser en ajoutant quelques gouttes de jus de citron qui favorise la « mousse » du beurre. Le verser sur les coquilles et servir en entrée, ou en plat principal alors accompagné d'un légume consistant tel que pommes de terre vapeur * ou riz créole au coulis de tomates *.

Remarque : Dans les coquilles Saint-Jacques, je ne trouve pas que le corail ait grand intérêt, donc je ne l'emploie généralement pas. Mais si on tient à le consommer, le piquer de quelques coups d'aiguille pour qu'il n'éclate pas et le mettre dans la poêle avec un petit décalage, car il cuit un peu plus rapidement et a tendance à se dessécher et racornir.

Les crustacés

Les crevettes grises fraîches

Elles existent sous deux formes chez le poissonnier :

— *Déjà cuites,* il faut alors les choisir brillantes et la carapace bien dure, pas trop petites, non plus. C'est un hors-d'œuvre agréable avec du pain beurré.

Décortiquées, elles peuvent agrémenter la sauce de certains plats de poisson.

— *Ou vivantes,* on peut alors les préparer chez soi, de deux façons différentes et avoir une entrée fine, rapide à faire et absolument exquise.

COURT-BOUILLONNÉES TIÈDES

On les prépare de manière à leur laisser le temps de refroidir un peu.

***Proportions** : pour 4 personnes*
600 g de crevettes • eau • sel, poivre
***Cuisson** : 1 minute 30*

Porter à ébullition une grande casserole d'eau assez salée pour être équivalente à l'eau de mer. Quand l'eau bout, jeter les crevettes d'un coup. Laisser reprendre l'ébullition, ce qui demande 1/2 minute, laisser bouillir 1 minute de plus et égoutter dans la passoire à pieds. Remettre dans la casserole de cuisson encore chaude. Poivrer avec le moulin et saupoudrer d'un peu de sel fin en brassant avec les doigts.

Les servir tièdes avec du pain grillé et du beurre demi-sel.

POÊLÉES CHAUDES

Elles se font au dernier moment.

***Proportions** : pour 4 personnes*
600 g de crevettes • 1 noix de beurre
1/2 cuillère à café d'huile d'arachide • sel, poivre
***Cuisson** : 2 minutes*

Dans une grande poêle à feu moyen, mettre à fondre le beurre et l'huile. Quand ils sont bien chauds, ajouter les crevettes et les faire cuire vivement en tournant et remuant la poêle en tous sens. Saler et poivrer avec le moulin. Servir chaud.

Les crevettes roses ou bouquets

Sur nos côtes, on trouve assez facilement le bouquet vivant, il est malheureusement très coûteux.

Cependant, sa finesse de goût en fait un mets de grande qualité.

Servi froid ou tiède, il sera cuit à l'eau salée de la même façon que les crevettes grises.

La rusticité de la cuisson à la poêle la rend moins recommandable pour ces crevettes royales.

Les crabes

• Les étrilles à la nage

Ce sont des petits crabes. Il faut les choisir vivants si on ne les a pêchés soi-même.

Pour les déguster, préparer une bonne nage * bien corsée.

Plonger les étrilles dans cette nage bouillante, les laisser cuire 3 à 4 minutes et les retirer. Laisser refroidir à la température de la pièce.

Les étrilles sont des crabes trop petits pour contenir grand-chose et être vraiment décortiqués. On les suce et on les grignote. C'est un amusement et non pas une entrée ni un plat sérieux.

Mais si on les fait cuire un peu plus longtemps dans une quantité relativement réduite de nage, elles en parfumeront et relèveront agréablement les saveurs. Cette nage sera alors particulièrement recommandable pour la sauce poisson *.

• Le tourteau

C'est le meilleur, le plus délicieux des crabes. Certains amateurs disent même se régaler plus avec un tourteau qu'avec un homard. Il faut le choisir lourd et vivant.

TOURTEAU TIÈDE AU NATUREL

Après cuisson, le laisser refroidir à la température de la pièce.

***Proportions** : pour 4 personnes*
*2 crabes de 700 à 800 g • 2 litres de nage **
ou de court-bouillon instantané • ou eau salée et poivrée
1 petite laitue
***Préparation** : de 10 à 45 minutes*
***Cuisson** : 10 à 12 minutes*

Préparer la nage ou le court-bouillon instantané, ou faire simplement bouillir de l'eau salée et poivrée. Quand l'eau ou le court-bouillon bout à gros bouillons, plonger les crabes et maintenir l'ébullition à plein feu. Les retirer au bout de 10 à 12 minutes. Laisser refroidir, mais les manger encore tièdes, c'est délicieux.

PRÉSENTATION

Première manière :

Mettre le tourteau sur le dos. L'ouvrir en deux en le fendant à l'aide d'un large couteau et d'un marteau. Briser les pinces en plusieurs morceaux. Poser les morceaux de crabe dans le plat de service et chacun se débrouillera.

Deuxième manière :

Beaucoup plus confortable pour les convives, mais longue à effectuer pour la maîtresse de maison.

Détacher les pinces. Les briser à l'aide d'un casse-noix. Retirer la chair. Détacher la carapace. Retirer les parties crémeuses avec une cuillère à café, les réserver dans un bol.

Extraire la chair de tous les alvéoles cartilagineux à l'aide des doigts et de la pointe d'un couteau. Prendre le plat de service, le garnir de 3 ou 4 feuilles de laitue. Disposer la chair au milieu du plat. Entourer des pinces décortiquées. Servir en accompagnement d'une sauce de son choix :

— Mayonnaise avec les parties crémeuses : prendre le bol où sont les parties crémeuses. Ajouter un peu de moutarde, du sel et du poivre. Verser de l'huile d'arachide en filet en tournant sans cesse, comme pour une mayonnaise. Quand on a atteint une consistance onctueuse et un peu fluide, terminer la sauce en la relevant d'un filet de vinaigre. Ajouter éventuellement un peu plus de moutarde, de poivre et de sel. Servir en saucière.

— Vinaigrette aux fines herbes *.
— Mayonnaise au naturel *.
— Mayonnaise aux fines herbes *.

• L'araignée de mer

C'est une variété de crabe. Elles ne sont pas toujours très pleines, et il faut les choisir assez grosses. C'est également un excellent crustacé, qui a le même usage que le tourteau. Mais comme il n'est pas très avantageux, on se contente de le servir simplement au naturel, plutôt que de l'employer en recettes plus élaborées.

COCKTAIL DE CRABE

On cuit le crabe, on le décortique, on fait la sauce à l'avance. On mélange le tout.

On le met dans une boîte hermétique et on le tient au frais dans le garde-manger ou dans le bas du réfrigérateur car la mayonnaise « tournerait » au grand froid.

***Proportions** : pour 4 personnes*
1 gros crabe de 1 kg ou du crabe en boîte (2 boîtes de 110 g)
*4 cuillères à soupe de mayonnaise au ketchup **
1 cuillère à café de sauce anglaise (worcestershire Sauce)
2 cuillères à café de cognac
***Préparation** : 45 minutes environ*
***Cuisson** : crabe, 12 minutes*

Faire cuire le crabe dans une nage * ou à l'eau salée.

Préparer la mayonnaise au ketchup. La terminer en y ajoutant le cognac et la sauce anglaise.

Décortiquer soigneusement le crabe. Couper les pinces en petits morceaux. Ne pas utiliser les parties crémeuses.

Dans une boîte hermétique, faire le mélange du crabe et de la sauce. Fermer la boîte. Mettre au frais.

Avant de servir : Éplucher et laver une petite laitue. Choisir quelques jolies feuilles, les sécher sans les abîmer. Prendre des petites coupes en verre, les garnir de feuilles de laitue. Remplir ensuite avec du mélange sauce-crabe et servir.

Remarque : Ce plat sera également délicieux avec du crabe en boîte. Pour 4 personnes, il faut 2 boîtes de 110 g.

Veiller seulement à d'abord bien égoutter le crabe, puis à l'émietter en retirant toutes les parties cartilagineuses.

Les langoustines

C'est un délicat crustacé. En ville, on le trouve souvent déjà cuit chez le poissonnier : il est préférable de s'en procurer des crues que l'on fera cuire soi-même.

LANGOUSTINES À LA NAGE

Proportions : *pour 4 personnes*
20 à 24 grosses langoustines
*2 litres de nage * ou de court-bouillon instantané*
ou de l'eau bien salée
Préparation : *celle de la nage*
Cuisson : *2 à 3 minutes*

Préparer la nage. Quand elle bout, y jeter les langoustines. Laisser cuire 2 à 3 minutes. Retirer avec une écumoire. Laisser refroidir à la température de la pièce. Éviter le réfrigérateur.

On les mange de même façon que les crevettes : tièdes ou froides, en hors-d'œuvre.

Emploi : Décortiquées, elles enrichissent une sauce avec un poisson. Garnissent une omelette ou des œufs brouillés. Elles sont l'élément principal d'une salade composée *.

Les écrevisses

Elles se trouvent dans les rivières. Elles sont pour la plupart d'importation, car elles ont pratiquement disparu des rivières de France.

On les classe en deux catégories : les pattes blanches et les pattes rouges. Ces dernières sont considérées comme les meilleures.

À vrai dire, je ne trouve pas de grande différence entre les deux et les pattes blanches sont nettement moins onéreuses.

En fait, ce qui rend vraiment savoureuses des écrevisses, c'est la nage dans laquelle elles ont cuit ou l'assaisonnement qui les accompagne.

Il faut impérativement les acheter bien vivantes. Ensuite, les laver à l'eau fraîche, puis les *châtrer,* opération qui consiste à enlever le petit boyau intestinal. On le saisit entre le pouce et un couteau, à son extrémité qui est située sous la phalange du milieu. Puis on tire doucement pour ne pas le briser.

Il ne faut pas effectuer le châtrage trop longtemps à l'avance, car les écrevisses se vident. Donc, je conseille de les châtrer par petites quantités à la fois, de les cuire et de recommencer avec la fournée suivante.

ÉCREVISSES À LA NAGE

***Proportions :** pour 4 personnes*
de 6 à 10 écrevisses par personne
*2 litres de nage * • poivre de Cayenne*
Préparation :
nage, 25 à 30 minutes • écrevisses, 20 à 25 minutes
***Cuisson :** 3 minutes*

Préparer la nage. Quand elle est cuite, la relever d'un peu de poivre de Cayenne et la maintenir à grosse ébullition.

Laver les écrevisses dans l'eau fraîche, les châtrer par 6 ou 10 à la fois. Les jeter dans la nage, laisser cuire à gros bouillons durant 3 minutes. Retirer avec une écumoire, poser sur un torchon. Laisser refroidir à la température de la pièce.

On les mange de la même façon que les langoustines, tièdes ou froides, en entrée.

Emploi : Décortiquées, les queues enrichissent une sauce avec un poisson, garnissent une omelette ou des œufs brouillés. Elles sont l'élément principal d'une salade composée *. Elles enrichissent une sauce (v. page 41).

ÉCREVISSES À LA CRÈME

La nage peut être préparée à l'avance et les écrevisses cuites et décortiquées à l'avance.

On les garde dans une boîte hermétique à la température de la pièce, ainsi que la nage et ses légumes.

On termine le plat au dernier moment.

***Proportions :** pour 4 personnes*
10 écrevisses par personne

*2 litres de nage * • poivre de Cayenne*
***Pour la sauce :** 1/2 litre de crème fraîche • 2 verres de nage*
1/2 tasse à thé de civette hachée • sel, poivre
***Préparation :** nage, 30 minutes • écrevisses, 20 à 25 minutes*
***Cuisson :** écrevisses, 3 minutes • sauce, 10 à 12 minutes*

Préparer la nage.

Laver les écrevisses dans l'eau fraîche. Les châtrer, par 6 ou 10 à la fois.

Relever la nage avec un peu de poivre de Cayenne. Faire cuire les écrevisses 3 minutes à grosse ébullition. Les retirer de la nage, les laisser un peu refroidir.

Séparer les queues des têtes (réserver ces dernières qui serviront à un autre usage). Décortiquer les queues. Les réserver.

Laver, sécher la civette, la hacher finement.

À l'aide d'une écumoire, récupérer les légumes de la nage et les poser dans une sauteuse. Laisser de côté les aromates et les condiments.

Mouiller les légumes avec 2 verres à moutarde de nage. À feu moyen, laisser réduire de moitié. Ajouter la crème fraîche. Mélanger au petit fouet, laisser bouillir et réduire jusqu'à épaississement et consistance onctueuse. Baisser le feu. Ajouter la civette hachée. Vérifier l'assaisonnement en sel et poivre et relever éventuellement la saveur avec un peu de citron.

Verser les queues d'écrevisses, laisser chauffer quelques instants et servir soit dans un plat de service un peu creux chauffé, soit dans des ramequins individuels, également chauffés en veillant à répartir également les queues d'écrevisses et les légumes de la nage.

Le homard

C'est le crustacé « royal ». Quand il vient des côtes bretonnes, il est considéré comme le meilleur.

Il est recommandé de choisir des femelles. Leur chair est plus moelleuse et plus savoureuse.

HOMARD CHAUD À LA NAGE

La nage peut se préparer à l'avance. On la réchauffe pour cuire les homards au dernier moment.

***Proportions** : pour 4 personnes*
*2 homards de 700 à 800 g • 2 litres de nage **
*1 saucière de beurre d'herbes **
***Préparation** :*
nage, 30 minutes • homards, 10 minutes • sauce, 5 minutes
***Cuisson** : 12 minutes*

Choisir chez le poissonnier des homards bien vivants.

Sortir le beurre du réfrigérateur pour qu'il soit ramolli. Préparer la nage. À grosse ébullition, plonger les crustacés, laisser cuire à gros bouillons. Pendant ce temps, préparer le beurre d'herbes.

Retirer les homards, les poser sur la planche, les fendre en deux dans le sens de la longueur, retirer la petite poche caillouteuse située dans le haut de la tête, briser les pinces à l'aide du casse-noix. Les dresser dans un plat creux ovale, les recouvrir de légumes de la nage et verser la valeur de 3 verres à whisky de court-bouillon chaud au fond du plat.

Servir accompagné du beurre d'herbes dont chacun se servira en le battant et en le faisant fondre dans la nage chaude.

La langouste se cuit, se sert exactement de la même manière. La choisir également bretonne de préférence, de même poids, et bien vivante.

HOMARD TIÈDE OU FROID

Il se cuit à l'avance, mais il est recommandé de le laisser refroidir à la température de la cuisine et d'éviter le séjour au réfrigérateur qui durcit les chairs.

***Proportions** : pour 4 personnes*
*2 homards de 700 à 800 g • 2 litres de nage **
ou court-bouillon instantané • ou eau salée
***Préparation** :*
nage, 30 minutes • homards, 7 à 10 minutes
***Cuisson** : 12 minutes*

Choisir les homards bien vivants.

Préparer la nage ou simplement de l'eau salée. Faire cuire à gros bouillons pendant 12 minutes. Retirer de l'eau et laisser refroidir.

Les couper en deux dans le sens de la longueur, retirer la petite poche caillouteuse située en haut de la tête, briser la pince à l'aide d'un casse-noix. Présenter sur un plat ovale.

Accompagner au choix de :
— Sauce vinaigrette aux herbes *.
— Sauce mayonnaise crémée au citron *.
Garnir si on le désire de tomates farcies aux œufs durs *. Ou donner un saladier de salade russe *.

Remarque : On peut remplacer ces homards par des *langoustes* de même poids.

HOMARD CLAUDE JOLLY

On peut faire pocher et décortiquer les homards à l'avance. Dans ce cas, on les gardera à la température de la cuisine, dans une boîte hermétique.
On termine ensuite le plat au dernier moment.

***Proportions** : pour 6 personnes*
*3 homards vivants de 800 g • nage * ou eau salée*
3 carottes • 2 navets
3 gros champignons de Paris • 1/2 litre de crème fraîche
1 louche de nage ou 1/2 verre de vin blanc
*3 cuillères à soupe de porto • 3 belles truffes **
1 grosse noix de beurre • sel, poivre
***Préparation** : 30 à 35 minutes*
***Cuisson** : homards, 12 minutes • julienne de légumes, 8 minutes sauce, 10 minutes*

Choisir des homards bien vivants, de préférence bretons, et femelles si possible — elles sont meilleures.
Préparer une nage dans un fait-tout, ou simplement de l'eau fortement salée. Porter à ébullition. Plonger les homards en les immergeant totalement. Laisser cuire 10 minutes après reprise de l'ébullition. Les sortir ensuite et les poser sur un torchon.
Éplucher et laver les carottes et les navets. Supprimer la partie terreuse des pieds des champignons, les laver sous l'eau courante. Râper les carottes et les navets avec la grille moyenne du moulin-légumes. Détailler les champignons en bâtonnets de taille égale à la julienne de carottes et navets. Réserver le tout dans un torchon.
Ouvrir le bocal ou la boîte de truffes, conserver le jus. Hacher les truffes très grossièrement et réserver dans une boîte fermée pour en conserver le parfum.
Décortiquer les homards : séparer les têtes des queues. Inciser les anneaux du ventre avec des ciseaux ou un couteau bien affûté. Sortir la

chair et retirer le boyau par l'extrémité de la queue. Casser les pinces avec un casse-noix, sortir la chair sans la rompre. Réserver le tout dans un saladier et ranger les têtes dans une boîte hermétique que l'on conservera au frais pour un usage ultérieur (à grignoter en famille ou dans une salade *).

Dans une casserole, faire chauffer la noix de beurre, ajouter la julienne de légumes et la laisser étuver doucement à couvert, en la remuant de temps en temps, jusqu'à ce que l'eau de végétation soit évaporée et que les légumes soient cuits, mais fermes, ce qui prend 8 minutes environ. Saler légèrement. Laisser au chaud dans la casserole couverte sur une plaque d'amiante à feu très doux.

Couper la queue des homards en morceaux de la taille d'une bouchée, laisser les pinces entières et poser le tout dans un plat couvert au-dessus d'une casserole d'eau bouillante pour réchauffer les chairs.

Pendant ce temps, préparer la sauce :

Dans une sauteuse, mettre une louche de court-bouillon ou, si les homards ont été cuits à l'eau salée, 1/2 verre de vin blanc, ajouter le jus des truffes et le porto, porter à ébullition et laisser bouillir et réduire pendant 3 minutes environ. Verser la crème fraîche, délayer et mélanger avec la cuillère. Continuer à faire bouillir et réduire jusqu'à consistance onctueuse, ce qui prend environ 10 à 15 minutes. Ajouter les truffes hachées, saler et poivrer.

Prendre un plat de service chaud, garnir le fond de julienne de légumes, recouvrir avec les morceaux de homard, entourer avec les pinces. Napper avec la sauce et servir.

Remarques :

1. Il est plus commode et rapide de servir cette recette raffinée dans un plat.
   C'est cependant plus élégant de la présenter en assiettes individuelles, la pince servant d'élément de décoration.
2. La langouste est tout à fait délicieuse quand elle est bretonne. N'ayant pas de pinces, elle pèse moins lourd, donc il suffit de prendre des bêtes de 600 à 700 g.
   Pour toutes ces raisons, rien ne s'oppose à ce qu'elle soit employée à la place du homard pour faire cette recette.

HOMARD À LA TOMATE FRAÎCHE

On peut court-bouillonner et décortiquer le homard à l'avance. Les chairs seront conservées dans une boîte hermétique.

Il en est de même pour le coulis de tomates.
Le plat sera terminé au dernier moment.

***Proportions :** pour 6 personnes*
3 homards de 700 à 800 g (femelles de préférence)
*2 litres de nage * ou eau salée • 1 louche de court-bouillon*
ou 1/2 verre à moutarde de vin blanc
1/2 litre de crème fraîche
*1/2 tasse à thé de coulis de tomates **
1/2 tasse à thé de persil et de cerfeuil hachés • sel, poivre
***Préparation :** 30 à 35 minutes*
***Cuisson :** homards, 12 minutes • coulis, 20 à 25 minutes*
sauce, 10 à 12 minutes

Acheter chez le poissonnier des homards bien vivants. Préparer la nage ou faire bouillir de l'eau salée et les faire cuire à gros bouillons pendant 12 minutes. Les retirer, et les laisser refroidir à la température de la pièce.

Faire un coulis de tomates bien réduit.

Décortiquer le homard : séparer les têtes des queues. Si ce sont des femelles, arracher les grappes d'œufs et les réserver dans une tasse. Inciser les anneaux du ventre avec des ciseaux ou un couteau bien affûté, sortir la chair et retirer le boyau par l'extrémité de la queue. Casser les pinces avec un casse-noix, sortir la chair sans la rompre. Réserver le tout dans un saladier et ranger les têtes dans une boîte hermétique, que l'on conservera au frais pour un usage ultérieur (salade *). Couper la queue des homards en morceaux de la taille d'une bouchée, laisser les pinces entières et disposer le tout harmonieusement dans un plat creux couvert au-dessus d'une casserole d'eau bouillante, pour réchauffer les chairs sans les dessécher.

Pendant ce temps, préparer la sauce :

Laver, sécher, effeuiller les herbes, les hacher finement, réserver dans une tasse.

Dans une sauteuse ou une casserole à fond épais, mettre une louche de nage, ou du vin blanc si on a fait cuire les crustacés à l'eau salée. À feu moyen, faire réduire de moitié, ajouter la crème fraîche, la laisser mijoter jusqu'à ce qu'elle ait épaissi, ajouter alors le coulis de tomates et la moitié des œufs de homard égrenés, si ce sont des femelles. Mélanger, laisser chauffer à petit feu encore quelques minutes, l'ensemble doit être onctueux. Saler et poivrer, ajouter les fines herbes.

Prendre le plat où se trouvent les homards, couvrir de sauce et servir, ou bien présenter en assiettes individuelles chaudes en répartissant également les morceaux de homard et la sauce et en se servant de la pince comme élément de décoration.

Remarque : On peut remplacer les homards par des *langoustes* de poids légèrement inférieur.

HOMARD À L'AMÉRICAINE

Ce plat se prépare au dernier moment, mais peut attendre dans le four tiède.

Proportions *: pour 6 personnes*
2 homards vivants de 800 à 900 g • 4 tomates moyennes
1 petite boîte de concentré de tomates • 2 oignons moyens
4 échalotes • 1 gousse d'ail • 2 verres de vin blanc sec
1/2 verre d'eau • 1 cuillère à soupe de cognac
3 branches d'estragon • 5 à 6 cuillères à soupe d'huile
100 g de beurre
3 cuillères à soupe pleines de crème fraîche (10 cl environ)
sel, poivre • 1 pincée de poivre de Cayenne
Préparation *: 30 minutes*
Cuisson *: 30 à 35 minutes*
Finition de la sauce *: 8 à 10 minutes*

Choisir des homards bien vivants chez le poissonnier.

Sortir le beurre du réfrigérateur, pour qu'il soit ramolli.

Éplucher les oignons et les échalotes. Les hacher finement et les réserver séparément dans deux tasses. Plonger les tomates 1 minute dans l'eau bouillante, les égoutter, les laisser un peu refroidir, les peler, les couper en deux, retirer les graines et les couper grossièrement.

Découper les homards : il faut le faire rapidement, ils sont vivants et ce n'est pas agréable...

Étaler le homard sur la planche, pinces et queue allongées. Le tenir fermement d'une main et couper les pinces à ras du corps. Séparer la queue de la tête. Couper la queue en 5 à 6 tronçons. Couper la tête en deux dans le sens de la longueur, retirer la petite poche caillouteuse qui se trouve dans le haut de la tête. Extraire la partie crémeuse et la partie verdâtre (le corail) et les réserver dans un bol. Briser la carapace des pinces d'un ou deux coups de marteau. Allumer le four à température tiède (100°-150°, position 2, 3).

Faire chauffer l'huile dans une large sauteuse. Quand elle est fumante, ajouter les morceaux de homard et, à feu vif, les faire revenir en tournant en tous sens, jusqu'à ce que la carapace soit rouge. Baisser le feu. Retirer les morceaux de homard avec une écumoire et les poser sur un plat. Les tenir au chaud dans le four.

Dans l'huile de la sauteuse, verser les oignons hachés et, à feu doux, les faire fondre doucement. Quand ils sont presque à point, ajouter les échalotes hachées et la gousse d'ail écrasée au presse-ail. Faire fondre à couvert avec les oignons jusqu'à ce que l'ensemble soit cuit, sans avoir pris couleur.

En retenant ce hachis fondu avec une spatule, incliner la sauteuse au-dessus d'un bol et se débarrasser de toute l'huile. Remettre sur le feu moyen, et mouiller avec le cognac et le vin blanc. Laisser chauffer quelques instants, puis ajouter l'eau, les tomates concassées et le concentré de tomates, ainsi que les branches d'estragon. Mélanger. Laisser prendre l'ébullition.

Poser les morceaux de homard dans la cocotte. Couvrir et laisser cuire à petit feu pendant 15 minutes environ.

Pendant ce temps, malaxer dans un bol, jusqu'à consistance de pommade, 100 g de beurre ramolli avec les parties crémeuses et le corail.

Au bout de 15 minutes, retirer les morceaux de homard à l'aide d'une écumoire et les poser dans un légumier de service. Tenir au chaud dans le four.

Retirer les branches d'estragon et à découvert, en relevant le feu, faire réduire la sauce de moitié. Baisser le feu et incorporer le beurre de corail en plusieurs fois, en battant au petit fouet à main pour obtenir une sauce onctueuse. Ajouter la crème fraîche et laisser mijoter 3 à 4 minutes. Vérifier l'assaisonnement. Ajouter éventuellement un peu de poivre de Cayenne. Verser la sauce sur le homard dans le légumier et servir.

Remarque : Tel quel, le plat n'est pas très facile à manger. On peut faciliter la tâche des convives en décortiquant les morceaux de homard quand ils sont cuits et les tenir de même au chaud en les couvrant d'un papier alu, pendant que se fait la finition de la sauce.

On peut remplacer les homards par des *langoustes.* On les choisira d'un poids légèrement inférieur.

Les langoustes

Toutes les recettes de homard (pp. 191 à 197) sont applicables à la langouste.

LANGOUSTES GRILLÉES

Ce plat se fait au dernier moment.

***Proportions** : pour 4 personnes*
2 langoustes de 450 à 600 g • 100 g de beurre
eau • sel, poivre
***Préparation** : 6 minutes*
***Cuisson** : 1er temps, 3 à 4 minutes • 2e temps, 7 à 10 minutes*

Acheter chez le poissonnier des langoustes bien vivantes, bretonnes de préférence.

Faire bouillir une grande marmite d'eau salée. Faire fondre 70 g de beurre dans une petite casserole à feu doux. Allumer le gril du four.

Plonger les langoustes 3 à 4 minutes dans la marmité pour les tuer. Les retirer. Les fendre en deux dans le sens de la longueur. Les placer dans un plat qui va au four, la chair côté gril. Saler, poivrer les moitiés de langouste, les badigeonner généreusement de beurre fondu.

Les mettre au four à 10 cm environ sous le gril. Les faire griller doucement en remettant de temps en temps du beurre fondu pour éviter qu'elles se dessèchent. Les retirer quand elles sont cuites et les présenter sur un plat de service ovale, accompagnées d'une saucière de sauce telle que :

Sauce Choron *. *Sauce béarnaise* *.
Beurre de moutarde *. *Beurre d'échalotes* *.
Beurre d'estragon *.

Remarque : Le *homard grillé* peut se servir de la même manière, mais il faut procéder de façon un peu différente :

1. Détacher les pinces du corps du homard.
2. Plonger le homard et les pinces dans l'eau bouillante salée.
3. Retirer le homard de l'eau et le préparer pour le gril, tandis qu'on laisse cuire les pinces 3 ou 4 minutes de plus. Retirer la marmite du feu et laisser les pinces au chaud dans l'eau jusqu'à la fin de la cuisson du homard.
4. Sortir les pinces de l'eau. Les briser au casse-noix et les présenter sur le plat en même temps que les moitiés de homard.

Les grenouilles

On les trouve chez le poissonnier toutes préparées et présentées sur des brochettes.

Les choisir avec des cuisses bien dodues.

GRENOUILLES MEUNIÈRE

Ce plat se fait au dernier moment.

***Proportions** : pour 4 personnes*
6 à 10 grenouilles par personne • 2 œufs de beurre
1 échalote • 3 cuillères à café de persil haché
farine • sel, poivre • quelques gouttes de jus de citron
***Préparation** : 15 à 20 minutes*
***Cuisson** : 10 minutes*

Retirer les grenouilles des brochettes. Couper avec des ciseaux l'extrémité des griffes des pattes arrière (cette opération n'est pas obligatoire mais elle rend l'aspect des grenouilles plus appétissant).

Les passer dans la farine, tapoter pour éviter l'excédent.

Prendre une grande poêle et mettre un gros œuf de beurre à feu un peu vif. Quand il grésille, poser les grenouilles, si possible côte à côte, dans la poêle. Saler et poivrer. Les faire dorer et cuire d'un côté, puis les retourner, saler et poivrer et agir de même ; pendant qu'elles cuisent, éplucher l'échalote, la hacher finement. Laver, sécher le persil et le hacher. Quelques minutes avant la fin de la cuisson, ajouter le persil et l'échalote. Verser dans le plat de service chaud, ajouter dans la poêle le deuxième œuf de beurre et quelques gouttes de jus de citron. Faire mousser et verser sur le plat. Servir.

CUISSES DE GRENOUILLES À LA CRÈME

Ce plat se fait au dernier moment.

***Proportions** : pour 4 personnes*
6 à 10 grenouilles par personne
1 verre de vin blanc • 1/4 de litre de crème fraîche
1 échalote • 1 gros œuf de beurre • sel, poivre
***Préparation** : 20 minutes*
***Cuisson** : grenouilles, 7 à 8 minutes • sauce, 4 à 5 minutes*

Acheter des grenouilles toutes préparées en brochettes. Les retirer des brochettes. Avec des ciseaux, couper la partie avant et les griffes des pattes arrière.

Les rouler dans la farine, les tapoter et les secouer pour retirer l'excédent.

Éplucher une échalote, la hacher finement, la réserver. Allumer le four à température tiède, y faire chauffer le plat de service.

Dans une large poêle, mettre un gros œuf de beurre. À feu moyen, atteindre la couleur noisette. Poser alors les cuisses de grenouilles côte à côte. Saler et poivrer. Les faire cuire et dorer légèrement. Les retourner alors, saler et poivrer, et les faire cuire de même façon. Prendre le plat de service dans le four. Disposer les grenouilles et remettre au chaud.

Dans la poêle, toujours à feu moyen, mettre l'échalote hachée à fondre doucement. Quand elle est à point, mouiller avec le vin blanc et gratter la poêle pour récupérer les résidus de cuisson, laisser réduire de moitié. Ajouter alors la crème fraîche, pousser à ébullition, laisser réduire pendant 2 à 3 minutes, jusqu'à ce que la sauce épaississe et devienne onctueuse.

Reprendre le plat de grenouilles, napper de sauce et servir immédiatement.

7.

Les poissons

LES POISSONS D'EAU DE MER

LES POISSONS D'EAU DOUCE

Tous les astérisques renvoient à des recettes figurant à l'index alphabétique en fin de volume.

Les poissons

De mer ou de rivière, le poisson représente une inestimable ressource. Petit ou grand, bon marché ou fort coûteux, on n'a vraiment que l'embarras du choix. Et il n'est pas, à mon avis, assez utilisé sur nos tables familiales.

Le poisson doit être d'une fraîcheur irréprochable. C'est pour cela que je conseille de ne pas décider à l'avance du poisson que l'on achètera quand on va chez le poissonnier, mais de le choisir en fonction de sa perfection.

Comment reconnaître la fraîcheur d'un poisson ? Les ouïes doivent être d'un beau rouge, les yeux brillants et bombés, la peau recouverte d'un léger mucus un peu visqueux, la chair ferme sous le doigt.

Pour laisser à un poisson toute sa saveur, il est préférable qu'il soit simplement accommodé. Aussi dans ce chapitre, à partir des modes de cuisson classiques, on trouvera surtout des recettes faciles, mais agréables grâce aux sauces et aux légumes accompagnant le poisson. Ce sont ces garnitures qui donneront au plat un caractère plus ou moins « sophistiqué ».

La maîtresse de maison trouvera ainsi la recette ménagère ou le plat plus élaboré digne de figurer dans un grand repas.

Mes temps de cuisson sont courts. C'est volontaire. Tout produit trop cuit perd ses qualités nutritives, sa saveur et son parfum.

Les poissons d'eau de mer

La cuisson « meunière »

Ce mode de cuisson ne s'applique qu'aux petits poissons individuels, aux filets ou aux tranches de grosses bêtes.

On procède toujours de la même façon, seuls varient les temps de cuisson dépendant du poids du poisson.

Procédé

Passer la pièce choisie dans la farine en la tournant de tous côtés, la tapoter ensuite pour enlever le surplus. Saler et poivrer.

Dans une poêle, mettre du beurre à fondre à feu moyen, quand il grésille, ajouter le poisson, faire dorer, baisser un peu le feu pour terminer la cuisson en remuant la poêle de temps en temps pour que le poisson n'attache pas, le retourner avec une spatule et cuire l'autre face de la même manière. Le retirer ensuite de la poêle avec la spatule et le poser dans un plat de service chaud.

Remettre généreusement du beurre dans la poêle, ajouter quelques gouttes de jus de citron pour le faire mousser. Le verser ensuite sur le poisson et servir accompagné de quartiers de citron ou de tomates concassées crues * légèrement salées et poivrées.

Cette cuisson se fait au dernier moment, mais on peut faire attendre un peu le poisson à condition de le dresser sur un plat de service bien chaud tenu à l'entrée du four chaud.

Voici les poissons de mer les plus usuels qui se mangent « à la meunière » avec les indications de préparation, de poids et de temps de cuisson.

LES SOLES

C'est la cuisson la plus agréable pour apprécier ce poisson au goût très fin.

Les soles françaises sont les meilleures... et aussi les plus chères.

***Proportions** : pour 4 personnes*
4 soles de 250 g chacune • 1 œuf de beurre pour cuire
2œufs de beurre pour terminer • sel, poivre, farine, citron
***Préparation** : 2 à 3 minutes*
***Cuisson** : 3 à 4 minutes sur chaque face*

Demander au poissonnier de les dépouiller.

LES LIMANDES

Ce sont des poissons plats de la famille des soles, mais leur chair est assez molle.

Ils deviennent facilement cotonneux quand ils sont trop cuits. Ils ont cependant l'avantage d'être moins coûteux que les soles.

***Proportions** : pour 4 personnes*
4 limandes de 250 g chacune
1 œuf de beurre pour cuire •2 œufs de beurre pour terminer
sel, poivre, farine, citron
***Préparation** : 2 à 3 minutes*
***Cuisson** : 2 à 3 minutes de chaque côté*

Les limandes ne se dépouillent pas, mais demander au poissonnier de les ébarber.

PETITS MERLANS

***Proportions** : pour 4 personnes*
4 merlans de 200 g chacun
1 œuf de beurre pour cuire • 2 œufs de beurre pour terminer
sel, poivre, farine, citron
***Préparation** : 2 minutes*
***Cuisson** : 4 minutes sur chaque face*

Demander au poissonnier de les vider.

HARENGS

Proportions : *pour 4 personnes*
4 harengs de 200 g chacun • 1 œuf de beurre pour cuire
2 œufs de beurre pour terminer • sel, poivre, farine, citron
Préparation : *2 minutes*
Cuisson : *4 minutes sur chaque face*

Demander au poissonnier de les choisir avec laitance ou œufs, selon les goûts, et de les vider.

PETITS BARS

Proportions : *pour 4 personnes*
4 petits bars de 200 à 250 g chacun
1 œuf de beurre pour cuire
2 œufs de beurre pour terminer • sel, poivre, farine, citron
Préparation : *2 minutes*
Cuisson : *4 minutes sur chaque face*

Demander au poissonnier de les vider. C'est un poisson délicat, qui devient facilement mou et cotonneux s'il est trop cuit.

LES ROUGETS

Leur nom complet est « rouget-barbet ». Ces poissons exquis ne se vident pas, d'où leur surnom de « bécasses de mer ».

Il vaut mieux les choisir de taille moyenne car les arêtes sont bien ennuyeuses. Il faut en compter, dans ces conditions, 2 par personne ; 3 étant la bonne quantité s'ils sont petits.

Proportions : *pour 4 personnes*
8 rougets de 150 g chacun • 1 œuf de beurre pour cuire
2 œufs de beurre pour terminer • sel, poivre, farine
Préparation : *2 à 3 minutes*
Cuisson : *3 minutes sur chaque face*

Les manier et les retourner délicatement dans la poêle (les rougets sont des poissons fragiles) et les faire cuire en douceur.

Les accompagner de tomates concassées crues * légèrement salées et poivrées.

LES SARDINES

Elles se font généralement grillées... et dégagent une forte odeur. Cuites au beurre dans la poêle, l'odeur est peut-être un peu moins envahissante. Les sardines étant des poissons gras, il suffit de mettre seulement un peu de beurre pour les faire cuire et de ne pas en refaire fondre en dernière étape de cuisson.

Elles sont ainsi intermédiaires entre grillées et « meunière ».

Selon l'appétit des convives en compter 4 à 5 par personne.

Les faire vider par le poissonnier et après les avoir farinées, les faire cuire 2 minutes de chaque côté à feu vif et les servir sans le beurre de cuisson, avec des quartiers de citron.

TRANCHES DE COLIN

***Proportions :** pour 4 personnes*
4 larges tranches de colin de 200 g chacune et de 2 cm d'épaisseur
1 œuf de beurre pour cuire • 2 œufs de beurre pour terminer
sel, poivre, farine, citron
***Préparation :** 2 minutes*
***Cuisson :** 4 à 5 minutes sur chaque face*

Choisir chez le poissonnier des tranches dans le milieu d'un beau colin et de 2 cm d'épaisseur.

Couper avec des ciseaux les arêtes dorsales avant de fariner le poisson.

TRANCHES DE LIEU

Il en existe deux espèces, le noir et le jaune. Le jaune est plus fin. Ils ressemblent au colin quoique la chair en soit à plus grosses fibres. Ils ont l'avantage d'être nettement moins onéreux.

Le poids des tranches, le temps de cuisson et la quantité de beurre sont les mêmes que pour le colin.

TRANCHES DE LOTTE

***Proportions :** pour 4 personnes*
4 tranches de lotte de 200 g chacune
1 œuf de beurre pour cuire

2 œufs de beurre pour terminer • sel, poivre, farine, citron
***Préparation** : 2 minutes*
***Cuisson** : 5 à 6 minutes sur chaque face*

Choisir chez le poissonnier des tranches dans la partie large du poisson et d'environ 2 cm d'épaisseur.

FILETS DE POISSON

On trouve chez le poissonnier des filets tout préparés. Ce sont en général des filets de merlan ou de cabillaud.

***Proportions** : pour 4 personnes*
2 grands filets de 250 g chacun
1 œuf de beurre pour cuire
2 œufs de beurre pour terminer • sel, poivre, farine, citron
***Préparation** : 2 minutes*
***Cuisson** : 3 à 4 minutes sur chaque face*

Couper les filets en deux avant de les fariner et de les faire cuire.

La cuisson au gril

Ce mode de cuisson convient à tous les petits poissons ou tranches de poisson qui se cuisinent *à la meunière*.

C'est une façon délicieuse de manger le poisson qui, saisi par la chaleur, garde ainsi toute sa saveur. Mais la cuisson au gril est difficile à mener car on risque deux choses :

- Un poisson cru à l'intérieur et noirci à l'extérieur par feu trop violent ;
- Un poisson totalement desséché par cuisson trop lente sur feu insuffisamment vif.

Après avoir vidé le poisson, on peut le faire griller selon deux procédés :

1. Le gril sur le gaz ou sur la braise. Le gril (très propre) et le poisson doivent être tous les deux badigeonnés d'huile avec un pinceau. Attendre que le gril soit chaud avant de poser le poisson que l'on retourne sur l'autre face en cours de cuisson. On sale et on poivre quand le poisson est cuit.
2. La rampe du gril dans le four. Il faut l'allumer à l'avance pour qu'elle soit bien rouge.

Badigeonner d'huile la pièce à cuire. La poser sur la grille également huilée et sous laquelle on a glissé la plaque à rôtir pour éviter que la graisse ne tombe dans le four. On tient la grille à 8, 10 cm de la rampe, quitte à descendre si la cuisson partait trop vite. Retourner également le poisson à mi-cuisson, le saler et le poivrer quand il est cuit.

DURÉE DU TEMPS DE CUISSON DES POISSONS AU GRIL

POIDS DU POISSON	TEMPS DE CUISSON
Petit bar : 300 à 350 g	Gril chaud : 5 à 6 minutes sur chaque face
Carrelet ou plie : 250 g	Gril bien chaud : 2 minutes sur chaque face
Petite dorade : 450 à 500 g	Gril chaud : 5 à 6 minutes sur chaque face
Hareng : 150 à 200 g	Gril chaud : 3 à 4 minutes sur chaque face
Limande : 150 à 200 g	Gril bien chaud : 2 à 3 minutes sur chaque face
Merlan : 150 à 200 g	Gril chaud : 3 à 4 minutes sur chaque face
Maquereau : 150 à 200 g	Gril chaud : 3 à 4 minutes sur chaque face
Rouget : 100 à 150 g	Gril chaud : 1 à 2 minutes sur chaque face
Sole : 150 à 200 g	Gril bien chaud : 2 à 3 minutes sur chaque face
Sardine : 75 à 100 g	Gril bien chaud : 1 minute sur chaque face
Petit turbot : 400 à 500 g	Gril chaud : 7 à 10 minutes sur chaque face
Filet de merlan ou de cabillaud : 250 g	Gril bien chaud : 2 à 3 minutes sur chaque face
Tranche de colin : 2 cm d'épaisseur	Gril chaud : 3 à 4 minutes sur chaque face
Tranche de lieu : 2 cm d'épaisseur	Gril chaud : 3 à 4 minutes sur chaque face
Tranche de lotte : 2 cm d'épaisseur	Gril chaud : 3 à 4 minutes sur chaque face
Tranche de thon : 2 cm d'épaisseur	Gril chaud : 3 à 4 minutes sur chaque face.

Le temps de cuisson ne peut être qu'approximatif, étant tributaire de la chaleur du gril et de l'épaisseur variable des poissons.

Les poissons destinés à être grillés ne sont pas écaillés, mais simplement lavés pour enlever le mucus visqueux qui les recouvre et ensuite épongés soigneusement.

On les vide ensuite, sauf le rouget et la sardine.

Sauces se servant avec le poisson grillé

— Du beurre cru qui fond au contact de la chaleur du poisson, du beurre fondu au citron *, un filet d'huile d'olive avec du citron vert ;

— Les beurres composés * ;

— Les sauces émulsionnées *.

À éviter : Les sauces réduites qui s'accommodent mieux des poissons pochés.

La cuisson au four

Ce mode de cuisson s'applique généralement à de gros poissons, pour 6 ou 8 personnes.

Les sauces qui les accommodent sont faites à partir du liquide de mouillement.

Il est classique d'accompagner ces plats de pommes de terre ou de riz. C'est nourrissant, mais cela n'ajoute rien au poisson.

Je préfère de beaucoup des légumes bien choisis, servant en quelque sorte de condiments. Ils sont donc employés en petite quantité et servent surtout à relever la saveur propre du poisson.

Les poissons longs

DORADE AU FOUR

Ce plat se fait au dernier moment.

Proportions : *pour 4 personnes*

1 dorade de 1,400 kg • 1 verre d'eau

1/2 verre de vin blanc • 1 oignon moyen

1 branche de thym • 1 feuille de laurier

100 g de beurre • sel, poivre

Préparation : *3 à 4 minutes*

Cuisson : *poisson, 20 à 25 minutes • sauce, 10 minutes*

Demander au poissonnier de vider et écailler le poisson.

Allumer le four à température chaude (270° ou position 7, 8).

Éplucher l'oignon, le hacher grossièrement. Préparer sur une assiette 100 g de beurre coupé en morceaux.

Beurrer un plat allant au four. Poser le poisson. Ajouter le vin et l'eau, le thym, le laurier et l'oignon haché. Parsemer de fines lamelles de beurre tout le dessus du poisson. Saler et poivrer. Enfourner assez haut. Arroser de temps en temps. Au bout de 25 minutes, sortir le plat du four. Avec une large spatule, retirer le poisson et le poser sur le plat de service.

Enlever la peau du dessus et éponger le liquide qui coule dans le plat. Le tenir à l'entrée du four et verser le jus de cuisson dans une casserole en supprimant le thym et le laurier.

• Sauce nº 1

À plein feu, faire réduire ce jus de moitié. À ce moment-là, ajouter d'un coup dans la casserole les morceaux de beurre préparés sur l'assiette. En donnant un mouvement circulaire à la casserole, faire fondre et émulsionner le beurre jusqu'à consistance onctueuse. Vérifier l'assaisonnement.

Verser en saucière et servir avec le poisson accompagné de tagliatelles au naturel * ou de julienne de légumes *.

• Sauce nº 2

À partir de la cuisson du poisson, on peut préparer une autre sauce plus raffinée.

Ingrédients :
Jus de cuisson • 1/4 de litre de crème fraîche • 1 œuf de beurre

Mettre le jus dans une casserole. À feu vif, le faire réduire de moitié. À ce moment-là, ajouter la crème fraîche. La mélanger au liquide et en la faisant bouillir doucement, la faire réduire jusqu'à ce qu'elle devienne onctueuse.

La retirer du feu et y incorporer l'œuf de beurre en 3 fois, en fouettant et en n'ajoutant le morceau suivant que lorsque le morceau précédent a été incorporé.

Vérifier l'assaisonnement et servir.

Remarque : Il sera facile d'apporter à cette sauce des saveurs différentes en remplaçant le beurre simple qui la termine par un beurre composé tel que : Beurre aux herbes *. Beurre d'échalotes *. Beurre à la moutarde *.

Ou de l'enrichir en ajoutant des ingrédients tels que : 1 cuillère à soupe de duxelles de champignons *. 1 cuillère à soupe de queues de crevettes grises décortiquées. 8 queues d'écrevisses pochées et décortiquées (v. page 190).

Cette sauce et ses arrangements sont valables pour toutes les autres recettes de poissons au four qui suivent.

LE BAR OU LOUP AUX TOMATES CONCASSÉES

Ce plat se fait au dernier moment.

Selon les régions, l'appellation diffère, mais il s'agit du même poisson. D'une saveur un peu plate, il s'accommodera bien du parfum des tomates.

***Proportions :** pour 4 personnes*
1 poisson de 1,300 kg • 5 tomates • 1 verre d'eau
1/2 verre de vin blanc sec • 1 oignon moyen
1 branche de thym • 1 feuille de laurier
100 g de beurre • sel, poivre
***Préparation :** 10 minutes*
***Cuisson :** poisson, 15 minutes • sauce, 10 minutes*

Faire vider et préparer le poisson par le poissonnier.

Allumer le four à température chaude (270°, position 7, 8). Mettre à cuire le loup comme il est dit dans la recette de la dorade.

Pendant ce temps, plonger les tomates 1 minute dans l'eau bouillante. Les éplucher. Les couper en deux. Les presser dans la main pour retirer graines et eau de végétation, couper la chair en petits dés. Saler et poivrer.

Réserver sur une assiette couverte d'une autre assiette et tenir au chaud sur une casserole d'eau bouillante.

Sortir le poisson du four. Le poser sur le plat de service. Retirer la peau avec un petit couteau pointu. Tenir au chaud à l'entrée du four.

Faire la sauce n° 1 ou 2 (v. page 212). Verser en saucière.

Éponger le liquide qui a coulé dans le plat de service. Entourer le poisson des tomates concassées et servir.

Remarque : Le mulet est un bar ordinaire de chair moins fine, mais aussi moins coûteux. On le dégustera de la même façon que le bar.

COLIN AUX POIREAUX

Ce plat se fait au dernier moment.

C'est un poisson coûteux sans grand goût. La saveur énergique des poireaux le relèvera.

Proportions : *pour 4 personnes*
1 poisson de 1,300 kg • 6 poireaux
1 verre d'eau • 1/2 verre de vin blanc sec
1 branche de thym • 1 feuille de laurier
1 oignon moyen • 100 g de beurre • sel, poivre
Préparation : *7 à 8 minutes*
Cuisson : *poisson, 15 à 20 minutes • sauce, 10 minutes*
poireaux : 7 à 8 minutes

Faire vider et préparer le colin par le poissonnier.

Allumer le four à température chaude (270°). Mettre à cuire le poisson comme il est dit dans la recette de la dorade au four *.

Pendant ce temps, laver et éplucher les poireaux en gardant seulement le blanc et le vert tendre. Couper ensuite chaque tronçon de poireau en quatre dans le sens de la longueur, de manière à avoir une julienne de poireaux.

Sur les 100 g de beurre, prendre une noix. La mettre dans une casserole à feu doux avec une cuillerée à café d'eau. Ajouter la julienne de poireaux, couvrir et laisser cuire doucement en remuant de temps en temps jusqu'à ce que les poireaux aient perdu leur eau de végétation et soient cuits tendres, encore un peu fermes. Saler et poivrer. Retirer la casserole du feu, tenir couvert et réserver.

Sortir le poisson du four. Le poser sur le plat de service. Retirer la peau avec un petit couteau pointu et le bout des doigts. Tenir au chaud à l'entrée du four.

Faire la sauce n° 1 (v. page 212). Verser en saucière.

Éponger le liquide qui a coulé dans le plat de service. Entourer le poisson de la julienne de poireaux et servir.

LIEU AUX ÉMINCÉS D'ARTICHAUT AU CERFEUIL

C'est un poisson proche du colin, mais moins coûteux et à plus grosse chair. Il y a deux espèces : le jaune et le noir. Le premier est considéré comme le plus fin.

Ce plat se fait au dernier moment, mais les artichauts peuvent se cuire à l'avance.

Proportions : *pour 4 personnes*
1 poisson de 1,300 kg • 4 fonds d'artichauts
1/2 tasse à thé de cerfeuil haché • 1 verre d'eau
1/2 verre de vin blanc sec • 1 oignon moyen
100 g de beurre • 1 branche de thym
2 feuilles de laurier • sel, poivre
Préparation : *1 minute*
Cuisson : *poisson, 20 à 25 minutes • sauce, 10 minutes*
artichauts, 40 à 45 minutes

Faire vider et préparer le poisson par le poissonnier.

Faire cuire des artichauts à l'anglaise *. Bien égoutter.

Allumer le four à température chaude (270°). Mettre à cuire le lieu comme il est dit dans la recette de la dorade.

Pendant ce temps, retirer les feuilles et le foin des artichauts. Parer convenablement les fonds et les couper en fines petites escalopes. Tenir au chaud dans une assiette couverte, au-dessus d'une casserole d'eau bouillante. Laver, sécher, effeuiller le cerfeuil et hacher la valeur de 1/2 tasse à thé de feuilles.

Sortir le poisson du four. Le poser sur le plat de service. Retirer la peau du poisson avec un petit couteau pointu et le bout des doigts. Tenir au chaud à l'entrée du four.

Faire la sauce n° 1 ou 2 (v. page 212). Verser en saucière.

Éponger le liquide qui a coulé dans le plat de service. Entourer le poisson des émincés d'artichaut. Saupoudrer de cerfeuil et servir.

Les poissons plats

LA BARBUE À LA FONDUE D'OSEILLE ET D'ÉPINARDS

Ce plat se fait au dernier moment.

Proportions : *pour 4 personnes*
1 poisson de 1,300 kg
500 g d'oseille et d'épinards moitié-moitié
1 cuillère à café de crème fraîche • 1 verre d'eau
1/2 verre de vin blanc sec • 1 oignon moyen
100 g de beurre • 1 branche de thym
2 feuilles de laurier • sel, poivre
Préparation : *15 minutes*
Cuisson : *poisson, 25 à 30 minutes • sauce, 10 minutes*
épinards et oseille, 5 à 6 minutes

Faire préparer la barbue par le poissonnier.

Équeuter et laver soigneusement les épinards et l'oseille. Égoutter et réserver.

Allumer le four à 270° et faire cuire le poisson comme il est dit dans la recette de la dorade au four *.

Pendant ce temps et en fin de cuisson du poisson, prélever une noix de beurre sur les 100 g et la mettre à fondre à feu doux dans une casserole. Quand elle est fondue, ajouter les épinards et l'oseille. Couvrir et laisser fondre les légumes, jusqu'à ce que toute l'eau de végétation soit évaporée. Lier et mélanger avec la cuillère de crème fraîche. Saler et poivrer. Retirer du feu. Laisser au chaud dans la casserole couverte.

Sortir le poisson du four. Le poser sur le plat de service. Retirer la peau avec un petit couteau pointu. Tenir au chaud à l'entrée du four.

Faire la sauce n° 1 ou 2 (v. page 212). Verser en saucière.

Éponger le liquide qui a coulé dans le plat de service. Entourer le poisson de la fondue d'épinards et d'oseille et servir.

LE CARRELET OU PLIE AUX CHAMPIGNONS À L'AIL ET AU PERSIL

Ce plat se fait au dernier moment.

C'est un poisson ordinaire, en principe peu coûteux. Quand ils sont petits, ils se mangent frits ou meunière, plus gros, on peut les faire au four.

***Proportions :** pour 4 personnes*
2 poissons de 600 g • 400 g de champignons de Paris
1/2 gousse d'ail • 4 cuillères à café de persil haché
1 verre d'eau • 1/2 verre de vin blanc sec
1 oignon moyen • 1 branche de thym
2 feuilles de laurier • 100 g de beurre • sel, poivre
***Préparation :** 10 minutes*
***Cuisson :** poissons, 10 à 12 minutes • sauce, 10 minutes*
champignons, 7 à 8 minutes

Faire préparer les poissons par le poissonnier.

Séparer les têtes des pieds des champignons. Supprimer la partie terreuse des pieds. Laver les champignons, les sécher soigneusement. Les hacher ensuite en gros morceaux. Laver, sécher le persil, effeuiller et hacher les feuilles finement.

Allumer le four à température chaude (270°, position 7). Mettre le poisson au four et le faire cuire comme il est dit dans la recette de la dorade (v. page 212).

Pendant ce temps, sur les 100 g de beurre prendre une noix et la mettre dans une casserole à feu doux. Quand elle est fondue, ajouter les champignons hachés, la demi-gousse d'ail écrasée au presse-ail et le persil haché. Laisser s'évaporer toute leur eau de végétation et les faire dorer légèrement en les remuant de temps en temps. Saler, poivrer. Retirer du feu. Laisser au chaud dans la casserole.

Sortir le poisson du four, le poser dans le plat de service, retirer la peau avec un petit couteau pointu et le bout des doigts. Tenir au chaud à l'entrée du four.

Faire la sauce n° 1 (v. page 212). Verser dans la saucière.

Éponger le liquide qui a coulé dans le plat de service. Entourer le poisson des champignons et servir.

Remarque : D'autres champignons tels que girolles, cèpes, mousserons, etc., seront tout aussi délicieux.

TURBOTIN AUX CONCOMBRES À L'ESTRAGON

Ce plat se fait au dernier moment.

Proportions : *pour 4 personnes*
1 poisson de 1,200 kg • 1 concombre long et mince
3 cuillères à café d'estragon haché • 1 verre d'eau
1/2 verre de vin blanc sec • 100 g de beurre
1 oignon moyen • 1 branche de thym
2 feuilles de laurier • sel, poivre
Préparation : *20 à 25 minutes*
Cuisson : *poisson, 25 à 30 minutes • sauce, 10 minutes*
concombres, 5 à 6 minutes

Faire préparer le poisson par le poissonnier.

Retirer la peau du concombre avec un couteau économe, le couper en quatre dans le sens de la longueur, et à l'aide d'un couteau bien affûté, détailler chaque partie en 4 ou 5 grosses olives allongées. Allumer le four à température chaude (270°, position 7, 8).

Laver, sécher l'estragon et hacher les feuilles pour en avoir deux cuillères à café. Réserver dans une tasse.

Faire bouillir une grande casserole d'eau salée.

Mettre le poisson à cuire (la peau noire en dessus), comme il est dit dans la recette de la dorade au four *.

Pendant ce temps, et en fin de cuisson du poisson, faire cuire les concombres à l'anglaise *. Les retirer avec une écumoire, les égoutter et les tenir au chaud dans une assiette couverte sur la casserole d'eau qui a servi à les faire cuire. Sortir le poisson du four. Le poser sur le plat de service. Retirer la tête et la peau noire avec un couteau pointu et le bout des doigts. Tenir au chaud à l'entrée du four.

Préparer la sauce nº 1 * ou 2 *. Verser en saucière.

Éponger le liquide qui a coulé sur le plat de service, entourer le turbotin des concombres saupoudrés d'estragon haché et servir.

LE SAINT-PIERRE AUX POIS GOURMANDS

Ce plat se fait au dernier moment.

Il est bien vilain et peu avantageux avec sa grosse tête, mais il est absolument délicieux.

Proportions : *pour 4 personnes*
1 poisson de 1,500 kg • 500 g de pois gourmands
1 verre d'eau • 1/2 verre de vin blanc sec
1 oignon moyen • 100 g de beurre
2 feuilles de laurier • 1 branche de thym
Préparation : *10 à 12 minutes*
Cuisson :
poisson, 15 minutes • sauce, 10 minutes • pois, 5 minutes

Faire préparer le poisson par le poissonnier.

Retirer les fils et les extrémités des pois gourmands. Les laver. Allumer le four à température chaude (270°, position 7, 8).

Mettre à bouillir une grande casserole d'eau bouillante salée.

Faire cuire le poisson comme il est dit dans la recette de la dorade au four *.

Pendant ce temps et en fin de cuisson du saint-pierre, faire cuire les pois gourmands à l'anglaise *. Les retirer avec une écumoire et les sécher sur un torchon. Les tenir ensuite au chaud dans une assiette couverte sur la casserole d'eau qui a servi à les cuire.

Sortir le poisson du four. Le poser sur le plat de service. Retirer la tête et la peau avec un couteau pointu et le bout des doigts. Le tenir au chaud à l'entrée du four.

Préparer la sauce nº 1 (v. page 212). Verser en saucière.

Éponger le liquide qui a coulé sur le plat de service. Entourer le saint-pierre de pois gourmands et servir.

La cuisson au court-bouillon

Ce mode de cuisson s'applique généralement aux gros poissons. Le déroulement des opérations est très simple.

• Procédé

1. Préparer un bouillon à base d'eau, de vin blanc, de légumes et d'aromates. Le faire bouillir le temps convenable pour que les légumes soient cuits fermes et que le liquide soit de bonne saveur. Au bout de ce temps, on peut y cuire les poissons.
2. *La cuisson des poissons :*
   On peut plonger le poisson soit dans le court-bouillon froid que l'on chauffe rapidement jusqu'à ce qu'il « frissonne », soit dans le court-bouillon déjà frissonnant.
   Quel que soit le procédé employé, on ne doit plus laisser bouillir le court-bouillon. Cela abîme le poisson, fait éclater les chairs et en détériore le goût.
3. *Importance du temps de cuisson :*
   Le poisson doit être attentivement surveillé. Trop cuit, il s'effiloche et devient mou et cotonneux ; pas assez cuit, la chair reste transparente et rouge à l'arête. C'est désagréable à regarder et difficile à avaler. Un poisson parfaitement cuit reste ferme, et si on écarte légèrement les chairs jusqu'à l'arête, on doit constater que celle-ci est un petit peu rosée.

Remarque : Si on n'a pas le temps de faire un court-bouillon, il s'en trouve d'excellents tout préparés dans le commerce. Certains gros poissons s'accommodent très bien aussi d'une cuisson simplement à l'eau salée et poivrée. Ceci quand on n'a pas besoin du court-bouillon pour la sauce.

Voici une formule de court-bouillon parfumé, les légumes peuvent être dégustés avec le poisson. Le bouillon peut servir de base à une sauce.

LE COURT-BOUILLON OU NAGE

Il peut être fait à l'avance. On le réchauffera en l'amenant à température seulement frémissante pour cuire les poissons.

Proportions : *pour 2 litres d'eau*
1 litre de vin blanc sec • 2 poignées de gros sel

4 carottes moyennes • 2 poireaux • 2 branches de céleri
3 échalotes • 3 oignons moyens • 2 clous de girofle
1 beau bouquet de persil • 2 feuilles de laurier
1 branche de thym • 1 cuillère à café de grains de poivre
***Préparation :** 20 à 25 minutes*
***Cuisson :** 60 minutes*

Éplucher et laver tous les légumes. Ne garder des poireaux que la partie blanche et vert tendre. Les couper en fines rondelles et les mettre dans un large récipient sans matière grasse. Couvrir et à feu très doux, en les remuant de temps en temps, leur faire rendre leur eau de végétation pendant 10 minutes environ.

Mouiller ensuite avec l'eau et le vin blanc, ajouter tous les aromates (sel, poivre, clous de girofle, etc.). Porter à ébullition et laisser cuire à découvert en « bouillottant » pendant 40 minutes. Les légumes doivent être cuits fermes.

Les poissons longs au court-bouillon

LE BAR OU LOUP

• Chaud

Il se fait au dernier moment.

***Proportions :** pour 4 à 5 personnes*
1 poisson de 1,250 kg
*1 litre de court-bouillon * ou court-bouillon instantané*
***Préparation :** celle de la sauce, des légumes et du court-bouillon*
***Cuisson :** 15 à 18 minutes*

Faire vider et préparer le bar chez le poissonnier.

Préparer le court-bouillon dans la poissonnière. Quand il est cuit à point, le maintenir à petits frémissements. Immerger le poisson, s'il ne l'était pas totalement, couvrir la partie à sec avec un linge mouillé de court-bouillon. Faire cuire en veillant bien à ce que le liquide se maintienne à peine frémissant.

Pendant ce temps, préparer la sauce choisie et, éventuellement, la tenir au chaud au bain-marie.

Au terme de la cuisson, vérifier celle-ci en écartant la chair avec un couteau, pour voir la couleur près de l'arête. Soulever la grille pour sortir le poisson et la poser en oblique sur la poissonnière. À l'aide des doigts et d'un petit couteau, retirer la peau.

Faire glisser ensuite le poisson, sans l'abîmer, sur un plat de service chaud.

Éponger soigneusement le liquide qui aurait pu couler et servir en accompagnant de la sauce et des légumes choisis.

Sauces et légumes proposés : Sauce poisson *. Sauce beurre blanc *. Sauce Choron *. Les pommes de terre vapeur * conviennent toujours, mais manquent un peu d'originalité. Je préfère des pointes d'asperges * ou des bettes « à l'anglaise » *.

- **Froid**

Le poisson peut être cuit la veille ou le matin pour le soir. Et il sera délicieux, moelleux, ayant gardé toutes ses qualités...

À condition de (et ceci est valable pour tous les poissons) :

— Le conserver avec ses écailles ;

— Le mettre ainsi à cuire au court-bouillon, et le retirer du feu 5 minutes avant la fin du temps de cuisson ;

— Laisser le tout se refroidir et reposer tranquillement jusqu'à l'emploi ;

— Sortir le poisson du court-bouillon et le dépouiller avant de passer à table.

Poser le poisson sur le plat de service et servir avec les légumes et la sauce choisis.

Sauces et légumes proposés : Filet d'huile d'olive. Sauce fraîche à la pulpe de tomates *, haricots verts en salade *.

CABILLAUD

- **Chaud**

Il se fait au dernier moment.

***Proportions :** pour 8 personnes*
1 poisson de 2 kg
*1 litre 1/2 de court-bouillon * ou court-bouillon instantané*
Préparation :
celle de la sauce, des légumes et du court-bouillon
***Cuisson :** 20 à 25 minutes*

Faire préparer le poisson par le poissonnier. Le cuire, le dépouiller et le présenter comme il est dit pour le bar *.

Sauces et légumes proposés : Beurre de moutarde * ou beurre d'échalotes * avec des pommes de terre vapeur * ou les légumes du court-bouillon.

• Froid

Il se fait la veille et se prépare au dernier moment.
Procéder comme pour le bar *.

Sauces et légumes proposés : Mayonnaise aux cornichons *, ou aïoli * avec de la salade de pommes de terre *.

COLIN

• Chaud

Il se fait au dernier moment.

Proportions : *pour 4 à 5 personnes*
1 colin de 1,250 kg
*1 litre de court-bouillon * ou court-bouillon instantané*
Préparation :
celle de la sauce, des légumes et du court-bouillon
Cuisson : *15 à 18 minutes*

Faire préparer le poisson par le poissonnier. Le cuire, le dépouiller et le présenter comme il est dit pour le bar *.

Sauces et légumes proposés : Sauce champignons *, ou beurre fondu au citron * avec pommes de terre vapeur *. Sauce Claude Jolly * avec fonds d'artichauts au naturel *.

• Froid

Il se fait la veille et se prépare au dernier moment.
Procéder comme pour le bar *.

Sauces et légumes proposés : Vinaigrette aux fines herbes * ou mayonnaise aux câpres * avec des tomates farcies aux œufs durs *.

LIEU JAUNE OU NOIR POCHÉ

• Chaud

Il se fait au dernier moment.

Proportions : *pour 4 ou 5 personnes*
1 poisson de 1,250 kg
*1 litre de court-bouillon * ou court-bouillon instantané*
Préparation :
celle de la sauce et des légumes
Cuisson : *15 à 17 minutes*

Faire préparer le poisson par le poissonnier. Le cuire, le dépouiller et le présenter comme il est dit pour le bar *.

Sauce et légume proposés : Sauce coulis de tomates aux oignons * avec riz créole *.

• **Froid**

Il se fait la veille et se prépare au dernier moment.
Procéder comme pour le bar *.

Sauce et légume proposés : Vinaigrette à l'estragon * avec du chou-fleur au naturel * tiède.

Les poissons plats au court-bouillon

LA BARBUE

• **Chaude**

Elle se fait au dernier moment.

Proportions : *pour 4 à 5 personnes*
1 barbue de 1,500 kg
*1 litre de court-bouillon * ou court-bouillon instantané*
Préparation:
celle de la sauce, des légumes et du court-bouillon
Cuisson : *20 à 25 minutes*

Faire préparer le poisson par le poissonnier. Le cuire en mettant la peau noire en dessus, dans la turbotière, dépouiller la peau noire et le présenter comme il est dit pour le bar * sans le retourner.

Sauces et légumes proposés : Sauce poisson aux écrevisses * avec de la julienne de légumes *. Sauce beurre blanc *, ou sauce hollandaise * avec de la purée de cresson *, ou des pommes de terre vapeur *.

• **Froide**

Elle se fait la veille et se prépare au dernier moment.
Procéder comme pour le bar *.

Sauce et légume proposés : Mayonnaise crémée au citron *, avec des pointes d'asperges * à l'anglaise.

LE SAINT-PIERRE

• Chaud

Il se fait au dernier moment, mais il est trop vilain pour être présenté entier, aussi est-il préférable, la cuisson étant terminée, de lever les filets et de disposer ceux-ci dans le plat de service.

***Proportions :** pour 4 personnes*
1 saint-pierre de 1,200 kg
*1/2 litre de court-bouillon * ou court-bouillon instantané*
Préparation :
celle de la sauce, des légumes et du court-bouillon
***Cuisson :** 20 à 25 minutes*

Faire préparer le poisson par le poissonnier. Le cuire, lever les filets, les poser sur un plat de service chaud.

Sauces et légumes proposés : Sauce mousseline *, avec fondue d'oseille et d'épinards *, ou pommes de terre vapeur *. Sauce aux oursins *, avec courgettes au beurre *.

• Froid

Il se fait la veille et les filets seront levés et présentés au dernier moment.
Le cuire en procédant comme pour le bar *.

Sauce et légume proposés : Filet d'huile d'olive ou mayonnaise à la tomate fraîche *, avec des tomates farcies aux concombres *.

SOLE

• Chaude

Elle se fait au dernier moment.

***Proportions :** pour 4 personnes*
1 grosse sole de 1 kg
*1/2 litre de court-bouillon * ou court-bouillon instantané*

Préparation :
celle de la sauce, des légumes et du court-bouillon
Cuisson : *10 à 12 minutes*

Ne pas faire dépouiller la sole par le poissonnier. La mettre à cuire peau noire en dessus.

Retirer la peau noire du dessus, ne pas essayer de la retourner, faire glisser le poisson sur le plat de service chaud.

Sauces et légumes proposés : Sauce poisson aux écrevisses * avec julienne de légumes. Beurre fondu au citron * avec fenouils au beurre *. Sauce au curry * avec riz créole *.

Remarque : La sole est un poisson très fin qui est meilleur chaud que froid.

TURBOT

• Chaud

Il se fait au dernier moment.

Proportions : *pour 4 à 5 personnes*
1 turbot de 1 kg
*1/2 litre de court-bouillon * ou court-bouillon instantané*
Préparation :
celle de la sauce, des légumes et du court-bouillon
Cuisson : *20 à 25 minutes*

Faire préparer le poisson par le poissonnier. Le mettre à cuire peau noire en dessous, dépouiller la peau blanche du dessus sans essayer de le retourner et le présenter sur le plat de service chaud.

Sauces et légumes proposés : Béarnaise * et tomates concassées *. Sauce aux truffes * et nouilles au beurre *. Sauce poisson * et concombres à l'anglaise *.

• Froid

Il se fait la veille et se prépare au dernier moment.

Le cuire en procédant comme il est dit pour le bar *.

Sauces et légumes proposés : Sauce raifort froide * avec pommes de terre en robe des champs *, épluchées et tièdes. Mayonnaise au ketchup * avec avocats en salade *.

Les filets de poissons pochés

Lever convenablement les filets sur un poisson étant une opération un peu compliquée, il est préférable de demander au poissonnier de le faire et c'est un gain de temps.

On les trouve d'ailleurs parfois tout préparés tels les filets de merlan et de cabillaud.

On les fait pocher dans un *fumet* préparé à partir de leurs têtes et arêtes.

Dans le cas de filets déjà préparés, on demandera au poissonnier de fournir têtes de colins et arêtes de soles, ce qu'il fera très volontiers.

On se sert du fumet pour faire la sauce ; elle peut être simple ou agrémentée d'ingrédients variés.

Ces plats se font au dernier moment, mais dressés sur le plat de service, ils peuvent attendre un moment dans le four tiède. On peut aussi tenir les poissons au chaud dans le four et la sauce au bain-marie. On la verse au dernier moment.

FILETS DE SOLE AU VIN BLANC

Ce plat se fait au dernier moment, mais le fumet peut être fait à l'avance. Dans ce cas, on le réchauffe doucement avant usage.

***Proportions :** pour 4 personnes*
3 belles soles de 250 g chacune
2 verres de vin blanc sec • 3/4 de litre d'eau
2 carottes • 2 oignons • 1 feuille de laurier
1 bouquet de persil • 1 branche de thym
1 échalote • 6 cuillères à soupe de crème fraîche
2 noix de beurre • sel, poivre
***Préparation :** 10 minutes*
***Cuisson :** filets, 2 à 3 minutes • fumet, 45 minutes*
sauce, 10 minutes environ

Faire lever les filets par le poissonnier et demander les têtes et arêtes des poissons.

Préparer le fumet : éplucher et couper en rondelles les oignons et les carottes, laver le persil. Passer les têtes et les arêtes des poissons sous l'eau froide, casser chaque arête en 2, 3 morceaux.

Dans une casserole à feu doux, mettre les légumes, les herbes aromatiques et les débris de poisson, couvrir et laisser étuver à sec sans matière grasse pendant 5 à 6 minutes, en remuant de temps en temps. Mouiller ensuite avec le vin blanc et l'eau, et porter à petite ébullition pendant 45 minutes, en écumant régulièrement.

Pendant ce temps, éplucher une échalote, la hacher finement et réserver.

Transvaser ensuite le liquide dans une autre casserole en le passant à travers un chinois. Saler très légèrement pour ne pas avoir une sauce trop salée quand on fera réduire le fumet.

Le maintenir à température frémissante et faire pocher les filets de sole en les plongeant 2 minutes dans le liquide. Les retirer délicatement avec une écumoire et les poser sur un torchon pour les égoutter.

Allumer le four à température tiède. Disposer les filets de sole sur le plat de service. Recouvrir d'une feuille de papier alu et tenir au chaud dans le four.

Préparer la sauce. Dans une sauteuse ou une casserole à fond épais, mettre 1 noix de beurre à feu moyen. Quand elle est fondue, ajouter l'échalote, couvrir et la laisser devenir doucement molle et transparente. Mouiller avec un verre de fumet, faire bouillir et réduire de 1/3. Incorporer la crème fraîche et continuer à faire réduire le tout jusqu'à ce que la sauce en épaississant légèrement devienne onctueuse. Vérifier l'assaisonnement en sel et en poivre. Sur feu très doux, incorporer par petits morceaux 1 grosse noix de beurre ramollie en fouettant avec le petit fouet à main.

Sortir le plat du four, napper les filets avec la sauce et servir.

FILETS DE SOLE AUX HUÎTRES POCHÉES

Ce plat se fait au dernier moment, mais le fumet peut être fait à l'avance. Dans ce cas, on le réchauffera doucement avant usage.

Proportions : *pour 4 personnes*
3 belles soles de 250 g chacune • 8 huîtres creuses bien fermées
*ingrédients pour le fumet * • 6 cuillères à soupe de crème fraîche*
1 grosse noix de beurre • sel, poivre
Préparation : *15 minutes*
Cuisson : *filets, 2 à 3 minutes • fumet, 45 minutes*
huîtres, 1 minute • sauce, 10 minutes environ

Faire lever et dépouiller les filets par le poissonnier. Demander les têtes et arêtes des poissons.

Préparer et cuire le fumet (v. page 226). Quand il est prêt, le transvaser dans une autre casserole en le passant à travers un chinois. Saler légèrement.

Ouvrir les huîtres en recueillant leur eau. La filtrer à travers une étamine et la réserver dans une casserole.

Chauffer le fumet à température frémissante et pocher les filets de sole en les plongeant délicatement à plat 2 minutes dans le liquide. Les retirer avec une écumoire et les poser sur un torchon pour les égoutter.

Allumer le four à température tiède. Disposer les filets de sole sur le plat de service. Recouvrir d'une feuille de papier alu et tenir au chaud dans le four.

Ajouter un verre de fumet à l'eau des huîtres et faire chauffer à petits frémissements. Plonger les huîtres 1 minute dans ce liquide et retirer immédiatement. Réserver dans un bol.

Préparer la sauce. Dans une casserole à feu moyen, verser un verre de jus de cuisson des huîtres et le faire réduire de 1/3. Incorporer la crème fraîche et continuer à faire réduire jusqu'à ce que la sauce en épaississant légèrement devienne onctueuse. Vérifier l'assaisonnement en sel et en poivre.

Sur le feu très doux, incorporer la noix de beurre morceau par morceau en fouettant avec le petit fouet à main. Y ajouter les huîtres quelques secondes pour les chauffer.

Sortir le plat du jour, entourer les filets de sauce en répartissant élégamment les huîtres. Verser l'excédent en saucière et servir.

Remarque : Ce plat peut devenir encore plus raffiné pour un dîner de cérémonie si on l'enrichit de queues d'écrevisses et de moules.

***Proportions :** pour 4 personnes*
8 queues d'écrevisses • 12 moules bien fermées et nettoyées

Faire pocher les écrevisses 2 minutes dans le fumet frémissant. Décortiquer les queues, tenir au chaud avec les filets de soles.

Ouvrir les moules à feu vif (v. page 178) *. Les décoquiller. Les réserver. Filtrer leur eau, l'ajouter à celle des huîtres pour la préparation de la sauce que l'on continue comme il est dit précédemment.

FILETS DE SOLE AUX TRUFFES

Ce plat se fait au dernier moment, mais le fumet peut être fait à l'avance. Dans ce cas, on le réchauffe avant usage.

Proportions : *pour 4 personnes*
3 belles soles de 250 g chacune
ingrédients pour le fumet (v. page 226)
*2 ou 3 truffes de conserve * • 1 bonne cuillère à soupe de porto*
6 cuillères à soupe de crème fraîche • 1 grosse noix de beurre
Préparation : *12 minutes*
Cuisson : *filets, 2 à 3 minutes • fumet, 45 minutes*
sauce, 10 minutes environ

Faire lever et dépouiller les filets par le poissonnier et demander les têtes et arêtes des poissons.

Préparer et cuire le fumet *. Le transvaser dans une casserole en le passant à travers un chinois. Saler légèrement.

À feu doux, le maintenir à température frémissante. Pocher, égoutter, tenir au chaud les filets dans le four tiède.

Ouvrir la boîte de truffes, réserver le jus dans un bol. Couper les truffes en fins petits bâtonnets. Les réserver.

Préparer la sauce. Dans une casserole à feu moyen, mettre une bonne cuillère à soupe de porto, la faire réduire presque complètement, jusqu'à consistance de sirop au fond de la casserole. Mouiller avec un verre de fumet, laisser réduire de moitié, ajouter le jus des truffes, porter à ébullition. Incorporer la crème fraîche, faire bouillir et réduire jusqu'à épaississement et jusqu'à ce que la sauce devienne onctueuse. Vérifier l'assaisonnement.

Sur feu très doux, incorporer la noix de beurre morceau par morceau en fouettant avec le petit fouet à main. Ajouter les bâtonnets de truffes. Laisser chauffer quelques instants. Poivrer.

Sortir le plat du four. Entourer les filets avec de la sauce et servir.

FILETS DE BARBUE À L'OSEILLE

Ce plat se fait au dernier moment, mais le fumet peut être préparé à l'avance. Dans ce cas, on le réchauffe avant usage.

Proportions : *pour 4 à 5 personnes*
1 barbue de 1 kg • ingrédients pour le fumet (v. page 226)
1 échalote • 100 g d'oseille jeune à petites feuilles
6 cuillères à soupe de crème fraîche
1 grosse noix de beurre • sel, poivre
Préparation : *20 minutes*
Cuisson : *filets, 5 à 6 minutes • fumet, 45 minutes*
oseille, 3 à 4 minutes • sauce, 10 minutes environ

Faire lever et dépouiller les filets par le poissonnier. Demander l'arête et la tête.

Préparer et cuire le fumet *. Le transvaser dans une casserole en le passant à travers un chinois. Saler légèrement.

Équeuter et laver soigneusement l'oseille à grande eau. L'égoutter et rompre les feuilles avec les doigts en 2 ou 3 morceaux, réserver dans un torchon.

À température frémissante, pocher les filets dans le fumet, les égoutter et les tenir au chaud.

Préparer la sauce (v. page 227) *. Quand elle est réduite, ajouter les feuilles d'oseille, laisser chauffer 2 à 3 minutes, puis incorporer le beurre.

Entourer les filets de la sauce et servir.

FILETS DE CABILLAUD AUX FINES HERBES

Ce plat se prépare au dernier moment. Le fumet peut être fait à l'avance. On le réchauffe avant usage.

***Proportions** : pour 4 personnes*
4 filets de cabillaud de 130 g
ingrédients pour le fumet (v. page 226) • 1 échalote
1/2 tasse à thé de persil, cerfeuil, civette hachés
6 cuillères à soupe de crème fraîche • 1 grosse noix de beurre
sel, poivre
***Préparation** : 20 minutes*
***Cuisson** :*
filets, 6 à 7 minutes • fumet, 45 minutes
sauce, 10 minutes environ

Acheter des filets tout préparés, demander au poissonnier une tête de colin et 2 ou 3 arêtes de soles pour le fumet.

Préparer et cuire le fumet *.

Pendant ce temps, laver, sécher, effeuiller les herbes et les hacher finement. Les conserver dans une boîte fermée si elles sont préparées longtemps à l'avance.

Tenir le fumet à température frémissante. Pocher, égoutter et tenir au chaud les filets.

Préparer la sauce (v. page 227). Ajouter les fines herbes. Mélanger. Vérifier l'assaisonnement.

Entourer les filets de la sauce et servir.

FILETS DE MERLAN AU POIVRON ROUGE

Ce plat se fait au dernier moment, mais le fumet peut être préparé à l'avance. On le réchauffe avant usage.

***Proportions** : pour 4 personnes*
4 filets de 130 g chacun • ingrédients pour le fumet (v. page 226)
1 échalote • 1 poivron rouge doux
6 cuillères à soupe de crème fraîche • 1 grosse noix de beurre
sel, poivre
***Préparation** : 20 minutes*
***Cuisson** : filets, 3 à 4 minutes • fumet, 45 minutes*
poivron, 10 minutes • sauce, 10 minutes environ

Acheter les filets tout préparés chez le poissonnier. Lui demander une tête de colin et deux arêtes de soles pour le fumet.

Préparer et cuire le fumet *.

Pendant ce temps, griller et enlever la peau du poivron *. Le couper en fines languettes. S'il est fait longtemps à l'avance, le conserver dans une boîte hermétique pour qu'il ne se dessèche pas.

Tenir le fumet à température frémissante. Pocher, égoutter et tenir Au chaud les filets.

Préparer la sauce (v. page 227) *. Vérifier l'assaisonnement. Disposer harmonieusement les languettes de poivron autour des filets. Verser la sauce dessus et servir.

FILETS DE TURBOT AUX POINTES D'ASPERGES

Ce plat se fait au dernier moment. Le fumet peut se préparer à l'avance. On le réchauffera avant usage.

***Proportions** : pour 4 à 5 personnes*
1 turbotin de 1 kg • ingrédients pour le fumet (v. page 226)
1 échalote • 16 belles pointes d'asperges fraîches ou pointes d'asperges en boîte • 6 cuillères à soupe de crème fraîche
1 grosse noix de beurre • sel, poivre
***Préparation** : 25 minutes*
***Cuisson** : filets, 8 à 10 minutes • fumet, 45 minutes*
asperges, 10 minutes • sauce, 10 minutes environ.

Faire lever et dépouiller les filets par le poissonnier. Demander la carcasse.

Préparer et cuire le fumet *. Le transvaser dans une autre casserole en le passant à travers un chinois. Saler légèrement.

Si on emploie des asperges fraîches, les gratter et les tronçonner de manière à avoir des pointes de 7 à 8 cm de longueur, les tiges des asperges seront utilisées pour un velouté *. Les ficeler en 4 petits bottillons et les réserver dans l'eau fraîche. Mettre à bouillir une grande casserole d'eau salée.

À température frémissante, pocher les filets dans le fumet. Les égoutter et les tenir ensuite au chaud.

Préparer la sauce (v. page 227) *. Pendant qu'elle réduit, faire cuire les têtes d'asperges dans la casserole d'eau bouillante salée. Si on emploie des pointes d'asperges en boîte, les rincer à l'eau froide et les chauffer à la vapeur dans le couscoussier.

Terminer la sauce avec le beurre, vérifier l'assaisonnement. Disposer harmonieusement les botillons d'asperges et les filets de poisson, les entourer de sauce et servir.

FILETS DE SAINT-PIERRE AUX RONDELLES DE CÉLERI-RAVE

Ce plat se fait au dernier moment. Le fumet peut être préparé à l'avance. On le réchauffe avant usage.

***Proportions :** pour 4 personnes*
1 saint-pierre de 1 kg • ingrédients pour le fumet (v. page 226)
1 échalote • 1/2 boule de céleri-rave
6 cuillères à soupe de crème fraîche
2 grosses noix de beurre • sel, poivre
***Préparation :** 15 à 20 minutes*
***Cuisson :** filets, 6 à 7 minutes • fumet, 45 minutes*
céleri, 4 à 5 minutes en tout • sauce, 10 minutes environ

Faire lever et dépouiller les filets de saint-pierre par le poissonnier. Lui demander l'arête et la tête, compléter avec une arête de sole.

Préparer et cuire le fumet *. Le transvaser dans une autre casserole en le passant à travers un chinois. Saler légèrement.

Éplucher le céleri-rave et le détailler en rondelles fines comme des pommes de terre chips. Faire bouillir une grande casserole d'eau salée. Plonger les rondelles de céleri pendant 2 minutes pour les attendrir. Les retirer avec une écumoire et les poser délicatement sur un torchon sans les briser. Réserver.

À température frémissante, pocher les filets dans le fumet, les égoutter et les tenir au chaud *.

Préparer la sauce (v. page 227). Pendant qu'elle réduit, mettre une noix de beurre dans une grande poêle à feu moyen. Quand il est fondu, poser les rondelles, les unes à côté des autres. Les laisser sur une face, puis les retourner de façon qu'elles soient cuites, mais fermes et sans avoir pris couleur. Les retirer avec une écumoire et les poser autour des filets de poisson. Terminer la sauce en incorporant le beurre restant. Vérifier l'assaisonnement.

Verser de la sauce tout autour des filets sur les rondelles de céleri et servir.

Préparations diverses

ENCORNETS À L'AMÉRICAINE

Ce plat peut se faire à l'avance sans mettre la crème fraîche.

Il se conserve 2 à 3 jours au réfrigérateur dans une boîte, à condition de retirer le laurier et le thym.

On le réchauffe à feu doux et on le termine avec la réduction à la crème fraîche.

Proportions : *pour 6 personnes*
3 encornets • 2 tomates moyennes
1 verre de vin blanc sec • 1 cuillère à soupe de cognac
2 échalotes • 1 gousse d'ail
1 cuillère à soupe de persil haché
1 petite boîte de concentré de tomates
2 cuillères à soupe de crème fraîche • 1 œuf de beurre
2 cuillères à soupe d'huile d'arachide
sel, poivre de Cayenne • 1 pincée de safran
Préparation : *30 minutes*
Cuisson : *1 heure 15*

Plonger les tomates 1 minute dans l'eau bouillante. Les retirer, laisser un peu refroidir, enlever la peau, les couper en deux, presser doucement avec la main pour retirer les graines et l'eau de végétation. Les couper ensuite grossièrement et réserver dans un saladier.

Rincer les encornets sous l'eau courante, les sécher dans un torchon. Les ouvrir en deux pour retirer l'os qui se trouve à l'intérieur, puis les couper en languettes larges de 2 cm et longues de 7 à 8 cm. Les réserver enveloppées dans un torchon.

Éplucher les échalotes, les hacher finement en les tenant par le bout arrondi. Dans une cocotte, faire fondre à feu moyen le beurre et l'huile. Quand le mélange est chaud, verser les échalotes, les faire fondre en douceur, à couvert. Quand elles commencent à prendre couleur, ajouter les morceaux d'encornet et les faire revenir et raidir rapidement pendant 2 à 3 minutes à feu vif. Mouiller avec le cognac et le laisser bouillir pour le réduire complètement. Verser ensuite dans la cocotte le vin blanc, puis les tomates concassées, saler, poivrer au poivre de Cayenne, parfumer avec une pincée de safran, la gousse d'ail écrasée avec le presse-ail, le thym et le laurier. Porter à ébullition, laisser à découvert pendant quelques minutes, puis couvrir et régler le feu pour assurer un petit « bouillottement » pendant 1 heure, jusqu'à ce que les morceaux d'encornet soient tendres. En cours de cuisson, délayer dans le jus le concentré de tomates. 5 minutes avanc la fin de la cuisson, allumer le four à température tiède pour faire chauffer le plat de service.

Quand la cuisson est à point, retirer le thym et le laurier, retirer les languettes d'encornet avec une écumoire et les verser dans le plat de service. Tenir au chaud dans le four.

Laisser la cocotte sur le feu assez vif et incorporer la crème fraîche au jus, faire bouillir et réduire jusqu'à ce que la sauce soit courte et onctueuse. Vérifier l'assaisonnement en sel, poivre et safran. Verser sur les encornets et servir avec un riz créole *.

HADDOCK POCHÉ

Ce plat se prépare au dernier moment.

Le haddock est de l'églefin fumé. On trouve aussi dans le commerce des filets de poisson fumés qui sont en général du cabillaud. Ils sont moins onéreux et de même emploi que le haddock qui est, à mon sens, nettement plus fin.

Proportions : *pour 4 personnes*
2 filets de 300 à 350 g chacun
eau et lait par moitié pour immerger le poisson
Préparation : *néant*
Cuisson : *8 à 10 minutes*

Dans une grande casserole, mettre de l'eau et du lait de façon que les filets soient immergés. À feu moyen, porter à ébullition, poser les poissons dans la casserole et régler le feu de manière que le liquide soit seulement frémissant.

Au bout de 8 à 10 minutes, retirer les morceaux de poisson à l'aide de l'écumoire, les égoutter sur un torchon.

Dresser sur le plat de service avec des pommes de terre vapeur * et accompagner d'une des deux sauces suivantes :

• Sauce nº 1

C'est la plus fine à mon goût. Elle est sans farine et se prépare très vite, au dernier moment.

***Proportions :** pour une saucière*
2 cuillères à soupe de liquide de cuisson
125 g de beurre • le jus de 1/2 citron • poivre
***Préparation :** néant*
***Cuisson :** 2 à 3 minutes*

Mettre dans une casserole à fond épais 2 cuillères de liquide de cuisson et le jus de 1/2 citron. Faire bouillir à plein feu et ajouter en 2 ou 3 fois les 125 g de beurre tout en remuant vivement la casserole. Tout en fondant, le beurre épaissit et s'émulsionne avec le liquide. Quand tout le beurre est fondu et que la sauce a bonne consistance, retirer du feu. Donner un tour de moulin à poivre et goûter pour voir s'il y a assez de citron, sinon en remettre un peu.

Verser en saucière et servir avec le plat de haddock et pommes de terre.

• Sauce nº 2

Elle se fait avec de la farine, se prépare pendant la cuisson du haddock et du fait de la farine a un goût et une consistance beaucoup moins raffinés.

***Proportions :** pour une saucière*
3 cuillères à soupe de liquide de cuisson
1/2 cuillère à soupe de farine • 1 noix de beurre
2 cuillères à soupe de crème fraîche • le jus de 1/2 citron
***Préparation :** néant*
***Cuisson :** 8 à 9 minutes*

Avant de mettre le poisson à cuire, faire fondre dans une casserole une noix de beurre. Quand il est fondu, ajouter la farine. Mélanger, laisser cuire jusqu'à la couleur jaune pâle. Retirer du feu. Laisser refroidir ce roux blanc dans la casserole.

Au bout de 5 minutes de cuisson du poisson, délayer le roux petit à petit avec des cuillères de liquide de cuisson. Poser sur le feu et en remuant avec la cuillère, porter à ébullition jusqu'à épaississement. Laisser mijoter doucement.

Quand le haddock est dressé dans le plat de service, ajouter dans la sauce la crème fraîche, la délayer et lui faire jeter un ou deux bouillons. Ajouter le jus de citron et poivrer avec un tour de moulin à poivre. Verser ensuite dans la saucière.

HADDOCK AU FOUR

Ce plat se fait au dernier moment.

***Proportions** : pour 4 personnes*
2 filets de 300 à 350 g chacun • 125 g de beurre • poivre
***Préparation** : 2 minutes*
***Cuisson** : 8 à 10 minutes*

Allumer le four à température chaude (270°, position 7, 8). Tremper les filets dans l'eau, les secouer un peu pour enlever l'excédent. Les poser sur une grille dans un plat allant au four. Mettre à cuire.

Pendant ce temps, mettre le beurre à fondre à feu doux dans une petite casserole. Retirer les impuretés qui se forment à la surface avec une petite cuillère.

Sortir le haddock du four. À l'aide d'une large spatule, poser les filets sur un plat de service chaud et servir avec le beurre fondu mis en saucière et légèrement poivré, accompagné de pommes de terre vapeur *.

RAGOÛT DE LOTTE À LA TOMATE

Ce plat se fait au dernier moment.

***Proportions** : pour 6 personnes*
*6 tranches de lotte • 1 tasse à thé de coulis de tomate **
1/4 de litre de crème fraîche • 3 cuillères à soupe de vin blanc sec
1 verre à bordeaux de jus de cuisson • 1 œuf de beurre
1/2 tasse à thé de cerfeuil et civette hachés • sel, poivre
***Préparation** : 25 minutes*
***Cuisson** : poisson, 10 minutes • sauce, 10 minutes*

Faire couper par le poissonnier 6 tranches de lotte bien placées, dans le milieu du poisson, de 2 cm d'épaisseur à peu près.

Préparer le coulis de tomates ou le faire la veille.

Prendre chaque tranche de lotte et découper la chair de chaque côté de l'arête de manière à avoir 12 morceaux. Les mettre sur un torchon, recouvrir et « tapoter » pour bien les sécher.

Laver les herbes, les sécher, effeuiller le cerfeuil. Hacher le tout. Réserver dans un bol. Allumer le four à température tiède.

Dans une poêle à feu moyen, faire fondre le beurre. Quand il est fondu, mettre les morceaux de lotte à cuire, saler, poivrer. Le poisson va rendre du liquide. Ne pas s'en préoccuper. Au bout de 5 minutes, retourner le poisson, et laisser cuire 5 minutes. Saler, poivrer, retirer le poisson avec une écumoire et dresser dans le plat de service. Tenir au chaud dans le four.

Dans une sauteuse ou une casserole à fond épais, mettre un verre à bordeaux de jus de cuisson et le vin blanc. À feu vif, faire réduire de moitié. Ajouter la crème fraîche et le coulis de tomates, mélanger le tout et porter à ébullition. Laisser mijoter jusqu'à ce que l'ensemble soit homogène et onctueux. Saler, poivrer. Baisser le feu. Ajouter les fines herbes.

Verser la sauce autour du poisson et servir.

JOUES DE LOTTE EN PAPILLOTES AUX POIREAUX

C'est un morceau très fin et sans arêtes.

Ce plat se fait cuire au dernier moment, mais les papillotes peuvent être préparées à l'avance.

***Proportions :** pour 4 personnes*
500 à 600 g de joues de lotte • 4 à 5 blancs de poireaux
1/2 tasse à café d'huile d'arachide
4 cuillères à café d'eau • 4 cuillères à café de vin blanc sec
5 noix de beurre (environ 70 g) • sel, poivre
***Préparation :** 40 à 45 minutes*
***Cuisson :** poireaux, 8 à 10 minutes • papillotes, 5 à 6 minutes*

Demander au poissonnier de la joue de lotte, à défaut 4 tranches de lotte.

Éplucher les poireaux, garder des tronçons de blanc de 7 à 10 cm de long (les parties foncées seront réservées pour faire un potage). Les laver et les tailler ensuite à l'aide d'un petit couteau pointu en fins petits bâtonnets dans le sens de la longueur pour avoir une julienne. Dans une casserole, faire chauffer une noix de beurre à petit feu. Quand elle est fondue, ajouter la julienne de poireaux, couvrir, laisser étuver doucement en remuant de temps en temps, jusqu'à ce qu'ils soient tendres, mais non mous.

Pendant ce temps, à l'aide d'un fond de moule à tarte et de la pointe d'un couteau, découper des ronds de papier alu ou de papier sulfurisé de 30 cm environ de diamètre. Les badigeonner d'huile avec le bout des doigts. Plier en deux pour avoir une ligne médiane et les ouvrir.

Sur 4 demi-lunes, sans empiéter sur la ligne de pliure, répartir également la julienne de poireaux. Allumer le four à température chaude (280°, position 8, 9).

Poser les filets de poisson sur la planche et à l'aide d'un couteau souple, couper des petites escalopes de 1 cm d'épaisseur. Les répartir sur la julienne en les disposant à plat. Les saler et les poivrer, parsemer le poisson de fins copeaux de beurre (1 noix par papillote).

Dans un bol, mélanger le vin et l'eau. Mouiller le poisson et les poireaux avec 2 cuillères à café par papillote. Fermer ensuite les papillotes en rabattant la partie non garnie et en roulottant soigneusement les bords pour assurer une fermeture bien étanche. Chaque papillote doit ressembler à un gros chausson aux pommes.

Prendre la plaque à rôtir du four. La huiler avec le bout des doigts. La mettre quelques minutes à chauffer dans le four. La sortir et y ranger les papillotes côte à côte sans qu'elles se touchent. Enfourner et laisser cuire pendant 5 à 6 minutes. Elles se mettent à gonfler joliment.

Les sortir de la plaque à l'aide d'une large spatule et les disposer telles quelles dans le plat de service. Chacun ouvrira sa papillote dans son assiette.

Remarque : On peut remplacer la lotte par un poisson moins coûteux tel que lieu ou cabillaud.

MAQUEREAUX GRILLÉS À LA MOUTARDE

Ce plat se fait au dernier moment.

***Proportions :** pour 4 personnes*
4 beaux maquereaux • 25 g de beurre
moutarde forte de Dijon
2 cuillères à soupe de vin blanc sec • sel, poivre
***Préparation :** 5 minutes*
***Cuisson :** 7 à 10 minutes*

Choisir des maquereaux bien frais (les ouïes doivent être rouge foncé, l'œil et la peau brillants). Demander au poissonnier de les préparer en « kippers », c'est-à-dire vidés, ouverts en deux, la tête et l'arête retirées.

Allumer le four en position « gril ». Passer les maquereaux sous l'eau. Les sécher rapidement dans un torchon.

Mouiller le fond d'un plat avec le vin blanc. Y déposer les poissons côte à côte, la peau en dessous. Tartiner généreusement chaque maquereau avec de la moutarde forte de Dijon. Saler, poivrer. Parsemer quelques fins copeaux de beurre sur la moutarde.

Mettre les maquereaux à griller à 10 cm du gril pendant 7 à 10 minutes. Ils doivent être dorés et non brûlés, moelleux et non tristement desséchés. Les sortir du four et les servir dans le plat de cuisson.

Remarques :

1. Cette façon d'accommoder les maquereaux est rapide et délicieuse. Elle enlève à ce poisson tout son gras, tout en lui laissant son goût personnel relevé par la moutarde.
2. Les harengs frais peuvent être accommodés de la même manière.

LA RAIE AU BEURRE NOISETTE

Ce plat se fait au dernier moment.

***Proportions :** pour 4 personnes*
2 ailes de 500 g ou 1 aile de 1 kg de raie bouclée
eau • 2 cuillères à soupe de câpres • 3 œufs de beurre
1 cuillère à soupe de vinaigre de vin • sel, poivre
***Préparation :** 6 minutes*
***Cuisson :** poisson, 15 minutes • beurre noisette, 3 à 4 minutes*

Mettre à bouillir une grande casserole d'eau salée. Pendant ce temps, laver et passer le poisson sous l'eau courante pour qu'il ne soit pas visqueux. Quand l'eau est à petite ébullition, plonger le poisson et laisser cuire 15 minutes en maintenant l'ébullition. Allumer le four à température tiède.

Quand la cuisson est terminée, sortir la raie de la casserole à l'aide d'une large spatule et la poser sur la planche et un torchon. Avec un petit couteau pointu, retirer la peau des deux côtés, disposer les morceaux sur le plat de service et tenir au chaud dans le four pendant que l'on *prépare la sauce :*

Dans la poêle à feu moyen, faire fondre le beurre jusqu'à ce qu'il ait la couleur noisette, le saler et poivrer.

Sortir le plat du four. Verser le beurre bouillant sur le poisson. Remettre la poêle sur le feu vif et y jeter le vinaigre, faire fumer quelques secondes, répartir sur le poisson. Dans la poêle encore chaude, tourner les câpres quelques secondes pour les chauffer. En parsemer la raie et servir immédiatement.

Accompagnement : Pommes vapeur.

ROUGETS FROIDS À L'ORIENTALE

Ce plat, étant destiné à être consommé froid, peut être fait la veille ou le matin pour le soir.

***Proportions :** pour 4 personnes*
8 petits rougets • 1 kg de tomates
3 cuillères à soupe d'huile d'olive • 1 brindille de thym
1 gousse d'ail • 1/2 feuille de laurier
1 pointe de safran • farine
sel, poivre • persil haché (facultatif)
***Préparation :** 20 minutes*
***Cuisson :** poisson, 15 minutes • coulis de tomates, 20 minutes*

Choisir chez le poissonnier des petits rougets-barbets bien frais (ouïes rouges et œil brillant). Les faire écailler, mais ne pas les faire vider.

Faire chauffer une grande casserole d'eau. Quand elle bout, plonger les tomates 1 à 2 minutes, les sortir. Attendre qu'elles refroidissent un peu et retirer leur peau. Les couper ensuite en deux et les presser doucement pour retirer les graines et l'eau de végétation. Les couper ensuite grossièrement et réserver dans un saladier.

Dans une grande poêle, mettre à chauffer 1 cuillère à soupe d'huile d'olive. Verser les tomates et ajouter la brindille de thym, la 1/2 feuille de laurier, la gousse d'ail écrasée et la pointe de safran. Saler légèrement et poivrer. À petits bouillons, laisser mijoter et réduire les tomates jusqu'à ce que toute l'eau s'évapore et que l'on obtienne un coulis fluide, ce qui prend à peu près 20 minutes.

Pendant que le coulis mijote, allumer le four à température moyenne chaude (260°, position 6, 7).

Passer chaque rouget dans la farine, les tapoter pour enlever l'excédent. Les saler et les poivrer.

Dans une grande poêle, mettre deux cuillères à soupe d'huile d'olive à chauffer à feu moyen. Quand elle est bien chaude, poser les rougets les uns à côté des autres et les faire dorer rapidement comme « à la meunière * », 3 à 4 minutes. Les retirer de la poêle avec une écumoire et les poser sur un papier absorbant pour enlever l'excédent d'huile.

Prendre un joli plat allant au four. Le huiler et y ranger les rougets côte à côte. Vérifier l'assaisonnement du coulis de tomates et en recouvrir les rougets. Fermer le plat avec un papier alu et mettre au four, pour finir la cuisson pendant 10 à 12 minutes.

Sortir du four, laisser refroidir d'abord à la température de la pièce, puis mettre au réfrigérateur.

Avant de servir dans le plat de cuisson, on peut, si on le souhaite, saupoudrer le dessus du plat de persil haché.

THON FRAIS EN COCOTTE

Ce plat peut se faire à l'avance. Il se conserve 2 à 3 jours au frais, dans le réfrigérateur, à condition de retirer le thym et le laurier. On le réchauffe à feu doux, en ajoutant un peu d'eau pour homogénéiser la sauce.

***Proportions** : pour 4 personnes*
1 grosse et large tranche de thon frais de 10 cm d'épaisseur et de 800 g environ • 4 tomates moyennes
2 gousses d'ail • 1 branche de thym
2 feuilles de laurier • 3 cuillères à soupe d'huile d'olive
1 verre de vin blanc sec • sel, poivre • farine
2 cuillères à café de concentré de tomates
***Préparation** : 15 minutes*
***Cuisson** : 1 heure 10*

Rincer le thon sous l'eau courante, le laisser sécher dans un torchon, le fariner légèrement. Plonger les tomates 1 à 2 minutes dans l'eau bouillante. Les retirer, les laisser refroidir. Éplucher les oignons, les couper en fines rondelles. Éplucher les tomates, les couper grossièrement.

Dans une cocotte, mettre l'huile d'olive à chauffer à feu moyen. Quand elle est bien chaude et fume légèrement, poser la tranche de thon bien épongée dans la cocotte et faire dorer d'un côté, puis de l'autre. Quand le poisson est de bonne couleur, mouiller avec le vin blanc, laisser chauffer 2 à 3 minutes, ajouter les tomates et les oignons, le thym et le laurier. Saler, poivrer, porter à ébullition, laisser à découvert pendant que l'on épluche les gousses d'ail. Les écraser ensuite au-dessus de la cocotte avec le presse-ail. Couvrir la cocotte et régler le feu de manière à assurer un petit « bouillottement » continu pendant 1 heure. À la moitié de la cuisson, délayer le concentré de tomates dans le jus de la cocotte. 5 minutes avant la fin de la cuisson, allumer le four à température tiède, faire chauffer le plat de service.

Quand le thon est cuit et moelleux, le retirer de la cocotte avec une écumoire, le poser dans le plat de service chaud.

Si la sauce est un peu liquide, la faire réduire à plein feu, cocotte découverte, jusqu'à bonne consistance. Si, au contraire, elle était un peu courte et épaisse, ajouter un peu d'eau chaude et mélanger. Retirer le thym et le laurier, vérifier l'assaisonnement, verser sur le thon et servir accompagné d'un riz à la créole *, de pommes vapeur *, ou de pâtes au beurre *.

Remarque : On peut ajouter à la sauce, avant de servir, du basilic frais haché qui donnera un goût délicieux.

LA MORUE (CUISSON)

Ce n'est pas un poisson frais. Elle est salée ou séchée. On la trouve dans le commerce sous deux formes : en boîtes de filets désarêtés et salés, ou entière, ouverte en deux et séchée.

1er temps. 12 heures à l'avance, la dessaler. Poser le poisson dans une passoire à pieds, mettre celle-ci dans une bassine d'eau froide de façon que le poisson soit immergé et laisser couler un filet d'eau froide pour renouveler l'eau sans toucher à la morue.

2e temps. Sortir la morue de la passoire. La poser dans une casserole, recouvrir d'eau froide, porter à ébullition et laisser ensuite à peine frémir pendant 12 à 15 minutes environ.

Égoutter la morue, elle se prête alors à différents accommodements.

LES ACRAS DE MORUE

Ce sont des beignets antillais. On peut les servir avant le dîner en « amuse-gueule », ou en entrée.

La pâte peut se préparer à l'avance. On les cuit au dernier moment.

***Proportions :** pour 250 g de morue salée ou séchée*
250 g de farine • 1/2 verre d'eau et de lait par parties égales

2 œufs entiers • 1 gousse d'ail
2 oignons moyens • 5 cuillères à café de civette
1/2 tasse à thé de persil • poivre de Cayenne
***Préparation** : 25 à 30 minutes*
***Cuisson** : 5 à 6 minutes*

Dessaler la morue en la posant dans un récipient sur une passoire et en faisant couler un filet d'eau froide continu pendant 12 heures.

Éplucher l'ail et les oignons, hacher les oignons très finement, écraser l'ail, réserver dans un saladier. Laver, sécher les herbes, les hacher finement et les mettre aussi dans le saladier.

Retirer la morue de l'eau, l'égoutter et la sécher convenablement. Enlever la peau et les arêtes, émietter la morue puis la piler finement au mixer, à défaut, au mortier avec un pilon. Verser la purée de morue dans le saladier où se trouvent les herbes.

Ajouter la farine, mélanger pour faire une pâte. Délayer progressivement avec le 1/2 verre d'eau et de lait. Battre les œufs comme pour une omelette et les incorporer en tournant à cette pâte. Poivrer convenablement au poivre de Cayenne, mélanger.

Faire chauffer de l'huile bien propre dans la bassine. Quand elle est chaude, faire cuire par cuillerée à café dans la friture. Ne pas en mettre trop à la fois pour que les beignets ne se touchent pas.

Quand ils sont bien dorés, les retirer à l'aide de l'écumoire. Les poser sur un papier absorbant pour éliminer l'excès de gras et les servir bien chaud.

LA BRANDADE DE MORUE

C'est essentiellement de la morue pochée (v. page 242), soigneusement effeuillée et travaillée sur le feu avec de l'huile ajoutée petit à petit pour obtenir une pâte très blanche et très fine de la consistance d'une purée de pommes de terre.

C'est une très longue préparation, difficile à réaliser finement. Je conseille donc d'acheter de la *brandade de morue en boîte*.

Il en existe de l'excellente dans le commerce, mais comme elle est en général un peu dense, il faut y ajouter de la crème fraîche.

***Proportions** : pour 4 personnes*
1 boîte de brandade de morue de 775 g
4 à 5 cuillères à soupe de crème fraîche • poivre
***Cuisson** : 5 à 6 minutes*

Mettre la brandade dans une casserole à feu doux. La chauffer lentement en incorporant la crème fraîche, en travaillant et en tournant avec la cuillère en bois.

Quand elle est bien chaude (éviter de la faire bouillir), la terminer avec quelques tours de moulin à poivre et servir avec des pommes de terre vapeur *.

MORUE À LA BRETONNE

On peut cuire les pommes de terre à l'avance. Le reste du plat se fera au dernier moment.

Proportions : *pour 4 personnes*
300 g de morue
5 à 6 pommes de terre moyennes BF 15 ou Roseval
2 oignons moyens • 1 noix et un œuf de beurre
2 cuillères à café de persil haché
Préparation : *20 à 25 minutes*
Cuisson :
pommes de terre à la vapeur, 30 à 35 minutes
oignons, 3 à 4 minutes • morue, 7 à 8 minutes

Bien dessaler la morue pendant 12 heures. La sortir de l'eau et l'éponger soigneusement dans un torchon, la cuire * et l'égoutter.

Cuire les pommes de terre à la vapeur * dans leur peau.

Éplucher les oignons et les couper en rondelles. Réserver dans un bol. Retirer la peau des pommes de terre et les couper en rondelles de 1/2 cm d'épaisseur. Réserver dans une assiette. Couper, sécher, effeuiller le persil. Hacher les feuilles. Réserver. À l'aide d'un petit couteau pointu, effeuiller la morue cuite en petites escalopes.

Dans une large poêle, mettre à fondre à feu moyen une noix de beurre. Quand il est fondu, ajouter les oignons et laisser cuire à couvert jusqu'à ce qu'ils deviennent d'abord transparents, ensuite blond clair. Les retirer avec une écumoire, les poser sur une assiette.

Ajouter l'œuf de beurre, quand il grésille, mettre les morceaux de morue et les pommes de terre et faire dorer et revenir le tout en douceur. Verser les oignons dans ce mélange, mélanger délicatement avec la spatule. Baisser le feu et en remuant de temps en temps, continuer la cuisson quelques instants. Assaisonner d'un peu de sel et de poivre du moulin. Verser dans le plat de service et saupoudrer de persil haché.

MORUE À LA TRIPE

La morue peut être pochée à l'avance. Le reste du plat se fera au dernier moment.

***Proportions :** pour 4 personnes*
300 g de morue • 3 œufs
3 oignons moyens • 1 tasse 1/2 à thé de lait
1 cuillère à soupe rase de farine • 2 grosses noix de beurre
sel, poivre
***Préparation :** 25 à 30 minutes*
***Cuisson :** œufs, 8 minutes • oignons, 7 à 10 minutes*
morue, 12 à 15 minutes • sauce, 10 à 12 minutes
plat, 5 à 6 minutes

Bien dessaler la morue pendant 12 heures, puis la cuire *.

Pendant que la morue est en train de cuire, mettre à durcir les œufs dans l'eau bouillante, éplucher et couper les oignons en rondelles. Réserver ces derniers sur une assiette. Rafraîchir les œufs sous l'eau froide pour les éplucher facilement.

Quand la morue est cuite, la retirer de l'eau et la poser sur un torchon pour l'éponger.

Dans une petite casserole à feu moyen, faire une béchamel rapide * avec une noix de beurre, la farine et le lait. Quand elle a épaissi, la laisser mijoter à feu doux.

Effeuiller la morue en petits morceaux. Éplucher les œufs, les couper en rondelles avec un coupe-œuf.

Dans une grande poêle à feu moyen, mettre l'autre noix de beurre à fondre. Quand il grésille, ajouter les oignons et les faire cuire en douceur à couvert jusqu'à ce qu'ils soient bien blond foncé. Verser alors d'un coup la béchamel très chaude. Ajouter la morue et les rondelles d'œufs durs. Remuer et soulever délicatement avec la spatule pour bien tout mélanger et laisser chauffer pendant 4 à 5 minutes. Vérifier l'assaisonnement en sel et en poivre. Servir dans un plat de service un peu creux.

MORUE À LA PORTUGAISE

Ce plat peut être préparé à l'avance. On le fera chauffer au four au dernier moment.

***Proportions :** pour 4 personnes*
300 g de morue • 3 œufs • 3 oignons moyens

6 à 7 pommes de terre BF 15 ou Roseval moyennes
2 verres d'huile d'olive environ • poivre
***Préparation :** 25 à 30 minutes*
***Cuisson :** morue, 12 à 15 minutes • œufs, 9 minutes*
oignons, 4 à 5 minutes • pommes de terre, 30 à 35 minutes
au four, 15 à 20 minutes

Dessaler la morue pendant 12 heures.

Faire cuire les pommes de terre à la vapeur * dans leur peau.

Pendant ce temps, cuire la morue * et quand elle est cuite, l'égoutter sur un torchon. Faire durcir les œufs 9 minutes dans l'eau bouillante, éplucher les oignons et les couper en fines rondelles.

Dans une poêle à feu moyen, mettre à chauffer une cuillère à soupe d'huile d'olive, quand elle est bien chaude, ajouter les oignons et les faire cuire en douceur à couvert jusqu'à ce qu'ils deviennent blond doré. Les retirer avec une écumoire et les réserver sur une assiette.

Éplucher les pommes de terre, les couper en rondelles de 1/2 cm d'épaisseur. Réserver avec les oignons. Allumer le four à température moyenne (200°).

Effeuiller la morue, réserver sur une assiette, éplucher et couper les œufs en rondelles avec un coupe-œuf.

Mélanger tous les ingrédients dans un plat qui va au four, arroser largement d'huile d'olive, poivrer, et enfourner à mi-hauteur jusqu'à ce que le plat soit bien chaud.

Servir dans le plat de cuisson.

MORUE À LA TOMATE

Le coulis peut se faire à l'avance, ainsi que la cuisson de la morue. Le plat se terminera au dernier moment.

***Proportions :** pour 4 personnes*
*400 g de morue • 2 tasses à thé de coulis à la provençale **
***Préparation :** 20 minutes*
***Cuisson :** morue, 12 à 15 minutes • coulis, 20 minutes*

Dessaler la morue 12 heures à l'avance. Faire un bon coulis à la provençale bien parfumé.

Cuire la morue *, l'égoutter, l'éponger et l'effeuiller.

Dans une grande casserole, mettre le coulis à feu doux, ajouter la morue effeuillée, laisser chauffer convenablement 3 à 4 minutes et servir accompagné d'un riz à la créole * ou de pâtes au beurre *.

SARDINES FRAÎCHES AUX POMMES DE TERRE

Ce plat se fait au dernier moment.

***Proportions** : pour 4 personnes*
12 sardines
8 à 10 pommes de terre moyenne BF 15 ou Roseval
beurre demi-sel • poivre
***Préparation:** 5 à 6 minutes*
Cuisson :
sardines, 3 à 4 minutes • pommes de terre, 30 à 35 minutes

Il faut choisir des sardines bien fraîches, c'est-à-dire brillantes et les ouïes rouges. Si elles ne sont pas déjà vidées chez le poissonnier, lui demander de les préparer.

Éplucher, laver les pommes de terre, les cuire à la vapeur * et les laisser au chaud dans le récipient. Allumer le gril du four. Le laisser chauffer 5 à 6 minutes pour qu'il soit bien rouge.

Pendant ce temps, disposer les sardines sur une grille. Les enfourner sous le gril le plus près possible pendant 2 minutes. Sortir la grille, les retourner rapidement et faire griller de près de nouveau pendant 2 minutes. Éteindre le gril, descendre les sardines dans le bas du four.

Verser les pommes de terre dans le légumier. Disposer les sardines sur un plat de service et servir en ajoutant un beau ravier de beurre demi-sel sur la table.

Les déguster ensuite de façon inélégante, mais délicieuse : faire une sorte de purée grossière dans son assiette en écrasant à la fourchette sardines (sans têtes ni arêtes) et pommes de terre avec beaucoup de beurre demi-sel.

Les poissons d'eau douce

Ils sont moins nombreux que les poissons de mer et pour mon goût personnel, à part le saumon qui vient de la mer, moins succulents. Il leur manque le goût iodé de la mer, remplacé par un goût d'eau de rivière ou d'eau immobile que j'aime moins, mais ils réclament les mêmes qualités de fraîcheur ; ils doivent donc être achetés et choisis en fonction de cette dernière.

Ils se prêtent à peu près aux mêmes accommodements que les poissons d'eau de mer et ont de nombreux amateurs.

À ce titre, ils ne pouvaient être laissés de côté.

L'alose

C'est un poisson dont les arêtes sont très nombreuses et implantées dans tous les sens.

Il est cependant de goût fin et apprécié des riverains de la Loire où on le trouve habituellement.

TRANCHES D'ALOSE GRILLÉES

La cuisson se fait au dernier moment.

***Proportions :** pour 4 personnes*
4 tranches d'alose de 1,5 à 2 cm d'épaisseur
1 bol d'huile d'arachide • 1 jus de citron
1 branche de thym • sel, poivre
*4 cuillères à soupe rases de beurre aux herbes **
***Temps de marinade :** 1 heure*
***Préparation :** 3 minutes*
***Cuisson :** 10 minutes*

Faire couper les tranches par le poissonnier.

Dans un plat creux, mélanger huile d'arachide et citron. Émietter une branchette de thym. Saler et poivrer les 4 tranches, les aligner dans la marinade. Les retourner au bout de 1/2 heure. Allumer le gril du four.

Préparer le beurre d'herbes, le mettre en saucière.

Retirer les tranches de poisson, les éponger très légèrement, simplement pour éviter qu'elles ne coulent. Les poser sur une grille à 10 cm du gril. Faire griller 4 minutes, les retourner et procéder de même pour l'autre face.

Dresser les tranches d'alose sur le plat de service et servir accompagnées du beurre d'herbes dont chacun tartinera sa tranche de poisson à son gré.

Remarque : Le beurre de moutarde * et le beurre d'échalotes * accompagnent aussi très bien ce plat.

ALOSE À L'OSEILLE ET AUX ÉPINARDS

Ce plat se fait au dernier moment.

Proportions : *pour 6 personnes*
1 alose de 1,500 kg • 1 verre d'eau
1/2 verre de vin blanc • 1 oignon moyen haché
1 branche de thym • 2 feuilles de laurier
6 cuillères à soupe de crème fraîche
sel, poivre • huile d'arachide
Pour la farce : *2 cuillères à café de crème fraîche*
700 g d'oseille et d'épinards par parties égales
1 noix de beurre
Préparation : *20 à 25 minutes*
Cuisson : *poisson, 20 à 25 minutes • sauce, 4 à 5 minutes*

Faire nettoyer et vider le poisson par le poissonnier.

Préparer l'oseille et les épinards : les équeuter et les laver soigneusement. Les égoutter. Allumer le four à température chaude (270°, position 7, 8).

Dans une casserole, mettre la noix de beurre à fondre à feu doux, ajouter l'oseille et les épinards. Les laisser fondre doucement et devenir comme une compote vert foncé. Relever le feu pour faire évaporer toute l'eau de végétation. Retirer la casserole du feu. Ajouter la crème fraîche, du sel, du poivre et mélanger convenablement.

Farcir l'alose avec ce mélange et recoudre avec du fil et une grosse aiguille.

Badigeonner le poisson d'huile d'arachide, le poser dans le plat. Saler, poivrer. Ajouter l'eau, le vin, l'oignon haché, le thym et le laurier. Enfourner à mi-hauteur et faire cuire pendant 20 minutes environ.

Au bout de ce temps, sortir le plat du four. Avec deux larges spatules, retirer le poisson et le poser sur le plat de service. Enlever la peau et éponger le liquide qui coule dans le plat. Tenir au chaud à l'entrée du four.

Prendre le plat de cuisson, retirer le thym et le laurier. Le mettre à feu moyen sur le gaz en l'inclinant de telle sorte que le liquide se rassemble en un point. Faire réduire jusqu'à ce que le jus devienne sirupeux. Ajouter alors la crème fraîche et la faire bouillir en remuant le plat pour obtenir une jolie sauce onctueuse. Vérifier l'assaisonnement en sel et poivre. Verser en saucière et servir avec le poisson.

ANGUILLES AU VERT

Ce plat se fait à l'avance si on désire le manger froid.

Proportions : *pour 8 personnes*
2 kg d'anguilles vivantes • 1 gros oignon • 2 citrons
1 grosse noix de beurre • 100 g de persil
100 g de cerfeuil • 1 grosse botte d'estragon
3 à 4 feuilles d'oseille • 3 à 4 feuilles d'épinards
250 g de crème fleurette (crème liquide) • sel, poivre
Préparation : *25 à 30 minutes*
Cuisson : *30 à 35 minutes*

Choisir des anguilles de taille moyenne, leur chair est plus tendre. Demander au poissonnier de les préparer (les tuer, couper la tête et les dépouiller). On a ainsi à peu près 1,400 kg d'anguilles.

Poser les anguilles dans une bassine à dégorger sous l'eau courante, jusqu'à ce qu'il n'y ait plus de sang.

Éplucher l'oignon, le hacher finement, réserver. Laver et sécher les herbes, les hacher finement. Réserver dans un grand bol. Couper les anguilles en tronçons de 7 à 8 cm de long. Sécher dans un torchon. Gratter la peau d'un citron en fines pellicules. Réserver dans une assiette. Presser le jus de 2 citrons. Réserver.

Dans une cocotte, mettre le beurre à fondre à feu moyen, quand il commence à chanter, ajouter l'oignon haché, le faire fondre et dorer en douceur, retirer avec l'écumoire et remplacer par les tronçons d'anguilles, les faire revenir rapidement de tous côtés pendant 2 à 3 minutes. Remettre l'oignon et mouiller avec le jus de citron, verser la moitié des herbes hachées. Saler, poivrer, baisser un peu le feu et laisser mijoter à couvert pendant 20 à 25 minutes.

5 minutes avant la fin de la cuisson, verser dans la cocotte la crème fleurette, le reste des herbes hachées et les pellicules de peau de citron. Poivrer fortement, il faut pratiquement le contenu d'un petit moulin à poivre. Mélanger délicatement le tout avec une cuillère en bois. Verser dans un joli plat de service creux.

Le plat est prêt, il peut se consommer de trois façons : chaud, tiède, très froid. Le meilleur étant de le laisser refroidir à la température de la pièce et de le déguster ainsi.

Le brochet

C'est un poisson excellent... mais aux multiples arêtes. Il est préférable de choisir des grosses pièces que l'on accommode entières.

BROCHET POCHÉ

On peut préparer le court-bouillon à l'avance ; il sera mis à température frémissante pour la cuisson du poisson.

Proportions : *pour 6 personnes*
1 brochet de 2 kg
*court-bouillon * ou court-bouillon instantané*
Préparation : *celle du court-bouillon*
Cuisson : *25 minutes*

Faire vider le brochet par le poissonnier.

Préparer et cuire le court-bouillon dans la poissonnière, poser ensuite le brochet sur la grille et l'immerger. S'il n'était pas plongé tout entier, couvrir la partie à sec avec un torchon mouillé de court-bouillon. Le faire pocher à petits frémissements, l'eau ne doit pas bouillir. Allumer le four à température tiède.

Au bout de 20 à 25 minutes, piquer une aiguille à brider dans le corps de la bête derrière la tête, si elle donne une impression de chaleur quand on la pose sur la lèvre, le poisson est cuit ; ou bien écarter les chairs jusqu'à l'arête qui doit être rosée.

Sortir la grille et le poisson. Poser sur une planche. Retirer la peau à l'aide d'un couteau pointu et du bout des doigts.

Faire glisser le poisson dans le plat de service et tenir au chaud dans le four pendant que l'on prépare la sauce de son choix : Beurre blanc *. Sauce poisson * terminée au beurre d'herbes *.

BROCHET FARCI RÔTI AU FOUR

Ce plat se fait au dernier moment.

Proportions : *pour 6 personnes*
1 brochet de 2 kg • 1 verre d'eau
1/2 verre de vin blanc • 1 oignon moyen
1 branche de thym • 2 feuilles de laurier
100 g de beurre • sel, poivre
Pour la farce : *100 g de mie de pain • 1/2 verre de lait*
2 échalotes • 1/2 noix de beurre • 3 champignons moyens
2 cuillères à café de persil haché • 1/2 gousse d'ail
1 œuf entier • sel, poivre
Préparation : *poisson, 35 minutes*
Cuisson : *poisson, 25 à 30 minutes • sauce, 10 minutes*

Vider et nettoyer le poisson ou le faire faire par le poissonnier.

Préparer la farce. Émietter la mie de pain, la mouiller avec le lait. Laver et sécher le persil, hacher finement les feuilles. Réserver dans une terrine. Éplucher l'échalote, la hacher finement, faire fondre le beurre à feu moyen dans une poêle, ajouter les échalotes hachées et les faire fondre en douceur jusqu'à ce qu'elles soient transparentes. Les retirer et les ajouter au persil dans la terrine.

Presser la mie de pain pour supprimer l'excédent de lait et la verser dans la terrine.

Séparer les têtes des pieds des champignons, couper les parties terreuses de ces derniers. Laver les champignons, les essuyer convenablement et les hacher finement. Verser ce hachis dans la terrine. Éplucher une gousse d'ail, en passer la moitié au presse-ail au-dessus de la terrine, terminer en ajoutant un œuf entier, du sel et du poivre. Bien travailler et triturer à la cuillère pour obtenir un parfait mélange. Vérifier l'assaisonnement en sel et en poivre.

Allumer le four à température chaude (position 7, 8). Prendre le brochet et bourrer la cavité avec cette farce. Recoudre avec du fil et une grosse aiguille.

Poser le brochet dans le plat et procéder ensuite comme il est dit dans la recette de la dorade *.

CARPE AUX OIGNONS ET AUX FINES HERBES

Ce plat se fait au dernier moment.

Proportions : *pour 4 à 5 personnes*
1 carpe de 1,250 kg • 250 g d'oignons
1/2 tasse à thé de cerfeuil, persil, civette hachés
1/2 verre de vin blanc • 1 verre d'eau
80 g de beurre • sel, poivre
Préparation : *20 minutes*
Cuisson : *oignons, 12 à 15 minutes • poisson, 20 à 25 minutes*

Faire vider et préparer la carpe par le poissonnier.

Éplucher les oignons, les couper en rondelles fines. Allumer le four à température chaude (260°, 270°, position 7, 8).

Dans une poêle à feu doux, mettre à fondre un œuf de beurre. Quand il est fondu, ajouter les rondelles d'oignons. Saler légèrement et les faire fondre et cuire à couvert en douceur jusqu'à ce que les oignons soient bien ramollis, mais n'aient pris aucune coloration.

Pendant ce temps, laver et sécher les herbes. Effeuiller persil et cerfeuil. Hacher le tout finement. Réserver dans une tasse.

Avec 25 g de beurre, beurrer grassement un plat allant au four. Étaler les oignons dans le plat, mélangés aux fines herbes, en formant un lit sur lequel on pose le poisson. Verser le vin et l'eau sur les oignons. Mettre sur le poisson le beurre restant. Saler, poivrer. Mettre au four. Laisser cuire pendant 20 minutes environ, en arrosant de temps en temps le dessus du poisson avec du jus de cuisson et servir tel quel.

L'omble-chevalier

C'est un délicat poisson des lacs de Savoie à la jolie chair rosée.

Il supporte mal le voyage. Il faut donc le consommer sur ses lieux d'origine.

OMBLE-CHEVALIER MEUNIÈRE

C'est accommodé très simplement, c'est-à-dire *meunière*, qu'il est le meilleur.

Proportions : *pour 4 personnes*
4 ombles de 200 g chacun • 1 noix de beurre pour cuire

2 œufs de beurre pour terminer • sel, poivre • citron
***Préparation :** 2 minutes*
***Cuisson :** 7 à 8 minutes*

Les faire vider par le poissonnier.
Les fariner en tapotant pour enlever le surplus.
Les faire cuire *à la meunière* * et servir immédiatement.

Les perches

Toutes petites, elles seront très bonnes en friture.
• Les rouler dans la farine, enlever l'excédent en tapotant ;
• Les plonger dans la friture fumante de 1 à 3 minutes selon leur taille ;
• Les poser sur un linge ou un papier absorbant pour qu'elles ne soient pas grasses. Saler et poivrer ;
• Les servir immédiatement accompagnées de quartiers de citron.

Moyennes, de 300 à 500 g. Lever les filets et faire ceux-ci *meunière* *. Il faut compter 4 minutes de cuisson par face pour un filet de 150 g.

Grosses perches, à partir de 1 kg. Les accommoder comme le brochet : pochées *, ou au four *.

Pour une perche de 1,500 kg :
• Pochée : 12 à 15 minutes de cuisson ;
• Au four : 20 à 25 minutes.

Le saumon

C'est un délicieux poisson qui se pêche au moment où il remonte les rivières pour aller frayer.

On peut le manger de plusieurs manières.

SAUMON MARINÉ CRU (hors-d'œuvre)

Il se fait la veille.

***Proportions :** pour 4 personnes*
1 morceau de saumon de 5 à 6 cm d'épaisseur
pris dans le centre du poisson
1 verre d'huile d'olive environ • 1 citron
1 échalote • grains de poivre vert • sel
***Préparation :** 25 minutes*

Avec un couteau bien affûté, couper le saumon en très fines escalopes représentant à peu près une bouchée. Hacher très finement l'échalote.

Dans un large ravier, disposer une couche de saumon, parsemer d'un peu d'échalote et de poivre vert, mouiller légèrement, mais également, de jus de citron. Saler un peu. Refaire d'autres couches de la même façon et terminer en recouvrant le tout d'huile d'olive.

Laisser macérer dans un endroit frais, et servir dans une large assiette en supprimant échalote et poivre vert, avec des tranches de pain de campagne grillées.

C'est délicieux et peut aussi se servir à l'apéritif. On le présente disposé sur de petites tranches de baguette grillées.

SAUMON POCHÉ CHAUD AU BEURRE BLANC

On peut préparer le court-bouillon à l'avance. On le chauffera à liquide frémissant pour cuire le saumon.

***Proportions :** pour 6 personnes*
1 saumon de 2 kg
*court-bouillon * ou court-bouillon instantané*
*1 saucière de beurre blanc **
***Préparation :** 2 minutes*
***Cuisson :** environ 20 minutes*

Faire vider et préparer le saumon par le poissonnier.

Préparer et cuire un court-bouillon. Le mettre dans une poissonnière, instrument spécialement destiné à cuire les poissons longs. Quand il est à température frémissante, plonger le poisson qui doit être immergé et maintenir la même température. Si une partie du poisson était hors de l'eau, poser dessus un torchon mouillé. Il cuira ainsi parfaitement bien.

Le poisson est à point quand ayant plongé une aiguille à brider dans le corps derrière la tête, elle donne une impression de chaleur quand on la pose sur la lèvre ; ou bien écarter les chairs jusqu'à l'arête qui doit être rosée.

Allumer le four à température tiède. Soulever la grille et le saumon hors de la poissonnière. Poser sur la planche et retirer la peau avec un couteau et le bout des doigts. Faire glisser le poisson sur le plat de service et tenir au chaud dans le four tiède.

Faire le beurre blanc. Verser en saucière et servir avec le poisson immédiatement.

Remarque : Autres sauces pouvant être servies avec le saumon poché chaud : Hollandaise *. Mousseline *. Sauce poisson *.

SAUMON POCHÉ FROID

Le poisson peut être cuit la veille ou le matin pour le soir. Mais il faut lui garder tout son moelleux. Pour cela :

- Le conserver avec ses écailles ;
- Le mettre ainsi à cuire au court-bouillon et le retirer du feu 5 minutes avant la fin de la cuisson ;
- Faire refroidir à la température de la pièce et reposer jusqu'à l'emploi ;
- Avant de passer à table, sortir le poisson du court-bouillon, le dépouiller et le dresser sur le plat ;
- Accompagner de la sauce et des légumes choisis.

Sauces et légumes proposés :

— *Classiquement :* mayonnaise aux fines herbes * et salade russe *.

— *Plus léger :* sauce fraîche de pulpes de tomates * et rondelles de concombres non dégorgés légèrement saupoudrées de sel fin.

ESCALOPES DE SAUMON À L'ANETH

Ce plat se fait au dernier moment.

Proportions :* *pour 6 personnes

6 escalopes dans un petit saumon • 1 verre de vin blanc sec
6 cuillères à soupe de crème fraîche
5 cuillères à café d'aneth haché • sel, poivre

Préparation :* *5 minutes

Cuisson :* *poisson, 1 minute • sauce, 2 à 3 minutes

Demander au poissonnier de lever les filets d'un petit saumon et de tailler en oblique dans ces deux filets 6 escalopes fines et plates. A la maison, retirer avec une pince à épiler les arêtes qui sont plantées verticalement dans la chair et que l'on sent du bout des doigts.

Hacher finement l'aneth (c'est une herbe au goût anisé qui se trouve toute l'année chez les bons marchands de légumes) et réserver dans une tasse. Saler et poivrer une face de chaque escalope. Mettre à chauffer un plat de service.

Poser sur le feu vif, sans matière grasse, une poêle à revêtement de silicone. Quand elle est bien chaude, poser les escalopes de saumon sur le côté assaisonné. Laisser 1/2 minute, retourner les escalopes et laisser également 1/2 minute. Faire glisser dans le plat de service chaud. Saler et poivrer la face extérieure. Remettre la poêle sur le feu, verser le vin blanc et réduire vivement de moitié, ajouter la crème fraîche et en remuant la poêle, la faire cuire jusqu'à consistance onctueuse, compléter avec l'aneth haché. Vérifier l'assaisonnement. Verser sur les escalopes et servir.

TRANCHES DE SAUMON GRILLÉES

Ce plat se fait au dernier moment.

Proportions : *pour 4 personnes*
4 tranches de 2,5 cm d'épaisseur et d'environ 200 g chacune
4 cuillères à soupe de beurre d'estragon
1 cuillère à soupe d'huile • sel, poivre
Préparation : *beurre, 10 minutes*
Cuisson : *10 minutes*

Allumer le gril du four.

Préparer le beurre d'estragon. Le mettre en saucière.

Badigeonner d'huile les deux faces de chaque tranche de saumon. Saler, poivrer. Poser les tranches sur une grille, les mettre à griller à 10 cm du gril pendant 4 minutes et les retourner. Procéder de la même manière pour l'autre face. Servir accompagné de la saucière de beurre d'estragon.

TRUITES MEUNIÈRE

Il est meilleur évidemment d'avoir des truites sauvages, mais celles d'élevage peuvent être très bonnes.

Proportions : *pour 4 personnes*
4 truites de 200 g chacune • 1 noix de beurre pour cuire
3 œufs de beurre pour terminer • sel, poivre, citron • farine
Préparation : *2 minutes*
Cuisson : *7 à 8 minutes*

Les faire vider par le poissonnier.

Faire cuire à la meunière (v. page 205) en les maniant et les retournant délicatement dans la poêle, c'est un poisson fragile.

TRUITES AU BLEU

Ce plat se fait au dernier moment, puisque les truites doivent être vivantes.

***Proportions :** pour 4 personnes*
4 truites de 150 à 170 g • 2 litres d'eau
1/2 litre de vinaigre •150 g de beurre
le jus de 1/2 citon • sel, poivre
***Préparation :** 10 minutes*
***Cuisson :** 3 à 4 minutes*

Tenir les truites vivantes dans une bassine d'eau froide.

Préparer un court-bouillon avec l'eau, le vinaigre et du sel. Porter à ébullition.

Dans une petite casserole, mettre le beurre à fondre à feu doux. Avec une petite cuillère, retirer les impuretés qui montent à la surface. Ne pas laisser cuire et prendre couleur. Laisser à feu doux sur une plaque d'amiante, assaisonner avec le citron, le sel, le poivre.

Quand le court-bouillon est arrivé à ébullition, préparer rapidement les truites l'une après l'autre :

D'un coup sec, les assommer en cognant leur tête sur la table, les nettoyer et les vider rapidement. Les jeter dans le court-bouillon où elles se recroquevillent. Les retirer avec une écumoire, les poser sur une serviette sur le plat de service.

Verser le beurre fondu en saucière et servir avec les poissons immédiatement.

FRITURE DE PETITS POISSONS

Les petits poissons frits, goujons ou autres, sont délicieux à condition d'être bien secs, dorés et croustillants.

Ils se préparent au dernier moment.

***Proportions :** pour 4 personnes*
800 g de petits poissons • farine
1 bassine d'huile de friture bien propre
5 à 6 tiges bien fournies de persil frisé
1 citron • sel, poivre
***Préparation :** 5 minutes*
***Cuisson :** 1 à 2 minutes*

Faire chauffer l'huile dans la bassine.

Laver le persil, le sécher. Couper les tiges pour avoir de courts bouquets de feuilles.

Pendant ce temps, rouler les petits poissons dans la farine, les mettre dans le panier à frire et le secouer pour faire tomber tout l'excédent de farine.

Plonger ensuite le panier dans l'huile frémissante. Laisser pendant 1 minute à 1 minute 1/2. Pendant cette minute, étaler un grand papier absorbant. Répandre dessus la friture bien dorée de petits poissons et saupoudrer de sel fin.

Mettre à frire le persil 1 minute. Retirer les bouquets avec une écumoire. Poser aussi sur le papier absorbant. Dresser les poissons sur le plat de service. Entourer de bouquets de persil frit et de quartiers de citron alternés. Servir immédiatement.

faire chauffer l'huile dans la bassine.

Laver le persil, le sécher. Couper les tiges pour avoir de courts bouquets de feuilles.

Pendant ce temps, rouler les petits poissons dans la farine, les mettre dans le panier à friture et le secouer pour faire tomber tout l'excédent de farine.

Plonger ensuite le panier dans l'huile frémissante. Laisser pendant 1 minute à 1 minute 1/2. Pendant cette minute, étaler un grand papier absorbant. Répandre dessus la friture bien dorée, [illegible] les poissons et saupoudrer de sel fin.

Remettre à cuire le persil 1 minute. Retirer les bouquets avec une écumoire. Poser aussi sur le papier absorbant. [illegible] les poissons au [illegible] de plat de service. Entourer de bouquets de persil frit et de quartiers de citron [illegible]. Servir immédiatement.

8.

Les viandes

LE BŒUF

LE VEAU

LE MOUTON ET L'AGNEAU

LE PORC

Tous les astérisques renvoient à des recettes figurant à l'index alphabétique en fin de volume.

Le bœuf

C'est la viande préférée des Français, celle dont la consommation est la plus importante et qui nous donne notre réputation de mangeurs de « steak-frites ».

Pour être de première qualité, la viande doit être d'un beau rouge vif, parcourue d'un réseau de filets de graisse — on dit qu'elle est « persillée » —, ferme au toucher et légèrement élastique à la pression. Trop fraîchement tué, le bœuf est résistant. C'est pour cela qu'il n'est consommé qu'après un certain délai, pour laisser à la viande le temps de se « rassir ». Plus elle sera rassie, meilleure elle sera.

Les morceaux de bœuf se classent en catégories à griller, à rôtir, à mijoter. À chaque série de recettes seront indiqués les morceaux qu'il est recommandable d'employer.

Les pièces individuelles

Elles sont nombreuses et le boucher en offre un choix considérable. Pour la commodité de la maîtresse de maison et de son budget, on peut les classer en « steaks familiaux », où l'on a d'ailleurs des morceaux exquis, pas toujours très connus, et morceaux de choix, coûteux, dignes de figurer sur une grande table.

Le choix des morceaux

- **Les « steaks familiaux »**

La bavette : viande à longues fibres.

L'onglet : à longues fibres, est meilleur si on le fait ouvrir en deux.

L'araignée : très savoureuse et très tendre, mais parsemée de filets nerveux en étoile, d'où son nom.

La queue de filet : très tendre, mais peu présentable, avec des filets nerveux qu'il faut parer pour avoir « des filets mignons ».

La poire : à fibres courtes, tendre et exquise, dite « morceau du boucher ».

La culotte, la tranche grasse et *la hampe* sont les beefsteaks classiques que le boucher donne quand on ne lui demande pas un morceau précis.

Pour être vraiment tendres, tous ces morceaux doivent être bien rassis et c'est au boucher de les donner ainsi.

Poids d'un « steak familial » : 125 à 150 g.

• Les morceaux de choix

Les plus recherchés sont situés dans le filet, on a :

Le chateaubriand : c'est la partie la plus épaisse du filet, il doit avoir environ 2 doigts d'épaisseur. Il est coupé perpendiculairement au sens des fibres. Il était autrefois prévu pour 2 ou 3 personnes.

Le cœur de filet : est situé à côté du chateaubriand, il est moins épais. On coupe aussi des tranches de 2 doigts d'épaisseur perpendiculaires aux fibres de la viande.

Le tournedos : c'est la partie la plus étroite du filet, même épaisseur, même sens que les deux précédents.

Ces trois morceaux sont présentés par le boucher généralement entourés d'une barde de lard ficelée qui les maintient en forme ronde.

Avantages de ces morceaux : ils sont sans déchets.

Inconvénients : la qualité qui les rend coûteux.

À côté du filet, le *faux-filet* ou *contre-filet.* Il est désossé et débité en tranches perpendiculaires au sens de la viande sous le nom de *tranches de faux-filet,* de *tranches de rumsteck* ou d'*entrecôtes.* Ce sont de larges morceaux plus ou moins entourés ou entrelardés de gras. Il faut les prendre d'au moins un doigt d'épaisseur pour une personne. Ils sont plus goûteux et avantageux quand on les choisit épais de 2 à 3 doigts. On les prévoit alors pour 2 à 3 personnes.

Le train de côtes : il est surtout savoureux en rôtis (voir plus loin). Coupé en tranches transversales au sens de la viande, il fait aussi d'excellentes grillades sous le nom de *côtes* auxquelles on laisse l'os attaché ou d'*entrecôtes* pour 2 à 3 personnes.

Tous ces morceaux constituent le dos de l'animal, c'est *l'aloyau.*

Les modes de cuisson

• Au gril

Principes généraux

— Le gril doit être parfaitement propre et débarrassé des résidus de la cuisson précédente. On le met au degré de chaleur voulu avant de commencer la cuisson de la viande.

— La viande est huilée légèrement sur ses deux faces avant d'être mise à cuire.

— Elle est salée et poivrée sur ses deux faces, cuisson terminée.

Le temps de cuisson et l'intensité du feu

— Le temps et le feu sont fonction du point de cuisson souhaité. Le bœuf étant une viande rouge, il est généralement mangé saignant. Cependant, on peut le préférer plus ou moins cuit.

SUGGESTIONS D'ACCOMPAGNEMENTS
ET SAUCES POUR LE BŒUF AU GRIL

1. *Avec le steak familial,* un seul légume suffira.

LÉGUMES	SAUCES
Pommes de terre frites * *ou* Purée de carottes *	1 noix de beurre frais par personne
Crique de pommes de terre * *ou* Choux de Bruxelles sautés *	1 noix de beurre maître d'hôtel * par personne
Purée de pommes de terre * *ou* Endives poêlées *	1 noix de beurre aux fines herbes * par personne
Pommes de terre sautées * *ou* Chou-fleur gratiné *	1 noix de beurre d'estragon * par personne

2. *Avec les morceaux de choix,* il est plus raffiné de servir plusieurs légumes à la fois en petites quantités également réparties.

LÉGUMES	SAUCES
Pommes de terre Alex Humbert * *et* Haricots verts * *et* Champignons de Paris sautés *	1 saucière de sauce béarnaise *
Pommes de terre au four * *et* Tomates poêlées * *et* Émincé de fonds d'artichauts *	1 saucière de sauce Claude Jolly *
Pommes de terre sautées en quartiers * *et* Fèves fraîches au beurre *	1 saucière de sauce Choron *
Gratin dauphinois * *et* Endives poêlées *	Par pièce, 1 œuf de beurre maître d'hôtel *

— C'est pour cela que l'on admet quatre stades de cuisson atteints grâce à des temps et des températures différents :

1. *Bleu-chaud :* c'est une cuisson très rapide, à forte chaleur, la viande est juste saisie des deux côtés. Au toucher, en appuyant avec la spatule, elle est toute molle et n'offre aucune résistance, la chaleur a juste eu le temps de pénétrer à l'intérieur.
2. *Saignant :* également une cuisson rapide, à forte chaleur, on retourne la pièce dès que le sang commence à perler à la surface. Au toucher, la viande résiste davantage à la pression.
3. *À point :* la cuisson est relativement lente, à chaleur plus modérée, la chaleur pénètre à l'intérieur et le sang perle franchement à la surface de la croûte rissolée. La viande résiste à la pression et la chair est rosée au cœur.
4. *Bien cuit :* la cuisson est menée très lentement pour laisser à la chaleur le temps de pénétrer à l'intérieur. La viande est très ferme au toucher.

• À la poêle

Ce principe de cuisson s'applique à tous les morceaux courants ou de qualité. On admet les mêmes quatre stades de temps de cuisson que pour le gril. La couleur de la viande s'évalue de la même façon qu'au gril *.

Le petit jus obtenu à la fin de la cuisson poêlée sert de sauce. C'est par le morceau choisi, le ou les légumes plus ou moins élaborés, plus ou moins raffinés, que le plat garde un caractère familial ou devient une recette de fête.

***Proportions :** pour 4 personnes*
4 pièces de viande • 1 gros œuf de beurre
4 cuillères à soupe d'eau • sel, poivre
***Cuisson :** selon le point de cuisson choisi*

Allumer le four à température tiède, mettre le plat de service à chauffer.

Dans une poêle, mettre le tiers de l'œuf de beurre à fondre à feu vif. Quand il ne grésille plus et a atteint la couleur noisette, poser les quatre morceaux de viande salés et poivrés côte à côte, faire cuire et retourner selon le point de cuisson souhaité. Poser la viande dans le plat de service bien chaud à l'entrée du four.

Ajouter dans la poêle le beurre restant, le faire fondre à feu vif en grattant le fond de la poêle pour détacher les résidus de cuisson, ajouter les cuillères à soupe d'eau et en remuant la poêle en tous sens, obtenir par homogénéisation et réduction un jus onctueux.

Vérifier l'assaisonnement et verser tout autour dans le plat et servir.

Remarque : C'est un mode de cuisson du dernier moment, mais la viande maintenue au chaud dans le four tiède pendant 10 à 15 minutes n'en sera que meilleure parce que reposée et détendue. On fera attendre le jus au chaud dans une tasse et on le versera dans le plat de service au dernier moment.

SUGGESTIONS D'ACCOMPAGNEMENTS AVEC DES VIANDES À LA POÊLE

1. *Avec le steak familial,* il est préférable d'employer un seul légume, peu coûteux et rapide à préparer tel que :
   Pommes de terre vapeur *. Pâtes au beurre *. Pommes de terre

frites *. Pommes de terre sautées *. Purée de pommes de terre *. Aubergines frites *. Choux de Bruxelles sautés *. Épinards en branches au beurre frais *. Maïs au beurre et aux fines herbes *.

2. *Avec les morceaux de choix,* il est souhaitable de mettre deux ou trois légumes répartis en quantités égales et s'harmonisant entre eux, tels que :
Crique de pommes de terre * et épinards à la crème *. Gratin dauphinois * et purée d'artichauts *. Pommes de terre à la crème * et champignons de Paris sautés au beurre *. Galettes de maïs * et tomates poêlées *. Macaroni au gratin * et blancs de poireaux étuvés *. Gratin d'aubergines * et girolles sautées *. Fonds d'artichauts et pointes d'asperges au beurre fondu *. Gnocchi à la romaine * et fondue d'oseille à la crème *.

Les recettes

Pour la plupart de ces recettes, le morceau choisi n'est qu'une suggestion. Il est fonction du budget de la maîtresse de maison et si ce morceau est prévu pour un repas familial ou pour un repas de fête.

STEAK TARTARE

Ce plat se fait au dernier moment, il ne comporte aucune cuisson.

***Proportions :** pour 4 personnes*
500 g de viande hachée de première qualité • 4 jaunes d'œufs
2 cuillères à soupe d'huile d'arachide
1 cuillère à soupe rase de moutarde blanche
3 cuillères à soupe rases d'oignons hachés
3 cuillères à soupe rases de câpres hachées
2 cuillères à soupe de persil et cerfeuil hachés
1 cuillère à soupe de sauce anglaise (Worcestershire sauce)
sel, poivre du moulin
***Préparation :** 20 à 25 minutes*

Faire hacher la viande par le boucher. Éplucher l'oignon, le hacher très finement. Hacher finement les câpres bien égouttées. Laver, sécher les fines herbes, les effeuiller et les hacher finement. Dans un saladier, mettre les jaunes d'œufs et la moutarde, les mélanger et les monter ensuite comme une mayonnaise avec l'huile. Ajouter les condiments hachés. Saler et poivrer. Relever avec la sauce anglaise et mélanger.

Incorporer la viande hachée à ce mélange à l'aide d'une fourchette, jusqu'à ce qu'elle soit bien imprégnée de la sauce. Goûter et éventuellement relever l'assaisonnement en sel, poivre et sauce anglaise.

Dans quatre assiettes, répartir la viande également en lui donnant la forme d'un gros tournedos épais. Servir en posant sur la table les condiments variés, ainsi que du ketchup.

Légumes d'accompagnement : Chips *. Pommes paille * avec une salade verte.

Remarque : Le steak tartare peut être préparé par chaque convive. Il se présente alors de manière différente :

Au centre de chaque assiette, placer la viande en forme de tournedos épais. En son milieu, creuser un petit nid, déposer le jaune d'œuf. Garnir le tour de l'assiette avec tous les condiments en petits tas séparés. Poser sur la table sauce anglaise, sel, poivre, moutarde et chacun opérera son mélange, assaisonné à son gré.

HAMBURGER
OU STEAK AMÉRICAIN AUX OIGNONS FRITS

Ce plat se fait au dernier moment.

***Proportions :** pour 4 personnes*
500 g de viande hachée de première qualité
2 gros oignons doux • 70 g de beurre en tout
1 cuillère à soupe d'huile d'arachide • sel, poivre
***Préparation :** 5 minutes*
***Cuisson :** selon le point de cuisson désiré (v. page 268)*

Faire hacher la viande par le boucher. Lui demander de la façonner en quatre steaks égaux.

Éplucher les oignons, supprimer la tige et la racine et les couper en gros anneaux de 1/2 cm d'épaisseur perpendiculaires à la racine.

Allumer le four à température tiède et y mettre le plat de service à chauffer.

Saler et poivrer une face des steaks.

Dans une poêle à feu vif, faire fondre une grosse noix de beurre. Quand elle ne grésille plus, poser les steaks côte à côte sur la face assaisonnée, saler et poivrer la face extérieure, saisir la viande de manière à la « croûter », cuire et retourner selon le point de cuisson que l'on veut obtenir.

Au terme de la cuisson, glisser les steaks et le beurre de cuisson dans le plat de service et tenir au chaud dans le four.

Dans une autre poêle à feu vif, faire fondre l'huile et un œuf de beurre.

Quand ils sont bien chauds, ajouter les anneaux d'oignons et les faire rissoler rapidement de tous côtés en les retournant délicatement à la spatule pour ne pas les casser. Quand ils sont bien dorés, les retirer avec l'écumoire et les poser autour des steaks dans le plat de service. Poser sur la table, avec du ketchup, le moulin à poivre et de la sauce anglaise.

Légumes d'accompagnement : Chips *. Pommes de terre au four *.

Remarque : On peut enrichir ce plat en posant un œuf au plat * sur chaque steak.

GALETTES DE BŒUF À LA SAUCE ROBERT

Ce plat se fait au dernier moment.

Proportions : *pour 4 personnes*
500 g de viande hachée de première qualité
2 jaunes d'œufs • 3 cuillères à café d'oignons hachés
*sel, poivre • 1 saucière de sauce Robert **
Préparation : *12 à 15 minutes*
Cuisson : *sauce, 25 à 30 minutes • viande, « à point »*
oignons, 10 minutes

Faire hacher la viande par le boucher. Préparer la sauce. Pendant qu'elle cuit, éplucher et hacher les oignons finement. Dans une poêle à feu moyen, faire fondre une noix de beurre, ajouter le hachis d'oignons, faire cuire en douceur à couvert jusqu'à ce qu'ils soient blond pâle.

Allumer le four à température tiède et mettre le plat de service à chauffer.

Dans un saladier, mélanger la viande hachée, les jaunes d'œufs et les oignons revenus. Saler, poivrer. Partager ensuite ce mélange en steaks égaux.

Dans une poêle, mettre à fondre le beurre à feu moyen. Quand il ne grésille plus, poser les steaks côte à côte, saisir la viande de manière à la « croûter », baisser le feu, couvrir et mener la cuisson pour obtenir la cuisson « à point ».

Retirer les steaks avec une écumoire et les poser dans le plat de service chaud. Les entourer de la sauce Robert et servir.

Légumes d'accompagnement : Purée de pommes de terre *. Pâtes au beurre *.

Remarque : Un coulis de tomates aux oignons *, ou une sauce piquante * seront tout aussi excellents avec ces galettes.

ENTRECÔTES AUX TOMATES

Ce plat se fait au dernier moment.

***Proportions** : pour 4 personnes*
2 entrecôtes de 2 doigts d'épaisseur chacune
6 tomates rondes moyennes • 3 œufs de beurre
1 cuillère à soupe d'eau
1 cuillère à soupe de persil haché (facultatif)
sel, poivre
***Préparation** : 7 à 8 minutes*
***Cuisson** : tomates, 8 à 10 minutes • viande, selon le point de cuisson désirée (v. page 268)*

Couper les tomates en deux. Allumer le four à température moyenne et mettre à chauffer le plat de service.

Dans une large poêle, cuire les entrecôtes *. Préparer une assiette retournée sur un grand plat. Au terme de la cuisson des entrecôtes, arrêter le feu, les retirer avec une large spatule et les poser dans le plat, soutenues par l'assiette retournée pour qu'elles puissent rendre du jus sans baigner dedans. Les tenir au chaud dans le four.

Dans une autre poêle, poêler les tomates * au beurre. Quand elles sont cuites, retirer la poêle du feu avant la réduction du jus rendu à la cuisson. Les prendre avec la spatule et les dresser sur tout le tour du plat de service. Saler et poivrer. Les saupoudrer de persil haché si on le désire.

Verser le jus des tomates dans la poêle de cuisson de la viande, en grattant le fond de la poêle pour récupérer les résidus de cuisson ; chauffer à feu vif, ajouter l'eau et le jus des entrecôtes, faire « bouillotter » en ajoutant le dernier œuf de beurre et en donnant à la poêle un mouvement circulaire jusqu'à ce que la sauce soit onctueuse et homogénéisée. Saler et poivrer légèrement. Laisser à feu doux.

Couper les entrecôtes et les dresser sur le milieu du plat de service. Couvrir de la sauce et servir.

Légume d'accompagnement : Girolles sautées *.

ENTRECÔTES AU PAPRIKA

Le plat se fait au dernier moment.

***Proportions :** pour 4 personnes*
2 entrecôtes de 2 doigts d'épaisseur chacune
1 œuf de beurre • 1 noix de beurre
4 cuillères à soupe d'eau • 2 g de paprika • sel, poivre
***Cuisson :** selon le temps de cuisson désiré (v. page 268)*

Allumer le four à température tiède. Avec la noix de beurre, faire cuire les entrecôtes à la poêle *. Les soulever avec une spatule et les tenir au chaud dans le four tiède sur un plat. Faire un petit jus avec les cuillères à soupe d'eau ; ajouter le paprika. Dans ce jus, à feu vif, incorporer le beurre en donnant à la poêle un mouvement circulaire pour avoir une jolie sauce onctueuse. Vérifier l'assaisonnement.
La verser dans le plat autour des entrecôtes ou en saucière et servir immédiatement.

Légumes d'accompagnement : Aubergines frites * et champignons de Paris sautés *.

TOURNEDOS AUX CHAMPIGNONS ET AUX LARDONS

Ce plat se fait au dernier moment.

***Proportions :** pour 4 personnes*
4 beaux tournedos de 2 à 3 doigts d'épaisseur
200 g de tout petits champignons de Paris, dits « boutons »
100 g de poitrine fumée • 2 petites échalotes, ou une grosse
2 noix de beurre • 1/2 verre de vin blanc sec
3 cuillères à soupe de crème fraîche • sel, poivre
***Préparation :** 10 à 12 minutes*
***Cuisson :** viande, selon le point de cuisson désiré (v. page 268)*
oignons, 10 minutes • lardons, 6 à 7 minutes
champignons, 6 à 7 minutes
***Finition :** 5 à 6 minutes*

Retirer la couenne et les cartilages de la poitrine fumée. La couper en petits dés. La réserver. Éplucher les échalotes, les hacher finement en les tenant par le bout arrondi. Les réserver. Couper la partie terreuse des pieds des champignons, les laisser entiers et les laver soigneusement à l'eau froide. Les réserver.

Allumer le four à température tiède.

Dans une sauteuse, faire fondre 1 grosse noix de beurre à feu moyen ; quand il grésille, cuire les tournedos salés et poivrés selon le point de cuisson désiré, les retirer avec une spatule et les tenir au chaud, dans le four.

Ajouter une noix de beurre dans la sauteuse, verser les échalotes hachées, les faire fondre en douceur et cuire à couvert jusqu'à ce qu'elles soient dorées ; les retirer avec une écumoire et les réserver dans une assiette. Les remplacer dans la sauteuse par les lardons, faire cuire et rissoler en douceur, les retirer avec l'écumoire, les réserver avec les échalotes. Les remplacer par les champignons, les faire cuire jusqu'à ce qu'il n'y ait plus d'eau de végétation et qu'ils soient dorés. Les retirer avec une écumoire et les réserver avec les échalotes et les lardons.

Relever le feu sous la sauteuse, verser le vin blanc, gratter tous les résidus de cuisson avec la cuillère pendant que le liquide réduit de moitié. Ajouter la crème fraîche, faire bouillir quelques minutes jusqu'à ce que la sauce soit onctueuse. Baisser le feu, verser dans la sauce le jus rendu par les tournedos, les oignons, les lardons et les champignons. Laisser chauffer pendant quelques instants à feu doux, en retournant l'ensemble à la cuillère pour qu'il se réchauffe également. Vérifier l'assaisonnement.

Dresser les tournedos sur le plat de service. Les entourer du contenu de la sauteuse et servir.

Légume d'accompagnement : Épinards en branches *.

CÔTE DE BŒUF AUX ÉCHALOTES

Ce plat se fait au dernier moment.

***Proportions :** pour 4 personnes*
1 côte de bœuf de 1 kg • 1 verre de vin blanc sec
*1 verre de bouillon de volaille **
ou de bouillon de volaille instantané (1/2 tablette pour 1/2 litre d'eau)
3 œufs de beurre (environ 125 g) • 2 échalotes • sel, poivre
***Préparation :** 5 à 6 minutes*

***Cuisson :** viande, selon le point de cuisson désiré (v. page 268)*
sauce, 20 à 25 minutes

Faire préparer la viande par le boucher en lui demandant de laisser le manche.

Éplucher les échalotes, les hacher finement en les tenant par le bout arrondi.

Dans une poêle à feu moyen, faire fondre un œuf de beurre. Saler et poivrer la viande sur les deux faces. Quand le beurre grésille, poser la côte de bœuf et faire cuire environ 8 à 10 minutes sur chaque face si on la veut saignante.

Allumer le four à température tiède et mettre le plat de service à chauffer. Préparer une assiette à soupe retournée sur un plat. Si on n'a pas de bouillon de volaille *, préparer le bouillon instantané.

Quand la viande est cuite, la sortir de la poêle à l'aide d'une large spatule et d'une cuillère (pour ne pas la piquer). La poser sur l'assiette retournée dans le plat pour qu'elle ne baigne pas dans le jus qu'elle va rendre et la mettre dans le four ouvert, afin qu'elle se détende et repose pendant la confection de la sauce.

Dans la poêle de cuisson, à feu doux, verser les échalotes hachées et les faire fondre doucement à couvert en les remuant de temps en temps. Quand elles sont tendres et transparentes, relever le feu sous la poêle et mouiller avec le vin blanc en grattant le fond de la poêle pour récupérer tous les résidus de cuisson. Quand le vin est réduit de moitié au fond de la poêle, verser le bouillon et porter à ébullition ; le laisser réduire de 1/3, ajouter le jus rendu par la côte et beurrer la sauce en incorporant deux œufs de beurre divisés en morceaux en ne cessant pas d'imprimer à la poêle un mouvement continu pour l'émulsionner. Quand la sauce est au point, vérifier l'assaisonnement et la laisser sur une plaque d'amiante à feu doux.

Découper la côte, dresser sur le plat de service chaud et recouvrir de la sauce. Servir immédiatement.

Légumes d'accompagnement : Pommes de terre Alex Humbert *. Criques de tagliatelles * avec des tomates concassées tièdes *.

CÔTE DE BŒUF AU VIN ROUGE

Ce plat se fait au dernier moment.

***Proportions :** pour 4 personnes*
1 côte de bœuf de 1 kg • 2 échalotes

1 verre de vin rouge
*3 verres de bouillon de bœuf * ou*
de bouillon de volaille instantané (1/2 tablette pour 1/2 litre d'eau)
125 g de beurre en tout • 1 cuillère à café de fécule
sel, poivre
***Préparation :** 5 minutes*
***Cuisson :** viande, selon le point de cuisson désiré (v. page 268)*
échalotes, 7 à 8 minutes

Faire préparer la viande par le boucher, en conservant le manche.

Éplucher les échalotes, les hacher finement en les tenant par le bout arrondi. Réserver dans un bol.

Saler et poivrer légèrement les deux faces de la côte. Dans une poêle à feu moyen, faire fondre un œuf de beurre. Quand il grésille, poser la viande. Cuire une face et retourner selon le point de cuisson que l'on veut obtenir (8 à 10 minutes sur chaque face environ pour « saignant »).

Allumer le four à température tiède et faire chauffer le plat de service. Préparer une assiette retournée sur un plat. Au terme de la cuisson de la viande, la retirer de la poêle avec une large spatule et la poser sur l'assiette retournée, la tenir au chaud dans le four.

Dans la poêle de cuisson, ajouter les échalotes et les faire fondre à couvert jusqu'à ce qu'elles soient tendres et transparentes. Relever le feu, mouiller avec le vin rouge. Gratter tous les résidus de cuisson du fond de la poêle et laisser réduire de moitié. Baisser le feu. Ajouter le bouillon de bœuf si on en a, ou préparer du bouillon instantané, et laisser mijoter et réduire de moitié. Avec une cuillère de jus, délayer la fécule de manière à avoir une pâte lisse et liquide, la verser dans la sauce et tourner jusqu'à l'épaississement qui intervient rapidement. Vérifier l'assaisonnement, ajouter le jus rendu par la côte et, hors du feu, incorporer le beurre restant morceau par morceau en fouettant au petit fouet.

Découper la côte, dresser sur le plat de service et servir accompagné de la sauce en saucière.

Légumes d'accompagnement : Pommes de terre sautées aux lardons * et céleri-rave sauté *.

Les rôtis

La « pièce de bœuf » à rôtir est d'une grande commodité pour la maîtresse de maison.

Pour ces plats, un choix est également à faire : le rôti familial ou le morceau de prix, selon le budget ou l'emploi.

• Le choix des morceaux

— *Le rôti familial* est souvent de la tranche ou du tende-de-tranche prélevés sur la cuisse de l'animal. Ce type de rôti est en général vendu déjà préparé. C'est le fameux « rosbif » régulièrement demandé par les maîtresses de maison chez le boucher. Il sera savoureux, c'est sûr, mais tendre à condition d'être bien rassis et c'est au boucher de vous le donner ainsi.

— *Le rumsteck* fait partie de l'aloyau, c'est-à-dire le dos de l'animal. C'est un excellent rôti qui se situe en intermédiaire entre le rôti familial et les rôtis de fête qui sont :

— *Le filet :* il se situe dans l'aloyau, c'est le rôti le plus tendre, le plus cher aussi. Il se présente en longueur et donne des tranches assez étroites.

— *Le contre-filet* est placé à côté du filet, comme son nom l'indique. Il est à mon avis plus savoureux que le filet. Il fait des beaux rôtis aux larges tranches.

— *Le train de côtes* constitue le morceau le plus délicieux qui soit. Il est en général prélevé par le boucher de la huitième vertèbre à la dernière. La pièce de viande n'est pas désossée, les manches sont seulement raccourcis.

• Le mode de cuisson

Il est applicable à tous les morceaux à rôtir.

Faire préparer le morceau désiré par le boucher, mais préciser qu'il ne soit pas bardé. Lui demander les os et déchets s'il y en a, ou demander 2 ou 3 petits os de veau et compter environ 130 à 150 g de viande par personne.

Allumer le four à température chaude (200°, position 7, 8), suffisamment à temps pour qu'il soit à la chaleur voulue au moment d'enfourner.

Choisir un plat de taille proportionné à celle du rôti et des os pour éviter que les résidus de cuisson et le jus rendu par la viande ne brûlent dans trop d'espace.

Beurrer le plat, poser le rôti et l'entourer des os, le tartiner généreusement de beurre. Saler, poivrer. Ajouter 1 à 2 cuillères à soupe d'eau au fond du plat pour éviter une caramélisation trop rapide.

Arroser régulièrement le rôti et les os avec le jus ; en cours de cuisson, retourner le rôti une fois. Baisser la température dès qu'il est saisi de tous les côtés.

Important : Calculer la fin de la cuisson 10 à 15 minutes avant de servir le rôti. Le sortir, le mettre sur un plat chaud à l'entrée du four, recouvert d'un papier alu pour laisser à la viande le temps de se détendre. Elle sera meilleure.

Préparer la sauce. Dans le plat du four, ajouter 4 à 8 cuillères à soupe d'eau chaude selon le poids du rôti (idée de proportion : 6 cuillères pour un rôti de 6 personnes), et gratter le fond du plat pour détacher tous les résidus de cuisson. Incliner le plat pour rassembler tout le jus et faire « bouillotter » sur le gaz à feu moyen pendant quelques instants pour avoir une consistance sirupeuse. Si le jus était trop gras, supprimer un peu de graisse en passant une cuillère à la surface, mais ne pas l'enlever en totalité, car elle est nécessaire pour avoir une sauce savoureuse. Au contraire, si le jus paraît trop maigre et trop proche d'un bouillon, ajouter une noix de beurre frais qui s'émulsionne dans le « bouillottement ». Quand la sauce est prête, la verser dans une saucière chaude, ajouter le jus rendu par la viande. Découper le rôti, le dresser sur un plat long et servir avec la sauce et des légumes.

Temps de cuisson. On admet les 4 stades de point de cuisson de « bleu-chaud » à « bien cuit ». Il est cependant habituel de manger saignant le rôti de bœuf.

Selon que le rôti est large et court ou long et étroit, la cuisson est plus ou moins rapide. On compte donc approximativement :

— 12 à 18 minutes par kilo pour les rôtis dans le filet, le contre-filet et le rumsteck ;

— 15 à 20 minutes par kilo pour le train de côtes ;

— Au stade « saignant », la viande est souple quand on la palpe avec une spatule. Si on la pique avec une aiguille, il en sort une goutte de sang rose.

Suggestions de légumes :

1. *Avec le rôti familial,* un seul légume suffit : Pommes de terre à la crème *. Pommes de terre sautées pré-cuites *. Beignets de nouilles *. Coquillettes aux champignons et aux lardons *. Chou-fleur sauté *. Salsifis sautés *.

2. *Avec les morceaux de choix*, il est préférable de mettre 2 ou 3 légumes en petites quantités également réparties : Croquettes de pommes de terre *, languettes de poivron rouge grillé * tiédies entre

deux assiettes sur une casserole d'eau chaude. Gratin dauphinois * et poireaux étuvés à cru *. Macédoine de légumes *. Ratatouille niçoise * et cèpes sautés *. Purée de chou-fleur * et tomates concassées * tiédies entre deux assiettes sur une casserole d'eau chaude. Oignons, carottes et navets glacés *.

RUMSTECK AUX NOUILLES ET AUX TOMATES

Ce plat se fait au dernier moment.

Proportions *: pour 8 personnes*
1 rumsteck préparé de 1,300 kg • 5 tomates rondes moyennes
125 g de beurre en tout
375 g de nouilles, soit 1 paquet et 1/2
6 cuillères à soupe d'eau • sel, poivre
Préparation *: 10 minutes*
Cuisson *: viande, 20 à 25 minutes*

Faire préparer la viande par le boucher sans qu'elle soit bardée et demander 2 ou 3 petits os de veau.

Allumer le four à température chaude (260°, position 7, 8).

Couper les tomates en deux.

À température voulue, enfourner la viande et faire rôtir (v. page 278).

Faire poêler rapidement les tomates * avec une noix de beurre, les tenir à feu très doux sur une plaque d'amiante. Faire cuire des nouilles à grande eau bouillante salée.

Sortir la viande du four, la laisser se détendre. Égoutter les nouilles, les tenir au chaud dans un légumier couvert à l'entrée du four.

Supprimer les os du plat à rôtir et préparer la sauce.

Sortir les tomates du feu et à l'aide d'une écumoire, les retirer de la poêle et les poser sur une assiette.

Verser le jus rendu par les tomates dans le plat à rôtir, ajouter les cuillères d'eau. Chauffer sur le gaz à feu moyen, gratter et rassembler tous les résidus de cuisson. Incliner le plat, faire « bouillotter » quelques instants jusqu'à consistance sirupeuse. Hors du feu, battre et émulsionner un œuf de beurre dans la sauce. Vérifier l'assaisonnement. Verser dans une saucière chaude et tenir à l'entrée du four.

Avec une petite cuillère, retirer la pulpe des moitiés de tomates, l'ajouter aux nouilles avec une grosse noix de beurre. Mélanger à l'aide de deux fourchettes. Remettre au chaud. Découper la viande, dresser et servir avec les nouilles et la sauce.

FILET DE BŒUF À LA JULIENNE DE TRUFFES

Ce plat se fait au dernier moment.

***Proportions :** pour 8 à 10 personnes*
*1 filet de 1,500 kg • 4 à 5 truffes moyennes **
le jus des truffes (environ 3 cuillères à soupe)
4 cuillères à soupe de xérès
8 cuillères à soupe de crème fraîche • 1 gros œuf de beurre
sel, poivre
***Préparation :** 7 à 8 minutes*
***Cuisson :** viande, 20 à 25 minutes • sauce, 6 à 8 minutes*

Faire préparer le filet par le boucher sans qu'il soit bardé et demander 2 ou 3 petits os de veau.

Allumer le four à température chaude (260°, 270°, position 7, 8). Enfourner au moment voulu et faire rôtir (v. page 278).

Pendant que la viande rôtit, ouvrir le bocal de truffes, réserver le jus dans une tasse, couper les truffes en fins petits bâtonnets et les réserver dans une boîte fermée pour garder tout leur parfum.

Quand la viande est cuite (calculer la fin de la cuisson pour la laisser se détendre), la retirer du plat et la tenir au chaud. Supprimer les os, préparer la sauce :

Verser le xérès dans le plat à rôtir et gratter tous les résidus de cuisson en inclinant le plat sur le gaz à feu moyen. Laisser réduire de moitié, ajouter la crème fraîche et le jus des truffes, faire « bouillotter » jusqu'à ce que la sauce réduise et devienne onctueuse. Ajouter la julienne de truffes, faire chauffer quelques instants, vérifier l'assaisonnement. Verser dans une saucière chaude.

Découper le filet. Dresser sur un plat long de service et accompagner de la sauce en saucière.

Légumes d'accompagnement : Crique de pommes de terre *. Haricots verts *.

RÔTI À L'ANGLAISE

Ce plat se fait au dernier moment.

***Proportions :** pour 6 à 8 personnes*
1 rumsteck de 1,300 kg
6 litres environ de bouillon de volaille instantané
(1 tablette pour 1/2 litre d'eau)

***Préparation** : 3 à 4 minutes*
***Cuisson** : 20 à 25 minutes*

Demander au boucher de préparer le rôti sans le barder.

Préparer le bouillon de volaille instantané dans une grande marmite. Le porter à ébullition.

Plonger le rôti dans le bouillon et en maintenant l'ébullition, le laisser cuire 20 à 25 minutes. Pendant ce temps, allumer le four à température tiède.

Retirer le rôti du bouillon, le poser sur un plat et le tenir au chaud dans le four à se détendre pendant 20 minutes environ, de façon qu'il soit au découpage d'une belle couleur uniforme rose-rouge.

Le découper en tranches fines régulières, le dresser sur le plat de service et servir.

Légumes d'accompagnement : Ratatouille niçoise *. Pommes de terre au four à la crème et aux fines herbes *.

Sauces d'accompagnement : Beurre de fines herbes *. Sauce Claude Jolly *.

LES RESTES DE RÔTI DE BŒUF

• Chauds

Si on veut manger un reste de rôti de bœuf chaud, c'est accepter qu'il ne soit plus aussi saignant, car il recuit en se réchauffant, même si l'opération est menée sans brutalité.

L'envelopper de papier aluminium et le mettre à chauffer dans le four chaud.

L'accompagner du jus réchauffé, s'il en reste, avec des pâtes au beurre qui seront très bonnes dans le jus.

À défaut de jus : une béarnaise * avec des pommes de terre allumettes * et une salade verte.

Découper le reste de rôti en tranches, le poser à réchauffer quelques instants dans une sauce bouillante telle que : Sauce piquante *. Sauce Robert *.

• Froids

En famille, servir simplement les tranches de rôti avec des condiments (moutarde, cornichons, etc.).

Salades d'accompagnement : Salade verte *. Salade de choux nouveaux *. Salade de pommes de terre *.

Pour un buffet, préparer avec d'autres viandes froides et des charcuteries bien choisies (jambon, cuit et cru, langue écarlate) une grande « assiette anglaise ».

Sauces et salades d'accompagnement : Mayonnaise aux fines herbes * et salade russe *. Ratatouille niçoise froide *.

Sans sauce, mais avec un choix de 2 ou 3 salades de légumes mélangées *.

Les plats à cuisson lente

Ils ont apparemment beaucoup d'inconvénients : longs à préparer, longs à cuire, longs à surveiller. On les aime cependant car ils nous changent agréablement de la perpétuelle « cuisson minute » à laquelle nos modes de vie nous contraignent sans cesse. À ce titre, on ne peut les laisser dans l'oubli.

Heureusement, ces plats présentent le très grand avantage de pouvoir se « mitonner » un jour de tranquillité et d'être mis en réserve sans crainte, au frais, pendant plusieurs jours.

Bien dégraissés et réchauffés doucement, ils sont d'autant plus savoureux qu'ils subissent une sorte de seconde cuisson sans grosse intervention de la maîtresse de maison.

Terminés, dressés, tenus au chaud, rien ne peut leur arriver jusqu'au moment de leur venue sur la table. C'est un élément important pour l'organisation d'un repas.

Le choix des morceaux

On emploie pour les braisés et le pot-au-feu les bas morceaux du bœuf qui sont de prix plus avantageux et dont la chair, résistante, s'accommode mal des cuissons grillées, poêlées ou rôties.

— *Pour le bœuf bourguignon :* on a le choix entre la pointe de paleron, le jumeau, le gîte à la noix ou ce qu'on appelle les « faux morceaux », qui sont les « chutes » de grosses pièces.

— *Pour le bœuf mode ou la pièce de bœuf braisée :* l'aiguillette de rumsteck, la culotte sont les morceaux recommandés.

— *Pour les daubes :* la joue de bœuf est un morceau méconnu absolument exquis, le gîte à la noix est également excellent.

— *Pour le pot-au-feu :* on peut faire un mélange de morceaux tels que le plat de côtes couvert ou découvert, la macreuse, le gîte, la bavette à pot-au-feu.

BŒUF BOURGUIGNON

Réchauffé, il n'en sera que meilleur. Il se conserve très bien pendant 3 à 4 jours au frais dans le réfrigérateur, à condition de retirer le laurier.

***Proportions** : pour 4 personnes*
900 g d'aiguillette de bœuf • 125 g de poitrine fumée
*20 à 25 oignons grelots • 3 verres de bouillon de bœuf **
ou bouillon de volaille instantané (1/2 tablette pour 1/2 litre d'eau)
2 verres de vin rouge • 1 gros œuf de beurre
1 cuillère à soupe rase de farine • 1 brindille de thym
1 feuille de laurier • 2 gousses d'ail épluchées
sel, poivre
***Préparation** : 20 à 25 minutes*
***Cuisson** :*
bœuf : 1er temps, 30 à 35 minutes • 2e temps, 3 heures

Demander au boucher de couper le bœuf en cubes d'environ 5 cm de côté. Retirer la couenne et les cartilages de la poitrine fumée, la détailler en lardons.

Éplucher les oignons grelots. Dans une cocotte, mettre à fondre à feu moyen vif un œuf de beurre. Quand il grésille, ajouter les oignons, et les faire dorer rapidement de tous côtés, les retirer avec l'écumoire. Réserver dans un bol. Baisser un peu le feu sous la cocotte, verser les lardons, les faire cuire et rissoler en douceur. Les retirer avec une spatule, les réserver dans une assiette et les remplacer par les morceaux de viande légèrement salés et poivrés. Relever le feu et les faire dorer de tous côtés, remettre alors les lardons. Saupoudrer de farine et la faire roussir en tournant et retournant le tout avec la cuillère. Mouiller avec le vin rouge et faire bouillir à découvert quelques instants. Ajouter le bouillon de bœuf si on en a, ou du bouillon de volaille instantané. Faire reprendre une petite ébullition, ajouter le thym, le laurier et les gousses d'ail. Couvrir et régler le feu pour assurer un petit bouillottement continu pendant 3 heures. 15 minutes avant la fin de la cuisson, ajouter les petits oignons grelots réservés.

Allumer le four à température tiède, faire chauffer un plat de service creux. À l'aide de l'écumoire ou d'une large spatule, retirer de la cocotte la viande, les lardons et les oignons, les poser dans le plat de service, se débarrasser du bouquet garni et des gousses d'ail.

À plein feu, à découvert, faire réduire la sauce jusqu'à ce qu'elle soit courte et nappe convenablement la cuillère en bois. Vérifier l'assaisonnement et verser sur la viande. Servir immédiatement.

Légumes d'accompagnement : Pommes de terre vapeur *. Pâtes au beurre *.

Remarque : Quand on réchauffe ce plat, ajouter 1 ou 2 cuillères d'eau pour favoriser l'homogénéisation de la sauce.

GOULASCH OU RAGOÛT HONGROIS

Ce plat peut se faire à l'avance. Il se conserve 2 à 3 jours au réfrigérateur. On le réchauffe à feu doux en ajoutant un peu d'eau pour homogénéiser la sauce.

***Proportions** : pour 4 personnes*
1 kg de bœuf • 1 kg d'oignons
1 cuillère à soupe de paprika • 5 tomates moyennes
2 œufs de beurre • 1 branche de thym
2 feuilles de laurier • sel, poivre
***Préparation** : 30 minutes*
***Cuisson** : oignons, 30 à 35 minutes • viande, 3 heures*

Faire couper le morceau de bœuf en gros cubes de 4 à 5 cm de côté par le boucher.

Faire bouillir une casserole d'eau, plonger les tomates 1 minute dans l'eau, les retirer et enlever la peau. Les couper en morceaux, les réserver. Éplucher les oignons, les hacher grossièrement.

Dans une cocotte, mettre le beurre à blondir à feu moyen, jeter les oignons et les faire cuire et dorer doucement à couvert, ajouter ensuite le paprika et remuer avec la cuillère en bois pour le laisser cuire et imprégner les oignons pendant 2 à 3 minutes. Mouiller ensuite avec les tomates, puis poser les morceaux de bœuf dans ce mélange, ainsi que le thym et le laurier. Porter à ébullition. Saler et poivrer, couvrir la cocotte. Laisser mijoter à petit feu pendant 3 heures jusqu'à ce que la viande soit tendre, la sauce onctueuse d'une jolie couleur marron rouille et les oignons « compotés ».

Si, au terme de la cuisson de la viande, la sauce était trop liquide, retirer les morceaux de viande avec une écumoire et les tenir au chaud dans le plat de service, à four tiède.

Faire ensuite réduire la sauce en relevant le feu sous la casserole ouverte, jusqu'à ce qu'elle prenne la consistance désirée. Si au contraire, en cours de cuisson de la viande, la sauce réduisait trop, rajouter un peu d'eau.

Légumes d'accompagnement : Pommes de terre vapeur *. Pâtes au beurre *.

Remarque : La proportion d'oignons peut sembler importante, mais la base même du goulasch exige une même quantité d'oignons et de viande.

BŒUF MODE CHAUD

Ce plat peut se faire à l'avance et se conserver 2 à 4 jours au réfrigérateur. Avant de le mettre au frais, retirer la couenne, le pied de veau, le laurier.

Avant l'emploi, dégraisser la surface de la cocotte, mettre à chauffer doucement tel quel. Quand la viande est bien chaude, la retirer, faire la réduction du jus et la cuisson des petits oignons.

Différents morceaux peuvent être employés tels que la culotte ou l'aiguillette de rumsteck qui est, à mes yeux, le plus savoureux.

***Proportions :** pour 6 personnes*
2 kg d'aiguillette de rumsteck lardée • 1 pied de veau
1 morceau de couenne • 800 g de carottes
2 oignons moyens • 1/2 livre d'oignons grelots
2 œufs de beurre • 1/2 litre de vin blanc sec
*bouillon de bœuf * ou bouillon de volaille instantané*
(1/2 tablette pour 1 litre d'eau)
1/2 verre de cognac • 2 verres de xérès • 2 clous de girofle
1 pincée de « quatre épices »
(condiment en flacon qui se trouve dans le commerce)
1 brindille de thym • 1 feuille de laurier • sel, poivre
***Préparation :** 25 à 30 minutes*
Cuisson :
viande : 1er temps, 20 minutes • 2e temps, 4 heures
***Finition :** sauce, 20 à 25 minutes*

Demander au boucher de larder la pièce de bœuf avec des lardons de 1 cm de côté, de ne pas la barder et de couper le pied de veau en deux dans le sens de la longueur, puis encore en deux dans la largeur.

Éplucher et laver les carottes, les couper en rondelles de 1/2 cm d'épaisseur, les tenir dans l'eau fraîche. Éplucher les 2 oignons moyens.

Dans une cocotte ovale, faire fondre un œuf de beurre à feu moyen ; quand il grésille, poser le morceau de viande et le faire dorer lentement et modérément sur toutes ses faces pendant 20 minutes environ. Verser alors le cognac dans le fond de la cocotte et le faire réduire complètement. Soulever la viande sans la piquer à la fourchette et glisser dessous le morceau de couenne. Mouiller avec le vin blanc et le xérès. Porter à ébullition. Ajouter les carottes, les deux oignons, le thym, le laurier et le pied de veau.

Compléter le mouillement avec du bouillon de bœuf si on en a, ou du bouillon de volaille instantané (1/2 tablette pour 1 litre), de manière à immerger la viande presque complètement. Assaisonner très légèrement avec du poivre et du sel, une pincée de « quatre épices » et les deux clous de girofle. Régler le feu de manière à assurer un petit bouillottement continu, couvrir, et laisser cuire à partir de ce moment pendant 4 heures. Retourner la viande à mi-cuisson.

1 heure avant la fin de la cuisson, éplucher les petits oignons grelots. Dans une poêle à feu moyen, faire fondre un œuf de beurre ; quand il ne grésille plus, ajouter les oignons et les faire dorer rapidement de tous côtés, les réserver sur une assiette.

15 minutes avant la fin de la cuisson, allumer le four à température douce (100°, position 3), et mettre un plat de service ovale et creux à chauffer.

Au terme de la cuisson, retirer la viande de la cocotte à l'aide de deux larges spatules. La poser sur la planche et couper des tranches dans le sens perpendiculaire aux lardons. Les disposer dans le plat, recouvrir d'un papier alu et tenir au chaud au four.

À l'aide de l'écumoire, retirer la couenne et le pied de veau de la cocotte, ainsi que le thym, le laurier et les oignons ; s'en débarrasser.

Passer le jus et les carottes dans un chinois au-dessus d'une terrine. Mettre la terrine au réfrigérateur pour faciliter la montée de la graisse. Recueillir les carottes et les disposer tout autour de la viande, dans le plat de service. Remettre au chaud dans le four, couvert du papier alu.

Dégraisser soigneusement le jus dans la terrine, en passant une cuillère à la surface. En prélever 3/4 de litre et réserver le reste du jus au réfrigérateur. (Clarifié (v. page 289), il fera une excellente gelée pour des œufs (v. page 104), ou pour recouvrir des restes du plat, s'il y en a.) Verser les 3/4 de litre de jus dans la cocotte, ajouter les petits oignons et porter à ébullition. Laisser « bouillotter » et réduire à découvert jusqu'à ce que le jus, ayant diminué, soit devenu sirupeux et que les oignons soient cuits. Vérifier alors l'assaisonnement en sel et poivre. Verser les oignons sur les carottes en les prenant à l'aide de l'écumoire et verser la sauce en saucière. Servir. On peut compléter le plat avec des petites pommes de terre vapeur *.

Remarque : Si en fin de cuisson des oignons le jus n'avait pas la consistance désirée, on peut le lier avec un peu de fécule : dans une tasse, délayer une cuillère à café rase de fécule avec un peu de jus chaud. Rajouter une cuillère de jus pour éclaircir, puis jeter le tout dans la cocotte, laisser bouillir 3 à 4 minutes en tournant avec la cuillère, jusqu'à la consistance sirupeuse voulue.

BŒUF MODE EN GELÉE

Pour réussir ce plat et y passer le moins de temps possible, je conseille de le commencer la veille pour le lendemain :

Un soir, faire cuire le bœuf, mettre le jus au frais. Le lendemain matin, dégraisser le jus et clarifier la gelée. L'après-midi, napper et préparer le plat pour le soir.

***Proportions :** pour 6 personnes*
2 kg d'aiguillette de rumsteck lardée
1 pied de veau • 1 morceau de couenne
800 g de carottes • 1/2 livre d'oignons moyens
1 œuf de beurre • 1/2 litre de vin blanc sec
1/2 verre de cognac • 2 verres de xérès
*bouillon de bœuf * ou bouillon de volaille instantané*
(1/2 tablette pour 1/2 litre d'eau)
2 clous de girofle • 1 pincée de « quatre épices »
1 brindille de thym • 2 feuilles de laurier • sel, poivre

Pour la gelée :
300 g de viande de bœuf hachée • 2 blancs d'œufs
1 tasse à thé d'estragon, persil, cerfeuil hachés par parties égales
xérès ou porto, au goût
***Préparation :** 1 heure*
***Cuisson ;** 1er temps, 20 minutes • 2e temps, 4 heures*
***Clarification :** 25 à 30 minutes*

Procéder comme pour le bœuf mode chaud *, mais couper les oignons en rondelles.

Au terme des 4 heures de cuisson, retirer le morceau de viande et le poser sur une planche. Retirer la couenne et le pied de veau, s'en débarrasser.

Au-dessus d'un saladier, passer le jus et les légumes à travers une fine passoire. Laisser égoutter convenablement pour recueillir tout le jus. Mettre le saladier au plus froid du réfrigérateur pour que toute la graisse monte à la surface et fige. Enfermer la viande et les légumes dans des boîtes hermétiques et les laisser à la température de la cuisine.

Quand la graisse est figée sur le jus, l'enlever soigneusement à l'aide d'une spatule métallique. Verser le jus dans une casserole et le faire tiédir pour procéder à la **clarification** et à la fabrication de la gelée.

Laver, sécher, effeuiller les fines herbes, les hacher menu et les mettre dans un saladier. Ajouter les deux blancs d'œufs et la viande hachée, bien mélanger le tout. Verser le jus tiédi sur ce mélange en délayant au fur et à mesure avec la cuillère. Remettre dans la casserole et en tournant toujours, porter doucement à ébullition. À partir de ce moment, laisser « bouillotter » à petit feu sans remuer davantage pendant 25 à 30 minutes. L'ensemble viande-blancs d'œufs-herbes monte en croûte à la surface tandis que le jus devient en dessous clair et limpide. Au bout de ce temps, passer doucement le contenu de la casserole dans un chinois au-dessus d'un saladier. La gelée est prête. Goûter et la parfumer avec du porto ou du xérès. Vérifier l'assaisonnement en sel et en poivre. Ne pas oublier qu'une gelée s'affadit en refroidissant et qu'elle doit, pour être bonne, sembler un peu trop corsée tant qu'elle est encore chaude et liquide.

Mettre la gelée à prendre au réfrigérateur. Quand elle est arrivée à la consistance d'huile épaisse, couper la viande en tranches perpendiculaires aux lardons et les déposer au centre d'un plat de service ovale. L'entourer de toutes les carottes mélangées aux oignons et faire couler lentement de la gelée sur le tout, de manière à recouvrir viande et légumes (le reste de la gelée sera utilisé dans les jours suivants pour faire des œufs *, embellir et agrémenter un reste de viande froide, ou servir de base à une sauce. Elle se conserve très bien plusieurs jours au réfrigérateur). Ranger le plat dans le réfrigérateur jusqu'à utilisation. Il est préférable de le sortir à peu près une 1/2 heure avant de le déguster pour que la gelée devienne un peu plus souple et la viande moins froide, ce qui rend le plat plus savoureux.

DAUBE À LA PROVENÇALE

Étant donné la longueur de la cuisson, ce plat peut se faire en deux temps : le commencer la veille, l'arrêter à mi-temps et le reprendre le lendemain, en comptant le temps de cuisson à partir du moment où l'ébullition est reprise. Il est préférable de le faire pour 8 à 10 personnes. On peut aussi le faire à l'avance, il se conserve très bien 3 à 4 jours au réfrigérateur après avoir enlevé le laurier. On le réchauffe doucement en remettant un peu d'eau pour faciliter l'homogénéisation de la sauce.

Ce plat se commence 12 heures à l'avance puisqu'on le met à mariner.

Proportions : *pour 8 à 10 personnes*
2,500 kg de gîte à la noix • 200 g de lard frais
1 oignon moyen • 4 gousses d'ail • 1 brindille de thym
2 feuilles de laurier • sel, poivre, eau
Marinade :
1 bouteille de vin rouge • 1 verre de vinaigre de vin
2 oignons • 2 carottes • 1 branche de persil
sel, poivre • 2 clous de girofle
Préparation : *12 à 15 minutes*
Cuisson : *5 heures*

Demander au boucher de couper la viande en morceaux de 60 à 70 g. Préparer la marinade : éplucher les carottes et les oignons, les couper en rondelles. Laver le persil.

Dans une large terrine, mettre les morceaux de viande, ajouter les carottes et les oignons, le persil, du sel, du poivre, les clous de girofle. Recouvrir avec le vin rouge et le vinaigre. Laisser mariner toute une nuit. 1 heure avant le début de la cuisson de la daube, sortir la viande, l'éponger et la laisser dans un torchon, pour lui laisser le temps de sécher le mieux possible.

Hacher grossièrement le lard. Éplucher l'oignon, le couper en rondelles. Éplucher les gousses d'ail. Dans une cocotte à feu moyen-doux, mettre le lard haché et le laisser fondre doucement. Avec une écumoire, sortir les petits résidus qui n'ont pas fondu et mettre les rondelles d'oignons, les faire fondre dans la graisse jusqu'à ce qu'elles soient légèrement roussies, les retirer avec l'écumoire et les réserver dans une assiette.

Relever le feu sous la cocotte et poser les morceaux de viande, les faire revenir à feu vif à cause de l'humidité dont ils pourraient encore être imprégnés. Quand ils sont dorés de tous côtés, mouiller avec toute la marinade. À découvert, porter à ébullition et faire réduire de moitié. Compléter alors le liquide de mouillement avec environ 1/2 litre d'eau chaude pour que la viande soit recouverte. Ajouter les gousses d'ail, régler le feu très bas pour avoir un mijotage très doux. Recouvrir avec le couvercle retourné de la cocotte rempli d'eau que l'on renouvellera régulièrement. Laisser cuire ainsi pendant 5 heures.

Au bout de ce temps, la viande doit être tendre au point de se couper à la fourchette, la sauce onctueuse sans être épaisse, parfumée sans agressivité. Servir dans un large plat creux en se débarrassant du bouquet garni et accompagner classiquement de gros macaroni coudés au beurre *.

Remarque : À défaut de ces gros macaroni qui ne se trouvent pas toujours partout, utiliser des macaroni coupés ou des spaghetti.

PIÈCE DE BŒUF BRAISÉE

On peut faire ce plat à l'avance, il se conserve bien au réfrigérateur après avoir enlevé le bouquet garni. Avant de le réchauffer doucement sur le feu, retirer toute la graisse qui est montée à la surface. Quand la viande est chaude, procéder à la réduction.

Proportions *: pour 8 personnes*
2 kg de culotte ou d'aiguillette de rumsteck lardée
3 à 4 carottes • 3 à 4 oignons moyens
1 gousse d'ail • 1 brindille de thym
1 feuille de laurier • 1 œuf de beurre
2 verres de vin blanc • 1 verre de madère
*3/4 de litre de bouillon de bœuf **
ou bouillon de volaille instantané
(1/2 tablette pour 1/2 litre d'eau)
sel, poivre • 1 pincée de « quatre épices »
Préparation *: 20 à 25 minutes*
Cuisson *: 1er temps, 30 à 35 minutes • au four, 3 heures 30*
réduction, 12 à 20 minutes

Faire larder la viande non bardée par le boucher. Éplucher, laver les oignons et les carottes, les couper en rondelles assez épaisses. Éplucher la gousse d'ail.

Dans une cocotte ovale, faire fondre le beurre à feu moyen. Quand il grésille, ajouter la viande salée et poivrée légèrement. La faire revenir et prendre couleur lentement. Retirer avec deux larges spatules. La réserver sur une assiette et la remplacer par les carottes et les oignons. Les faire dorer en les tournant de tous côtés. Quand les carottes et les oignons sont à point, poser la viande avec le jus qu'elle a rendu sur ce lit, ajouter le thym et le laurier, la gousse d'ail. Mouiller avec le vin et le madère. À feu vif, et à découvert, faire réduire le vin jusqu'à ce qu'il soit sirupeux.

Allumer le four à température moyenne-douce (200°, position 5). Pendant ce temps, faire chauffer du bouillon de bœuf si on en a, ou préparer le bouillon de volaille instantané (1/2 tablette pour 1/2 litre).

Le verser sur la viande, elle doit être presque immergée. Ajouter une pincée de « quatre épices ». Porter à ébullition, couvrir, et mettre la cocotte au four pendant 3 heures 30 à 4 heures en s'assurant que l'ébullition se poursuit doucement et régulièrement. Retourner la viande 1 fois ou 2 en cours de cuisson.

Au bout de ce temps, sortir la cocotte du four. Retirer la viande à l'aide de deux larges spatules et la poser sur un plat à l'entrée du four. Passer le contenu de la cocotte dans un chinois au-dessus d'une casserole et presser sur les légumes pour en extraire tout le jus. Laisser la graisse monter à la surface et l'enlever soigneusement à l'aide d'une cuillère. Sur feu vif, faire réduire ce jus jusqu'à consistance sirupeuse, vérifier l'assaisonnement.

En fin de réduction, couper la viande en tranches et la dresser sur le plat de service. Napper de sauce et servir.

Légumes d'accompagnement : Oignons, carottes et navets glacés * dont on pousse la cuisson pour leur donner une jolie couleur dorée. *À défaut :* pommes de terre vapeur *.

LE POT-AU-FEU

C'est le plat familial par excellence. On peut le faire à l'avance, le laisser dans la marmite et le réchauffer. Avec les restes de viande, on peut constituer d'excellents plats, il est donc préférable d'en acheter plus qu'il n'en faudrait. Avec le bouillon plus ou moins réduit *, on a des potages et une excellente base de sauces ou de plats mijotés.

***Proportions :** pour 6 personnes*
800 g de macreuse ou gîte • 900 g de plat de côtes
4 litres d'eau • 4 à 5 carottes • 3 à 4 navets
7 à 8 poireaux • 12 petites pommes de terre BF 15
2 oignons moyens • 1 petit chou (facultatif)
1 branche de céleri • 1 bouquet de persil • 1 brindille de thym
2 feuilles de laurier • 2 clous de girofle
2 pincées de « quatre épices » (en flacon dans le commerce)
sel, poivre

Préparation : *20 à 25 minutes*
Cuisson : *3 heures 30 environ, à partir de l'ébullition*

Dans un haut fait-tout, placer les viandes et les recouvrir avec l'eau froide. Porter à ébullition à feu moyen.

Pendant ce temps, éplucher les oignons. En couper 1 en deux et le faire roussir à sec dans une poêle à feu moyen, le réserver. Piquer l'autre avec les 2 clous de girofle. Laver la branche de céleri et le bouquet de persil.

Quand l'eau bout, écumer soigneusement la surface jusqu'à ce qu'aucune écume ne monte plus. Ajouter alors le céleri, les oignons, le persil, le thym et le laurier, une petite poignée de gros sel, du poivre du moulin et 2 pincées de poudre « quatre épices ».

Régler le feu pour assurer une petite ébullition continue en laissant le fait-tout découvert pendant 3 heures 30 environ ; la viande doit être bien tendre. 1 heure avant la fin de la cuisson, éplucher et laver les carottes, les navets, les couper en 2 à 4 morceaux. Éplucher les pommes de terre, les laisser entières, éplucher les poireaux en ne laissant à ces derniers que le blanc et le vert tendre, les ficeler ensuite en un petit bottillon.

45 minutes avant la fin de la cuisson, mettre les carottes et les navets à cuire dans le pot-au-feu. 35 minutes avant la fin de la cuisson, mettre les pommes de terre à cuire à la vapeur *. 20 minutes avant la fin de la cuisson, ajouter le bottillon de poireaux au pot-au-feu.

Au terme de la cuisson, sortir les viandes à l'aide de l'écumoire, les couper en tranches épaisses et les disposer dans le plat de service. Arroser avec une petite louche de bouillon.

Dans un autre plat, disposer toute la garniture de légumes, arroser également d'un peu de bouillon et servir le tout bien chaud, avec des moutardes, des cornichons, une soucoupe de gros sel.

À la place des condiments, on peut aussi servir une sauce gribiche * avec le pot-au-feu.

Remarque : Si on le désire, on peut aussi ajouter aux légumes du pot-au-feu un petit chou coupé en 6 morceaux et cuit à part à l'eau bouillante salée, pendant 20 minutes.

LE BOUILLON DE BŒUF

À ne pas oublier : Saler très peu le liquide de cuisson du pot-au-feu. De cette façon le bouillon final pourra être utilisé de plusieurs façons et subir des réductions en n'étant pas trop salé.

Conservation : Quand les viandes et les légumes sont retirés de la marmite, verser le bouillon dans une terrine en le passant à travers une passoire recouverte d'une toile à beurre. Le mettre au réfrigérateur pour faire monter la graisse qui se fige. La retirer soigneusement à l'aide d'une spatule métallique ou d'une cuillère. Le bouillon se conserve ainsi 4 à 5 jours au réfrigérateur, beaucoup plus longtemps au congélateur (voir cette rubrique).

Utilisations :

1. En consommé *. Prendre le double de la quantité souhaitée, faire bouillir à petits mijotements jusqu'à réduction de moitié. Vérifier l'assaisonnement et employer avec ou sans accompagnement.
2. Comme liquide de mouillement de plats mijotés (voir aux recettes).
3. Réduit, comme base de sauces (voir aux recettes).

Les restes de pot-au-feu

LE HACHIS PARMENTIER

La viande peut être hachée à l'avance et conservée dans une boîte hermétique, mais le plat lui-même se fait au dernier moment.

***Proportions :** pour 8 personnes*
800 g de bœuf bouilli • 400 g de chair à saucisse
4 à 5 gros oignons • 1 tasse à thé de persil haché
250 g de beurre • 1 kg de pommes de terre Bintje
1 verre 1/2 de lait • sel, poivre
***Préparation :** 40 à 45 minutes*
***Cuisson :** hachis, 20 minutes • au four, 20 à 25 minutes*
purée, 35 minutes

Retirer soigneusement la peau, le gras et les parties nerveuses de la viande. La passer à la moulinette. Réserver dans un saladier. Laver, sécher, effeuiller le persil, le hacher et réserver dans une tasse. Éplucher les oignons, les hacher grossièrement, les réserver sur la planche. Éplucher les pommes de terre, les tenir dans une bassine d'eau fraîche. Dans une casserole, faire fondre un œuf de beurre à feu moyen-doux. Quand il est fondu et mousseux, ajouter les oignons hachés et les faire fondre en douceur à couvert, ce qui prend environ 10 à 12 minutes. Pendant ce temps, mettre à cuire les pommes de terre dans une casserole d'eau froide salée.

Avant que les oignons aient pris couleur, ajouter la chair à saucisse, en l'écrasant à la fourchette et en la mélangeant aux oignons. La faire cuire pendant 6 à 7 minutes. Ajouter alors le bœuf haché, du sel et du poivre et mélanger avec la chair à saucisse en incorporant petit à petit 100 g de beurre par morceaux gros comme des noix. Terminer en mélangeant le persil haché. Vérifier l'assaisonnement. Étaler le hachis en une couche régulière de 3 à 4 cm d'épaisseur au fond d'un plat allant au four. Allumer le four à température moyenne (200°, position 5).

Les pommes de terre étant cuites, faire une purée * bien beurrée avec le reste du beurre. Étaler régulièrement cette purée sur le hachis dans le plat.

Mettre au four et faire chauffer pendant 20 à 25 minutes. Passer le four au gril pendant les 5 dernières minutes pour dorer le dessus du plat et servir bien chaud accompagné d'une bonne salade verte au vinaigre de Xérès *, une « frisée » de préférence.

• Variante I

***Proportions** : pour 8 personnes*
*800 g de bœuf bouilli • 400 g de porc bouilli demi-sel, tel que : jambonneau, palette, pointe (voir « restes de potée au chou * »)*
les mêmes autres ingrédients que pour le hachis précédent
mais pas de chair à saucisse

Parer soigneusement les deux viandes, les passer à la moulinette, les mélanger dans le saladier. Quand les oignons sont fondus, les faire dorer avant d'ajouter les viandes hachées. Procéder ensuite de la même façon que pour le hachis précédent.

• Variante II

***Proportions** : pour 4 personnes*
200 g de jambon de Paris • 300 g de restes de bœuf
100 g de chair à saucisse
*Par moitié les mêmes autres ingrédients que dans le hachis parmentier **

Employer le bœuf utilisé pour faire les œufs cocotte à la bourguignonne *.

Le parer de tout déchet, le passer à la moulinette, compléter avec le jambon de Paris haché dont on a enlevé la couenne. Mélanger les viandes. Faire fondre et dorer les oignons. Procéder ensuite comme il est dit pour le premier hachis et couvrir avec la purée de pommes de terre.

BŒUF AU PAUVRE HOMME

Proportions : *pour 4 personnes*
8 tranches de viande bouillie • 2 oignons moyens
1 tasse à thé de persil haché • 1/2 verre de vin blanc
2 ou 3 verres de bouillon non dégraissé
Préparation : *12 à 15 minutes*
Cuisson : *oignons, 8 à 10 minutes • au four, 15 à 20 minutes*

Éplucher les oignons, les hacher finement et les verser dans une casserole avec le vin blanc. La mettre à feu doux et faire cuire jusqu'à ce que le vin ayant réduit, les oignons soient ramollis comme une compote mouillée.

Pendant ce temps, laver, sécher, effeuiller le persil et le hacher finement. L'ajouter aux oignons dans la casserole et mouiller avec le bouillon. Laisser sur le feu doux. Allumer le four à température douce (175°, position 4, 5).

Retirer le gras et émincer en tranches un reste de viande de pot-au-feu. Les disposer dans un plat qui va au four en les faisant se chevaucher légèrement. Couvrir avec le bouillon aux oignons et au persil. Mettre au four et laisser chauffer sans bouillir, pour éviter à la viande de durcir et au bouillon de réduire.

Servir dans le plat de cuisson en donnant quelques tours de moulin à poivre.

Légume d'accompagnement : Pommes de terre vapeur *.

EN MIROTON

Proportions : *pour 4 personnes*
500 g de bœuf bouilli en tranches fines
2 oignons moyens • 2 verres de bouillon dégraissé
1 verre de vin blanc • 1 cuillère à café débordante de farine
1 grosse noix de beurre • 1 cuillère à soupe de vinaigre de vin
sel, poivre
Préparation : *5 minutes*
Cuisson : *20 à 30 minutes*

Retirer le gras de la viande et l'émincer en tranches. Les disposer à plat dans une sauteuse.

Éplucher les oignons et les couper en fines rondelles. Dans une poêle à feu moyen, faire fondre le beurre. Quand il grésille, ajouter les oignons et les faire revenir jusqu'à ce qu'ils soient dorés. Les saupoudrer de farine, tourner en tous sens pour la faire cuire et roussir, mouiller avec le vin blanc. Laisser bouillotter et réduire de moitié, compléter avec le bouillon. Mélanger. Vérifier l'assaisonnement en sel et en poivre. Verser alors le tout sur les tranches de viande dans la sauteuse. Couvrir et faire chauffer à petit feu tout doux pendant 1/4 d'heure.

Au bout de ce temps, sortir les tranches avec la spatule, les disposer dans le plat de service. Napper avec la sauce aux oignons. Verser dans la sauteuse un filet de vinaigre que l'on fait chauffer vivement pendant 1 minute. En arroser le dessus du plat et servir.

Légumes d'accompagnement : Purée rapide *. Chou-fleur au beurre *.

EN RAGOÛT AU LARD

Proportions : *pour 4 personnes*
8 tranches dans un reste de pot-au-feu
125 g de poitrine fumée • 3 verres de bouillon dégraissé
12 petites pommes de terre Roseval ou BF 15
1 œuf de beurre plus 1 noix de beurre
1 brindille de thym • 1 feuille de laurier • sel, poivre
Préparation : *12 à 15 minutes*
Cuisson : *35 à 40 minutes*

Retirer la couenne et les cartilages de la poitrine fumée, la couper en petits lardons. Émincer en tranches un reste de pot-au-feu. Éplucher les pommes de terre. Si elles sont petites, les laisser entières, sinon les couper en 2 ou 3 morceaux. Les tenir dans l'eau fraîche.

Dans une cocotte, mettre une noix de beurre à fondre. Ajouter alors les dés de poitrine fumée, les faire fondre et rissoler en douceur. Mouiller avec le bouillon, ajouter les pommes de terre, le thym et le laurier. Couvrir et laisser « bouillotter » jusqu'à cuisson des pommes de terre. 10 minutes avant la fin de la cuisson des pommes de terre, ajouter les tranches de viande pour les chauffer. Allumer le four à température tiède et mettre le plat de service à chauffer.

Au moment de servir, retirer tous les ingrédients, lardons, viandes, pommes de terre à l'aide d'une écumoire et les ranger dans le plat de service chauffé. Tenir au chaud dans le four.

Faire réduire la sauce d'un bon tiers à plein feu, puis ajouter un œuf de beurre en imprimant à la cocotte un mouvement circulaire pour homogénéiser le beurre et le jus. Vérifier l'assaisonnement en sel et en poivre, verser la sauce dans le plat. Servir.

● **Les restes de bœuf bouilli en sauces**

Bien parés de leur gras et coupés en tranches, ils peuvent se réchauffer doucement :

— Dans un coulis de tomates aux oignons. *Légume d'accompagnement :* spathetti au beurre *.

— Dans une sauce piquante *. *Légume d'accompagnement :* purée de pommes de terre *.

— Dans une sauce Robert *. *Légume d'accompagnement :* haricots blancs au beurre *.

Plats divers

BŒUF STROGANOFF

Ce plat se fait au dernier moment.

***Proportions :** pour 6 personnes*
800 g de filet de bœuf ● 4 tomates moyennes
2 cuillères à café de concentré de tomate
1/2 verre de bouillon de volaille instantané
2 oignons moyens ● 1 cuillère à soupe de crème fraîche
1 gros œuf de beurre ● 1 cuillère à café 1/2 de paprika, sel
***Préparation :** 15 minutes*
***Cuisson :** bœuf, 1 minute ● sauce, 15 à 20 minutes*

Couper le morceau de viande en tranches épaisses de 3 cm, puis détailler ensuite chaque tranche en lanières de 2 à 2,5 cm de largeur. Réserver sur une assiette.

Plonger les tomates 1 minute dans l'eau bouillante, les laisser refroidir. Éplucher les oignons, les hacher finement, réserver dans un bol. Peler les tomates, les couper en deux, retirer les graines et l'eau de végétation. Les couper en morceaux. Réserver dans un bol.

Préparer le 1/2 verre de bouillon instantané (dans la proportion de 1/2 tablette pour 1/2 litre).

Dans une sauteuse ou dans une cocotte, mettre le beurre à fondre à feu moyen. Quand il est bien chaud et ne grésille plus, ajouter les lanières de bœuf et les faire revenir vivement en les tournant en tous sens pendant 1 minute. Retirer avec une écumoire et réserver sur l'assiette.

Rempolacer par les oignons hachés en baissant le feu, les faire cuire en douceur à couvert. Quand ils commencent à dorer, les saupoudrer avec le paprika et remuer en tous sens pendant 1 à 2 minutes pour faire cuire ce dernier. Mouiller avec le verre de bouillon, ajouter les tomates concassées et le concentré. Porter à petite ébullition.

Laisser cuire à découvert jusqu'à ce que l'eau des tomates disparaisse et que la sauce s'épaississe, délayer la cuillère de crème fraîche, ajouter les morceaux de viande et le jus qu'ils ont rendu. Bien mélanger le tout, laisser chauffer 1 à 2 minutes. Vérifier l'assaisonnement en sel et en poivre.

Verser ensuite dans un plat chaud et servir.

Légumes d'accompagnement : Pommes de terre vapeur *. Tagliatelles au beurre *. Riz créole *.

QUEUES DE BŒUFS FROIDES EN TERRINE

Ce plat se prépare en plusieurs stades échelonnés sur 35 heures. Il peut être prêt et tenu au frais 1 ou 2 jours à l'avance.

***Proportions :** pour 8 personnes*
2 queues de bœuf • 1 kg de carottes
1 livre de haricots verts
1 paquet de petits pois surgelés de 450 g
200 g de petits oignons ronds dits « grelots »
Marinade :
2 litres de vin rouge • 2 oignons • 2 carottes
6 gousses d'ail • 3 branches d'estragon
1 bouquet garni (thym, laurier, persil)
***Préparation :** 1 heure 15*
***Cuisson :** 2 heures*

36 heures à l'avance, acheter les queues de bœuf et demander au boucher de les parer et les dégraisser, puis de les couper en tronçons de 5 cm de longueur.

Éplucher et couper en morceaux les légumes de la marinade.

Disposer la viande dans une grande terrine, et la faire macérer 24 heures dans la marinade froide.

Au bout de 24 heures, sortir la viande et les légumes de la marinade, les éponger et les laisser sécher dans un torchon pendant 1 heure.

Dans une poêle, chauffer l'huile d'arachide à feu moyen. Saler, poivrer la viande. Quand l'huile fume, poser les morceaux de queues de bœuf et les faire dorer de tous côtés, les retirer avec une écumoire et les mettre dans une grande cocotte. Faire revenir et dorer de même les légumes de la marinade, les ajouter à la viande dans la cocotte.

Verser le liquide de la marinade dans une casserole, le porter à ébullition, écumer soigneusement puis verser dans la cocotte sur la viande et les légumes. Porter le tout à ébullition à feu moyen. Vérifier l'assaisonnement. Couvrir, baisser le feu et laisser mijoter pendant 2 heures.

Pendant ce temps, éplucher et préparer les carottes en les coupant en bâtons comme des frites. Éplucher les oignons et les haricots verts. Mettre à bouillir une grande casserole d'eau salée. Jeter les oignons à cuire puis les carottes, 5 minutes après ; la totalité de la cuisson doit être de 15 minutes en tout. Retirer les légumes avec une écumoire. Les poser dans une passoire à pieds pour les égoutter. Dans la même eau bouillante, faire cuire 10 minutes les haricots verts, les sortir et les plonger dans l'eau froide quelques minutes. Les égoutter ensuite. Dans une autre casserole d'eau bouillante salée, mettre à cuire pendant 5 minutes les petits pois surgelés, les égoutter.

Réserver tous ces légumes séparément.

Quand la viande est cuite, retirer les morceaux de la cocotte un à un avec une écumoire et une fourchette. Poser sur un grand plat. Verser le jus de cuisson dans une terrine en le passant à travers un chinois, le mettre au froid pour que la graisse monte et se fige.

Pendant ce temps, retirer la viande des os avec un petit couteau pointu. La réserver sur le plat. Dans une grande terrine ovale, disposer une couche de viande, puis une couche de petits légumes variés ; continuer en terminant par une couche de légumes joliment disposés.

Reprendre le jus de cuisson, le dégraisser soigneusement à l'aide d'une cuillère ou d'une spatule. S'il était déjà un peu solidifié, le remettre à tiédir dans une casserole pour le liquéfier. Sinon le verser délicatement dans la terrine. Mettre celle-ci dans le réfrigérateur pour que ce jus se prenne en gelée. Consommer quelques heures après en présentant la terrine telle quelle, et en l'accompagnant d'une salade verte.

Remarque : Avoir soin de sortir la terrine du réfrigérateur une petite 1/2 heure avant de la déguster pour qu'elle se réchauffe un peu à la température de la cuisine. Elle sera infiniment meilleure.

Le veau

Pour être de qualité supérieure, un veau doit avoir été nourri du lait de sa mère, élevé par elle et abattu à l'âge de 2 ou 3 mois. Si ces conditions sont réunies, on a une viande de première qualité, blanche un peu rosée avec des reflets irisés. La graisse est très blanche et la chair ferme à la pression.

La viande des veaux élevés industriellement et tués trop jeunes est sans graisse, molle, flasque et de couleur plus foncée. A la cuisson, elle rend de l'eau, au goût elle est insipide.

C'est de mai à septembre que le veau est à la fois le moins cher et le meilleur.

Les morceaux de veau se classent en catégories à poêler, à rôtir, à mijoter.

À chaque série de recettes seront indiqués les morceaux à employer.

Les pièces individuelles

Le choix des morceaux

La série des côtes qui se débitent dans le carré (dos de l'animal). Elles se classent en premières, secondes et découvertes. Elles doivent peser 180 g environ et se cuisent assez lentement, à feu moyen-doux.

Les escalopes qui sont prélevées dans la noix et la sous-noix. On les coupe dans le travers du fil de la viande. Elles doivent être larges et plates, peser 120 à 130 g et être cuites rapidement, à feu moyen-vif.

Les grenadins sont pris dans les mêmes morceaux que les escalopes mais coupés dans le sens de la viande. Épais, ils correspondent aux tournedos (v. page 266). Ils doivent peser 100 à 130 g. On les cuit lentement pour avoir une cuisson en profondeur, à feu doux.

Les filets mignons se situent sous la longe. C'est un morceau exquis semblable à un petit beefsteak. Il est difficile de les obtenir du boucher qui les garde pour lui ! Ils se cuisent à feu assez vif.

Le veau étant une viande blanche, tous ces morceaux doivent être bien cuits, mais il est recommandé de les servir moelleux et non desséchés.

• Procédé

On les cuit à la poêle accommodés de différentes façons (voir plus loin). La cuisson au gril est peu recommandable pour la viande de veau qui se dessèche facilement.

GALETTES DE VEAU À L'OSEILLE

Ce plat se cuit au dernier moment, mais les galettes peuvent être préparées à l'avance et tenues au frais pendant quelques heures.

Proportions : *pour 4 personnes*
300 g de veau haché bien maigre • 125 g de jambon fumé
100 g de mie de pain • 1 verre de lait • 2 œufs
1 œuf de beurre en tout • 80 g d'oseille
1/2 verre de vin blanc sec • 1 cuillère à soupe d'eau
3 cuillères à soupe de crème fraîche • sel, poivre
préparation : *30 à 35 minutes*
Cuisson : *viande, 15 à 20 minutes • sauce, 2 à 3 minutes*

Demander au boucher de hacher finement du veau bien maigre. Émietter la mie de pain dans un bol, la couvrir de lait. Retirer la couenne et le gras de jambon, le hacher finement. Retirer la tige et la nervure centrale des feuilles d'oseille, les laver soigneusement à plusieurs eaux, égoutter et déchirer les feuilles en 3 à 4 morceaux si elles sont grandes.

Dans un saladier, mélanger le veau et le jambon. Presser la mie de pain entre les mains pour enlever l'excédent de lait. L'ajouter aux viandes hachées ainsi que les deux œufs entiers, du sel et du poivre. À l'aide d'une fourchette, bien malaxer le tout pour avoir un mélange homogène. Former ensuite 8 galettes plates égales, de 2 cm d'épaisseur.

Dans une large poêle, faire fondre un œuf de beurre à feu

moyen-doux. Quand il grésille, poser les galettes, et à couvert, les faire cuire et dorer en douceur des deux côtés. Elles doivent gonfler.

Allumer le four à température tiède. Mettre le plat de service à chauffer. Quand les galettes sont cuites, les retirer à l'aide d'une spatule et les poser dans le plat de service. Remettre au chaud dans le four.

Relever le feu sous la poêle et y verser le vin blanc tout en grattant et ramassant tous les résidus de cuisson. Ajouter une cuillère à soupe d'eau, laisser réduire jusqu'à consistance sirupeuse. Verser la crème fraîche, laisser bouillir et épaissir rapidement. Ajouter l'oseille et laisser chauffer doucement 1 à 2 minutes. Vérifier l'assaisonnement en sel et en poivre. Verser cette sauce autour des galettes dans le plat, et servir.

Légume d'accompagnement : Épinards en branches *.

Remarque : Cette recette sera tout aussi bonne avec un coulis de tomates aux oignons * fait la veille et réchauffé au dernier moment. On cuit alors simplement les galettes à la poêle et on les entoure du coulis avant de servir. Les accompagner de pâtes au beurre * ou de riz créole *.

CÔTES DE VEAU DANS LEUR JUS

Ce plat se fait au dernier moment, mais peut attendre au four tiède dans le plat de service chaud.

Proportions : *pour 4 personnes*
4 côtes de veau de 180 g chacune ● 1 œuf de beurre
2 cuillères à soupe d'eau ● sel, poivre
Préparation : *5 minutes*
Cuisson : *20 à 25 minutes*

Saler, poivrer les 4 côtes de veau. Dans une large poêle, mettre le beurre à fondre à feu moyen ; quand il grésille, poser les 4 morceaux de viande côte à côte. Faire dorer d'un côté, retourner et faire dorer de l'autre. Baisser le feu, couvrir la poêle et laisser mijoter les côtes de veau qui vont rendre du jus. Les retourner une fois en cours de cuisson.

Quand elles sont prêtes et moelleuses, les retirer avec l'écumoire et les poser sur le plat de service. Relever le feu et en grattant le fond de la poêle avec une spatule, ajouter 2 cuillères à soupe d'eau. Faire bouillir quelques instants pour que la sauce ait une consistance sirupeuse.

Vérifier l'assaisonnement en sel.

Verser la sauce sur la viande, terminer avec 2 ou 3 tours de moulin à poivre et servir.

Légumes d'accompagnement : Pommes de terre sautées avec champignons *. Purée de pommes de terre *. Petits pois à la française *. Girolles sautées *.

GRENADINS DE VEAU AU NOILLY

Ce plat se fait au dernier moment, mais peut attendre dans le four tiède.

***Proportions :** pour 4 personnes*
4 grenadins de veau de 100 g chacun
250 g de champignons de Paris dits « grelots »
3 cuillères à soupe de crème fraîche
1 cuillères à soupe de noilly
1 œuf de beurre plus 1 noix • sel, poivre
***Préparation :** 10 minutes*
Cuisson :
viande, 25 minutes • champignons, 8 à 10 minutes
sauce, 2 à 3 minutes

Faire cuire les grenadins en douceur dans la poêle avec un œuf de beurre.

Pendant ce temps, préparer et cuire les champignons à la poêle *. Allumer le four à température tiède, faire chauffer le plat de service.

Les grenadins étant cuits, les retirer de la poêle avec une large spatule et tenir au chaud dans le four sur le plat de service.

Verser dans la poêle les cuillères de noilly, gratter les résidus de cuisson, et à feu moyen faire réduire le vin presque complètement. Ajouter la crème fraîche et faire bouillir rapidement jusqu'à consistance onctueuse. Verser les champignons, les faire chauffer quelques instants.

Vérifier l'assaisonnement, verser la sauce dans le plat tout autour des grenadins et servir.

Légumes d'accompagnement : Riz pilaf *. Haricots verts au beurre *. Carottes sautées *.

CÔTES DE VEAU AUX PETITS OIGNONS

Ce plat se fait au dernier moment, mais peut attendre dans le four tiède.

***Proportions :** pour 4 personnes*
4 côtes de veau de 180 g • 3 à 4 oignons moyens
1 œuf de beurre • 3 cuillères à soupe d'eau • sel, poivre
***Préparation :** 10 minutes*
***Cuisson :** viande, 20 à 25 minutes • oignons, 10 à 12 minutes*

Éplucher les oignons, les hacher grossièrement. Allumer le four à température tiède et y chauffer le plat de service.

Dans une poêle à feu moyen, mettre le beurre à fondre. Quand il commence à grésiller, verser les oignons hachés et les faire cuire en douceur à couvert.

Quand ils sont dorés, les retirer avec une écumoire et les réserver sur une assiette, les remplacer par les côtes de veau légèrement salées et poivrées. Quand elles sont dorées des deux côtés, baisser le feu, verser les oignons, couvrir et laisser cuire doucement en retournant les côtes une fois. Au terme de la cuisson, retirer la viande, poser sur le plat de service et tenir au chaud dans le four.

Verser dans la poêle 3 cuillères à soupe d'eau. À feu vif, gratter les résidus de cuisson et obtenir un petit jus onctueux. Le verser sur les côtes avec les oignons et servir.

Légumes d'accompagnement : Gratin dauphinois *. Pommes de terre Alex Humbert *. Laitues aux lardon *.

ESCALOPES DE VEAU MEUNIÈRE AU CITRON

Ce plat se fait au dernier moment.

***Proportions :** pour 4 personnes*
4 escalopes dans la noix de 130 g chacune • 2 œufs de beurre
1 cuillère à soupe de jus de citron
2 cuillères à café de persil haché • sel, poivre
***Préparation :** 2 minutes*
***Cuisson :** 6 à 8 minutes en tout*

Demander au boucher des escalopes larges et plates.

Laver, sécher le persil, l'effeuiller et le hacher finement. Allumer le four à température tiède, faire chauffer le plat de service. Saler et poivrer les escalopes.

Faire fondre 1 œuf de beurre à feu moyen-vif dans une grande poêle. Quand il ne grésille plus et a la couleur noisette, poser les escalopes côte à côte. Faire dorer 2 à 3 minutes sur chaque face. Pendant ce temps couper le citron en deux et extraire le jus nécessaire. Retirer les escalopes à l'aide d'une large spatule et les tenir au chaud dans le four.

Verser le jus de citron et l'œuf de beurre restant dans la poêle. À feu vif gratter les résidus de cuisson et faire mousser le beurre. Arroser les escalopes, saupoudrer avec le persil et servir.

Légumes d'accompagnement : Pâtes au beurre *. Bettes à la crème *. Fèves au beurre *.

ESCALOPES DE VEAU VIENNOISES

Ce plat se fait au dernier moment, mais il peut attendre dans un plat de service chaud à l'entrée du four chaud.

***Proportions :** pour 4 personnes*
4 larges escalopes fines et plates dans la noix
1 œuf de beurre • 4 œufs
3 à 4 cuillères à soupe de farine • 1 paquet de chapelure
3 à 4 cuillères à soupe de câpres • 4 petits anchois roulés à l'huile
1 citron • sel, poivre
***Préparation :** 25 minutes*
***Cuisson :** 8 à 10 minutes*

Mettre deux œufs à durcir 8 minutes dans l'eau bouillante, puis les rafaîchir sous l'eau froide courante. Hacher les câpres grossièrement. Éplucher les œufs, séparer les blancs des jaunes. Les passer séparément à la moulinette pour avoir du blanc et du jaune hachés.

Prendre 3 assiettes à soupe ; dans l'une mettre de la farine, dans l'autre deux œufs entiers battus à la fourchette, et de la chapelure dans la troisième. Passer chaque escalope sur les deux faces, d'abord dans la farine, ensuite dans les œufs battus, puis dans la chapelure. Saler et poivrer. Poser sur la planche. Cette opération s'appelle « paner ».

Dans une large poêle, à feu moyen, mettre le beurre à fondre. Quand il grésille, ajouter les escalopes, faire dorer d'un côté, baisser un peu le feu pour continuer la cuisson 2 à 3 minutes, retourner de l'autre côté et procéder de même.

Poser les escalopes sur un papier absorbant, elles doivent être bien sèches. Recouvrir chacune de jaune d'œuf dur, de câpres hachées et de blanc d'œuf de manière à avoir 3 bandes de couleur séparées. Coiffer le tout d'un petit anchois.

Disposer sur le plat de service chaud, compléter par 4 quartiers de citron et servir.

Légumes d'accompagnement : Épinards à la crème *. Purée de céleri *. Pâtes au beurre *.

PETITES ESCALOPES À L'ITALIENNE

Ce plat se fait au dernier moment, mais le temps de passage au four permet de servir une entrée.

***Proportions :** pour 4 personnes*
4 escalopes larges et fines de 125 g
8 tranches de bacon ou filet de Saxe
150 g de gruyère • 1 gros œuf de beurre
1 cuillère à café environ d'origan • 1/2 verre de vin blanc sec
1 verre d'eau • sel, poivre
***Préparation :** 10 à 12 minutes*
***Cuisson :** dans la poêle, 2 minutes • au four, 10 à 12 minutes*

Râper le fromage, le réserver dans un bol. Retirer la couenne et le gras qui entourent chaque tranche de bacon. Couper chaque escalope en deux dans le sens de la largeur, de manière à avoir 8 petites pièces de viande de la même taille que les tranches de bacon. Les saler et les poivrer. Allumer le four à température douce (150°, 200°, position 4, 5).

Dans une large poêle, chauffer le beurre à feu moyen, quand il commence à grésiller, disposer les morceaux de viande côte à côte ; les faire rapidement saisir et dorer d'un côté, puis faire de même sur l'autre face.

Retirer la poêle du feu, prendre chaque escalope à l'aide d'une large spatule et la poser sur une planche. Réserver la poêle avec son beurre de cuisson. Couvrir chaque escalope avec une tranche de bacon. Parsemer ensuite généreusement de gruyère râpé en appuyant un peu pour coller légèrement. Saupoudrer d'un peu d'origan.

Prendre un plat allant au four, le beurrer. Disposer les petites escalopes les unes à côté des autres en les laissant se chevaucher légèrement. Enfourner environ 10 à 12 minutes, jusqu'à ce que le fromage soit fondu et les escalopes bien chaudes.

Pendant ce temps, remettre la poêle sur feu vif, ajouter au beurre de cuisson, quand il est chaud, le vin blanc et l'eau. Faire bouillir et réduire environ de moitié, en grattant le fond de la poêle avec la spatule pour bien décoller tous les sucs de cuisson et obtenir une sauce colorée un peu sirupeuse. Vérifier l'assaisonnement.

Sortir le plat du four, napper les escalopes avec cette sauce et servir dans le plat de cuisson.

Légumes d'accompagnement : Risotto *. Spaghetti au beurre *.

Remarque : L'origan (ou marjolaine) se trouve séché en flacon dans les épiceries. Son goût assez particulier demande qu'on l'emploie avec modération. Si on trouve de l'origan frais sur les marchés, le laver et le sécher avant de le hacher, l'employer également avec parcimonie.

Les rôtis

Une pièce à rôtir est à la fois commode et élégante à présenter pour une maîtresse de maison.

Le veau étant une viande blanche, il exige d'être bien cuit. Son point de cuisson est donc moins difficile à surveiller que celui du rôti de bœuf.

C'est cependant une erreur de croire que le veau est meilleur très cuit. Il sera plus tendre, plus savoureux, plus juteux, si un juste point est atteint où la viande est très discrètement rosée. Elle est ainsi souple et non desséchée. Quand on la pique avec une aiguille, le jus qui en sort doit être imperceptiblement coloré.

Comme pour le bœuf, certains morceaux sont plus onéreux que d'autres. On les choisira donc en fonction de leur emploi.

Le choix des morceaux

Ils sont situés sur la patte arrière de l'animal dans une partie appelée le « cuisseau ».

— *La sous-noix et le quasi* sont des rôtis de famille.

— *La noix pâtissière* et *la noix* sont de délicieux morceaux faisant de belles tranches pour une présentation de fête.

— *Les longes* qui correspondent au filet de bœuf se situent de part et d'autre le long de la colonne vertébrale. C'est le morceau le plus délicat. Il faut demander au boucher de le préparer et de le désosser ; on obtient un long rôti étroit.

Mode de cuisson

Il est applicable à tous les morceaux à rôtir.

Faire préparer le morceau désiré par le boucher, en calculant environ 130 à 150 g par personne. Lui demander de le barder et de donner les os et les déchets, s'il y en a. À défaut, demander 2 ou 3 petits os de veau.

Allumer le four à température moyenne (225°, 230°, position 5, 6). Choisir un plat de taille proportionnée au rôti et aux os pour éviter que les résidus et le jus de cuisson ne brûlent dans trop d'espace. Beurrer le fond du plat, poser le rôti et les os. Saler, poivrer, ajouter 1 à 2 cuillères à soupe d'eau au fond du plat pour éviter une caramélisation qui donnerait un goût amer au jus.

Éventuellement, rajouter de l'eau en cours de cuisson si une évaporation trop rapide se produisait. Arroser régulièrement le rôti et les os avec le jus rendu. Retourner la pièce une fois.

10 minutes environ avant la fin de la cuisson, retirer les bardes qui entourent le rôti et continuer la cuisson en l'arrosant avec le jus pour que la viande devienne dorée.

Le temps de cuisson : 30 à 35 minutes pour 1 kilo.

Important : Calculer la fin de la cuisson 10 à 15 minutes avant le découpage et le service. Laisser le rôti à l'entrée du four dans le plat de service sur la porte pour laisser le temps à la viande de se détendre, elle sera meilleure.

Préparer le jus : Ajouter 4 à 8 cuillères d'eau chaude selon le poids du rôti (pour 6 personnes, 6 cuillères), gratter le fond du plat pour en détacher tous les résidus. En inclinant le plat, rassembler tout le jus et faire « bouillotter » sur le gaz à feu moyen pour faire réduire et obtenir une consistance sirupeuse.

Éventuellement, supprimer un peu de gras à l'aide d'une cuillère passée à la surface. Si au contraire le jus paraît trop maigre, ajouter une noix de beurre qui s'émulsionne dans le bouillonnement. Verser ensuite en saucière, ajouter le jus rendu par la viande.

Découper le rôti sur la planche. Présenter les tranches sur le plat de service et servir avec la sauce et les légumes.

Suggestions de légumes :

1. *Avec le rôti familial :* Purée de pommes de terre *. Pâtes au beurre *. Risotto *. Petits pois à la française *. Épinards en branches *.
2. *Pour un repas de fête :* Il est préférable de mettre 2 ou 3 légumes

répartis. Girolles sautées au beurre *, tomates poêlées * et haricots verts *. Fèves fraîches au beurre * et gratin d'aubergines *. Cresson étuvé au beurre * et pommes de terre sautées à cru *. Fondue d'épinards à l'oseille * et galettes de maïs *. Fenouil à la cocotte à la tomate * et riz pilaf *. Jardinière de légumes *.

NOIX DE VEAU AUX OIGNONS

Ce plat se fait au dernier moment. Prévoir la fin de la cuisson 10 à 15 minutes avant de servir pour laisser à la viande le temps de se détendre.

***Proportions** : pour 8 personnes*
1 noix de veau de 1,500 kg • 2 ou 3 petits os
24 petits oignons grelots • 1 gros œuf de beurre
7 cuillères à soupe d'eau • sel, poivre
***Préparation** : 10 à 12 minutes*
***Cuisson** : viande, 50 à 55 minutes*

Faire préparer la viande au boucher, lui demander 2 ou 3 petits os, la rôtir comme il est dit (v. page 309).

Pendant que le rôti cuit, éplucher les oignons grelots choisis de taille égale. À mi-cuisson de la viande, les placer dans le plat autour du rôti, les arroser et les retourner pour qu'ils soient régulièrement cuits et dorés de tous côtés. Au terme de la cuisson retirer la viande et les os, préparer le jus (v. page 309). Découper le rôti. Dresser les tranches, les entourer d'oignons. Verser le jus en saucière et servir.

Légume d'accompagnement : Petits pois aux lardons *.

LONGE DE VEAU À L'ANETH

Ce plat se fait au dernier moment. Prévoir la fin de la cuisson 10 à 15 minutes avant de servir pour laisser à la viande le temps de se détendre.

***Proportions** : pour 8 personnes*
1 longe de 1,500 kg • 3 à 4 petits os • 1 gros œuf de beurre
2 à 3 cuillères à soupe d'eau
6 cuillères à soupe de crème fraîche
4 cuillères à café d'aneth frais haché • sel, poivre
***Préparation** : 5 à 6 minutes*
***Cuisson** : 45 à 50 minutes*

Faire préparer la longe par le boucher. La mettre à rôtir (v. page 309) avec les os. Laver et sécher l'aneth, le hacher finement.

Au terme de la cuisson, retirer la viande et la laisser à l'entrée du four. Se débarrasser des os.

Verser 2 cuillères à soupe d'eau dans le plat de cuisson et gratter tous les résidus de cuisson. Incliner le plat sur le gaz à feu moyen pour rassembler tout le jus. Ajouter la crème fraîche et laisser « bouillotter » jusqu'à consistance onctueuse, vérifier l'assaisonnement en sel et en poivre, mélanger l'aneth haché. Verser dans une saucière chauffée. Laisser au chaud devant le four.

Découper la viande, dresser le plat de service et servir.

Légumes d'accompagnement : Émincés de fonds d'artichauts *. Courgettes au beurre *.

RESTES DE RÔTI DE VEAU

• Chaud

Il se réchauffe bien au four, enveloppé dans un papier d'aluminium. On l'accompagne d'un jus réchauffé s'il en reste, et de purée de pommes de terre.

À défaut de jus, une sauce aux oignons * et des pommes de terre au four * avec une salade verte.

Découper le reste du rôti de veau en tranches et le réchauffer doucement dans une sauce chaude : coulis de tomates * et fenouil au beurre *, sauce piquante * et laitue aux lardons *.

• Froid

En famille, servir simplement les tranches de rôti avec des condiments et la salade de son choix : salade verte *, salade de pommes de terre aux câpres *, salade de haricots verts *.

Pour un buffet, préparer avec d'autres viandes froides et des charcuteries bien choisies (jambon cuit et cru, langue écarlate), une grande assiette anglaise.

Avec un plateau de condiments, un choix de salades mélangées *.

Avec une mayonnaise crémée au citron *, de la salade de pointes d'asperges au cerfeuil *.

Avec une sauce à l'avocat *, une salade verte *.

• En composante de « grandes salades » (voir ce chapitre *).

Les plats mijotés

Ce sont des plats délicieux dignes de figurer à tous les repas.

On les confectionne quand on a un moment devant soi et on les conserve au frais pendant plusieurs jours. La plupart peuvent être réchauffés doucement et n'en sont que plus savoureux. Ils ne présentent donc aucune difficulté de dernier moment pour la maîtresse de maison.

Employant souvent les bas morceaux du veau, ils sont plus économiques que les rôtis et les pièces poêlées.

À ce seul titre ils méritent d'être souvent servis à un repas de fête où ils auront le succès habituel des plats mijotés.

Le choix des morceaux

Les morceaux couramment employés sont la *rouelle*, le *tendron*, la *poitrine*, et lés *hauts de côtes*.

BLANQUETTE DE VEAU À MA FAÇON

Ce plat peut se faire à l'avance sans la crème fraîche et les jaunes d'œufs. Il se conserve 2 à 3 jours au réfrigérateur dans une boîte ou la cocotte, à condition de retirer le thym et le laurier.

On le réchauffe à feu doux en ajoutant un peu d'eau pour homogénéiser le jus et on le termine en ajoutant la liaison de crème et jaunes d'œufs.

***Proportions** : pour 4 personnes*
8 à 10 morceaux moitié tendron, moitié épaule
1 cuillère à soupe débordante de farine (20 g environ)
1 grosse noix de beurre • 1 verre de vin blanc
2 verres d'eau • 2 oignons moyens
1 branche de thym • 2 feuilles de laurier
2 jaunes dœuf • 3 cuillères à soupe de crème fraîche
le jus de 1/2 citron (facultatif) • sel, poivre
***Préparation** : 5 minutes*
***Cuisson** : 2 heures*

Faire couper les morceaux dans le tendron et l'épaule par le boucher. Éplucher les oignons, les couper en rondelles.

Dans une cocotte, mettre le beurre à fondre à feu moyen ; quand il est fondu, ajouter la farine et en tournant avec la cuillère, laisser cuire 1 à 2 minutes jusqu'à la couleur jaune pâle, mouiller avec le vin blanc et l'eau. Tourner jusqu'à ébullition. La sauce devient épaisse.

Poser dans cette sauce les morceaux de viande, les oignons, le thym et le laurier. Saler, poivrer, couvrir et baisser le feu. Pendant le premier 1/4 d'heure, remuer de temps en temps les morceaux de viande qui, rendant du jus, vont éclaircir la sauce. Laisser mijoter 2 heures à couvert à petits « bouillottements ».

10 minutes avant la fin de la cuisson, allumer le four à température tiède. Retirer les morceaux de viande avec une écumoire, les mettre dans un plat de service creux. Couvrir et tenir au chaud au four. Si la sauce dans la cocotte est un peu longue, la faire bouillir à découvert pendant quelques minutes pour la réduire.

Pendant ce temps, délayer dans un bol les jaunes d'œufs avec la crème fraîche. Remettre le feu doux sous la cocotte, prendre une cuillère de sauce, délayer le mélange jaunes-crème, recommencer avec une ou deux cuillères. Verser le tout dans la cocotte et en tournant avec la cuillère, faire épaissir la sauce. Elle doit bien couvrir la cuillère.

Retirer le thym et le laurier. Vérifier l'assaisonnement, éventuellement relever le goût avec un peu de jus de citron. Reprendre le plat de service. Napper les morceaux avec la sauce et servir.

Légumes d'accompagnement : Pommes de terre vapeur *. Riz créole *.

TENDRON DE VEAU À LA TOMATE

Ce plat peut se faire à l'avance. Il se conserve 2 à 3 jours dans le réfrigérateur à condition de retirer le thym et le laurier.

Il se réchauffe à feu doux en ajoutant un peu d'eau pour homogénéiser la sauce.

Proportions : *pour 4 personnes*
4 à 6 tranches épaisses de tendron, coupées en deux
2 à 3 tomates • 2 à 3 oignons
1 grosse gousse d'ail • 1 grosse noix de beurre
1 cuillère à soupe d'huile d'arachide • 1/2 verre de vin blanc sec
1 petite boîte de concentré de tomates
sel, poivre
Préparation : *10 minutes*
Cuisson : *2 heures*

Plonger les tomates 1 à 2 minutes dans l'eau bouillante. Les retirer, enlever leur peau. Les couper grossièrement dans un bol. Réserver. Éplucher la gousse d'ail, la réserver. Éplucher les oignons, les hacher finement.

Dans une cocotte, mettre l'huile et le beurre à chauffer à feu moyen. Quand le mélange fume légèrement, verser les oignons hachés, les faire fondre et cuire à couvert jusqu'à ce qu'ils aient une belle couleur dorée. Les retirer alors avec une écumoire, réserver dans une assiette.

Remplacer par les morceaux de tendron, les faire revenir et dorer de tous côtés. Remettre les oignons, mouiller avec le vin blanc, ajouter les tomates en morceaux, le thym et le laurier, la gousse d'ail écrasée au presse-ail. Porter à ébullition à découvert quelques minutes. Saler, poivrer. Couvrir, baisser le feu et laisser mijoter pendant 2 heures.

En milieu de cuisson, ajouter le concentré de tomates en le délayant dans le jus. 10 minutes avant la fin de la cuisson, allumer le four à température tiède. Retirer les morceaux de viande avec une écumoire, les disposer dans un plat de service creux. Couvrir de papier alu et tenir au chaud dans le four tiède. Relever le feu sous la cocotte, et, à découvert, faire bouillir et réduire la sauce jusqu'à bonne consistance mœlleuse.

Retirer le thym et le laurier. Napper la viande avec la sauce et servir.

Légumes d'accompagnement : Riz créole *. Tagliatelles au beurre *. Chou-fleur au beurre *. Bettes au beurre *.

OSSO BUCO

C'est la même recette que celle du tendron mais faite avec 4 morceaux épais de 3 cm de jarret de veau. On ajoute dans la sauce 1 pincée de safran qui donne au plat sa saveur particulière.

ROUELLE DE VEAU ROULÉE AUX CAROTTES

Ce plat peut se faire 2 ou 3 jours à l'avance. On le conserve au réfrigérateur en ayant pris soin de retirer le thym et le laurier. On le réchauffe à feux doux en ajoutant un peu d'eau pour homogénéiser le jus.

***Proportions :** pour 4 personnes*
1,500 kg de rouelle de veau • 500 g de carottes

2 oignons moyens
*1 verre de bouillon de volaille **
ou bouillon instantané, à défaut un verre d'eau
2/3 de verre de vin blanc ● 1 branche de thym
2 feuilles de laurier ● 1 cuillère à café de sucre en poudre
1 œuf de beurre ● sel, poivre
***Préparation** : 15 minutes*
***Cuisson** : 2 heures*

Demander au boucher de rouler un morceau de rouelle de veau en forme de rôti.

Éplucher, laver les carottes, les couper en rondelles de 1/2 cm. Les tenir dans l'eau fraîche. Éplucher les oignons, les couper aussi en fines rondelles. Les réserver sur une assiette.

Dans une cocotte, mettre le beurre à fondre à feu moyen. Quand il commence à grésiller, poser la viande légèrement salée et poivrée et la faire dorer et revenir de tous les côtés. La retirer un instant de la cocotte avec l'écumoire et, en remuant avec la cuillère en bois, ajouter le sucre dans le beurre de cuisson pour caraméliser et donner une jolie couleur. Verser le vin blanc et le bouillon de volaille ou l'eau. Remettre la viande. Ajouter le thym et le laurier, puis les carottes et les oignons. Couvrir et faire partir en petits bouillottements réguliers. Laisser cuire pendant 2 heures en surveillant de temps en temps pour s'assurer qu'il y a toujours du jus et en retournant la viande une fois. Sinon, rajouter un peu de bouillon.

Allumer le four à température tiède. Quand la viande est cuite, c'est-à-dire parfaitement mœlleuse, la retirer de la cocotte avec deux larges spatules. Poser sur une planche et la découper en tranches. Disposer dans un plat de service, tenir au chaud dans le four.

Avec une écumoire, sortir les oignons et les carottes, entourer la viande, supprimer le thym et le laurier.

Si le jus est parfait, c'est-à-dire un peu court et sirupeux, de belle couleur, vérifier l'assaisonnement, le verser dans la saucière. S'il est un peu long, clair et liquide, poser la cocotte à plein feu sur le gaz et faire bouillir pour obtenir la réduction et la consistance désirées.

Légumes d'accompagnement : Spaghetti au beurre *. Pommes de terre vapeur *.

Remarque : La rouelle de veau est un morceau bien moelleux, mais il a l'inconvénient de ne pas être décoratif, car on ne peut pas le découper en belles tranches. Si on désire avoir un plat plus présentable, on peut choisir un autre morceau de veau se tenant bien, telle la sous-noix.

• **Les restes**

1. Froide, cette viande sera délicieuse avec de la sauce fraîche de tomates* ou de la mayonnaise crémée au citron*.
   Les carottes et les oignons légèrement relevés d'une vinaigrette aux échalotes* accompagneront bien la viande.
2. Émincé en fines escalopes, le veau pourra aussi remplacer le poulet dans la salade de poulet*.

PAUPIETTES À LA CRÈME ET À L'ESTRAGON

On peut préparer les paupiettes à l'avance. On les conserve au frais dans le réfrigérateur. On peut aussi faire le plat à l'avance. On le réchauffe doucement et on le termine avec la crème au dernier moment.

***Proportions :** pour 4 personnes*
6 escalopes de veau dans la noix de 125 g environ
130 g de jambon type Bayonne • 1 tasse à thé de mie de pain
2 cuillères à café d'estragon haché • 2 échalotes
3 cuillères à soupe de lait • 1 œuf entier
1 brindille de thym • 1 œuf de beurre, plus une petite noix
1/2 verre d'eau • 1/2 verre de vin blanc sec
4 cuillères à soupe de crème fraîche • sel, poivre
***Préparation :** 50 à 60 minutes*
***Cuisson :** 1 heure 15 à 1 heure 30 en tout*

Demander au boucher de couper des escalopes très fines et de les aplatir.

Préparer la farce. Émietter la mie de pain dans une tasse, la recouvrir de lait.

Avec un couteau bien affûté, donner aux escalopes la forme régulière d'une longue bande de 12 à 15 cm de long et 7 à 8 cm de large. Réserver les débris.

Éplucher les échalotes, les hacher finement en les tenant par le bout arrondi. Mettre à fondre une petite noix de beurre dans une poêle, ajouter les échalotes hachées et les faire cuire doucement à couvert jusqu'à ce qu'elles soient transparentes et non colorées.

Pendant ce temps, supprimer le gras et la couenne du jambon cru et le hacher finement à la moulinette ou au mixer. Verser dans un saladier et faire de même avec les débris des escalopes. Les ajouter au jambon et mélanger. Quand les échalotes sont à point, les ajouter aux viandes hachées.

Presser la mie de pain entre les mains pour retirer l'excédent de lait et la mettre dans le saladier. Casser un œuf entier, saler, poivrer et mélanger tous ces ingrédients pour avoir une farce homogène.

Étaler les escalopes sur une planche, les tartiner également de farce, les rouler sur elles-mêmes et les ficeler pour qu'elles ne se défassent pas.

Dans une large cocotte, mettre un œuf de beurre à fondre à feu moyen. Quand il grésille, poser les paupiettes côte à côte et les faire rissoler doucement de tous côtés sans trop leur faire prendre couleur. Mouiller avec le vin blanc et l'eau, ajouter une brindille de thym. Laisser « bouillotter » quelques instants à découvert, couvrir, baisser le feu et assurer un petit mijotement continu pendant 1 heure, 1 heure 15. Retourner les paupiettes 1 fois à mi-cuisson.

Pendant ce temps, laver, sécher l'estragon, l'effeuiller et le hacher finement, réserver dans une tasse. 5 minutes avant la fin de la cuisson, allumer le four à température tiède et mettre le plat de service à chauffer.

Au terme de la cuisson, retirer les paupiettes à l'aide d'une large spatule, les poser dans le plat de service et retirer les ficelles. Les tenir au chaud dans le four.

Relever le feu sous la cocotte, retirer la brindille de thym et faire éventuellement réduire la sauce qui doit être courte et sirupeuse. Ajouter alors la crème fraîche et l'estragon haché. Faire bouillotter quelques instants pour avoir une consistance onctueuse. Vérifier l'assaisonnement, napper les paupiettes et servir.

Légumes d'accompagnement : Macédoine de légumes*. Petits pois à la française*. Fondue d'épinards et d'oseille*.

PAUPIETTES À LA JULIENNE DE LÉGUMES

On peut préparer les paupiettes à l'avance et les tenir au frais dans le réfrigérateur. On fait le plat au dernier moment.

***Proportions :** pour 4 personnes*
4 escalopes dans la noix de 125 g chacune
4 tranches de poitrine fumées très fines
3 carottes moyennes • 3 à 4 champignons de Paris moyens
1 navet moyen • 2 oignons moyens
1 cuillère à café de persil et cerfeuil hachés par parties égales
1 verre de vin blanc sec • 1 verre d'eau
3 œufs de beurre • sel, poivre

***Préparation** : 50 à 60 minutes*
***Cuisson** : légumes, 8 minutes • paupiettes, 1 heure 10 en tout*

Demander au boucher de couper des escalopes très fines et de les aplatir.

Préparer la farce. Gratter les carottes et le navet à l'économe, les râper en julienne à l'aide de la grille moyenne du mouli-julienne. Préparer les champignons : séparer les têtes des pieds, enlever les parties terreuses. Les laver convenablement, les sécher, et à l'aide d'un petit couteau les tailler en bâtonnets de la même taille que les carottes. Laver, sécher, effeuiller le persil et le cerfeuil, les hacher finement, réserver dans un bol. Conserver les tiges.

Dans une casserole, mettre à fondre 1 œuf de beurre à feu moyen-doux. Quand il est fondu, verser les carottes et le navet, couvrir et faire cuire doucement sans colorer. Au bout de 5 minutes, ajouter les champignons et continuer la cuisson pendant 3 minutes. Remuer de temps en temps pour bien mélanger et éviter que les légumes n'attachent. Au terme de la cuisson, ils doivent être tendres, mais encore fermes. Ajouter le persil et le cerfeuil hachés, mélanger. Saler, légèrement, poivrer.

Étaler les escalopes sur la planche, les tailler en bandes (v. page 316). Réserver les débris. Retirer la couenne et les cartilages des tranches de poitrine fumée, conserver ces déchets. Étaler chaque tranche sur chaque bande d'escalope en évitant de dépasser. Tartiner avec de la julienne de légumes. Rouler les escalopes sur elles-mêmes et ficeler de 2 ou 3 tours de ficelle.

Couper le dernier oignon en petits dés. Dans une large cocotte, mettre à fondre un œuf de beurre à feu moyen. Quand il grésille, ajouter les morceaux d'oignons, les débris de veau et de poitrine fumée, les tiges de cerfeuil et de persil ainsi que les paupiettes de veau posées côte à côte. Faire revenir et dorer doucement le tout pendant 8 à 10 minutes en retournant fréquemment à l'aide de la spatule pour que l'ensemble se colore légèrement et uniformément. Saler et poivrer légèrement. Mouiller avec le vin blanc. Laisser « bouillotter » quelques instants, couvrir hermétiquement la cocotte et laisser mijoter à feu doux pendant 1 heure en retournant les paupiettes de temps en temps.

5 minutes avant la fin de la cuisson, allumer le four à température tiède et mettre le plat de service à chauffer. Au terme de la cuisson des paupiettes, les retirer avec une large spatule et les poser dans le plat de service. Tenir au chaud.

Retirer tous les déchets de la cocotte avec une écumoire et s'en débarrasser. À feu vif verser un verre d'eau, gratter tous les sucs de la cocotte et faire bouillir jusqu'à consistance un peu sirupeuse, ajouter le dernier œuf de beurre et en donnant un mouvement circulaire à la cocotte, émulsionner le beurre pour avoir une belle sauce onctueuse. Vérifier l'assaisonnement et le verser sur les paupiettes.

Légumes d'accompagnement : Champignons sautés*. Croquettes de pommes de terre*.

Le mouton et l'agneau

C'est une viande coûteuse, considérée comme une viande « élégante » et raffinée. Elle est classée dans les viandes dites « rouges ».

Le mouton est une viande adulte. Elle vient d'un animal qui ne grandira plus.

C'est une chair coûteuse, parfois un peu forte.

L'agneau est une viande plus jeune. L'animal est juste sevré et n'a pas encore terminé sa croissance.

C'est une chair fine et délicate dont la saveur moins accentuée est en général plus appréciée que celle du mouton.

L'agneau de lait est, comme son nom l'indique, un petit animal non sevré. Sa chair est très tendre, un peu inachevée, mais exquise. On le trouve chez les bons volaillers à Noël et à Pâques. Le plus connu est celui dit « de Pauillac ».

Les morceaux de mouton et d'agneau se classent en catégories à griller, à rôtir, à mijoter.

À chaque série de recettes seront cités les morceaux qu'il est recommandé d'employer.

Les pièces individuelles

Le choix des morceaux

C'est toute la série des côtelettes. Il en existe différentes sortes qui sont, en allant de la tête à la queue de l'animal :

— *Les côtelettes premières ;*
— *Les côtelettes secondes ;*
— *Les côtelettes découvertes.*

Elles sont toutes prises dans le train de côtes ; on en compte en général 2 par personne.

Les mutton-chops, prises dans la selle ou reins. Elles sont coupées épaisses (2,5 à 3 cm), on en sert 1 par personne.

Les côtelettes prises dans le gigot. Elles sont coupées perpendiculairement à l'os du gigot. Selon l'épaisseur demandée, on en sert 1 ou 2 par personne.

Les modes de cuisson

• Au gril

Principes généraux :

— Le gril doit être parfaitement propre. On le met au degré de chaleur voulu avant de commencer la cuisson de la viande.
— La viande est huilée légèrement sur ses deux faces avant d'être mise à cuire.
— Elle est salée et poivrée, cuisson terminée.

Temps de cuisson et intensité du feu :

— Le temps et le feu sont fonction du point de cuisson souhaité. Cependant, il est généralement admis que le mouton est une viande qui se mange rosée, mais on peut la préférer saignante ou bien cuite.
— Pour mener convenablement ces cuissons, voir les indications données pour la cuisson des pièces individuelles de bœuf*.

SUGGESTIONS DE LÉGUMES ET SAUCES
POUR LES CÔTELETTES D'AGNEAU AU GRIL

LÉGUMES	SAUCES
Courgettes au beurre* *et* haricots verts*	Beurre d'estragon*
Embeurrée de choux nouveaux*	Sauce diable*
Croquettes de pommes de terre* *et* fenouil au beurre*	Sauce au curry*

- **À la poêle**

On admet de même la cuisson « saignante », « à point », et « bien cuite ». Elle s'évalue et se mène de la même façon que sur le gril.

Graisser légèrement une poêle, la mettre sur le feu moyen-vif. Quand elle est chaude, poser les pièces de viande salées et poivrées. Les saisir sans excessive brutalité pour qu'elles cuisent aussi en profondeur. Quand une face est cuite, retourner et agir de même avec l'autre face.

Poser ensuite les côtelettes sur un plat de service bien chaud.

Éliminer la graisse de la poêle. Verser un petit peu d'eau en maintenant sur le feu et en grattant les résidus de cuisson pour obtenir un petit jus. Le verser sur les côtelettes et servir.

Suggestions de légumes pour les côtelettes poêlées : Pommes de terre sautées en quartiers*. Artichauts sautés à cru*. Fèves fraîches à la sarriette*. Purée de céleri-rave*. Tomates concassées*. Champignons sautés au beurre*. Gratin dauphinois*.

Les morceaux à rôtir

Ils sont tous délicieux, mais selon leur taille et leur catégorie, on les emploiera pour une famille ou de nombreux invités.

Le choix des morceaux

— *Le baron :* c'est toute la partie arrière de l'animal. Elle comprend les deux pattes arrière ou gigots, et les reins ou selle.

C'est un superbe morceau qui, choisi dans le mouton ou l'agneau, convient à une nombreuse assemblée et ne se prête pas très bien aux fours familiaux. En revanche, le baron d'un petit agneau de lait convient tout à fait pour un repas de 8 à 12 personnes.

— *Le gigot :* c'est la patte arrière. On le fait préparer par le boucher, et selon l'animal choisi, agneau ou agneau de lait, il fournit un repas de 4 à 8 personnes.

— *La selle :* c'est toute la partie comprenant les reins de l'animal. C'est un fin morceau, mais il ne peut convenir que pour un nombre restreint de personnes.

— *Le carré :* c'est un morceau constitué des côtes premières de l'animal ; il ne doit pas excéder 8 côtes. On le sert pour 2 à 3 personnes.

— *L'épaule :* c'est la patte avant de l'animal. Non désossée, c'est un morceau à caratère familial qui convient bien pour 4 à 5 personnes.

Mode de cuisson

Il est applicable à tous les morceaux à rôtir.

Faire préparer le morceau désiré par le boucher, lui demander les os ou les déchets s'il y en a, et compter environ 130 à 150 g de viande par personne.

Allumer le four à la température voulue (voir indication plus loin) suffisamment à temps pour qu'il soit à la bonne chaleur au moment d'enfourner.

Choisir un plat de taille proportionnée à celle du rôti et des os, pour éviter que les résidus de cuisson et le jus rendu par la viande ne brûlent dans trop d'espace.

Beurrer le plat, poser le rôti et l'entourer des os, le tartiner de beurre. Saler, poivrer, ajouter 1 à 2 cuillères à soupe d'eau au fond du plat pour éviter une caramélisation trop rapide, et une brindille de thym pour parfumer le jus.

Arroser régulièrement le rôti et les os avec le jus en cours de cuisson. Retourner le rôti une fois.

Important : Calculer la fin de la cuisson 10 à 15 minutes avant de servir la viande. La sortir du plat, la mettre sur un plat chaud à l'entrée du four, recouverte d'un papier alu. La viande se détend, repose et elle est ainsi meilleure.

Préparer la sauce. Supprimer une partie de la graisse dans le plat de cuisson, mais ne pas l'enlever en totalité car elle rend la sauce savoureuse, ajouter 4 à 8 cuillères à soupe d'eau chaude selon le poids du rôti (idée de proportion : 6 cuillères pour 6 personnes), gratter le fond du plat pour détacher tous les résidus de cuisson. Incliner le plat pour rassembler le jus, et faire « bouillotter » sur le gaz à feu moyen pendant quelques instants pour avoir une consistance sirupeuse.

Verser ensuite dans une saucière, ajouter le jus rendu par la viande pendant le temps d'attente. Découper le rôti ou le présenter entier sur la table et servir avec la sauce et les légumes.

Temps de cuisson et température du four. Il est habituel de manger le mouton et l'agneau rôtis cuits « à point ». Selon le morceau choisi, les temps et les températures seront différents.

— LE BARON : à cuire sans excessive brutalité pour ne pas dessécher la selle.

Température du four : moyenne-chaude (225°, 230°, position 5, 6).
Temps de cuisson : on ne peut le dire avec précision ; l'évaluer en piquant les gigots avec une aiguille. Le jus doit en sortir rosé. Ils sont ainsi saignants à l'os, tandis que la selle, moins épaisse sera « à point ».

— LE GIGOT : à cuire sans brutalité.
Température du four : moyenne-chaude (225°, 230°, position 5, 6).
Temps de cuisson : 20 à 25 minutes par kilo. La viande doit être souple sous la spatule. Piquée, il en sort une goutte de jus rosé.

— LA SELLE : elle doit être saisie rapidement.
Température du four : chaude (260°, 270°, position 7, 8).
Temps de cuisson : 12 à 13 minutes par kilo.

— LE CARRÉ : il doit être saisi, la viande plus près du « saignant » que de l'« à point » et dorée à l'extérieur.
Température du four : bien chaude (270°, 280°, position 8, 9).
Temps de cuisson : 12 à 15 minutes par kilo.

— L'ÉPAULE : c'est un morceau qui doit se saisir et se cuire rapidement.
Température du four : bien chaude (270°, 280°, position 8, 9).
Temps de cuisson : 10 à 12 minutes par kilo.

Suggestions de légumes avec les morceaux à rôtir :

1. *Le baron d'agneau de lait :* Pommes allumettes *. Tomates poêlées *. Haricots verts * en quantités égales.
2. *Le gigot :* Haricots panachés *. Pommes de terre sautées aux truffes *.
3. *La selle :* Crique de pommes de terre *. Haricots blancs frais à la tomate *.
4. *Le carré :* Tomates concassées *, saupoudrées de basilic frais et croquettes de pommes de terre *.
5. *L'épaule :* Fenouil en cocotte *. Spaghetti à la bolognaise *.

GIGOT D'AGNEAU BOULANGÈRE

Ce plat se fait au dernier moment.

***Proportions :** pour 8 personnes*
1 gigot de 2,500 kg
1 kg de pommes de terre type Bintje
2 oignons moyens • 2 œufs de beurre • sel, poivre

***Préparation** : 20 minutes*
***Cuisson** : 50 à 55 minutes*

Faire préparer le gigot par le boucher. Éplucher les pommes de terre, les couper en rondelles de 1/2 cm d'épaisseur, les laver et les enfermer ensuite dans un torchon pour les sécher. Allumer le four à température moyenne (220°, position 6).

Éplucher les oignons, les émincer en fines rondelles.

Beurrer grassement un plat allant au four, poser le gigot, le tartiner avec 1 œuf de beurre, saler, poivrer.

Dans une petite casserole, faire fondre à feu doux un gros œuf de beurre, mettre les pommes de terre et les oignons dans une terrine, verser le beurre fondu, bien le mélanger en brassant les pommes de terre et les oignons avec les mains.

Disposer les légumes autour du gigot comme des écailles de poisson. Mettre au four, À mi-temps, retourner le gigot et en profiter pour arroser les pommes de terre avec le jus sous le gigot.

Quand la viande est arrivée au terme de sa cuisson, et que les pommes de terre sont cuites et dorées, servir tel quel dans le plat de service, accompagné d'une simple salade verte.

SELLE D'AGNEAU AUX GOUSSES D'AIL EN CHEMISE

Ce plat se fait au dernier moment, mais prévoir l'arrêt de la cuisson 10 à 15 minutes avant de servir pour laisser reposer la viande.

***Proportions** : pour 6 personnes*
1 selle d'agneau de 1,200 kg
12 à 15 gousses d'ail • 2 œufs de beurre
6 cuillères à soupe d'eau • sel, poivre
***Préparation** : 5 minutes*
***Cuisson** : 20 à 25 minutes*

Allumer le four à température moyenne-forte (230°, position 6, 7). Préparer les gousses d'ail en ne les épluchant pas, mais en parant les petites peaux superflues.

Beurrer un plat, poser la selle, la tartiner avec 1 œuf de beurre, saler et poivrer, ajouter 2 cuillères à soupe d'eau au fond du plat et entourer la viande avec les gousses d'ail. Enfourner à mi-hauteur.

Arroser la viande en cours de cuisson et la retourner à mi-cuisson, veiller à ce que les gousses d'ail n'attachent pas au fond du plat, les retourner également.

Quand la viande est « à point » (l'agneau se mange rosé), la sortir du four et la mettre dans le plat de service, l'entourer des gousses d'ail qui doivent être toutes moelleuses à l'intérieur.

Prendre le plat de cuisson, éventuellement retirer l'excédent de graisse de cuisson avec une cuillère et mettre le plat sur le gaz à feu moyen, verser 4 cuillères à soupe d'eau et gratter le fond du plat avec une cuillère en l'inclinant de tous côtés pour détacher tous les résidus de cuisson. Tenir ensuite le plat penché et laisser bouillotter et prendre une consistance sirupeuse pendant quelques instants. Ajouter un œuf de beurre à la sauce et remuer vivement pour l'incorporer au jus. Vérifier l'assaisonnement. Verser en saucière et servir avec la viande et les gousses d'ail qui se dégusteront en les pressant pour en extraire la purée intérieure.

Légumes d'accompagnement : Crique de pommes de terre *. Haricots blancs *.

ÉPAULE D'AGNEAU FARCIE

Toute la préparation de ce plat peut être faite la veille. Le mettre ensuite au frais dans le bas du réfrigérateur.

La cuisson se fait au dernier moment, sortir l'épaule 2 heures avant de la mettre au four pour qu'elle revienne à la température de la cuisine.

***Proportions :** pour 8 personnes*
1 épaule d'agneau de 1,700 kg (désossée : 1,300 kg)
1 rognon d'agneau • 200 g de chair à saucisse
50 g de mie de pain • 1 tasse à café de lait • 2 jaunes d'œufs
1 tasse à thé de cerfeuil et de persil hachés par parties égales
3 échalotes • sel, poivre • 3 noix de beurre
8 cuillères à soupe d'eau
***Préparation :** 1 heure*
***Cuisson :** 50 à 55 minutes*

Demander au boucher de désosser l'épaule, de l'ouvrir et l'aplatir pour pouvoir la farcir commodément. Lui demander aussi d'enlever la petite peau du rognon, de l'ouvrir et de supprimer les parties blanches centrales.

Faire la farce. Dans un bol, émietter la mie de pain, la mouiller avec la tasse de lait.

Éplucher les échalotes, les hacher finement. Mettre dans une petite poêle une noix de beurre à feu doux, quand il est fondu, ajouter les échalotes et les laisser cuire doucement à couvert jusqu'à ce qu'elles deviennent transparentes.

Laver, sécher, effeuiller le persil et le cerfeuil, hacher finement les feuilles, réserver le tout dans une tasse à thé.

Hacher grossièrement le rognon d'agneau.

Dans une terrine, malaxer la mie de pain avec une fourchette. Y mélanger les deux jaunes d'œufs. Ajouter les échalotes, la chair à saucisse, le rognon et les herbes, saler, poivrer. Bien travailler et brasser le tout. Allumer le four à température moyenne (220°, position 5, 6).

Étaler l'épaule sur une planche, le côté intérieur au-dessus. Mettre la farce au centre et replier la viande autour en s'efforçant de lui donner la forme d'un rôti. Ficeler convenablement en veillant à ce que la farce soit bien enfermée et ne s'échappe pas.

Prendre un plat à rôtir, mettre 2 cuillères à soupe d'eau au fond du plat, poser le rôti, beurrer le dessus de la viande avec la valeur de 2 noix de beurre, saler, poivrer. Enfourner et faire cuire en arrosant régulièrement et en retournant la viande à mi-cuisson.

Faire chauffer le plat de service et une saucière. Sortir la viande du four. Poser le rôti sur la planche, découper en tranches régulières, les disposer dans le plat de service, tenir au chaud à l'entrée du four.

Incliner le plat de cuisson, enlever avec une cuillère une partie du gras, et verser les 6 cuillères d'eau et, en remuant en tous sens au-dessus du gaz à feu moyen, gratter convenablement le fond du plat pour avoir un jus onctueux. Verser ce jus dans la saucière chaude et servir.

Légumes d'accompagnement : haricots blancs *. Crique de tagliatelles *.

UTILISATION DES RESTES D'AGNEAU OU DE MOUTON RÔTI

• Chaud

— Quand on n'aime pas la viande froide et que l'on n'a pas le temps de faire une longue préparation, réchauffer la viande simplement en l'enveloppant de papier alu, comme une grosse papillote et faire réchauffer à four doux. Le gigot sera tout à fait délicieux dans ces conditions.

S'il reste du jus de rôti, le réchauffer dans une petite casserole et servir en même temps.

Sinon, préparer la sauce de son choix telle que : Sauce au curry et au vin blanc *. Sauce beurre à l'échalote *. Beurre à la moutarde *.

— Avec un reste de selle et d'épaule, on pourra préparer un hachis parmentier * en enlevant bien le gras, les nerfs et la peau et en ajoutant de la chair à saucisse dans la proportion 1/3 de chair, 2/3 de viande.

• Froid

Le gigot est la partie de l'animal la plus agréable à manger froide car on peut servir de belles tranches maigres, tandis que l'épaule, la selle ou le carré sont plus gras et plus nerveux.

On l'accompagnera : De mayonnaise au naturel *. De mayonnaise aux fines herbes * avec une salade de pommes de terre * ou une salade verte *. De sauce de pulpe de tomates * avec une salade de haricots verts * ou une salade de haricots blancs *. De sauce à l'avocat * avec une salade de laitue, pommes et noix *.

Les plats mijotés

Le choix des morceaux

On emploie généralement les bas morceaux du mouton, tels le *haut de côtes*, le *collet*, la *poitrine*, les *basses côtes*.

Si on aime les morceaux plus maigres, on peut également employer l'*épaule*. Il est classique de faire un mélange de tous ces morceaux pour un ragoût et non pas d'employer une seule catégorie.

SAUTÉ D'AGNEAU

Ce plat peut être fait à l'avance. Il se conserve 2 à 3 jours au réfrigérateur dans une boîte hermétique, ou tel quel dans sa cocotte, à condition de retirer le thym et le laurier. On le réchauffe à feu doux en ajoutant un peu d'eau pour homogénéiser la sauce.

***Proportions :** pour 4 personnes*
8 à 10 morceaux de haut de côtes • 1 grosse noix de beurre
2 échalotes • 1/2 verre de vin blanc sec • 1/2 verre d'eau
1 branche de thym • 1 feuille de laurier • sel, poivre
***Préparation :** 2 à 3 minutes*
***Cuisson :** 1 heure en tout*

Éplucher les échalotes. Les hacher finement. Dans une cocotte, mettre le beurre à fondre à feu moyen, quand il grésille, ajouter les échalotes et les faire fondre et dorer lentement à couvert. Retirer ensuite avec une écumoire et réserver sur une assiette.

Remplacer l'échalote par les morceaux de viande et les faire dorer de tous côtés, remettre l'échalote. Mouiller avec le vin blanc et laisser bouillir 1 ou 2 minutes à bon feu. Ajouter l'eau, le thym et le laurier. Saler, poivrer. Laiser bouillir encore à découvert 1 ou 2 minutes. Puis couvrir et régler le feu pour assurer un petit « bouillottement continu » pendant 1 heure.

Quelques minutes avant la fin de la cuisson, allumer le four à température tiède. Quand la viande est moelleuse, retirer les morceaux avec une écumoire et les poser dans le plat de service. Se débarrasser du thym et du laurier. Tenir au chaud dans le four.

Incliner la cocotte et dégraisser la sauce en partie en passant une cuillère à la surface. La remettre à chauffer en grattant le fond de la cocotte avec une cuillère. Éventuellement, la faire réduire à découvert, à feu vif, car elle doit être courte et sirupeuse. Vérifier l'assaisonnement en sel et en poivre. Verser ensuite dans le plat de service et servir accompagné de pommes de terre vapeur *.

Remarque : Le haut de côtes est un morceau classique à faire en sauté. Il est seulement un peu gras. Si on préfère une viande plus maigre, on peut choisir des morceaux d'épaule ; la cuisson sera un peu plus longue.

NAVARIN AUX POMMES DE TERRE

Ce plat se fait en deux étapes. Il peut être fait en partie la veille ou l'avant-veille et tenu au frais dans sa cocotte si l'on prend soin de retirer le thym et le laurier.

Il sera terminé avec la cuisson des pommes de terre juste avant le repas.

***Proportions** : pour 6 personnes*
12 à 14 morceaux de mouton • 3 tomates moyennes
*1 litre de bouillon de bœuf dégraissé * ou de bouillon instantané de volaille (1/2 tablette pour 1/2 litre d'eau)*
1 cuillère à soupe rase de farine • 1 œuf de beurre et 1 noix de beurre
2 cuillères à soupe d'huile d'arachide

24 petites pommes de terre rondes • 12 à 15 petits oignons grelots
2 gousse d'ail • 1 branche de thym • 2 feuilles de laurier
sel, poivre
***Préparation :** 25 à 30 minutes*
***Cuisson :** 2 heures à 2 heures 30*

Choisir chez le boucher des morceaux variés dans le collet, la poitrine et les basses côtes.

Si on n'a pas de bouillon de bœuf, préparer le bouillon instantané de volaille.

Plonger les tomates dans une casserole d'eau bouillante pendant 1 à 2 minutes. Les réserver.

Dans une grande cocotte, mettre le beurre et l'huile à chauffer à feu moyen ; quand ils grésillent, ajouter les morceaux de viande légèrement salés et poivrés, les faire rissoler de tous côtés. Pendant ce temps, retirer la peau des tomates et les couper grossièrement dans un bol. Éplucher les gousses d'ail.

Quand les morceaux de viande sont dorés, égoutter la presque totalité de la graisse de cuisson, saupoudrer ensuite de farine et tourner en tous sens les morceaux dans la cocotte pour faire roussir et cuire la farine. Mouiller alors avec le bouillon, ajouter les tomates, le thym, le laurier, les gousses d'ail écrasées au presse-ail. Saler, poivrer. Faire partir à ébullition, couvrir et régler ensuite le feu pour assurer un petit bouillottement continu pendant 1 heure.

Pendant ce temps, éplucher les pommes de terre et leur donner à chacune la même forme ronde, les tenir dans l'eau fraîche. Éplucher les oignons, mettre une noix de beurre dans une poêle à feu moyen et les faire dorer vivement.

L'heure étant écoulée, transvaser les morceaux de viande dans une autre cocotte à l'aide de l'écumoire. Dégraisser soigneusement la sauce en passant une cuillère à la surface. Retirer le thym et le laurier. Verser tout le jus dans l'autre cocotte, sur les morceaux de viande. Ajouter les pommes de terre et les oignons. À feu moyen, porter à ébullition, couvrir et régler le feu de manière à assurer un petit bouillottement continu pendant 1 heure. Arroser régulièrement avec le jus les légumes du dessus.

Quelques minutes avant la fin de la cuisson, allumer le four à température tiède et mettre à chauffer un plat de service un peu creux. Vérifier la bonne cuisson des légumes ou laisser mijoter un peu plus longtemps. À l'aide de l'écumoire, retirer la viande et les légumes et les disposer dans le plat de service. Tenir au chaud dans le four, couvert d'un papier alu ou d'un couvercle.

Si la sauce est un peu longue et claire, la faire bouillir à découvert jusqu'à ce qu'elle réduise et prenne une consistance onctueuse. Vérifier l'assaisonnement en sel et en poivre. Verser la sauce dans le plat de service et servir.

NAVARIN PRINTANIER

Ce plat se fait en deux étapes. Il peut être fait en partie la veille ou l'avant-veille et tenu ensuite dans sa cocotte au réfrigérateur, sans thym ni laurier.

La cuisson sera terminée avec les légumes juste avant le repas.

***Proportions** : pour 6 personnes*
12 à 14 morceaux de mouton • 3 à 4 tomates moyennes
*1 litre de bouillon de bœuf dégraissé **
ou de bouillon instantané de volaille
(1/2 tablette pour 1/2 litre d'eau)
1 cuillère à soupe rase de farine • 1 œuf de beurre
et 1 noix de beurre • 2 cuillères à soupe d'huile d'arachide
200 g de petites carottes nouvelles
200 g de petits navets ronds nouveaux
12 petites pommes de terre rondes • 12 à 20 oignons « grelots »
100 g de haricots verts • 1/2 paquet de petits pois surgelés (200 g)
2 gousses d'ail • 1 branche de thym • 2 feuilles de laurier • sel, poivre
***Préparation** : 1 heure*
***Cuisson** : 2 heures à 2 heures 30*

Choisir chez le boucher des morceaux variés dans le collet, les basses côtes, la poitrine.

Si on n'a pas de bouillon de bœuf, préparer le bouillon instantané de volaille.

Plonger les tomates dans une casserole d'eau bouillante pendant 1 à 2 minutes. Les réserver.

Dans une grande cocotte, mettre le beurre et l'huile à chauffer à feu moyen. Quand le mélange grésille, ajouter les morceaux de viande légèrement salés et poivrés, les faire rissoler de tous côtés. Pendant ce temps, retirer la peau des tomates et les couper grossièrement dans un bol. Éplucher les gousses d'ail.

Quand les morceaux d'agneau sont dorés, égoutter la presque totalité de la graisse de cuisson. Saupoudrer ensuite de farine et tourner en tous sens pour faire roussir et cuire cette dernière. Mouiller avec le bouillon, ajouter les tomates, le thym et le laurier, les gousses d'ail écrasées au presse-ail. Saler, poivrer. Porter à ébullition. Couvrir et régler ensuite le feu pour assurer un petit bouillottement continu pendant 1 heure.

Pendant ce temps, préparer les légumes :

Éplucher les haricots verts et les détailler en morceaux de 3 à 4 cm de long. Éplucher les petits oignons, les carottes, les navets et les pommes de terre en essayant de donner à ces trois derniers des tailles à peu près égales. Tenir tous ces légumes dans une bassine d'eau fraîche.

L'heure de cuisson écoulée, transvaser les morceaux de viande dans une autre cocotte. Dégraisser soigneusement la sauce en passant une cuillère à la surface, retirer le thym et le laurier et verser le jus sur la viande dans l'autre cocotte. À feu moyen, refaire partir à ébullition, ajouter les navets et les pommes de terre, couvrir, baisser le feu et laisser mijoter à petits « bouillottements » pendant 1 heure, 1 heure 30.

Dans une grande casserole d'eau bouillante salée, faire pré-cuire les carottes pendant 10 minutes, les égoutter et les réserver. Mettre une noix de beurre dans une poêle et faire dorer rapidement les petits oignons à feu moyen. Les réserver.

35 minutes avant la fin de la cuisson, ajouter dans la cocotte les oignons et les haricots verts, 30 minutes avant la fin de la cuisson, ajouter les carottes et les petits pois. Arroser régulièrement les légumes du dessus avec le jus. Allumer le four à température tiède et mettre le plat de service à chauffer. Vérifier la bonne cuisson de tous les légumes.

À l'aide de l'écumoire, retirer morceaux de viande et légumes, les disposer harmonieusement dans un plat de service creux. Tenir au chaud couvert d'un papier alu ou d'un couvercle dans le four.

À découvert, faire bouillir la sauce pour l'amener à bonne consistance onctueuse. Vérifier l'assaisonnement en sel et en poivre. La verser dans le plat de service et servir tout de suite.

RAGOÛT DE MOUTON AUX HARICOTS BLANCS

Ce plat peut se faire à l'avance ; on le conservera 2 à 4 jours au réfrigérateur dans une boîte hermétique en retirant le thym et le laurier.

On le réchauffera à feu doux en ajoutant éventuellement un peu d'eau pour favoriser l'homogénéisation de la sauce.

Proportions : *pour 6 personnes*
12 à 14 morceaux de mouton • 150 g de poitrine de porc fraîche
2 oignons moyens • 1 noix de beurre
1 cuillère à soupe rase de farine • 3/4 de litre d'eau
1 branche de thym • 2 feuilles de laurier • 2 gousses d'ail
1/2 kg de haricots blancs secs • sel, poivre
Préparation : *10 à 15 minutes*
Cuisson : *haricots, 45 minutes • totale, 2 heures*

Faire tremper les haricots dans l'eau froide 3 heures à l'avance.

Choisir chez le boucher des morceaux variés dans le collet, la poitrine, l'épaule.

Faire précuire les haricots : les recouvrir d'eau froide salée dans une grande casserole. Porter à ébullition, écumer et laisser bouillir à petit feu, pendant 45 minutes. Les égoutter et les réserver.

Couper la poitrine de porc en dés moyens. Éplucher les oignons, les hacher grossièrement.

Dans une cocotte à feu moyen, mettre le beurre à fondre. Quand il grésille, ajouter les dés de poitrine, les faire fondre et rissoler doucement de tous côtés, les retirer avec l'écumoire, les poser dans une assiette et les remplacer par les oignons. Les faire fondre et dorer en douceur à couvert, les retirer et les joindre aux dés de poitrine. Faire dorer à leur tour de tous côtés à feu plus vif tous les morceaux de viande.

Se débarrasser alors de la presque totalité de la graisse de cuisson, saupoudrer la viande avec la farine, tourner en tous sens pendant quelques minutes pour faire cuire et roussir cette dernière. Mouiller avec l'eau, ajouter le thym, le laurier et les gousses d'ail écrasées au presse-ail. Saler, poivrer. Porter à ébullition, couvrir et régler le feu pour assurer un bouillottement continu pendant 1/2 heure.

Transvaser alors les morceaux de viande dans une autre cocotte, ajouter la poitrine, les oignons revenus et les haricots blancs précuits. Dégraisser la sauce en passant une cuillère à la surface et la verser sur le tout dans la deuxième cocotte. À feu moyen, porter de nouveau à ébullition. Couvrir, régler le feu pour assurer un petit bouillottement et laisser cuire pendant 1 heure, 1 heure 30, jusqu'à ce que la viande soit cuite, les haricots bien moelleux et non défaits. Servir bien chaud dans un plat de service creux.

Plats divers

GIGOT À L'AIL EN COCOTTE

Pour les inconditionnelles des plats à longue cuisson, voici un gigot qui rencontrera sans doute des amateurs, ayant l'avantage de pouvoir se faire à l'avance et de se finir au dernier moment sans beaucoup de soucis pour la maîtresse de maison. Le plat peut se faire 2 ou 3 jours à l'avance ; on le tient au frais au réfrigérateur, après avoir enlevé le laurier. On le dégraisse avant de le réchauffer doucement dans la cocotte.

Proportions : *pour 8 personnes*
1 gigot de 3 kg ● 2 à 3 carottes ● 2 à 3 oignons
1 brindille de thym ● 1 feuille de laurier ● 1 branche de persil
*2 verres de vin blanc sec ● 3 verres de bouillon de bœuf **
ou de bouillon de volaille instantané
(1/2 tablette pour 1/2 litre d'eau)
1 œuf de beurre ● 15 à 20 gousses d'ail ● sel, poivre
Préparation : *30 à 35 minutes*
Cuisson : *1er temps, 30 minutes ● 2e temps, 2 heures 30*

Faire raccourcir le gigot par le boucher, lui demander les os et les déchets.

Éplucher les oignons et les carottes, les couper en rondelles épaisses de 1 cm.

Dans une large cocotte ovale, mettre l'œuf de beurre à fondre à feu moyen. Quand il grésille, poser le gigot ainsi que les os et les déchets. Faire dorer le tout de tous côtés sans brutalité.

Allumer le four à température moyenne (200°, position 5).

Retirer la viande et ses parures avec une écumoire. Réserver dans un plat et les remplacer dans la cocotte par les oignons et les carottes. Faire prendre couleur en douceur, à couvert, remettre la viande et les os, mouiller avec le vin blanc et le bouillon. Ajouter le bouquet garni, saler et poivrer modérément. Faire partir à ébullition à découvert pendant quelques instants, couvrir la cocotte et la mettre au four pendant 2 heures 30 en s'assurant d'un « bouillottement » doux et ininterrompu. Retourner 1 fois ou 2 en cours de cuisson. 35 minutes avant la fin de la cuisson de la viande, éplucher les gousses d'ail, retirer le petit germe vert et les faire cuire à grande eau bouillante salée pendant 15 à 18 minutes. Les égoutter et les réserver dans une passoire quand elles sont bien tendres.

Retirer la cocotte du four. Soulever le gigot à l'aide de deux larges spatules et le poser sur le plat de service, à l'entrée du four, recouvert d'un papier alu. Passer le jus dans un chinois au-dessus d'une casserole, laisser la graisse monter à la surface, et pendant ce temps, passer les gousses d'ail au mixer pour avoir une purée bien fine ou les piler à travers un tamis au-dessus d'un bol. Dégraisser le jus soigneusement en passant une cuillère à la surface.

Délayer la purée d'ail avec 1 cuillère de jus et la verser ensuite dans la casserole. Faire chauffer vivement et faire réduire pour obtenir une sauce sirupeuse. Vérifier l'assaisonnement.

Découper le gigot en tranches, et servir accompagné de la sauce en saucière.

Légumes d'accompagnement : Macaroni au gratin *. Risotto *.

Remarque : Le gigot peut être tranché à l'avance, tenu au chaud dans le four tiède, ainsi que la sauce dans la saucière.

Épaule à l'ail. On peut employer aussi *une épaule désossée et roulée* par le boucher. Temps de cuisson : 2 heures.

GIGOT À L'ANGLAISE

Proportions : *pour 8 personnes*
1 gigot de 2,500 kg
4 litres de bouillon de volaille instantané
(1 tablette pour 1/2 litre d'eau)
Préparation : *5 minutes*
Cuisson : *15 minutes par livre de viande*

Faire préparer le gigot par le boucher. Préparer le bouillon instantané dans une grande marmite (en prévoyant la place pour le gigot). Porter à ébullition, quand le liquide est à gros bouillons, plonger le gigot qui doit être immergé totalement. À ébullition reprise, compter 10 minutes de cuisson par livre. Allumer le four à température tiède.

Retirer le gigot, le laisser reposer et se détendre pendant 15 à 20 minutes recouvert d'un papier alu dans le four tiède.

Le découper en tranches (il doit être d'un beau rosé uniforme) et le dresser sur le plat de service.

On l'accompagne de sel et poivre du moulin.

Légumes et sauces d'accompagnement : Gratin dauphinois *. Épinards en branches *. Beurre aux herbes *. Sauce au curry *.

CÔTELETTES DE MOUTON AUX OIGNONS ET AUX POMMES DE TERRE

Ce plat se fait au dernier moment, mais étant de longue cuisson, il se garde bien dans le four tiède.

***Proportions :** pour 6 personnes*
6 côtelettes de mouton découvertes
6 à 7 pommes de terre Bintje moyennes
*3 oignons moyens • 3 gousses d'ail • 3 verres de bouillon de poule * ou de bouillon de volaille instantané (1/2 tablette pour 1/2 litre)*
1 œuf de beurre • sel, poivre
***Préparation :** 10 à 12 minutes*
***Cuisson :** 1er temps des côtelettes, 8 minutes*
des oignons, 8 minutes • au four, 40 minutes

Éplucher les pommes de terre, les couper en fines rondelles, bien les laver dans plusieurs eaux pour enlever la fécule, les réserver dans un torchon pour les sécher. Éplucher les oignons, les couper en fines rondelles, les réserver. Éplucher la gousse d'ail, la réserver.

Allumer le four à température chaude (260°, 270°, position 6, 7). Si on n'a pas de bouillon de poule, préparer le bouillon instantané. Saler et poivrer très légèrement les côtelettes sur leurs deux faces.

Dans une large poêle, mettre le beurre à fondre à feu moyen. Quand il grésille, poser les côtelettes côte à côte et les faire rissoler rapidement sur leurs deux faces. Les retirer avec l'écumoire et les poser sans qu'elles se chevauchent dans un plat qui va au four. Remplacer les côtelettes dans la poêle par les rondelles d'oignons. Les faire blondir en douceur à couvert. Quand elles sont blondes, mouiller avec un verre de bouillon de poule ou de bouillon de volaille instantané et laisser mijoter à découvert pendant quelques minutes.

Verser le tout dans le plat en étalant bien les oignons sur les côtelettes. Écraser l'ail au presse-ail et le répartir sur les 4 morceaux de viande. Couvrir avec les rondelles de pommes de terre convenablement disposées à plat. Recouvrir de bouillon de manière qu'il affleure la surface des pommes de terre. Couvrir le plat avec une feuille de papier alu et cuire pendant 20 à 25 minutes.

Au bout de ce temps, retirer la feuille de papier alu et continuer la cuisson encore 20 à 25 minutes en arrosant souvent le dessus des pommes de terre avec le jus qui doit réduire de plus en plus, jusqu'à absorption à peu près complète par les pommes de terre qui doivent être bien cuites.

Servir dans le plat de cuisson accompagné d'une salade verte.

Le porc

C'est un animal comestible de bout en bout.

Les charcutiers se chargent de l'accommoder en saucisses, saucissons, viande fumée et salée, etc.

Sous sa forme de viande fraîche, il se consomme comme les autres viandes en pièces individuelles, rôtis ou plats mijotés.

Quand il est de première qualité, le porc doit avoir une viande serrée un peu ferme à la pression, de couleur rosée à rouge clair, selon les morceaux.

De prix avantageux, elle est nourrissante. Classée dans les viandes blanches, elle doit être mangée bien cuite.

La viande

Les pièces à poêler

- **Les côtes de porc**

Il en existe trois sortes : les *côtes dans le filet*, les *côtes premières* et les *côtes dans l'échine*.

Les premières et celles dans le filet sont considérées comme les meilleures. Avec un os plus ou moins important, la viande est claire et rosée, serrée, entourée d'une couche de gras bien blanc. Elles sont un peu sèches et denses à la cuisson.

L'échine, de qualité inférieure, est d'un rouge plus soutenu, très entrelardée, avec un petit os. Les côtes prises dans ce morceau sont moins coûteuses que les précédentes et à mon avis plus moelleuses et plus savoureuses.

• La grillade

C'est un morceau très fin qui est en quelque sorte une escalope. Il faut les choisir larges et régulièrement plates pour obtenir une cuisson uniforme. Elles sont situées sur le dessus des côtes « secondes ».

CÔTES DE PORC AU JUS

Elles se font au dernier moment.

***Proportions** : pour 4 personnes*
4 côtes de porc de 150 g environ • 1 grosse noix de beurre
3 cuillères à soupe d'eau • sel, poivre
***Cuisson** : 8 à 10 minutes*

Dans une poêle à feu moyen, faire fondre le beurre. Quand il ne grésille plus, poser les côtes de porc côte à côte, les faire dorer et baisser le feu. Laisser cuire sur une face à couvert pendant 4 à 5 minutes, saler, poivrer et retourner. Relever le feu, faire dorer l'autre face, baisser le feu, couvrir, et laisser cuire 4 à 5 minutes. Saler et poivrer la face extérieure. À l'aide d'une spatule et d'une fourchette, poser les côtes sur le plat de service.

Mettre les cuillères à soupe d'eau dans la poêle, et, à feu vif, gratter tous les résidus de cuisson pour obtenir une sauce blond foncé un peu sirupeuse. Verser sur les côtes et servir.

Légumes d'accompagnement : Purée de pommes de terre *. Risotto *. Choux verts nouveaux *.

CÔTES DE PORC AUX OIGNONS ET AUX CORNICHONS

Ce plat se fait au dernier moment.

***Proportions** : pour 4 personnes*
4 côtes dans le filet de 150 g chacune • 2 oignons moyens
*3 à 4 cornichons moyens • 1 tasse à thé 1/2 de bouillon de volaille * ou de bouillon de volaille instantané*
1/4 de verre de vin blanc sec • 1 œuf de beurre
1 cuillère à café débordante de farine • 2 cuillères à soupe d'eau
sel, poivre
***Préparation** : 7 à 10 minutes*
***Cuisson** : sauce, 30 minutes environ • côtes, 8 à 10 minutes*

Éplucher les oignons, les hacher très grossièrement. Si on n'a pas de bouillon de poule, faire un bouillon de volaille instantané (1/3 de tablette pour la tasse à thé 1/2 d'eau).

Dans une casserole à fond épais, faire fondre une noix de beurre à feu moyen. Quand elle est fondue, ajouter les oignons hachés et les faire fondre en douceur à couvert sans les colorer. Quand ils sont tendres, les saupoudrer de farine, et en tournant avec la cuillère en bois, faire cuire la farine jusqu'à ce que l'ensemble soit roux clair ; mouiller avec le vin blanc et le bouillon, tourner avec la cuillère en bois jusqu'à ce qu'un léger épaississement se produise. Baisser alors le feu et laisser mijoter doucement à couvert en enlevant régulièrement les impuretés qui montent à la surface.

Faire cuire les côtes de porc comme il est dit à « côtes de porc au jus * », en faisant coïncider la fin de leur cuisson avec la fin de la cuisson de la sauce.

Couper les cornichons en très fines rondelles. Quand la sauce a réduit de 1/3 environ et que les oignons sont tout à fait confits, vérifier le sel, la poivrer, ajouter les rondelles de cornichons.

Poser les côtes dans le plat de service.

À feu vif, racler les résidus de cuisson de la poêle avec les 2 cuillères à soupe d'eau. Ajouter ce jus à la sauce et verser sur les côtes.

Légumes d'accompagnement : Pommes de terre vapeur *. Riz créole *.

GRILLADES DE PORC POÊLÉES

Ce plat se fait au dernier moment.

***Proportions** : pour 4 personnes*
4 grillades de porc de 130 à 150 g • 1 noix de beurre
3 cuillères à soupe d'eau • sel, poivre
***Cuisson** : 10 à 12 minutes*

À feu moyen, dans une large poêle, faire fondre le beurre. Quand il grésille, poser les grillades côte à côte, saler et poivrer. Laisser dorer, puis baisser le feu et laisser cuire 5 minutes doucement. Retourner sur l'autre face et faire dorer et cuire de la même manière. Saler et poivrer. Retirer les grillades avec une spatule et les poser sur un plat de service chaud.

Verser dans la poêle les cuillères à soupe d'eau. À feu vif, gratter les sucs de cuisson à la cuillère et réduire la sauce à consistance sirupeuse. verser sur les grillades et servir.

Légumes d'accompagnement : Crique de pommes de terre *. Chou-fleur sauté *.

Les pièces à griller

TRAVERS FRAIS GRILLÉ OU SPARE RIB

C'est le haut de côtes du porc. On le trouve sous deux formes chez le charcutier : frais ou demi-sel. Il se présente en longues bandes.

Grillé, il constitue un des éléments de base des grands barbecues populaires américains, on l'appelle « spare rib ».

***Proportions :** pour 4 personnes*
2 travers frais • sel, poivre
***Préparation :** néant*
***Cuisson :** 10 à 12 minutes*

Allumer le gril du four. Attendre qu'il soit bien rouge. Saler et poivrer la viande, la poser sur une grille, glisser dessous la plaque à rôtir du four pour que la graisse de la viande puisse y tomber. Enfourner à 10 cm du gril. Faire griller une face pendant 5 à 6 minutes, retourner et faire griller de même. Sortir du four, couper chaque morceau en deux et servir.

Sauces et légumes d'accompagnement : Sauce diable *. Sauce Claude Jolly *. Pommes paille *. Haricots blancs frais à la tomate *. Pommes de terre au four à la crème et aux fines herbes *.

GRILLADES AU BEURRE D'ÉCHALOTES

Ce plat se fait au dernier moment.

***Proportions :** pour 4 personnes*
4 grillades de 130 à 150 g d'épaisseur égale
1 cuillère à café d'huile • sel, poivre
*1 saucière de beurre d'échalotes **
***Cuisson :** 10 à 12 minutes*

Sortir le beurre à temps du réfrigérateur. Éplucher et hacher les échalotes. Huiler le gril avec le bout des doigts. Régler le feu pour que le gril soit modérément chaud.

Saler et poivrer une des faces de chaque grillade. Poser cette face sur le gril, faire cuire pendant 5 minutes. Retourner et faire cuire l'autre face pendant 5 minutes, saler et poivrer.

Pendant que les grillades cuisent, préparer le beurre d'échalotes. Servir les grillades sur un plat, le beurre dans une saucière. Chacun étalera du beurre sur sa grillade à son gré.

Légumes d'accompagnement : Tomates à la poêle *. Pommes de terre au four *.

Les morceaux à rôtir

— *Le filet :* il est situé au niveau des reins de l'animal. C'est le morceau le plus recherché. Il fournit de beaux rôtis à la chair bien blanche et serrée entourée d'une couche de gras. Il se coupe facilement en tranches bien nettes.

— *L'échine :* elle constitue la partie avant du dos de l'animal. Moins coûteuse que le filet, c'est une viande entrelardée, mœlleuse et savoureuse. C'est un morceau qui fait de moins beaux rôtis, les tranches ayant tendance à se défaire.

— *La pointe de filet :* c'est la base du filet, elle a les mêmes qualités et les mêmes défauts que l'échine.

FILET DE PORC

Ce plat se fait au dernier moment.

***Proportions** : pour 4 personnes*
1 kg de filet désossé • 5 à 6 gousses d'ail
1 noix de beurre • 5 à 6 cuillères à soupe d'eau • sel, poivre
***Cuisson** : 1 heure 30*

Demander au charcutier de désosser le train de côtes, de préparer le rôti et de donner les os. Pour avoir 1 kg de rôti, il faut compter environ 1,300 kg de viande brute.

Allumer le four à température moyenne-forte (225°, position 6). Beurrer un plat allant au four. Poser le rôti et les os, saler et poivrer. Ajouter les gousses d'ail non épluchées.

Enfourner à mi-hauteur et faire dorer et cuire la viande lentement en la retournant à mi-cuisson. Arroser fréquemment la viande, les os et les gousses d'ail en cours de cuisson en ajoutant 1 à 2 cuillères à soupe d'eau chaude.

Au terme de la cuisson, retirer la viande du four, la poser à l'entrée du four sur la planche et la laisser se détendre pendant 10 à 12 minutes, recouverte d'un papier alu.

Pendant ce temps, préparer le jus. Retirer les gousses d'ail et les os. Verser dans le plat 4 cuillères à soupe d'eau. Gratter à l'aide d'une cuillère tous les résidus de cuisson collés au fond du plat. Mettre sur le gaz à feu moyen en inclinant le plat pour rassembler tout le liquide, faire bouillir et réduire jusqu'à consistance sirupeuse. Vérifier l'assaisonnement. Verser en saucière. Tenir au chaud.

Découper le rôti en tranches. Le dresser sur un plat chaud et servir avec le jus.

● **Variante**

Le jus à l'ail : inciser les gousses d'ail cuites en même temps que le rôti. En les pressant entre les doigts ou à l'aide d'un manche de cuillère, faire sortir la pulpe, l'ajouter dans le plat de cuisson pendant que l'on prépare le jus, et bien la mélanger en la battant à la fourchette dans la sauce.

Suggestions de légumes : Fèves au beurre *. Fonds d'artichauts au naturel * avec tomates concassées crues *. Aubergines frites *. Fenouil braisé *. Fondue d'épinards et d'oseille *. Spaghetti au beurre *.

RÔTI DE FILET DE PORC AUX POMMES DE TERRE ET À LA COMPOTE DE POMMES

Ce plat se fait au dernier moment.

***Proportions :** pour 6 personnes*
1,400 kg de filet de porc désossé
750 g de pommes de terre BF 15 ou Roseval ● 2 oignons
3 gousses d'ail non épluchées ● 2 œufs de beurre et
1 noix de beurre ● sel, poivre
*500 g de compote de pommes **
***Préparation :** 25 minutes*
***Cuisson :** 1 heure 30*

Demander au boucher de préparer un rôti dans le filet pour avoir le poids voulu sans les os.

Allumer le four à température moyenne (200°, 220°, position 5). Beurrer un grand plat allant au four avec la noix de beurre.

Saler, poivrer le rôti, le mettre au milieu du plat, ajouter les gousses d'ail et enfourner. L'arroser régulièrement en ajoutant éventuellement 1 à 2 cuillères à soupe d'eau.

Pendant ce temps, éplucher les pommes de terre, les couper en rondelles de 1/2 cm d'épaisseur, les laver et les sécher dans un torchon. Éplucher les oignons, les couper en fines rondelles. Les ajouter et les mélanger aux pommes de terre dans le torchon.

45 minutes avant la fin de la cuisson du rôti, faire fondre les œufs de beurre dans une petite casserole. Dans un saladier, mettre les pommes de terre et les oignons. Verser le beurre fondu et brasser le tout avec les mains pour que les légumes soient bien imprégnés de beurre. Saler et poivrer.

Sortir le rôti sur la porte du four. Disposer rapidement les pommes de terre et les oignons tout autour de la viande. Égaliser avec une spatule pour que les rondelles soient à plat. Remettre au four et continuer la cuisson.

Pendant ce temps, faire une compote de pommes pas trop sucrée.

Quand les pommes de terre et les oignons sont cuits et dorés, sortir le plat du four. Poser la viande sur la planche, la découper en tranches. Les remettre dans le plat de cuisson et les servir accompagnées de la compote de pommes bien chaude.

RESTES DE RÔTI DE PORC

• Froid

On peut le servir :

— Nature avec un choix de moutardes et de condiments.

Légumes et sauces d'accompagnement : Salade verte *. Salade de chou rouge *. Salade de haricots blancs *. Sauce à l'avocat * et salade de pommes de terre *. Sauce aïoli * et salade de haricots verts à la civette *.

— Émincé en morceaux de la taille d'une bouchée, il peut remplacer le rôti de veau dans une salade composée *.

• Chaud

On peut le réchauffer :

— Dans une sauce piquante * et l'accompagner d'un riz pilaf * ;

— Dans un coulis de tomates * et l'accompagner de cœurs de céleri au beurre *.

— Le réchauffer dans du papier alu au four doux et l'accompagner d'une sauce aux oignons * avec des pommes de terre au four *.

— Le réchauffer dans du papier alu au four doux et le servir avec du riz à la sauce au curry *.

Les plats mijotés

Tous les morceaux de viande étant bons dans le porc et ne présentant pas de grandes différences de prix, les plats mijotés se font aussi avec des morceaux à rôtir ou à griller. Il est cependant quelques morceaux avantageux qui sont particulièrement savoureux tels que : le *travers*, l'*échine*, la *palette* et la *pointe*.

RAGOÛT DE TRAVERS FRAIS AUX POMMES DE TERRE

Ce plat se fait au dernier moment, car les pommes de terre réchauffées prennent un vilain goût.

Si on veut le faire à l'avance, ne pas faire cuire les pommes de terre en même temps, mais le servir avec des pommes vapeur faites au dernier moment.

On le conserve 1 à 3 jours au réfrigérateur dans une boîte hermétique, à condition de retirer le laurier. On le réchauffe à feu doux en ajoutant un peu d'eau pour homogénéiser la sauce.

Le « travers » chez les charcutiers désigne l'extrémité des côtes ou haut de côtes chez le porc.

On le trouve ou frais, ou préparé demi-sel. Il se présente comme une longue bande.

***Proportions** : pour 4 personnes*
2 travers frais • 16 à 20 petites pommes de terre BF 15 ou Roseval
1 œuf de beurre • 1 cuillère à café débordante de farine
2 oignons moyens • 1 verre d'eau • 1/2 verre de vin blanc sec
1 branche de thym • 2 feuilles de laurier • sel, poivre
***Préparation** : 15 minutes*
***Cuisson totale** : 50 à 55 minutes*

Éplucher les oignons, les trancher en fines rondelles. Couper chaque bande de travers en 3 à 4 morceaux, selon leur taille. Éplucher les pommes de terre, les laisser dans l'eau fraîche.

Dans une cocotte, mettre le beurre à fondre à feu moyen, quand il est doré, ajouter les oignons et les faire revenir à couvert en douceur jusqu'à ce qu'ils aient une belle couleur blonde. les retirer avec une écumoire, les déposer dans une assiette et les remplacer dans la cocotte par les morceaux de viande légèrement salés et poivrés, les faire revenir et dorer des deux côtés. Quand ils sont à point, remettre les oignons et saupoudrer le tout avec très peu de farine. Retourner rapidement en tous sens dans la cocotte pour faire cuire et roussir.

Mouiller alors avec le vin blanc et l'eau. Ajouter le thym et le laurier. Compléter avec les pommes de terre bien égouttées et séchées.

Couvrir la cocotte et laisser mijoter à petit feu régulier pendant 35 à 40 minutes. Les pommes de terre doivent être cuites, mais fermes et non défaites. Retirer le thym et le laurier. Vérifier l'assaisonnement. Servir dans un plat de service chaud un peu creux.

Remarque : Si la sauce est un peu liquide, il suffit de mettre d'abord la viande et les pommes de terre dans le plat de service, puis de la faire réduire à découvert à grand feu pour qu'elle ait une bonne consistance. Si au contraire, en cours de cuisson, elle semble vouloir réduire trop vite, ajouter un peu d'eau.

ÉCHINE AUX POIREAUX ÉTUVÉS

Ce plat se fait au dernier moment.

***Proportions :** pour 4 personnes*
900 g d'échine fraîche • 6 poireaux moyens
1/2 verre de vin blanc
1 brindille de thym et une feuille de laurier
2 œufs de beurre • 2 cuillères à soupe d'eau • sel, poivre
***Préparation :** 10 minutes*
***Cuisson :** viande, 45 minutes en tout • poireaux, 10 à 12 minutes*

Dans une cocotte, faire fondre un œuf de beurre à feu moyen. Quand il grésille, poser la viande, légèrement salée et poivrée, la faire dorer. La retourner et la faire ainsi prendre couleur sur toutes ses faces. Mouiller avec le vin blanc, faire bouillonner quelques instants. Baisser le feu, ajouter une brindille de thym et une feuille de laurier, couvrir et laisser mijoter doucement pendant 45 minutes en retournant la viande à mi-cuisson.

Pendant que la viande cuit, éplucher et laver les poireaux en ne conservant que la partie blanche et vert tendre que l'on coupe en 2 tronçons (les parties vert foncé seront gardées pour un potage) *.

20 minutes avant la fin de la cuisson de la viande, mettre un œuf de beurre à feu doux dans une casserole à fond épais. Quand il est fondu, ajouter les tronçons de poireaux et 1 cuillère à café d'eau, couvrir et les faire s'attendrir en douceur jusqu'à ce qu'ils soient légèrement colorés. Poivrer et saler. Laisser à feu très doux. Pendant ce temps, allumer le four à température tiède (100°, position 2, 3).

Quand la viande est cuite, retirer la cocotte du feu, sortir la viande à l'aide d'une spatule, la couper en tranches, dresser dans un plat de service un peu creux, entourer des poireaux, et tenir au chaud dans le four.

Remettre la cocotte sur le feu vif, ajouter 2 cuillères à soupe d'eau et les mélanger avec le jus de cuisson en grattant le fond du récipient pour avoir un bon jus un peu sirupeux. Verser ce jus sur les poireaux et servir tel quel ou accompagné de pommes de terre vapeur *.

PALETTE AUX PETITS LÉGUMES NOUVEAUX

Ce plat se fait au dernier moment, car les pommes de terre se réchauffent mal dans un plat mijoté auquel elles communiquent un goût désagréable.

***Proportions** : pour 4 personnes*
1 morceau de palette fraîche de 800 g
*1 verre de bouillon de volaille * ou bouillon instantané*
de l'eau, à défaut ● 1/2 verre de vin blanc sec
4 petites pommes de terre nouvelles BF 15 ou Roseval
4 petites carottes rondes ● 4 petits navets ronds
100 g de haricots verts extra-fins ● 1 œuf de beurre ● 1 oignon
1 gousse d'ail ● 1 brindille de thym ● 1 feuille de laurier
1 cuillère à café de farine ● sel, poivre
***Préparation** : 20 minutes*
***Cuisson totale** : 1 heure*

Laver et éplucher les petits légumes. Couper les haricots verts en 2, 3 morceaux, les tenir dans une bassine d'eau fraîche. Éplucher l'ail et l'oignon, hacher ce dernier finement.

Préparer 1/4 de litre de bouillon de volaille instantané (1/4 de tablette pour 1/4 de litre d'eau) si on n'a pas de bouillon de volaille.

Dans une cocotte, mettre à fondre le beurre à feu moyen-vif. Quand il grésille, ajouter les oignons hachés, les faire revenir et dorer rapidement. Les retirer avec une écumoire, les poser dans une assiette et les remplacer par la viande. La faire dorer lentement de tous les côtés, ce qui prend 10 à 12 minutes, puis la saupoudrer légèrement de farine et tourner en tous sens pour faire cuire et roussir la farine, remettre les oignons et mouiller avec le bouillon et le vin blanc.

Laisser bouillir à découvert quelques instants. Ajouter ensuite l'ail écrasé au-dessus de la cocotte avec le presse-ail, le thym et le laurier, du sel et du poivre. Ajouter les pommes de terre, les carottes et les navets. Couvrir la cocotte et laisser mijoter à petit feu régulier. 20 minutes avant la fin, ajouter les haricots verts.

Jusqu'à la fin, arroser les légumes régulièrement avec de la sauce. Vérifier la cuisson des légumes, l'assaisonnement, et retirer la viande ; la découper rapidement et la poser au centre d'un large plat creux. Retirer les légumes avec la spatule et entourer la viande. Si le jus est à bonne consistance un peu liée et sirupeuse, le verser sur les légumes et servir. S'il est trop clair, faire réduire quelques instants à découvert à plein feu. S'il est trop court, ajouter un petit peu de bouillon.

La charcuterie

Andouillettes

Elles doivent être fraîchement préparées et les morceaux de tripes qui les constituent doivent être très grossièrement coupés pour laisser à ce mets toute sa rusticité.

ANDOUILLETTES GRILLÉES

Elles se font au dernier moment.

Proportions : *pour 4 personnes*
4 andouillettes ou 4 morceaux de 12 à 15 cm
1 cuillère à café d'huile d'arachide
Cuisson : *10 à 12 minutes*

Huiler le gril avec le bout des doigts. Le mettre à feu moyen pour avoir un gril bien chaud, mais sans excès.

Piquer les andouillettes de coups d'épingle. Les aligner côte à côte en les tournant sur toutes leurs faces pendant 10 à 12 minutes pour que la peau soit grillée uniformément. Dresser sur le plat de service et servir avec un choix de moutardes.

Légumes d'accompagnement : Pommes de terre frites *.

ANDOUILLETTES POÊLÉES

Elles se font au dernier moment.

Proportions : *pour 4 personnes*
4 andouillettes ou 4 morceaux de 12 à 15 cm • 1 noix de beurre
Cuisson : *10 minutes*

Piquer les andouillettes de coups d'épingle. À feu moyen-vif, faire fondre le beurre dans une poêle ; quand il est blond, aligner les andouillettes côte à côte et les faire cuire et dorer sur toutes leurs faces pendant 10 minutes environ. Dresser sur le plat de service et servir avec un choix de moutardes.

Légumes d'accompagnement : Purée de lentilles *. Purée de pommes de terre *.

ANDOUILLETTES AU VIN BLANC

Ce plat se fait au dernier moment.

***Proportions :** pour 4 personnes*
4 andouillettes ou 4 morceaux de 12 à 15 cm
1 noix de beurre ● 1/2 verre de vin blanc
2 cuillères à soupe de crème fraîche
poivre
***Cuisson :** 20 à 25 minutes en tout*

Piquer les andouillettes de coups d'épingle. À feu doux, faire fondre le beurre dans une poêle. Quand il est fondu, aligner les andouillettes côte à côte et les faire dorer de tous les côtés.

Ajouter alors le vin blanc, et à plein feu le faire bouillonner quelques instants, verser la crème fraîche, mélanger rapidement avec la réduction de vin blanc et les sucs de cuisson, et la faire aussi bouillonner quelques instants.

Baisser le feu, couvrir la poêle et laisser mijoter très doucement les andouillettes dans cette sauce pendant 15 minutes environ en les retournant une ou deux fois en cours de cuisson.

Poivrer au dernier moment. Servir les andouillettes recouvertes de leur sauce dans un plat de service chaud.

Légumes d'accompagnement : Purée de pois cassés *. Croquettes de pommes de terre *.

Le boudin noir

Il est délicieux quand il vient d'être préparé.

Il faut essayer de savoir le jour où le charcutier le prépare, ou le reçoit de la campagne, et en acheter ce jour-là.

On le cuit de deux façons : grillé et poêlé.

BOUDIN GRILLÉ

Il se fait au dernier moment.

***Proportions** : pour 4 personnes*
4 boudins ou 4 morceaux de 12 à 15 cm
1 cuillère à soupe d'huile d'arachide
***Cuisson** : 10 à 12 minutes*

Huiler le gril et les boudins avec le bout des doigts. Le poser sur un feu moyen pour obtenir un gril chaud, mais sans excès.

Piquer les boudins avec une épingle, les aligner côte à côte sur le gril pendant 10 à 12 minutes en les tournant sur toutes leurs faces pour que la peau soit également croustillante et non brûlée. Poser sur le plat de service et servir.

BOUDIN POÊLÉ

Il se fait au dernier moment.

***Proportions** : pour 4 personnes*
4 morceaux de 12 à 15 cm • 1 noix de beurre
***Cuisson** : 10 à 12 minutes*

Piquer les boudins avec une épingle. Dans une poêle à feu moyen, faire fondre une noix de beurre. Quand elle a blondi, aligner les boudins côte à côte et les faire cuire en les tournant de tous côtés pendant une quinzaine de minutes, puis les poser sur le plat de service et servir.

Remarque : Poêlé ou grillé, il arrive que, malgré toutes les précautions, la peau éclate. Ce n'est pas joli, mais ce n'est pas très grave. Il est plus important que la peau soit croustillante.

Légumes d'accompagnement : Purée de pommes de terre *. Pommes-fruits étuvées au beurre *.

On sert ces légumes soit séparément, soit les deux ensemble, comme on le désire.

Le jambon

C'est la pièce de choix du porc.

Cuire un jambon entier n'est pas toujours facile pour une maîtresse de maison. Il en existe cependant de 3,5 à 4 kilos qui peuvent faire un repas de fête pour 12 à 14 personnes. On les fait cuire en les mettant dans une marmite d'eau froide et en portant à très petite ébullition frissonnante pendant environ 3 heures 30.

Pour le même nombre de personnes, une solution plus pratique consiste à commander chez le charcutier un jambon cuit et tranché, qui est livré bien enfermé dans un papier sulfurisé et que l'on met doucement à réchauffer dans une marmite d'eau frissonnante jusqu'au moment du service où il est dressé sur un plat, débarrassé de son emballage.

Enfin, pour des repas modestes de 4 à 8 personnes, la solution idéale consiste à acheter le nombre de tranches voulues et à les faire réchauffer dans un liquide pour qu'elles ne se déssèchent pas, et à les accompagner ensuite de la sauce et des légumes choisis.

JAMBON À LA SAUCE À L'ESTRAGON

Ce plat se fait au dernier moment.

Proportions : *pour 4 personnes*
4 tranches de jambon d'York • 1/4 de litre de bouillon de volaille instantané (1/2 tablette pour 1/2 litre d'eau)
*1 noix de beurre • 1 saucière de sauce volaille à l'estragon **
Préparation : *5 minutes*
Cuisson : *15 à 20 minutes*

Prendre chez le charcutier des tranches de 1/2 cm d'épaisseur, bien placées dans le centre du jambon.

Allumer le four à température douce (150°, 160°, position 2, 3). Préparer le bouillon de volaille.

Avec la noix de beurre, beurrer un plat qui va au four, disposer les tranches de jambon à plat en les faisant se chevaucher légèrement, verser le bouillon et fermer hermétiquement le plat avec un papier alu. Mettre au four et laisser réchauffer doucement pendant 15 à 20 minutes.

Pendant ce temps, préparer la sauce volaille à l'estragon.

Retirer les tranches de jambon à l'aide d'une large spatule en laissant s'écouler le bouillon. Les disposer sur le plat de service. Napper avec la sauce ou mettre celle-ci en saucière.

Légumes d'accompagnement : Cœur de céleri au beurre *. Purée de céleri *.

JAMBON À LA CRÈME

Ce plat se fait au dernier moment.

Proportions : *pour 4 personnes*
4 tranches de jambon d'York • 1/2 litre de bouillon de volaille instantané (1/2 tablette pour 1/2 litre d'eau)
1/4 de litre de crème fraîche
1/4 de litre de madère très sec • poivre
1 noix de beurre
Préparation : *5 minutes*
Cuisson : *15 à 20 minutes*

Prendre des tranches de 1/2 cm d'épaisseur bien placées dans le centre du jambon.

Allumer le four à température douce (150°, 160°, position 2, 3). Procéder comme il est dit « à jambon à la sauce à l'estragon * » en gardant 1/2 verre de bouillon.

Préparer la sauce : Dans une casserole, verser le madère. À feu vif, faire bouillir et réduire le vin jusqu'à ce qu'il en reste seulement un voile au fond de la casserole. Ajouter la crème fraîche et le demi-verre de bouillon, faire bouillir à plein feu jusqu'à consistance onctueuse. Assaisonner légèrement en sel, poivrer.

Retirer le jambon à l'aide d'une spatule en laissant s'écouler le bouillon dont on ne se sert pas et le disposer sur le plat de service. Napper avec la sauce ou servir celle-ci en saucière, ce qui est plus élégant.

Légumes d'accompagnement : Épinards en branches *.

JAMBON À LA SAUCE DIABLE

Ce plat se fait au dernier moment.

Proportions : *pour 4 personnes*
4 tranches de jambon d'York • 1/2 litre de bouillon de volaille instantané (1/2 tablette pour 1/2 litre d'eau)
*1 noix de beurre • 1 saucière de sauce diable **
Préparation : *5 minutes*
Cuisson : *15 à 20 minutes*

Choisir des tranches de 1/2 cm d'épaisseur dans le centre du jambon.

Allumer le four à température douce (150°, position 2). Procéder comme il est dit à « jambon à la sauce à l'estragon * ».

Préparer la sauce diable *.

Dresser les tranches de jambon dans le plat de service, en les retirant du plat de cuisson avec une large spatule laissant s'écouler le bouillon. Napper avec la sauce diable et servir.

Légumes d'accompagnement : Crique de pommes de terre *. Gratin dauphinois *.

OREILLES ET QUEUES DE PORC GRILLÉES

On peut faire cuire les viandes à l'avance. On les passe au gril au dernier moment.

Proportions : *pour 4 personnes*
4 queues, 4 oreilles • 1 carotte • 2 oignons
2 branches de persil • 1 brindille de thym • 2 litres d'eau
1/2 litre de vin blanc sec • poivre • 1 œuf de beurre
Préparation : *20 à 25 minutes • bouillon, 30 minutes*
Cuisson : *porc : 1er temps, 1 heure 30 • au gril, 10 minutes*

Éplucher les oignons et la carotte, les couper en rondelles, laver le persil.

Dans une marmite, mettre les légumes et les aromates. Ajouter le vin blanc et l'eau et faire partir à ébullition. Laisser bouillir à découvert pendant 30 minutes.

Pendant ce temps, flamber les oreilles pour retirer les poils, puis laver les queues et les oreilles à grande eau courante. Conserver la couenne des queues et les couper en 3, 4 morceaux.

Mettre ensuite à cuire dans la marmite pendant 1 heure 30 en maintenant l'ébullition. Au bout de ce temps, les sortir de l'eau, les égoutter et les sécher. Allumer le gril du four. Poser les oreilles et les morceaux de queues sur la grille du four.

Faire fondre le beurre dans une casserole, les badigeonner sur toutes les faces avec ce beurre fondu. Enfourner sous le gril pour que les morceaux deviennent croustillants et dorés. Retourner pour griller sur toutes les faces. Mettre dans le plat de service, poivrer et servir.

Légumes et sauce d'accompagnement : Pommes de terre frites *. Béarnaise *.

PETIT SALÉ AUX LENTILLES

On peut faire ce plat à l'avance, on le conserve au réfrigérateur pendant 2 ou 3 jours en n'oubliant pas de retirer le laurier, et on le réchauffe tout doucement au moment de l'emploi.

Proportions : *pour 4 personnes*
1 morceau de pointe demi-sel de 500 g
1 morceau de poitrine demi-sel de 500 g
300 g de lentilles • 2 oignons moyens • 2 gousses d'ail
1 brindille de thym • 2 feuilles de laurier • 1 œuf de beurre
poivre
Préparation : *5 à 6 minutes*
Cuisson : *1 heure 30*

Poser les viandes dans une passoire à l'intérieur d'une casserole et faire dessaler pendant 2 heures en les laissant tremper et en laissant couler un filet d'eau froide continu. Laver les lentilles à l'eau courante, les faire tremper pendant 2 heures dans l'eau froide.

Dans une grande marmite, déposer les viandes et les lentilles égouttées. Recouvrir largement d'eau froide et, à feu moyen-doux, porter lentement à ébullition ; pendant ce temps, retirer régulièrement l'écume qui monte à la surface.

Éplucher les oignons, les couper en rondelles, éplucher les gousses. Quand l'eau bout, régler le feu pour assurer une petite ébullition régulière et continue. Retirer la dernière écume qui monte à la surface. Ajouter l'ail, les oignons, le thym et le laurier, du poivre. Couvrir et laisser cuire pendant 1 heure 30. Au terme de la cuisson, retirer les morceaux de viande à l'aide d'une large spatule, les poser sur la planche.

Supprimer le thym et le laurier, ainsi que la quasi-totalité du jus (qui, dégraissé, peut par la suite être utilisé pour un potage avec les reste des lentilles). Garder l'ail et les rondelles d'oignons. Ajouter un œuf de beurre et le faire fondre rapidement en donnant un mouvement circulaire à la marmite. Verser les légumes dans un large plat creux. Couper chaque morceau de viande en quatre. Les poser dans les lentilles, et servir bien chaud.

POTÉE AU CHOU

Comme le chou dénature vite le goût du bouillon, il est préférable de la faire au dernier moment.

On peut malgré tout la faire la veille pour le lendemain matin, la laisser telle quelle au frais et la réchauffer doucement.

***Proportions :** pour 6 à 8 personnes*
1 jambonneau demi-sel arrière
1 livre de pointe ou de palette demi-sel
250 g de poitrine demi-sel • 1 jésus de Morteau • 3 à 4 carottes
2 à 3 navets • 3 à 4 poireaux • 2 gros oignons
1 brindille de thym, 1 feuille de laurier • 1 gros chou pommé
2 clous de girofle • sel, poivre
***Préparation :** 20 à 25 minutes*
***Cuisson :** 2 heures 30 à 3 heures*

La veille, acheter toutes les viandes et le saucisson. Faire tremper les viandes dans l'eau froide toute la nuit. Les égoutter et les passer sous l'eau courante froide.

Mettre le jambonneau et la pointe dans une grande marmite. Recouvrir largement d'eau froide et porter à ébullition.

Pendant ce temps, éplucher les carottes et les navets, les couper en deux ou quatre selon leur taille. Éplucher les poireaux en retirant les feuilles extérieures. Couper la partie vert foncé, en faire un petit bottillon. Éplucher les oignons, les laisser entiers et piquer les clous de girofle dans l'un d'eux.

Quand l'eau bout dans la marmite, écumer régulièrement jusqu'à ce qu'il n'y ait plus d'écume qui monte à la surface. Mettre les oignons, le thym, le laurier et le botillon de feuilles de poireaux. Saler légèrement, poivrer, et quand l'ébullition a repris, régler le feu pour assurer un bouillottement continu pendant 2 heures 30 à 3 heures.

Pendant ce temps, éplucher le chou en retirant les feuilles dures extérieures. Le couper en 6 à 8 morceaux en parant la moitié de la grosse côte intérieure. Les laver à l'eau fraîche. Égoutter.

1 heure avant la fin de la cuisson, ajouter les carottes, les navets et le morceau de poitrine. 40 minutes avant la fin de la cuisson, piquer le jésus de Morteau de quelques coups de fourchette et le plonger dans la marmite. 5 minutes plus tard, ajouter le chou. 20 minutes avant la fin de la cuisson, mettre les blancs de poireaux ficelés en bottillon.

Au terme de la cuisson de la potée. Sortir les viandes et le saucisson à l'aide de l'écumoire et les disposer dans un grand plat.

Faire de même avec les légumes en les disposant harmonieusement dans un plat creux, mouillés d'une louche de bouillon.

Servir la potée nature avec des moutardes et des cornichons.

Les restes

• Chauds

— Les viandes sont employées dans un hachis parmentier *.
— Les charcuteries peuvent être coupées en rondelles, réchauffées dans une sauce piquante * et accompagnées de pommes de terre vapeur *.
— Les légumes, mis à réchauffer dans le bouillon dégraissé et bien chaud, font un excellent potage.

• Froids

— Les viandes et les charcuteries sont très bonnes avec simplement des moutardes et des condiments, accompagnées :
d'une salade de lentilles *, d'une salade de pommes de terre aux câpres *, d'une salade de chou rouge *.
— Émincées en petites escalopes de la taille d'une bouchée, les viandes constituent un des éléments d'une grande salade *.

Les saucisses poêlées

Il en existe un choix nombreux. Voici celles qui se rencontrent le plus souvent chez les charcutiers des villes, avec le légume qui nous semble le plus approprié à chaque catégorie.

LES CHIPOLATAS À LA PURÉE DE POIS CASSÉS

Ce sont de fines saucisses longues ou courtes dont la peau est le boyau du porc à l'état naturel et dont l'intérieur est de la chair à saucisse fraîche et finement hachée.

Les pois cassés peuvent se préparer à l'avance à condition de garder du jus de cuisson.

On réchauffera doucement la purée en mettant 2 cuillères à soupe de jus de cuisson dans la casserole et en tournant la purée jusqu'à bonne température.

Les saucisses se font au dernier moment.

***Proportions** : pour 4 personnes*
8 chipolatas longues ou 12 chipolatas courtes
1 noix de beurre

*poivre • purée de pois cassés **
***Cuisson :** saucisses, 7 à 8 minutes*

Préparer la purée de pois cassés. La laisser à feu doux (sur une plaque d'amiante).

Piquer les chipolatas de plusieurs coups d'épingle.

Dans une poêle, à feu moyen-doux, faire fondre le beurre ; quand il est fondu, aligner les chipolatas côte à côte et les faire cuire et dorer en douceur pour qu'elles lâchent leur graisse, en les tournant sur toutes leurs faces.

Quand elles sont prêtes, verser la purée de pois cassés dans un large plat, un peu creux, retirer les chipolatas de la poêle à l'aide d'une large spatule et les poser sur la purée.

En dernier lieu, verser la graisse de cuisson sur le tout et servir. Cette dernière opération est facultative, car elle ne rend pas le plat très digeste, mais c'est très bon.

LES CRÉPINETTES AUX HARICOTS BLANCS

Ce sont des saucisses triangulaires ; la chair à saucisse fraîche, relevée d'herbes et d'oignons, est entourée d'une crépine de porc au lieu d'un boyau.

On peut faire les haricots à l'avance ; les laisser dans le jus, les terminer au beurre au dernier moment, pendant que l'on fait les saucisses.

***Proportions :** pour 4 personnes*
4 crépinettes • 1 noix de beurre • poivre
*haricots blancs au beurre **
***Cuisson :** crépinettes, 14 à 17 minutes*

Préparer les haricots blancs, les laisser à feu tout doux.

Faire fondre le beurre dans une poêle à feu moyen-doux. Quand il est fondu, poser les crépinettes côte à côte et les faire cuire et dorer lentement, car étant assez épaisses, il faut leur laisser le temps de cuire en profondeur.

À mi-cuisson, retourner les crépinettes pour les faire dorer de l'autre côté.

Les retirer de la poêle avec une large spatule, et les poser sur le plat de service. Les poivrer légèrement.

Verser ensuite les haricots blancs dans un légumier et servir en même temps.

LES SAUCISSES DE TOULOUSE AUX POMMES DE TERRE AU LARD

Ce sont de très grosses chipolatas à chair plus dense et hachée plus grossièrement.

Les saucisses et les pommes de terre se font au dernier moment.

***Proportions** : pour 4 personnes*
4 saucisses • 1 noix de beurre • poivre
*pommes de terre au lard **
***Cuisson** : saucisses, 20 minutes*

Piquer les saucisses de coups d'épingle. Préparer les pommes de terre au lard.

Pendant les 20 dernières minutes de leur cuisson, cuire les saucisses. Mettre le beurre à fondre dans une poêle à feu moyen-doux. Quand il est fondu, ajouter les saucisses et les faire cuire et dorer lentement sur toutes leurs faces.

Au terme de leur cuisson, retirer les pommes de terre de la cocotte et les dresser dans un large plat un peu creux. Ajouter les saucisses dessus ou tout autour des pommes de terre et servir.

Les saucisses et les saucissons bouillis

Le principe de cuisson de ces saucisses est très simple : on les met à cuire dans l'eau froide ou bouillante un temps plus ou moins long, et on les sert avec l'accompagnement qui semble les compléter harmonieusement.

— LE CERVELAS : c'est un petit saucisson à la peau extérieure rouge vif. Il est avant tout un des éléments des charcuteries de la choucroute. Il est bon également en *hors-d'œuvre froid* *.

Pour qu'il n'éclate pas, le piquer de quelques coups d'épingle avant de le mettre pendant 10 minutes dans de l'eau seulement frémissante.

— LES SAUCISSES DE FRANCFORT : pour qu'elles n'éclatent pas à la cuisson, les piquer de quelques coups d'épingle et les mettre dans l'eau froide, attendre qu'elle frémisse et laisser pendant 6 à 7 minutes.

On les utilise : avec d'autres charcuteries dans la choucroute. Avec une salade de pommes de terre * et une sauce au raifort *. En sandwich : glissées dans un morceau de baguette fendu en deux, grillé et moutardé.

— LES SAUCISSES FUMÉES OU MONTBÉLIARD : les choisir souples sous le doigt et la peau luisante. Les mettre dans l'eau froide et à partir d'une petite ébullition, les faire cuire pendant 35 à 40 minutes.

On les utilise : avec d'autres charcuteries dans la choucroute. Avec des viandes demi-sel dans une potée * : dans ce cas, on les fait cuire dans le bouillon de la potée. Avec des choux nouveaux en embeurrée * comme plat de résistance du déjeuner.

— LE SAUCISSON CHAUD DE LYON : il en existe plusieurs catégories, certains sont truffés et raffinés.

Les piquer de quelques coups d'épingle, les mettre à l'eau froide, et laisser cuire à petits frémissements pendant 30 à 35 minutes. *Servir* comme à Lyon avec 2 salades différentes. Pommes de terre * et lentilles *.

— LE JÉSUS DE MORTEAU : c'est un saucisson assez rustique. Il se cuit comme le saucisson chaud de Lyon pendant 40 à 45 minutes.

On l'utilise : avec d'autres charcuteries dans la choucroute. Avec des viandes dans la potée * : dans ce cas, le faire cuire dans le bouillon de la potée. Avec des lentilles : dans ce cas on le met à cuire dans les lentilles pendant les dernières 45 minutes de cuisson de celles-ci. Il constitue alors un économique plat complet.

LA CHOUCROUTE

C'est un plat généreux. On aime le manger surabondant, quand on est nombreux, l'hiver. Cependant, sa préparation, telle qu'elle se fait dans nos provinces de l'Est, décourage beaucoup de citadins et de femmes pressées. Aussi, je conseille d'acheter de la choucroute *cuite* d'excellente qualité. Pour cela elle doit être :

- De l'année ;
- Bien blanche et un peu croquante ;
- Nullement grasse.

On la réchauffe doucement dans une marmite avec du vin blanc. Les charcuteries peuvent être aussi variées qu'on le désire.

Voici mes suggestions pour une « grande choucroute » :

***Proportions :** pour 8 personnes*
2,500 à 3 kg de choucroute • 800 g de poitrine maigre demi-sel
8 côtes de porc fumées • 5 paires de saucisses de Francfort
6 saucisses fumées • 3 cervelas • 6 tranches de jambon de Paris
2 verres de bouillon de volaille instantané
1 verre de vin blanc sec

24 petites pommes de terre BF 15 (facultatif)
Préparation : *10 minutes*
Cuisson : *poitrine maigre 1/2 sel, 1 heure*
saucisses fumées, 45 minutes
côtes de porc, 35 minutes • cervelas, 7 à 8 minutes
francfort, 7 à 8 minutes • jambon, 5 minutes
choucroute, 25 à 30 minutes

Mettre à tremper pendant 3 heures dans l'eau froide le morceau de poitrine demi-sel sur une passoire dans une casserole en laissant couler un filet d'eau froide.

Égoutter le morceau de viande, le poser dans une grande casserole, remplir d'eau froide très largement. Porter à ébullition et laisser cuire à petits bouillottements pendant 1 heure.

45 minutes avant la fin, ajouter les saucisses fumées. 10 minutes plus tard, ajouter les côtes de porc fumées. Piquer les francfort et les cervelas de quelques coups de fourchette et les ajouter au reste de la charcuterie, 7 à 8 minutes avant la fin de la cuisson totale.

Pendant que cuisent les charcuteries, verser le vin blanc dans une grande marmite et mettre la choucroute. Couvrir et laisser chauffer doucement 25 à 30 minutes avant la fin de la cuisson des charcuteries ; la retourner fréquemment pour qu'elle soit uniformément bien chaude.

Si on le désire, éplucher et laver les pommes de terre, les faire cuire à la vapeur * pendant les 30 dernières minutes de cuisson des charcuteries.

Préparer du bouillon de volaille instantané. Poser les tranches de jambon dans un plat, recouvrir de bouillon chaud, couvrir et chauffer très doucement sur le feu pendant les 5 dernières minutes.

Retirer le morceau de poitrine de la casserole, le poser sur la planche et le couper en 8 morceaux. Retirer les saucisses fumées, les couper en 2. Retirer les cervelas, les couper chacun en 5 grosses rondelles. Retirer les tranches de jambon du bouillon.

Dans un large plat de service un peu creux, verser la choucroute, l'entourer des pommes de terre et la recouvrir de toutes les charcuteries harmonieusement disposées.

Servir bien chaud, immédiatement.

LES RESTES

À moins que l'appétit des convives ne soit considérable, il restera de tout.

La choucroute

- Elle peut être réchauffée doucement le lendemain, en ajoutant un peu de vin blanc, et servie en légume avec un rôti de porc *, ou un faisan *.

La charcuterie

- Pour les viandes : voir « restes potée au chou * ».
- Pour les charcuteries : voir « hors-d'œuvre froids * ».

9.

Les volailles, le lapin et le chevreau

VOLAILLES

LAPIN

CHEVREAU

Tous les astérisques renvoient à des recettes figurant à l'index alphabétique en fin de volume.

Les volailles, le lapin, le chevreau

Les volailles se classent en 2 catégories :

1. Les volailles à chair blanche qui sont le poulet et la dinde. Point de cuisson : bien cuit.
2. Les volailles à chair noire qui sont le canard, le pigeon et la pintade.
   Point de cuisson : rosé.

— Le lapin est une viande à chair blanche.
Point de cuisson : bien cuit, mais sans excès pour éviter le dessèchement.

— Le chevreau est une viande toute jeune à chair blanche.
Point de cuisson : de rosé à bien cuit selon les goûts.

Les volailles

Le poulet

Selon son âge, son poids ou sa provenance, le poulet s'appelle « poussin », « poulet », « poularde », « chapon » et on demande au volailler la bête que l'on souhaite.

C'est la plus exquise des volailles à condition d'éviter le poulet industriel et forcé. Sa chair est molle et sans goût. Rôti, il est peu satisfaisant car il rend de l'eau à la cuisson et la peau dore mal. Il faut choisir du poulet de ferme à chair plus résistante mais savoureuse. Sa peau dore et « croustille » parfaitement.

POUSSINS GRILLÉS AU BEURRE D'ESTRAGON

Les poussins se font au dernier moment.

Le beurre peut se faire à l'avance à condition de le tenir au frais (éviter le réfrigérateur) recouvert d'un papier alu.

Proportions : *pour 4 personnes*
4 poussins de 500 g environ
*2 noix de beurre • 150 g de beurre d'estragon **
sel, poivre
Préparation du beurre : *10 minutes*
Cuisson : *15 à 17 minutes*

Prendre chez le volailler des poussins individuels ou 2 jeunes coquelets. Demander qu'ils soient préparés à la crapaudine, c'est-à-dire ouverts en deux et aplatis.

Sortir le beurre à temps du réfrigérateur pour qu'il soit ramolli.

Allumer le gril du four un bon moment à l'avance, il doit être bien rouge.

Disposer les poussins côte à côte sur la plaque à rôtir, côté peau au-dessus. Les parsemer de copeaux de beurre, de sel et de poivre.

Griller pendant 4 à 5 minutes, très près du gril. Les descendre à 10 cm et continuer pendant 4 à 5 minutes. Retourner les poussins et procéder de la même façon.

Pendant que les poussins grillent, préparer le beurre d'estragon*.

Les présenter sur le plat de service au-dessus, accompagnés du beurre d'estragon en saucière dont chacun tartinera son poussin à son gré.

Légumes d'accompagnement : Haricots verts*. Pommes de terre sautées aux lardons et aux champignons*.

POULET FRIT À LA VIENNOISE

Ce plat se fait au dernier moment.

Proportions : *pour 4 personnes*
1 coquelet de 1 kg • 1 assiette de farine • 2 œufs
1 assiette de chapelure • huile de friture
Préparation : *10 minutes*
Cuisson : *10 à 12 minutes*

Faire vider la volaille par le volailler et lui demander de la couper en 4 morceaux : les 2 ailes, les 2 cuisses.

Faire chauffer de l'huile bien propre dans la bassine, en quantité suffisante pour que les morceaux soient immergés complètement. Pendant ce temps, disposer dans 3 assiettes séparées de la farine, les œufs battus, de la chapelure.

Saler et poivrer les morceaux de poulet, les passer et les rouler successivement dans la farine, les œufs et la chapelure.

Vérifier la bonne température de l'huile qui doit être modérément chaude (une gouttelette d'eau jetée dans l'huile la fait frissonner). La température ne doit pas être excessive pour que les morceaux cuisent en profondeur sans brûler rapidement à l'extérieur ; ils doivent néanmoins être bien dorés.

Plonger les morceaux dans l'huile et laisser frire. Les retourner une fois, les sortir à l'aide de l'écumoire, les égoutter sur un papier absorbant, et servir.

Légumes d'accompagnement : Pommes de terre au four à la crème* et salade verte.

POULET RÔTI AU NATUREL

Il se fait au dernier moment, mais la viande sera « détendue » et le poulet d'autant meilleur si on le laisse attendre 10 à 12 minutes non découpé à l'entrée du four chaud.

***Proportions** : pour 4 personnes*
1 poulet de 1 kg, 1,200 kg • 2 noix de beurre
sel, poivre • 5 cuillères à soupe d'eau chaude
***Préparation** : 5 minutes*
***Cuisson** : 45 à 50 minutes*

Faire préparer le poulet en demandant au volailler de laisser « tout après », c'est-à-dire en conservant le cou, les abats et les ailerons.

Allumer le four à température moyenne (220° ou position 5). Pendant qu'il chauffe, beurrer grassement le fond d'un plat allant au four avec le beurre et ajouter 2 cuillères à soupe d'eau. Saler et poivrer l'intérieur du poulet, y introduire le foie et le gésier. Mettre la volaille dans le plat et l'enfourner à mi-hauteur.

L'arroser régulièrement pendant la cuisson avec le jus du fond du plat pour que la peau dore et que le poulet ne se dessèche pas. À mi-cuisson, le retourner pour qu'il soit également doré de tous côtés.

Quand il est cuit, sortir le plat du four et retirer le poulet pour le poser sur le plat de service en n'oubliant pas de faire couler le jus de l'intérieur de la volaille dans le plat de cuisson. Ce jus doit être incolore quand le poulet est cuit. Ajouter 3 cuillères à soupe d'eau chaude dans le plat, gratter avec la cuillère le fond du plat pour bien détacher tous les sucs caramélisés, incliner le plat pour rassembler le jus. Mettre à chauffer sur le gaz jusqu'à ce que le jus se mette à bouillir et devienne sirupeux. Vérifier l'assaisonnement. Verser dans une saucière et servir avec le poulet.

Légumes d'accompagnement : Pommes de terre sautées *. Cœurs de céleri au beurre *.

RESTES DE POULET RÔTI

• Chauds

1. Réchauffer doucement les morceaux au four empaquetés soigneusement dans du papier alu. Les accompagner du jus réchauffé s'il en reste.

Sauces et légumes d'accompagnement : Pâtes au naturel, délicieuses avec le jus du poulet.

À défaut de jus : Une sauce volaille * avec bettes au beurre *. Une sauce curry au vin blanc * avec riz créole *. Une sauce diable * avec purée de céleri *.

2. *En papillotes à la julienne de légumes : pour 4 personnes ;* faire une julienne de légumes *. Allumer le four à température chaude (270°, position 7). Retirer la peau des restes de poulet et les couper en fines petites escalopes de la taille d'une bouchée.

À l'aide d'un fond de moule à tarte et d'un couteau pointu, découper 4 ronds de papier de 30 cm de diamètre environ. Les plier en deux pour avoir une ligne médiane. Pour chaque rond, disposer sur une moitié de la julienne de légumes et des morceaux de poulet, ajouter la valeur d'une noix de beurre fractionnée en petits copeaux, 1 cuillère à café de vin blanc, 1 cuillère à café d'eau, du sel, du poivre. Fermer chaque rond en le repliant comme un gros chausson et roulotter convenablement les bords.

Huiler légèrement la plaque du four. Poser les papillotes et enfourner pendant 5 minutes. Les papillotes vont gonfler. Les sortir du four et les poser telles quelles sur l'assiette de chaque convive.

3. *En omelette :* c'est une bonne manière d'employer un reste peu important de poulet et de faire un plat complet pour le dîner.

***Proportions** : pour 4 personnes*
*1 aile de poulet • 2 cuillères à soupe de tomates concassées **
*2 cuillères à soupe de duxelles de champignons * • 5 œufs*
1 œuf de beurre • sel, poivre

Retirer la peau de l'aile du poulet, la couper en fines petites escalopes de la taille d'une demi-bouchée.

Préparer les tomates concassées, les saler légèrement et les mettre à égoutter dans une passoire. Préparer les champignons en duxelles, les mettre à cuire dans une petite poêle avec la moitié de l'œuf de beurre.

Battre les œufs en omelette *, saler, poivrer.

Dans une large poêle à feu moyen, mettre le beurre restant à fondre ; quand il est fondu, ajouter les champignons, les morceaux de poulet, les tomates concassées bien égouttées. Mélanger rapidement, verser les œufs battus, et à feu doux, en remuant avec la spatule comme il est dit à « omelette au naturel * », laisser prendre. Faire glisser ensuite dans le plat de service comme une galette, sans la replier.

4. Ces restes dépouillés de leur peau et détaillés en petites escalopes sont utilisés dans les nouilles au foie gras et au poulet *.

• **Froids**

1. *En famille :* servir simplement le poulet froid avec une salade simple ou mélangée (voir chapitre des salades *).
2. *Pour un buffet :* mélanger les restes avec d'autres viandes froides.

Sauces d'accompagnement : Mayonnaise à la tomate fraîche *. Sauce avocat *.
3. Les reste sont utilisés dans un club-sandwich *.
4. Ils constituent l'élément principal de la salade de poulet *.

POULET RÔTI À L'ESTRAGON ET À LA CRÈME

Ce plat se fait au dernier moment, mais le poulet sera meilleur et la viande « détendue » si on le laisse attendre non découpé 10 à 12 minutes à l'entrée du four chaud.

Proportions : *pour 4 personnes*
1 poulet de 1,200 kg • 1 bouquet d'estragon
4 cuillères à soupe d'eau • 3 cuillères à soupe de crème fraîche
2 noix de beurre • sel, poivre
Préparation : *7 à 8 minutes*
Cuisson : *45 à 50 minutes*

Demander au volailler de préparer le poulet en laissant « tout après » (cou, ailerons, abats).

Allumer le four à température moyenne (220°, 230°, position 6, 7).

Saler, poivrer l'intérieur du poulet, ajouter le foie et le gésier. Laver, sécher 4 à 5 belles branches d'estragon. En mettre 1 de côté et bourrer le poulet avec les autres.

Beurrer grassement le fond d'un plat allant au four. Ajouter 2 cuillères à soupe d'eau. Poser le poulet et enfourner à mi-hauteur. Faire cuire et dorer comme il est dit à « poulet rôti au naturel* ».

Pendant que le poulet cuit, effeuiller la branche d'estragon mise de cuté et hacher finement les feuilles. Les réserver.

Quand la volaille est cuite, la déposer sur une planche, la découper, disposer les morceaux sur le plat de service et tenir au chaud sur la porte du four. Se débarrasser du bouquet d'estragon qui la bourrait et verser le jus qui s'est écoulé lors du découpage dans le plat de cuisson. Mettre ce plat à chauffer sur le gaz, en l'inclinant, verser 2 cuillères à soupe d'eau chaude, racler et rassembler tous les sucs caramélisés avec une cuillère. Incorporer la crème fraîche et faire bouillir quelques minutes pour avoir une belle sauce onctueuse. Vérifier l'assaisonnement en sel et en poivre. Ajouter l'estragon haché, verser en saucière et servir avec le poulet.

Légumes d'accompagnement : Haricots verts au beurre *. Tomates concassées tièdes*.

POULET COCOTTE

Ce plat peut se faire à l'avance. Il se conserve 2 à 3 jours au réfrigérateur dans une boîte, à condition de retirer le thym et le laurier. On le réchauffe à feu doux en ajoutant un peu d'eau pour homogénéiser la sauce.

***Proportions :** pour 4 personnes*
1 poulet de 1,200 kg • 125 g de poitrine fumée
*1 oignon moyen • 125 g de champignons de Paris pochés **
1 branche de thym • 1 feuille de laurier • 1 œuf de beurre
1/2 verre d'eau • 1/2 verre de vin blanc sec • sel, poivre
***Préparation :** 15 minutes*
***Cuisson :** 40 à 45 minutes*

Demander au volailler de couper le poulet en morceaux.

Enlever la couenne et les cartilages de la poitrine fumée. La détailler en petits cubes de 2 cm de côté. Éplucher l'oignon, le couper en fines rondelles.

Dans une cocotte, mettre la moitié du beurre à fondre à feu moyen ; quand il grésille, ajouter les rondelles d'oignon, les faire revenir et dorer à couvert, les retirer avec une écumoire et les réserver sur une assiette. À leur place, mettre les lardons de poitrine fumée, les faire cuire en douceur jusqu'à ce qu'ils deviennent blond doré, les retirer également et les ajouter aux oignons. Dans la cocotte, mettre le beurre restant. Quand il grésille, poser les morceaux de poulet côte à côte pour les faire dorer sur toutes leurs faces. Quand ils sont à point, les mouiller avec le vin blanc, puis l'eau. Saler, poivrer, porter à ébullition à découvert pendant 4 à 5 minutes, puis couvrir et laisser mijoter à petit feu pendant 35 à 40 minutes.

Pendant ce temps, préparer les champignons de Paris pochés. En fin de cuisson du poulet, les verser dans la cocotte. Servir le tout dans un plat de service un peu creux.

Légumes d'accompagnement : Petits pois à la française *. Pâtes au beurre *.

Remarque : Si la sauce était un peu claire et liquide, retirer d'abord les morceaux de poulet et les poser dans le plat de service, puis à découvert, faire bouillir le jus de manière qu'il réduise et prenne une consistance un peu sirupeuse ; napper alors les morceaux de poulet avec tout le contenu de la cocotte, jus, lardons, oignons et champignons.

FRICASSÉE DE VOLAILLE

Ce plat peut se faire à l'avance sans la crème fraîche. Il se conserve 2 à 3 jours au réfrigérateur dans une boîte ou la cocotte. On le réchauffe à feu doux et on le finit en faisant la réduction de crème fraîche. Il peut attendre dans le four tiède.

***Proportions :** pour 4 personnes*
*1 poulet de 1,300 kg • 1/4 de litre de bouillon de volaille **
ou bouillon instantané en tablette (1/2 tablette pour 1/2 litre d'eau)
1 verre à moutarde de vin blanc sec
6 cuillères à soupe de crème fraîche
1 œuf de beurre • 2 branches d'estragon
2 cuillères à café d'estragon haché • sel, poivre
***Préparation :** 5 à 6 minutes*
***Cuisson :** poulet, 45 minutes • **Finition :** sauce, 10 à 12 minutes*

Demander au volailler de préparer le poulet coupé en morceaux.

Dans une cocotte, faire blondir le beurre à feu moyen. Mettre les morceaux de poulet à raidir, sans faire prendre couleur, en les tournant rapidement de tous côtés, ce qui prend à peu près 5 à 6 minutes. Saler et poivrer légèrement. Couvrir pendant 5 minutes pour les faire étuver à feu doux, relever à feu moyen et mouiller avec le vin blanc et le bouillon. Ajouter 2 belles branches d'estragon.

Quand le liquide bout, baisser le feu, couvrir la cocotte et maintenir une petite ébullition pendant 30 à 35 minutes. Pendant ce temps, laver, effeuiller, sécher de l'estragon. Hacher finement les feuilles pour avoir la valeur de 2 cuillères à café.

Allumer le four à température tiède.

Quand le poulet est cuit, retirer les morceaux avec une écumoire et les mettre dans le plat de service creux. Recouvrir celui-ci d'une feuille de papier alu et tenir au chaud dans le four tiède.

Retirer de la cocotte les branches d'estragon et, à découvert, faire bouillir la sauce à plein feu pour qu'elle réduise de 1/3 à peu près. À ce moment-là, mettre à feu moyen, ajouter la crème fraîche en la délayant au petit fouet à main. Laisser bouillir jusqu'à ce que la sauce réduise et devienne lisse, onctueuse, couvrant bien une cuillère. L'opération prend à peu près 7 à 8 minutes. Ajouter l'estragon haché en tournant avec le fouet. Vérifier l'assaisonnement.

Sortir le plat de poulet du four. Verser la sauce en nappant les morceaux, et servir bien chaud.

Légumes d'accompagnement : Pommes vapeur *. Purée de cresson *.

POULE AU POT, SAUCE À LA CRÈME

La sauce se fait au dernier moment. La poule peut se faire la veille. On la laisse au frais telle quelle dans le fait-tout et on la réchauffe à feu doux jusqu'à ébullition du bouillon.

Proportions : *pour 4 à 5 personnes*
1 poule de 1,300 à 1,500 kg
quelques abattis : cou, ailerons, pattes • 3 à 4 carottes
2 à 3 navets • 1 pied de céleri • 4 à 5 poireaux
100 g de petits oignons ronds dits « grelots » • 2 gousses d'ail
1 branche de thym • 1 feuille de laurier
3 cuillères à soupe de crème fraîche • 3 jaunes d'œufs • eau
quelques gouttes de jus de citron • sel, poivre
Préparation : *30 minutes*
Cuisson : *poule et légumes, 2 heures à 2 heures 30*
sauce, 15 à 20 minutes

Faire préparer la poule par le volailler. Acheter en supplément quelques abattis pour donner du goût au bouillon.

Dans un grand fait-tout, mettre la poule et les abattis, recouvrir largement d'eau froide. Porter à ébullition à feu moyen, à couvert. À partir du moment où l'eau bout, régler le feu pour obtenir un petit « bouillottement », et écumer soigneusement tant que des impuretés montent à la surface. Saler légèrement, ajouter le thym, le laurier et les gousses d'ail. Laisser cuire à petit feu pendant 2 heures environ ; la poule doit être tendre et non défaite.

Éplucher et préparer les légumes : selon leur taille, laisser les carottes et les navets entiers ou coupés en 2 morceaux. Enlever la partie vert foncé des poireaux. Garder le vert tendre et le blanc. Les ficeler en 1 petit bottillon. Supprimer les feuilles du pied de céleri, garder les tiges blanches du cœur. À l'aide d'un couteau économe, enlever soigneusement les fibres. Trancher chaque tige en 2 à 3 morceaux. Les ficeler également en 1 ou 2 petits bottillons. Éplucher les oignons.

40 minutes avant la fin de la cuisson, mettre les carottes et les navets dans le fait-tout. 20 minutes avant la fin de la cuisson, ajouter les oignons, puis 10 minutes après les poireaux et le céleri.

Allumer le four à température tiède. Retirer la poule du fait-tout, la découper sur la planche et la disposer dans le plat de service. Tenir au chaud dans le four. Retirer de même les légumes et les disposer harmonieusement dans un autre plat de service. Tenir également au chaud dans le four.

Faire la sauce. Dans une casserole à feu moyen, mettre 2 louches de bouillon de cuisson. Faire réduire de moitié pour corser le goût du bouillon. Ajouter la crème fraîche, laisser bouillir pour que l'ensemble devienne lisse et onctueux.

Battre 3 jaunes d'œufs dans un bol, les délayer avec une cuillère de sauce, recommencer une autre fois, puis verser tout le contenu du bol dans la sauce. Baisser le feu et, en tournant avec la cuillère, laisser chauffer jusqu'à ce qu'un épaississement se produise et que la sauce couvre bien la cuillère. On doit arrêter avant l'ébullition.

Vérifier l'assaisonnement, poivrer avec le moulin, relever le goût avec quelques gouttes de jus de citron. Servir en saucière.

LE BOUILLON DE VOLAILLE

À ne pas oublier. Saler très peu le liquide de cuisson de la poule. De cette façon, le bouillon final pourra être utilisé de plusieurs façons et subir des réductions en n'étant pas trop salé.

Conservation. Quand la volaille et les légumes sont retirés de la marmite, le verser dans une terrine en le passant à travers une passoire recouverte d'une toile à beurre. Le mettre au réfrigérateur pour faire monter la graisse qui se fige. La retirer soigneusement à l'aide d'une spatule métallique ou d'une cuillère.

Ce bouillon se conserve ainsi 4 à 5 jours au réfrigérateur, beaucoup plus longtemps au congélateur (voir cette rubrique).

Utilisations :
1. En consommé * avec ou sans garniture * ;
2. Comme liquide de cuisson pour pocher des poulardes ;
3. Comme liquide de mouillement de plats mijotés (voir aux recettes) ;
4. Réduit donc corsé, comme base de sauces (voir aux recettes).

POULARDE AUX PETITS LÉGUMES, SAUCE FOIE GRAS

Ce plat est raffiné, long à faire en raison de la préparation des légumes dont l'aspect et les temps de cuisson exigent beaucoup de soin. De plus, par les produits employés, cette poularde n'est pas économique. Je la conseille donc pour un dîner de fête ; la confection en sera étalée sur 2 soirs pour gagner du temps.

1er soir : cuisson du bouillon et des légumes ;
2e soir : cuisson des poulardes et confection de la sauce.

***Proportions :** pour 12 personnes*
3 poulardes de Bresse de 1,200 kg chacune
1 grand fait-tout plutôt large que haut
*rempli aux 2/3 d'un excellent bouillon de volaille **
ou bouillon de poule instantané (1/2 tablette pour 1/2 litre d'eau)
12 carottes longues • 12 navets longs • 12 poireaux
1 boule de céleri-rave • 24 à 30 oignons dits « grelots »
1 livre de haricots verts extra-fins frais
300 g de petits pois surgelés • 24 petites pommes de terre
*1 litre de crème fraîche • 200 g de foie gras frais * ou de conserve*
***Préparation :** 3 heures*
***Cuisson :** totale des légumes, 1 heure*
poulardes, 1 heure à 1 heure 15 • sauce, 15 à 20 minutes

La veille au soir, faire un bon bouillon de volaille peu salé (on peut bien sûr employer aussi du bouillon instantané, mais c'est un peu moins raffiné) et s'occuper des légumes pendant qu'il cuit.

Éplucher carottes, navets et céleri-rave, donner à chaque légume en le taillant avec le petit couteau pointu la forme de grosses olives allongées. On doit obtenir 2 olives pour chaque carotte et chaque navet. Équeuter les haricots verts, les laisser entiers ; éplucher et couper les poireaux en ne laissant que le blanc (10 cm environ). Les ficeler en un petit bottillon. Éplucher les oignons. Au fur et à mesure que chaque légume est prêt, le tenir dans l'eau fraîche en séparant les espèces.

Faire bouillir deux casseroles d'eau salée. Dans l'une, mettre à cuire les haricots verts 10 minutes à gros bouillons. Au bout de ce temps, les retirer avec l'écumoire et les plonger dans l'eau froide quelques minutes pour qu'ils restent fermes ; les égoutter. Dans l'autre casserole, faire cuire les autres légumes, séparément, pour qu'ils ne soient pas mélangés quand ils seront retirés avec l'écumoire pour être égouttés. Il faut compter 12 à 15 minutes pour les carottes et les navets, 10 minutes pour les oignons, le céleri et les poireaux, 5 minutes pour les petits pois. Ces légumes doivent être cuits fermes, presque croquants.

Les enfermer chacun dans un petit baluchon d'étamine en laissant un long bout de ficelle. Mettre tous les paquets de légumes dans 1 ou 2 boîtes hermétiques et les laisser à la température de la pièce.

Si on a fait du bouillon de volaille, le mettre au frais dans le réfrigérateur.

Le lendemain soir, le dégraisser et le mettre à chauffer dans un large fait-tout (ou bien préparer la quantité nécessaire de bouillon instantané). Quand il bout, y mettre les 3 poulardes de Bresse, vidées et préparées par le volailler. Faire repartir l'ébullition et, à découvert, laisser cuire les poulardes 1 heure à petite ébullition.

Pendant ce temps, éplucher les pommes de terre, leur donner la forme de petites boules régulières et les faire cuire à la vapeur*. Puis, à l'aide d'un pilon, passer le foie gras dans un tamis fin au-dessus d'un bol ; bien gratter à la spatule le dessous du tamis pour ne rien perdre. Réserver.

Faire chauffer de l'eau dans une grande marmite. Elle doit être très chaude et non bouillante.

Allumer le four à température tiède.

Plonger les petits sacs de légumes dans l'eau chaude en laissant dépasser les bouts de ficelle qui attachent chacun.

Retirer les poulardes du fait-tout avec une écumoire et une spatule. Laisser égoutter le jus qu'elles contiennent, puis les poser sur la planche. Les découper en levant les 2 cuisses et les 2 ailes, et en supprimant la peau. Séparer le pilon de la cuisse, le blanc de l'aile du petit aileron.

Dans un plat de service ovale, disposer les cuisses et les blancs sur une moitié du plat. Faire de même avec les pilons et les ailerons sur un autre plat pour pouvoir resservir.

Sortir les légumes de l'eau chaude où ils ont réchauffé et les disposer sur chaque plat en petits bouquets côte à côte, harmonieusement et également répartis. Recouvrir chaque plat de papier alu et tenir au chaud dans le four pendant que l'on confectionne la sauce.

Dans une sauteuse ou une casserole à large fond, mettre 2 louches de bouillon de cuisson des poulardes, le dégraisser en passant une petite cuillère à la surface du liquide, porter à ébullition pour réduire de moitié, ajouter et délayer la crème fraîche. Porter de nouveau à ébullition et laisser réduire en « bouillottant » jusqu'à ce que la sauce devienne onctueuse. À ce moment, prendre une cuillère de sauce, la verser sur le foie gras, délayer. Recommencer avec une autre cuillère, puis une autre, remettre le tout dans la casserole, laisser 1 minute pour chauffer sans bouillir. Vérifier l'assaisonnement en sel et poivrer. Remplir une saucière. Le reste peut attendre sans crainte le deuxième service sur une plaque d'amiante. Sortir le premier plat du four et servir.

POULARDE EN GELÉE AUX PETITS LÉGUMES

On peut concevoir ce plat de deux manières :

La première, traditionnelle, en faisant un bouillon de volaille et une gelée ; il sera alors très raffiné et délicieux.

La deuxième, beaucoup plus rapide, mais bonne aussi, en employant du bouillon de volaille et de la gelée instantanés.

Sa préparation est échelonnée et comme il s'agit d'un plat en gelée, il peut être terminé le matin pour le soir.

***Proportions :** pour 12 personnes*
3 poulardes de Bresse de 1,300 kg chacune et 300 g d'abattis
(cou, ailerons, pattes)
1 grand fait-tout plutôt large que haut
*rempli aux 2/3 de bouillon de volaille**
12 carottes longues ● 12 navets longs ● 12 poireaux
24 à 30 oignons grelots ● 1 livre de haricots verts frais extra-fins
300 g de petits pois surgelés
300 g de viande de bœuf hachée ● 3 blancs d'œufs
3 à 4 branches d'estragon ● 1 bouquet de cerfeuil
1 bouquet de persil ● xérès au goût
***Préparation :** 3 heures*
***Cuisson :** légumes, 1 heure*
poulardes, 1 heure 15 ● gelée, 1 heure 20

Faire le bouillon de volaille et cuire les poulardes vidées et préparées par le volailler comme il est dit dans la recette des poulardes sauce foie gras *. Les retirer du bouillon à l'aide d'une écumoire et d'une large spatule, laisser égoutter le jus qu'elles contiennent, puis les poser sur une planche et les enfermer soigneusement dans des torchons en les laissant à la température de la pièce.

Préparation de la gelée. Prendre une grande casserole, y mettre tous les abattis (cous, ailerons, pattes), couvrir largement avec du bouillon de cuisson des poulardes, porter à ébullition et laisser mijoter à couvert pendant 1 heure pour donner au bouillon tous les éléments gélifiants nécessaires. Passer le liquide à travers un chinois et le mettre au réfrigérateur 2 à 3 heures pour que la graisse monte et se fige.

Pendant ce temps, préparer et cuire les légumes comme il est dit à « poularde sauce foie gras* ».

Puis sortir la gelée du froid, la dégraisser soigneusement avec une cuillère ou une spatule. La mettre à tiédir dans une casserole. Laver les herbes, les sécher et les hacher.

Dans un saladier, mélanger la viande hachée, les blancs d'œufs et les herbes hachées. Délayer cette préparation petit à petit avec la gelée tiède. Verser le tout dans la casserole et, à feu doux, porter à ébullition en tournant sans cesse. Arrivé à ébullition, cesser de tourner et laisser « bouillotter » pendant 20 à 25 minutes. Tout le mélange viande-herbes-blancs d'œufs forme une croûte à la surface entraînant avec elle toutes les impuretés de la gelée qui est clarifiée et devient limpide. La passer ensuite à travers une étamine. Vérifier l'assaisonnement en sel et en poivre et parfumer avec du xérès, en forçant légèrement car lorsque la gelée refroidit, les arômes s'atténuent. Mettre la gelée au froid pour qu'elle commence à se solidifier jusqu'à la consistance d'huile, ce qui la rend facile à l'emploi.

Pendant ce temps, découper les poulardes en levant les 2 cuisses, les 2 ailes et en ôtant la peau. Séparer le pilon de la cuisse, le blanc de l'aile du petit aileron. Disposer morceaux de volaille et petits légumes sur deux plats comme pour la poularde sauce foie gras.

Recouvrir de gelée et tenir au frais dans le réfrigérateur jusqu'au moment de servir. (Sortir à peu près 30 minutes avant de consommer ; le plat sera moins froid, la gelée plus souple, donc meilleure.)

LE BOUILLON DE CUISSON DES POULARDES

Il est meilleur et plus haut en saveurs que le bouillon obtenu par la cuisson d'une poule*, puisqu'il s'est corsé de la cuisson des poulardes.

A ne pas oublier. S'il a été salé à point pour la cuisson des poulardes, il est excellent comme consommé*, mais il ne peut pas subir de réduction car il deviendrait trop salé.

Conservation. Voir « bouillon de volaille* ».

Utilisations :
Salé : consommé avec ou sans garnitures* ;
Peu salé : les utilisations du bouillon de volaille*.

Le canard

On trouve chez le volailler trois sortes de canards qui sont tous excellents :

— *Le canard nantais,* enrobé d'une couche de graisse, a la chair tendre et moelleuse. C'est le plus fin.

— *Le canard de Barbarie* est moins gras. Bien charnus, les gros mâles fournissent de belles aiguillettes. Les petites canettes sont délicieuses à la broche.

— *Le canard croisé* est un croisement de canard domestique et de canard sauvage. Il n'est pas très gros, peu gras et sa chair est très goûteuse.

CANETTE À LA BROCHE

Elle se fait au dernier moment.

***Proportions :** pour 2 personnes*
1 petite canette de Barbarie de 800 g • sel, poivre
***Préparation :** 2 à 3 minutes*
***Cuisson :** 35 à 40 minutes*

Faire préparer la canette par le volailler.
Allumer le four en position « gril ».
Glisser le foie et le gésier à l'intérieur de la bête. Embrocher le petit canard et le mettre dans le four quand le gril est bien chaud. Passer en position tournebroche et prendre la précaution de mettre le plat à rôtir du four sous la volaille qui va perdre de la graisse. Quand le canard est cuit, la peau n'est pas toujours assez croustillante, ce qui est indispensable pour donner toute sa saveur à ce plat.

Aussi passer en position « gril » pour arrêter la broche, et tourner le caneton à la main sous le gril pour que tous les côtés soient très dorés.

Retirer de la broche en le faisant glisser sur la planche. Fendre le canard en 2 moitiés et présenter sur le plat peau en dessus saupoudrée de sel et de poivre du moulin.

Légumes d'accompagnement : Pommes de terre sautées aux lardons *. Petits pois aux lardons *. Girolles sautées *.

CANETTES RÔTIES

Elles se font au dernier moment.

Pour plusieurs convives, il n'est pas possible de faire cuire les canettes à la broche.

On peut obtenir le même résultat en les faisant rôtir, mais en observant quelques précautions.

***Proportions** : pour 6 personnes*
3 canettes de 800 g • 6 cuillères à soupe d'eau
sel, poivre
***Préparation** : 2 à 3 minutes*
***Cuisson** : 35 à 40 minutes*

Faire préparer les canettes par le volailler.

Allumer le four à température moyenne-forte (225°, position 6).

Saler, poivrer l'intérieur des petits canards. Y glisser les foies et les gésiers. Poser les canetons sur une grille et cette grille sur le plat à rôtir du four. Enfourner et faire cuire en les arrosant de temps en temps avec la graisse qui tombe dans le plat pour favoriser le dorage de la peau. Les retourner pour les dorer de tous côtés.

Au terme de la cuisson, si la peau ne paraissait pas assez dorée et croustillante, passer les canards en position « gril » en les tournant sur toutes leurs faces.

Les sortir du four, les poser dans un plat à l'entrée du four et faire le jus. Se débarrasser d'abord de toute la graisse dans un bol. Poser ensuite le plat sur le gaz et en grattant les résidus ajouter 6 cuillères à soupe d'eau. Faire « bouillotter » et réduire pour avoir une consistance un peu sirupeuse. Verser en saucière et ajouter 1 à 2 cuillères à soupe de graisse. Vérifier l'assaisonnement en sel et en poivre. Tenir au chaud.

Couper chaque canette en 2 moitiés, les dresser sur un plat et servir avec la saucière de sauce.

Légumes d'accompagnement : Les mêmes que pour les canettes à la broche.

CANARD AU VINAIGRE DE XÉRÈS

Ce plat se fait au dernier moment.

***Proportions :** pour 4 personnes*
1 beau canard de 1,500 kg
6 cuillères à soupe de bouillon de volaille instantané
(1/2 tablette pour 1/2 litre d'eau) ou de l'eau
1/2 verre de vinaigre de Xérès • 1 gros œuf de beurre • sel, poivre
***Préparation :** 2 à 3 minutes*
***Cuisson :** 40 à 45 minutes • sauce, 5 à 6 minutes*

Faire préparer le canard par le volailler.

Allumer le four à température moyenne-forte (225°, position 6).

Saler et poivrer l'intérieur du canard. Le faire rôtir *, le passer au gril pour bien dorer la peau. Le poser sur un plat à l'entrée du four pendant la préparation de la sauce. Se débarrasser de toute la graisse du plat dans un bol.

Poser le plat sur le gaz à feu moyen. Verser le vinaigre de Xérès et gratter tous les résidus de cuisson en inclinant le plat de tous côtés, ce qui fait réduire le vinaigre. Pencher le plat d'un côté sur le gaz et ajouter le bouillon ou, à défaut, de l'eau, faire bouillir, incorporer le beurre par morceaux et en donnant un petit mouvement circulaire, obtenir une sauce onctueuse par émulsion du beurre dans le liquide. Vérifier l'assaisonnement. Verser dans la saucière et tenir à l'entrée du four.

Découper le canard. Dresser sur le plat de service et servir accompagné de la sauce.

Légumes d'accompagnement : Purée d'artichauts *. Choux verts nouveaux en embeurrée *.

CANARD À LA COCOTTE AUX OLIVES

***Proportions :** pour 4 personnes*
1 canard de 1,500 kg • 2 noix de beurre
1/2 litre d'olives vertes • 1 verre d'eau • sel, poivre
***Préparation :** 10 minutes*
***Cuisson :** 40 minutes en tout*

Faire préparer le canard par le volailler.

Dans une cocotte, mettre à fondre une noix de beurre, à feu moyen-doux. Quand il grésille, poser le canard et le faire dorer doucement de tous côtés. Quand il est de bonne couleur, le saler et le poivrer. Couvrir la cocotte et continuer la cuisson pendant 25 minutes environ. Le caneton doit être moelleux et non desséché. Si on le pique avec une aiguille, le jus qui sort doit être blanc un peu rosé.

Pendant cette cuisson, dénoyauter les olives avec le petit instrument spécial, les plonger 5 minutes dans une casserole d'eau bouillante. Les égoutter et les sécher.

Allumer le four à température tiède. Mettre un plat de service à chauffer. Retirer le canard à l'aide de deux spatules en laissant s'écouler le jus par le croupion. Le découper et le dresser dans le plat de service. Tenir au chaud.

Retirer la majeure partie de la graisse de la cocotte et la remettre sur le feu, verser l'eau dans le fond de cuisson, gratter tous les résidus du fond de la cocotte, ajouter les olives, faire « bouillotter » pendant 5 minutes pour avoir une sauce un peu sirupeuse, et, hors du feu, battre rapidement à la fourchette une grosse noix de beurre. Verser le jus et les olives sur le canard et servir.

Légumes d'accompagnement : Pommes de terre vapeur *. Tomates poêlées*.

CONFIT DE CANARD

C'est une conserve qui se fait beaucoup dans les provinces du Sud-Ouest. On le trouve en ville, dans les maisons de spécialités régionales. Il se mange chaud ou froid, mais pour qu'il soit moelleux et agréable, le mode d'emploi est le même.

Sortir les morceaux du bocal. Les débarrasser de la plus grande partie de la graisse que l'on conservera au frais pour faire des pommes de terre sautées *.

Dans une poêle à feu doux, poser les morceaux de confit et en les tournant de tous côtés, faire fondre la graisse restante. La verser dans un bol.

Relever le feu sous la poêle et faire dorer les morceaux de confit côté peau et côté chair.

• Chaud

Quand le confit est chaud et doré, le dresser sur un plat de service et servir.

Légumes d'accompagnement : Pommes de terre sautées aux truffes *. Salade verte à la vinaigrette à l'huile de noix.

- **Froid**

Au sortir de la poêle, dresser les morceaux sur un plat et les laisser refroidir à la température de la pièce.

Légumes d'accompagnement : Les mêmes qu'avec le confit chaud.

Le confit d'oie. Il se prépare, se conserve, s'accommode et se mange exactement de la même façon que le confit de canard.

Autres emplois du confit de canard et du confit d'oie : En remplacement du poulet dans salade de poulet *.

AIGUILLETTES FROIDES DE CANARD EN GELÉE AU FOIE GRAS

Les canards se font cuire à l'avance pour qu'ils aient le temps de refroidir, enveloppés dans des torchons à la température de la cuisine... surtout pas au réfrigérateur.

La gelée se prépare 2 heures avant la présentation du plat.

***Proportions :** pour 10 personnes*
5 canards de 900 g à 1 kg
10 tranches de foie gras de canard frais ou de conserve de 70 à 80 g*
*12 à 15 cuillères à soupe de gelée instantanée au xérès**
***Préparation :** gelée, 10 minutes*
aiguillettes, 35 à 40 minutes
***Cuisson :** canards, 25 à 30 minutes*

Faire préparer les canards par le volailler.

Allumer le four à température moyenne-forte (230°, position 6).

Faire rôtir les canards* sans dépasser 30 minutes de cuisson pour qu'ils soient rosés. Les retirer du feu et les faire refroidir à la température de la cuisine. Ils vont se détendre et la chair va devenir d'un rosé uniforme.

2 heures avant le repas, préparer la gelée instantanée au xérès. La sortir du réfrigérateur pour qu'elle se réchauffe et s'assouplisse pendant que l'on prépare les canards.

Poser les canards sur la planche, détacher soigneusement les 2 ailerons et les 2 filets en suivant la carcasse à l'aide d'un petit couteau. Supprimer l'aileron et retirer la peau (la réserver dans une boîte). Prendre des assiettes froides. Sur chacune poser une aiguillette sur le côté.

Dégraisser un foie de canard fait à la maison * ou acheté en conserve. Avec un bon couteau trempé dans l'eau chaude, couper

10 tranches régulières. Les déposer avec précaution à côté de chaque aiguillette dans l'assiette. À l'aide d'un pinceau tartiner les aiguillettes de gelée. Avec une fourchette, casser la gelée restante en petits morceaux irréguliers. Disposer deux petits tas de cette gelée sur chaque assiette pour finir de la garnir. Tenir les assiettes dans un endroit très frais (bas du réfrigérateur ou garde-manger en hiver), jusqu'au moment où l'on présentera les assiettes sur la table.

Accompagner le plat de salade de cornette et trévise* au vinaigre de Xérès et à l'huile d'olive, servie en petites assiettes individuelles à côté des grandes.

LES RESTES

• La peau

On la garde au frais dans une boîte hermétique au réfrigérateur pour être ensuite utilisée dans la salade « frisée aux peaux de canard* » : on la découpe en petites lanières que l'on fait raidir et dorer rapidement dans une poêle bien chaude.

• Les cuisses, les ailerons et la carcasse

1. Un repas de famille avec une salade telle que : Choux verts nouveaux *. Salade de lentilles *.

2. Les chairs finement escalopées peuvent remplacer dans une salade : Le veau, dans « salade de veau * ». D'une façon moins raffinée, le pigeon, dans « ailes de pigeons au cresson * ».

MAGRETS DE CANARD À LA SAUCE AU CITRON VERT

Ce sont les filets prélevés sur les gros canards à foie gras. On les trouve chez les bons volaillers.

Ce plat se prépare au dernier moment.

***Proportions** : pour 4 personnes*
2 magrets de 450 g • 2 œufs de beurre ramolli
2 cuillères à café débordantes de sucre en poudre • 1 citron vert
1 tasse à thé de bouillon de volaille ou bouillon*
de volaille instantané (1/2 tablette pour 1/2 litre d'eau)
sel, poivre

***Préparation :** 15 minutes*
***Cuisson :** magrets, 6 à 7 minutes • sauce, 5 à 6 minutes*

À l'aide du couteau économe, râper le zeste du citron. Le couper en très petits morceaux. Faire bouillir une petite casserole d'eau. Y jeter les morceaux de zeste et laisser bouillir 5 minutes. Égoutter dans une passoire. Couper le citron en deux, le presser et recueillir le jus dans une tasse.

À l'aide d'un petit couteau, retirer la peau des magrets, laisser seulement une légère couche de graisse (réserver la peau dans une boîte hermétique), les saler et les poivrer des deux côtés.

Allumer le four à température douce (100°, position 2).

Faire chauffer une poêle à feu moyen sans matière grasse. Quand elle est chaude, poser les magrets côté graisse et faire poêler en douceur pendant 3 à 4 minutes. Retourner et faire cuire 2 à 3 minutes. La cuisson idéale est dite « saignante » (voir ce terme p. 267). Les prendre à l'aide d'une spatule et les tenir entre deux assiettes au chaud dans le four.

Se débarrasser de toute la graisse de la poêle et la remettre sur le feu moyen. Ajouter le sucre et une cuillère à soupe de jus de citron. Tourner avec la cuillère en bois en raclant le fond de la poêle, et obtenir un caramel roux. Verser le jus de citron restant, délayer, ajouter le bouillon de volaille, à défaut, du bouillon instantané. Faire bouillir et réduire de moitié. Ajouter les morceaux de zeste, incorporer d'un coup le beurre fragmenté en plusieurs morceaux. Donner à la poêle un mouvement circulaire tandis qu'il bouillonne et s'émulsionne. On doit obtenir une sauce mielleuse et rousse qui s'arrête de mousser dès que l'on baisse le feu. Laisser à feu très doux sur une plaque d'amiante.

Prendre les magrets dans le four, les découper en fines escalopes dans le sens de la longueur du magret et perpendiculaires au côté peau. Disposer dans un plat chaud. Verser la sauce tout autour et servir.

Légumes d'accompagnement : Épinards en branches *. Navets sautés à cru *.

Remarque : Les peaux dégraissées et rissolées seront utilisées dans la salade « frisée aux peaux de canard * ».

FOIE GRAS DE CANARD AU NATUREL

C'est un mets coûteux ; il le sera moins si on l'achète cru et si on le cuit soi-même.

Les points importants

1. *Le choix du foie gras :* poids : dans les 600 g • couleur : blanc-crème • toucher : lisse et satiné • consistance : ferme et souple.

2. *L'assaisonnement :* pour un foie de 600 g : 9 g de sel fin et 2,5 g de poivre blanc.

Il est indispensable de respecter ces proportions. On diminuera ou augmentera le sel et le poivre en fonction du poids du foie gras.

3. *La préparation :* mélanger le sel et le poivre dans un bol. Assaisonner le foie à l'intérieur et à l'extérieur des lobes.

L'empaqueter ensuite dans un papier sulfurisé et tenir au frais pendant 24 heures au réfrigérateur.

4. *La cuisson :* acheter une boîte de graisse d'oie. Sortir le foie gras du réfrigérateur. Allumer le four à température douce (110°, 120°, position 3).

Dans une cocotte, faire fondre la graisse d'oie, immerger le foie dans cette graisse en le laissant empaqueté dans son papier et en plaçant le côté rond du foie au fond de la cocotte. Couvrir celle-ci avec le couvercle et mettre au four pendant 35 minutes. Ce temps de cuisson est nécessaire pour un foie de 600 g ; on diminuera ou augmentera ce temps en fonction du poids du foie gras.

Quand le foie est cuit, sortir la cocotte du four. Retirer le couvercle et laisser refroidir pendant 2 heures à la température de la pièce. Au bout de ce temps, prendre une terrine ovale ou rectangulaire de taille convenable. Le foie doit avoir juste sa place. Sortir le foie de la cocotte, le développer avec précaution et le placer dans la terrine, côté rond au-dessus. Finir de remplir le récipient avec la graisse encore tiède ; le foie doit être couvert. Mettre au réfrigérateur.

5. *La consommation :* pas avant 48 heures, pas après 8 à 10 jours.

6. *Le service :* démouler le foie gras en passant une spatule métallique souple tout le long des parois de la terrine. Retirer la graisse en s'aidant d'un couteau. Couper le foie en tranches de 1 cm, 1,5 cm d'épaisseur.

Disposer sur le plat de service et servir *en entrée*, accompagné de larges tranches de pain de campagne grillées.

Le foie d'oie

Le foie de canard est à mon avis infiniment plus fin et savoureux que le foie d'oie, mais celui-ci est également un merveilleux produit, qui se traite de la même façon que le foie de canard.

Avantage : La cuisson peut être un peu moins précise que celle exigée pour le canard, car le foie d'oie, de nature plus dense, « fond » moins à la cuisson et on risque moins la désagréable surprise d'un foie ayant diminué de moitié malgré toutes les précautions.

La dinde

Elle se présente sous deux formes chez le volailler :

— *En escalopes et en rôtis* directement débités et préparés par les éleveurs. On en trouve toute l'année.

C'est une viande un peu sèche, un peu fade, mais économique. À condition de bien la relever en goût ou de la mijoter, on en fait d'excellents plats familiaux.

— *La volaille est entière* et on la trouve spécialement à la fin de l'année, pour les fêtes. La dinde est facilement sèche et dense. Pour avoir une bête moelleuse à la chair fine et de bon goût, il faut préférer des dindonneaux de moins de 9 mois, dont le poids n'excède pas 3 kilos et qui soient de bonne provenance.

Les dindonneaux de Bresse sont particulièrement bons.

ESCALOPES DE DINDE PANÉES À L'AIL ET AU PERSIL

Ce plat se fait au dernier moment, mais se prépare 30 minutes avant la cuisson.

***Proportions :** pour 4 personnes*
4 escalopes de blanc de dinde de 130 g environ chacune
1 œuf de beurre • 2 œufs entiers
4 cuillères à café de persil haché • 2 gousses d'ail
1 cuillère à café d'huile d'arachide • 1 assiette de chapelure
sel, poivre
***Préparation :** 8 à 10 minutes*
***Cuisson :** 8 à 10 minutes*

Les escalopes de blanc de dinde s'achètent toutes prêtes chez le volailler.

Laver, sécher, effeuiller le persil. Hacher finement les feuilles, réserver dans une assiette. Éplucher les gousses d'ail, les presser au presse-ail au-dessus du persil. Mélanger intimement les deux condiments du bout des doigts.

Graisser légèrement les deux faces des escalopes avec l'huile d'arachide et les rouler dans le mélange ail-persil. Laisser reposer pendant 1/2 heure.

Dans une assiette à soupe, battre 2 œufs entiers en omelette. Verser de la chapelure dans une autre. Passer les escalopes rapidement dans les œufs battus puis dans la chapelure. Poser sur la planche. Saler, poivrer. Dans une large poêle, mettre un œuf de beurre à fondre à feu moyen. Quand il est doré, poser les escalopes côte à côte dans la poêle et les faire cuire et dorer sur les deux faces. Les retirer de la poêle avec une spatule pour ne pas prendre de beurre de cuisson, les poser sur un plat de service chaud et servir.

Légumes d'accompagnement : Pommes de terre sautées * avec une salade verte. Épinards en branches *.

RÔTI DE DINDE AUX CAROTTES ET AUX OIGNONS

Les rôtis de dinde se trouvent tout préparés chez le volailler et constituent un plat de famille économique et savoureux à condition de les faire en cuisson mijotée. Comme tous les plats de ce type, ils peuvent se faire à l'avance et se conservent au réfrigérateur 3 à 4 jours avant d'être réchauffés.

***Proportions** : pour 4 personnes*
1 rôti de 800 g • 1 livre de carottes • 16 oignons grelots
1 œuf de beurre plus une noix • 1/2 verre de vin blanc
1/2 verre d'eau • 1 brindille de thym
1 feuille de laurier • sel, poivre
***Préparation** : 15 minutes*
***Cuisson** : 1 heure 40 en tout*

Éplucher les carottes, les couper en rondelles de 1/2 cm. Les laver, les égoutter. Éplucher les oignons grelots.

Dans une cocotte mettre un œuf de beurre à fondre à feu moyen. Quand il grésille, poser le rôti de dinde et le faire dorer lentement sur toutes ses faces. Quand il est à point, le retirer à l'aide de deux larges spatules et le poser sur une assiette.

Verser les oignons dans la cocotte et les faire rapidement dorer sur toutes leurs faces. Les retirer à l'aide de l'écumoire. Les réserver sur une assiette. Ajouter une bonne noix de beurre, attendre qu'elle grésille et mettre les carottes à dorer lentement sans brûler, à couvert.

Quand elles sont à point, poser le rôti dans la cocotte, ajouter le jus qu'il a rendu, la brindille de thym, le laurier, du sel et du poivre. Mouiller avec l'eau et le vin blanc, laisser bouillonner quelques instants, baisser le feu, couvrir et assurer un petit mijotement régulier pendant 1 heure, 1 heure 15 (piquée avec une aiguille, la viande doit être très moelleuse). La retourner une fois en cours de cuisson. 1/4 d'heure avant la fin de la cuisson, allumer le four à température tiède et ajouter les petits oignons dans la cocotte.

Sortir la viande de la cocotte. La poser sur la planche à découper à l'entrée du four.

Si la sauce de la cocotte est un peu longue, la réduire en la faisant bouillir à découvert jusqu'à bonne consistance un peu sirupeuse. Si au contraire elle était trop courte, ajouter de l'eau. Faire bouillir quelques instants. Vérifier l'assaisonnement en sel et en poivre.

Couper le rôti en tranches, les dresser sur un plat de service un peu creux. Entourer des carottes et des oignons retirés de la cocotte à l'aide de l'écumoire. Verser la sauce sur le tout et servir.

Légumes d'accompagnement (facultatif) : Nouilles au beurre * et salade verte.

DINDONNEAU RÔTI

Ce plat se fait au dernier moment.

Proportions : *pour 8 à 10 personnes*
1 jeune dinde de 3 kg • 2 gros œufs de beurre
10 cuillères à soupe d'eau • sel, poivre
Préparation : *3 minutes*
Cuisson : *1 heure 30 à 1 heure 45*

Faire préparer le dindonneau par le volailler.

Allumer le four à température moyenne (220°, position 5, 6).

Beurrer un plat allant au four. Poser la dinde, la tartiner avec un œuf de beurre. Saler, poivrer, ajouter 2 cuillères à soupe d'eau au fond du plat. Mettre au four, arroser régulièrement en cours de cuisson et retourner la volaille de manière qu'elle soit dorée sur toutes ses faces.

Quand elle est cuite, la poser sur le plat de service et la tenir à l'entrée du four pour qu'elle se détende pendant que l'on prépare le jus.

Retirer l'excédent de graisse dans le plat de cuisson avec une cuillère. Faire chauffer le plat sur le gaz à feu moyen et verser

8 cuillères à soupe d'eau chaude en grattant le fond du plat pour détacher les résidus de cuisson. Incliner ensuite le plat au-dessus du feu, laisser bouillotter et prendre une consistance sirupeuse pendant quelques instants, puis incorporer au jus un œuf de beurre en battant avec la fourchette. Vérifier l'assaisonnement, verser en saucière tenue au chaud, découper la volaille et servir.

Légumes d'accompagnement : Purée de céleri *. Pommes de terre sautées en quartiers * et compote de pommes * peu sucrée. Panais étuvés au beurre *.

RESTES DE DINDONNEAU RÔTI

• Chauds

1. La dinde, facilement un peu sèche, n'est pas très bonne simplement réchauffée au four dans du papier alu. Il est meilleur de bien la dépouiller de sa peau, de l'émincer en fines petites escalopes et de la réchauffer dans des sauces telles que : Coulis de tomates aux oignons *, avec des macaroni au beurre *, ou haricots blancs au beurre *. Sauce Robert * avec des choux brocolis au beurre *.
2. Tout en étant moins savoureuse, elle peut remplacer le poulet dans les nouilles au foie gras et au poulet *.
3. À la place du poulet dans une omelette (voir « restes de poulet rôti * »).
4. *En papillotes aux poireaux étuvés :* faire des poireaux étuvés au beurre *. Préparer les restes de dinde en fines petites escalopes. Procéder ensuite comme il est dit à « restes de poulet en papillotes à la julienne de légumes * », en remplaçant la julienne par les poireaux.

• Froids

Les mêmes emplois que ceux des restes de poulet rôti*.

DINDONNEAU AUX PRUNEAUX

Ce plat se fait au dernier moment, mais on trempe les pruneaux 2 heures à l'avance.

***Proportions** : pour 8 à 10 personnes*
1 jeune dinde de 3 kg à 3,500 kg • 24 beaux pruneaux
*8 à 10 oignons grelots glacés * • 2 gros œufs de beurre*

10 cuillères à soupe d'eau • sel, poivre
***Préparation :** 10 à 12 minutes*
***Cuisson :** 1 heure 30 à 1 heure 45*

Faire tremper les pruneaux pendant 2 heures dans l'eau tiède pour qu'ils gonflent convenablement.

Faire préparer la dinde par le volailler. Allumer le four à température moyenne (220°, position 5, 6).

Introduire les pruneaux dans l'ouverture de la dinde. Coudre avec du fil et une grosse aiguille. Faire rôtir la dinde.

Éplucher les oignons grelots, les faire glacer 20 minutes avant la fin de la cuisson de la bête, les tenir au chaud à feu très doux.

Sortir la dinde du four. Sur un plat la laisser se « détendre » à l'entrée du four chaud.

Confectionner le jus de la volaille comme il est dit à « dindonneau rôti * ». Verser en saucière, tenir au chaud dans le four.

Découper la dinde. Récupérer les pruneaux, les dresser au centre du plat et les mélanger avec les oignons glacés. Entourer des morceaux de dinde et servir accompagnés de la sauce.

Légume d'accompagnement : Galettes de maïs *.

DINDE DU BOURBONNAIS

Recette classique de cette province, elle change agréablement de la dinde rôtie. Il faut choisir une volaille de grande qualité.

***Proportions :** pour 8 à 10 personnes*
1 jeune dinde de Bresse de 2,5 à 3 kg
le cou, les pattes de la bête et 2 à 3 abattis de poulet
16 fines carottes • 8 petits navets
8 blancs de poireaux •16 oignons grelots
1 beau céleri-rave • 1 gros oignon
1 branche de céleri • 1 brindille de thym
1 feuille de laurier
4 cuillères à soupe de vinaigre de vin ou de xérès
10 cuillères à soupe d'huile de noix
1 cuillère à café de moutarde de Dijon
1 poignée de pluches de cerfeuil
sel, poivre
***Préparation :** 1 heure*
***Cuisson :** 2 heures en tout*

Faire préparer la dinde par le volailler. Demander le cou, les pattes et les abattis de 2 à 3 poulets (pattes, ailerons).

Dans une grande marmite, poser la dinde entourée de tous les abattis. Recouvrir d'eau froide à hauteur. Saler avec une poignée de gros sel. Porter à ébullition.

Pendant ce temps, couper les poireaux en deux pour garder la partie blanche et vert tendre. Éplucher le gros oignon. Laver les feuilles vertes des poireaux et les ficeler avec une branche de céleri, la feuille de laurier et la brindille de thym.

Quand le liquide de la marmite est arrivé à ébullition, l'écumer soigneusement puis ajouter le paquet de feuilles de poireaux et le gros oignon. Régler le feu pour maintenir une petite ébullition régulière, et préparer les légumes.

Gratter les carottes et les navets, les tenir dans l'eau fraîche. Laver les blancs de poireaux, les ficeler en un petit bottillon. Éplucher les petits oignons, gratter le céleri-rave et le tailler en gros bâtonnets de 2 cm de section, comme des frites.

30 minutes avant la fin de la cuisson, ajouter les carottes et les navets. 20 minutes après, ajouter les blancs de poireaux et les bâtonnets de céleri-rave. Après la reprise de l'ébullition il faut donc compter 35 minutes de cuisson pour les légumes.

Pendant le dernier 1/4 d'heure de cuisson, préparer la vinaigrette :

Dans une terrine verser une cuillère à café de moutarde, le vinaigre, le sel et le poivre, délayer convenablement, puis ajouter l'huile de noix petit à petit en battant.

Dans un beau bouquet de cerfeuil, cueillir des petits bouquets de feuilles, des « pluches », les laver, les sécher dans un torchon et en ajouter une bonne poignée à la sauce.

Au terme de la cuisson de la dinde, la retirer de la marmite en égouttant bien le bouillon qui est entré à l'intérieur. La poser sur la planche et la découper. Dans un grand plat de service chaud dresser les morceaux. À l'aide de l'écumoire, récupérer tous les petits légumes et les disposer harmonieusement en petits bouquets dans le plat. Servir avec la vinaigrette en saucière.

Le pigeon

C'est une volaille à chair noire ; il faut le choisir bien jeune, donc petit. On le reconnaît à ce qu'il a le bréchet flexible, des grosses pattes et le ventre légèrement rosé.

PIGEON RÔTI

***Proportions** : 1 petit pigeon par personne*
***Préparation** : par le volailler*
***Cuisson** : 18 à 20 minutes*

Procédé : le beurrer copieusement ; rôtir comme un poulet * à feu plus vif (235°, position 6, 7), arroser fréquemment en cours de cuisson.

La chair doit être rosée et non desséchée.

Légumes d'accompagnement : Petits pois à la française *. Pommes de terre frites *. Pommes de terre sautées *.

PIGEON SAUTÉ

Ce plat se fait au dernier moment.

***Proportions** : pour 2 personnes*
2 petits oignons ● 2 grosses noix de beurre ● 1/2 échalote
1/2 cuillère à café de persil haché ● 1/2 citron
3 cuillères à soupe d'eau ● sel, poivre
***Préparation** : 5 minutes*
***Cuisson** : 20 à 25 minutes*

Demander au volailler de préparer le pigeon en le coupant en 4 morceaux et en les aplatissant légèrement.

Dans une sauteuse, mettre une grosse noix de beurre à fondre à feu moyen. Quand il grésille, y déposer les 4 morceaux salés et poivrés côte à côte. Les faire rissoler très doucement sur toutes les faces pendant 10 minutes à peu près. Couvrir la cocotte et laisser cuire pendant 10 minutes environ.

Éplucher l'échalote, en hacher finement la moitié. Laver, sécher, effeuiller le persil, hacher très finement la valeur d'une demi-cuillère à café.

5 minutes avant la fin de la cuisson, ajouter l'échalote dans la cocotte et laisser cuire. Allumer le four à température tiède. À l'aide de la spatule, retirer les morceaux de pigeon et les poser sur le plat de service dans le four.

Presser dans la cocotte le jus d'un demi-citron et gratter le fond. Ajouter 3 cuillères à soupe d'eau et faire bouillir vivement pour avoir un petit jus. Verser le persil, battre la noix de beurre restante. Vérifier l'assaisonnement et verser sur les morceaux de pigeon.

Légumes d'accompagnement : Cèpes sautés *.

PIGEON EN COCOTTE, SAUCE FOIE GRAS

Ce plat se fait au dernier moment, mais il peut attendre au chaud dans le four ainsi que la sauce.

Proportions : *pour 8 personnes*
8 petits pigeons de Bresse • 100 g de foie gras au naturel ou de conserve • 6 cuillères à soupe de crème fraîche*
*3 cuillères à soupe de bouillon de volaille * ou bouillon de volaille instantané (1/2 tablette pour 1/2 litre d'eau)*
1 cuillère à soupe de cognac ou d'armagnac • 1 gros œuf de beurre
sel, poivre
Préparation : *5 à 6 minutes*
Cuisson :
pigeons, 20 à 25 minutes • sauce, 5 à 6 minutes

Faire préparer les pigeons par le volailler.

Dans une grande cocotte ovale, faire fondre le beurre à feu moyen. Quand il grésille, y poser les pigeons couchés sur le côté, côte à côte. Les faire dorer lentement sur toutes leurs faces. Saler et poivrer légèrement. Couvrir la cocotte, régler à petit feu et continuer la cuisson en les retournant et en veillant à ce qu'ils n'attachent pas.

Pendant la cuisson des pigeons, écraser et passer le foie gras à travers un tamis au-dessus d'un bol. Bien racler le dessous du tamis.

Allumer le four à température tiède.

Au terme de la cuisson, sortir les pigeons de la cocotte avec une spatule. Les poser sur un plat. Tenir au chaud avec les assiettes de service.

Retirer l'excédent de graisse de la cocotte. La remettre sur le feu, verser la cuillère d'alcool et gratter les résidus de cuisson tandis que le cognac ou l'armagnac s'évapore. Ajouter le bouillon de volaille, à défaut, du bouillon de volaille instantané, et la crème fraîche. Laisser bouillir à découvert à petit feu jusqu'à consistance onctueuse.

Sortir les pigeons et les assiettes du four. Verser le jus qu'ils ont rendu dans la cocotte. Les couper en deux et poser 1 pigeon sur chaque assiette.

Verser une cuillère de sauce dans la purée de foie gras. Délayer soigneusement, ajouter une autre cuillère, délayer. Verser cette purée liquide dans la cocotte, mélanger, chauffer 1 minute sans bouillir et retirer du feu.

Vérifier l'assaisonnement. Répartir la sauce dans chaque assiette autour des pigeons et servir.

Légumes d'accompagnement : Tagliatelles aux truffes * servies dans de petites assiettes à côté des assiettes de pigeon.

La pintade

C'est une volaille à chair noire. Elles est intermédiaire entre le gibier et les volailles domestiques.

Pour qu'elle soit tendre, elle doit être jeune et ne pas excéder la taille d'un faisan. C'est en hiver qu'elle est la meilleure.

PINTADE RÔTIE

***Proportions :** 1 pintade pour 4 personnes*
***Préparation :** par le volailler*
***Cuisson :** 30 à 35 minutes*

Procédé : voir « poulet rôti * ». Arroser fréquemment en cours de cuisson.

La chair doit être un peu rosée comme celle du perdreau, sinon elle est sèche.

Légumes d'accompagnement : Choux de Bruxelles au beurre *. Purée de chou-fleur *. Gnocchi à la romaine *.

PINTADE À LA COCOTTE

***Proportions :** 1 pintade pour 4 personnes*
***Cuisson :** 40 à 45 minutes*

Procédé : suivre la recette du faisan à la choucroute *.

Légumes d'accompagnement : Choucroute *. Gratin dauphinois *.

L'oie

C'est une volaille qui est peu employée dans les grandes villes. On lui reproche d'être trop grasse et on lui préfère la dinde. Cependant un jeune « oison » de 3 à 4 mois est à la fois tendre et peu gras. On le trouve en automne.

OISON RÔTI FARCI

Il se fait au dernier moment.

***Proportions :** pour 6 à 8 personnes*
1 oison de 1,500 kg à 2 kg • le foie de l'oison
100 g de mie de pain • 5 cuillères à soupe de lait
2 œufs entiers • 70 g de champignons de Paris
2 cuillères à café de persil haché
1 bonne pincée de muscade râpée • 8 cuillères à soupe d'eau
2 noix de beurre • sel, poivre
***Préparation :** 20 à 25 minutes*
***Cuisson :** oie, 1 heure 30 environ*

Demander au volailler de préparer l'oie sans la brider et de donner le foie.

Émietter la mie de pain dans un bol, la mouiller avec du lait.

Hacher finement le persil.

Séparer la tête des pieds des champignons, supprimer les parties terreuses. Laver les champignons et les hacher grossièrement. Dans une petite poêle, mettre une noix de beurre à fondre à feu moyen. Quand il grésille, ajouter les champignons hachés et les faire sauter et cuire vivement pendant 2 à 3 minutes. Les retirer du feu.

Presser légèrement la mie de pain entre les mains pour retirer l'excédent de lait. La mettre dans un saladier, ajouter les champignons hachés, les 2 œufs entiers et le persil. Poser le foie de l'oie sur la planche, le hacher très finement ou le passer à la moulinette. L'ajouter aux autres ingrédients du saladier ainsi que le sang qu'il a rendu. Saler et râper la muscade au-dessus du saladier. À l'aide d'une fourchette, mélanger parfaitement toute cette farce en la triturant en tous sens.

Farcir l'intérieur de la bête et coudre l'ouverture avec du fil et une aiguille à brider. Allumer le four à température moyenne-chaude (225°, position 6). Passer une ficelle avec l'aiguille à brider entre les ailes et les cuisses de la volaille pour bien immobiliser les 4 membres. Graisser légèrement l'oie avec la noix de beurre. Saler et poivrer. Sur le plat à rôtir du four, poser la grille du four et la volaille sur la grille.

Quand le four est à la température voulue, enfourner, et faire rôtir pendant 1 heure 30 environ en arrosant de temps en temps avec la graisse du plat. À mi-cuisson, retourner l'oie pour qu'elle soit bien dorée de tous côtés. Au terme de la cuisson, sortir la bête du four et la poser sur la planche à découper. Vider la graisse du plat dans un bol.

Poser le plat sur le gaz, ajouter les cuillères d'eau en grattant les résidus de cuisson. Faire bouillir le jus pendant 2 à 3 minutes jusqu'à ce qu'il soit un peu sirupeux. Verser en saucière, ajouter 1 à 2 cuillères à soupe de la graisse du bol. Vérifier l'assaisonnement en sel et en poivre. Tenir au chaud pendant que l'on découpe la volaille.

Mettre la farce au milieu du plat de service, l'entourer des morceaux de l'oison et servir avec la sauce.

Légumes d'accompagnement : Fondue de chou rouge aux pommes *. Purée de céleri *.

Le lapin

RÂBLE DE LAPIN RÔTI

Il se fait au dernier moment.

***Proportions** : pour 3 à 4 personnes*
1 lapin de 1,500 kg • 1 brindille de thym • 2 œufs de beurre
5 cuillères à soupe d'eau • 1/2 citron • sel, poivre
***Préparation** : 4 à 5 minutes*
***Cuisson** : 30 minutes*

Faire préparer le lapin par le volailler en lui demandant de le couper en 2 parties, et garder les parties avant que l'on conserve au frais pour une autre préparation.

Allumer le four à température moyenne (220°, position 5, 6).

À l'aide d'un petit couteau, décoller la pellicule de peau transparente qui recouvre la chair du lapin.

Beurrer un plat qui va au four. Ajouter une cuillère à soupe d'eau, étaler le râble de lapin au fond du plat, le tartiner de beurre, ajouter une brindille de thym. Saler et poivrer. Mettre au four.

Dans une petite casserole, faire fondre un gros œuf de beurre. En cours de cuisson, arroser légèrement le lapin avec des cuillères à café de beurre fondu et le retourner pour qu'il dore et cuise sans se dessécher.

Au terme de la cuisson, le poser sur un plat devant le four, retirer la brindille de thym et préparer le jus :

Incliner le plat à rôtir sur le gaz. Le mouiller avec le jus du 1/2 citron et gratter pour détacher les sucs. Ajouter les cuillères à soupe d'eau, faire bouillonner et réduire quelques instants jusqu'à consistance un peu sirupeuse. Vérifier l'assaisonnement. Verser dans la saucière et tenir au chaud.

Au moment de servir, découper le lapin et le dresser sur le plat de service.

Légumes d'accompagnement : Navets sautés à cru *.

LAPIN RÔTI, SAUCE AU CERFEUIL

Ce plat se fait au dernier moment.

***Proportions :** pour 6 personnes*
1 lapin de 1,300 kg ● 2 œufs de beurre
3 cuillères à soupe de crème fraîche
1/2 louche de bouillon de poule instantané
(1/2 tablette pour 1/2 litre d'eau)
3 cuillères à café de cerfeuil haché
1 cuillère à café de civette hachée ● sel, poivre
***Préparation :** 5 minutes*
***Cuisson :** lapin, 50 minutes ● sauce, 4 à 5 minutes*

Demander au volailler de couper le lapin en morceaux.

Allumer le four à température moyenne-douce (200°, position 5).

Beurrer grassement un plat allant au four. Y disposer côte à côte les morceaux de lapin. Les tartiner avec 1 œuf de beurre. Saler, poivrer.

Mettre au four pendant 40 minutes environ. Le lapin doit dorer en douceur pour ne pas se dessécher ; à mi-cuisson, retourner les morceaux pour qu'ils dorent de la même manière.

Pendant que le lapin cuit, laver et sécher les herbes, effeuiller le cerfeuil, hacher finement le tout et réserver dans un bol. Préparer le bouillon de poule instantané, laisser dans la casserole.

Quand la cuisson du lapin est terminée, disposer les morceaux dans le plat de service et tenir au chaud à l'entrée du four pendant que l'on prépare la sauce :

Chauffer le bouillon dans une petite casserole ; quand il est bien chaud, le verser dans le plat de cuisson du lapin et, à l'aide de la cuillère, gratter le fond du plat pour détacher tous les résidus de cuisson. Verser le tout dans la petite casserole, mettre sur le feu moyen, ajouter et délayer la crème fraîche, porter à ébullition et laisser bouillir pendant 4 à 5 minutes, jusqu'à ce que la sauce devienne onctueuse. Ajouter les herbes, laisser chauffer 1 minute de plus, et, hors du feu, incorporer l'œuf de beurre restant en 2, 3 morceaux successifs en fouettant à la fourchette et en n'ajoutant le morceau suivant que lorsque le précédent a été absorbé. Vérifier l'assaisonnement en sel et en poivre. Verser en saucière et servir avec le lapin.

Légumes d'accompagnement : Macédoine de légumes *. Riz pilaf *.

DEVANT DE LAPIN SAUTÉ

Ce plat peut se faire à l'avance et se réchauffe sans inconvénient. On le conserve au frais, sans le laurier, pendant 3 à 4 jours au réfrigérateur.

***Proportions** : pour 3 à 4 personnes*
1 lapin de 1,500 kg • 150 g de poitrine fumée
250 g de champignons de Paris moyens • 1 oignon moyen
1 brindille de thym • 1/2 feuille de laurier
*1/2 verre de vin blanc • 1 verre de bouillon de volaille * ou d'eau*
2 noix de beurre • sel, poivre
***Préparation** : 15 à 20 minutes*
***Cuisson** : 25 à 30 minutes*

Demander au volailler de couper le devant du lapin en morceaux. Réserver le râble pour le faire rôtir (v. page 397).

Retirer la couenne et les cartilages de la poitrine fumée. La couper en petits dés de 2 cm de côté. Éplucher l'oignon, le hacher grossièrement.

Dans une cocotte à feu moyen, mettre à fondre une noix de beurre. Quand elle grésille, ajouter les dés de la poitrine fumée et les rissoler en douceur. Les retirer avec une écumoire, les poser dans une assiette et les remplacer par l'oignon haché. Le faire rissoler à couvert jusqu'au blond doré en le remuant fréquemment. Le retirer avec une écumoire et l'ajouter aux lardons. Ajouter une noix de beurre, la faire fondre et grésiller. Poser les morceaux de lapin et les faire dorer lentement de tous côtés. Quand ils sont à point, verser les lardons et l'oignon. Mouiller avec le vin blanc, laisser bouillotter quelques instants. Ajouter le thym et le laurier. Saler et poivrer légèrement. Couvrir et laisser à petit feu en assurant un mijotement régulier. Retourner les morceaux de temps en temps en veillant à ce qu'ils n'attachent pas.

Préparer les champignons. Couper les têtes et les pieds en 3 ou 4 morceaux chacun. Dans une poêle les faire sauter *, les réserver. 5 minutes avant la fin de la cuisson du lapin, verser les champignons dans la cocotte.

Allumer le four à température tiède, mettre le plat de service à chauffer. Au terme de la cuisson, retirer les morceaux de lapin à l'aide d'une écumoire, les dresser dans le plat et tenir au chaud.

Supprimer le thym et le laurier. Verser le bouillon de volaille * ou de l'eau, à défaut. Faire bouillonner rapidement à feu vif à découvert en remuant tout le mélange, lardons, oignons, champignons ; et en grattant le fond de la cocotte il faut avoir une sauce courte et un peu sirupeuse. Vérifier l'assaisonnement. Verser le tout sur les morceaux de lapin et servir.

Légumes d'accompagnement : Pommes de terre vapeur *. Choux verts en embeurrée *.

LAPIN EN GELÉE EN PETITES SOUPIÈRES

Ce plat se fait la veille ou le matin pour le soir. Il faut avoir en réserve du bouillon de volaille après avoir fait une poule au pot *.

Il est parfait comme second plat d'un repas d'amis, après une entrée chaude.

Proportions : *pour 8 personnes*
1 lapin de 1,500 kg • 1/2 pied de veau
8 carottes taillées en grosses olives
4 navets taillés en grosses olives
16 blancs de petits poireaux • 24 oignons grelots
bouillon de volaille • 1 gros oignon • 1 clou de girofle
2 brindilles de thym • 1 branche de persil • vin blanc
(environ 1 petite cuillère à soupe par soupière) • sel, poivre
1 bouquet de cerfeuil
Préparation : *1 heure 30*
Cuisson : *1 heure à 1 heure 30*

Faire couper le lapin en morceaux par le volailler. Faire couper le demi-pied de veau en deux dans le sens de la longueur.

Dans une marmite, poser les morceaux de lapin, le pied de veau. Ajouter 1 gros oignon piqué de 1 clou de girofle, 2 brindilles de thym, 1 branche de persil. Couvrir largement de bouillon de volaille. Porter à ébullition. Écumer régulièrement. Faire mijoter à découvert à petit feu pendant 1 heure, 1 heure 15.

Pendant ce temps, préparer les légumes :

Éplucher les petits oignons, gratter les carottes, les couper chacune en deux, et avec le petit couteau, les tailler en grosses olives ; tenir dans l'eau fraîche. Faire de même avec les navets. Éplucher les poireaux, couper des tronçons de 6 cm de blanc, les ficeler en 2 bottillons, tenir dans l'eau fraîche (les parties vertes des poireaux et les « chutes » des carottes et navets seront utilisées pour un potage *). 20 minutes avant la fin de la cuisson du lapin, mettre les carottes et les navets à cuire. 10 minutes après, ajouter les oignons et les blancs de poireaux.

Quand le lapin est bien moelleux, retirer la marmite du feu. À l'aide de l'écumoire, recueillir les morceaux de lapin et les légumes, les poser sur un plat. Faire de même avec le pied de veau, s'en débarrasser.

Dans une passoire fine posée au-dessus d'une terrine, verser lentement tout le bouillon de cuisson. Le mettre au réfrigérateur.

À l'aide d'un petit couteau, retirer la chair des os de lapin en morceaux de la taille d'une bouchée.

Prendre 8 petites soupières individuelles ou des petites terrines rondes. Répartir des morceaux de lapin également dans chacune, ajouter 3 oignons, 2 blancs de poireaux, 1 navet, 2 carottes.

Reprendre la terrine de bouillon dans le réfrigérateur. Dégraisser la surface à l'aide d'une petite cuillère. L'assaisonner en sel et en poivre, bien mélanger. Remplir les petites soupières, les aromatiser avec le vin blanc, les mettre au réfrigérateur jusqu'au moment du repas. Il est recommandé de le sortir 1/2 heure avant de les présenter pour qu'elles soient moins froides et que la gelée se soit assouplie.

Parsemer chaque soupière de quelques « pluches » de cerfeuil.

LAPIN À LA MOUTARDE

Ce plat peut se faire à l'avance sans la crème fraîche et la moutarde. Il se conserve 2 à 3 jours au réfrigérateur dans une boîte ou sa cocotte, à condition de retirer le thym et le laurier. On le réchauffe à feu doux en ajoutant un peu d'eau pour homogénéiser la sauce et on le termine avec la crème fraîche et la moutarde.

***Proportions** : pour 5 à 6 personnes*
1 lapin de 1,300 kg • 2 oignons • 1/2 verre de vin blanc sec
1/2 verre d'eau ou de bouillon de volaille instantané
(1/2 tablette pour 1/2 litre d'eau)
4 cuillères à soupe de crème fraîche
1 cuillère à soupe de moutarde blanche forte • 1 œuf de beurre
1 branche de thym • 1 feuille de laurier • sel, poivre
***Préparation** : 5 minutes*
***Cuisson** : 45 à 50 minutes environ*

Demander au volailler de couper le lapin en morceaux.

Éplucher les oignons, les hacher finement. Dans une cocotte, mettre le beurre à fondre à feu moyen. Quand il est doré, mettre les oignons à fondre à couvert et à revenir jusqu'à ce qu'ils soient blonds. Les retirer avec une écumoire. Réserver sur une assiette et les remplacer par les morceaux de lapin. Les faire rissoler doucement de tous les côtés, ce qui prend 15 minutes environ. Quand ils sont dorés, remettre les oignons et mouiller avec le vin blanc et le bouillon, de l'eau, à défaut. Ajouter le thym et le laurier, laisser bouillir à découvert quelques minutes. Saler, poivrer. Baisser le feu, couvrir la cocotte et laisser mijoter à petit feu pendant 30 à 35 minutes.

5 minutes avant la fin, allumer le four à température tiède.

Avec l'écumoire, retirer les morceaux de lapin et les disposer dans un plat de service creux. Couvrir et tenir au chaud.

Enlever le thym et le laurier. Délayer la crème fraîche dans le jus, en grattant le fond de la cocotte. À découvert, porter à ébullition et laisser réduire jusqu'à ce que la sauce soit onctueuse et couvre la cuillère. Incorporer la moutarde à ce moment-là en mélangeant bien l'assaisonnement et sans laisser bouillir.

Sortir le plat du four. Napper avec la sauce et servir.

Légumes d'accompagnement : Pommes de terre vapeur *. Courgettes au beurre *.

Le chevreau

Comme l'agneau de lait, c'est une toute petite bête non sevrée à chair blanche, tendre et peut-être un peu fade.

Il apparaît sur les marchés pendant un court moment au début du printemps.

RÔTI ENTIER

Proportions : *pour 8 à 10 personnes*
1 chevreau rôti entier
Cuisson : *(four à 225°), 15 minutes par kilo*

C'est rôti au four qu'il est le meilleur. Pour éviter le dessèchement, préférer une chaleur modérée et l'arroser de beurre fondu en cours de cuisson. Comme le râble de lapin *, on le sert tendre, blanc, à peine rosé.

Sauces et légumes d'accompagnement : Le jus du plat *. Sauce au cerfeuil *. Sauce au curry aux échalotes *. Crique de tagliatelles *. Pommes de terre frites *. Haricots verts au beurre *. Tomates poêlées *.

ÉPAULE RÔTIE

***Proportions** : pour 4 personnes*
1 épaule rôtie de 800 à 900 g
***Cuisson** : (four à 225°), 15 à 20 minutes*

Sauce et légumes d'accompagnement : Le jus du plat *. Pommes de terre sautées *. Gratin d'aubergines *.

GIGOT RÔTI

***Proportions** : pour 6 personnes*
1 gigot rôti de 3 livres
***Cuisson** : (four à 225°), 30 à 35 minutes*

Sauces et légumes d'accompagnement : Le jus du plat *. Sauce champignons *. Pommes de terre sautées aux lardons *. Fèves en persillade *.

10.

Les abats

Tous les astérisques renvoient à des recettes figurant à l'index alphabétique en fin de volume.

Les abats

On désigne sous ce nom certains organes des animaux de boucherie : bœuf, veau, mouton.

Parmi ces morceaux, les uns, ordinaires et économiques, ont un caractère nettement familial. Les autres, de choix et coûteux, sont dignes de figurer à un repas de fête.

Cependant, familiaux ou raffinés, les abats constituent des plats qui ne sont pas toujours aimés de tous. Il est donc recommandé, avant de les servir à un repas d'amis, de s'assurer qu'ils feront plaisir à tous les convives.

Cervelle

CERVELLES D'AGNEAU AUX CÂPRES

Ce plat se fait au dernier moment.

***Proportions** : pour 4 personnes*
4 cervelles d'agneau • 100 g de beurre
1 cuillère à soupe de câpres égouttées
2 cuillères à café de vinaigre de vin • 1 litre d'eau
2 cuillères à soupe de vinaigre • sel, poivre
***Préparation** : 15 minutes*
***Cuisson** : cervelles, 10 minutes • beurre, 5 minutes*

Sous l'eau courante froide, nettoyer les cervelles en enlevant les parties sanguinolentes et les petites peaux.

Dans une casserole, mettre à bouillir l'eau, les 2 cuillères à soupe de vinaigre, du sel. À ébullition, mettre à cuire les cervelles pendant 10 minutes à petits bouillons. Faire chauffer un plat de service dans le four tiède.

Retirer les cervelles avec une écumoire. Les égoutter sur un torchon. Les disposer ensuite sur le plat de service, poivrer, tenir au chaud dans le four.

Dans une poêle, faire fondre à feu moyen le beurre jusqu'à ce qu'il prenne la couleur noisette. Saler et poivrer. Verser sur les cervelles. Dans la même poêle chaude, à feu vif, mettre à fumer quelques secondes les cuillères à café de vinaigre et les câpres. Verser sur les cervelles et servir immédiatement.

Accompagnement : Petites pommes de terre vapeur *.

CERVELLES DE VEAU MEUNIÈRE

On peut faire dégorger les cervelles et opérer le premier temps de cuisson à l'avance. On termine le plat au dernier moment.

***Proportions** : pour 4 personnes*
2 cervelles de veau moyennes • 2 œufs de beurre
1 litre d'eau • 4 cuillères à soupe de vinaigre
sel, poivre • 1/2 citron
***Préparation** : 40 minutes avec le temps de dégorgement*
***Cuisson** : 1er temps, 4 à 5 minutes • 2e temps, 7 à 8 minutes*

Faire dégorger les cervelles sous un filet d'eau froide pendant une 1/2 heure. Du bout des doigts, retirer ensuite tous les filaments sanguinolents.

Faire bouillir une grande casserole d'eau salée et de vinaigre. Plonger les cervelles pendant 4 à 5 minutes. Les retirer à l'aide de l'écumoire et les mettre à sécher et à refroidir sur un torchon.

Quand elles sont bien froides, les poser sur la planche à découper et les trancher en escalopes obliques de 1 à 2 cm d'épaisseur.

Dans une poêle, à feu moyen, faire fondre un œuf de beurre. Quand il grésille, poser les escalopes de cervelles côte à côte et les faire dorer en douceur des deux côtés pendant 7 à 8 minutes. Les retirer à l'aide de la spatule et les poser sur un plat de service chaud. Mettre dans la poêle le deuxième œuf de beurre et le jus de 1/2 citron ; quand il mousse, le verser sur les cervelles et servir.

Accompagnement : Pommes de terre vapeur *. Risotto *.

Le cœur de veau

Il est délicieux et peu coûteux, mais il est essentiellement à usage familial.

CŒUR DE VEAU ÉMINCÉ AUX ÉCHALOTES

Ce plat se fait au dernier moment.

***Proportions** : pour 4 personnes*
3 tranches de cœur de veau • 2 échalotes moyennes
2 cuillères à café de persil haché • 1 œuf de beurre
1 cuillère à soupe de vinaigre de vin • sel, poivre
***Préparation** : 10 minutes*
***Cuisson** : échalotes, 7 à 8 minutes • viande, 2 à 3 minutes*

Faire couper 3 tranches de 1 cm dans le milieu du cœur par le tripier. Les émincer ensuite à la maison en petites escalopes obliques de la taille d'une bonne bouchée.

Éplucher les échalotes, les hacher grossièrement. Laver, sécher, effeuiller le persil, le hacher finement. Le réserver dans une tasse.

Dans une poêle à feu moyen-doux, mettre l'œuf de beurre à fondre. Quand il grésille, ajouter les échalotes et les laisser cuire doucement à couvert jusqu'à ce qu'elles soient fondues et transparentes. Ajouter alors les petites escalopes de cœur, saler, poivrer. Relever le feu, faire sauter et prendre couleur à la viande et aux échalotes en retournant et remuant avec la spatule en bois. Dresser alors dans le plat de service.

Verser dans la poêle le vinaigre, le chauffer et le faire fumer rapidement ; arroser le plat. Saupoudrer de persil haché et servir.

Accompagnement : Purée de pommes de terre *. Pommes de terre sautées *.

CŒUR DE VEAU EN COCOTTE AUX PRUNEAUX

Ce plat peut se faire à l'avance et se conserve au frais pendant 1 à 2 jours. On le réchauffe doucement en ajoutant un petit peu d'eau pour faciliter l'homogénéisation de la sauce.

***Proportions :** pour 4 personnes*
1 beau cœur de veau • 12 oignons grelots • 12 pruneaux
1 cuillère à soupe rase de farine • 1 œuf de beurre
1 verre de vin rouge • 1 verre d'eau • 1 morceau de sucre nº 4
1 clou de girofle • sel, poivre
***Préparation :** 10 minutes*
***Cuisson :** 2 heures en tout*

Demander au tripier de ficeler le cœur pour qu'il garde sa forme.

Faire tremper les pruneaux pendant 1 heure dans l'eau tiède. Au bout de ce temps, les éponger dans un torchon.

Éplucher les oignons grelots.

Dans une cocotte, faire fondre un œuf de beurre à feu moyen. Quand il grésille, ajouter les oignons grelots et les faire rapidement dorer de tous côtés. Les retirer avec une écumoire, les réserver dans une assiette et les remplacer par le cœur. Le faire dorer en douceur et le tourner sur toutes ses faces. Quand il a une jolie couleur, le saupoudrer légèrement de farine et le tourner de nouveau 1 minute sur toutes ses faces. Mouiller avec le vin rouge et l'eau. Saler, poivrer, ajouter le clou de girofle, le morceau de sucre.

À découvert, faire bouillonner pendant 3 à 4 minutes. Couvrir et régler le feu pour assurer un mijotage doux et régulier pendant 1 heure 30. En cours de cuisson retourner le cœur une ou deux fois. 1 heure avant la fin de la cuisson ajouter les pruneaux, 25 minutes avant la fin de la cuisson ajouter les petits oignons.

10 minutes avant la fin de la cuisson, faire chauffer un plat dans le four tiède. Au terme de la cuisson, s'assurer que le cœur, les pruneaux et les oignons sont bien cuits. Les retirer avec une écumoire et les poser dans le plat de service. Tenir au chaud dans le four.

Si la sauce est un peu longue, faire bouillir à découvert à plein feu pour la réduire et lui donner une consistance plus onctueuse. Si elle est d'un bon aspect, vérifier l'assaisonnement, la verser sur la viande et servir.

Accompagnement : Carottes sautées au beurre *. Pommes de terre vapeur *. Pâtes au beurre *.

Foie de veau

Il est coûteux ; il faut le choisir d'un rose beige très pâle. On peut en famille le remplacer par le foie de génisse, plus économique, mais moins délicat et à goût assez prononcé.

FOIE DE VEAU POÊLÉ EN TRANCHES

Ce plat se fait au dernier moment.

***Proportions :** pour 4 personnes*
4 tranches de foie de veau • 2 grosses noix de beurre
2 cuillères à café de persil haché • 1/2 citron • sel, poivre
***Préparation :** néant*
***Cuisson :** 3 à 4 minutes de chaque côté*

Demander au tripier de couper des tranches égales d'un petit doigt d'épaisseur dans le milieu du foie.

Laver, sécher, effeuiller le persil, le hacher finement.

Dans une poêle, à feu moyen, faire fondre une noix de beurre ; quand il grésille, poser les tranches de foie salées et poivrées côte à côte. Les faire cuire et dorer sans brutalité pendant 2 à 3 minutes de chaque côté, de manière que le foie soit rosé à l'intérieur. On prolonge la cuisson si on l'aime bien cuit. Retirer les tranches de foie à l'aide de la spatule et les poser sur le plat de service.

Presser dans la poêle le jus de 1/2 citron et gratter les résidus de cuisson ; ajouter une noix de beurre et faire mousser rapidement en remuant la poêle. Verser ce petit jus sur les tranches de foie. Les saupoudrer de persil haché et servir.

Accompagnement : Pommes de terre vapeur *. Épinards en branches *.

FOIE DE VEAU ENTIER AU FOUR

Ce plat se fait au dernier moment.

Proportions : *pour 4 personnes*
1 morceau de foie de veau de 700 g • 1 morceau de crépine
2 cuillères à soupe de vinaigre de xérès
7 cuillères à soupe d'eau en tout • 2 œufs de beurre
sel, poivre
Préparation : *néant*
Cuisson : *1er temps, 3 à 4 minutes • 2e temps, 20 à 25 minutes*

Allumer le four à température moyenne (225°, position 5).
Empaqueter le foie dans la crépine.
Dans un plat allant au four, mettre un œuf de beurre.
Dans une poêle, faire fondre 1 œuf de beurre sur le gaz à feu moyen-vif. Quand il grésille, poser le morceau de foie, le faire dorer et raidir rapidement sur toutes ses faces. Le saler, le poivrer et le mettre au four pour achever la cuisson qui doit être « à point » c'est-à-dire rosée. Ajouter dans le plat à deux ou trois reprises 1 cuillère à soupe d'eau chaude, l'arroser et le retourner une fois.
Au terme de la cuisson, retirer le plat du four. Poser le foie sur la planche, le découper en tranches. Dresser sur le plat de service et poivrer de quelques tours de moulin. Tenir au chaud sur la porte du four.
Mettre le plat à chauffer sur le gaz, verser le vinaigre de Xérès et gratter les résidus de cuisson en inclinant le plat de tous côtés. Ajouter 5 cuillères à soupe d'eau, faire réduire jusqu'à consistance un peu sirupeuse. Incorporer l'œuf de beurre restant en agitant le plat pour émulsionner le beurre dans le jus. Vérifier l'assaisonnement et servir en saucière avec le foie.

Accompagnement : Épinards à la crème *. Endives poêlées au beurre *.

LES RESTES FROIDS

S'il reste un peu de foie, il pourra être utilisé sous forme de délicieuse salade.
Préparer de la mâche *. Faire chauffer des assiettes.
Préparer une vinaigrette à l'huile d'olive et au xérès *. Plonger le bol dans l'eau très chaude pour qu'elle soit tiède.

Émincer le reste de foie en très petites escalopes de la taille d'une bouchée, garnir les assiettes avec de la mâche. Sur le dessus, répartir également les morceaux de foie. Arroser avec la vinaigrette tiède et servir.

Langue de bœuf et langue de veau

On les trouve chez le tripier déjà nettoyées. Il est préférable de ne pas choisir des langues de bœuf d'une taille trop importante, car elles risquent d'être plus résistantes.

Langue de bœuf et langue de veau constituent d'excellents plats familiaux bien traditionnels.

LANGUE DE BŒUF EN POT-AU-FEU À LA SAUCE GRIBICHE

Proportions : *pour 6 personnes*
1 langue de bœuf parée de 2 kg net • 1 oignon
1 branche de céleri • 1 bouquet de persil
1 brindille de thym • 1 feuille de laurier • 6 carottes
3 navets longs • 6 poireaux • 2 clous de girofle
*sel, poivre • 1 saucière de sauce gribiche **
Préparation : *20 à 25 minutes*
Cuisson : *3 heures*

Demander au tripier de parer la langue de bœuf de façon qu'elle soit d'un poids de 2 kg.

La poser dans une marmite, la recouvrir très largement d'eau froide. Porter à ébullition et écumer au fur et à mesure. Quand il n'y a plus d'écume, ajouter l'oignon piqué de 2 clous de girofle et la branche de céleri, le persil, le thym, le laurier et les feuilles vert foncé des poireaux ficelés en petit bottillon. Saler et poivrer. Faire bouillir à petit feu à découvert pendant 3 heures.

Pendant ce temps, gratter les carottes et les navets, les couper en morceaux. Couper la racine des poireaux dont il ne reste que le blanc et le vert tendre, supprimer les feuilles extérieures, laver soigneusement et les ficeler en un petit bottillon.

45 minutes avant la fin de la cuisson de la langue, ajouter les carottes et les navets. 20 minutes avant la fin de la cuisson, ajouter les poireaux.

Préparer la sauce gribiche.

Au terme de la cuisson, retirer la langue à l'aide d'une écumoire et d'une spatule, la poser sur la planche. Retirer les légumes à l'aide de l'écumoire, les disposer dans un légumier creux chaud.

À l'aide d'un petit couteau, retirer la grosse peau qui entoure la langue et qui s'enlève très facilement.

Découper la langue en tranches, la dresser sur un plat de service et la servir avec ses légumes et la saucière de sauce gribiche.

Remarque : On peut préférer une autre sauce telle que : sauce Claude Jolly *.

LANGUE DE VEAU EN POT-AU-FEU

Elle se prépare de la même manière.

***Proportions** : pour 6 personnes*
2 langues de veau
***Cuisson** : 2 heures*

LES RESTES DE LANGUE EN POT-AU-FEU

• Froids

1. Ils complètent heureusement un plat de viandes froides variées avec des condiments et des moutardes ou une sauce au raifort *.
2. Ils peuvent remplacer le jambon dans une salade composée *.

• Chauds

1. On les réchauffe doucement dans une sauce et on les accompagne d'un légume : coulis de tomates * et nouilles au beurre *. Sauce Robert * et purée de pommes de terre *. Sauce diable * et chou-fleur sauté *.
2. *Au gratin au four :* ce plat peut se préparer à l'avance et se chauffe au dernier moment.

***Proportions** : pour 4 personnes*
4 tranches de langue de 1,5 cm d'épaisseur
250 g de champignons • 1 échalote • 100 g de mie de pain
1 verre 1/2 de bouillon de cuisson de la langue
1 gousse d'ail • 1/2 tasse à thé de persil haché
1/2 verre de vin blanc sec • 2 œufs de beurre ramolli • sel, poivre
Chapelure
***Préparation** : 20 à 25 minutes*
***Cuisson** : 20 à 25 minutes*

Sortir le beurre à temps du réfrigérateur.

Émietter la mie de pain dans un bol, la couvrir avec un verre de bouillon. Préparer, laver les champignons, les hacher finement. Laver, sécher, effeuiller le persil, le hacher finement. Éplucher l'échalote, la hacher finement.

Allumer le four à température moyenne-chaude (226°, position 6).

Presser la mie de pain dans les mains pour retirer l'excédent de bouillon et la mettre dans un saladier. Ajouter les autres éléments hachés, ainsi que la gousse d'ail écrasée au presse-ail, du sel et du poivre. Incorporer en plusieurs morceaux un œuf de beurre et malaxer à la fourchette pour avoir un mélange bien homogène.

Étaler la moitié de ce hachis au fond d'un plat allant au four. Mouiller avec le vin blanc et le demi-verre de bouillon de cuisson de la langue. Coucher les tranches de langue sur le hachis. Recouvrir avec le reste. Saupoudrer légèrement de chapelure. Dans une petite casserole, faire fondre un œuf de beurre. Arroser le dessus du plat avec le beurre fondu.

Mettre au four et faire cuire pendant 20 à 25 minutes environ ; servir dans le même plat qui doit être doré dessous et dessus.

Accompagnement : Purée de pommes de terre *. Beignets de nouilles *.

LANGUE DE BŒUF EN COCOTTE

Elle peut se faire à l'avance. La langue se réchauffe doucement dans le jus d'abord dégraissé et tiédi.

***Proportions** : pour 6 personnes*
1 langue de bœuf de 2 kg net • 1 grosse carotte
2 oignons moyens • 2 gousses d'ail • 1 branche de persil
1 brindille de thym • 1 feuille de laurier • 2 larges couennes

*3 verres de bouillon de bœuf *, à défaut, du bouillon de volaille instantané (1/2 tablette pour 1/2 litre d'eau)*
1 verre de vin blanc sec • 1 cuillère à soupe de cognac
sel, poivre
***Préparation :** 10 à 12 minutes*
***Cuisson :** 1er temps, 15 minutes • 2e temps, 3 heures 15 minutes*

Faire préparer et parer la langue de manière qu'elle pèse 2 kg net.

Poser la langue dans une grande marmite. Recouvrir d'eau froide. Porter à ébullition, écumer au fur et à mesure. Retirer la langue au bout de 15 minutes. La poser sur la planche et retirer la peau à l'aide d'un petit couteau.

Pendant ce temps d'ébullition, éplucher les oignons et la grosse carotte et les couper en petits dés. Éplucher les gousses d'ail. Ficeler en un bouquet le thym, le persil et le laurier.

Dans une cocotte ovale, disposer les couennes, côté gras en dessous, les morceaux d'oignons et de carottes, le bouquet de thym et de laurier. Poser la langue sur le tout, fermer la cocotte et à feu doux chauffer pendant 10 à 12 minutes jusqu'à ce que les légumes et la couenne se soient attendris et colorés légèrement. Ajouter le cognac et le vin blanc. Relever le feu, et, sans couvrir, incliner la cocotte de tous côtés et faire chauffer quelques instants. Mouiller alors avec du bouillon de bœuf très peu salé ou du bouillon de volaille instantané peu corsé (1/2 tablette pour 1/2 litre d'eau). Couvrir, porter à petite ébullition régulière à feu doux.

Au bout de 1 heure 30, soulever le couvercle, retourner la langue. Si le jus est clair et abondant, laisser la cocotte à demi ouverte pour favoriser la réduction. S'il est déjà d'une bonne consistance, couvrir parfaitement et continuer à cuire pendant 1 heure 30. 10 minutes avant la fin de la cuisson, allumer le four à température tiède.

Au bout de ce temps, piquer la langue avec une aiguille. Si les chairs sont bien tendres, la cuisson est achevée. Retirer la langue à l'aide de la spatule et de l'écumoire. La poser sur le plat de service et la tenir au chaud dans le four tiède.

Verser la sauce dans une petite casserole à travers un chinois. Presser les légumes avec une cuillère pour extraire tous les sucs. Dégraisser le jus à l'aide d'une petite cuillère passée à la surface. À feu vif, le chauffer vivement et éventuellement le réduire pour qu'il ait la consistance un peu courte et sirupeuse voulue. Vérifier l'assaisonnement en sel et en poivre. Découper la langue en tranches et servir avec la sauce en saucière.

Accompagnement : Fondue d'oseille et d'épinards *. Purée de cresson *. Concombres glacés *.

RESTES FROIDS EN GELÉE

Coupés en tranches couvertes de la sauce qui va prendre en gelée.

Accompagnement : Salade de pommes de terre *. Salade de choux verts nouveaux *.

Remarque : La langue de veau se fait de la même façon.

***Proportions :** pour 6 personnes*
2 langues de veau
***Cuisson :** 2 heures 15*

Ris de veau

C'est un mets délicat et raffiné, généralement apprécié de tous. Avant d'être accommodé il doit subir un certain nombre d'opérations pour être parfaitement agréable à consommer.

Préparation

1. *Le trempage :* poser la noix de ris de veau dans une terrine, remplir d'eau froide et laisser couler un filet d'eau constamment pendant 3 heures. Au bout de ce temps, elle ne doit plus du tout être sanguinolente.
2. *Le raffermissement et le nettoyage :* placer la noix dans une casserole, couvrir d'eau froide. Porter à ébullition. À partir de ce moment, laisser bouillir 3 minutes. Retirer à l'aide d'une écumoire. Égoutter sur un torchon. Laisser refroidir. Avec le bout des doigts, retirer les petites peaux et les petites fibres, mais laisser la pellicule de peau qui l'entoure.
3. *La mise en forme :* envelopper le ris dans un torchon. Le poser sur une petite planche, couvrir d'une autre planche et alourdir cette planche d'un poids de 1 kg. Laisser ainsi toute la nuit au frais.
   À partir de ce moment, on peut accommoder les ris de veau de diverses façons.

POÊLÉS À LA CRÈME

Ce plat se fait au dernier moment, mais les ris se préparent la veille.

***Proportions** : pour 4 personnes*
2 noix de ris de veau • 1 œuf de beurre

3 cuillères à soupe de crème fraîche
2 cuillères à soupe de porto ● sel, poivre
***Préparation** : voir page précédente*
***Cuisson** : ris, 10 minutes en tout ● sauce, 2 à 3 minutes*

La veille, préparer les ris de veau.

Avant de les cuire, poser les noix sur une planche et les couper en escalopes de 1,5 cm d'épaisseur. Les saler et les poivrer. Allumer le four à température tiède et chauffer le plat de service.

Dans une large poêle, mettre un œuf de beurre à fondre sur feu moyen-doux. Quand il grésille, poser les escalopes côte à côte, les faire cuire et dorer en douceur à couvert d'un côté, puis les retourner pour agir de même. Les retirer à l'aide de la spatule et les disposer dans le plat de service chaud.

À feu vif, verser le porto dans la poêle et gratter le fond de cuisson jusqu'à réduction du vin à l'état de voile. Ajouter la crème fraîche. Tourner avec la cuillère jusqu'à consistance onctueuse. Verser dans le plat sur les escalopes et servir.

Accompagnement : Petits pois à la française *. Céleri-rave sauté à cru *.

RIS DE VEAU EN COCOTTE SUR FONDUE D'ÉPINARDS ET D'OSEILLE

Ce plat se fait au dernier moment, mais les ris de veau sont mis à dégorger 3 à 4 heures avant *.

***Proportions** : pour 4 personnes*
2 noix de ris de veau ● 2 carottes ● 1 oignon moyen
1 petite branche de céleri de la taille d'un doigt
*3 verres de bouillon de volaille *, à défaut, bouillon*
de volaille instantané (1/2 tablette pour 1/2 litre d'eau)
1 verre de vin blanc sec ● 2 œufs de beurre ● sel, poivre
*500 g de fondue d'épinards et d'oseille **
***Préparation** : 25 à 30 minutes*
***Cuisson** : ris, 30 minutes en tout ● légumes, 10 à 12 minutes*

Mettre les noix de ris à dégorger sous l'eau froide.

Équeuter, laver, égoutter les épinards et l'oseille. Nettoyer les ris de veau de toutes leurs parties nerveuses et supprimer le passage dans l'eau bouillante (voir « raffermissement * »). Éplucher et laver les carottes, l'oignon et le céleri, les couper en petits dés.

Dans une cocotte à feu moyen-doux, mettre à fondre un œuf de beurre ; quand il grésille, ajouter les légumes et les ris, et les faire dorer lentement de tous côtés en les remuant en tous sens pour éviter qu'ils n'attachent. Quand ils sont à point, mouiller avec le vin blanc et laisser bouillir à découvert pendant 2 à 3 minutes. Ajouter le bouillon de volaille, à défaut, du bouillon de volaille instantané, le thym, le laurier. Porter à ébullition. Couvrir et régler un petit mijotement continu pendant 20 minutes.

Pendant ce temps, faire la fondue d'épinards et d'oseille, la tenir à feu doux.

5 minutes avant la fin de la cuisson, allumer le four à température tiède et mettre le plat de service à chauffer.

Retirer les ris de veau à l'aide d'une écumoire. Les poser sur la planche et les découper en escalopes obliques. Prendre le plat de service, y verser la fondue d'épinards et d'oseille. Sur celle-ci, disposer les tranches de ris de veau. Tenir au chaud dans le four.

Préparer la sauce. Verser le jus de cuisson dans une petite casserole à travers un chinois en pressant sur les légumes pour extraire tout le jus. À feu vif, faire bouillir ce jus de cuisson pour le réduire jusqu'à consistance un peu sirupeuse. Vérifier l'assaisonnement en sel et en poivre. Incorporer l'œuf de beurre restant en donnant à la casserole un mouvement circulaire pour obtenir une jolie sauce onctueuse. Verser sur le plat et servir.

Rognons d'agneau

Leur fraîcheur est indispensable. Elle se reconnaît à l'aspect des rognons : leur peau doit être lisse et tendue. Ils ne doivent dégager aucune odeur.

Préparation : Demander au tripier de retirer la peau qui enveloppe les rognons, de les ouvrir en deux et de retirer toute la partie blanche et nerveuse centrale.

ROGNONS GRILLÉS AU BEURRE D'ESTRAGON

Ce plat se fait au dernier moment.

***Proportions** : pour 4 personnes*
*6 rognons d'agneau • 4 cuillères à soupe de beurre d'estragon **
huile, sel, poivre
***Préparation** : celle du beurre d'estragon, 10 minutes*
***Cuisson** : 3 minutes de chaque côté*

Faire préparer les rognons par le tripier.

Préparer le beurre d'estragon. Huiler un gril bien propre du bout des doigts. Le poser sur le gaz et attendre qu'il soit bien chaud.

Huiler les rognons et les poser sur le gril côté ouvert. Faire griller 2 à 3 minutes pour une cuisson « à point », c'est-à-dire rosée, les retourner de l'autre côté en les maintenant pour qu'ils ne se retroussent pas trop.

Les poser côté ouvert sur le plat de service. Saler et poivrer, et accompagner du beurre d'estragon en saucière dont chacun se servira à son gré.

Accompagnement : Pommes de terre au four * et salade verte.

ROGNONS D'AGNEAU À LA MOUTARDE ET AU CITRON

Ce plat se fait au dernier moment.

***Proportions** : pour 4 personnes*
8 rognons d'agneau ● 3 cuillères à soupe de crème fraîche
1 cuillère à café de moutarde blanche de Dijon
le jus de 1/2 citron ● 1 grosse noix de beurre ● sel, poivre
***Préparation** : 5 minutes*
***Cuisson** : 1er temps, 3 minutes ● 2e temps, 6 minutes*

Demander au tripier d'ouvrir les rognons et d'en enlever les parties blanches.

Les émincer chacun en 4 à 5 petites escalopes.

1. Dans une poêle à feu moyen, faire fondre une grosse noix de beurre ; quand il est doré, mettre les rognons à raidir et revenir rapidement, ils doivent être rosés à l'intérieur. Les retirer avec une écumoire et les réserver sur une assiette chaude, dans le four tiède. Les saler et poivrer légèrement. Vider la poêle du beurre de cuisson qui a pris une odeur d'urine.
2. Reposer la poêle sur le feu et la chauffer. Mettre la crème fraîche et le citron. Faire réduire vivement. La crème doit foncer et s'épaissir. Ajouter la moutarde et mélanger. Saler et poivrer. Ajouter les rognons sans le jus qu'ils ont rendu. Tourner le tout avec la cuillère en bois et laisser mijoter à feu doux non couvert pendant 2 à 3 minutes, juste pour réchauffer les rognons.

Accompagnement : Purée de pommes de terre *. Panais étuvés au beurre *.

Rognons de veau

On les considère comme moins délicats que les rognons de mouton car ils sont plus résistants. Ils ont cependant un goût moins prononcé.

Préparation. Elle peut être commencée par le tripier qui sort le rognon de sa couche de graisse et de sa peau, puis supprime la partie nerveuse et graisseuse au centre du rognon.

ROGNONS DE VEAU À LA MOUTARDE ET AU CITRON

Ce plat se fait au dernier moment.

***Proportions :** pour 2 personnes*
1 rognon de veau de 260 g environ • 1 œuf de beurre
3 cuillères à soupe de crème fraîche
1 cuillère à café de moutarde de Dijon
1 citron • sel, poivre
***Préparation :** 5 minutes*
***Cuisson :** rognons, 3 minutes*
sauce, 3 à 4 minutes

Faire préparer le rognon par le tripier. À la maison, le détailler en tranches obliques de 1 cm d'épaisseur.
Procéder ensuite comme il est dit à « rognons d'agneau * ».

Accompagnement : Purée de chou-fleur *.

ROGNONS DE VEAU AU VIN BLANC ET AUX ÉCHALOTES

Ce plat se fait au dernier moment.

***Proportions** : pour 2 personnes*
1 rognon de veau de 260 g environ • 1 échalote
1/2 verre de vin blanc • 2 cuillères à soupe de bouillon de volaille instantané (1/2 tablette pour 1/4 de litre d'eau)
1 cuillère à café de persil haché
1 noix de beurre plus 1 œuf de beurre • sel, poivre
***Préparation** : 10 minutes*
***Cuisson** : rognon, 3 à 4 minutes • échalotes, 10 minutes sauce, 2 à 3 minutes*

Faire préparer le rognon par le tripier, le couper ensuite en tranches obliques comme il est dit à la recette précédente.

Éplucher l'échalote, la hacher grossièrement. Laver, sécher le persil, l'effeuiller et le hacher finement.

Dans une poêle, faire fondre une noix de beurre à feu assez vif. Quand il grésille, ajouter les tranches de rognon, salées et poivrées légèrement et les faire sauter vivement pour les raidir et les cuire rosées à l'intérieur. Les retirer à l'aide de l'écumoire et réserver sur une assiette.

Baisser le feu, verser les échalotes et les cuire tout doucement à couvert jusqu'à ce qu'elles soient blond doré. Mouiller alors avec le vin blanc, le laisser réduire à l'état de voile. Ajouter le bouillon de volaille instantané (1/2 tablette pour 1/4 de litre d'eau) un peu fort et le jus rendu par les rognons. Faire bouillonner et incorporer l'œuf de beurre en donnant à la poêle un mouvement circulaire pour le faire fondre et s'émulsionner dans le jus. Verser les rognons dans cette sauce et les laisser réchauffer quelques instants. Vérifier l'assaisonnement et servir dans un plat chaud. Saupoudrer de persil haché.

Accompagnement : Riz créole *. Purée de céleri-rave *.

ROGNONS DE VEAU À LA TOMATE FRAÎCHE

Ce plat se fait au dernier moment.

***Proportions** : pour 2 personnes*
1 rognon de veau de 260 g • 1 noix de beurre
3 cuillères à soupe de crème fraîche • 3 tomates moyennes

1 cuillère à soupe de cognac
1/2 cuillère à café de sauce anglaise • sel, poivre
***Préparation** : 5 minutes*
***Cuisson** : rognons, 3 minutes • sauce, 3 à 4 minutes*

Faire préparer le rognon par le tripier et le couper en tranches comme des escalopes.

Préparer les tomates concassées *, les mettre à égoutter dans une passoire.

Dans une poêle, faire fondre une noix de beurre à feu assez vif. Quand il grésille, ajouter les rognons salés et poivrés, les raidir et les cuire à la couleur rosée. Les retirer avec une écumoire et les poser sur une assiette.

Verser le cognac dans la poêle et gratter les légers résidus de cuisson en faisant réduire complètement. Ajouter le jus rendu par les rognons et la crème fraîche, chauffer et mélanger jusqu'à consistance onctueuse.

Verser les rognons et les tomates concassées, laisser réchauffer pendant quelques instants. Assaisonner avec un peu de sauce anglaise (Worcestershire sauce). Vérifier l'assaisonnement en sel et en poivre. Servir dans un plat de service chauffé.

Accompagnement : Galette de pommes de terre *. Salsifis sautés au beurre *.

11.

Le gibier

GIBIER DE PLUME

GIBIER DE POIL

Tous les astérisques renvoient à des recettes figurant à l'index alphabétique en fin de volume.

Le gibier

Il y a de plus en plus de chasseurs et de moins en moins de gibier. C'est dire qu'il est devenu une denrée rare quand il est authentiquement « sauvage ».

On classe le gibier en deux catégories : le gibier de plume et le gibier de poil.

L'un comme l'autre sont meilleurs lorsqu'ils sont accommodés simplement.

La série de recettes qui suit concerne le gibier le plus souvent ramené par le chasseur heureux, ou fourni par le bon marchand…

Le gibier de plume

Ce sont tous les oiseaux de marais, de plaine et de sous-bois, sans oublier les petits oiseaux de passage chers à nos provinces du Midi.

Bécasse

C'est un gibier exquis qui se chasse en novembre. Après l'avoir tuée, il est préférable de la laisser attendre au frais, non plumée, pendue par la tête, de 3 à 6 jours, avant de la consommer.

RÔTIE

Ce plat se fait au dernier moment.

***Proportions** : pour 2 personnes*
2 bécasses • 2 bardes de lard maigre
2 noix de mousse de foie gras (en conserve dans le commerce)
2 larges tranches carrées de pain de mie
sans croûte de 1 cm d'épaisseur
6 cuillères à soupe d'eau chaude
2 œufs de beurre • sel, poivre
***Préparation** : 25 à 30 minutes*
***Cuisson** : bécasses, 15 à 18 minutes*
croûtons, 2 à 3 minutes

Plumer les bécasses. À l'aide d'un petit couteau, retirer les yeux. *Ne pas les vider*. Allonger le cou de l'animal le long du corps, entrecroiser les deux pattes et les traverser de part en part par le long bec des oiseaux.

Allumer le four à température chaude (275°, position 7, 8).

Saler, poivrer les bécasses, les enrouler de la barde de lard en protégeant bien la poitrine. Maintenir avec une ficelle.

Beurrer un plat de juste taille allant au four avec 1/4 d'œuf de beurre, poser les bécasses et mettre au four. En cours de cuisson, arroser fréquemment avec le reste de l'œuf de beurre mis à fondre dans une petite casserole. Pendant que les bécasses cuisent, couper les 2 tranches de pain de mie en deux pour avoir 4 rectangles.

Au terme de la cuisson, sortir les bécasses du plat, ôter les bardes de lard. Découper les 4 membres de chaque oiseau, les ailes et les cuisses, les tenir au chaud à l'entrée du four entre 2 plats creux. Ramener le four à température tiède.

À l'aide d'une petite cuillère, sortir les intérieurs des carcasses, les mettre dans une assiette. Supprimer le gésier. Ajouter la mousse de foie gras, du poivre, du sel et broyer finement à la fourchette. Recouvrir d'un papier alu et tenir au chaud dans le four.

Dans le plat de cuisson, ajouter la moitié de l'œuf de beurre restant à feu moyen, rissoler rapidement les croûtons des deux côtés. Les retirer à l'aide d'une spatule, les poser sur le plat de service et les tartiner avec la purée tenue au chaud. Rentrer le plat dans le four.

Avec un grand couteau, couper les carcasses de bécasses en 5, 6 morceaux, les poser dans le plat de cuisson et à feu moyen les faire revenir et blondir pendant quelques minutes en les tournant de tous côtés. Les mouiller avec l'eau chaude, les tourner en grattant le fond du plat et en rassemblant tous les résidus de cuisson, laisser bouillonner quelques instants pour avoir un jus un peu sirupeux. Passer ce jus dans une petite casserole à travers une passoire-chinois. Bien presser tous les débris pour extraire tout le jus. À feu moyen, ajouter le beurre restant par morceaux successifs tout en donnant à la casserole un mouvement circulaire pour émulsionner le beurre. Vérifier l'assaisonnement. Retirer du feu.

Dresser les morceaux de bécasse dans le plat de service entourés des croûtons. Verser le jus sur le gibier et servir.

Accompagnement : Pommes paille *. Cresson étuvé au beurre *.

Canard

Il en existe plusieurs espèces, mais le plus connu et le plus apprécié est le « col-vert ». On le trouve à partir de la mi-juillet, jusqu'en février, mais c'est en début de saison, quand il est jeune, qu'il est le meilleur.

On reconnaît sa jeunesse à son bec flexible. Avant de le consommer, on peut le laisser attendre au frais, non plumé, pendu par la tête, de 2 à 4 jours.

RÔTI

Ce plat se fait au dernier moment.

***Proportions** : pour 4 personnes*
2 jeunes canards « col-vert », dits « halbrans »
2 œufs de beurre • 5 cuillères à soupe d'eau chaude
le jus de 1 citron • sel, poivre
***Préparation** : 30 à 35 minutes si on prépare les canards*
***Cuisson** : 18 à 20 minutes*

Demander au volailler de préparer les canards non bardés, si on ne les a pas chassés soi-même. Sinon les plumer, les vider, les flamber, nettoyer le foie.

Saler, poivrer l'intérieur des oiseaux, y glisser le foie et fixer les 4 membres avec une ficelle.

Allumer le four à température chaude (275°, position 7), pour avoir une cuisson « saisie » et rapide.

Beurrer un plat allant au four. Poser les canards couchés sur un côté et mettre au four. Arroser fréquemment les canards en cours de cuisson avec un œuf de beurre fondu, les retourner pour faire dorer l'autre côté et arroser de même.

Au terme de la cuisson, piquer les oiseaux avec une aiguille ; le jus qui s'écoule doit être franchement coloré et non blanc, car le canard sauvage se mange très rosé. Sortir alors le plat du four. Poser les canards sur un plat à l'entrée du four pour qu'ils se détendent. Mettre à chauffer la saucière et le plat de service, préparer la sauce.

Chauffer le plat sur le gaz à feu moyen, verser le jus de citron, gratter et rassembler tous les résidus de cuisson, ajouter les cuillères d'eau chaude, faire réduire jusqu'à consistance un peu sirupeuse, ajouter le beurre restant. Faire bouillonner et émulsionner le liquide et le beurre en donnant au plat un mouvement circulaire. Vérifier l'assaisonnement. Verser dans la saucière chaude.

Découper les canards. Dresser sur le plat de service chaud et servir.

Accompagnement : Pommes de terre Alex Humbert *. Cœurs de céleri au beurre fondu *.

Faisan

C'est un bel oiseau que l'on chasse à partir de septembre. C'était un gibier savoureux quand il était sauvage, mais il est désormais de plus en plus « d'élevage ». Il a perdu de ce fait beaucoup de ses qualités. Il faut en tout cas préférer un jeune animal. On le reconnaît à son bec et à son bréchet flexibles.

On le fait attendre au frais de 3 à 6 jours, non plumé, pendu par la tête.

RÔTI À LA MODE ANGLAISE

Il se fait au dernier moment.

Proportions : *pour 4 personnes*
1 jeune faisan • 4 fines tranches de lard maigre
1 noix de beurre • 4 cuillères à soupe d'eau chaude
sel, poivre
Préparation : *faisan, 30 à 35 minutes*
Cuisson : *faisan, 45 à 50 minutes*

Bread sauce :
1/2 litre de lait • 100 g de mie de pain
1 petit oignon • 1 grosse noix de beurre • 1 brindille de thym
1/2 feuille de laurier • 1 clou de girofle • sel, poivre
Préparation : *7 à 8 minutes*
Cuisson : *15 à 20 minutes*

Les bread crumbs :
200 g de mie de pain un peu rassis
2 gros œufs de beurre
Préparation : *5 à 6 minutes*
Cuisson : *3 à 4 minutes*

Demander au volailler de préparer le faisan. Sinon le plumer, le vider, le flamber, saler, poivrer l'intérieur. Fixer les 4 membres. Allumer le four à température moyenne (225°, position 5). Enrouler les bardes de lard sur le faisan en les plaçant sur la poitrine et en les maintenant avec une ficelle.

Beurrer un plat de juste taille avec une noix de beurre, poser le faisan couché sur le côté et mettre au four. L'arroser, au bout de 15 minutes, le retourner sur l'autre cuisse, laisser cuire encore 15 minutes en l'arrosant de même.

Au bout de ce temps, sortir le plat du four, enlever les bardes de lard, les réserver entre 2 assiettes. Poser le faisan sur le dos et finir la cuisson pendant 15 minutes environ.

À ce moment, un jus clair doit sortir du faisan. Le sortir du plat, le découper et le dresser sur le plat de service, disposer les tranches de barde sur le gibier et tenir au chaud à l'entrée du four.

Dégraisser légèrement le jus de cuisson, chauffer le plat à feu moyen, ajouter les cuillères d'eau chaude, gratter et rassembler les résidus de cuisson, faire « bouillotter » quelques instants pour obtenir un petit jus onctueux. Vérifier l'assaisonnement, verser en saucière et tenir au chaud.

- **La bread sauce**

Pendant que le faisan cuit, préparer la sauce.

Éplucher l'oignon, le hacher finement. Dans une casserole, mettre le lait, l'oignon, le thym, le laurier, le clou de girofle et porter à ébullition à feu moyen. Laisser infuser pour bien parfumer le lait pendant que l'on émiette très finement la mie de pain.

Passer le lait dans une autre casserole, ajouter la mie de pain et faire bouillir à feu doux jusqu'à consistance de béchamel légère. Assaisonner en sel et en poivre.

Retirer la casserole du feu, ajouter la noix de beurre et travailler la sauce au petit fouet pour la rendre lisse et homogène. Verser en saucière et tenir au chaud.

- **Les bread crumbs**

Émietter finement la mie de pain un peu rassis.

Dans une poêle à feu moyen, mettre le beurre à fondre. Quand il grésille, et a la couleur blond doré, ajouter la mie de pain et en la tournant vivement avec une fourchette, lui faire prendre une jolie couleur blonde. La retirer à l'aide d'une écumoire et la poser sur un papier absorbant pour qu'elle soit parfaitement sèche. Verser ensuite dans une saucière.

Servir le faisan avec son jus, la bread sauce et les bread crumbs. Compléter par des pommes de terre chips et une salade verte.

POULE FAISANE À LA CHOUCROUTE

Acheter de la *choucroute cuite*. Il en est d'excellentes chez les marchands de comestibles. Pour être bonne, elle doit être blanche, croquante et surtout pas grasse.

Ce plat se fait au dernier moment, mais dressé, il peut attendre au chaud dans le four tiède.

***Proportions** : pour 4 personnes*
1 poule faisane • 250 g de poitrine fumée
2 oignons moyens • 1 œuf de beurre
1 verre de vin blanc • 1/2 verre d'eau
1 brindille de thym • 1 feuille de laurier • sel, poivre
800 g de choucroute cuite
***Préparation** : 10 minutes*
***Cuisson** : 1 heure 30 en tout*

Faire préparer la poule faisane chez le volailler en demandant qu'elle ne soit pas bardée.

Retirer la couenne et les parties cartilagineuses de la poitrine fumée. La couper en 4 gros morceaux. Éplucher les oignons, les couper en fines rondelles.

Dans une cocotte, faire fondre le beurre à feu moyen, quand il grésille, ajouter les oignons et faire cuire en douceur à couvert jusqu'à ce qu'ils soient blond doré, les retirer avec une écumoire et les réserver dans une assiette. Remplacer les oignons dans la cocotte par les morceaux de poitrine fumée et les faire rissoler lentement de tous les côtés. Les retirer avec une écumoire et les réserver avec les oignons.

Poser la poule faisane sur un côté dans la cocotte et la faire dorer, puis en la tournant, la faire revenir ainsi sur toutes ses faces. Quand elle est de belle couleur, verser les oignons et la poitrine fumée, faire chauffer un instant, puis mouiller avec la moitié du vin blanc et l'eau. Ajouter le thym et le laurier. Saler et poivrer. Régler le feu pour maintenir un petit mijotement régulier. Couvrir la cocotte et laisser cuire 1 heure en retournant le volatile de temps en temps. Pendant le dernier 1/4 d'heure de cuisson, verser dans une casserole le vin blanc restant, ajouter la choucroute, mettre à feu doux et laisser chauffer en la retournant de temps en temps.

Au terme de la cuisson de la faisane, la retirer de la cocotte, la poser sur une planche et la couper en 4 morceaux. Verser la choucroute dans un large plat chauffé au four, poser dessus les 4 morceaux de gibier, ajouter les 4 morceaux de poitrine fumée. Retirer le thym et le laurier.

Si la sauce était trop longue, faire bouillir à découvert pour la réduire et lui donner de la consistance. Sinon, la verser avec les oignons dans une saucière. Servir immédiatement.

Remarque : On peut accommoder 2 perdrix de la même façon.
Cuisson : 1 heure en tout.

Perdreau

C'est un gibier délicat et savoureux quand il est sauvage. Malheureusement, comme le faisan, il est maintenant souvent d'élevage et évidemment moins bon.

Il faut le manger jeune, en début de saison. Les chasseurs disent : « À la Saint-Rémi (19 octobre), perdreaux deviennent perdrix. »

On le reconnaît à son bec flexible et à ses pattes claires. On peut le laisser attendre de 2 à 5 jours au frais, non plumé et pendu par la tête.

PERDREAUX EN CAQUELON

Cette cuisson n'est ni rôtie, ni en cocotte, elle est en quelque sorte entre les deux. Ce plat se fait au dernier moment.

***Proportions :** pour 4 personnes*
2 ou 4 perdreaux
100 g de beurre environ • sel, poivre
***Préparation :** 35 à 40 minutes*
***Cuisson :** 18 à 20 minutes*

Prendre des petites cocottes en porcelaine à feu ou des caquelons en terre cuite pouvant chacun contenir 2 perdreaux.

Plumer, vider des perdreaux ayant été tués depuis 3 ou 4 jours, ou les faire préparer par le volailler. Les brider, mais ne pas les barder, c'est inutile.

À feu moyen-doux, mettre un œuf de beurre à fondre dans la cocotte. Quand il est fondu et grésille doucement, poser les perdreaux salés et poivrés. Les faire dorer et cuire sans brutalité en les surveillant, sans les couvrir, et en menant la cuisson pendant 18 à 20 minutes en les tournant sur toutes leurs faces. Il est essentiel qu'ils soient dorés, mais que le beurre de cuisson ne noircisse pas. Il est nécessaire d'ailleurs d'en rajouter en cours de cuisson, car les perdreaux en « boivent » plus ou moins. C'est pour cela qu'on ne peut en indiquer la quantité exacte finale. Quand les perdreaux sont prêts, les disposer sur le plat de service chauffé. Mettre un tout petit peu d'eau au fond de la cocotte dans le beurre de cuisson en relevant le feu, ce qui fera un petit jus à mettre en saucière.

Accompagnement : Pommes de terre Alex Humbert *. Girolles sautées *.

PERDREAUX AUX POMMES

Ce plat se fait au dernier moment.

***Proportions :** pour 4 personnes*
2 jeunes perdreaux • 4 belles pommes reinette ou golden
4 fines tranches de lard maigre • 2 œufs de beurre
3 cuillères à soupe de crème fraîche • sel, poivre
***Préparation :** 40 à 45 minutes*
***Cuisson :** perdreaux, 18 minutes*
pommes, 3 à 4 minutes

Préparer et brider les perdreaux (voir « perdreaux en caquelon * »). Ou les faire préparer par le volailler.

Allumer le four à température chaude (270°, position 6, 7).

Couper les pommes en 4, les éplucher, retirer le cœur et les pépins, détailler chaque quartier de pomme en 3 ou 4 morceaux dans le sens de la longueur.

Dans une poêle, mettre à fondre un œuf de beurre. Quand il grésille, ajouter les croissants de pomme, les faire rapidement dorer sur leurs 2 faces sans les cuire complètement, les saler légèrement.

Dans une petite cocotte, mettre à fondre un œuf de beurre ; quand il grésille, poser les perdreaux, et les faire dorer de tous côtés, les réserver ensuite dans une assiette.

Dans cette cocotte, étaler une couche de pommes. Retirer les ficelles des perdreaux, les poser sur la couche de pommes et les entourer des croissants de pomme restants. Verser la crème fraîche sur les perdreaux. Saler et poivrer légèrement.

Couvrir la cocotte, mettre au four et laisser cuire pendant 15 à 18 minutes. Au bout de ce temps, découvrir la cocotte et servir tel quel.

Remarque : Un tendre et jeune faisan peut se préparer de la même manière.

Cuisson : 20 à 25 minutes.

Petits oiseaux

C'est toute la série des petits oiseaux de passage. On peut les faire attendre au frais non plumés pendant 2 à 3 jours. On ne les vide pas et il faut en compter au moins 3 par personne.

RÔTIS

Ils se font au dernier moment.

***Proportions :** pour 4 personnes*
12 petits oiseaux au moins
1 gros œuf de beurre • sel, poivre
***Préparation :** 1 heure*
***Cuisson :** 8 à 10 minutes*

Plumer les petits oiseaux. Inutile de les vider.

Allumer le four à température bien chaude (280°, position 7, 8).

Beurrer un plat allant au four avec une noix de beurre. Saler et poivrer les petits oiseaux, les aligner côte à côte dans le plat. Beurrer chaque petit oiseau d'une petite noisette de beurre.

Mettre au four, les saisir et les dorer sur une face, pendant 4 minutes environ. Sortir le plat du four, les retourner, les arroser avec le beurre du plat et les faire rôtir de même. Ils doivent être bien cuits et dorés. Servir tels quels dans le plat.

Accompagnement : Petits pois aux lardons *.

SALMIS DE CANARD SAUVAGE

Ce plat se fait au dernier moment.

***Proportions :** pour 4 personnes*
1 jeune canard sauvage « col-vert » • 2 carottes
2 oignons • 1 échalote • 1 verre de vin rouge
*1 noix de beurre • 4 verres de bouillon de bœuf **
ou bouillon de volaille instantané
(1/2 tablette pour 1/2 litre d'eau) • sel, poivre
***Préparation :** 35 à 40 minutes*
***Cuisson :** canard, 18 à 20 minutes*
jus, 40 à 45 minutes

Demander au volailler de préparer le canard non bardé si on ne l'a pas chassé soi-même. Sinon le plumer, le vider, le flamber. Fixer les membres avec une ficelle. Réserver le foie.

Allumer le four à température chaude (275°, position 7).

Éplucher les carottes, les oignons et l'échalote, les couper en petits dés. Les réserver.

Poser le canard dans un plat qui va au four et l'enfourner. Le saisir et le rôtir rapidement de tous côtés. La cuisson doit être rosée-saignante. Le retirer du four. Sur la planche, couper les 4 membres du canard, ailes et pattes. Retirer la peau. Garder la carcasse. Tenir les morceaux de viande au chaud dans le plat recouvert d'un papier alu à l'entrée du four dont on descend la température à « tiède ». Hacher grossièrement la peau, casser et hacher la carcasse à l'aide du mixer ou d'un bon couteau.

Dans une cocotte, à feu moyen, mettre une noix de beurre. Quand elle grésille, ajouter les légumes et les faire cuire et prendre couleur doucement de tous côtés. Les retirer avec une écumoire et les remplacer par les débris de carcasse et de peau. Les faire dorer doucement. Quand les débris de carcasse sont à point, remettre les légumes, mouiller avec le vin rouge. À découvert, laisser bouillir et réduire de moitié. Ajouter le bouillon de bœuf ou du bouillon de volaille instantané (1/2 tablette pour 1/2 litre d'eau). Porter à ébullition, couvrir et assurer un petit mijotement continu pendant 25 à 30 minutes.

Hacher et piler finement le foie en purée au mixer, à défaut, à travers un tamis. Le réserver dans un bol.

Quand la cuisson du jus est terminée, passer le jus dans une casserole à travers un chinois. Presser fortement les légumes et les débris de carcasse pour sortir tous les sucs. Poser la casserole sur le feu et faire réduire le jus de moitié.

Mettre le plat de service à chauffer dans le four. Dresser les morceaux de canard.

Délayer le foie avec une cuillère de jus chaud, puis une autre, remettre dans la sauce. Vérifier l'assaisonnement et laisser sur le feu doux sans bouillir. Sortir le plat du four, couvrir avec la sauce et servir.

Accompagnement : Pommes fruits au beurre *. Galette de pommes de terre *.

SALMIS DE FAISAN

Même recette que le salmis de canard.

Proportions : *pour 4 personnes*
1 faisan
Cuisson : *25 à 30 minutes*

Accompagnement : Purée de céleri *.

SALMIS DE PERDREAUX

Même recette que le salmis de canard.

***Proportions :** pour 4 personnes*
2 perdreaux
***Cuisson :** 12 à 15 minutes*

Accompagnement : Purée de carottes *. Galettes de maïs *.

Le gibier de poil

C'est une viande rouge, en général assez résistante. On ne doit pas la manger aussitôt, mais la laisser s'attendrir et rassir au frais pendant 3 à 4 jours.

On la fait souvent macérer pendant un temps variable selon les pièces choisies dans des marinades parfumées qui relèvent la saveur de la viande et servent de liquide de mouillement à la sauce qui accompagne la pièce de gibier.

MARINADE CRUE

Proportions : *1/2 litre de vin blanc ou de vin rouge*
10 cuillères à soupe de vinaigre de vin
6 cuillères à soupe d'huile • 1 oignon • 2 échalotes
1 petite carotte • 1 petite tige de céleri
1 brindille de thym • 3 feuilles de laurier
3 tiges de persil • 1 gousse d'ail
2 clous de girofle • quelques grains de poivre
1 pincée de sel fin
Préparation : *10 à 12 minutes*

Couper l'oignon, la carotte, les échalotes et le céleri en fines rondelles.

Poser la pièce de gibier dans un plat creux. La couvrir des légumes et des autres ingrédients aromatiques.

Mélanger le vin, le vinaigre et l'huile. Verser le mélange sur la viande et la laisser mariner dans un endroit frais en la retournant régulièrement.

MARINADE CUITE

Proportions : *mêmes ingrédients que pour la marinade crue*
Préparation : *10 à 12 minutes*
Cuisson : *40 minutes en tout*

Dans une cocotte, mettre l'huile à chauffer doucement.

Quand elle est chaude, ajouter tous les légumes et condiments. À couvert, laisser étuver doucement en retournant de temps en temps jusqu'à ce que les légumes soient attendris sans avoir pris couleur.

Verser alors le vin et le vinaigre, porter à petite ébullition et laisser mijoter à couvert pendant 30 minutes.

Laisser refroidir complètement la marinade avant de mettre à macérer la viande exactement de la même manière qu'avec la marinade crue.

Chevreuil

Il est bon de septembre à décembre. Quand il est jeune, il n'est pas nécessaire de le faire mariner.

Les morceaux le plus généralement appréciés sont le cuissot ou gigot, la selle et les côtelettes.

Certains morceaux tels que l'épaule et le collet peuvent être cuisinés en civet.

CÔTELETTES DE CHEVREUIL AU GENIÈVRE

On fait les côtelettes au dernier moment, mais la sauce peut être faite à l'avance.

Proportions : *pour 4 personnes*
8 côtelettes de chevreuil
os, débris et déchets des côtelettes • 1 petite carotte
1 petit oignon • 1/2 litre d'eau • 12 grains de genièvre
1/2 verre de vinaigre de vin • 1 verre de vin blanc
2 noix de beurre et 1 gros œuf de beurre • sel, poivre
Préparation : *5 à 6 minutes*
Cuisson : *sauce, 50 à 55 minutes*
côtelettes, 10 minutes

Demander au volailler de parer et préparer les côtelettes de chevreuil en « noisette » et de donner les débris et les déchets. Les lui faire couper et casser grossièrement.

Éplucher, couper l'oignon et la carotte en petits dés. Écraser les baies de genièvre à l'aide d'une bouteille, les réserver.

Dans une cocotte, mettre une noix de beurre à blondir à feu moyen, ajouter les légumes et les débris de gibier, les faire revenir et dorer en douceur de tous côtés, mouiller avec le vin blanc et, à découvert, laisser bouillir 2 à 3 minutes. Ajouter l'eau, couvrir et régler un petit feu pour assurer un bouillottement continu pendant 50 à 55 minutes.

Au terme de la cuisson, verser le contenu de la cocotte dans une passoire-chinois au-dessus d'une autre casserole. Presser fortement les débris et les légumes pour extraire tout le jus. Tenir au chaud à feu doux.

Allumer le four à température tiède. Mettre à chauffer le plat de service.

Dans une poêle à feu moyen-vif, mettre à fondre une noix de beurre. Quand elle grésille, poser côte à côte les côtelettes salées et poivrées. Cuire 5 minutes sur chaque face pour les avoir rosées. Les retirer à l'aide d'une spatule, les dresser sur le plat de service et les tenir au chaud dans le four.

Verser le vinaigre dans la poêle à feu vif et gratter tous les résidus de cuisson. Ajouter le jus passé de la cocotte et les baies de genièvre écrasées. Laisser bouillir et réduire jusqu'à ce qu'il en reste environ la moitié. Vérifier l'assaisonnement en sel et en poivre. Hors du feu, incorporer rapidement un gros œuf de beurre par petits morceaux successifs en fouettant avec le petit fouet à main. Verser sur les côtelettes et servir.

Accompagnement : Pommes fruits au beurre *.

- **Les côtes de marcassin** peuvent se préparer de la même manière. *Cuisson :* côtes de marcassin, 15 à 20 minutes à feu modéré.

SELLE DE CHEVREUIL RÔTIE À LA CRÈME

C'est la partie comprise entre les premières côtes et la naissance des gigots.

Ce plat se fait au dernier moment, mais la selle est mise à mariner pendant 24 heures.

***Proportions** : pour 4 personnes*
1 selle de chevreuil de 1 kg environ
1 litre de marinade crue au vin rouge *

2 œufs de beurre
4 cuillères à soupe de crème fraîche • sel, poivre
***Préparation** : 30 minutes environ*
***Cuisson** : 20 à 25 minutes*

Préparer la marinade crue. À l'aide d'un couteau pointu, retirer la pellicule de peau qui recouvre la chair de la selle. Poser la viande dans la marinade et l'y laisser pendant 24 heures en la retournant plusieurs fois.

15 minutes avant la mise en cuisson, sortir la selle de la marinade, l'éponger soigneusement dans un torchon. Passer la marinade dans une terrine. Garder les légumes.

Allumer le four à température chaude (275°, position 7, 8).

Beurrer un plat allant au four, garnir le fond avec les légumes de la marinade, placer dessus la selle de chevreuil et la tartiner de beurre. Saler, poivrer et mettre au four. L'arroser en cours de cuisson avec le beurre et 2 ou 3 cuillères à soupe de marinade.

Au terme de la cuisson, déposer la selle sur un plat, recouverte d'un papier alu et la laisser se détendre à l'entrée du four.

À l'aide d'une écumoire, retirer tous les légumes, bien les laisser s'égoutter. Poser le plat sur un feu moyen. Ajouter la crème fraîche en grattant et rassemblant le jus et les résidus de cuisson. Faire bouillir et réduire jusqu'à consistance onctueuse. Ajouter le jus rendu par la selle tenue au chaud. Vérifier l'assaisonnement en sel et en poivre. Éventuellement, relever le goût avec un filet de citron. Verser en saucière et tenir au chaud.

Découper la selle en retirant les filets de part et d'autre de la colonne vertébrale. Les couper en tranches et dresser sur le plat. Servir avec la sauce bien chaude.

Accompagnement : Chou rouge fondu au vin rouge *.

Remarque : Le cuissot ou gigot se prépare de la même manière, on compte 9 à 10 minutes de cuisson par livre au four.

Lièvre

Il est à son meilleur de septembre à décembre.

C'est le jeune lièvre dit « trois-quarts » qui est bon en cuisine. On le reconnaît à la fragilité de ses oreilles ; son poids ne doit pas dépasser 5 à 6 livres.

Il peut attendre au frais non dépouillé pendant 2 ou 3 jours.

Si on ne l'achète pas chez le volailler et qu'il soit le résultat d'une chasse réussie, je conseille de demander au volailler d'avoir la gentillesse de le préparer.

On peut l'apprêter de différentes façons.

RÔTI ENTIER

Ce plat se fait au dernier moment, mais le lièvre est mis à mariner pendant 4 heures.

***Proportions :** pour 7 à 8 personnes*
1 jeune lièvre de 2,500 kg • 1 œuf de beurre
*1 litre de marinade cuite au vin rouge * • sel, poivre*
Pour la sauce :
8 cuillères à soupe de marinade • le foie du lièvre
1 œuf de beurre

***Préparation :** 30 à 35 minutes*
***Cuisson :** 35 minutes environ*

Faire préparer le lièvre par le volailler, lui demander le foie.

Préparer la marinade crue dans une poissonnière et à l'aide d'un petit couteau pointu, décoller et retirer la petite peau transparente qui recouvre la chair du lièvre.

Le poser à mariner dans la poissonnière, le retourner 1 ou 2 fois pendant le temps de marinade.

15 minutes avant le début de la cuisson, sortir le lièvre, l'éponger et le sécher soigneusement à l'aide d'un torchon.

Allumer le four à température moyenne-chaude (230°, position 6).

Beurrer un plat allant au four. Tartiner copieusement le lièvre avec du beurre, le saler, le poivrer, ajouter 2 cuillères à soupe de marinade et mettre au four. En cours de cuisson, arroser fréquemment l'animal et le retourner 1 fois.

Pendant que le lièvre cuit, hacher et passer ensuite le foie à la moulinette.

Au terme de la cuisson, le lièvre doit être assez rosé. Le sortir du four, le poser sur un plat et le laisser se détendre à l'entrée du four.

Préparer la sauce. Verser dans le jus du plat de cuisson les cuillères de marinade, gratter et rassembler tous les résidus de cuisson et faire « bouillotter » sur le gaz à feu moyen pour réduire jusqu'à consistance un peu sirupeuse. Ajouter le foie haché et laisser bouillir encore une minute en mélangeant soigneusement. Incorporer un œuf de beurre par morceaux successifs en le fouettant dans la sauce. Vérifier l'assaisonnement. Verser en saucière, tenir au chaud à l'entrée du four.

Découper et dresser le lièvre sur un plat de service chaud. Servir avec la sauce.

Accompagnement : Croquettes de pommes de terre *. Céleri-rave sauté à cru *.

RÂBLE DE LIÈVRE SAUCE POIVRADE

C'est la partie du lièvre qui va des premières côtes à la naissance des cuisses.

On le marine 5 heures à l'avance, mais on le rôtit au dernier moment. La sauce peut être faite à l'avance et réchauffée doucement au moment d'être servie.

***Proportions :** pour 4 personnes*
*2 râbles de lièvre • 1 litre de marinade crue au vin rouge **
500 g de débris, os et déchets du lièvre
1 cuillère à soupe de farine (20 g) • 3 œufs de beurre
2 petites carottes moyennes • 1 oignon moyen
1 gousse d'ail • 1 brindille de thym • 1/2 feuille de laurier
3 cuillères à soupe de vinaigre de vin
1/2 verre de sang de lièvre liquéfié
par 1 cuillère à café de vinaigre
2 cuillères à soupe de cognac • sel, poivre
***Préparation :** 30 minutes environ*
***Cuisson :** râbles, 15 à 20 minutes*
sauce, 55 minutes

Préparer la marinade crue au vin rouge dans une large terrine. À l'aide d'un petit couteau, retirer la pellicule de peau transparente qui recouvre la chair du lièvre.

Poser les râbles dans la marinade, laisser pendant 5 heures en les retournant ou arrosant de temps en temps.

Préparer la sauce. Casser et couper en petits morceaux tous les os et les débris du lièvre. Éplucher les carottes et les oignons, les couper en petits dés.

Passer 4 verres de marinade, réserver.

Dans une cocotte, à feu moyen, faire fondre un œuf de beurre.

Quand il grésille, ajouter les légumes coupés en dés et les débris de lièvre, les faire dorer lentement et convenablement en les retournant en tous sens. Verser alors le vinaigre de vin et en laissant bouillir doucement, le faire évaporer complètement. Saupoudrer avec la farine, tourner en tous sens jusqu'à ce qu'elle roussisse. Mouiller avec les 4 verres de marinade, ajouter le thym, le laurier et la gousse d'ail écrasée. Assaisonner légèrement de sel. Couvrir la cocotte et régler à petit feu pour assurer un « bouillottement » continu pendant 55 minutes.

Au bout de ce temps, transvaser la sauce dans une casserole en la passant à travers une passoire-chinois. Presser fortement sur tous les légumes et débris pour en sortir les derniers sucs. Laisser la casserole sur feu doux, l'assaisonner avec du poivre grossièrement moulu, dit « mignonnette ». Vérifier l'assaisonnement en sel.

Pendant la dernière 1/2 heure de cuisson de la sauce, sortir les râbles de la marinade, les sécher et les éponger soigneusement dans un torchon un bon 1/4 d'heure avant de les cuire.

Allumer le four à température chaude (275°, 280°, position 7, 8).

Beurrer un plat de juste taille avec le 1/4 de l'œuf de beurre restant. Poser les râbles, les tartiner avec le reste du beurre, saler, poivrer et mettre au four. Les arroser avec le beurre de temps en temps. Un temps très court suffit car le râble se mange très rosé. La cuisson terminée, laisser les râbles se détendre au chaud devant le four pendant une dizaine de minutes, recouverts d'un papier alu, avant d'être servis.

Verser 2 cuillères à soupe de cognac dans le plat de cuisson et sur un feu moyen, gratter et rassembler tous les résidus de cuisson en laissant s'évaporer complètement le cognac.

Verser la sauce poivrade dans le plat, ajouter le jus rendu par les râbles tenus au chaud et chauffer quelques instants en mélangeant avec les résidus de cuisson.

Verser alors le sang du lièvre dans la sauce en battant vivement au petit fouet pour opérer la liaison, incorporer le beurre restant. Ne plus laisser bouillir et verser la sauce en saucière, la tenir au chaud.

Découper les râbles en tranches fines parallèles de part et d'autre de la colonne vertébrale. Dresser sur le plat de service chaud et servir avec la sauce.

Accompagnement : Purée de céleri *. Un pot de marmelade d'airelles ou de gelée de groseilles.

Remarques :

1. L'avant du lièvre et les cuisses pourront être utilisés en civet.

2. La sauce poivrade qui accompagne les râbles convient également à un gigot ou une selle de chevreuil simplement rôtis.
On demande alors du sang de lièvre au volailler.

CIVET DE LIÈVRE

On met le lièvre à mariner pendant 1 nuit. Le plat peut se faire à l'avance et se réchauffer doucement à condition de faire la liaison au sang au dernier moment.

***Proportions** : pour 8 personnes*
1 lièvre de 2 kg à 2,500 kg
*1/2 litre de marinade crue * au vin rouge*
le sang du lièvre • 150 g de poitrine fumée • 1 oignon moyen
1 carotte moyenne • 250 g de champignons de Paris
24 petits oignons grelots • 1 cuillère à soupe rase de farine
1 cuillère à soupe de cognac
2 œufs de beurre • sel, poivre
***Préparation** : 45 minutes*
***Cuisson** :*
lièvre, 2 heures 15 • oignons grelots, 10 à 12 minutes
champignons, 7 à 8 minutes

Faire préparer le lièvre par le volailler en lui demandant de donner le foie, le cœur, les poumons et le sang.

Préparer la marinade et mettre les morceaux de lièvre à mariner. Tenir les abats et le sang au frais.

Au bout de 12 heures, retirer le lièvre de la marinade, éponger et sécher soigneusement les morceaux dans un torchon. Passer la marinade à travers une fine passoire.

Retirer la couenne et les cartilages de la poitrine fumée, la couper en petits dés. Couper l'oignon et la carotte en petits dés.

Dans une large cocotte, mettre le beurre à fondre à feu moyen. Quand il grésille, ajouter les petits dés d'oignon et de carotte, les faire s'attendrir et prendre couleur doucement. Les retirer à l'aide de l'écumoire et les remplacer par les lardons de poitrine fumée. Les faire rissoler en douceur. Les retirer à l'aide de l'écumoire et les ajouter aux dés d'oignon et de carotte.

Relever le feu, poser les morceaux de lièvre côte à côte et les faire dorer vivement sur toutes leurs faces. Quand ils sont à point, ajouter le mélange de lardons, d'oignon et de carotte. Saupoudrer de farine et tourner en tous sens pendant quelques instants pour que la farine cuise et roussisse.

Mouiller avec la marinade, porter à ébullition à découvert pendant 4 à 5 minutes. Couvrir et régler à petit feu pour assurer un « bouillottement » continu pendant 1 heure 45 à 2 heures.

Pendant ce temps, éplucher les petits oignons grelots, préparer et nettoyer les champignons, passer finement le foie à la moulinette, le passer à travers un tamis, hacher et piler très finement le cœur et les poumons. Ajouter le sang du lièvre, mélanger et diluer avec une petite cuillère à soupe de cognac. Réserver dans un bol.

10 minutes avant la fin de la cuisson, allumer le four à température tiède, mettre à chauffer le plat de service.

Dans une poêle, faire cuire les champignons * avec la moitié de l'œuf de beurre restant.

Dans une autre poêle, mettre l'autre moitié de beurre à feu moyen. Quand elle grésille, ajouter les oignons grelots et les faire cuire et blondir doucement à couvert.

Au terme de la cuisson du lièvre, retirer les morceaux avec une écumoire et les disposer dans le plat de service avec les oignons et les champignons. Tenir au chaud dans le four.

À découvert, faire bouillir la sauce dans la cocotte pour lui donner une consistance un peu plus courte. Prendre une cuillère de sauce et délayer le mélange foie et sang, recommencer une autre fois. Baisser le feu sous la cocotte, verser ce mélange dans la cocotte et remuer avec la cuillère. Éviter désormais l'ébullition. Vérifier l'assaisonnement en sel et en poivre.

Prendre le plat de service. Verser la sauce en la passant à travers un chinois. Récupérer les lardons, les ajouter au plat et servir.

Accompagnement : Nouilles au beurre *.

Remarque : Des bas morceaux de chevreuil et de marcassin font d'excellents civets à condition de demander au volailler de fournir du sang de lièvre (il en a généralement en réserve).

Marcassin

On appelle marcassin le jeune sanglier qui n'a pas dépassé 6 mois et dont la chair est tendre et savoureuse. De même que pour le chevreuil, ce sont le gigot ou jambon, les côtelettes, qui sont le plus couramment employés.

On peut d'ailleurs appliquer au marcassin les recettes du chevreuil.

CÔTELETTES DE MARCASSIN POÊLÉES VENAISON

Les petites pièces de viande se font au dernier moment, mais la sauce peut se cuire à l'avance. On la termine au dernier moment en même temps que les côtelettes.

***Proportions** : pour 4 personnes*
8 côtelettes de marcassin
les os et débris des côtelettes
1 petite carotte • 1 oignon moyen • 1 gousse d'ail
2/3 de verre de vinaigre de vin • 1 verre de vin rouge
1 verre 1/2 d'eau • 1 cuillère à soupe de farine (environ 20 g)
1 bonne cuillère à soupe de gelée de groseilles
2 cuillères à soupe de crème fraîche
2 œufs de beurre • sel, poivre
***Préparation** : 10 minutes*
***Cuisson** : sauce, 1 heure*
côtelettes, 15 à 20 minutes

Faire préparer en « noisettes » les côtelettes de marcassin par le volailler. Lui demander de casser et couper grossièrement les os et les débris des côtelettes.

Éplucher l'oignon et la carotte, les couper en petits dés.

Dans une cocotte, faire blondir un œuf de beurre ; quand il grésille, ajouter les légumes et les débris de gibier. Faire revenir et dorer en douceur de tous côtés. Mouiller avec le vinaigre de vin, laisser cuire à découvert à feu doux jusqu'à ce que le vinaigre ait disparu. Saupoudrer de farine et en remuant en tous sens, la laisser cuire et roussir. Mouiller avec le vin rouge et l'eau, ajouter la gousse d'ail écrasée, saler, poivrer, couvrir et laisser mijoter à petit feu pendant 1 heure.

20 minutes avant la fin de la cuisson de la sauce, mettre à fondre à feu moyen-doux un œuf de beurre dans une poêle. Quand il commence à grésiller, poser côte à côte les noisettes de marcassin salées et poivrées et les laisser cuire en douceur sans qu'elles se dessèchent pendant 15 à 20 minutes.

Allumer le four à température tiède, mettre à chauffer le plat de service. En fin de cuisson des côtelettes, les retirer de la poêle et le mettre au chaud dans le plat de service.

Supprimer de la poêle la graisse de cuisson et y verser la sauce passée à travers une passoire-chinois en appuyant bien sur tous les débris et légumes pour extraire tout le jus.

Sur feu moyen, gratter le fond de la poêle et le mélanger avec la sauce. Laisser « bouillotter » et délayer la gelée de groseilles avec

1/2 cuillère à café d'eau chaude. La verser dans la sauce, ajouter la crème fraîche, bien mélanger le tout, laisser bouillir pendant quelques minutes en tournant avec la cuillère. Vérifier l'assaisonnement en sel et en poivre. La verser sur les noisettes de marcassin et servir.

Accompagnement : Purée de lentilles *. 1 pot de marmelade d'airelles ou de gelée de groseilles.

Remarque : La sauce qui accompagne ces côtelettes convient également à des côtelettes de chevreuil poêlées, une selle de chevreuil rôtie, un râble de lièvre rôti.

Il suffit simplement d'avoir des débris et déchets de gibier.

JAMBON DE MARCASSIN BRAISÉ

C'est une longue cuisson, mais ce plat se fait au dernier moment.
Le jambon est mis en marinade pendant 4 jours.

Proportions : *pour 4 à 6 personnes*
1 jambon de marcassin
*1 litre de marinade cuite au vin blanc **
250 g de lard de poitrine • 6 tomates moyennes • sel
Préparation : *20 à 25 minutes*
Cuisson : *2 heures 30*

Préparer la marinade cuite. À l'aide d'un couteau bien effilé, retirer la couenne du jambon. Le mettre à mariner pendant 4 jours en le retournant souvent.

Avant la mise en cuisson, sortir le jambon de la marinade, le sécher et l'éponger soigneusement.

Tremper les tomates 1 minute dans l'eau bouillante, retirer la peau et les couper grossièrement. Les réserver. Couper le lard de poitrine en petits dés.

Allumer le four à température moyenne-douce (190°, position 4).

Dans une grande cocotte ovale, poser le jambon et le lard de poitrine. À feu moyen, faire revenir le tout en retournant le jambon et en évitant de faire brûler les dés de lard. Saler légèrement. Ajouter les tomates hachées et mouiller avec la marinade. Faire partir à ébullition sur le feu, puis mettre au four et s'assurer d'une petite ébullition continue pendant 2 heures 30.

Au bout de ce temps, sortir le jambon de la cocotte, le dresser sur le plat de service et le tenir au chaud à l'entrée du four, recouvert de papier alu.

À l'aide d'une cuillère passée à la surface, dégraisser le fond de cuisson de la cocotte. Le verser dans une autre casserole en le passant et le foulant à travers la passoire-chinois. Si la sauce était trop liquide, faire réduire à découvert jusqu'à bonne consistance. Vérifier l'assaisonnement en sel, poivrer et, hors du feu, incorporer un œuf de beurre par petits morceaux successifs, en les battant dans la sauce. La verser dans une saucière et servir avec le jambon.

Accompagnement : Pruneaux au vin * cuits dénoyautés et parfumés d'un zeste d'orange. Galettes de maïs *.

12.

Les légumes

LÉGUMES FRAIS

Les légumes

Les légumes tiennent une place importante dans notre alimentation.

Indispensables avec la viande et le poisson dont ils sont le complément naturel, ils font aussi partie intégrante du dîner familial, pour réaliser un repas équilibré tant en agrément qu'en qualités nutritives.

Grâce aux importations, on trouve tous les légumes toute l'année. Il est cependant préférable, dans la mesure du possible, de se plier au rythme des saisons et d'acheter les légumes quand, venant de notre propre sol, ils apparaissent sur les marchés. On est sûr, ainsi, de les avoir d'incomparable qualité et à meilleur prix, étant bien entendu que les « primeurs », exquises, sont toujours plus coûteuses que les mêmes légumes achetés au cœur de la saison.

C'est dans cet esprit que, en tête des recettes, j'indique les moments d'apparition de chaque légume ainsi que leurs qualités quand ils sont importés. Considérant aussi qu'au cœur de l'hiver, les légumes frais sont rares et ceux d'importation hors de prix, je conseille de ne pas dédaigner les légumes secs qui sont savoureux et nourrissants.

Enfin, pour celles qui s'étonneraient de certains temps de cuisson courts, je précise que c'est volontaire. Je ne vois pas pourquoi l'eau de cuisson profiterait des sucs et du parfum des légumes. Laissons-les fermes, un peu croquants, c'est ainsi qu'ils sont à leur meilleur, dans notre assiette.

Les légumes frais

La cuisson « à l'anglaise »

C'est la manière la plus simple de cuire la plupart des légumes verts.

On les plonge dans une grande casserole d'eau bouillante salée ; il faut beaucoup d'eau par rapport à la quantité de légumes.

A découvert, on laisse bouillir à gros bouillons pendant un temps qui varie selon chaque légume, mais qui est calculé pour que le légume reste ferme et garde son goût frais et naturel.

On égoutte ensuite soigneusement et les légumes se prêtent alors à divers accommodements.

Avantages de cette cuisson : Les légumes peuvent être cuits à l'avance. Dans ce cas, on les égoutte et on les plonge dans l'eau très froide pour arrêter net la cuisson.

Au moment de l'emploi, on les plonge dans une casserole d'eau bien chaude pour les réchauffer. On les égoutte et on les accommode avant de servir.

La cuisson à l'étuvée

Le principe de cette cuisson est de laisser cuire le légume dans ses sucs et son parfum pour lui laisser toutes ses qualités.

On met un petit morceau de beurre dans un récipient, on ajoute les légumes crus, détaillés en rondelles, en bâtonnets ou en tronçons, on sale légèrement. On couvre hermétiquement et, à petit feu, on laisse cuire le légume qui, petit à petit, perd son eau de végétation qui se condense en une vapeur parfumée sur le couvercle du récipient et qui retombe sur les légumes.

La cuisson est atteinte quand il n'y a plus d'eau de végétation et que le légume est attendri, mais ferme, légèrement croquant sous la dent.

Avantages de cette cuisson : Quoique se faisant au dernier moment, elle est rapide, laisse aux légumes un goût délicieux et n'exige qu'une seule préparation puisqu'ils sont servis tels quels.

Les artichauts

On en trouve toute l'année, mais les espèces ne sont pas les mêmes selon les saisons.

On peut les classer grossièrement en 2 catégories :

Les artichauts pointus, verts ou violets, à fond peu épais, qui se trouvent en automne et en hiver. Ils sont délicieux et peu avantageux.

Les artichauts ronds, dits « bretons », qui apparaissent au printemps jusqu'à l'automne. Ils sont peut-être un peu moins fins de goût, mais ils ont des beaux fonds bien épais, se prêtant à toutes les recettes.

Il faut les choisir bien frais, les feuilles sans taches et ne manifestant aucun signe de dessèchement.

AU NATUREL

Proportions : *pour 4 personnes*
4 artichauts ronds, dits « bretons » • eau salée
Préparation : *4 minutes*
Cuisson : *45 minutes*

Retirer le tronçon de chaque artichaut, ainsi que les premières grosses feuilles.

Plonger dans l'eau bouillante salée. Faire bouillir à gros bouillons.

Retirer avec l'écumoire et égoutter la pointe en bas pour que toute l'eau s'écoule.

Servir tels quels, chauds, tièdes ou froids, selon les goûts.

Sauces d'accompagnement : froides ou tièdes : Vinaigrette avec ou sans fines herbes *. *Chaudes :* Coulis de tomate à la crème *. Sauce hollandaise *. Sauce mousseline *.

Emploi : L'entrée du déjeuner. Le légume du dîner familial.

Les fonds d'artichauts

Les recettes qui suivent utilisent des fonds d'artichauts cuits. La maîtresse de maison peut simplifier la préparation du plat en achetant des fonds en conserve. Il en existe de très bons. Ils sont malgré tout moins fins que des fonds d'artichauts frais.

On peut néanmoins en tirer le meilleur parti en observant quelques précautions :

— Les choisir de grande taille ;

— Les parer soigneusement pour enlever toutes les parties fibreuses qui existent toujours après les épluchages industriels ;

— Les rincer sous l'eau froide et les sécher.

AU NATUREL

On les réchauffe entre deux assiettes sur une casserole d'eau bouillante, ou on les conserve froids, selon l'usage.

Emploi : Support pour des œufs pochés. Dans des salades composées. En accompagnement d'un plat de poisson. Accompagnent très bien le rôti de bœuf, le rôti de veau, le poulet rôti ou le gigot d'agneau.

FONDS D'ARTICHAUTS BEURRE FONDU

Les artichauts peuvent être cuits à l'avance. On réchauffe les fonds entre deux assiettes sur une casserole d'eau bouillante.

***Proportions :** pour 4 personnes*
6 gros artichauts bretons • eau salée
*1 saucière de beurre fondu émulsionné * • 1/2 citron*
***Préparation :** 7 à 8 minutes*
***Cuisson :** artichauts, 45 minutes • sauce, 5 à 6 minutes*

Parer les artichauts, les cuire à grande eau bouillante salée.

Égoutter, laisser un peu refroidir.

Retirer les feuilles et le foin des fonds. Parer ceux-ci de manière qu'il ne reste aucune partie fibreuse.

Les disposer sur le plat de service. Tenir au chaud recouvert d'une assiette sur une casserole d'eau bouillante.

Préparer la sauce beurre fondu émulsionné, la parfumer avec quelques gouttes de jus de citron. La verser sur les fonds et servir.

Emploi : Le légume du dîner familial. L'accompagnement d'une viande ou d'une volaille rôtie.

ÉMINCÉ DE FONDS D'ARTICHAUTS

Ce plat se fait au dernier moment.

***Proportions :** pour 4 personnes*
8 artichauts moyens violets de Provence • 2 œufs de beurre
2 cuillères à café de persil haché
1 jus de citron • sel, poivre
***Préparation :** 15 à 20 minutes*
***Cuisson :** 7 à 9 minutes*

Avec un petit couteau bien affûté, supprimer toutes les feuilles des artichauts crus en tournant tout autour du fond. Terminer en supprimant le foin. Dès que le fond est dégagé, l'arroser de citron pour l'empêcher de noircir.

Dans une casserole à fond épais, faire fondre le beurre à feu moyen-doux. Pendant qu'il fond, couper les fonds en fines escalopes au-dessus de la casserole et les laisser tomber dans le beurre. Saler, poivrer et faire cuire doucement en remuant régulièrement avec la cuillère en bois en évitant de leur faire prendre couleur.

Pendant ce temps, laver, sécher le persil, supprimer les tiges et hacher les feuilles finement.

Quand les émincés de fonds d'artichauts sont cuits, vérifier l'assaisonnement. Les disposer sur le plat de service chaud. Arroser du beurre de cuisson. Saupoudrer de persil et servir en accompagnement de viandes ou volailles rôties.

Remarques : On peut également employer des fonds cuits ; le temps de passage dans la casserole sera court, juste pour les chauffer et les sauter dans le beurre.

Emploi : Les mêmes que les fonds au beurre fondu.

FONDS D'ARTICHAUTS À LA CRÈME

Les artichauts peuvent être cuits à l'avance. On réchauffe les fonds entre deux assiettes sur une casserole d'eau bouillante.

***Proportions :** pour 4 personnes*
6 beaux artichauts bretons • eau salée

6 cuillères à soupe de crème fraîche
1/2 louche d'eau de cuisson • 1 grosse noix de beurre
1 jus de citron • sel, poivre
***Préparation :** 10 à 12 minutes*
***Cuisson :** artichauts, 45 minutes • sauce, 10 à 12 minutes*

Parer les artichauts, les cuire à grande eau bouillante salée. Les égoutter et réserver dans un bol 1/2 louche de l'eau de cuisson.

Retirer les feuilles des artichauts, parer les fonds en supprimant le foin et toutes les parties fibreuses. Les disposer sur le plat de service, tenir au chaud recouvert d'une assiette sur une casserole d'eau bouillante.

Préparer la sauce : Dans une casserole, mettre la 1/2 louche d'eau de cuisson et la crème fraîche. Délayer, et, à feu moyen, porter à ébullition et laisser réduire jusqu'à ce que la sauce soit onctueuse et couvre la cuillère. Saler, poivrer, parfumer de jus de citron.

Retirer du feu et terminer la sauce en y fouettant la noix de beurre incorporée en 2 ou 3 morceaux successifs.

Napper les fonds avec cette sauce et servir.

Emploi : Le légume du dîner familial. Accompagnement d'une pièce de bœuf poêlée. Accompagnement d'un rôti de veau.

PURÉE D'ARTICHAUTS

Les artichauts peuvent être cuits à l'avance. La purée se fait au dernier moment.

***Proportions :** pour 4 personnes*
6 beaux artichauts bretons
2 pommes de terre type Bintje
2 œufs de beurre • sel, poivre
***Préparation :** 20 à 25 minutes*
***Cuisson :** artichauts, 45 minutes • pommes de terre, 35 minutes*
***Finition :** 7 à 10 minutes*

Parer les artichauts, les faire cuire à grande eau bouillante salée. Éplucher deux pommes de terre moyennes, les mettre dans une casserole d'eau froide salée et les faire cuire.

Retirer les feuilles des artichauts, supprimer le foin et les parties fibreuses des fonds. Couper fonds et pommes de terre en 3 ou 4 morceaux. Passer au moulin à légumes ou au mixer pour avoir une purée plus fine.

Dans une casserole, à feu doux, verser la purée de légumes, ajouter 1 œuf de beurre et mélanger convenablement. Saler et poivrer. Tenir à feu très doux pour laisser la purée au chaud.

Dans une petite poêle, faire fondre le second œuf de beurre à feu moyen jusqu'à ce qu'il ait la couleur noisette. Ajouter ce beurre à la purée en mélangeant bien et servir dans un plat de service creux et chauffé.

Emploi : Accompagnement d'un poisson au court-bouillon • Accompagnement de côtes de veau au jus • Accompagnement de ris de veau.

Les asperges

La saison des asperges : avril et mai. On aperçoit les premières en mars, elles sont hors de prix.

Deux catégories principales sur les marchés :

— Les asperges à tête verte ;

— Les asperges blanches.

Elles sont également exquises, mais toutes les deux exigent un épluchage et une cuisson sans défauts.

• L'épluchage

Couper l'extrémité dure de chaque asperge pour les égaliser toutes, de manière qu'elles aient 18 à 20 cm de longueur.

Gratter ensuite la tige avec le couteau économe pour qu'il n'y ait plus la moindre fibre.

Retirer délicatement avec les doigts les petites feuilles des têtes.

Plonger les asperges au fur et à mesure dans l'eau fraîche.

Si on ne doit pas les cuire tout de suite, les laisser dans l'eau fraîche car sinon une petite pellicule dure se formerait de nouveau à la surface des asperges et elles seraient dures et fibreuses après cuisson.

• La cuisson

Faire bouillir une grande marmite d'eau salée.

Ficeler les asperges en bottillons de 7, 8 légumes.

Plonger dans l'eau bouillante, et, à gros bouillons, laisser cuire de 15 à 20 minutes, selon la grosseur des asperges. Elles doivent être tendres mais fermes, de manière à ne pas se plier tristement quand on les tient entre les doigts pour les manger.

Quand elles sont à point, les retirer à l'aide de l'écumoire.

Poser les bottillons sur un torchon, déficeler.

Les asperges se mangent chaudes, tièdes ou froides.

On les présente alignées sur une serviette blanche pliée sur un plat de service long.

On les accompagne :

1. *Chaudes ou tièdes :* Sauce hollandaise * • Sauce mousseline * • Sauce béchamelle à l'ancienne *.

2. *Froides :* Vinaigrette avec ou sans fines herbes * • Mayonnaise légère * • Rémoulade * • Gribiche *.

La proportion habituelle et généreuse est de 1 livre par personne.

Emploi : Entrée ou légume du dîner familial • Accompagnement d'un poisson au court-bouillon (la moitié de la quantité habituelle est alors suffisante).

POINTES D'ASPERGES BEURRE FONDU

Ce plat se fait au dernier moment. Il a deux utilités : les têtes servent d'accompagnement à une viande, les tiges mises en réserve au réfrigérateur sont employées le lendemain ou le surlendemain pour faire un velouté aux asperges *.

Proportions : *pour 4 personnes*
1,500 kg d'asperges moyennes blanches ou vertes
eau pour cuire • 100 g de beurre
1/2 tasse à thé de jus de cuisson • sel, poivre • jus de citron
Préparation : *25 à 30 minutes*
Cuisson : *pointes, 10 à 15 minutes • sauce, 3 à 4 minutes*

Mettre à bouillir une grande casserole d'eau salée.

Couper chaque légume en deux de façon à avoir 7 à 8 cm de têtes d'asperges. Les éplucher et les nettoyer comme il est dit précédemment. Au fur et à mesure, jeter chaque légume épluché dans l'eau froide.

Ficeler ensuite les pointes d'asperges en petits bottillons de 5 à 6 légumes, les plonger dans l'eau bouillante.

Ranger les tiges dans une boîte et les mettre au frais.

Au bout de 10 à 12 minutes selon la grosseur des asperges, retirer les bottillons à l'aide de l'écumoire et les poser sur un torchon pour les égoutter et les déficeler. Replier le torchon pour les tenir au chaud.

Préparer le beurre fondu : Dans une casserole à feu moyen, mettre 1/2 tasse à thé de jus de cuisson. Ajouter le beurre, porter à ébullition et en donnant à la casserole un mouvement circulaire, laisser bouillir jusqu'à ce que, l'émulsion se produisant, la sauce devienne onctueuse, relever avec quelques gouttes de jus de citron. Vérifier l'assaisonnement en sel, donner 1 ou 2 tours de moulin à poivre.

Dresser les pointes sur le plat de service chaud, les arroser de sauce et servir.

Emploi : Accompagnement d'un gigot d'agneau. Accompagnement de côtelettes d'agneau. Accompagnement d'une pièce de bœuf poêlée. Accompagnement d'un rôti de veau.

POINTES D'ASPERGES BEURRE BLOND

Ce plat se fait au dernier moment. Les tiges sont mises en réserve au réfrigérateur pour faire un velouté aux asperges le lendemain ou le surlendemain.

***Proportions :** pour 4 personnes*
1,500 kg d'asperges moyennes • eau pour cuire
2 œufs • 2 gros œufs de beurre
2 cuillères à café de persil haché • sel, poivre
***Préparation :** 25 à 30 minutes*
Cuisson :
têtes, 10 à 12 minutes • beurre, 2 à 3 minutes
œufs, 10 minutes

Éplucher, préparer et cuire les pointes comme il est dit à « pointes d'asperges au beurre fondu * ».

Pendant la cuisson des asperges, faire cuire durs les 2 œufs. Les rafraîchir sous l'eau froide courante, les éplucher. Laver, sécher, effeuiller le persil, le hacher finement.

Quand les pointes d'asperges sont cuites, les disposer sur le plat de service. Couper les œufs en deux. Mettre les jaunes dans une petite moulinette et saupoudrer les légumes de jaune d'œuf et de persil haché.

Tenir au chaud sur la casserole de cuisson des asperges pendant que l'on fait fondre le beurre : le mettre dans une petite poêle à feu moyen et le faire chauffer jusqu'à ce qu'il atteigne une couleur blond doré. Retirer les impuretés de la surface, le saler et le poivrer. Verser alors le beurre sur les asperges et servir.

Emploi : Les mêmes que ceux des pointes d'asperges beurre fondu.

Les aubergines

On en trouve toute l'année. Elles sont importées en automne et en hiver. Elles sont françaises à partir de mai.

On en rencontre plusieurs espèces qui se distinguent par leur forme : longues et étroites, ou de forme ovale. Ces dernières sont considérées comme ayant la chair la plus fine.

Il faut les choisir fermes, la peau luisante et bien tendre.

Il vaut mieux ne pas les consommer trop tard en saison, car elles contiennent trop de graines qu'il faut alors supprimer.

AUBERGINES FRITES

Ce plat se fait au dernier moment.

***Proportions :** pour 4 personnes*
3 aubergines • sel • huile de friture • poivre
***Préparation :** 10 minutes*
***Cuisson :** 3 à 4 minutes*

Ne pas éplucher les aubergines. Supprimer seulement la tige. Les couper en rondelles minces.

Faire chauffer l'huile dans la bassine à frire.

Disposer les rondelles côte à côte dans le panier. Plonger le panier dans l'huile chaude (elle doit grésiller quand on y lance une goutte d'eau).

Faire dorer rapidement en les retournant 1 fois. Disposer les rondelles sur une serviette dans le plat de service et recommencer une autre fournée.

Poivrer légèrement et saler, servir immédiatement.

Emploi : Le légume du dîner familial.

Accompagnement d'un poulet rôti. Accompagnement d'un rôti de porc. Accompagnement d'une épaule d'agneau. Accompagnement d'un poisson grillé.

Les bettes

On les trouve en été et au début de l'hiver. Elles se présentent sous forme de grands bouquets de côtes blanches garnies de feuilles vertes. Ce n'est pas un légume très coûteux et il est assez avantageux, car on l'emploie entièrement.

Les feuilles vertes peuvent être utilisées comme des épinards ou dans un potage.

Les côtes sont coupées en tronçons de 7 à 8 cm et on en retire soigneusement les fils. Puis on les lave avant de les faire cuire à l'anglaise.

Elles sont ensuite accommodées de diverses manières.

AU BEURRE FRAIS

On peut les faire cuire à l'avance et les accommoder au dernier moment.

***Proportions :** pour 4 personnes*
1 botte de bettes • 1 œuf de beurre
eau salée • sel, poivre
***Préparation :** 20 minutes*
***Cuisson :** 10 à 15 minutes*

Éplucher soigneusement les bettes en retirant les feuilles vertes (qui peuvent être utilisées dans un potage aux légumes) et les nervures.

Les couper en morceaux de 7 à 8 cm de long et les mettre dans une bassine d'eau fraîche au fur et à mesure.

Les cuire à l'anglaise *.

Les égoutter rapidement dans la passoire à pieds en gardant une cuillère à soupe d'eau de cuisson au fond de la casserole.

Les remettre dans la casserole de cuisson à feu doux, ajouter un œuf de beurre, du poivre.

Tourner la casserole sur le feu quelques instants pour les chauffer et faire fondre et émulsionner le beurre.

Servir dans un légumier chaud.

Emploi : Le légume du dîner familial.

Accompagnement d'un poisson au court-bouillon. Accompagnement d'escalopes ou de côtes de veau.

BETTES À LA CRÈME ET AUX FINES HERBES

On peut les faire cuire à l'avance, et les réchauffer et les accommoder au dernier moment.

Proportions : *pour 4 personnes*
1 botte de bettes ● eau salée
2 cuillères à soupe d'eau de cuisson
4 cuillères à soupe de crème fraîche
sel, poivre ● 1/2 tasse à thé de persil
et de cerfeuil hachés par parties égales
Préparation : *20 minutes*
Cuisson : *bettes, 10 à 15 minutes ● sauce, 6 à 8 minutes*

Préparer et cuire les bettes à l'anglaise *. Laver, sécher, effeuiller et hacher les herbes.

Garder 2 cuillères à soupe d'eau de cuisson au fond de la casserole. Ajouter la crème fraîche et les herbes hachées. A feu moyen, faire chauffer et réduire jusqu'à léger épaississement et consistance onctueuse.

Mettre les légumes à chauffer en les tournant délicatement de tous côtés. Poivrer.

Servir dans un légumier chaud.

Emploi : Le légume du dîner familial. Accompagnement d'un canard rôti.

BETTES GRATINÉES AU FOUR

Le plat peut se préparer à l'avance. On le réchauffe au dernier moment.

Proportions : *pour 4 personnes*
1 botte de bettes ● eau salée
*1 tasse à thé de béchamel rapide **
1 grosse cuillère à soupe de crème fraîche
1 noix de beurre ● 125 g de gruyère
1 pointe de muscade ● poivre
Préparation : *25 minutes*
Cuisson : *bettes, 10 à 15 minutes ● plat, 15 à 20 minutes*

Préparer et cuire les légumes à l'anglaise *, les égoutter convenablement dans la passoire à pieds.

Pendant que les bettes cuisent, préparer la béchamel rapide, la laisser sur le feu doux. Râper le gruyère.

Allumer le four à température moyenne (150°, 200°, position 4, 5).

Ajouter la crème fraîche, le gruyère râpé et la pointe de muscade dans la sauce. Laisser chauffer un peu pour que le gruyère fonde.

Dans un plat allant au four, disposer les légumes. Verser la sauce. Saupoudrer le plat de gruyère râpé. Mettre au four et laisser chauffer en douceur et en profondeur.

Pendant les 5 dernières minutes, passer le four en position « gril » pour que le dessus du plat dore et gratine. Servir immédiatement dans le même plat.

Emploi : Le légume du dîner familial. Accompagnement d'un gigot d'agneau.

Les cardons

C'est un légume de la famille des artichauts. Il se trouve sur les marchés d'octobre à mars. C'est un légume peu avantageux : un pied de 3 kilos donne environ 1 kilo de côtes bonnes à manger.

• Épluchage

Enlever toutes les feuilles et les côtes extérieures dures et fibreuses. Garder seulement les côtes intérieures tendres et pleines. Les couper en tronçons de 7 à 8 cm, enlever les fils, jeter dans l'eau fraîche citronnée au fur et à mesure.

• Cuisson

Délayer dans un bol 2 cuillères à soupe de farine dans 4 cuillères à soupe de jus de citron.

Verser dans une casserole de 2 litres d'eau. Saler. Porter à ébullition.

Jeter les cardons dans la casserole et laisser bouillir doucement à couvert pendant 1 heure 30. Au bout de ce temps, les cardons sont tendres. Ils peuvent alors être accommodés comme les bettes :

Au beurre • A la crème et aux fines herbes
Gratinés au fromage

Emploi : Les mêmes que ceux des bettes.

Les carottes

● Les carottes d'hiver

CAROTTES À L'ANGLAISE

Proportions : *pour 4 personnes*
6 à 8 carottes moyennes ● eau salée
Préparation : *25 minutes*
Cuisson : *30 à 35 minutes*

Les choisir si possible de même grosseur. Les gratter. Couper les deux extrémités. Les couper en tronçons de 5 à 6 cm. Si on a le temps, arrondir les extrémités avec le petit couteau pour faire comme de grosses olives.

Sinon, les plonger telles quelles dans l'eau bouillante salée.

Les égoutter et les rafraîchir dans l'eau froide.

Emploi : Accompagnement avec d'autres légumes du pot-au-feu. Accompagnement de poularde. Accompagnement de feuilletés.

● Les carottes nouvelles de printemps

Proportions : *pour 4 personnes*
2 bottes de carottes ● eau salée
Préparation : *25 minutes*
Cuisson : *20 à 25 minutes*

Couper les fanes, gratter les carottes, les laver et les laisser entières.

Procéder à la cuisson comme il est dit ci-dessus.

Emploi : Les mêmes que les carottes d'hiver mais le légume est meilleur parce que nouveau.

CAROTTES SAUTÉES AU BEURRE

Elles se font au dernier moment.

Proportions : *pour 4 personnes*
600 g de carottes ● 1 gros œuf de beurre ● sel
Préparation : *10 minutes*
Cuisson : *20 à 25 minutes*

Gratter les carottes les couper en rondelles de 1/2 cm d'épaisseur. Les laver et les sécher soigneusement dans un torchon.

Dans une poêle, faire fondre le beurre à feu doux. Quand il grésille, ajouter les carottes, saler légèrement, les faire cuire et dorer sans brutalité à couvert, en les retournant de temps à autre et en évitant qu'elles ne brûlent et ne racornissent.

Servir ensuite dans un légumier chaud.

Emploi : Le légume du dîner familial. Accompagnement de pièce de bœuf poêlée. Accompagnement de rôti de veau.

CAROTTES À LA CRÈME

Elles se font au dernier moment.

***Proportions :** pour 4 personnes*
600 g de carottes • 1 œuf de beurre
3 cuillères à soupe de crème fraîche • sel
***Préparation :** 10 minutes*
***Cuisson :** carottes, 15 à 20 minutes*
***Finition :** 2 à 3 minutes*

Préparer et faire des carottes au beurre * à couvert dans une sauteuse, en évitant de les faire dorer.

Les retirer de la cocotte avec une écumoire. Les réserver sur une assiette. Retirer éventuellement l'excédent de beurre.

Poser la cocotte sur feu vif. Ajouter la crème fraîche, laisser bouillir et réduire jusqu'à léger épaississement. Baisser le feu. Vérifier l'assaisonnement en sel et en poivre.

Verser les carottes dans la cocotte. Laisser chauffer quelques instants.

Servir dans un légumier chaud.

Emploi : Les mêmes que ceux des carottes sautées au beurre.

CAROTTES À L'ÉTUVÉE

Elles se font au dernier moment.

***Proportions :** pour 4 personnes*
4 à 5 carottes moyennes • 1 œuf de beurre • sel, poivre
2 cuillères à café de cerfeuil haché (facultatif)
***Préparation :** 10 à 12 minutes*
***Cuisson :** 10 à 12 minutes*

Éplucher, laver, sécher les carottes. Les râper au mouli-julienne (grille moyenne).

Dans une sauteuse ou une casserole à fond épais, mettre le beurre à fondre, ajouter la julienne de carottes. À découvert, la tourner en tous sens pendant 2 à 3 minutes.

Baisser le feu. Couvrir la cocotte et laisser étuver doucement en tournant de temps en temps pendant 7 à 8 minutes. Les carottes doivent être cuites, mais fermes.

Servir dans un légumier chaud saupoudré de cerfeuil haché si on le désire.

Emploi : Le légume du dîner familial. Accompagnement de côtes de veau. Accompagnement de grillades de porc.

CAROTTES GLACÉES

Ce plat se fait au dernier moment.

***Proportions :** pour 4 personnes*
16 petites carottes nouvelles • 50 g de beurre
1/2 litre d'eau
1 cuillère à soupe rase de sucre semoule • sel, poivre
***Préparation :** 15 à 20 minutes*
***Cuisson :** 20 à 25 minutes*

Choisir de préférence des petites carottes nouvelles de taille égale. Sinon tailler des carottes en grosses olives allongées.

Les poser côte à côte dans une casserole, couvrir d'eau, ajouter le sucre, le beurre, un peu de sel et de poivre. À feu doux, porter à ébullition.

A découvert, régler un petit bouillottement continu en tournant de temps en temps les légumes, jusqu'à ce que l'eau s'étant évaporée, les légumes soient cuits et enrobés d'une sorte de sirop brillant.

Continuer la cuisson quelques instants en faisant tourner les carottes dans la casserole pour leur donner une couleur blonde et servir dans un légumier chaud.

Emploi : Le légume du dîner familial. Accompagnement de foie de veau rôti. Accompagnement de ris de veau. Accompagnement de pièce de bœuf braisée.

En réduisant la quantité de 1/3, accompagnées de navets et oignons glacés.

PURÉE DE CAROTTES

Elle se fait au dernier moment.

***Proportions** : pour 4 personnes*
3 pommes de terre moyennes Bintje • 600 g de carottes
2 œufs de beurre • sel, poivre
***Préparation** : 20 à 25 minutes*
***Cuisson** : 35 à 40 minutes*

Éplucher et laver les pommes de terre et les carottes. Les couper en morceaux.

Mettre les pommes de terre dans une casserole d'eau froide salée. Faire partir l'ébullition. Laisser bouillir 10 minutes. Ajouter les carottes et continuer la cuisson encore 25 à 30 minutes.

Égoutter les légumes dans la passoire à pieds.

Faire la purée :

— Si on veut une purée très fine, passer les carottes et les pommes de terre au mixer, verser ensuite le mélange dans la casserole.

— Si on préfère une purée plus rustique avec plus de consistance, passer les carottes et les pommes de terre dans le moulin à légumes.

Verser le tout dans la casserole. Chauffer à feu moyen et la laisser se dessécher et prendre une consistance plus épaisse. Incorporer alors le beurre par petits morceaux en travaillant la purée avec la cuillère en bois. Vérifier l'assaisonnement en sel, poivrer. Mélanger et servir dans un légumier chaud.

Emploi : Le légume du dîner familial. Accompagnement d'un poisson au court-bouillon. Accompagnement d'un râble de lièvre. Accompagnement d'un canard à la broche.

Le céleri

Il en existe deux catégories :

1. Le céleri en branches. On doit le choisir avec les feuilles non flétries et les côtes bien blanches. C'est un légume que l'on trouve sur les marchés toute l'année.

2. Le céleri-rave, qui est surtout un légume des mois d'hiver. Il vaut mieux choisir des boules petites et moyennes, les grosses étant souvent creuses et leur chair peu serrée.

CŒURS DE CÉLERI AU BEURRE FONDU

On peut les faire cuire à l'avance. On les réchauffe et on les accommode au dernier moment.

Proportions : *pour 4 personnes*
2 pieds de céleri ● eau salée
2 cuillères à soupe d'eau de cuisson
1 gros œuf de beurre
Préparation : *15 à 20 minutes*
Cuisson : *7 à 10 minutes*

Retirer toutes les branches vertes et ligneuses. Garder toutes les parties blanches ou « cœur ». Tailler la racine en petit cône pointu. Couper les branches du cœur de manière que tout l'ensemble ait 10 à 12 cm.

Les faire cuire à l'anglaise *, les égoutter soigneusement.

Garder un peu de l'eau de cuisson au fond de la casserole. Ajouter le beurre, le faire fondre à feu moyen en imprimant à la casserole un mouvement circulaire pour émulsionner le beurre avec l'eau. Vérifier l'assaisonnement en sel et poivre. Poser les cœurs de céleri dans la casserole, tourner la casserole en tous sens et les laisser chauffer pendant 2 à 3 minutes.

Servir dans un légumier chaud, arrosé du beurre fondu.

Emploi : Le légume du dîner familial. Accompagnement d'un poulet rôti. Accompagnement d'un poisson au court-bouillon.

CÉLERI-RAVE SAUTÉ À CRU

Ce plat se fait au dernier moment.

Proportions : *pour 4 personnes*
1 boule de céleri-rave coupée en 24 rondelles
1 œuf de beurre ● sel, poivre
Préparation : *8 à 10 minutes*
Cuisson : *10 à 12 minutes*

Éplucher et laver le céleri-rave. Le couper en rondelles de 1/2 cm d'épaisseur et du diamètre d'une belle pomme de terre.

Dans une grande poêle, faire fondre du beurre à feu moyen. Quand il est fondu et commence à grésiller, poser les rondelles de céleri, les faire cuire doucement et dorer des deux côtés à couvert. Elles doivent être cuites, mais fermes et non défaites.

Saler, poivrer et servir dans un légumier chaud.

Emploi : Le légume du dîner familial. Accompagnement d'un poulet rôti.

PURÉE DE CÉLERI-RAVE

Elle se fait au dernier moment.

***Proportions :** pour 4 personnes*
1 boule moyenne de céleri-rave
2 pommes de terre Bintje moyennes
2 œufs de beurre • sel, poivre
***Préparation :** 12 à 15 minutes*
***Cuisson :** pommes de terre, 30 à 35 minutes*
céleri, 20 à 25 minutes

Éplucher et laver les pommes de terre et le céleri. Les couper en morceaux. Laisser le céleri dans une bassine d'eau fraîche.

Mettre les pommes de terre dans une casserole d'eau froide salée. Porter à ébullition. Maintenir à petits bouillons et au bout de 10 minutes, ajouter les morceaux de céleri. Laisser encore cuire pendant 20 à 25 minutes.

Égoutter les légumes dans la passoire à pieds et faire la purée :

— Si on veut une purée très fine, passer le céleri et les pommes de terre au mixer, verser ensuite le mélange dans la casserole.

— Si on préfère une purée plus rustique et moins lisse, passer les légumes au moulin à légumes. Verser ensuite dans la casserole.

Chauffer à feu moyen pour qu'elle se dessèche et prenne une consistance plus épaisse. Incorporer alors le beurre par petits morceaux en travaillant avec la cuillère en bois. Vérifier l'assaisonnement en sel, poivrer, mélanger et servir dans un légumier chaud.

Emploi : Le légume du dîner familial. Accompagnement du râble de lièvre. Accompagnement des noisettes de marcassin. Accompagnement du chevreuil rôti.

Les champignons

Ils sont à ce point nombreux qu'on ne peut les citer tous. Ils se classent en deux catégories, le champignon cultivé, dit « champignon de Paris » qui n'est pas négligeable et que je considère comme tout à fait délicieux, et les champignons sauvages, dont les goûts, les aspects, les prix varient singulièrement.

Le champignon de Paris

Il se trouve toute l'année sur les marchés. Selon l'emploi, on le choisira gros, petit ou moyen, mais absolument frais. Cette fraîcheur se reconnaît à l'aspect du chapeau. Le dessus est lisse, blanc et bombé, les bords doivent adhérer à la queue et ne pas laisser apparaître la partie interne du chapeau. Si les lamelles se voient, sont séparées et sont noires, le champignon est cueilli depuis longtemps et a séjourné dans la chambre froide.

CHAMPIGNONS POCHÉS

Ils peuvent se préparer à l'avance, conservés au frais avec leur jus de cuisson dans une boîte hermétique.

Proportions : *pour 4 personnes*
250 g de petits champignons dits « boutons »
1/2 verre d'eau • 1 jus de citron
1 noix de beurre • sel, eau
Préparation : *10 à 12 minutes*
Cuisson : *4 à 5 minutes*

Choisir de très petits champignons boutons de taille sensiblement égale.

Dans une casserole, préparer l'eau, le jus de citron et le sel.

Ne pas séparer les pieds des têtes des champignons. Couper juste l'extrémité terreuse. Passer rapidement les champignons sous l'eau fraîche pour retirer tout le sable.

Les mettre dans la casserole d'eau et de citron. Ajouter la noix de beurre. Couvrir la casserole, et à feu vif, faire bouillir à gros bouillons pendant 4 à 5 minutes.

Retirer du feu et réserver.

Emploi : Les champignons ainsi préparés servent uniquement d'accompagnement à ajouter à une sauce ou un ragoût, sans leur jus de cuisson que l'on garde pour un autre usage tel que : base d'une sauce. Complément d'un potage.

CHAMPIGNONS SAUTÉS AU BEURRE

Ce plat se fait au dernier moment.

Proportions : *pour 4 personnes*
500 g de champignons • 1 œuf de beurre
2 cuillères à café de persil haché (facultatif) • sel, poivre
Préparation : *15 minutes*
Cuisson : *8 à 10 minutes*

Séparer les têtes des pieds. Supprimer la partie terreuse de ces derniers. Passer les champignons dans l'eau fraîche pour enlever tout le sable. Les sécher dans un torchon et selon leur grosseur, laisser les têtes et les pieds entiers ou couper les têtes en 2 ou 4 et les pieds en 2.

Dans une poêle à feu moyen, faire fondre un œuf de beurre ; quand il est fondu, ajouter les champignons et les faire cuire en les tournant de tous côtés. Ils perdent d'abord leur eau de végétation, ensuite ils se mettent à dorer. Ils sont prêts à ce moment-là. Saler, poivrer. Servir dans un légumier chaud et saupoudrer si on le désire de persil haché que l'on aura préparé pendant la cuisson des champignons.

Emploi : Accompagnement de pièces de bœuf poêlées ou grillées. Accompagnement de rôti de bœuf. Accompagnement de volailles rôties. Accompagnement d'agneau rôti. Accompagnement d'omelette.

Remarque : En accompagnement, il n'est pas nécessaire d'employer une grosse quantité. Mais si les champignons doivent être utilisés en légume unique du dîner familial, il faut compter 1 kilo pour 4 personnes.

CHAMPIGNONS ÉTUVÉS AU BEURRE

Ce plat se fait au dernier moment.

Proportions : *pour 4 personnes*
250 g de champignons • 1 œuf de beurre
sel, poivre • quelques gouttes de jus de citron
Préparation : *10 à 15 minutes*
Cuisson : *4 à 5 minutes*

Séparer les têtes des pieds, supprimer la partie terreuse de ces derniers. Laver convenablement pour enlever le sable. Sécher les champignons et les émincer, têtes et pieds, en fins petits bâtonnets de 5 mm de section.

Dans une casserole à fond épais, mettre le beurre à fondre à feu doux ; quand il est fondu, ajouter les champignons, saler, poivrer, les tourner délicatement pour qu'ils soient imprégnés de beurre et les laisser étuver doucement à couvert en les retournant de temps en temps jusqu'à ce que l'eau de végétation se soit évaporée et qu'ils soient cuits fermes, sans avoir doré. Les parfumer avec quelques gouttes de jus de citron et servir dans un légumier chaud.

Emploi : Accompagnement avec d'autres légumes de toutes les viandes et volailles rôties. Accompagnement d'une omelette. À ajouter dans une sauce ou dans une viande mijotée.

CHAMPIGNONS À LA CRÈME AUX FINES HERBES

Ce plat se prépare au dernier moment.

***Proportions :** pour 4 personnes*
500 g de tout petits champignons dits « boutons »
1 noix de beurre • 5 cuillères à soupe de crème fraîche
1/2 tasse à thé de persil, cerfeuil et civette hachés
sel, poivre • 1 cuillère à café de jus de citron
***Préparation :** 20 à 25 minutes*
***Cuisson :** 1er temps, 6 à 7 minutes*
2e temps, 5 à 6 minutes

Couper juste l'extrémité terreuse des pieds. Bien retirer le sable des champignons en les passant sous l'eau fraîche. Les sécher dans un torchon.

Dans une casserole à fond épais, mettre une noix de beurre à feu doux. Quand il est fondu, ajouter les champignons, saler, poivrer et les tourner pour les imprégner de beurre. Laisser étuver doucement à couvert. Au bout de 6 à 7 minutes, découvrir, ajouter la crème fraîche, porter à ébullition et laisser réduire vivement jusqu'à consistance onctueuse et léger épaississement. Pendant ce temps, laver, sécher, effeuiller les herbes, les hacher finement.

Quand les champignons et la sauce sont à point, ajouter les fines herbes et le jus de citron. Mélanger en tournant avec la cuillère en bois quelques instants pour chauffer. Vérifier l'assaisonnement et servir dans un légumier chaud.

Emploi : Accompagnement de viandes ou de volailles rôties.

DUXELLES DE CHAMPIGNONS

Elle peut être préparée à l'avance et conservée dans une boîte hermétique.

On la réchauffe doucement au dernier moment.

Proportions : *pour 4 personnes*
200 g de champignons • 3 échalotes
1 œuf de beurre
1 cuillère à soupe de crème fraîche
sel, poivre
Préparation : *10 à 12 minutes*
Cuisson : *échalotes, 10 minutes*
champignons, 5 à 6 minutes

Séparer les têtes des pieds, couper la partie terreuse de ces derniers. Laver les champignons sous l'eau fraîche pour supprimer tout le sable. Les sécher dans un torchon.

Dans une sauteuse ou une casserole à fond épais, mettre le beurre à fondre à feu doux. Quand il est doré, ajouter les échalotes et les faire cuire doucement à couvert en les tournant de temps en temps en évitant de leur faire prendre couleur. Pendant ce temps, hacher finement les champignons.

Quand les échalotes sont tendres, ajouter les champignons hachés, saler, poivrer, mélanger avec la cuillère en bois et faire cuire doucement ce hachis à découvert pour que toute l'eau de végétation s'évapore.

En dernier lieu, ajouter la cuillère de crème fraîche et relever le feu pour faire bouillir pendant quelques instants. Retirer du feu et réserver.

Emploi : Fourrer une omelette. Ajouter à une sauce. Farcir des crêpes. Accompagner des tomates poêlées.

Les champignons sauvages

Sur les marchés, les plus habituellement proposés sont les cèpes, les girolles ou chanterelles, et les morilles. Néanmoins, on rencontre quelquefois des mousserons, très proches du champignon de Paris, des pleurotes et des trompettes de la mort.

Les champignons sauvages sont saisonniers, le champignon de Paris se trouve toute l'année. Les uns et les autres ont les mêmes emplois : garniture ou plat de légume.

• Les cèpes

On les trouve de fin août à mi-octobre. Il faut les choisir plutôt petits, la tête bien ronde, marron foncé et fermes au toucher. Ils ne se lavent pas.

CÈPES SAUTÉS À L'AIL ET AU PERSIL

***Proportions :** pour 4 personnes*
750 g de petits cèpes
4 cuillères à soupe d'huile d'arachide ou d'olive (au goût)
3 gousses d'ail • 3 cuillères à café de persil haché
sel, poivre
***Préparation :** 15 à 20 minutes*
***Cuisson :** 10 à 12 minutes*

Séparer les têtes des queues. Couper la partie terreuse et ligneuse des pieds. Ne pas laver les champignons, mais les essuyer, têtes et queues, avec un petit linge sec. Laver, sécher, effeuiller le persil. Le hacher finement. Réserver dans une tasse. Éplucher les gousses d'ail, les hacher finement et ajouter au persil. Escaloper les cèpes en tranches de biais de 1 cm d'épaisseur.

Dans une poêle, faire chauffer l'huile à feu moyen. Quand elle commence à fumer, ajouter les tranches de cèpes, saler, poivrer et en mélangeant avec la cuillère en bois, les faire sauter et cuire de tous côtés jusqu'à ce qu'il n'y ait plus d'eau de végétation et que les tranches soient légèrement dorées. Ajouter l'ail et le persil hachés. Mélanger rapidement. Verser dans un légumier chaud en évitant de mettre l'excédent d'huile et servir.

Emploi : Accompagnement des viandes et volailles rôties.

CÈPES À LA BORDELAISE

Ce plat se fait au dernier moment.

***Proportions :** pour 4 personnes*
750 g de petits cèpes
4 cuillères à soupe d'huile d'arachide ou d'olive (au goût)
2 échalotes • 1 cuillère à soupe de persil
sel, poivre
***Préparation :** 25 à 30 minutes*
***Cuisson :** 12 à 15 minutes*

Séparer les têtes des queues. Couper les parties terreuses de ces dernières. Gratter les queues avec un petit couteau. Essuyer les têtes avec un linge sec.

Laver, sécher, effeuiller le persil, le hacher finement. Éplucher les échalotes, les hacher finement. Hacher également les pieds des cèpes. Mélanger échalotes, persil et cèpes hachés. Réserver dans un bol.

Dans une poêle, faire chauffer l'huile à feu moyen. Ajouter les têtes des cèpes, saler, poivrer et les faire cuire et dorer jusqu'à ce qu'il n'y ait plus d'eau de végétation. Les retirer à l'aide d'une écumoire et les poser dans un légumier chaud. A feu vif, verser dans la même poêle et faire revenir vivement, pendant 1 minute ou 2, hachis de persil, échalotes et queues de cèpes. Verser sur les champignons dans le légumier et servir immédiatement.

Emploi : Légume du dîner. Accompagnement d'escalopes de veau. Accompagnement de poulet rôti. Accompagnement de gigot d'agneau. Accompagnement de côtelettes d'agneau.

• Les girolles ou chanterelles

On les trouve à la fin de l'été et au début de l'automne. Ce sont des champignons jaunes en forme de trompettes qui poussent dans la mousse en sous-bois.

Les petites et moyennes sont préférables aux grosses souvent caoutchouteuses.

GIROLLES SAUTÉES À L'AIL

Ce plat se fait au dernier moment.

***Proportions** : pour 4 personnes*
500 g de girolles • 1 gros œuf de beurre
3 à 4 gousses d'ail • 2 cuillères à café de persil haché
sel, poivre
***Préparation** : 30 à 35 minutes*
***Cuisson** : 7 à 10 minutes*

Couper les bouts terreux des tiges et laver chaque champignon séparément sous un filet d'eau froide, en insistant particulièrement sur les lamelles qui contiennent sable et brindilles. Les égoutter sur un torchon. Éplucher les gousses d'ail.

Dans une poêle, faire fondre le beurre à feu vif ; quand il est doré, ajouter les girolles et les gousses d'ail, saler, poivrer, et en remuant avec la cuillère en bois, les faire sauter vivement en tous sens, jusqu'à ce que toute l'eau de végétation se soit évaporée et qu'elles soient légèrement dorées. Retirer les gousses d'ail qui étaient juste là pour parfumer. Verser dans un légumier chaud. Saupoudrer de persil haché et servir.

Emploi : Accompagnement de volailles et de viandes rôties. Accompagnement d'omelette. Accompagnement d'œufs brouillés.

• Les morilles

Ce champignon très fin est vivement apprécié des amateurs. Il présente malheureusement quelques inconvénients : il est rare et coûteux, son apparition est de courte durée, 15 jours à 3 semaines en avril-début mai, et le nettoyage en est compliqué car le sable se loge dans chacun de ses alvéoles.

Il faut préférer les petites morilles aux grosses, de moins bon goût et spongieuses.

Les petites morilles se cuisent entières ; on coupe les grosses en 2 ou 4 morceaux.

MORILLES À LA SAUCE POULETTE

Ce plat se fait au dernier moment.

***Proportions :** pour 4 personnes*
400 g de petites morilles
1/4 de litre de crème fraîche
2 jaunes d'œufs • 1 verre et demi d'eau
1 noix de beurre • 1 citron • sel, poivre
***Préparation :** 35 à 40 minutes*
***Cuisson :** morilles, 10 à 12 minutes*
sauce, 10 à 12 minutes

Nettoyer les morilles : couper l'extrémité terreuse. Plonger les champignons dans une grande bassine d'eau tiède. Laisser tremper pendant 5 à 10 minutes pour laisser tomber le sable au fond. Prendre les champignons avec une écumoire ou les mains pour rester en surface, sans toucher le fond du récipient. Les poser dans une autre bassine d'eau fraîche. Prendre ensuite chaque morille, et séparément, finir le nettoyage sous le robinet pour vider définitivement tous les alvéoles. Les éponger sur un torchon sec.

Dans une casserole, mettre l'eau, le beurre, le jus de 1/2 citron, du sel et du poivre. Ajouter les morilles et faire partir à ébullition à feu vif. Couvrir et laisser cuire 10 minutes.

Pendant ce temps, allumer le four à température douce. Mettre le légumier à chauffer. Au bout de 10 minutes, retirer les morilles avec une écumoire en secouant légèrement pour égoutter tout le jus et les disposer dans le légumier chaud.

Préparer la sauce : Sur feu vif, faire réduire de moitié le jus de cuisson des morilles, ajouter ensuite la crème fraîche et laisser mijoter jusqu'à ce qu'elle réduise et devienne onctueuse.

Battre les jaunes d'œufs dans un bol, prendre une cuillère à soupe de sauce chaude, délayer les jaunes, recommencer l'opération une autre fois, verser ensuite le tout dans la casserole, et à feu doux, tourner jusqu'à épaississement en arrêtant avant l'ébullition. Vérifier l'assaisonnement en sel et en poivre. Ajouter éventuellement un peu de citron. Verser sur les morilles et servir immédiatement.

Emploi : Entrée légère. Accompagnement de fricassée de volaille *. Garniture d'un feuilleté.

Les choux

Du chou pommé au chou-fleur, les variétés sont nombreuses et ont une place importante sur les marchés toute l'année.

La plupart sont d'abord cuits à l'anglaise * et accommodés ensuite de diverses manières.

CHOUX VERTS NOUVEAUX EN EMBEURRÉE

On peut cuire les choux à l'avance. On termine le plat au dernier moment.

***Proportions :** pour 4 personnes*
3 jeunes choux verts • 1 gros œuf de beurre
eau • sel, poivre
***Préparation :** 15 minutes*
***Cuisson :** 10 à 12 minutes • **Finition :** 1 à 2 minutes*

Choisir des petits choux jeunes et tendres en début de saison. Mettre à bouillir une grande casserole d'eau salée. Retirer les grosses feuilles dures de l'extérieur, garder le cœur. Séparer les feuilles une par une, supprimer les côtes. Laver les feuilles, les jeter ensuite dans l'eau bouillant à gros bouillons.

Quand elles sont cuites, égoutter dans la passoire à pieds.

Cisailler les feuilles à la fourchette dans la passoire, à la fois pour les hacher grossièrement et pour retirer toute l'eau de cuisson.

Remettre dans la casserole à feu moyen et chauffer en incorporant et mélangeant un gros œuf de beurre, jusqu'à ce qu'il soit fondu. Servir dans un légumier chaud.

Remarque : Les choux verts de printemps sont très savoureux, mais il est évident que l'on peut aussi accommoder de cette façon les choux pommés blancs d'hiver. Il faudra seulement veiller à bien enlever toutes les côtes et les nervures dures des feuilles, et à doubler le temps de cuisson.

Emploi : Le légume du dîner familial. Accompagnement de saucisses fumées. Accompagnement de côtes de porc. Accompagnement de rôti de porc.

CHOUX BROCOLIS AU BEURRE FONDU

C'est une variété de chou-fleur tout à fait délicieuse. Vert foncé, ils se présentent sous forme de petits bouquets très frisés, ressemblant à des mini-choux-fleurs. On en trouve presque toute l'année : importés l'hiver, français au printemps.

***Proportions :** pour 4 personnes*
700 g de brocolis • 2 œufs de beurre
sel, poivre • 2 cuillères à soupe d'eau
***Préparation :** 5 à 7 minutes*
***Cuisson :** 6 à 7 minutes*

Les passer sous l'eau froide. Couper les tiges à 3 ou 4 cm de la naissance des petits bouquets.

Les faire cuire à l'anglaise * 6 à 7 minutes.

Les retirer délicatement avec une écumoire. Les poser dans un légumier chaud. Vider la casserole de son eau de cuisson. Y mettre 2 cuillères à soupe d'eau et le beurre.

À feu vif, faire fondre le beurre dans l'eau jusqu'à ce que le mélange soit homogène en imprimant un mouvement circulaire à la casserole. Saler, poivrer. Verser ce beurre sur les bouquets et servir.

Emploi : Tels quels avec un rôti de porc. Au naturel sans beurre fondu : accompagnement d'un poisson au four, accompagnement d'un poisson au court-bouillon, accompagnement de ris de veau.

Le chou rouge

C'est un légume d'hiver, il faut le choisir dur et bien serré. On le mange cru en salade* ou cuit longuement.

CHOU ROUGE FONDU AU VIN ROUGE

On peut le faire à l'avance et on le réchauffe avant de servir.

***Proportions :** pour 4 à 6 personnes*
1 chou rouge • 1 verre de vin rouge
1 gros œuf de beurre • sel, poivre
***Préparation :** 15 à 20 minutes*
***Cuisson :** 2 heures 30*

Préparer le chou. Enlever toutes les feuilles extérieures flétries. Couper le tronçon. Séparer les feuilles une par une, retirer les grosses côtes blanches. Empiler ensuite les feuilles sur la planche et tailler en grosse julienne.

Dans une cocotte, mettre le beurre à fondre à feu doux, ajouter la julienne de chou, tourner en tous sens pour qu'elle soit imprégnée de beurre et laisser étuver doucement à découvert en remuant de temps en temps jusqu'à ce que la julienne soit affaissée. Mouiller alors avec le vin rouge, saler, poivrer, bien fermer la cocotte. Laisser cuire ainsi à feu très doux pendant 2 heures environ. Au terme de la cuisson, tout le chou doit être bien fondu, seulement un peu mouillé, mais il ne doit pas rester de liquide au fond de la casserole. Verser dans un légumier chaud et servir.

Emploi : Accompagnement de rôti de porc. Accompagnement de côtes de porc. Accompagnement de gibier de poil rôti.

FONDUE DE CHOU ROUGE AUX POMMES

Ce plat peut se faire à l'avance. On le réchauffe doucement avant de servir.

***Proportions :** pour 4 à 6 personnes*
1 chou rouge • 1 œuf de beurre et 1 noix de beurre
3 pommes fruits un peu acides
1 cuillère à café de sucre semoule

2 cuillères à soupe de vinaigre de vin
***Préparation :** 15 à 20 minutes*
***Cuisson :** 2 heures 30*

Préparer le chou en grosse julienne, comme il est dit à « chou rouge fondu », la saler et la poivrer.

Allumer le four à température douce (150°, position 3, 4). Beurrer abondamment une cocotte. Ajouter la julienne de chou rouge, l'asperger avec le vinaigre. Couvrir hermétiquement la cocotte et la mettre au four. Laisser cuire pendant 2 heures 30.

Pendant ce temps, éplucher les pommes, les couper en quatre, enlever le cœur. Émincer chaque quartier en 3 ou 4 morceaux dans le sens de la longueur. Les tourner dans le sucre en poudre. A mi-cuisson du chou, ouvrir la cocotte, répartir les croissants de pommes dans la julienne. Refermer la cocotte et continuer la cuisson.

La cuisson terminée, ajouter une grosse noix de beurre dans la cocotte, mélanger rapidement pour la faire fondre et servir dans un légumier chaud.

Emploi : Légume du dîner familial. Accompagnement du porc (rôti ou côtelettes). Accompagnement du gibier de poil.

Le chou de Bruxelles

C'est un légume d'hiver. Les pommes doivent être plutôt petites, bien serrées et dures au toucher.

CHOUX DE BRUXELLES SAUTÉS AU BEURRE

Les légumes peuvent être cuits à l'anglaise à l'avance. On les termine au dernier moment.

***Proportions :** pour 4 personnes*
500 g de choux de Bruxelles • 1 œuf de beurre
2 litres d'eau • sel, poivre
***Préparation :** 20 à 25 minutes*
***Cuisson :** 20 à 25 minutes*
1er temps, 10 minutes environ • 2e temps, 7 à 8 minutes

Couper la tige de chaque petite pomme, retirer soigneusement toutes les feuilles extérieures abîmées. Les laver à grande eau fraîche.

Faire cuire les choux à l'anglaise * dans beaucoup d'eau salée, à bouillons moyens pour qu'ils ne s'effeuillent pas. Les retirer avec une écumoire et les poser dans la passoire à pieds. Les laisser s'égoutter convenablement.

Dans une grande poêle, faire fondre le beurre à feu moyen. Quand il grésille, ajouter les choux et les faire dorer en les tournant de tous côtés à l'aide d'une spatule pour ne pas les abîmer. Vérifier l'assaisonnement en sel, poivrer de quelques tours de moulin. Servir dans un légumier chaud.

Emploi : Le légume du dîner familial. Accompagnement de porc (rôti ou côtelettes). Accompagnement de saucisses de Montbéliard. Accompagnement de pintade rôtie.

CHOUX DE BRUXELLES ÉTUVÉS À LA COCOTTE

Les choux peuvent être cuits à l'anglaise à l'avance. On les termine au dernier moment.

***Proportions :** pour 4 personnes*
500 g de choux de Bruxelles • 1 œuf de beurre
2 litres d'eau • sel, poivre
***Préparation :** 20 à 25 minutes*
***Cuisson :** 1er temps, 6 à 7 minutes • 2e temps, 20 minutes*

Éplucher les choux. Les cuire fermes à l'anglaise* dans beaucoup d'eau salée. Les égoutter convenablement. Dans une cocotte, faire fondre le beurre à feu doux. Quand il est fondu, ajouter les choux et les faire étuver en les roulant dans le beurre, sans qu'ils prennent couleur. Vérifier l'assaisonnement en sel, donner quelques tours de moulin à poivre. Servir dans un légumier chaud.

Emploi : Comme les choux de Bruxelles sautés au beurre.

Le chou-fleur

On le trouve toute l'année sur les marchés. Il faut le choisir parfaitement blanc, non taché et les bouquets bien serrés.

CHOU-FLEUR À L'ANGLAISE

***Préparation :** 10 minutes*
***Cuisson :** 10 à 12 minutes*

Couper le tronçon pour retirer toutes les feuilles vertes. Le séparer en bouquets en laissant 2 à 3 cm de tige. Réserver le reste des tiges pour un autre usage (purée *). Le laver et le faire cuire ensuite à grande eau bouillante salée. L'égoutter. Il est alors prêt à être consommé de différentes façons.

CHOU-FLEUR À LA VAPEUR

Le préparer de la même manière, mais le faire cuire dans le couscoussier pendant 15 minutes.

Il se prête alors aux mêmes préparations.

CHOU-FLEUR SAUTÉ AU BEURRE

Le chou-fleur peut être cuit à l'anglaise à l'avance. On terminera le plat au dernier moment.

***Proportions :** pour 4 personnes*
1 chou-fleur moyen • 1 gros œuf de beurre
2 cuillères à café de persil haché • sel, poivre
***Préparation :** 10 minutes*
Cuisson :
1er temps, 5 à 6 minutes • 2e temps, 7 à 10 minutes

Préparer et cuire les bouquets de chou-fleur à l'anglaise *, réserver les tiges pour un autre usage (purée *).

Dans une poêle, faire fondre un gros œuf de beurre à feu moyen. Quand il grésille, ajouter les bouquets de chou-fleur et en les tournant de temps en temps, les laisser se dorer de tous côtés. Poivrer légèrement.

Pendant ce temps, laver, sécher le persil, l'effeuiller et le hacher finement.

Servir dans un légumier chaud en saupoudrant de persil haché.

Emploi : Le légume du dîner familial. Accompagnement de rôti de bœuf. Accompagnement de pièces de bœuf poêlées.

Remarque : Le chou-fleur sauté est plus digeste et plus joli à regarder quand il est seulement légèrement doré et les bouquets encore entiers. Mais il est certainement plus savoureux quand on pousse la cuisson plus loin et que les bouquets se défaisant, les fleurs cuisent et se dorent davantage.

CHOU-FLEUR GRATINÉ AU FROMAGE

Le légume peut être cuit à l'avance. Le plat se termine au dernier moment.

***Proportions** : pour 4 personnes*
*1 chou-fleur moyen • 2 tasses à thé de béchamel rapide **
1 cuillère à soupe de crème fraîche • 125 g de gruyère
1 pointe de muscade • 1 noix de beurre • sel, poivre
***Préparation** : 10 minutes*
***Cuisson** : 1er temps, 10 minutes • 2e temps, 12 à 15 minutes*

Préparer et cuire une béchamel rapide, la laisser mijoter à feu doux.

Préparer et cuire les bouquets de chou-fleur à l'anglaise * (garder le tronçon blanc et les tiges). Les égoutter dans une passoire à pieds.

Allumer le four à température moyenne-douce (170°, position 4, 5).

Ajouter une bonne cuillère de crème fraîche et la pointe de muscade à la béchamel. Râper le fromage, en verser les 2/3 dans la sauce et mélanger pour qu'il fonde.

Disposer le chou-fleur dans un plat qui va au four en serrant les bouquets côte à côte. Les recouvrir de sauce. Saupoudrer le dessus du plat avec le reste de gruyère. Terminer en parsemant la surface avec la valeur d'une noix de beurre râpée en fins copeaux.

Faire d'abord chauffer en douceur et en profondeur. Passer ensuite le four en position « gril » pour faire dorer le dessus du plat. Servir tel quel dans le plat de cuisson.

Emploi : Le légume du dîner familial. Accompagnement d'un rôti de bœuf. Accompagnement de côtes de porc.

PURÉE DE CHOU-FLEUR

Ce plat se prépare au dernier moment. Il utilise le tronçon et les tiges restant d'un chou-fleur précédemment accommodé.

***Proportions** : pour 4 personnes*
fond et côtes de chou-fleur
700 g de pommes de terre type Bintje
1 grosse cuillère à soupe de crème fraîche
1 œuf de beurre • sel, poivre
***Préparation** : 10 minutes*
***Cuisson** : 30 à 35 minutes*

Laver et couper en morceaux le tronçon et les côtes d'un chou-fleur. Laver, éplucher et couper en morceaux des pommes de terre.

Dans une grande casserole d'eau froide salée, mettre les pommes de terre. Quand l'eau bout, ajouter les restes de chou-fleur et laisser cuire à petits bouillons pendant 30 à 35 minutes.

Au bout de ce temps, égoutter les légumes :

— Si on veut une purée très fine comme une mousse, passer les légumes au mixer et verser ensuite dans la casserole.

— Si on veut une purée plus rustique et plus consistante, passer les légumes dans le moulin à légumes, au-dessus de la casserole.

Chauffer celle-ci à feu moyen, incorporer la crème fraîche en battant bien à la cuillère. Dans une petite poêle, faire fondre l'œuf de beurre jusqu'à ce qu'il ait la couleur noisette. Ajouter ce beurre à la purée en le mélangeant bien. Vérifier l'assaisonnement en sel. Poivrer de quelques tours de moulin. Servir dans un légumier chaud.

Emploi : Le légume du dîner familial. Accompagnement de chevreuil ou marcassin rôti. Accompagnement de rôti de bœuf.

Le concombre

C'est un légume frais que l'on trouve toute l'année. Il est importé l'hiver, français l'été. Il faut le choisir ferme, la peau lisse et bien tendue, long et mince. En fin de saison, l'été, étant trop mûr, il contient beaucoup de graines ; il est donc préférable de ne pas l'utiliser à ce moment et d'attendre le retour des concombres d'importation. C'est un légume qui se mange le plus souvent cru (voir chapitre des hors-d'œuvre froids), mais qui est également un agréable légume vert à accommoder cuit et chaud.

CONCOMBRE AU BEURRE

Ce plat se fait au dernier moment.

Proportions : *pour 4 personnes*
1 concombre de 600 à 700 g • 1 œuf de beurre
2 litres d'eau • 1 cuillère à café d'estragon haché
2 cuillères à soupe d'eau de cuisson
Préparation : *10 à 15 minutes*
Cuisson : *1er temps, 5 minutes • 2e temps, 3 minutes*

A l'aide du couteau économe, peler les concombres. Les couper en 4 dans le sens de la longueur. Supprimer le cœur où se trouvent les graines en formation. Couper ensuite chaque partie en tronçons de 4 à 5 cm de longueur. Si on a le temps, arrondir au couteau tous les angles pour leur donner la forme de grosses olives allongées. Laver, sécher l'estragon. Hacher finement les feuilles. Réserver dans une tasse.

Cuire les concombres à l'anglaise * pendant 5 minutes. Les égoutter dans la passoire à pieds en retenant 2 cuillères à soupe d'eau de cuisson au fond de la casserole. Ajouter le beurre. A feu vif, en tournant vivement la casserole, faire fondre le beurre dans l'eau jusqu'à ce qu'on obtienne une émulsion légère.

Ajouter les concombres, saler, poivrer, baisser le feu, couvrir et laisser chauffer les concombres pendant 3 à 4 minutes. Ajouter l'estragon haché au dernier moment. Tourner les légumes délicatement avec la cuillère en bois pour répartir l'estragon. Vérifier l'assaisonnement. Servir dans un légumier chaud.

Emploi : Accompagnement de l'agneau rôti avec des tomates concassées cuites. Accompagnement d'un poisson au court-bouillon.

CONCOMBRE GLACÉ

Ce plat se fait au dernier moment.

***Proportions :** pour 4 personnes*
1 concombre de 600 à 700 g • 1/4 de litre d'eau
1 cuillère à soupe rase de sucre semoule
1 œuf de beurre • sel
***Préparation :** 10 à 15 minutes*
***Cuisson :** 12 à 15 minutes*

Préparer le concombre en grosses olives allongées comme il est dit à « concombres au beurre * ». Prendre une large casserole, y mettre les concombres côte à côte. Couvrir d'eau. Ajouter le beurre, le sucre et le sel.

A feu moyen, porter à ébullition, baisser le feu et laisser cuire à petits bouillons, à découvert, en tournant les légumes de temps en temps jusqu'à ce que, l'eau ayant disparu, il ne reste qu'une sorte de sirop qui va enrober les concombres en leur donnant un aspect brillant. L'évaporation de l'eau doit coïncider avec la cuisson terminée des légumes. Toute cuisson prolongée trop longtemps après la disparition de l'eau risque de brûler et caraméliser les légumes qui prennent, de ce fait, un goût amer. Il faut donc mener la cuisson doucement en la surveillant, et si les légumes étaient juste cuits après la disparition de l'eau, laisser sur le feu doux mais en tournant sans cesse la casserole jusqu'à finition. Servir ensuite dans un légumier chaud.

Emploi : Accompagnement d'une viande rouge poêlée ou rôtie.

La courgette

On la trouve toute l'année. Elle est importée l'hiver, française l'été. Il faut la choisir petite (20 à 25 cm de long), mince, la peau lisse et bien verte. Grosse, elle a tendance à contenir trop de graines que l'on est obligé de supprimer.

COURGETTES AU BEURRE FONDU

Ce plat se fait au dernier moment.

Proportions : *pour 4 personnes*
7 à 8 petites courgettes de 20 à 25 cm de long
1 œuf de beurre • 2 cuillères à soupe d'eau de cuisson
2 cuillères à café de persil et civette hachés • sel, poivre
Préparation : *10 minutes*
Cuisson : *5 minutes*

Trancher les 2 extrémités des courgettes. Retirer la peau verte avec un couteau économe et les couper en rondelles de 1,5 cm d'épaisseur. Laver, sécher les fines herbes. Hacher finement les feuilles de persil et la civette.

Faire cuire les courgettes 5 minutes à l'anglaise *. Égoutter le légume dans la passoire à pieds en gardant 2 cuillères à soupe d'eau de cuisson. Dans la casserole de cuisson, mettre l'eau et le beurre, et à plein feu, en imprimant à la casserole un mouvement circulaire, faire fondre le beurre et réduire le liquide jusqu'à ce qu'on obtienne une émulsion légère et homogène. L'opération prend 2 à 3 minutes.

Retirer du feu. Mettre les courgettes dans le plat de service chaud. Les saupoudrer des herbes hachées, de 2 tours de moulin à poivre et terminer en versant la sauce sur le tout.

Emploi : Accompagnement de tous les rôtis. Accompagnement de toutes les pièces de viande poêlées. Accompagnement de poissons au court-bouillon.

Le cresson

PURÉE DE CRESSON

On peut éplucher le cresson le matin pour le soir. La purée, très rapide, se fait au dernier moment et n'attend pas.

***Proportions :** pour 4 personnes*
4 bottes de cresson • 1 œuf de beurre
1 cuillère à soupe de crème fraîche • sel, poivre, eau
***Préparation :** 30 minutes*
Cuisson :
1er temps, 3 minutes • 2e temps, 5 à 6 minutes

Éplucher le cresson par bouquets en supprimant les grosses tiges épaisses. Le laver soigneusement, l'égoutter.

Faire bouillir une grande casserole d'eau salée et cuire le cresson à l'anglaise pendant 3 minutes.

Verser dans la passoire à pieds et plonger ensuite le cresson dans l'eau glacée pour conserver sa jolie couleur.

Égoutter à nouveau et le passer au mixer pendant 2 à 3 minutes. Verser la purée dans une casserole.

A feu doux, incorporer le beurre et la crème fraîche en mélangeant parfaitement avec la spatule en bois.

Vérifier l'assaisonnement en sel. Servir quand la purée est bien chaude.

Emploi : Les mêmes que le cresson étuvé au beurre.

Variante : Faite ainsi, la purée de cresson est très naturelle avec un goût un peu poivré. Mais elle exige beaucoup de cresson et prend beaucoup de temps.

On peut la rendre plus douce et plus rapide en remplaçant une partie du cresson par des pommes de terre.

Proportions :
3 bottes de cresson • 1 grosse pomme de terre Bintje
1 œuf de beurre • 2 cuillères à soupe de crème fraîche

Cuire une pomme de terre à l'eau. La passer finement en purée.

Préparer et cuire le cresson, le passer au mixer.

Dans une casserole, mélanger la purée de pommes de terre, la purée de cresson. Chauffer à feu doux en ajoutant la crème fraîche et le beurre.

Vérifier l'assaisonnement et servir dans un légumier chaud.

CRESSON ÉTUVÉ AU BEURRE

Ce légume se fait au dernier moment.

***Proportions** : pour 4 personnes*
1 botte de cresson • 1 œuf de beurre • sel, poivre
***Préparation** : 40 minutes*
***Cuisson** : 7 à 8 minutes*

Choisir le cresson bien vert. S'en servir rapidement car il jaunit facilement. L'éplucher en ne gardant que les feuilles ; c'est l'opération la plus longue. Laver et égoutter.

Dans une large casserole, faire fondre un œuf de beurre à feu moyen. Ajouter les feuilles de cresson et, en les remuant régulièrement avec une spatule en bois, les faire cuire jusqu'à ce que l'eau de végétation ait disparu. Saler, poivrer et servir.

Emploi : Accompagnement de poissons au court-bouillon. Accompagnement de veau rôti. Accompagnement de lapin rôti.

Les endives

C'est un légume d'hiver. Il faut les choisir très blanches, les feuilles bien serrées et de taille moyenne. Il se mange cru (voir le chapitre des salades), ou cuit.

ENDIVES POÊLÉES AU BEURRE

On peut faire cuire les endives à l'anglaise à l'avance, on les poêle au dernier moment.

***Proportions** : pour 4 personnes*
8 à 12 endives • 1 œuf de beurre • sel, poivre
***Préparation** : 8 à 10 minutes*
***Cuisson** : 1er temps, 15 minutes • 2e temps, 10 minutes*

Supprimer les feuilles flétries des endives, parer le pied. Les laver à l'eau fraîche.

Les cuire à l'anglaise * pendant 15 minutes.

Les retirer avec une écumoire pour ne pas les abîmer et les égoutter dans une passoire à pieds. Quand elles sont refroidies, les presser délicatement chacune dans les mains pour enlever l'excédent d'eau.

Dans une large poêle, faire fondre le beurre à feu moyen. Quand il grésille, poser les endives et les laisser dorer en douceur pendant 10 à 12 minutes environ en les retournant avec précaution pour qu'elles dorent de tous côtés. Donner quelques tours de moulin à poivre et servir dans un légumier chaud.

Emploi : Le légume du dîner familial. Accompagnement de côtes de veau. Accompagnement de poulet rôti.

ÉMINCÉ D'ENDIVES À LA CRÈME

Ce plat se fait au dernier moment.

Proportions : *pour 4 personnes*
5 à 6 endives • 1 gros œuf de beurre
3 cuillères à soupe de crème fraîche • sel, poivre
le jus de 1/2 citron
Préparation : *5 à 7 minutes*
Cuisson : *12 à 15 minutes*

Supprimer les feuilles flétries des endives. Couper le pied. Couper les légumes en 2 dans le sens de la largeur, puis en fines lanières dans le sens de la longueur.

Faire chauffer le légumier de service dans le four.

Dans une sauteuse à feu assez vif, mettre le beurre à fondre ; quand il est couleur noisette et ne grésille plus, ajouter les endives. Saler, poivrer. En les tournant de temps en temps, les faire dorer et cuire ensuite à couvert à feu doux environ 15 minutes. Les verser alors dans le légumier chaud et les remplacer dans la sauteuse par la crème fraîche.

La faire bouillir et réduire pendant quelques minutes. Relever le goût d'un peu de jus de citron. Poivrer et verser sur les endives. Servir immédiatement.

Emploi : Le légume du dîner familial. Accompagnement d'une viande ou d'une volaille rôtie.

ENDIVES GRATINÉES AU FROMAGE

Les endives peuvent être cuites à l'anglaise à l'avance. On terminera le plat au dernier moment.

Proportions : *pour 4 personnes*
8 à 12 endives

*2 tasses à thé de béchamel rapide * ● 125 g de gruyère*
1 noix de beurre
1 cuillère à soupe de crème fraîche ● sel, poivre
***Préparation :** 15 à 20 minutes*
***Cuisson :** 1er temps, 12 à 15 minutes ● au four, 20 minutes*

Enlever les feuilles flétries des endives. Parer le pied. Les laver à l'eau froide. Préparer et cuire la béchamel rapide, la laisser mijoter à feu doux. Cuire les endives à l'anglaise *. Les retirer avec une écumoire pour ne pas les abîmer et les poser dans une passoire à pieds.

Râper le gruyère, réserver dans un bol.

Ajouter la crème fraîche et les 2/3 du fromage râpé à la béchamel. Mélanger. Laisser sur feu doux.

Allumer le four à température moyenne (200°, position 5).

Dans un plat allant au four, ranger les endives côte à côte. Napper avec la sauce. Saupoudrer avec le reste du gruyère râpé. Parsemer le dessus du plat avec de fins copeaux de beurre. Mettre au four, laisser chauffer en profondeur pendant 15 minutes. Passer le four en position « gril », faire gratiner et servir dans le même plat.

Emploi : Le légume du dîner familial. Accompagnement de volailles rôties et de viandes poêlées ou rôties.

Les épinards

On en trouve toute l'année et c'est un délicieux légume. Il faut le choisir jeune à petites feuilles bien vertes et non jaunies.

ÉPINARDS EN BRANCHES AU BEURRE FRAIS

On peut laver et préparer les épinards à l'avance. On les conserve dans un torchon et on les accommode au dernier moment.

***Proportions :** pour 4 personnes*
1 kg d'épinards ● 1 œuf de beurre plus 1/2 noix
sel, poivre ● 1 gousse d'ail
***Préparation :** 30 à 35 minutes*
***Cuisson :** 8 à 10 minutes ● **Finition :** 2 à 3 minutes*

Choisir des épinards bien verts et non flétris. Les équeuter soigneusement. S'ils sont jeunes et nouveaux, il suffit de couper la tige au ras de la feuille. Sinon, il faut l'enlever sur toute la longueur de la feuille en la prenant à rebours. Les laver dans plusieurs eaux.

Les faire cuire à l'anglaise * à gros bouillons et à découvert pour qu'ils gardent leur belle couleur verte. Les verser ensuite dans un tamis et les passer sous l'eau froide. Laisser égoutter la première eau. Les prendre ensuite par poignées dans les mains et serrer pour faire partir l'eau. Les poser ensuite dans un torchon pour finir de les sécher.

Éplucher la gousse d'ail, frotter le fond et les parois de la casserole avec l'ail, mettre 1/2 noix de beurre pour graisser. Ajouter les épinards et, au feu vif, en les tournant, les chauffer rapidement et laisser s'évaporer l'eau qui pourrait rester.

Terminer en ajoutant un œuf de beurre ramolli que l'on fait fondre rapidement sans cuisson et poivrer légèrement. Servir dans un légumier chaud.

Emploi : Le légume du dîner familial. Accompagnement d'un poulet rôti. Accompagnement d'escalopes au jus. Accompagnement de ris de veau.

FONDUE D'ÉPINARDS

On peut éplucher, laver et égoutter les épinards à l'avance. On les conserve dans un torchon et on les accommode au dernier moment.

Proportions : *pour 4 personnes*
800 g d'épinards • 1 œuf de beurre plus 1 noix
sel et poivre
Préparation : *20 à 25 minutes*
Cuisson : *10 à 12 minutes*

Équeuter soigneusement les épinards. Les laver à plusieurs eaux pour être sûr qu'il n'y a plus de sable. Égoutter les épinards comme une salade, les sécher dans un torchon.

Dans une grande casserole, à feu vif, faire fondre une noix de beurre. Ajouter les épinards et en les retournant de temps en temps, attendre qu'ils soient affaissés. Baisser le feu et tout en les retournant de temps en temps, laisser s'évaporer toute l'eau de végétation.

Au bout de ce temps, ajouter à cette fondue un œuf de beurre, du sel et du poivre. Mélanger convenablement et servir dans un légumier chaud.

Emploi : Accompagnement de côtes de veau à la crème. Accompagnement de foie de veau poêlé.

ÉPINARDS À LA CRÈME

On peut éplucher et préparer les épinards à l'avance. On les conserve dans un torchon et on les accommode au dernier moment.

***Proportions :** pour 4 personnes*
1 kg d'épinards
2 cuillères à soupe de crème fraîche
1 noisette de beurre ● sel, poivre ● 1 pointe de muscade
***Préparation :** 25 à 30 minutes*
***Cuisson :** 5 minutes*
***Finition :** 4 à 5 minutes*

Éplucher et bien laver les épinards.

Les cuire à l'anglaise * à découvert et les égoutter sur un tamis. Les rafraîchir sous l'eau froide. Après les avoir pressés dans les mains pour continuer à faire partir l'eau, les poser sur la planche et les hacher avec un large couteau.

Mettre ensuite 1 noisette de beurre au fond d'une casserole, ajouter les épinards et continuer à les dessécher en les tournant vivement. Ajouter alors la crème fraîche et mélanger. Faire mijoter et bouillotter pendant 4 à 5 minutes. Assaisonner de poivre et d'une pointe de muscade.

Servir dans un légumier chaud.

Emploi : Les mêmes que pour les épinards en branches au beurre.

FONDUE D'ÉPINARDS À L'OSEILLE

On peut éplucher, laver, égoutter les légumes à l'avance. On les conserve dans un torchon. On les accommode au dernier moment.

***Proportions :** pour 4 personnes*
400 g d'épinards ● 400 g d'oseille
1 œuf de beurre plus 1 noix de beurre ● sel, poivre
***Préparation :** 20 à 25 minutes*
***Cuisson :** 10 à 12 minutes*

La recette est la même que celle de la fondue aux épinards *, si ce n'est pas l'oseille et les épinards sont mélangés par parties égales.

Emploi : Accompagnement de poissons au four. Accompagnement de poissons au court-bouillon. Acompagnement d'un rôti de veau.

Le fenouil

Le fenouil est une plante aromatique dont on consomme le bulbe pendant l'hiver. Il faut les choisir bien blancs, plutôt petits et les feuilles bien serrées.

FENOUIL AU BEURRE FONDU

Ce plat se prépare au dernier moment.

Proportions : *pour 4 personnes*
6 à 8 petits fenouils • 1 gros œuf de beurre
2 cuillères à soupe d'eau de cuisson
2 cuillères à café de persil et cerfeuil hachés • sel, poivre
Préparation : *10 à 12 minutes*
Cuisson : *30 à 35 minutes*

Couper à ras du bulbe les tiges garnies d'herbe. Retirer les feuilles dures extérieures, garder le cœur bien blanc. (On peut employer les tiges sans la verdure, coupées en très fines rondelles, dans une salade de tomates ou une salade verte.) Supprimer une partie du pied. Laver à l'eau froide. Laver, sécher, effeuiller les herbes, les hacher finement.

Faire chauffer le légumier de service.

Cuire les fenouils à l'anglaise * pendant 30 à 35 minutes. Les retirer avec l'écumoire et les égoutter dans la passoire à pieds. Se débarrasser de l'eau de cuisson, sauf la valeur de 2 cuillères à soupe qu'on laissera au fond de la casserole. Ajouter le beurre, le faire fondre dans l'eau à feu vif, en tournant la casserole pour favoriser l'émulsion. Poser les fenouils dans ce jus, laisser chauffer 5 à 6 minutes à feu doux en les tournant délicatement. Poivrer. Servir dans le légumier chaud en saupoudrant avec les herbes hachées.

Emploi : Le légume du dîner familial. Accompagnement de poissons au court-bouillon. Accompagnement de rôti de porc ou de côtes de porc poêlées.

FENOUIL EN COCOTTE À LA TOMATE

Ce plat peut se faire à l'avance, on le réchauffe très doucement avant de servir.

Proportions : *pour 4 personnes*
5 à 6 petits fenouils • 1 grosse noix de beurre
*1/2 tasse à thé de coulis de tomates **
1 grosse cuillère à soupe de crème fraîche
1 morceau de sucre n° 4 • sel, poivre
Préparation : *fenouils, 15 à 20 minutes*
coulis, 5 minutes
Cuisson : *fenouils, 20 à 25 minutes • coulis, 20 minutes*

Éplucher, laver, préparer les fenouils comme il est dit dans la recette précédente. Les couper ensuite en lanières dans le sens de la longueur.

Préparer et cuire le coulis de tomates.

Pendant qu'il cuit, mettre une noix de beurre dans une cocotte, à feu doux ; quand elle est fondue, ajouter les fenouils, saler, poivrer, couvrir et laisser cuire et étuver en douceur, en remuant et retournant les fenouils de temps en temps, jusqu'à ce qu'ils soient attendris.

Quand le coulis de tomates est arrivé au point de réduction voulu, ajouter le morceau de sucre et la crème fraîche, bien délayer. Verser cette sauce sur les fenouils dans la cocotte, mélanger à l'aide de la cuillère en bois. Vérifier l'assaisonnement. Servir dans un légumier chaud.

Emploi : Le légume du dîner familial. Accompagnement de l'agneau rôti. Accompagnement des côtelettes d'agneau. Accompagnement des côtes de porc.

Les fèves fraîches

En saison, au début du printemps, quand elles sont petites et fraîches, les fèves sont un délicieux légume vert. Elles ont malheureusement deux gros inconvénients, elles sont très longues à éplucher et peu avantageuses. Il faut d'abord les écosser et enlever ensuite pour chaque fève la peau verte et dure qui l'entoure. L'opération se fait assez facilement en faisant au couteau une entaille au niveau du germe, puis en pressant avec les doigts de l'autre main on fait sortir la fève. Inutile de tricher et de se dire que l'on peut ne pas supprimer cette peau, car celle-ci, à la cuisson, durcit et a un goût âcre fort désagréable.

Seule consolation : la cuisson est très rapide et on peut les éplucher la veille en les conservant dans une boîte hermétique.

FÈVES FRAÎCHES AU BEURRE FONDU

***Proportions** : pour 4 personnes*
2,500 kg de fèves non écossées • 1 gros œuf de beurre
2 cuillères à soupe d'eau • sel, poivre
***Préparation** : 1 heure environ*
***Cuisson** : 7 à 10 minutes*

Éplucher les fèves. Dans une grande casserole, faire bouillir de l'eau salée. Jeter les fèves et les cuire à l'anglaise *. Au bout de 10 minutes, les égoutter dans la passoire à pieds.

Dans la même casserole, mettre l'eau et le beurre, faire bouillir à plein feu en imprimant à la casserole un rapide mouvement circulaire pour que le beurre s'émulsionne dans l'eau. Remettre les fèves dans cette casserole à chauffer à feu doux en les soulevant et tournant délicatement avec la spatule pour qu'elles s'imprègnent de beurre et se chauffent également. Donner 1 ou 2 tours de moulin à poivre. Servir dans un plat de service chaud.

Emploi : Le légume du dîner familial. Accompagnement d'une épaule d'agneau. Accompagnement d'un foie de veau rôti. Accompagnement d'un carré d'agneau. Accompagnement d'un rôti de bœuf.

FÈVES FRAÎCHES EN PERSILLADE

On peut, à l'avance, éplucher les fèves et les cuire à l'eau. On termine le plat au dernier moment.

***Proportions** : pour 4 personnes*
2,500 kg de fèves non écossées • 2 échalotes moyennes
1 gros œuf de beurre • 1/2 tasse à thé de persil haché
sel, poivre
***Préparation** : 1 heure environ*
***Cuisson** : fèves, 10 minutes • échalotes, 10 minutes*
***Finition** :* 3 à 4 minutes

Éplucher les fèves comme il est dit dans la recette des fèves au beurre fondu. Les cuire à l'anglaise *. Pendant ce temps, éplucher les échalotes, les hacher finement, les réserver sur une assiette. Laver, sécher, effeuiller et hacher finement le persil, le réserver dans une tasse.

Égoutter les fèves dans la passoire à pieds. Dans une poêle, mettre le beurre à fondre à feu moyen ; quand il grésille, ajouter les échalotes et les faire dorer lentement à couvert. Quand elles sont dorées, baisser le feu, ajouter les fèves et le persil, tourner délicatement pour mélanger intimement les différents ingrédients et les chauffer. Vérifier l'assaisonnement en sel et en poivre. Servir dans un légumier chaud.

Emploi : Le légume du dîner familial • Accompagnement d'une côte de bœuf poêlée ou d'une entrecôte.

FÈVES À LA FLEURETTE ET À LA SARRIETTE

On peut à l'avance éplucher les fèves et les cuire à l'eau. On termine le plat au dernier moment.

***Proportions :** pour 4 personnes*
2,500 kg de fèves non écossées
1/4 de litre de crème fleurette (crème liquide)
1 cuillère à café de sarriette fraîche hachée • sel, poivre
***Préparation :** 1 heure environ*
***Cuisson :** fèves, 10 minutes • **Finition :** 7 à 8 minutes*

Éplucher les fèves comme il est dit dans la recette précédente. Laver, sécher la sarriette, la hacher finement. Cuire les fèves à l'anglaise *. Les égoutter dans la passoire à pieds.

Dans la casserole de cuisson, verser la crème fleurette. À plein feu, la faire bouillir pour qu'elle réduise. Quand elle a pris une consistance onctueuse, saler, poivrer, ajouter les fèves et la sarriette hachée, mélanger délicatement avec la spatule pour ne pas abîmer les fèves. Laisser chauffer 2 à 3 minutes. Servir dans un légumier chaud.

Emploi : Le légume du dîner familial. Accompagnement de porc rôti ou poêlé. Accompagnement d'agneau rôti.

Remarque : À défaut de sarriette, l'estragon sera tout aussi délicieux.

Les haricots verts

On en trouve toute l'année. Ils sont importés l'hiver, français l'été. Il faut les choisir bien verts, bien frais et extra-fins. Le prix varie selon la période de l'année. Ils sont onéreux l'hiver, mais le plus souvent d'une qualité exceptionnelle, bien calibrés et d'une fraîcheur parfaite.

Pour avoir, l'été, les meilleurs haricots verts, il faudrait pouvoir les cueillir dans son jardin, tous de la même petite taille, et cuits dans les heures qui suivent.

C'est un légume exquis, mais qui réclame un épluchage soigneux et une cuisson attentive.

• L'épluchage

Casser sans brusquerie entre deux doigts chaque extrémité du haricot et tirer le long du haricot pour supprimer les fils.

• La cuisson

C'est une simple cuisson à l'anglaise * :

— Il faut beaucoup d'eau assez salée.

— Maintenir l'ébullition à gros bouillons, la casserole découverte, pour laisser aux haricots leur belle couleur verte.

— *La durée de la cuisson est variable* selon la grosseur et la fraîcheur des haricots verts. Elle peut aller de 3 à 4 minutes pour des haricots fraîchement cueillis, à 12, 15 minutes maximum. C'est pour cela qu'il faut les goûter régulièrement en cours de cuisson.

Un haricot vert bien cuit doit être un peu croquant et surtout ne pas se plier tristement quand on le tient entre deux doigts.

Au terme de la cuisson, les retirer de l'eau à l'aide d'une écumoire et les égoutter dans une passoire à pieds.

1. *On les déguste immédiatement :* les servir alors dans un légumier chaud, rapidement mélangés de copeaux de beurre frais et saupoudrés de persil haché.

C'est la méthode la meilleure et la plus simple.

2. *On les fait attendre pour un emploi ultérieur :* les plonger alors dans une bassine d'eau glacée pour arrêter net la cuisson. Puis les égoutter dans la passoire à pieds. Les envelopper ensuite dans un torchon, jusqu'à utilisation.

On les réchauffe, si besoin est, en les plongeant 2 à 3 minutes dans une casserole d'eau très chaude et on les égoutte dans la passoire à pieds.

Emploi :

1. *Froids :* en salade simple. En salade composée.

2. *Chauds :* le légume du dîner familial : 750 g pour 4 personnes. En accompagnement avec d'autres légumes.

Ils accompagnent toutes les viandes, toutes les volailles.

Les haricots blancs frais

C'est un légume qui apparaît en été. On le consomme frais et on l'achète dans la gousse, non écossé. C'est le même que l'on consommera sec pendant les mois d'hiver.

Il vaut toujours mieux l'écosser au dernier moment avant de le faire cuire.

Quand il est en cosse c'est un légume frais, donc on le met à cuire dans l'eau bouillante.

HARICOTS BLANCS AU BEURRE

Ce plat se fait au dernier moment.

Proportions : *pour 4 personnes*
2 kg de haricots blancs non écossés • 2 oignons moyens
2 gousses d'ail • 1 petite branche de thym
1 feuille de laurier • 2 litres d'eau
sel, poivre • 1 gros œuf de beurre
Préparation : *40 à 45 minutes*
Cuisson : *1 heure 30 environ*

Écosser les haricots. Éplucher les oignons, les couper en rondelles, éplucher les gousses d'ail.

Dans une grande casserole, mettre l'eau, l'oignon, l'ail, le thym et le laurier, du sel. Porter à ébullition.

Quand l'eau bout, ajouter les haricots. Attendre que l'ébullition reprenne. Écumer, baisser le feu, couvrir et laisser cuire doucement à petits bouillons 1 heure environ. Les haricots doivent être tendres et non éclatés.

Au bout de ce temps, verser dans une autre casserole la presque totalité du jus de cuisson qui pourra servir pour un potage (v. page 72), s'aidant du couvercle pour retenir les haricots.

Retirer le thym et le laurier, ajouter le beurre. Donner à la casserole un mouvement tournant pour faciliter la fonte et la pénétration du beurre.

Vérifier l'assaisonnement en sel, poivrer. Servir dans un légumier chaud.

Emploi : Légume du dîner familial.

Accompagnement idéal de l'agneau et du mouton. Accompagnement du porc.

HARICOTS BLANCS AU CERFEUIL

Ce plat se fait au dernier moment.

***Proportions** : pour 4 personnes*
2 kg de haricots blancs non écossés • 2 oignons moyens
2 gousses d'ail • 1 petite branche de thym • 1 feuille de laurier
1/2 tasse à thé de cerfeuil haché
1 gros œuf de beurre • sel, poivre
***Préparation** : 40 à 45 minutes*
***Cuisson** : 1 heure environ*

Procéder de la même manière que pour les haricots au beurre *. Pendant la cuisson, laver, sécher, effeuiller le cerfeuil et le hacher finement.

L'ajouter aux haricots en même temps que le beurre, et tourner délicatement les légumes pour y mélanger l'herbe intimement. Servir dans un légumier chaud.

Emploi : Les mêmes que ceux des haricots blancs au beurre.

HARICOTS BLANCS AUX TOMATES

Les haricots peuvent être cuits à l'avance. On termine le plat avec les tomates au dernier moment.

***Proportions** : pour 4 personnes*
2 kg de haricots non écossés • 3 belles tomates bien rouges
3 oignons moyens • 3 gousses d'ail • 1 petite branche de thym
2 feuilles de laurier • 1 gros œuf de beurre
2 litres d'eau • sel, poivre
***Préparation** : 40 à 45 minutes*
***Cuisson** : haricots, 1 heure environ*
tomates, 20 à 25 minutes

Procéder de la même façon que pour les haricots au beurre *.

Pendant qu'ils cuisent, plonger les tomates 1 minute dans l'eau bouillante et retirer la peau. Les couper en quatre, supprimer les graines, réserver dans une assiette. Éplucher le troisième oignon, le hacher finement.

Dans une poêle, mettre la moitié du beurre. Quand il grésille, ajouter l'oignon haché et le faire fondre à couvert en douceur. Verser alors les tomates, la troisième gousse d'ail écrasée, du sel et du poivre.

À découvert, faire mijoter à petit feu pendant 15 à 20 minutes pour faire réduire et laisser épaissir jusqu'à consistance de purée un peu liquide.

Quand les haricots sont cuits, les égoutter. Supprimer le thym et le laurier. Ajouter la fondue de tomates et mélanger délicatement pour ne pas écraser les haricots. Laisser chauffer quelques instants et, hors du feu, mettre le reste du beurre, le faire fondre et émulsionner à l'ensemble en donnant un mouvement circulaire à la casserole. Vérifier l'assaisonnement en sel, poivrer de quelques tours de moulin et servir dans un légumier chaud.

Emploi : Le légume du dîner familial. Accompagnement d'un carré d'agneau rôti.

HARICOTS PANACHÉS

Ce plat se fait au dernier moment.

Proportions : *pour 4 personnes*
1 kg de haricots blancs non écossés
350 g de haricots verts • 1 oignon • 2 litres d'eau
1 gousse d'ail • 1 petite branche de thym
1 gros œuf de beurre
sel, poivre
Préparation : *30 à 35 minutes*
Cuisson : *haricots verts, 10 minutes*
haricots blancs, 1 heure 30

Écosser les haricots blancs. Éplucher les haricots verts et les briser en deux parties, les laver. Éplucher et couper l'oignon en rondelles, éplucher la gousse d'ail.

Dans une casserole, faire cuire les haricots blancs comme il est dit à « haricots blancs au beurre * ».

En fin de cuisson des haricots blancs, faire cuire les haricots verts à l'anglaise * dans une autre casserole, les retirer avec une écumoire, les égoutter dans la passoire à pieds.

Retirer la presque totalité du bouillon des haricots blancs, le thym et le laurier. Ajouter le beurre et les haricots verts. Mélanger tous les éléments à l'aide d'une cuillère en bois. Laisser un peu chauffer. Servir dans un légumier chaud.

Emploi : Les mêmes que ceux des haricots blancs.

PURÉE DE HARICOTS BLANCS FRAIS

Ce plat se fait au dernier moment.

***Proportions** : pour 4 personnes*
2 kg de haricots blancs non écossés • 2 oignons moyens
2 gousses d'ail • 1 petite branche de thym • 1 feuille de laurier
2 litres d'eau • 1 cuillère à soupe de crème fraîche
2 œufs de beurre • sel, poivre
***Préparation** : 25 à 30 minutes*
***Cuisson** : 1 heure environ*

Préparer et cuire les haricots comme il est dit à « haricots au beurre * ». Les égoutter complètement dans la passoire. Conserver l'ail, les oignons. Retirer le thym et le laurier. Réserver le jus dans une boîte hermétique pour un usage ultérieur (un potage, v. page 72). Passer les haricots dans le moulin à légumes ou dans le mixer si on veut une mousse fine.

Remettre dans une casserole, à feu moyen, et faire sécher la purée pour en retirer toute l'humidité. Ajouter ensuite le beurre et travailler à la cuillère. Terminer la purée avec la crème fraîche que l'on incorpore soigneusement en tournant toujours. Vérifier l'assaisonnement en sel et en poivre. Servir dans un légumier chaud.

Emploi : Les mêmes que ceux des haricots au beurre.

Les haricots flageolets

C'est une variété de haricots, petits et de couleur verte, qui apparaît plus tard dans l'été, vers le mois de septembre.

Ils s'accommodent de la même façon que les haricots blancs frais. La purée de flageolets est particulièrement savoureuse.

Elle va bien avec l'agneau, mais elle sera agréable aussi avec les premiers canards sauvages.

Les haricots mange-tout

À Paris, on les appelle « haricots beurre ». Ils apparaissent fin août, début septembre. Ce sont en fait des gousses plates jaunes dans lesquelles les haricots sont encore seulement en formation.

Il faut particulièrement veiller à bien les éplucher et à bien les cuire, car ils ont souvent des fils très gros et d'autant plus désagréables que le légume est trop cuit.

Pour pallier cet inconvénient, il vaut mieux les briser en 2 ou 3 morceaux, ce qui laisse apparaître les fils plus facilement.

HARICOTS MANGE-TOUT SAUTÉS AU BEURRE

***Proportions :** pour 4 personnes*
750 g de haricots ● 2 litres d'eau
1 œuf de beurre ● 1/2 tasse à thé de persil haché
***Préparation :** 25 à 30 minutes*
***Cuisson :** 12 à 15 minutes*

Éplucher et laver les haricots, les faire cuire à l'anglaise *. Pendant ce temps, laver, sécher, effeuiller le persil, le hacher finement. Réserver dans une tasse. Égoutter les haricots dans la passoire à pieds. La secouer pour enlever toute l'eau des légumes.

Dans une poêle, faire fondre le beurre à feu moyen ; quand il grésille, ajouter les haricots et le persil, tourner vivement pour chauffer les haricots et les imprégner de beurre. Vérifier l'assaisonnement en sel et en poivre. Servir dans un légumier chaud.

Emploi : Le légume du dîner familial. Accompagnement de volaille rôtie. Accompagnement de viandes rouges. Accompagnement de foie de veau poêlé.

Les laitues

C'est un légume qui se trouve toute l'année. Garder pour les salades vertes * ou composées * les laitues de serre très tendres, peu pommées, sans grand goût et qui fondent à la cuisson. Préférer les laitues de pleine terre dures et bien pommées. Elles font les meilleures salades, et, cuites, elles constituent un agréable légume vert.

LAITUES ÉTUVÉES À LA CRÈME

Ce plat se fait au dernier moment. On peut éplucher et hacher les laitues à l'avance, on les conserve dans un torchon.

***Proportions :** pour 4 personnes*
3 laitues ● 1 grosse noix de beurre

2 cuillères à soupe de crème fraîche • sel, poivre
***Préparation** : 20 à 25 minutes*
***Cuisson** : 7 à 10 minutes*

Retirer toutes les grosses feuilles extérieures abîmées des laitues. Séparer les feuilles les unes des autres. Laver dans une grande bassine d'eau fraîche. Égoutter soigneusement. Empiler les feuilles sur une planche et les couper en grosse julienne.

Dans une cocotte, mettre la noix de beurre à fondre à feu doux, quand elle est fondue, ajouter la julienne de laitue, saler, poivrer, laisser chauffer quelques minutes en mélangeant en tous sens jusqu'à ce qu'elle soit affaissée. Ajouter la crème fraîche, mélanger. Couvrir la cocotte et laisser cuire à petit feu pendant 5 à 6 minutes. Vérifier l'assaisonnement. Servir dans un légumier chaud.

Emploi : Le légume du dîner familial. Accompagnement de ris de veau meunière. Accompagnement de rôti de bœuf.

LAITUES AUX LARDONS

Ce plat se fait au dernier moment.

***Proportions** : pour 4 personnes*
4 à 6 laitues •125 g de poitrine fumée
1 œuf de beurre plus une noix
1 tasse à thé de bouillon de volaille instantané • sel, poivre
***Préparation** : 10 à 12 minutes*
***Cuisson** : 1 heure 30*

Choisir des petites laitues. Retirer les feuilles extérieures. Laisser les laitues entières et les laver en les tenant par le trognon et en les plongeant à plusieurs reprises dans l'eau fraîche. Bien les égoutter et les ficeler pour que les feuilles ne s'écartent pas.

Retirer la couenne et les parties cartilagineuses de la poitrine fumée, la couper en petits dés.

Préparer le bouillon de volaille instantané (1/4 tablette pour la tasse à thé).

Dans une cocotte, faire fondre une noix de beurre à feu moyen ; quand elle est fondue, ajouter les lardons et les faire cuire et rissoler lentement. Quand ils sont dorés, mouiller avec le bouillon de volaille, poivrer ; ne pas saler, le bouillon l'est déjà. Porter à petite ébullition et ajouter les laitues en les posant côte à côte, serrées les unes contre les autres.

Couvrir et assurer une petite ébullition régulière à feu doux. De temps en temps, arroser les laitues avec le jus. En cours de cuisson, les retourner. Laisser cuire 1 heure environ. Retirer les salades avec une écumoire. Les poser dans le légumier chaud. Faire fondre dans le jus un œuf de beurre en le battant vivement pour faire une émulsion. Vérifier l'assaisonnement. Verser le jus et les lardons sur les salades et servir.

Emploi : Le légume du dîner familial. Accompagnement du rôti de veau. Accompagnement d'une volaille rôtie.

Le maïs

Il apparaît sur les marchés en septembre et dure 2 mois environ. Il faut le choisir les feuilles fraîches et non desséchées, les grains de l'épi bien serrés d'un blanc laiteux.

ÉPI DE MAÏS POCHÉ AU BEURRE

Ce plat se fait au dernier moment.

Proportions : *pour 4 personnes*
4 épis de maïs • 1 ravier de beurre • eau, sel
Préparation : *5 à 6 minutes*
Cuisson : *10 minutes*

Retirer toutes les feuilles et les barbes des épis. Couper les trognons. Faire bouillir une grande casserole d'eau salée. Les faire cuire à l'anglaise * 10 minutes.

Disposer une serviette sur un plat long. Retirer les épis avec une écumoire, les ranger sur le plat. Servir avec un ravier de beurre frais. Chaque convive salera et tartinera son épi de beurre qu'il dégustera en le tenant dans ses mains.

Emploi : Le légume du dîner familial.

Autres utilisations du maïs. On peut consommer le maïs sous d'autres formes qu'en épis pochés. Je conseille alors de prendre du maïs en boîte, il est exquis et il y en a toute l'année. On évite ainsi la fastidieuse corvée d'égrener les épis après les avoir pochés à l'eau. Mais rien n'empêche les courageuses d'utiliser du maïs frais en saison.

MAÏS AU BEURRE ET AUX FINES HERBES

Ce plat se fait au dernier moment.

Proportions : *pour 4 personnes*
2 boîtes de maïs (de 285 g) ou 4 épis pochés
1 grosse noix de beurre
1/2 tasse à thé de persil et cerfeuil hachés
en parties égales • sel, poivre
Préparation : *7 à 8 minutes*
Cuisson : *5 à 6 minutes*

Dans une casserole, mettre le contenu de la boîte de maïs en supprimant la presque totalité du jus. Ajouter le beurre. Faire chauffer et mijoter doucement.

Pendant ce temps, laver, sécher, effeuiller les fines herbes. Les hacher finement. Au dernier moment, les mélanger au maïs. Éventuellement, saler et poivrer. Servir dans un légumier chaud.

Emploi : Légume du dîner familial. Accompagnement de porc rôti ou poêlé. Accompagnement de poulet ou canard rôti.

MAÏS AU KETCHUP

Ce plat se fait au dernier moment

Proportions : *pour 4 personnes*
2 boîtes de 285 g ou 4 épis pochés
1 grosse noix de beurre
1 grosse cuillère à café de ketchup • sel, poivre
Préparation : *néant*
Cuisson : *5 à 6 minutes*

Procéder comme pour le maïs au beurre et aux fines herbes, mais mélanger une cuillère de ketchup au lieu des fines herbes.

Emploi : Les mêmes que ceux du maïs au beurre et aux fines herbes.

GALETTES DE MAÏS

On prépare la pâte à crêpes à l'avance. Les galettes se font au dernier moment.

***Proportions :** pour 4 personnes*
*1/2 litre de pâte à crêpes * • 1/2 boîte de maïs*
5 à 6 noix de beurre • sel, poivre
***Préparation :** pâte à crêpes, 10 à 15 minutes*
***Cuisson :** 15 à 20 minutes en tout*

Préparer la pâte à crêpes ; la laisser reposer 1 heure ou 2 dans un saladier à la température de la pièce.

Ouvrir la boîte de maïs, les égoutter dans une passoire. Juste avant de faire les crêpes, ajouter les maïs dans le saladier et mélanger.

Dans une large poêle antiadhésive, mettre une noix de beurre à fondre à feu moyen ; quand il est bien chaud, laisser tomber, à l'aide d'une cuillère à soupe, des petits tas de pâte au maïs, suffisamment espacés (environ 5 pour une grande poêle de 30 cm de diamètre). Dès que les petites crêpes sont cuites et dorées d'un côté, les retourner avec une spatule et les faire cuire de même. Les laisser glisser doucement dans le plat de service. Tenir au chaud à l'entrée du four. Recommencer une autre fournée de crêpes, en ajoutant de nouveau du beurre. Et agir ainsi jusqu'à épuisement de la pâte.

Emploi : Accompagnement de viandes rôties ou poêlées. Accompagnement de viandes en sauce.

Les marrons ou châtaignes

C'est un légume d'automne. Il est long et compliqué à éplucher.

Chez certains marchands, on le trouve déjà débarrassé de son écorce brune. Il reste seulement la peau qui entoure la chair.

Pour les terminer : plonger les marrons dans une casserole d'eau froide et porter rapidement à ébullition, laisser quelques minutes, puis retirer du feu, mais laisser les marrons dans l'eau chaude. Les prendre par 2 ou 3 (en se brûlant les doigts !) pour retirer la peau à l'aide d'un couteau pointu ; ils sont bons alors à être cuits à l'anglaise *. On trouve heureusement dans le commerce des boîtes de marrons entiers, déjà cuits, qu'il suffit d'accommoder.

PURÉE DE MARRONS

***Proportions :** pour 4 personnes*
1 grande boîte de marrons au naturel de 850 g • 1/4 de litre de lait

1 gros œuf de beurre • 1 cuillère à soupe de crème fraîche
sel • 1 cuillère à café de sucre semoule
***Préparation :** 2 à 3 minutes*
***Cuisson :** purée, 8 à 10 minutes*

Mettre le lait à chauffer. Sortir les marrons de la boîte, les égoutter et les mettre à chauffer dans le lait. Les passer alors au mixer, à défaut, au moulin à légumes.

Verser dans une casserole la purée obtenue, saler et ajouter le sucre en poudre. Faire chauffer à feu doux en incorporant le beurre morceau par morceau puis mélanger soigneusement la crème fraîche. On doit obtenir une purée légère pas trop épaisse. Éventuellement, ajouter un peu de lait. La servir dans un légumier chaud.

Emploi : Accompagnement de gibier de poil. Accompagnement de canard rôti. Accompagnement de dindonneau.

Les navets

On en trouve toute l'année. Veiller l'hiver et l'été à ce qu'ils ne soient ni creux, ni véreux. C'est au printemps qu'ils sont les meilleurs, car tendres et nouveaux.

NAVETS D'HIVER AU NATUREL

On peut les cuire à l'avance, on les réchauffe au dernier moment dans de l'eau très chaude.

***Proportions :** pour 4 personnes*
250 g de navets • eau, sel
***Préparation :** 20 à 25 minutes*
***Cuisson :** 15 à 20 minutes*

Choisir de préférence des navets longs. Ils sont plus commodes à présenter. Les gratter, les couper en 2 ou 3 tronçons selon leur longueur. Les plonger dans l'eau fraîche. Si on a le temps, arrondir tous les angles avec un petit couteau pour leur donner une jolie forme de grosses olives allongées. Les cuire à l'anglaise * à grande eau bouillante salée. Les égoutter.

Emploi : En accompagnement avec d'autres petits légumes au naturel.

NAVETS DE PRINTEMPS AU NATUREL

***Préparation :** 10 à 15 minutes*
***Cuisson :** 10 à 15 minutes*

Ils se vendent en bottes. Prendre 2 bottes pour choisir 250 g de petits navets de même taille (les autres seront utilisés dans un potage). Les gratter, les plonger dans l'eau fraîche.

Les faire cuire à l'anglaise * et les égoutter.

Emploi : Le même que les navets d'hiver.

NAVETS SAUTÉS À CRU

Ce plat se fait au dernier moment.

***Proportions :** pour 4 personnes*
4 à 5 navets ronds moyens • 1 œuf de beurre • sel, poivre
***Préparation :** 10 à 12 minutes*
***Cuisson :** 1er temps, 1 minute • 2e temps, 6 à 8 minutes*

Choisir des navets bien sains. Les gratter et les couper en rondelles de 1/2 cm d'épaisseur comme les chips. Laver à l'eau fraîche. Égoutter.

Faire bouillir une grande casserole d'eau salée. Plonger 1 minute les rondelles de navet. Retirer avec l'écumoire, égoutter soigneusement sur un torchon sans briser les rondelles.

Dans une large poêle, faire fondre le beurre. Quand il grésille, poser les rondelles de navet et les faire cuire et dorer en douceur sur les 2 faces. Saler, poivrer. Servir dans un légumier chaud.

Emploi : Accompagnement de chevreau rôti. Accompagnement de lapin rôti. Accompagnement de canard rôti.

NAVETS GLACÉS

Ce plat se fait au dernier moment.

***Proportions :** pour 4 personnes*
12 petits navets ronds ou 5 navets longs • 1/2 litre d'eau
2 cuillères à café de sucre en poudre
1 noix de beurre • sel
***Préparation :** 6 à 12 minutes*
***Cuisson :** 20 minutes environ*

Selon la saison, tailler les navets en grosses olives allongées, ou choisir des petits navets ronds de taille égale.

Mettre les navets côte à côte dans une casserole, ajouter l'eau, le sucre, le beurre, un peu de sel. Porter le liquide à ébullition et, à découvert, maintenir à petits bouillons en donnant de temps en temps un petit mouvement à la casserole pour faire tourner les navets sur eux-mêmes, jusqu'à ce que l'eau se soit évaporée et que les navets soient enduits d'un sirop brillant. Arrivé à ce point-là, surveiller la cuisson en tournant les navets sur eux-mêmes pour qu'ils deviennent d'une belle couleur dorée, sans les brûler en les caramélisant. Servir dans un légumier chaud.

Emploi : En accompagnement, avec oignons et carottes glacées, de paupiettes de veau. Accompagnement de ris de veau. Accompagnement de bœuf braisé.

Les oignons

C'est un légume qui se trouve toute l'année et dont l'emploi est indispensable dans de nombreuses sauces, ragoûts et plats mijotés. Mais au printemps, apparaissent les petits oignons blancs nouveaux, qui peuvent figurer dignement au milieu d'autres légumes en accompagnement d'un plat et les gros oignons doux qui peuvent être farcis.

PETITS OIGNONS GRELOTS AU NATUREL

Ils peuvent être cuits à l'avance, on les réchauffe au dernier moment dans de l'eau très chaude pendant quelques instants.

Proportions : *pour 4 personnes*
250 g d'oignons grelots • eau, sel
Préparation : *10 à 15 minutes*
Cuisson : *10 minutes*

Éplucher les oignons en gardant 1,5 à 2 cm de leurs tiges vertes. Faire bouillir une casserole d'eau salée, les cuire à l'anglaise *, les retirer avec une écumoire sans les abîmer. Ils sont bons à être utilisés.

Emploi : Dans les plats réclamant un accompagnement de petits légumes variés, tels que la poularde sauce foie gras. La poularde en gelée.

PETITS OIGNONS GLACÉS

Ce plat se fait au dernier moment.

***Proportions :** pour 4 personnes*
16 petits oignons grelots • 1/2 litre d'eau
2 cuillères à café de sucre en poudre
1 noix de beurre • sel
***Préparation :** 5 à 6 minutes*
***Cuisson :** 20 minutes environ*

Éplucher les petits oignons en leur laissant 1 cm de tige verte. Les poser côte à côte dans une casserole, couvrir avec l'eau, ajouter le beurre et le sucre, un peu de sel. A feu moyen, porter à ébullition, maintenir un petit bouillonnement régulier et laisser cuire en donnant un petit mouvement tournant à la casserole de temps en temps, jusqu'à ce que l'eau se soit évaporée et que les oignons soient enduits d'un sirop brillant. A ce stade-là, en faisant attention de ne pas les brûler en les caramélisant, continuer encore un peu la cuisson en les tournant sur eux-mêmes jusqu'à ce qu'ils soient d'une belle couleur dorée. Servir dans un légumier chaud.

Emploi : Avec des carottes et des navets glacés, c'est un bon accompagnement pour du ris de veau, des paupiettes de veau, la pièce de bœuf braisée.

GROS OIGNONS DOUX FARCIS

On peut préparer tout le plat à l'avance. On le met au four au dernier moment.

***Proportions :** pour 4 personnes*
4 à 6 gros oignons doux
150 g de chair à saucisse
1 cuillère à soupe de persil et cerfeuil hachés
1 tasse à thé de mie de pain
3 cuillères à soupe de lait
1 gros œuf de beurre et une noix
1/4 de litre de bouillon de volaille instantané
1/4 de tablette pour 1/4 de litre d'eau) • chapelure
***Préparation :** 30 à 35 minutes*
***Cuisson :** 1er temps, 5 minutes • au four, 25 à 30 minutes*

Faire bouillir une casserole d'eau salée. Pendant ce temps, retirer la peau des oignons et à l'aide d'un couteau pointu dessiner un large cercle profond autour de la tige de l'oignon. Plonger les oignons 5 minutes dans l'eau bouillante. Les retirer à l'aide de l'écumoire et les laisser refroidir.

Pendant ce temps, émietter la mie de pain dans une tasse et mouiller avec le lait. Laver, sécher, effeuiller le persil et le cerfeuil, hacher finement et réserver dans une tasse. En suivant le cercle dessiné au couteau, évider les oignons. Hacher finement la pulpe obtenue.

Dans une poêle, mettre à fondre une noix de beurre, ajouter la chair hachée des oignons, la faire fondre doucement à couvert jusqu'à ce qu'elle soit tendre et transparente (environ 10 minutes). Essorer la mie de pain entre les mains, la mettre dans un saladier, ajouter la chair à saucisse, les herbes hachées et le hachis d'oignon fondu au beurre. Saler, poivrer, bien mélanger et malaxer le tout avec les mains.

Allumer le four à température moyenne (200°, position 5). Garnir chaque oignon avec la farce en faisant un petit dôme. Saupoudrer légèrement de chapelure. Beurrer un plat allant au four. Disposer les oignons côte à côte. Mouiller le fond du plat avec 1/4 de litre de bouillon de volaille (1/4 de tablette pour 1/4 d'eau). Dans une petite casserole, faire fondre un œuf de beurre à feu doux. Le verser sur les oignons. Enfourner et faire cuire en arrosant régulièrement avec le jus de cuisson.

Quand les oignons sont moelleux, les sortir du plat de cuisson et les présenter dans un légumier, arrosés de leur jus de cuisson réduit pendant quelques minutes à feu vif, sur le gaz, jusqu'à consistance un peu sirupeuse.

Emploi : Une entrée de déjeuner. Le plat du dîner familial.

PURÉE SOUBISE

Ce plat se fait au dernier moment.

***Proportions :** pour 4 personnes*
*1 livre d'oignons • 1/2 litre de sauce béchamel rapide **
1 cuillère à soupe de crème fraîche • 1 œuf de beurre
sel, poivre • 1 pincée de muscade
***Préparation :** 15 à 20 minutes*
***Cuisson :** oignons, 20 minutes • sauce, 20 à 25 minutes*
***Finition :** 7 à 10 minutes*

Préparer une béchamel rapide, la laisser mijoter sur feu doux. Éplucher les oignons, les couper en fines rondelles.

Dans une sauteuse ou une casserole à fond épais, faire fondre le beurre à feu doux ; quand il est fondu, ajouter les oignons et les laisser cuire lentement à couvert jusqu'à ce qu'ils soient mous et transparents en restant tout à fait blancs. Verser alors la béchamel qui doit être épaisse dans la sauteuse. Mélanger les oignons, assaisonner de sel, poivre et muscade. Verser le tout dans le mixer ou à défaut dans un tamis et pilonner pour obtenir une purée très lisse.

Remettre cette purée dans la casserole. Mélanger la crème fraîche. Faire chauffer à feu assez vif pour qu'en mijotant elle réduise et épaississe. Ajouter hors du feu un œuf de beurre. Bien le fouetter et servir dans un légumier chaud.

Emploi : Accompagnement de rôti de bœuf. Accompagnement de gibier de poil. Accompagnement de poisson au court-bouillon.

L'oseille

C'est un légume de printemps. Il faut la choisir jeune et fraîche, les feuilles petites et d'un beau vert foncé luisant.

C'est un légume d'une acidité agréable, à utiliser en quantité modérée, mélangé à des épinards, adouci par de la crème, ou servant à relever le goût d'une sauce.

OSEILLE FONDUE

***Proportions :** pour 4 personnes*
250 g d'oseille • 1 cuillère à café d'eau
1 noix de beurre ou une cuillère à soupe de crème fraîche
sel, poivre
Préparation : 15 minutes
***Cuisson :** 10 minutes*

Retirer soigneusement la tige de chaque feuille pratiquement sur toute sa longueur si l'oseille semble un peu vieille, seulement au ras de la feuille si l'oseille est tendre et nouvelle. Laver soigneusement à plusieurs eaux. L'égoutter, comme une salade.

Dans une casserole, mettre à feu doux la cuillère d'eau et l'oseille, la laisser fondre et s'affaisser doucement en la tournant de temps en temps. Quand l'eau de végétation a disparu, ajouter et mélanger une

noix de beurre ou une cuillère à soupe de crème fraîche. Saler et poivrer. Elle est alors bonne à être utilisée :
1. Avec des œufs pochés ;
2. Mélangée avec des épinards ;
3. Au naturel, sans crème ni beurre, pour condimenter une sauce et accompagner un poisson ;
4. Au naturel, comme point de départ d'un potage.

Le panais

Très répandu dans l'ancienne cuisine, il a à peu près complètement disparu des marchés français. C'est cependant un légume délicieux que les Anglais continuent à consommer pendant les mois d'automne. On le trouve donc en France à cette saison, dans les magasins vendant des produits d'outre-Manche. Il se présente sous l'aspect d'un grand et large navet légèrement orangé.

La manière la plus agréable de le consommer est de l'étuver au beurre.

LE PANAIS ÉTUVÉ AU BEURRE

Proportions : *pour 4 personnes*
2 panais • 1 œuf de beurre
1 cuillère à café d'aneth haché (facultatif) • sel, poivre
Préparation : *5 à 6 minutes*
Cuisson : *10 à 12 minutes*

Avec le couteau économe, gratter les légumes, les couper en deux dans le sens de la longueur, puis couper chaque moitié en rondelles de 1/2 cm d'épaisseur.

Dans une cocotte, mettre un œuf de beurre à fondre à feu moyen. Quand il commence à grésiller, ajouter les rondelles de légumes. Saler et poivrer, et faire cuire à couvert en douceur en retournant de temps en temps, jusqu'à ce que les rondelles soient tendres-fermes. Retirer le couvercle, relever le feu, faire dorer légèrement de tous côtés. Verser dans le légumier de service et saupoudrer d'un peu d'aneth haché, si on le désire.

Emploi : Le légume du dîner familial. Accompagnement de dinde rôtie. Accompagnement de rôti de bœuf. Accompagnement d'un poisson au court-bouillon.

Les poireaux

On en trouve toute l'année, mais en fin d'hiver ils sont souvent « montés », donc assez impropres à la consommation en légume, car le cœur est devenu dur comme du bois.

Ils sont cependant toujours bons à utiliser en potage ou pour parfumer un pot-au-feu.

POIREAUX AU NATUREL

On peut les faire cuire à l'avance et les accommoder au dernier moment.

***Proportions :** pour 4 personnes*
8 à 12 poireaux • eau, sel
***Préparation :** 8 à 10 minutes*
***Cuisson :** 10 à 12 minutes*

Éplucher les poireaux en coupant la racine et en enlevant les feuilles extérieures dures et abîmées. Couper tous les poireaux d'une longueur égale en n'allant pas au-delà du vert tendre (la partie vert foncé sera utilisée pour un potage, v. page 69). Les laver soigneusement. Les ficeler en bottillons de 4 à 6 poireaux. Faire bouillir une grande casserole d'eau salée, les cuire à l'anglaise * à découvert. Les retirer avec une écumoire, et les étaler à plat sur un torchon pour les égoutter convenablement. Ils sont alors bons à l'emploi.

Emploi : Tièdes assaisonnés de vinaigrette. Accompagnement d'un poisson au court-bouillon ou d'une viande en sauce.

POIREAUX DE MA GRAND-MÈRE

On peut à l'avance cuire les poireaux et au dernier moment faire la sauce pour les réchauffer.

***Proportions :** pour 4 personnes*
12 poireaux • 3 cuillères à soupe de crème fraîche
2 cuillères à soupe de jus de cuisson • eau
1 pointe de muscade • sel, poivre
***Préparation :** 10 minutes*
***Cuisson :** poireaux, 10 à 12 minutes • sauce, 6 à 7 minutes*

Éplucher, laver les poireaux, supprimer la partie vert foncé. Les ficeler en 2 bottillons.

Mettre à bouillir une casserole d'eau salée. Y jeter les poireaux et les faire cuire à découvert 10 à 12 minutes à gros bouillons. Les retirer avec une écumoire et les mettre à égoutter sur un torchon. Couper et retirer la ficelle des bottillons.

Dans une sauteuse ou une large poêle, mettre à bouillir à feu moyen la crème fraîche et du jus de cuisson des poireaux. Quand la sauce est devenue homogène et onctueuse, ajouter les poireaux et laisser à feu doux pendant 5 à 6 minutes. Poivrer et râper une pointe de muscade au-dessus du plat. Verser doucement dans un plat de service chaud et servir.

Emploi : Le légume du dîner familial. Accompagnement d'un poisson au court-bouillon. Accompagnement de jambon chaud. Accompagnement d'un rôti de veau, de bœuf ou de porc.

BLANCS DE POIREAUX ÉTUVÉS À CRU

Ce plat se fait au dernier moment.

***Proportions :** pour 4 personnes*
8 à 12 poireaux • 1 cuillère à soupe d'eau
1 œuf de beurre • sel, poivre
***Préparation :** 8 à 10 minutes*
***Cuisson :** 8 à 10 minutes*

Éplucher et laver les poireaux comme il est dit à « poireaux au naturel * ».

Les couper en tronçons de 7 à 8 cm en n'allant pas au-delà du blanc (le vert tendre et le vert foncé serviront pour un potage, v. page 69). Dans une cocotte à feu moyen, mettre la cuillère d'eau et le beurre ; quand ce dernier est fondu dans l'eau, poser les blancs de poireaux côte à côte.

Saler et poivrer et les laisser cuire doucement en les retournant de temps en temps.

Quand ils sont tendres à cœur et non défaits, les retirer de la cocotte et les servir dans un légumier chaud.

Emploi : Le légume du dîner familial. Accompagnement de poulet rôti. Accompagnement de côte de bœuf poêlée. Accompagnement de poissons au four. Accompagnement de poissons au court-bouillon. Accompagnement de poissons en papillote.

POIREAUX GRATINÉS

On peut préparer le plat à l'avance et le faire réchauffer au dernier moment.

Proportions : *pour 4 personnes*
*8 à 12 poireaux • 2 tasses à thé de béchamel rapide **
1 grosse cuillère à soupe de crème fraîche
2 noix de beurre • 125 g de gruyère
1 pointe de muscade • sel, poivre
Préparation : *10 minutes*
Cuisson : *poireaux, 7 à 10 minutes • béchamel, 20 minutes*
au four, 15 à 20 minutes

Préparer la béchamel rapide, la laisser mijoter à feu doux.

Éplucher et laver les poireaux comme il est dit dans la recette précédente, les couper en tronçons de 7 à 8 cm sans aller au-delà du vert tendre (garder les feuilles vert foncé pour un potage, v. page 69).

Les cuire à l'anglaise * dans une grande casserole d'eau bouillante salée. Les égoutter sur un torchon. Râper le fromage, le réserver dans une tasse.

Allumer le four à température moyenne (200°, position 4, 5). Beurrer un plat allant au four, y étaler les poireaux.

Faire fondre dans la béchamel les 2/3 du gruyère, ajouter la crème fraîche, mélanger et la parfumer avec une pointe de muscade, vérifier l'assaisonnement en sel et en poivre. Verser la sauce sur les poireaux. Saupoudrer le plat avec le reste de gruyère râpé. Parsemer la surface de fins copeaux de beurre (la valeur d'une noix).

Mettre au four à chauffer en douceur ; pendant les 5 dernières minutes, passer le four à la position « gril » pour dorer le dessus du plat. Servir tel quel.

Emploi : Le légume du dîner familial. Accompagnement de porc rôti ou poêlé. Accompagnement de côtes de veau au jus.

Les petits pois

• Frais

Ils arrivent sur les marchés en avril ; leur pleine saison se situe de milieu mai à fin juin.

Il faut les choisir bien frais, la cosse luisante d'un joli vert et dure sous les doigts, les pois si possible tout petits, l'idéal étant en les épluchant de les trier pour les avoir tous de la même finesse.

PETITS POIS AU NATUREL

Ils peuvent être cuits à l'avance. On les réchauffe au dernier moment dans de l'eau très chaude et non bouillante ou on les incorpore à la préparation dont ils font partie.

***Proportions** : pour 4 personnes*
2 kg de pois non écossés • 2 litres d'eau • sel
***Préparation** : 15 à 20 minutes*
***Cuisson** : 10 à 15 minutes*

Écosser les petits pois et les trier, autant que possible, très fins et de même taille. Les cuire à l'anglaise * à découvert à gros bouillons pendant 10 à 15 minutes. Au terme de la cuisson, égoutter dans une passoire à pieds en les faisant sauter pour accélérer l'écoulement de l'eau.

Emploi :

1. On les déguste immédiatement : les verser alors dans un légumier bien chaud et y mélanger rapidement un œuf de beurre.
2. On les fait attendre pour un emploi ultérieur tel que macédoine de légumes *, navarin d'agneau *.

PETITS POIS À LA FRANÇAISE

Ce plat se fait au dernier moment.

***Proportions** : pour 4 personnes*
2 kg de pois non écossés • 1 laitue nouvelle
12 petits oignons blancs nouveaux • 1 gros œuf de beurre
1 branche de persil • 1 brindille de thym
1 cuillère à café débordante de sucre en poudre
1/2 verre d'eau • sel, poivre
***Préparation** : 50 à 55 minutes*
***Cuisson** : 20 à 25 minutes*

Éplucher les oignons, les réserver. Retirer les feuilles extérieures d'une jeune laitue. Laver le cœur à grande eau. Égoutter et réserver. Écosser les petits pois. Lier avec une ficelle le thym et le persil.

Dans une cocotte, verser le demi-verre d'eau, ajouter le sucre, le beurre divisé en morceaux, puis les petits pois, la laitue et les oignons ainsi que le thym et le persil. Saler, poivrer légèrement. Couvrir hermétiquement. Remplir le couvercle d'eau froide que l'on renouvelle en cours de cuisson. Porter à ébullition. Régler le feu pour maintenir un petit bouillottement continu en remuant de temps en temps les légumes qui vont rendre du jus grâce à la condensation de la vapeur sur l'assiette d'eau froide. Allumer le four à température tiède, mettre à chauffer le plat de service.

Au bout de 20 à 25 minutes, quand les pois sont cuits, retirer tous les légumes avec une écumoire et les disposer dans le légumier bien chaud. Supprimer le thym et le persil. Tenir au chaud, dans le four. A grand feu, faire réduire le jus dans la cocotte jusqu'à ce qu'il soit sirupeux, vérifier l'assaisonnement, le verser alors sur les petits pois et servir.

Emploi : Le légume du dîner familial. Accompagnement de côtes ou escalopes de veau. Accompagnement de poulet rôti. Accompagnement de canard rôti.

PETITS POIS AUX CAROTTES NOUVELLES

Ce plat se fait au dernier moment.

***Proportions :** pour 4 personnes*
1 kg de petits pois non écossés
12 petites carottes nouvelles de taille égale
10 petits oignons blancs nouveaux
1 bouquet garni (1 branche de persil, 1 brindille de thym)
1 verre d'eau • 1 cuillère à soupe rase de sucre
1 gros œuf de beurre • sel, poivre
***Préparation :** 50 à 55 minutes*
***Cuisson :** 35 à 40 minutes en tout*

Gratter les petites carottes en essayant de les choisir comme des grosses billes, les tenir dans l'eau fraîche. Éplucher les oignons grelots, les réserver. Écosser les petits pois.

Dans une cocotte, mettre les carottes, ajouter l'eau, le beurre, le sucre. Faire partir à petits bouillottements. Quand les carottes sont presque cuites (15 minutes environ), ajouter les petits pois, les oignons, le sel et le poivre, couvrir hermétiquement avec le couvercle contenant de l'eau froide que l'on renouvellera en cours de cuisson. Laisser bouillotter à chaleur moyenne pendant 20 à 25 minutes en remuant les légumes de temps en temps. Allumer le four à température tiède, mettre à chauffer le légumier.

Au terme de la cuisson, retirer tous les légumes avec une écumoire, les disposer dans le légumier. Faire réduire le jus jusqu'à consistance un peu sirupeuse, le verser sur les légumes et servir.

Emploi : Les mêmes que ceux des petits pois à la française.

PETITS POIS AUX LARDONS

Ce plat se prépare au dernier moment.

***Proportions :** pour 4 personnes*
2 kg de pois non écossés • 150 g de poitrine fumée
1 petite laitue • 12 petits oignons blancs grelots
1 gros œuf de beurre • 1 brindille de thym
1 branche de persil
1 cuillère à soupe rase de sucre en poudre
1/2 verre d'eau • sel, poivre
***Préparation :** 50 à 55 minutes*
***Cuisson :** 30 à 35 minutes*

Écosser les petits pois. Enlever les feuilles extérieures de la laitue, conserver le cœur, le laver entier à grande eau. Éplucher les petits oignons. Retirer la couenne et le cartilage de la poitrine fumée. La couper en petits dés.

Graisser une cocotte avec une petite parcelle de beurre. Allumer à feu moyen. Ajouter les dés de poitrine fumée, les laisser revenir et dorer en douceur. Mouiller avec un demi-verre d'eau, ajouter les petits pois, les autres légumes, le reste du beurre et le sucre. Saler légèrement, poivrer. Couvrir la cocotte et régler le feu pour maintenir un petit bouillottement, laisser cuire 20 à 25 minutes. Chauffer un légumier dans le four tiède.

En fin de cuisson, retirer les petits pois, les oignons, la laitue et les lardons de la cocotte à l'aide d'une écumoire, les disposer dans le légumier chaud, supprimer le persil et le thym. A feu vif, faire réduire le jus pour qu'il prenne une consistance un peu sirupeuse. Vérifier l'assaisonnement. Verser dans le légumier et servir.

Emploi : Le légume du dîner familial. Accompagnement du bœuf rôti ou poêlé. Accompagnement du veau rôti ou poêlé.

• En boîte

Ils sont en général absolument parfaits, car calibrés et mis en boîte dès la cueillette.

Les « extra-fins » sont à la fois les plus coûteux, les plus tendres et les plus sucrés.

On peut les consommer de plusieurs manières :
— Verser le contenu de la boîte dans la casserole, faire chauffer doucement en ajoutant un morceau de sucre n° 4 pour 1/2 boîte. Servir dans un légumier chaud sans le jus et en mélangeant une noix de beurre au dernier moment.

À LA FRANÇAISE

***Préparation et cuisson :** 20 à 25 minutes*

Supprimer la moitié du jus avant de verser les petits pois dans la casserole, ajouter un œuf de beurre, un demi-morceau de sucre n° 4 pour 1/2 boîte. Couvrir la casserole et laisser mijoter doucement jusqu'à ce qu'il n'y ait qu'un voile de jus au fond de la casserole. Servir dans un légumier chaud.

AUX LARDONS

***Proportions :** pour 4 personnes*
1 boîte de petits pois • 125 g de poitrine fumée
1 œuf de beurre • sel, poivre
***Préparation :** 5 à 6 minutes*
***Cuisson :** lardons, 6 à 7 minutes*
***Finition :** 20 à 25 minutes*

Retirer la couenne et les cartilages de la poitrine fumée, la couper en petits dés, graisser une cocotte avec une parcelle de beurre.
A feu moyen, ajouter les lardons, les faire revenir et dorer en douceur, mouiller avec le 1/4 du jus de la boîte, verser les petits pois égouttés, mélanger le reste du beurre, poivrer, couvrir et laisser mijoter à petit feu jusqu'à ce qu'il ne reste qu'un voile de liquide au fond de la cocotte. Servir dans un légumier chaud.

Emploi : Les mêmes que ceux des petits pois frais.

• Surgelés

Absolument excellents, ils sont à employer à l'exclusion de tous les autres en toute saison dans une macédoine de légumes, un navarin d'agneau ou toute préparation demandant l'adjonction de petits pois au naturel, car la commodité de leur emploi (ils sont écossés), la rapidité de leur cuisson (5 minutes dans l'eau bouillante) facilitent bien la tâche de la cuisinière.

Ils peuvent également être accommodés selon les différentes recettes des petits pois frais. Ils ont à ce moment-là les mêmes emplois. Ils existent en paquets de 300 g, 450 g et 1 kg.

Les pois gourmands

Le pois gourmand est une variété de petits pois. Il apparaît peu de temps sur les marchés à partir de mars. Il se présente sous l'aspect de larges cosses plates vert tendre.

C'est un très bon légume à condition de :

1. Parfaitement enlever les fils en cassant chaque extrémité et en tirant doucement de chaque côté de la cosse pour obtenir le fil sur toute sa longueur ;
2. Le cuire très peu de temps pour qu'il reste un peu croquant.

AU BEURRE FONDU

Ils se préparent au dernier moment.

Proportions : *pour 4 personnes*
500 g de pois gourmands • 1 cuillère à soupe d'eau
1 œuf de beurre • sel, poivre
Préparation : *10 à 15 minutes*
Cuisson : *4 à 5 minutes*

Faire cuire les poids gourmands à l'anglaise * à découvert pour garder leur jolie couleur verte. Les égoutter dans la passoire à pieds. Dans la casserole de cuisson, mettre une cuillère à soupe d'eau et le beurre. A feu assez vif, et en imprimant un mouvement circulaire à la casserole, faire fondre le beurre dans l'eau jusqu'à ce que l'ensemble s'émulsionne. Mettre alors les pois gourmands dans cette sauce, laisser chauffer quelques instants en les retournant délicatement une fois. Servir dans un légumier chaud.

Emploi : Accompagnement de poisson au four. Accompagnement de canette à la broche. Accompagnement de rôti de veau.

Les salsifis

C'est un légume d'hiver, de novembre à mars. On le rencontre de moins en moins souvent sur les marchés, car la corvée de l'épluchage fait reculer les maîtresses de maison pressées. On le trouve prêt à cuire en surgelé ou en boîte, bien épluché et bien cuit. On peut alors l'accommoder comme on le souhaite.

Pour celles qui n'aiment pas les conserves et ont tous les courages :

SALSIFIS AU NATUREL

***Proportions :** pour 4 personnes*
1 kg de salsifis

L'épluchage : Couper les fanes, laver les salsifis à grande eau pour enlever toute la terre. Les gratter ensuite à l'économe, les couper en tronçons de 7 à 8 cm et les plonger au fur et à mesure dans l'eau vinaigrée pour éviter le noircissement.

La cuisson : Les cuire à grande eau bouillante salée et citronnée pendant 45 minutes environ. Les laisser dans leur eau de cuisson jusqu'à l'emploi.

SALSIFIS SAUTÉS AU BEURRE À L'ESTRAGON

Ce plat se fait au dernier moment.

***Proportions :** pour 4 personnes*
1 grande boîte de salsifis • 1 œuf de beurre
1/2 tasse à thé d'estragon haché • sel, poivre
***Préparation :** 10 minutes*
***Cuisson :** 7 à 10 minutes*

Verser les salsifis dans la passoire, les rincer à l'eau froide, les égoutter convenablement. Laver l'estragon, l'effeuiller. Hacher finement les feuilles, réserver dans une tasse à thé.

Dans une poêle, mettre le beurre à fondre à feu moyen. Quand il grésille, ajouter les salsifis et les faire dorer de tous côtés. Saler et poivrer. Ajouter les 2/3 de l'estragon haché, tourner les salsifis pour les mélanger à l'herbe.

Verser dans un légumier chaud, saupoudrer avec l'estragon restant et servir.

Emploi : Le légume du dîner familial. Accompagnement d'un rôti de porc. Accompagnement d'un sauté d'agneau.

SALSIFIS A LA CRÈME

Ce plat se fait au dernier moment.

***Proportions :** pour 4 personnes*
1 grande boîte de salsifis • 1/4 de litre de crème fraîche
2 cuillères à café de cerfeuil haché • sel, poivre
***Préparation :** 3 minutes*
***Cuisson :** 10 à 12 minutes*

Verser les salsifis dans la passoire. Les rincer à l'eau froide et les égoutter soigneusement. Laver, sécher, effeuiller le cerfeuil, le hacher finement.

Verser ensuite les salsifis dans une casserole, les recouvrir de crème fraîche. Faire partir à ébullition à feu moyen et faire mijoter doucement jusqu'à ce que la crème ait réduit de moitié. Ajouter le cerfeuil haché. Vérifier l'assaisonnement et poivrer avec le moulin à poivre.

Servir dans un légumier chaud.

Emploi : Le légume du dîner familial. Accompagnement de côtes de porc. Accompagnement d'un poulet rôti.

SALSIFIS FRITS

Ce plat se fait au dernier moment. La pâte à frire se fait à l'avance.

***Proportions :** pour 4 personnes*
1 grande boîte de salsifis
4 cuillères à soupe d'huile d'arachide
*1/2 litre de pâte à frire * • le jus de 1/2 citron • sel, poivre*
huile de friture dans une bassine
***Préparation :** 15 à 20 minutes*
***Cuisson :** 4 à 5 minutes*

Préparer la pâte à frire 2 heures à l'avance.

Verser les salsifis dans la passoire, les rincer à l'eau froide, les égoutter et les sécher dans un torchon.

Dans un saladier, mettre les cuillères d'huile et le jus de citron.

Mélanger convenablement. Ajouter les salsifis, saler, poivrer, et les rouler avec les mains dans ce mélange. Les laisser séjourner dans le saladier pendant 20 à 25 minutes en les tournant de temps en temps.

Faire chauffer l'huile dans la bassine. Quand elle est chaude, prendre 5 à 6 morceaux de salsifis en les secouant pour supprimer l'excédent d'huile, les plonger dans la pâte à frire puis dans la bassine.

Quand ils flottent à la surface et qu'ils ont pris une belle couleur dorée, les retirer avec l'écumoire et les poser sur un papier absorbant. Continuer ainsi l'opération jusqu'à épuisement des salsifis. Les dresser sur une serviette sur un plat de service et servir immédiaement.

Emploi : Le légume du dîner familial. Accompagnement de viandes rôties.

Les tomates

On en trouve toute l'année sur les marchés, mais elles ne sont vraiment bonnes, charnues et parfumées que pendant les mois d'été car poussant en pleine terre, sous le soleil du Midi.

Toutes les tomates hivernales de serre et d'importation sont aqueuses, pâlottes et sans goût, aussi est-il préférable de ne pas les employer en légume cru, et d'acheter des boîtes de tomates pelées entières, datant de la récolte de l'été précédent, pour faire du coulis ou ajouter dans un ragoût.

A partir de mai, les tomates de pleine terre arrivent sur les marchés, les différentes espèces se succéderont jusqu'en septembre, octobre.

C'est au début de la saison qu'apparaissent les petites tomates lisses et rondes, délicieuses en salade ou poêlées.

Plus tard apparaîtront les grosses tomates côtelées exquises en tous usages, parfaites pour être farcies.

Depuis quelque temps, on trouve au cœur de l'été de toutes petites tomates rondes, pas plus grosses qu'une cerise. Elles sont décoratives dans un plat, et délicieuses aussi à croquer crues avec une pincée de sel.

Enfin, milieu août, apparaît l'olivette, appelée aussi « roma », tomate en forme d'olive longue de 3 à 4 cm sur environ 3 cm de large. C'est une merveille, charnue, et savoureuse, elle est idéale coupée en deux dans le sens de la longueur, légèrement salée et poivrée, puis arrosée d'un filet d'huile d'olive.

TOMATES CONCASSÉES CRUES

On utilise essentiellement les tomates préparées de cette manière en tant que garniture, ou à ajouter dans une sauce. C'est en quelque sorte un condiment. On peut les préparer plusieurs heures à l'avance et les conserver au frais dans une boîte hermétique.

***Proportions** : pour 4 personnes*
5 tomates rondes moyennes • eau
***Préparation** : 12 à 15 minutes*
***Cuisson** : 1 minute*

Laver les tomates. Faire bouillir une grande casserole d'eau. Plonger les tomates 1 minute. Les retirer avec l'écumoire et les poser dans la passoire. Les laisser refroidir quelques instants, puis retirer la peau sans en égratigner la chair.

Couper les tomates en deux, les presser dans les mains pour retirer l'eau de végétation et les graines. Éventuellement, parachever l'ouvrage à l'aide d'un petit couteau pointu.

Couper ensuite la chair des tomates en petits dés, les laisser reposer pendant 20 à 25 minutes dans une passoire au-dessus d'un bol pour laisser s'écouler le reste de l'eau. Elles sont alors bonnes à l'emploi.

Emploi : Au naturel dans une sauce. Salées et poivrées, en accompagnement d'un poisson ou d'une viande.

Remarque : Pour les tiédir, il suffit de les mettre dans une assiette creuse couverte au-dessus d'une casserole d'eau bouillante.

TOMATES POÊLÉES

Ce plat se prépare au dernier moment.

***Proportions** : pour 4 personnes*
6 tomates rondes moyennes • 1 œuf de beurre
1 gousse d'ail (facultatif)
1/2 tasse à thé de persil haché • sel, poivre
***Préparation** : 10 à 15 minutes*
***Cuisson** : 6 à 8 minutes*

Laver les tomates, les essuyer. Les couper en deux et presser doucement chaque moitié entre les mains pour enlever les graines et l'eau de végétation, les faire attendre sur la planche, côté peau en dessus. Laver, sécher le persil, l'effeuiller et le hacher finement, le réserver dans la tasse. Si on le désire, éplucher une gousse d'ail, la hacher très finement et la mélanger au persil.

Dans une large poêle, faire fondre le beurre à feu moyen ; quand il grésille, ajouter les tomates, le côté chair sur la poêle. Laisser cuire et dorer les tomates sans aller trop vite et en remuant la poêle pour éviter qu'elles n'attachent. Quand elles sont à point, les retourner, baisser le feu et continuer la cuisson pour qu'elles s'attendrissent. Saler, poivrer, saupoudrer d'ail et de persil.

À l'aide d'une large spatule, les poser dans un légumier chaud. Faire rapidement réduire le jus au fond de la poêle pour qu'il devienne liquoreux, le verser sur les tomates et servir.

Emploi : Avec des haricots verts, accompagnement de l'agneau rôti ou poêlé. Accompagnement d'un poisson au four. Accompagnement de pâtes au naturel. Accompagnement d'œufs au plat.

TOMATES GRILLÉES

Ce plat se fait au dernier moment.

***Proportions :** pour 4 personnes*
6 tomates moyennes rondes
1 œuf de beurre • sel, poivre
***Préparation :** 6 à 7 minutes*
***Cuisson :** 20 à 25 minutes*

Allumer le four en position « gril ». Laver et sécher les tomates. Les couper en deux et les presser doucement dans les mains pour retirer les graines et l'eau de végétation.

Les disposer côte à côte dans un plat qui va au four. Saler et poivrer. Dans une petite casserole, faire fondre le beurre, le verser sur la surface de chaque tomate. Enfourner le plat à mi-hauteur, laisser les tomates s'attendrir, puis éventuellement les remonter plus près du gril pour leur donner une jolie couleur. Les retirer ensuite du plat avec une large spatule et les poser dans le plat de service.

Emploi : Les mêmes que ceux des tomates poêlées.

Les truffes

Merveilleuse, noire et parfumée, horriblement chère, la truffe est un champignon rare et recherché. On le trouve en France essentiellement dans le Périgord, le Quercy, le Vaucluse et la Drôme.

Pour l'utilisateur, la truffe se présente sous trois formes :

- *Fraîche en saison* sur les lieux de production et dans les boutiques de produits de luxe dans les grandes villes ;
- *Toute l'année en conserve* dans les bonnes maisons. On a le choix entre les truffes entières, en morceaux, en brisures, en pelures. On trouve également du jus de truffes en boîte ;
- *Les truffes dites de première ébullition :* c'est un procédé de conservation à faire chez soi (voir plus loin).

Dans les recettes de ce livre utilisant des truffes, la maîtresse de maison pourra utiliser le type de truffes qu'elle aura à sa disposition.

• Préparation et conservation des truffes dites de première ébullition

Acheter des truffes fraîches de la taille d'une noix à la taille d'un bel abricot de janvier à mars.

Les mettre dans une grande passoire et les passer sous l'eau fraîche pour faire tomber le plus gros de la terre dont elles sont entourées. Les brosser ensuite avec une brosse à ongles sous le robinet d'eau courante, en insistant bien sur tous les petits creux pour qu'il ne reste plus du tout de terre.

Les mettre ensuite dans des petits bocaux de 1 à 3 truffes, pas plus. Les fermer.

Entasser les bocaux dans un grand fait-tout, poser dessus un poids ou une pierre pour les empêcher de flotter. Couvrir d'eau, porter à ébullition et laisser bouillir pendant 3 heures. Au bout de ce temps, les truffes sont parfaitement stérilisées et ont gardé tout le parfum et la saveur des truffes fraîches.

Elles peuvent alors se conserver de 1 à 2 ans et avoir les mêmes emplois que les truffes fraîches.

Le jus qu'elles ont rendu dans les bocaux est délicieusement parfumé ; il sera heureusement employé en même temps que les truffes.

LES TRUFFES FRAÎCHES CRUES

On ne les épluche pas et, détaillées en rondelles, en bâtonnets ou en petits dés, elles sont délicieuses dans une salade verte ou dans des salades composées (voir chapitre des salades).

LES TRUFFES FRAÎCHES CUITES

Choisir des truffes fraîches, bien dures et bien noires, de taille égale. Verser 1/2 bouteille de vin blanc sec dans la partie inférieure du couscoussier. Poser les truffes parfaitement brossées et non pelées sur la grille du récipient supérieur. Couvrir, porter à ébullition et laisser cuire les truffes dans la vapeur de vin blanc sec, pendant 15 minutes. Au bout de ce temps elles sont bonnes à l'emploi.

• À la croque au sel

C'est une entrée légère et raffinée. Disposer les truffes cuites (une par personne) sur une serviette blanche sur le plat de service. À l'usage des convives, disposer sur la table des soucoupes de gros sel, du beurre frais excellent, des tartines de pain de campagne grillées et chacun croquera sa truffe en la salant de quelques grains de sel et en mangeant sa tartine de pain grillé beurrée.

• En accompagnement

Ainsi cuites, entières ou coupées de diverses manières, les truffes accompagnent très bien viandes ou poissons, enrichissent une sauce, farcissent une omelette, se mélangent à des œufs brouillés ou à des pommes de terre sautées, ornent et parfument une salade composée.

LES TRUFFES DE PREMIÈRE ÉBULLITION

Elles remplacent avantageusement les truffes fraîches pour tous les autres emplois. Si nécessaire, on les réchauffe 5 à 6 minutes à la vapeur de vin blanc.

LES TRUFFES DE CONSERVE

Elles ont les mêmes emplois que les truffes fraîches cuites et les truffes de première ébullition.

Préparations diverses

JARDINIÈRE DE LÉGUMES

Les légumes peuvent être cuits à l'avance ; on les réchauffe dans une casserole d'eau bouillante et on les met dans le beurre fondu au dernier moment. Dans ce cas, garder une louche de l'eau de cuisson.

***Proportions** : pour 6 personnes*
200 g de pommes de terre BF 15 ou Roseval
300 g de carottes rondes nouvelles
100 g de navets ronds nouveaux
150 g de petits pois frais écossés ou surgelés
100 g d'oignons grelots • 200 g de haricots verts
1 gros œuf de beurre • 1/2 louche de jus de cuisson
sel, poivre
***Préparation** : 40 à 45 minutes*
***Cuisson** : voir à chaque légume*

Gratter les carottes, les navets et les pommes de terre ; les laisser dans l'eau fraîche. Écosser les petits pois frais ou employer des pois surgelés. Éplucher les haricots verts, les couper en 3 ou 4 morceaux.

Faire cuire séparément tous les légumes à l'anglaise *, les égoutter.

Dans une casserole, faire un beurre fondu * avec l'eau de cuisson et le beurre. Mettre les légumes à chauffer doucement en les remuant de bas en haut. Servir dans un légumier chaud.

Emploi : Le légume du dîner familial. Accompagnement de viandes rôties ou poêlées.

JULIENNE DE LÉGUMES

Elle se fait au dernier moment. On ne peut pas la considérer comme un légume-garniture. C'est plutôt un élément plein de saveurs complétant et terminant un plat.

***Proportions** : pour 4 personnes*
2 carottes moyennes • 1 navet • 3 à 4 champignons de Paris moyens
1 noix de beurre • sel, poivre
***Préparation** : 12 à 15 minutes*
***Cuisson** : 10 à 12 minutes*

Éplucher les carottes et le navet. Les laver et les sécher, puis les tailler en julienne à l'aide de la grille moyenne du mouli-julienne. Les réserver dans un torchon. Séparer les têtes des pieds des champignons. Supprimer la partie terreuse. Les laver et, à l'aide d'un couteau bien affûté, les détailler en bâtonnets égaux à ceux des carottes et du navet. Les arroser de quelques gouttes de jus de citron pour les empêcher de noircir.

Dans une casserole à fond épais, mettre une noix de beurre à fondre à feu doux. Quand elle est fondue, ajouter la julienne de carottes et navet. Couvrir et laisser cuire en douceur sans prendre couleur pendant 5 à 6 minutes. Au bout de ce temps, mélanger les bâtonnets de champignons, remuer le tout à la cuillère, saler, poivrer, laisser cuire à couvert 5 à 6 minutes de plus, en veillant à ce que les légumes n'attachent pas et ne se colorent pas. En fin de cuisson, ils doivent être tendres mais pas mous. Ils se prêtent alors à la recette choisie.

MACÉDOINE DE LÉGUMES

Tous les légumes peuvent être cuits et mélangés à l'avance. On les réchauffe ou on les assaisonne au dernier moment.

***Proportions** : pour 6 personnes*
200 g de haricots verts • 200 g de carottes
200 g de navets
1 paquet de petits pois surgelés de 300 g
200 g de pommes de terre BF 15 ou Roseval
***Préparation** : 1 heure*
***Cuisson** : haricots verts, 10 minutes environ*
carottes, 10 à 12 minutes environ
navets, 5 à 7 minutes environ • petits pois, 5 minutes environ
pommes de terre, 15 à 20 minutes environ

Pour que ce plat soit bon, il faut que chaque légume soit cuit séparément, afin que certains ne soient pas trop cuits et d'autres pas assez. Pour qu'il soit joli, il faut que les légumes soient de taille égale. C'est dire que ce simple plat de légumes est finalement long à confectionner.

Préparer les légumes. Gratter les pommes de terre à l'aide de l'économe. Les tailler en petits dés de 1,5 cm de section. Laver à l'eau fraîche. Les mettre dans une casserole d'eau froide salée. Porter à ébullition et laisser cuire environ 20 minutes. Les égoutter ensuite dans la passoire à pieds.

Pendant que les pommes de terre cuisent, porter à ébullition une casserole d'eau salée et gratter les carottes et les navets, les couper en petits dés égaux à ceux des pommes de terre. Les laver à l'eau fraîche dans deux récipients séparés.

Plonger les carottes dans la casserole d'eau bouillante ; 5 minutes après, ajouter les navets. Pendant que carottes et navets cuisent, retirer les pommes de terre de la passoire, les mettre dans un saladier. Éplucher les haricots verts et les couper en morceaux de 2 cm de longueur. Les laver à l'eau fraîche.

Quand les carottes et les navets sont cuits, les retirer avec une écumoire et les égoutter dans la passoire. Les remplacer dans la casserole par les haricots verts. Pendant qu'ils cuisent, ajouter les carottes et les navets aux pommes de terre dans le saladier en mélangeant délicatement.

Retirer les haricots verts avec une écumoire, les plonger dans l'eau fraîche, les égoutter dans la passoire et les mélanger aux autres légumes dans le saladier.

Mettre à cuire les petits pois surgelés, les égoutter et leur faire rejoindre le reste des légumes dans le saladier.

Les légumes étant cuits, on peut les accommoder :

• Chauds au beurre

Les enfermer dans un baluchon d'étamine où ils soient à l'aise, les plonger à réchauffer dans une grande casserole d'eau très chaude et non bouillante pendant quelques minutes. Les sortir, laisser l'eau bien s'écouler à travers le chiffon. Ouvrir le paquet et le verser doucement dans un légumier chaud, les parsemer d'un œuf de beurre ramolli divisé en copeaux qui fondront à la chaleur, et servir.

Emploi : Le légume du dîner familial. Accompagnement de viandes rôties ou poêlées.

SANS BEURRE AU NATUREL : Viandes en sauce. Volaille en sauce. Poisson au court-bouillon.

• Froids

Mélangés avec une mayonnaise *, ils deviennent ce qu'on appelle « la salade russe ».

Emploi : Accompagnement de viandes froides. Accompagnement de poissons froids. Accompagnement de crustacés pochés.

LA RATATOUILLE NIÇOISE

Ce plat peut être fait à l'avance. On le réchauffe lentement à feux doux.

***Proportions** : pour 4 personnes*
1 kg de tomates • 300 g d'aubergines
500 g de courgettes • 2 poivrons verts
2 beaux oignons • 3 gousses d'ail • 1 brindille de thym
5 cuillères à soupe d'huile d'olive environ • sel, poivre
***Préparation** : 35 minutes*
***Cuisson** : chaque légume, 10 à 12 minutes*
ratatouille, 1 heure 30

Plonger les tomates 2 minutes dans l'eau bouillante. Les égoutter. Avec un économe, éplucher les aubergines et les couper en petits dés.

Dans une grande cocotte, mettre 3 cuillères à soupe d'huile d'olive à chauffer à feu moyen. Quand elle est bien chaude, jeter dedans les dés d'aubergines pour les faire fondre et revenir en les tournant de temps en temps avec une cuillère en bois.

Pendant que les aubergines sont dans la cocotte, avec l'économe éplucher les courgettes, les couper aussi en petits dés. Avec une écumoire, retirer les aubergines de la cocotte, les réserver dans un saladier. Éventuellement rajouter de l'huile, attendre qu'elle soit chaude et y jeter les courgettes pour également les faire fondre et revenir en les remuant régulièrement avec la cuillère en bois.

Pendant ce temps, retirer la tige, les graines et les parties ligneuses des poivrons, les couper d'abord en languettes puis en très petits morceaux. Éplucher les oignons et les émincer en fines rondelles. À ce moment, les courgettes doivent être à point, les retirer avec l'écumoire et les réserver dans le même saladier que les aubergines.

Remettre de l'huile dans la cocotte, la faire chauffer et y jeter les poivrons. Attendre qu'ils commencent à se ramollir, puis ajouter les oignons. Les laisser tranquillement fondre et revenir avec les poivrons en remuant avec la cuillère en bois.

Pendant ce temps, retirer la peau des tomates ainsi que la partie dure de la tige. Les couper grossièrement en morceaux dans un saladier.

Remettre dans la cocotte les courgettes et les aubergines. Prendre les morceaux de tomates avec une écumoire pour éviter de mettre trop d'eau de végétation, les ajouter au contenu de la cocotte et mélanger le tout en laissant toujours à feu moyen. Éplucher les gousses d'ail, les écraser avec le presse-ail au-dessus de la cocotte, mélanger. Ajouter une petite branche de thym. Saler, poivrer. À partir de l'ébullition, laisser mijoter à petit feu à découvert pendant 1 heure 30.

La ratatouille doit être alors à point, cuite et tout le liquide évaporé. Si elle semblait encore trop liquide, continuer la cuisson pour parachever la réduction. Vérifier l'assaisonnement. Retirer la branche de thym et servir dans un plat de service.

Remarques :
1. Tel quel, ce plat se présente comme un ensemble de morceaux de légumes. On peut, si on préfère, les écraser grossièrement à la fourchette avant de servir.
2. On peut également procéder de manière différente : éplucher et couper d'abord tous les légumes, puis les faire fondre et revenir en même temps, chacun dans une poêle différente, puis mettre le tout dans une cocotte et faire cuire. On gagne cependant, à mon avis, davantage de temps en procédant comme je l'ai indiqué.
3. Ce plat peut sans inconvénient être réchauffé, donc être fait à l'avance.

Emploi : CHAUDE : le légume du dîner familial. Accompagnement de poissons au four ou au court-bouillon. Accompagnement d'escalopes de veau poêlées. Accompagnement de côtes d'agneau grillées ou poêlées. FROIDE : complément d'œufs cocotte. Complément d'omelette. Complément de poissons au court-bouillon.

Les légumes secs

Ce sont des légumes d'hiver, ils datent en général de la récolte précédente.

Économiques et avantageux, ils représentent pour la maîtresse de maison un apport appréciable à un moment où les légumes verts, limités ou d'importation, sont en général fort coûteux.

Les haricots blancs

Il en existe de nombreuses variétés depuis les toutes petites « mogette » jusqu'aux gros lingots du Nord, en passant par les « soissons » qui sont les plus couramment utilisés dans nos villes.

Les *flageolets* secs, petits haricots vert tendre, se cuisinent selon les mêmes recettes que les haricots blancs.

HARICOTS BLANCS AU BEURRE

On peut faire les haricots à l'avance, les réchauffer doucement et les beurrer au dernier moment.

Proportions *: pour 4 personnes*
500 g de haricots blancs • 2 litres d'eau
2 gousses d'ail • 2 oignons moyens
1 petite branche de thym • 2 feuilles de laurier
sel, poivre • 1 gros œuf de beurre
Préparation *: 7 à 10 minutes*
Cuisson *: 2 heures à 2 heures 30*

Verser les haricots dans la passoire, les rincer soigneusement à l'eau froide pour leur enlever le goût de poussière des sacs. Les faire tremper 2 bonnes heures dans l'eau tiède.

Éplucher les oignons, les couper en rondelles. Éplucher les gousses d'ail. Égoutter les haricots, les verser dans une marmite, recouvrir largement d'eau froide, saler.

Porter doucement à ébullition. Quand elle est atteinte, retirer l'écume de la surface, ajouter l'ail, les oignons, le thym et le laurier. Couvrir et régler à petite ébullition régulière pendant 2 heures à 2 heures 30 selon la qualité et l'espèce des haricots employés. Ils doivent être tendres et moelleux, mais non éclatés.

Au bout de ce temps, verser dans un récipient la quasi-totalité du jus de cuisson, qui pourra servir pour un potage, en s'aidant du couvercle pour retenir les haricots.

Retirer seulement le thym et le laurier, ajouter le beurre, et en donnant un mouvement circulaire à la casserole, le faire fondre et s'émulsionner avec le liquide restant. Vérifier l'assaisonnement en sel, poivrer et servir dans un légumier chaud.

Emploi : Les mêmes que ceux des haricots blancs frais.

Remarque : Le reste de haricots sera joint au jus de cuisson réservé pour faire un potage (v. page 72).

HARICOTS BLANCS AU KETCHUP

Ce plat se prépare au dernier moment.

***Proportions** : pour 4 personnes*
500 g de haricots secs • 2 oignons moyens
2 gousses d'ail • 1 petite branche de thym • 1 feuille de laurier
1 gros œuf de beurre
2 cuillères à soupe de sauce ketchup • sel, poivre
***Préparation** : 25 à 30 minutes*
***Cuisson** : 2 heures à 2 heures 30*

Procéder de la même façon que pour les haricots blancs au beurre *.

Quand le beurre a été mis et mélangé, ajouter la sauce ketchup et l'incorporer en remuant doucement les haricots avec une cuillère en bois. Laisser chauffer un peu. Servir dans un légumier chaud.

Emploi : Les mêmes que ceux des haricots au beurre.

HARICOTS BLANCS AUX LARDONS

Les haricots peuvent être cuits à l'avance. On les réchauffe doucement et on termine le plat au dernier moment.

***Proportions** : pour 4 personnes*
500 g de haricots secs • 125 g de poitrine fumée
2 oignons moyens • 2 gousses d'ail
1 petite branche de thym
2 feuilles de laurier • 2 litres d'eau
1/4 de noix de beurre • sel, poivre
***Préparation** : 10 à 15 minutes*
***Cuisson** : haricots, 2 heures à 2 heures 30*
lardons, 7 à 8 minutes

Préparer et cuire les haricots secs comme il est dit à « haricots blancs au beurre * ». Pendant le dernier 1/4 d'heure de cuisson des haricots, supprimer la couenne et les cartilages de la poitrine fumée, la couper en petits dés.

Dans une petite poêle, mettre à fondre à feu moyen une parcelle de beurre. Quand elle est fondue, ajouter les lardons et les faire rissoler en douceur.

Puis les tenir à feu très doux pendant que l'on verse dans un récipient la quasi-totalité du jus de cuisson des haricots. S'aider d'un couvercle pour retenir ces derniers.

Retirer le thym et le laurier, verser dans les haricots les lardons et leur graisse. Mélanger délicatement avec une cuillère en bois. Servir dans un légumier chaud.

Emploi : Accompagnement de travers de porc grillé. Accompagnement de saucisses diverses.

PURÉE DE HARICOTS BLANCS

Ce plat se fait au dernier moment.

***Proportions** : pour 4 personnes*
500 g de haricots secs • 2 oignons moyens
2 gousses d'ail • 1 petite branche de thym
2 feuilles de laurier
2 litres d'eau • 2 œufs de beurre
1 cuillère à soupe de crème fraîche • sel, poivre

***Préparation** : 10 à 15 minutes*
***Cuisson** : haricots, 2 heures à 2 heures 30*
***Finition** : 20 à 25 minutes*

Préparer et cuire les haricots comme il est dit à « haricots au beurre * ».

Quand ils sont cuits, les égoutter dans une passoire, conserver le jus de cuisson, supprimer le thym et le laurier et continuer comme pour la purée de haricots frais *.

Emploi : Accompagnement de l'agneau rôti ou poêlé. Accompagnement du porc rôti ou poêlé.

Remarque : Le jus de cuisson peut servir éventuellement à faire un potage * avec la purée, s'il en reste.

Les lentilles

Elles ne se consomment qu'à l'état de légumes secs pendant l'hiver. On distingue deux catégories principales : les petites lentilles vertes dites « du Puy » et les larges lentilles plates et marron clair. Leur choix est une question de goût personnel.

LENTILLES AU BEURRE

Elles peuvent être cuites à l'avance, on les réchauffe doucement et on termine le plat au dernier moment.

***Proportions** : pour 4 personnes*
400 g de lentilles • 2 oignons moyens
2 gousses d'ail • 1 brindille de thym • 2 feuilles de laurier
2 litres d'eau • 1 gros œuf de beurre
***Préparation** : 5 minutes*
***Cuisson** : 1 heure à 1 heure 30*

Trier, laver, tremper les lentilles.

Procéder exactement de la même façon que pour les haricots secs au beurre *. Veiller à ce qu'elles ne s'écrasent pas par trop forte ébullition ou trop longue cuisson.

Emploi : Accompagnement de saucisses diverses. Accompagnement du porc bouilli. Accompagnement de côtelettes de marcassin.

LENTILLES AU SAUCISSON DE MORTEAU

Ce plat se fait au dernier moment.

***Proportions** : pour 4 personnes*
400 g de lentilles • 1 saucisson de Morteau
2 oignons moyens • 2 gousses d'ail • 1 brindille de thym
2 feuilles de laurier • 1 œuf de beurre
2 litres d'eau • sel, poivre
***Préparation** : 10 à 15 minutes*
***Cuisson** : lentilles, 1 heure à 1 heure 30*
saucisson, 45 minutes

Trier, laver, tremper les lentilles. Les faire cuire comme les haricots blancs au beurre *.

Piquer le saucisson de quelques coups de fourchette et 45 minutes avant la fin de la cuisson des lentilles, l'ajouter dans la marmite.

Au terme de la cuisson, retirer le saucisson à l'aide de l'écumoire, le réserver dans une assiette. Supprimer la quasi-totalité du jus en retenant les lentilles et les condiments à l'aide du couvercle de la marmite. Retirer le thym et le laurier. Incorporer le beurre aux lentilles en donnant un mouvement circulaire à la marmite. Verser dans un légumier chaud. Couper le saucisson en 4 morceaux que l'on dispose sur les lentilles et servir.

Emploi : Plat complet pour le dîner familial.

PURÉE DE LENTILLES

On peut faire cuire les lentilles à l'avance, on les laisse dans leur jus et on termine la purée au dernier moment.

***Proportions** : pour 4 personnes*
400 g de lentilles • 2 oignons moyens
2 gousses d'ail • 1 branche de thym • 2 feuilles de laurier
1 gros œuf de beurre • 2 litres d'eau • sel, poivre
***Préparation** : 10 à 15 minutes*
***Cuisson** : 1 heure à 1 heure 30 • **Finition** : 20 à 25 minutes*

Trier, laver, tremper les lentilles, les faire cuire comme il est dit à « haricots au beurre * ».

Quand elles sont cuites, les passer dans un moulin à légumes au-dessus d'une casserole ou au mixer si on veut une purée très fine.

Mettre la purée à feu assez vif pour faire évaporer le reste de liquide et la dessécher. La travailler alors en incorporant le beurre. Vérifier l'assaisonnement et servir dans un légumier chaud.

Emploi : Accompagnement de gibier de poil.

Les pois cassés

On les consomme sous forme de purée.

PURÉE DE POIS CASSÉS

On peut faire cuire les pois à l'avance, on les laisse dans leur jus et on termine la purée au dernier moment.

***Proportions :** pour 4 personnes*
500 g de pois cassés • 2 oignons moyens
2 gousses d'ail • 1 petite branche de thym • 2 feuilles de laurier
2 litres d'eau • 1 gros œuf de beurre • sel, poivre
***Croûtons :** 3 tranches de pain de mie sans croûte*
de 2 cm d'épaisseur (à défaut de la baguette que l'on débitera
en petites rondelles) • 2 œufs de beurre
***Préparation :** 10 à 15 minutes*
***Cuisson :** 2 heures à 2 heures 30 • **Finition :** 20 à 25 minutes*

Verser les pois cassés dans une passoire et les laver abondamment sous l'eau froide en les brassant avec les mains. Les mettre à tremper pendant 2 heures dans l'eau tiède.

Les mettre dans une marmite, couvrir d'eau froide, saler et porter doucement à ébullition. Écumer la surface, ajouter les condiments. Couvrir et régler le feu pour maintenir une petite ébullition régulière. 1/2 heure avant la fin de la cuisson des pois, préparer les croûtons :

Couper les tranches de pain de mie en carrés réguliers de 2 cm de côté. Mettre le beurre dans la poêle ; quand il grésille, ajouter les croûtons et en les tournant en tous sens à l'aide d'une fourchette, les faire dorer uniformément. Les retirer de la poêle avec une écumoire et les réserver sur une assiette. Au terme de la cuisson des pois (2 heures à 2 heures 30 selon les pois cassés), les égoutter dans le moulin à légumes au-dessus d'un saladier pour conserver le jus de cuisson. Retirer seulement le thym et le laurier.

Les passer au-dessus d'une casserole. Mettre la purée sur un feu assez vif pour faire évaporer le reste de liquide et la dessécher. La travailler alors à la cuillère en bois en incorporant le beurre. Vérifier l'assaisonnement. Servir dans un légumier chaud et parsemer le dessus de la purée avec les petits croûtons.

Emploi : Le légume du dîner familial. Accompagnement de chipolatas poêlées. Accompagnement d'andouillettes grillées ou poêlées.

Remarque : On peut passer la purée au mixer si on la désire plus fine.

S'il reste de la purée, on en fera un potage (v. page 75) avec le jus de cuisson réservé.

Les pommes de terre

C'est un précieux légume qui se trouve toute l'année. En septembre, on récolte des pommes de terre qui se conserveront tout l'hiver. Au printemps, apparaissent les délicieuses petites pommes de terre nouvelles.

• Les pommes de terre d'hiver

Il en existe plusieurs espèces, les plus répandues sur les marchés sont :

— Les grosses pommes de terre type Hollande appelées « Bintje », « Sterling », d'usage courant ;

— Les pommes de terre à chair ferme ne se défaisant pas telles : les Belles de Fontenay (BF 15 ou BF 21), les Roseval, les saucisses ou quenelles, toutes de grande qualité.

À chaque espèce son usage propre, qui sera précisé à chaque recette.

• Les pommes de terre nouvelles

Il est préférable d'acheter les qualités à chair ferme, telles les Belles de Fontenay ou Roseval qui ne se défont pas ; elles sont particulièrement délicieuses sautées ou cuites à la vapeur.

Frites ou en purée, elles ne donnent pas d'excellents résultats car elles contiennent trop d'eau.

La cuisson à la vapeur

C'est une excellente manière de cuire les pommes de terre BF 15 ou Roseval qui gardent ainsi toutes leurs qualités.

Les choisir de taille égale pour qu'elles cuisent chacune de la même façon pendant un temps donné qui est variable selon la grosseur de la pomme de terre.

Les mettre dans la partie supérieure du couscoussier bien fermé, sans trop les empiler et c'est la vapeur d'eau bouillante salée mise dans la partie inférieure qui les cuira.

POMMES DE TERRE EN ROBE DES CHAMPS

Elles se font au dernier moment.

***Proportions** : pour 4 personnes*
8 à 12 pommes de terre moyennes BF 15 ou Roseval
1 ravier de beurre frais • sel
***Préparation** : néant*
***Cuisson** : 30 à 35 minutes*

Laver les pommes de terre dans leur peau. Les cuire à la vapeur dans le couscoussier. Les servir telles quelles dans un légumier. Mettre à la disposition des convives un bon beurre frais et du sel fin. Chacun épluchera ses pommes de terre qu'il beurrera et salera à son gré.

Remarque : Les pommes de terre en robe des champs peuvent aussi se faire cuire à l'eau : les mettre dans l'eau froide salée et compter 20 à 25 minutes à partir du moment où l'ébullition a repris.

Emploi : Le légume du dîner familial. *Épluchées :* salade de pommes de terre * avec viandes froides. *Sautées au beurre* * : avec toutes viandes rôties ou poêlées.

POMMES DE TERRE À L'ANGLAISE

Elles se font au dernier moment.

***Proportions** : pour 4 personnes*
800 g de petites pommes de terre BF 15 ou Roseval
2 cuillères à café de persil haché
1 gros œuf de beurre (facultatif) • sel, poivre
***Préparation** : 10 à 15 minutes*
***Cuisson** : 25 à 30 minutes*

Gratter les pommes de terre, les laver à l'eau fraîche. Les faire cuire à la vapeur *.

Pendant ce temps, laver, sécher, effeuiller le persil, le hacher finement et le réserver dans une tasse. Allumer le four à température tiède, mettre à chauffer le légumier.

Au terme de la cuisson, verser les pommes de terre dans le légumier, ajouter si on le désire l'œuf de beurre débité en copeaux, donner un mouvement de va-et-vient au légumier pour qu'en tournant sur elles-mêmes, les pommes de terre s'enduisent de beurre. Saupoudrer de persil haché et servir.

Emploi : Délicieux accompagnement des rôtis car on les écrase dans le jus du rôti dans son assiette. Accompagnement classique des poissons.

La cuisson au four

POMMES DE TERRE AU FOUR AU BEURRE

Ce plat se fait au dernier moment.

***Proportions** : pour 4 personnes*
4 grosses pommes de terre Bintje
1 ravier de beurre frais • sel, poivre
***Préparation** : 5 à 6 minutes*
***Cuisson** : 35 à 40 minutes*

Choisir des pommes de terre très saines, sans « yeux » et non germées.

Allumer le four à température chaude (270°, 280°, position 7, 8).

Laver soigneusement les pommes de terre, bien les essuyer.

Quand le four est à point, les poser sur la plaque à rôtir et les enfourner à mi-hauteur. Laisser cuire jusqu'à ce que la peau soit brune et croustillante.

Les retirer et les poser sur le plat de service. Tenir à la disposition des convives du bon beurre frais et du sel. Chacun coupera sa pomme de terre dans le sens de la longueur, fendra la pulpe de chaque moitié de plusieurs coups de couteau, puis ajoutera un bon morceau de beurre et du sel qui pénétreront dans la chair qui se dégustera avec une cuillère (certains dont je suis se régalent aussi avec la peau).

Emploi : Le légume du dîner familial. Accompagnement classique des viandes et des poissons grillés.

POMMES DE TERRE AU FOUR À LA CRÈME ET AUX FINES HERBES

Faire les pommes de terre au four.

Hacher finement en parties égales 1/2 tasse à thé de cerfeuil, civette et persil.

Faire tiédir 1/4 de litre de crème fraîche sur feu doux. La saler, la poivrer et y ajouter les herbes hachées.

Servir en même temps que les pommes de terre. Chaque convive assaisonnera ses pommes de terre à son gré.

POMMES DE TERRE AU FOUR FARCIES AU JAMBON CRU

Ce plat peut se préparer à l'avance. On chauffe et on gratine les pommes de terre farcies au dernier moment.

***Proportions :** pour 4 personnes*
4 grosses pommes de terre Bintje
150 g de jambon cru (bayonne ou autre)
1 oignon moyen • 2 cuillères à café de persil haché
1/2 verre de lait • 100 g de beurre en tout • sel, poivre
***Préparation :** 25 à 30 minutes*
***Cuisson :** pommes de terre, 35 à 40 minutes*
oignons et jambon, 3 à 4 minutes
***Finition :** 12 à 15 minutes*

Allumer le four à température chaude (270°, 280°, position 7, 8).

Laver et essuyer soigneusement les pommes de terre, les faire cuire au four *.

Pendant ce temps, retirer le gras et la couenne du jambon cru, le hacher très grossièrement. Éplucher l'oignon, le hacher très grossièrement également. Laver, sécher le persil, l'effeuiller et le hacher finement.

Réserver tous ces éléments dans des récipients différents.

Quand les pommes de terre sont cuites, baisser le four à 200°, 225°, position 4, 5, prendre les légumes et les couper en deux dans le sens de la longueur. Extraire toute la pulpe que l'on écrase bien à la fourchette, dans un saladier.

Dans une casserole à feu moyen, faire fondre une noix de beurre. Quand il grésille, ajouter les oignons, les faire revenir et dorer rapidement. Quand ils sont à point, baisser le feu, verser dans la casserole la pulpe de pommes de terre. Mélanger avec l'oignon, ajouter le jambon.

Incorporer en plusieurs fois un gros œuf de beurre et le 1/2 verre de lait en mélangeant toujours pour avoir un ensemble homogène et onctueux, terminer en incorporant le persil haché. Vérifier l'assaisonnement en sel, poivrer.

Remplir les intérieurs de pommes de terre avec ce mélange en faisant un petit dôme sur lequel on met une parcelle de beurre. Disposer côte à côte dans un plat qui va au four et faire chauffer à feu doux, puis gratiner pendant les dernières minutes en mettant le four en position « gril ».

Servir dans le même plat.

Emploi : Le plat du dîner familial avec une salade verte.

GALETTE DE POMMES DE TERRE

Ce plat se fait au dernier moment.

Proportions : *pour 4 personnes*
6 pommes de terre Bintje
140 g de beurre en tout
sel, poivre
Préparation : *10 minutes*
Cuisson : *pommes de terre, 25 à 30 minutes*
galette, 4 à 5 minutes

Préparer et cuire au four les pommes de terre comme il est dit à « pommes de terre au four * ».

Extraire rapidement la pulpe avec une cuillère, la mettre dans un saladier, la travailler et l'écraser à la fourchette en lui incorporant petit à petit 100 g de beurre ramolli. Saler et poivrer.

Dans une poêle de 19 cm de diamètre, mettre à fondre une grosse noix de beurre à feu assez vif. Quand il grésille, verser la pulpe de pommes de terre en l'étalant rapidement en galette épaisse à l'aide de la spatule. Faire dorer une face, poser une assiette sur la poêle et en tenant l'assiette, retourner la poêle comme on démoule un gâteau. Remettre dans la poêle une noix de beurre, quand elle grésille, faire glisser ensuite la galette dans la poêle pour dorer l'autre face. Faire glisser dans un plat rond de service et servir.

Emploi : Accompagnement des viandes rôties ou poêlées.

Pommes de terre frites

• Principes généraux

1. On emploie des pommes de terre Bintje bien saines, de taille moyenne. Éviter les pommes de terre nouvelles.

2. Après épluchage, les laver à grande eau et les essuyer très soigneusement dans un torchon. C'est important car le mélange eau-huile risque de faire déborder la bassine.

3. Employer une grande bassine contenant de préférence de l'huile, mais, selon les goûts, on peut aussi utiliser du saindoux ou de la graisse végétale.

4. C'est une cuisson en deux temps :

1er temps : les pommes de terre sont immergées dans la friture modérément chaude pour qu'elles cuisent. À ce stade, l'huile bouillonne autour des pommes de terre qui remontent en surface dès qu'elles sont cuites, au bout d'un temps plus ou moins long.

2e temps : refroidies de leur premier bain, les pommes de terre sont plongées dans la friture très chaude (l'huile fume et répand une odeur caractéristique) pendant quelques instants pour les dorer et les rendre croustillantes.

5. Les poser sur un papier absorbant pour enlever l'excédent de graisse et les saupoudrer de sel fin.

Servir en accompagnement de toutes sortes de viandes.

Quantité pour toutes les pommes de terre frites. *Pour 4 personnes :* 600 à 800 g, selon gourmandise et appétit.

• Appellation et temps de cuisson

LES POMMES PONT-NEUF

Cuisson : *1er bain, 6 à 7 minutes • 2e bain, 2 à 3 minutes*

Elles sont taillées en bâtonnets de 7 à 8 cm de longueur sur 1 cm de section.

LES POMMES ALLUMETTES

Cuisson : *1er bain, 5 à 6 minutes • 2e bain, 1 à 2 minutes*

Elles sont taillées moitié moins grosses que les pommes Pont-Neuf.

Remuer le panier de temps en temps car elles ont tendance à s'agglutiner.

LES POMMES PAILLE

***Cuisson :** 1er bain, 2 minutes en les remuant sans cesse avec une écumoire • 2e bain, 1 minute*

Elles sont taillées en grosse julienne avec le mouli-julienne grosse grille. Les laver alors à plusieurs eaux pour bien les débarrasser de la fécule et bien les sécher dans un torchon.

LES POMMES CHIPS

***Cuisson :** 1 seul bain rapide de friture très chaude pendant 3 à 4 minutes en les remuant sans cesse pour qu'elles ne se collent pas*

Prendre des pommes de terre moyennes et longues. Les couper en rondelles fines dans le sens de la largeur et les laver à plusieurs eaux comme les pommes de terre paille. Bien les sécher.

Pommes de terre sautées

POMMES DE TERRE SAUTÉES À CRU

Ce plat se fait au dernier moment.

***Proportions :** pour 4 personnes*
1 kg de petites pommes de terre Roseval ou BF 15
2 œufs de beurre • sel, poivre
***Préparation :** 15 minutes*
***Cuisson :** 15 minutes*

Éplucher les pommes de terre à l'économe. Les mettre dans l'eau au fur et à mesure. Les couper en petits cubes réguliers. Bien rincer sous l'eau froide. Éponger et sécher dans un torchon.

Dans une poêle, à feu moyen, faire fondre le beurre jusqu'à ce qu'il soit doré. Jeter les pommes de terre et les faire revenir en les remuant régulièrement avec une cuillère en bois, pour qu'elles dorent toutes également de tous côtés. Baisser ensuite le feu, saler, poivrer et terminer la cuisson en continuant à les remuer et à les soulever de temps en temps.

Verser dans le plat de service, en évitant de mettre l'excédent de beurre de cuisson.

Emploi : Accompagnement de toutes les viandes rôties. Accompagnement de toutes les volailles rôties. Accompagnement de toutes les pièces de viande poêlées.

POMMES DE TERRE SAUTÉES PRÉ-CUITES

Les pommes de terre peuvent être cuites à la vapeur la veille ou le matin pour le soir.

À condition d'être mises dans une boîte hermétique, elles peuvent aussi être épluchées et coupées en rondelles à l'avance.

Proportions : *pour 4 personnes*
1 kg de pommes de terre moyennes BF 15 ou Roseval
2 œufs de beurre • sel, poivre
Préparation : *15 minutes*
Cuisson : *vapeur, 30 minutes • sautées, 10 minutes*

Faire cuire les pommes de terre dans leur peau à la vapeur * dans un couscoussier. Attendre qu'elles soient bien refroidies. Les éplucher et les couper en rondelles de 1/2 cm.

Dans une poêle de grande taille, à feu moyen, faire fondre le beurre jusqu'à ce qu'il soit doré. Disposer alors les rondelles de pommes de terre dans la poêle en essayant de ne pas trop les empiler les unes sur les autres. Quand les rondelles sont dorées d'un côté, saler, poivrer, les retourner avec la spatule pour qu'elles dorent de l'autre côté. Saler, poivrer.

Servir dans le plat de service en évitant de mettre l'excédent de beurre de cuisson.

Emploi : Le même que celui des pommes de terre sautées à cru.

POMMES DE TERRE SAUTÉES AUX LARDONS

Ce plat se fait au dernier moment.

Proportions : *pour 4 personnes*
750 g de petites pommes de terre BF 15 ou Roseval
250 g de poitrine fumée • 2 œufs de beurre
sel, poivre

Préparation : *lardons, 5 minutes • pommes de terre, 10 minutes*
Cuisson : *lardons, 5 minutes • pommes de terre, 15 minutes*

Enlever la couenne et les cartilages de la poitrine fumée, la couper en petits cubes. Éplucher les pommes de terre, les couper en petits cubes réguliers. Laver et rincer à l'eau courante. Sécher et éponger dans un torchon.

Dans une poêle, faire sauter les pommes de terre comme il est dit à « pommes de terre sautées à cru * ».

Pendant les 5 dernières minutes de cuisson des pommes de terre, faire rissoler les lardons à feu moyen sans matière grasse dans une autre poêle. Quand ils sont bien dorés et qu'ils ont lâché toute leur graisse de cuisson, les prendre avec une écumoire et les ajouter et mélanger aux pommes de terre. Servir dans le plat de service en évitant de mettre l'excédent de beurre de cuisson.

Emploi : Accompagnement du confit de canard et d'oie froid. Accompagnement du travers grillé. Accompagnement du lapin à la moutarde.

Ces pommes de terre, un peu rustiques, accompagnent bien le veau poêlé ou rôti, ainsi que les volailles.

POMMES DE TERRE SAUTÉES AUX LARDONS ET AUX CHAMPIGNONS

Ce plat se fait au dernier moment.

Proportions : *pour 4 personnes*
400 g de petites pommes de terre BF 15 ou Roseval
400 g de champignons de Paris • 200 g de poitrine fumée
1 œuf et 1 noix de beurre • sel, poivre
Préparation : *lardons, 5 minutes*
champignons, 7 à 8 minutes • pommes de terre, 10 minutes
Cuisson : *lardons, 5 minutes*
champignons, 7 à 8 minutes • pommes de terre, 15 minutes

Éplucher, couper les pommes de terre en petits cubes réguliers. Laisser dans l'eau froide. Enlever la couenne et les cartilages de la poitrine fumée. La couper en petits lardons de la taille des cubes de pommes de terre. Séparer les pieds des têtes des champignons. Couper la partie terreuse des pieds. Laver le tout à l'eau courante froide pour enlever tout le sable. Couper également les champignons en petits dés.

Sécher les pommes de terre et les faire cuire comme il est dit à « pommes de terre sautées à cru * ».

Dans une autre poêle, faire cuire les champignons * avec une noix de beurre, les verser ensuite dans les pommes de terre, mélanger à la spatule. Laisser à feu doux.

Reprendre la poêle des champignons et y faire rissoler les lardons. Quand ils ont lâché leur graisse de cuisson et qu'ils sont dorés, les prendre avec une écumoire et les mettre aussi dans la poêle des pommes de terre, en les mélangeant au reste. Servir dans un plat de service chaud.

Emploi : Le même que celui des pommes de terre aux lardons.

POMMES DE TERRE SAUTÉES AUX TRUFFES

Ce plat se fait au dernier moment.

***Proportions :** pour 4 personnes*
1 kg de pommes de terre moyennes, BF 15 ou Roseval
3 truffes moyennes • 2 œufs de beurre • sel, poivre
***Préparation :** pommes de terre, 15 minutes*
truffes, 5 minutes
***Cuisson :** pommes de terre, 15 minutes*

Éplucher, laver, couper, sécher, cuire les pommes de terre comme il est dit à « pommes de terre sautées à cru * ».

Égoutter les truffes (garder le jus dans une boîte hermétique pour un autre usage). Les sécher et les couper en fines rondelles. Les ajouter aux pommes de terre en les mélangeant délicatement pour ne pas les briser pendant les 3, 4 dernières minutes de cuisson de ces dernières. Servir immédiatement dans le plat chaud de service, en évitant de mettre l'excédent de beurre de cuisson.

Remarques :

1. Il est plus élégant pour cet accompagnement raffiné de mettre des truffes en rondelles, mais à défaut, et c'est moins onéreux, on peut aussi employer des truffes en morceaux ou des brisures de truffes.

2. Cette recette, classique dans les régions productrices de truffes, se fait également avec les pommes de terre cuites dans la graisse d'oie. C'est absolument délicieux.

Emploi : Accompagnement de filet de bœuf rôti. Accompagnement de canard à la broche. Accompagnement de selle d'agneau rôtie. Accompagnement de dindonneau rôti.

QUARTIERS DE POMMES DE TERRE DANS LEUR PEAU

Il est préférable de faire cuire les pommes de terre à l'avance. On les saute ensuite au dernier moment.

***Proportions** : pour 4 personnes*
5 pommes de terre nouvelles BF 15 ou Roseval
1 œuf de beurre • sel, poivre
***Préparation** : 10 minutes*
***Cuisson** : 1er temps, 20 à 25 minutes • 2e temps, 7 à 10 minutes*

Choisir de jolies pommes de terre nouvelles longues et toutes de taille égale (5 à 6 cm de long environ). Les laver soigneusement non épluchées, les faire cuire à la vapeur * et les laisser refroidir. Les couper ensuite en 4 quartiers chacune dans le sens de la longueur sans les éplucher.

Dans une grande poêle, faire fondre un œuf de beurre à feu moyen. Quand il grésille, poser les quartiers de pommes de terre côte à côte sur une tranche, faire dorer successivement les trois faces, côté peau compris. Saler, poivrer. Servir dans un légumier chaud.

Emploi : Les mêmes que pour les autres pommes de terre sautées, mais leur présentation en quartiers et la peau, conservée et dorée, leur donnent un petit cachet inattendu et délicieux, tout en apportant un gain de temps puisqu'on ne les épluche pas.

CRIQUE DE POMMES DE TERRE

Ce plat se fait au dernier moment, il peut attendre à feu doux sur une plaque d'amiante. Mais on peut râper et laver les pommes de terre à l'avance à condition de les tenir enveloppées dans un torchon, au réfrigérateur.

***Proportions** : pour 4 personnes*
500 g de pommes de terre BF 15 • 2 oignons moyens
4 noix de beurre • sel, poivre
***Préparation** : 15 minutes*
***Cuisson** : 10 à 12 minutes*

Éplucher les pommes de terre. Éplucher les oignons. Râper les pommes de terre (grille moyenne). Les passer longuement sous l'eau froide en les brassant à la main pour enlever toute la fécule qui les fait noircir. Les mettre ensuite dans un torchon pour bien les sécher. Hacher très finement les oignons, mélanger aux pommes de terre avec les mains, ainsi que du sel et du poivre.

Prendre deux poêles moyennes, mettre à fondre à feu moyen une grosse noix de beurre dans chacune ; quand le beurre est doré et grésille, y mettre des pommes de terre râpées de façon à constituer des galettes plates. Faire dorer d'un côté, en remuant les poêles de temps en temps pour que les galettes n'attachent pas, soulever aussi un peu avec la spatule pour vérifier que les galettes prennent une belle couleur et ne brûlent pas.

Quand les galettes sont à point sur une face, coiffer chaque poêle d'une assiette et la retourner d'un geste vif en tenant l'assiette pour faire tomber la galette dedans. Remettre une noix de beurre à dorer dans chaque poêle et y faire glisser avec précaution chaque crique pour faire dorer la deuxième face. Laisser cuire de la même manière et les faire glisser dans le plat de service.

Remarque : On peut bien sûr employer une seule poêle, mais comme il faut que la galette soit plate, la poêle doit être large et c'est bien dur et lourd à retourner dans un plat pour cuire la deuxième face.

Emploi : Mêmes usages que les pommes de terre Alex Humbert *.

POMMES DE TERRE ALEX HUMBERT

Ce plat se fait au dernier moment.

***Proportions** : pour 4 personnes*
500 g de pommes de terre Bintje • 100 g de beurre • sel, poivre
***Préparation** : 15 minutes*
***Cuisson** : 20 minutes*

Éplucher les pommes de terre, les couper en rondelles comme des chips. Les laver et les rincer à l'eau courante. Les sécher dans un torchon.

Allumer le four à 220°, position 6.

Dans une casserole à feu doux, faire fondre le beurre.

Mettre les pommes de terre et le beurre dans une grande terrine et mélanger les pommes de terre avec les doigts pour qu'elles soient toutes entourées de beurre fondu. Saler et poivrer.

Prendre un grand plat allant au four. Disposer une couche de pommes de terre en écailles de poisson. Mettre au four. Au bout de

10 minutes, elles ont tendance à se retrousser, les aplatir avec une spatule. Laisser cuire 10 minutes de plus, jusqu'à ce qu'elles soient bien dorées. Servir telles quelles, dans le plat de cuisson.

Emploi : Accompagnement parfait pour tous les rôtis et pour tous les morceaux poêlés. Accompagnement pour le gibier rôti.

Préparations diverses

PURÉE DE POMMES DE TERRE

Ce plat se prépare au dernier moment.

***Proportions :** pour 4 personnes*
1 kg de pommes de terre type Bintje • 1 verre de lait
125 g de beurre • sel, poivre • eau
***Préparation :** 10 à 12 minutes*
***Cuisson :** 35 minutes*

Éplucher et laver les pommes de terre, les couper en 3 à 4 morceaux, les mettre dans une casserole avec de l'eau froide. Saler, porter à ébullition. Les faire ensuite bouillir à petit feu pendant 30 à 35 minutes, jusqu'à ce qu'elles soient bien cuites et non défaites.

Les verser ensuite dans le moulin à légumes, laisser s'égoutter l'eau, puis les passer au-dessus de la casserole.

Remettre sur feu doux et travailler la purée à la cuillère ou au petit fouet à main en incorporant le beurre morceau par morceau et en alternant avec un peu de lait froid ou chaud. Vérifier l'assaisonnement en sel, poivrer légèrement. Servir immédiatement.

Si on est obligé de laisser attendre la purée, la tenir couverte sur une plaque d'amiante pour qu'elle reste chaude sans refroidir ni bouillir, ce qui la rendrait très mauvaise, car une purée réchauffée prend un bien vilain goût et une purée qu'on laisse bouillir se dessèche, attache au fond de la casserole et prend un goût de brûlé.

Remarque : La proportion de beurre peut sembler exagérée, mais il est préférable d'amener la purée à la consistance voulue par beaucoup de beurre travaillé au fouet à main et peu de lait, car ainsi la purée est plus onctueuse et plus fine de goût.

Emploi : Accompagnement d'un rôti de bœuf. Accompagnement d'une volaille rôtie. Accompagnement de rognons à la moutarde. Accompagnement de boudin noir ou d'andouille. Le complément du hachis parmentier.

PURÉE RAPIDE ET RUSTIQUE

Ce plat se fait au dernier moment.

***Proportions :** pour 4 personnes*
8 pommes de terre moyennes Bintje
100 g de beurre • sel, poivre
***Préparation :** 5 à 6 minutes*
***Cuisson :** 30 à 35 minutes*

Ramollir le beurre à la température de la pièce. Éplucher les pommes de terre, les laver et les faire cuire à la vapeur *.

Dans une large sauteuse mise sur feu doux, les écraser rapidement à la fourchette sans chercher à avoir une purée trop fine et en incorporant le beurre petit à petit en même temps que l'on travaille les légumes à la fourchette. Saler et poivrer. Servir dans un légumier chaud.

Emploi : Accompagnement de toutes viandes et volailles.

PURÉE GRATINÉE

Ce plat peut être préparé spécialement, on peut le faire à l'avance et on le gratine au dernier moment.

Mais c'est aussi une manière d'utiliser un reste de purée.

***Proportions :** pour 4 personnes*
8 à 9 pommes de terre Bintje moyennes
100 g de fromage râpé • 125 g de beurre
1 verre de lait • sel, poivre • 1 pointe de muscade
***Préparation :** 10 à 15 minutes*
***Cuisson :** pommes de terre, 30 à 35 minutes*
***Finition :** 4 à 6 minutes*

Faire une purée de pommes de terre *, l'assaisonner d'une pointe de muscade. Y mélanger la moitié du gruyère râpé. Allumer le four en position « gril ».

Verser dans un plat qui va au four. Saupoudrer avec le reste de gruyère râpé. Parsemer d'une noix de beurre détaillée en fins copeaux. Mettre à gratiner jusqu'à ce que le dessus soit d'une belle couleur dorée. Servir dans le même plat.

Emploi : Le légume du dîner familial. Accompagnement de porc poêlé. Accompagnement de steaks poêlés.

CROQUETTES DE POMMES DE TERRE

On les prépare à l'avance, on les termine au dernier moment.

***Proportions** : pour 4 personnes*
600 g de pommes de terre Bintje moyennes
2 gros œufs de beurre en tout • 4 œufs
1 cuillère à soupe d'huile d'arachide
1 assiette de farine • sel, poivre
***Préparation** : 15 à 20 minutes*
***Cuisson** : pommes de terre, 30 à 35 minutes*
***Finition** : 7 à 10 minutes*

Éplucher les pommes de terre, les laver et les faire cuire à l'eau salée (v. page 550).

Quand elles sont cuites, les passer au moulin à légumes et incorporer un œuf de beurre. Ajouter à cette purée 2 jaunes d'œufs, 1 œuf entier et du poivre. Bien travailler à la cuillère pour avoir un mélange homogène. Vérifier l'assaisonnement.

Mettre de la farine dans une assiette creuse, façonner des galettes de 5 cm de diamètre et 2 cm d'épaisseur. Les passer dans la farine et les tapoter pour retirer l'excédent. Les poser sur une planche au fur et à mesure.

Dans une autre assiette creuse, battre un œuf entier avec la cuillère d'huile.

Dans une large poêle, mettre à fondre à feu moyen un gros œuf de beurre. Passer rapidement les galettes farinées dans le mélange œuf-huile et les poser côte à côte dans la poêle sur le beurre doré. Les faire dorer d'un côté, puis faire de même sur l'autre face. Les retirer à l'aide de l'écumoire, les poser sur le plat de service chaud et recommencer une autre fournée si nécessaire avec un autre œuf de beurre.

Emploi : Accompagnement de toutes les viandes rôties et poêlées avec une bonne salade verte.

GRATIN DAUPHINOIS

Ce plat se fait au dernier moment.

***Proportions** : pour 4 personnes*
800 g de Roseval ou BF 15 • 1/4 de litre de lait

1/4 de litre de crème fraîche • 1 gousse d'ail • sel, poivre
***Préparation** : 15 à 20 minutes*
***Cuisson** : 45 minutes à 1 heure*

Choisir des pommes de terre de taille égale pour avoir des rondelles égales. Éplucher les pommes de terre, les couper en rondelles de 1/2 cm d'épaisseur, ne pas les laver car la fécule est un élément de liaison, les essuyer dans un torchon.

Éplucher la gousse d'ail. Frotter les parois et le fond d'un plat allant au four avec l'ail. Allumer le four à température moyenne-douce (200°, position 5).

Sur le torchon, saler et poivrer les pommes de terre en les brassant avec la main. Les ranger dans le plat en couches plates et superposées. Délayer dans une terrine le lait et la crème fraîche. Couvrir à ras les pommes de terre avec le liquide.

Mettre au four et laisser cuire doucement pendant 45 minutes à 1 heure. Les pommes de terre doivent être tendres, le lait et la crème doivent être réduits, et ce qui en reste doit enrober onctueusement les pommes de terre. Le dessus du plat doit avoir une belle couleur dorée.

Remarque : Si en fin de cuisson le plat semble à point mais pas assez doré, on peut toujours mettre le four en position « gril » quelques minutes pour donner la couleur désirée.

Emploi : Le plat du dîner familial. Accompagnement de toutes les viandes et volailles. Accompagnement de tous les gibiers.

POMMES DE TERRE AU LARD

Ce plat se fait au dernier moment.

***Proportions** : pour 4 personnes*
800 g de pommes de terre Roseval ou BF 15
2 oignons moyens • 125 g de poitrine fumée
*1/4 de litre de bouillon de bœuf **
ou de bouillon de volaille instantané
(1/4 de tablette pour 1/4 de litre d'eau)
1 grosse noix de beurre • 1 cuillère à soupe rase de farine
sel, poivre
***Préparation** : 20 à 25 minutes*
***Cuisson** : lard, 5 à 6 minutes • oignons, 10 minutes environ*
pommes de terre, 35 à 40 minutes

Éplucher les pommes de terre, les couper en rondelles épaisses de 1,5 cm. Les laver et les égoutter. Retirer la couenne et les cartilages de la poitrine fumée, la couper en petits dés de 1,5 cm de section. Éplucher les oignons, les hacher finement. Si on n'a pas de bouillon de bœuf, préparer le bouillon instantané.

Dans une cocotte, mettre la noix de beurre à fondre à feu moyen ; quand elle est fondue, ajouter les lardons et les faire cuire et dorer très légèrement, en les tournant en tous sens, ce qui prend environ 5 à 6 minutes. Les retirer alors avec une écumoire et les mettre dans une assiette. Baisser le feu, remplacer les lardons par les oignons et les faire cuire très doucement à couvert sans prendre couleur, ce qui prend environ 10 minutes. Quand ils sont tendres, verser les lardons, saupoudrer avec la farine, relever un peu le feu et en tournant avec la cuillère faire cuire la farine, les oignons et les lardons jusqu'à ce que l'ensemble ait pris une belle couleur rousse. Mouiller alors avec le bouillon, et, en tournant avec la cuillère, faire chauffer jusqu'à épaississement. Baisser le feu, ajouter les pommes de terre et du poivre. Porter à petite ébullition. Couvrir la cocotte et laisser mijoter à petits bouillottements jusqu'à ce que les pommes de terre soient tendres. Les retirer alors avec l'écumoire, ainsi que les lardons et les oignons, les poser dans un légumier chaud.

À découvert et à plein feu, faire réduire la sauce si elle était trop longue, car elle doit être courte et napper légèrement la cuillère, vérifier l'assaisonnement en sel. Verser sur les pommes de terre, servir aussitôt.

Emploi : Le légume du dîner familial. Accompagnement de bœuf en daube, de rôti de porc.

POMMES DE TERRE À LA CRÈME

On peut cuire les pommes de terre à l'avance. On termine le plat au dernier moment.

***Proportions** : pour 4 personnes*
8 pommes de terre Roseval ou BF 15 moyennes
1/4 de litre de crème fraîche environ
2 cuillères à café de civette hachée • sel, poivre
***Préparation** : 10 à 12 minutes*
***Cuisson** : pommes de terre, 20 à 25 minutes*
***Finition** : 7 à 10 minutes*

Faire cuire les pommes de terre à la vapeur (v. page 550) dans leur peau en les laissant fermes. Les éplucher et les couper en rondelles de 1 cm d'épaisseur. Laver, sécher la civette, la couper finement.

Disposer les rondelles de pommes de terre dans une casserole, les recouvrir à hauteur de crème fraîche. Faire partir à ébullition à feu vif, saler légèrement, et laisser réduire la crème fraîche jusqu'à consistance épaisse en tournant les pommes de terre de temps en temps avec la spatule. Ajouter la civette hachée, poivrer, vérifier l'assaisonnement en sel. Servir dans un légumier chaud.

Remarque : On peut remplacer la civette hachée par de l'estragon haché.

Emploi : Accompagnement de côtes de veau ou d'escalopes de veau poêlées. Accompagnement de gigot d'agneau.

13.

Le riz et les pâtes

LE RIZ

LES PÂTES

Tous les astérisques renvoient à des recettes figurant à l'index alphabétique en fin de volume.

Le riz

C'est un aliment précieux, il est la nourriture de base de la plus grande partie de la population du globe.

Cependant, il est assez méconnu dans notre pays où on lui préfère les pommes de terre.

Pourtant, il est commode d'emploi, se prête à de multiples combinaisons et a l'avantage important de ne pas faire grossir…

On peut le classer grossièrement en deux catégories principales :

- *Le riz long* à gros grains, généralement d'importation, est de qualité supérieure. On le trouve ou bien à l'état naturel, ou prétraité, pour qu'il ne colle pas même si on l'a un peu oublié sur le feu et si on ne le rince pas à l'eau froide après cuisson.

- *Le riz rond* à petits grains, de qualité moins bonne, à cuisson plus rapide mais plus délicate, les grains ayant plus facilement tendance à éclater.

On cuit le riz selon deux méthodes : à la créole et pilaf. Les deux cuissons ne répondent pas exactement aux mêmes usages.

La cuisson à la créole

C'est la cuisson la plus facile, elle permet ensuite de manger le riz tel quel ou de toutes sortes de manières, froid ou chaud.

- **Le lavage**

Il se vend maintenant des riz longs prétraités qui n'exigent pas d'être lavés. Je préfère néanmoins le passer toujours à l'eau courante, ne serait-ce que pour supprimer un éventuel goût de poussière.

- **La cuisson**

Faire bouillir une grande quantité d'eau salée. Y jeter le riz, remuer à la cuillère jusqu'à reprise de l'ébullition, le laisser ensuite bouillir *de 18 à 20 minutes* et *le surveiller pendant les dernières minutes* car, selon la qualité, la cuisson du riz peut varier de quelques minutes. Il doit être tendre mais non écrasé.

- **Le rinçage**

Passer le riz sous l'eau froide dans la passoire, c'est l'assurance d'avoir tous les grains détachés.

Le laisser s'égoutter, il est bon à l'emploi :

1. *Nature :* verser le riz dans un plat qui va au four, recouvrir d'un papier alu et le mettre à chauffer au four à température moyenne pendant 1/4 d'heure.
2. *Au beurre :* le tourner rapidement dans une poêle avec un bon morceau de beurre pendant 2 à 3 minutes.
3. *En sauce :* on prépare la sauce et on y met le riz à réchauffer doucement en mélangeant convenablement.

La cuisson « pilaf »

Elle est délicieuse, mais un peu moins facile. Le riz préparé ainsi se mange tel quel, ou on y cuit des ingrédients variés en même temps que le riz.

- **Le lavage**

Le laver à grande eau courante froide, l'égoutter.

- **La cuisson**

Principe : faire revenir le riz cru dans une matière grasse, le mouiller de 2 fois 1/2, 3 fois son volume, laisser mijoter 20 minutes à couvert à petit feu sans y toucher, jusqu'à l'absorption du liquide. Transvaser ensuite dans le plat de service.

PILAF AU BOUILLON DE VIANDE

Ce plat se fait au dernier moment.

***Proportions :** pour 4 personnes*
1 tasse à thé de riz (environ 200 g) • 1 oignon
*1 brindille de thym • 2 1/2 tasses à thé de bouillon de bœuf **
ou de bouillon de volaille instantané
(1/2 tablette pour 1/2 litre d'eau)
2 œufs de beurre • sel, poivre
***Préparation :** 5 minutes*
***Cuisson :** 25 à 27 minutes*

Laver le riz à grande eau courante froide, l'égoutter et le sécher dans un torchon.

Faire chauffer le bouillon de bœuf si on en a, ou préparer le bouillon de volaille instantané (1/2 tablette pour 1/2 litre d'eau). Éplucher un oignon, le hacher finement.

Dans une cocotte à feu moyen, mettre le beurre à blondir, ajouter l'oignon haché, le faire revenir lentement jusqu'à ce qu'il commence à se colorer, ajouter le riz cru et, en le remuant avec la spatule, le faire revenir jusqu'à ce qu'il se colore. Mouiller alors avec le bouillon, ajouter la brindille de thym. Porter à ébullition, couvrir et régler le feu pour assurer un petit bouillottement régulier.

Au terme de la cuisson, quand le riz est tendre et le bouillon absorbé, retirer le thym, ajouter un œuf de beurre, l'incorporer à l'aide d'une fourchette. Vérifier l'assaisonnement en sel, poivrer avec du poivre de Cayenne et servir dans un légumier chaud.

Emploi : Le légume du dîner familial. Accompagnement d'un rôt ou d'un plat mijoté, tel l'osso buco.

Remarque : On peut faire ce riz en le mouillant avec un court bouillon *. Il accompagne alors parfaitement tous les poissons rôtis au four ou au court-bouillon.

RISOTTO

Ce plat se fait au dernier moment, mais peut attendre au four tiède, recouvert d'un papier alu.

***Proportions :** pour 4 personnes*
1 tasse à thé de riz (environ 200 g)
*1 tasse à thé de coulis de tomates **

ou une boîte de sauce tomate au naturel
1 tasse à thé de bouillon de bœuf **
ou de bouillon de volaille instantané
(1/4 de tablette pour 1/4 de litre d'eau)
1 gros oignon ou 2 oignons moyens • 1 œuf de beurre
100 g de gruyère • 1 brindille de thym • sel, poivre
***Préparation** : 10 minutes*
***Cuisson** : 25 à 30 minutes*

Laver le riz à grande eau courante froide et l'égoutter. Préparer le coulis de tomates et si on n'a pas de bouillon de bœuf, préparer 1/4 de litre de bouillon de volaille instantané. Éplucher l'oignon, le hacher grossièrement.

Dans une sauteuse ou une casserole à fond épais, faire fondre le beurre à feu moyen ; quand il est doré, ajouter l'oignon haché, le faire fondre en douceur, puis quand il commence à prendre couleur, verser le riz cru et continuer, en remuant avec la cuillère, à faire revenir le tout pendant 4 à 5 minutes. Mouiller avec le bouillon et le coulis de tomates. Saler légèrement, poivrer, ajouter la brindille de thym. Bien mélanger le tout et faire partir à couvert à petite ébullition. Laisser cuire de 15 à 20 minutes. le riz doit être cuit, mais ferme, les grains se détachant bien et ayant absorbé le bouillon et le coulis.

Pendant la cuisson du riz, râper le gruyère. Au dernier moment, retirer le thym, incorporer le gruyère au riz, bien mélanger et verser dans un plat de service à feu doux.

Emploi : Le légume du dîner familial. Accompagnement de rôti de veau. Accompagnement de côtes de porc.

Remarque : Si on n'a pas le temps de préparer un coulis de tomates, on trouve dans le commerce des boîtes de sauce tomate (et non de concentré) qui le remplace très honnêtement.

RIZ AU SAFRAN

Ce plat se fait au dernier moment.

***Proportions** : pour 4 personnes*
1 tasse à thé de riz (environ 200 g)
3 tasses à thé de bouillon de volaille instantané
(1/2 tablette pour 1/2 litre d'eau)
ou bouillon de bœuf * • 1 oignon • 2 œufs de beurre*
125 g de gruyère (facultatif) • 1 pincée de safran

***Préparation** : 5 minutes*
***Cuisson** : 20 à 25 minutes*

Laver le riz à grande eau froide, l'égoutter. Préparer le bouillon de volaille ou chauffer le bouillon de bœuf à feu doux dans une casserole et délayer la pincée de safran. Éplucher l'oignon, le hacher finement.

Dans une casserole, mettre à fondre un œuf de beurre à feu moyen ; quand il grésille, ajouter le riz et l'oignon. En remuant avec la spatule, faire revenir le tout jusqu'à ce que l'ensemble devienne blond doré. Mouiller avec le bouillon au safran, mélanger, saler légèrement et poivrer. Régler le feu pour avoir une petite ébullition. Couvrir et laisser cuire jusqu'à ce que le liquide soit absorbé.

Pendant que le riz cuit, râper le fromage. Au terme de la cuisson du riz, ajouter dans la casserole le second œuf de beurre et le gruyère râpé si on le désire. Bien mélanger jusqu'à ce que le fromage et le beurre soient fondus et incorporés. Servir dans un légumier chaud.

Emploi : Le légume du dîner familial. Accompagnement de poissons grillés.

RIZ AU CURRY

Ce plat se fait au dernier moment.

***Proportions** : pour 4 personnes*
1 tasse à thé de riz (environ 200 g)
*1/4 de litre de sauce curry **
***Préparation** : 3 à 4 minutes*
***Cuisson** : riz, 18 à 20 minutes • sauce, 10 à 12 minutes*

Laver le riz à grande eau courante froide, le faire cuire à la créole *.

Pendant qu'il cuit, faire la sauce curry de façon que coïncident la fin de la préparation de la sauce et la cuisson du riz.

Égoutter convenablement le riz, le remettre dans sa casserole de cuisson, verser la sauce dessus. Mélanger le tout et laisser chauffer quelques instants à feu très doux. Servir immédiatement dans un légumier chaud.

Emploi : Accompagnement de viandes bouillies. Accompagnement de poissons au court-bouillon.

RIZ À LA CANTONAISE

Tous les ingrédients peuvent être préparés à l'avance et conservés dans des boîtes hermétiques. On opère les mélanges et on finit dans la poêle au dernier moment.

***Proportions** : pour 4 personnes*
1 tasse à thé de riz (environ 200 g)
3 tranches de jambon de Paris • 3 œufs
6 petites chipolatas ou 3 grandes • 3 petits poireaux
1 œuf de beurre et une noix de beurre
sel, poivre • eau
***Préparation** : 30 minutes*
***Cuisson** : riz, 20 minutes • omelette, 3 minutes*
saucisses, 6 à 7 minutes
***Finition** : 6 à 7 minutes*

Laver le riz à grande eau courante froide et le faire cuire à la créole * ; le passer ensuite sous l'eau froide et le laisser sécher et refroidir dans la passoire.

Pendant ce temps, couper les tranches de jambon en languettes de 2 cm de large sur 5 cm de long. Réserver sur une assiette. Éplucher les poireaux en enlevant les feuilles extérieures pour n'avoir que le cœur et en coupant les parties vert foncé pour ne garder que le blanc et le vert tendre. (Ces parties vert foncé serviront pour un potage *.) Les laver et les couper en petites rondelles de 1 cm. Réserver dans un bol.

Battre les œufs dans un bol. Saler, poivrer. Mettre la noix de beurre à dorer dans une poêle et à feu moyen faire une omelette * plate et bien cuite. La faire glisser dans une assiette sans la plier. Dans la même poêle, à petit feu, faire cuire les chipolatas en les retournant pour qu'elles cuisent sur toutes leurs faces.

Pendant ce temps, couper l'omelette en lanières de 2 cm de large sur 5 cm de long.

Retirer les saucisses de la poêle avec une écumoire, les poser sur la planche. Les laisser un peu refroidir et les couper en rondelles de 1/2 cm.

Dans une grande poêle, faire fondre à feu vif un œuf de beurre ; quand il est fondu, y jeter le riz et le faire sauter et dorer en le retournant à la spatule pendant 4 à 5 minutes. Ajouter le jambon, l'omelette et les saucisses. Tourner vivement le tout pour bien chauffer et faire un mélange homogène agréable à l'œil. Vérifier l'assaisonnement en sel, poivrer. Ajouter le poireau, mélanger rapidement et servir.

Ce plat peut attendre à feu très doux (sur une plaque d'amiante). Dans ce cas, tourner tout le mélange avant de servir.

Emploi : Un plat complet pour le dîner, accompagné d'une salade verte.

RAGOÛT DE RIZ À L'ENCORNET ET AUX MOULES

On peut cuire le riz à l'avance et le conserver dans une boîte hermétique, le plat se fait au dernier moment.

Proportions : *pour 5 à 6 personnes*
1 tasse à thé de riz (environ 200 g) • 1 blanc de seiche
16 à 20 moules • 2 tomates moyennes • 2 oignons
1 gousse d'ail • 2 cuillères à soupe d'huile d'olive
1 brindille de thym • 1 pincée de safran
sel, poivre de Cayenne • eau
Préparation : *25 à 30 minutes*
Cuisson : *riz, 18 à 20 minutes • ragoût, 1 heure environ*

Laver le blanc de seiche sous l'eau courante, le sécher dans un torchon, l'ouvrir en deux, retirer l'os qui se trouve à l'intérieur et couper la chair en languettes de 4 à 5 cm de long sur 2 cm de large. Réserver dans un torchon.

Gratter et laver soigneusement les moules, les ouvrir à feu vif dans une casserole (v. page 179), retirer avec l'écumoire, réserver dans un saladier et recueillir le jus dans un bol à travers une toile à beurre.

Plonger les tomates 1 minute dans l'eau bouillante, les retirer et les laisser un peu refroidir. Éplucher l'oignon, le hacher finement. Retirer la peau des tomates, les couper en deux, retirer les graines et les couper grossièrement au-dessus d'un bol, réserver.

Dans une cocotte, mettre 2 cuillères à soupe d'huile d'olive à chauffer ; quand elle est chaude, ajouter les oignons et les faire cuire en douceur à couvert jusqu'à ce qu'ils soient blond doré, ajouter alors les languettes de seiche, relever le feu et les faire raidir et lâcher leur jus dans l'huile en les remuant en tous sens pendant 3 à 4 minutes. Ajouter le jus de cuisson des moules, puis les tomates concassées, le safran, le thym et la gousse d'ail épluchée et écrasée au presse-ail au-dessus de la cocotte, saler très légèrement. Dès que le ragoût commence à bouillir, couvrir et régler le feu pour assurer un petit bouillottement pendant 1 heure environ.

Pendant ce temps, laver le riz à grande eau courante froide, et le faire cuire à la créole *, l'égoutter et le passer sous l'eau froide. Décoquiller les moules et les réserver dans un bol.

Au terme de la cuisson du ragoût, les morceaux de seiche doivent être très tendres et la sauce courte et onctueuse. Si elle était un peu longue, découvrir la cocotte et faire réduire à feu plus vif jusqu'à la consistance désirée. Retirer la brindille de thym. Ajouter alors le riz et les moules, faire chauffer convenablement à feu doux en mélangeant et tournant avec la cuillère en bois. Vérifier l'assaisonnement en sel et poivrer avec un peu de poivre de Cayenne. Servir dans un légumier chaud.

Emploi : Un plat complet pour le dîner familial. Une entrée substantielle.

Les pâtes

Elles sont nombreuses : nouilles ou macaroni, tagliatelles ou spaghetti, etc. Le choix est tel que l'on peut choisir à son gré, chaque variété se prêtant à des accommodements interchangeables. C'est ainsi que les suggestions qui suivent peuvent être interprétées à volonté.

Néanmoins, la cuisson en est le point commun important et certaines règles sont à respecter :

- Jeter les pâtes dans une grande quantité d'eau bouillante salée et remuer avec une fourchette jusqu'à ce que l'ébullition reprenne, ainsi elles ne collent pas et ne cuisent pas en petits paquets ;
- Se référer au temps de cuisson marqué sur la boîte ou le paquet, il est en général bien calculé, *mais* ne jamais suivre le conseil de laisser les pâtes séjourner dans l'eau chaude. Cela les ramollit et c'est tout. Dès que le temps de cuisson est révolu (il faut toujours goûter pour voir si elles sont à point encore fermes), les égoutter immédiatement dans une passoire.

PÂTES AU BEURRE

Ce plat se fait au dernier moment.

***Proportions :** pour 4 personnes*
1 paquet de 250 g • 1 œuf de beurre • sel, poivre • eau
***Cuisson :** variable selon les pâtes employées*

Employer les pâtes choisies. Faire bouillir une grande casserole d'eau salée ; observer le temps de cuisson demandé sur le paquet. Les goûter pour être sûr qu'elles sont cuites... mais encore fermes. Quelques minutes avant la fin de la cuisson, faire chauffer le plat de service dans le four tiède.

Égoutter dans une passoire à pieds. Secouer rapidement la passoire et son contenu pour bien faire s'échapper toute l'eau.

Remettre les pâtes dans la casserole encore chaude, ajouter dans les pâtes du poivre et un bon morceau de beurre, le faire fondre rapidement, et non cuire, en brassant les pâtes avec 2 cuillères. Verser dans le plat de service chaud et servir.

Emploi : Le légume du dîner familial. Accompagnement de toutes les viandes et de toutes les volailles rôties ou poêlées.

Remarque : Si on ne peut servir les pâtes immédiatement après les avoir égouttées, les verser dans le plat de service, mélanger la moitié du beurre et les tenir au chaud dans le four tiède, recouvertes d'un papier alu. Juste avant de servir, ajouter le reste du beurre en brassant bien les pâtes pour les décoller et les enrober également.

NOUILLES AU COULIS DE TOMATES

Ce plat se fait au dernier moment, mais le coulis peut être fait 1 ou 2 jours à l'avance et tenu au frais au réfrigérateur dans une boîte hermétique.

Proportions : *pour 4 personnes*
*1 paquet de nouilles • 1 tasse à thé de coulis de tomates **
100 g de gruyère • 1 œuf de beurre • eau • sel, poivre
Préparation : *coulis, 20 minutes • plat, 5 à 6 minutes*
Cuisson : *pâtes, indication du paquet*
coulis, 20 minutes

Râper le fromage et le garder dans un bol. Préparer et cuire le coulis de tomates.

Dans une grande casserole d'eau bouillante salée, faire cuire les nouilles selon le temps indiqué. Les égoutter dans la passoire.

Verser le coulis de tomates assaisonné dans la casserole des pâtes, y ajouter un œuf de beurre, faire chauffer à petit feu, ajouter les pâtes, du poivre, puis le gruyère râpé. Mélanger et brasser jusqu'à ce que l'ensemble soit bien chaud et le fromage fondu. Servir dans un plat de service chaud.

Emploi : Le légume du dîner familial. Accompagnement de rôti de veau. Accompagnement de carré d'agneau.

Remarques :

1. On peut servir le coulis en saucière et le gruyère sur une assiette, ce qui permet à chacun de s'en servir à son gré. Mais je préfère

faire tout ce mélange dans la casserole, car ainsi les nouilles chauffent bien dans la tomate et le gruyère fondu s'incorpore plus intimement au plat.

2. À défaut de coulis de tomates, on peut fabriquer une sauce rapide, mais agréable.

Dans une casserole, délayer avec 2 à 3 cuillères à soupe d'eau une petite boîte de concentré de tomates, ajouter un morceau de sucre n° 4 et un œuf de beurre. Faire bouillir quelques minutes pour bien homogénéiser tout l'ensemble, ajouter les nouilles et le fromage. Chauffer et servir.

TAGLIATELLES À LA SAUCE AU PESTO

Je conseille ce plat uniquement à celles qui ont un mixer électrique car la sauce, délicieuse, est alors d'une préparation fort simple. Elle peut se faire à l'avance. On cuit les pâtes au dernier moment.

***Proportions :** pour 4 personnes*
1 paquet de tagliatelles
1 tasse à thé de feuilles de basilic frais hachées
1 gousse d'ail • 1 cuillère 1/2 à soupe de pignons au naturel
1 tasse à thé d'huile d'olive • 40 g de parmesan
1 noix de beurre • sel, poivre • eau
***Préparation :** 10 à 15 minutes*
***Cuisson :** pâtes, indication du paquet*

Laver le basilic, le sécher, supprimer les tiges. Garder toutes les feuilles, les hacher grossièrement et remplir une tasse à thé en tassant un peu pour avoir la bonne qualité. Éplucher la gousse d'ail, la couper en 2 ou 3 morceaux.

Dans le mixer, mettre le basilic, l'ail, les pignons et l'huile d'olive. Régler à grande vitesse, en arrêtant toutes les 5 secondes pour enfoncer les herbes dans la préparation. Transvaser ensuite dans un bol, la sauce doit être assez liquide pour couler. Sinon, ajouter un peu d'huile pour l'amener à la consistance voulue. Râper le parmesan, l'ajouter à la sauce ainsi que du sel et du poivre. Bien mélanger.

Faire cuire les tagliatelles à grande eau bouillante salée. Les égoutter rapidement en secouant la passoire, les remettre dans la casserole de cuisson, incorporer une noix de beurre et mélanger la sauce. Servir dans un légumier très chaud.

Emploi : Le légume du dîner familial. Accompagnement de rôti de porc ou de côtes de porc poêlées.

Remarques :

1. Macaroni, spaghetti, coquillettes et autres pâtes s'accommodent fort bien de la sauce au pesto.
2. Les pignons sont des graines dans la pomme de pin, on les trouve tout préparés en sachets chez les marchands de comestibles fins.

SPAGHETTI À LA BOLOGNAISE

On peut faire la sauce à l'avance et la réchauffer doucement ; les pâtes se cuisent au dernier moment.

***Proportions** : pour 4 personnes*
3/4 d'un paquet de spaghetti
150 g de jambon cru (Parme ou Bayonne)
150 g de bœuf haché
100 g de porc frais maigre haché • 1 oignon • 1 carotte
1 petit cœur de céleri
2 verres de bouillon de volaille instantané
(1/4 de tablette pour 1/2 litre d'eau)
*ou de bouillon de bœuf **
1 petite boîte de concentré de tomates
1/2 verre de vin blanc • 2 œufs de beurre
sel, poivre • eau
***Préparation** : 15 à 20 minutes*
***Cuisson** : spaghetti, indication du paquet*
sauce, 1 heure

Demander au boucher du steak haché et lui faire hacher un morceau de porc bien maigre.

Éplucher la carotte, la détailler en julienne à l'aide de la grille moyenne du mouli-julienne. La réserver. Éplucher l'oignon, le hacher finement, le réserver. Retirer toutes les feuilles extérieures du céleri, garder le cœur, le hacher menu et le réserver avec l'oignon et la carotte. Retirer le gras et la couenne du jambon, le hacher très grossièrement.

Préparer le bouillon de volaille, le laisser à feu doux (ou faire chauffer le bouillon de bœuf).

Dans une poêle, mettre à fondre un œuf de beurre à feu doux ; quand il est fondu, ajouter les légumes hachés. En remuant souvent, faire cuire ce hachis jusqu'à ce qu'il soit blond, ce qui prend 10 minutes environ. À l'aide d'une écumoire, le verser alors dans une cocotte.

Dans la même poêle, remettre un œuf de beurre à feu moyen.

Quand il grésille, ajouter le porc et le bœuf hachés, faire cuire en remuant la viande à la spatule pour qu'elle ne s'agglutine pas en petits paquets.

Au bout de 4 à 5 minutes, mouiller avec le vin blanc et, en relevant le feu, continuer à tourner la viande en grattant le fond de la poêle jusqu'à évaporation complète du vin blanc.

Verser alors dans la casserole où se trouve le hachis de légumes. Ajouter le jambon haché. Mélanger le tout en versant le bouillon de volaille et le concentré de tomates. Porter à ébullition à feu vif, puis assurer ensuite une petite ébullition à feu doux et laisser mijoter à couvert pendant 40 à 45 minutes. Au terme de la cuisson, on doit avoir une sorte de hachis épais avec un peu de liquide. Vérifier l'assaisonnement en sel, poivrer.

Faire cuire les spaghetti à grande eau bouillante salée en calculant le temps de cuisson pour le faire coïncider avec la fin de la cuisson de la sauce. Égoutter les spaghetti en secouant la passoire pour bien éliminer l'eau.

Les verser dans un légumier de service chaud. Recouvrir de sauce et servir immédiatement.

Emploi : Le plat du dîner familial. Accompagne le rôti de veau ou les escalopes poêlées.

Remarque : Toutes les catégories de pâtes s'accommodent parfaitement de la sauce bolognaise.

COQUILLETTES AUX CHAMPIGNONS ET AUX LARDONS

Ce plat se fait au dernier moment.

***Proportions** : pour 4 personnes*
3/4 de paquet de coquillettes • 125 g de poitrine fumée
150 g de petits champignons de Paris
dits champignons « boutons » • 75 g de gruyère
2 noix de beurre • sel, poivre • eau
***Préparation** : 12 à 15 minutes*
***Cuisson** : pâtes, indication du paquet*
champignons, 7 à 8 minutes • lardons, 7 à 8 minutes

Retirer la couenne et les cartilages de la poitrine fumée, la couper en petits dés de 1,5 cm de section. Réserver dans une assiette. Râper le gruyère, le réserver dans un bol. Séparer les pieds des têtes des champignons. Supprimer la partie terreuse. Les laver convenablement sous l'eau fraîche et les laisser entiers s'ils sont vraiment petits, sinon couper les têtes en quatre et les pieds en deux.

Dans une poêle, à feu moyen, faire fondre une noix de beurre. Quand elle grésille, faire cuire et dorer les champignons *, les glisser dans une assiette et les remplacer par les lardons ; faire cuire et rissoler ceux-ci en douceur.

Les réserver ensuite avec les champignons.

Pendant que les champignons et les lardons se préparent, faire cuire les coquillettes à grande eau bouillante salée.

Égoutter les pâtes en les secouant bien, les remettre dans la casserole de cuisson à feu doux, ajouter les lardons, les champignons, le fromage râpé et une grosse noix de beurre. Mélanger jusqu'à ce que le fromage et le beurre soient fondus et incorporés. Poivrer et servir dans un légumier chaud.

Emploi : Le plat du dîner familial avec une salade verte. Accompagnement de rôti de bœuf ou de pièces de bœuf poêlées.

CRIQUE DE TAGLIATELLES

La crique se fait au dernier moment. Elle peut attendre à feu doux sur une plaque d'amiante. Mais les pâtes peuvent être cuites à l'avance. Elles se conservent 2 jours au réfrigérateur dans une boîte hermétique.

***Proportions :** pour 4 personnes*
2/3 d'un paquet de tagliatelles • sel
4 noix de beurre • poivre
***Préparation :** 2 minutes*
***Cuisson :** crique, 5 à 6 minutes*

Dans une grande casserole d'eau bouillante salée, faire cuire les tagliatelles selon le temps indiqué. Les égoutter d'abord dans la passoire, puis les étaler sur un torchon pour les laisser refroidir et sécher.

Prendre ensuite 2 poêles moyennes et faire des galettes plates et dorées selon le procédé de la crique de pommes de terre *, mais en menant l'opération plus rapidement et à feu plus vif, puisque les pâtes sont déjà cuites.

Ne pas oublier de les poivrer sur les 2 faces.

Emploi : Accompagnement d'une épaule d'agneau farcie. Accompagnement d'un gigot d'agneau.

BEIGNETS DE NOUILLES

On commence la pâte à frire 2 heures à l'avance et on la laisse reposer. On fait cuire les pâtes à l'eau à l'avance. On fait les beignets au dernier moment.

***Proportions** : pour 4 personnes*
*1/2 paquet de nouilles • 1/2 litre de pâte à frire **
sel, poivre • eau
***Préparation** : 10 minutes*
***Cuisson** : nouilles, indication du paquet*
beignets, 4 à 5 minutes

Faire cuire les pâtes à grande eau bouillante salée. Les égoutter dans la passoire.

Préparer la pâte à frire et la laisser reposer 2 heures.

Au dernier moment, terminer la pâte à frire, la mélanger avec les nouilles dans un saladier.

Faire chauffer de l'huile propre dans une bassine. Quand elle est bien chaude (une goutte d'eau lancée dedans la fait bouillonner), prendre à l'aide d'une cuillère à soupe des petits paquets de nouilles et les mettre dans la bassine à frire par 4 ou 5 à la fois, sans qu'ils se touchent. Dès qu'ils sont bien dorés, les égoutter sur un papier absorbant et saupoudrer légèrement de sel et de poivre. Les poser sur un plat de service chaud. Servir immédiatement.

Emploi : Le légume du dîner familial. Accompagnement de pièces de bœuf grillées ou poêlées. Accompagnement de volailles rôties. Accompagnement de blanquette de veau.

MACARONI AU GRATIN

Ce plat se fait au dernier moment, mais peut attendre dans le four doux.

***Proportions** : pour 4 personnes*
1 paquet de macaroni longs de 250 g
1/4 de litre de crème fraîche • 150 g de gruyère
1 noix de beurre • sel, poivre, muscade
***Préparation** : 3 minutes*
***Cuisson** : macaroni à l'eau, 3 à 4 minutes de moins*
que l'indication du paquet • au four, 7 à 8 minutes

Faire bouillir une grande casserole d'eau salée, jeter les macaroni en pluie, brasser avec une fourchette jusqu'à reprise de l'ébullition et maintenir à gros bouillons.

Pendant que les macaroni cuisent, râper le fromage, le réserver, et verser la crème fraîche dans une autre casserole.

Dès que les macaroni sont arrivés à 3, 4 minutes de moins que la cuisson prévue sur le paquet, les égoutter dans une passoire à pieds et secouer vivement pour que toute l'eau s'écoule. Les macaroni doivent être cuits mais fermes.

Allumer le gril du four.

Chauffer la crème à feu moyen. Ajouter les macaroni, laisser mijoter pour que les macaroni absorbent la crème en terminant leur cuisson. Vérifier l'assaisonnement en sel, poivrer et râper une pointe de muscade. Mélanger les 2/3 du fromage râpé et le laisser fondre.

Verser le tout dans un plat qui va au four, graisser le dessus du plat avec la noix de beurre détaillée en copeaux fins. Enfourner à mi-hauteur sous le gril, laisser gratiner jusqu'à belle couleur dorée. Servir dans le plat de cuisson.

Emploi : Le légume du dîner familial. Accompagnement de paupiettes de veau. Accompagnement de poulet rôti.

MACARONI AU GRATIN SANS CRÈME

Ce plat se fait au dernier moment.

***Proportions :** pour 4 personnes*

1 paquet de macaroni longs de 250 g • 150 g de gruyère

1 œuf de beurre • sel, poivre, muscade

***Préparation :** 5 minutes*

***Cuisson :** macaroni à l'eau, suivre l'indication du paquet*

au four, 7 à 8 minutes

Faire bouillir une grande casserole d'eau salée, jeter les macaroni en pluie, brasser avec la fourchette jusqu'à reprise de l'ébullition et maintenir à gros bouillons.

Pendant ce temps, râper le fromage.

Dès que les macaroni sont cuits (ils doivent être un peu fermes), les égoutter soigneusement dans la passoire à pieds et secouer pour faire tomber l'eau.

Allumer le gril du four.

Verser les macaroni dans un plat qui va au four, ajouter la moitié de l'œuf de beurre et les 2/3 du fromage râpé. Vérifier l'assaisonnement en sel, poivrer. Râper une pointe de muscade et bien mélanger le tout avec 2 fourchettes. Saupoudrer avec le reste de fromage râpé. Parsemer le plat avec le reste du beurre détaillé en copeaux fins. Enfourner sous le gril et laisser gratiner jusqu'à belle couleur dorée.

Emploi : Le légume du dîner familial. Accompagnement de bœuf en daube. Accompagnement de ragoût de porc.

NOUILLES AU POULET ET AU FOIE GRAS

Ce plat utilise un reste de poulet rôti * et un reste de foie gras * fait à la maison, ou de conserve. Il se prépare au dernier moment.

Proportions : *pour 4 personnes*
3/4 d'un paquet de nouilles
1 reste de poulet froid (une aile de préférence)
1 reste de foie gras (70 à 80 g environ)
*1 tasse à thé de sauce volaille * ● sel, poivre ● eau*
Préparation : *10 à 12 minutes*
Cuisson : *pâtes, indication du paquet ● sauce, 10 à 12 minutes*

Préparer la sauce volaille. Pendant qu'elle cuit, faire cuire les nouilles à grande eau bouillante salée. Émincer en mini-escalopes le blanc de poulet. Détailler le foie gras en petits dés de 1 cm de section.

Égoutter les nouilles en secouant la passoire pour enlever toute l'eau.

Les remettre dans la casserole, ajouter le blanc de poulet et le foie gras. Verser la sauce sur le tout et mélanger délicatement en soulevant et tournant avec la spatule. Servir immédiatement dans un légumier chaud.

Emploi : Plat complet. Entrée. Accompagnement de viandes rôties ou poêlées.

TIMBALE DE MACARONI SIMPLETTE

Elle se fait au dernier moment.

Proportions : *pour 6 personnes*
3/4 de paquet de macaroni coupés
1 tranche de jambon de Paris épaisse de 1 cm

1 tranche de jambon cru (Bayonne ou Parme, épaisse de 1/2 cm)
100 g d'olives vertes • 150 g de champignons de Paris
75 g de gruyère • 3 cuillères à soupe de crème fraîche
1 noix de beurre • sel, poivre
***Préparation** : 25 à 30 minutes*
***Cuisson** : macaroni, indication du paquet*
olives, 6 à 7 minutes • champignons, 5 à 6 minutes

Rincer les olives à grande eau courante pour retirer l'excès de sel. Les dénoyauter à l'aide du petit instrument spécial. Retirer le gras et la couenne des 2 jambons. Couper le jambon de Paris en petits dés et le jambon cru en fins bâtonnets de 1/2 cm de section. Râper le fromage.

Cuire les macaroni à grande eau bouillante salée.

Pendant ce temps, préparer et cuire les champignons à la poêle * avec la noix de beurre. Dans une petite casserole d'eau bouillante, cuire les olives pendant 6 à 7 minutes. Les égoutter en les secouant.

Égoutter convenablement les macaroni en secouant la passoire.

Dans la casserole de cuisson, à feu doux, mettre la crème fraîche, les macaroni et tous les ingrédients. Tourner et remuer jusqu'à ce que l'ensemble soit chaud, la crème absorbée et le gruyère fondu. Vérifier l'assaisonnement en sel, poivrer. Servir dans un plat de service chaud.

TAGLIATELLES AUX TRUFFES

Ce plat se fait au dernier moment.

***Proportions** : pour 4 personnes*
1 paquet de tagliatelles de 250 g
1/4 de litre de crème fraîche • 3 à 4 truffes moyennes
sel, poivre
***Préparation** : 5 minutes*
***Cuisson** : tagliatelles, dans l'eau, 4 minutes*
à chauffer, 2 à 3 minutes

Faire bouillir une grande casserole d'eau salée. Ouvrir la boîte de truffes, garder le jus et couper les truffes en bâtonnets. Réserver dans un bol.

Jeter les pâtes en pluie, remuer avec une fourchette jusqu'à reprise de l'ébullition, maintenir à gros bouillons.

Dans une autre casserole, verser la crème fraîche. Ajouter les bâtonnets de truffes et le jus réservé, chauffer à feu moyen jusqu'à petite ébullition. Au terme de la cuisson des pâtes, les égoutter dans la passoire à pieds pour enlever toute l'eau.

Verser les tagliatelles dans la crème fraîche aux truffes, mélanger délicatement à l'aide d'une cuillère en bois. Vérifier l'assaisonnement en sel. Poivrer et laisser chauffer 2 à 3 minutes de façon que les tagliatelles absorbent la crème fraîche. Servir aussitôt dans un plat chauffé.

Emploi : Entrée raffinée. Accompagnement d'agneau ou de poulet rôti.

Remarque : On peut employer moins de truffes... mais c'est évidemment meilleur quand il y en a la quantité voulue.

NOUILLES AUX FRUITS DE MER

On peut à l'avance cuire les moules, les décoquiller, décortiquer les crevettes et conserver le tout dans une boîte. Le jus des moules est conservé dans une autre boîte. On termine le plat au dernier moment.

***Proportions :** pour 6 personnes*
3/4 de paquet de nouilles • 1 litre 1/2 de moules
250 g de grosses crevettes grises
1 verre de vin blanc sec • 1 échalote • 1 branche de persil
1 gousse d'ail • 1/4 de litre de crème fraîche • sel, poivre • eau
***Préparation :** 35 à 40 minutes*
***Cuisson :** pâtes, indication du paquet*
moules, 3 à 4 minutes • sauce, 8 à 10 minutes

Choisir chez le poissonnier de grosses crevettes grises cuites, à la carapace bien luisante et bien dure. Choisir des petites moules bien fermées. Les gratter et les laver soigneusement. Éplucher la gousse d'ail. Éplucher l'échalote, la hacher menu. Laver la branche de persil.

Dans une casserole, mettre le vin blanc, l'échalote, l'ail et le persil. Faire partir à ébullition et laisser bouillir pendant 5 minutes. Ajouter alors les moules et du poivre, les faire ouvrir en les tournant en tous sens pendant quelques minutes. Retirer les moules à l'aide de l'écumoire. Filtrer et recueillir le jus dans un bol en le passant à travers une toile à beurre. Le réserver. Décoquiller les moules et réserver. Décortiquer les crevettes, les réserver.

Faire cuire les nouilles à grande eau bouillante salée.

Pendant ce temps, préparer la sauce. Dans une sauteuse, verser le jus de cuisson des moules, ajouter la crème fraîche. À feu moyen, faire bouillir et réduire jusqu'à consistance onctueuse, laisser sur feu très doux.

Égoutter les nouilles en les secouant dans la passoire. Les remettre dans la casserole de cuisson. Ajouter les moules et les crevettes. Mélanger. Vérifier l'assaisonnement. Verser la sauce dans les nouilles en mélangeant délicatement sur feu doux pour que tout l'ensemble soit chaud. Servir dans un légumier creux.

Emploi : Un plat complet.

CANNELLONIS AU JAMBON ET AUX ÉPINARDS

On fait ce plat avec des lasagnes, grandes pâtes plates qui s'achètent en paquets. Il peut se préparer à l'avance. On le met à chauffer au four au dernier moment.

***Proportions :** pour 4 personnes*
8 lasagnes • 4 tranches de jambon de Paris
500 g d'épinards • 1 cuillère à soupe de crème fraîche
75 g de gruyère • 2 noix de beurre
*1/4 de litre de béchamel rapide * • sel, poivre • eau*
***Préparation :** 35 à 40 minutes*
***Cuisson :** lasagnes, indication du paquet*
épinards, 5 à 6 minutes • au four, 15 à 20 minutes

Préparer et cuire des épinards à l'anglaise *.

Dans une grande marmite d'eau bouillante salée, faire cuire 8 lasagnes à gros bouillons en les remuant à la fourchette pour éviter qu'elles ne se collent entre elles. Les retirer avec l'écumoire et les étaler à plat sur un torchon pour les sécher parfaitement.

Retirer le gras et la couenne des tranches de jambon. Les couper en deux. Sur chaque lasagne, étaler une moitié de tranche de jambon en évitant que celle-ci ne dépasse de la pâte.

Faire la béchamel rapide, la laisser mijoter à feu doux.

Prendre les épinards, les presser entre les mains pour en extraire toute l'eau. Dans une casserole à feu doux, mettre une noix de beurre, ajouter les épinards, incorporer une bonne cuillère à soupe de crème fraîche, du poivre et une pointe de muscade tout en les hachant grossièrement avec un couteau et en mélangeant bien.

Allumer le four à température moyenne (200°, position 5).

Répartir les épinards sur les tranches de jambon. Rouler chaque lasagne sur les épinards et les poser côte à côte, serrées dans un plat qui va au four. Recouvrir avec la béchamel. Râper le gruyère et en saupoudrer toute la surface du plat. Terminer en le parsemant d'une noix de beurre divisée en fins copeaux. Mettre au four à chauffer et passer le four en position « gril » pendant les 5 dernières minutes pour donner une jolie couleur dorée. Servir dans le plat de cuisson.

Emploi : Le plat complet du dîner familial. Une entrée substantielle.

CANNELLONIS FARCIS À LA SAUCE TOMATE

On peut les préparer à l'avance et les réchauffer au dernier moment.

***Proportions** : pour 4 personnes*
8 lasagnes • 125 g de chair à saucisses
150 g de viande de veau hachée • 1 jaune d'œuf
1/2 tasse à thé de mie de pain • 1 oignon moyen
3 cuillères à soupe de lait • 2 cuillères à café de persil
civette et cerfeuil hachés par parties égales
75 g de gruyère • 2 noix de beurre • sel, poivre
*1 tasse à thé de coulis de tomates au naturel **
***Préparation** : 35 à 40 minutes*
***Cuisson** : lasagnes, indication du paquet • farce, 20 minutes environ*
*coulis, 20 minutes • **Finition** : 20 minutes*

Demander au boucher de hacher du veau bien maigre.

Émietter la mie de pain dans une tasse, la mouiller avec le lait. Laver, sécher, effeuiller les herbes. Les hacher menu. Réserver dans une tasse. Éplucher l'oignon, le hacher menu. Réserver.

Préparer le coulis de tomates au naturel ; quand il sera cuit l'assaisonner, le retirer du feu et le laisser attendre. Pendant qu'il mijote, faire cuire les lasagnes à grande eau bouillante salée en les remuant à la fourchette pour éviter qu'elles ne se collent. Les égoutter à plat sur un torchon, côte à côte.

Dans une poêle, mettre une noix de beurre à feu moyen. Quand elle grésille, ajouter les oignons et les faire cuire en douceur à couvert jusqu'à ce qu'ils commencent à blondir. Ajouter alors la chair à saucisses et le veau haché. Les faire cuire en remuant à la spatule, ce qui prend 7 à 10 minutes environ. Verser alors dans un saladier, ajouter les fines herbes hachées, le jaune d'œuf, la mie de pain d'abord pressée entre les mains pour supprimer le lait, du sel et du poivre. Mélanger avec les doigts ou à la fourchette pour avoir un ensemble bien homogène.

Allumer le four à température moyenne (200°, position 5). Râper le fromage, réserver dans une tasse.

Sur chaque lasagne, répartir la farce, les rouler ensuite en rouleaux réguliers. Les poser côte à côte dans un plat qui va au four. Recouvrir de coulis de tomates. Saupoudrer de gruyère râpé. Parsemer le plat avec une noix de beurre divisée en fins copeaux.

Mettre au four à chauffer doucement. Passer le four en position « gril » pendant les 5 dernières minutes pour faire gratiner et servir dans le plat de cuisson.

Emploi : Le plat complet du dîner familial. Une entrée substantielle.

Remarque : On peut préparer une sauce tomate instantanée :

1 petite boîte de concentré de tomates
3 cuillères à soupe de crème fraîche
1 cuillère à café de sucre en poudre
2 cuillères à soupe d'eau

Dans une casserole, délayer le concentré de tomates avec l'eau. Sur le feu doux, ajouter la crème fraîche et le sucre, mélanger et faire chauffer jusqu'à ébullition. La maintenir pendant 2 à 3 minutes, puis verser sur les cannellonis.

PASTASCIUTTA

Ce plat peut se préparer à l'avance. On le réchauffera et gratinera au four au dernier moment.

Proportions : *pour 6 personnes*
1 paquet 1/2 de lasagnes blanches
3 tranches de jambon cru (Bayonne ou Parme) épaisses de 1/2 cm
2 tranches de jambon cuit épaisses de 1/2 cm
225 g de gruyère • 3/4 de litre de lait • 3 noix de beurre
2 cuillères à soupe rase de farine • 2 jaunes d'œufs
sel, poivre • muscade
Cuisson : *lasagnes, indication du paquet*
sauce, 10 à 12 minutes • au four, 15 à 20 minutes

Faire bouillir une très grande casserole d'eau salée et faire cuire les lasagnes par 3 ou 4 à la fois, pour éviter qu'elles ne se collent entre elles. Les retirer avec une écumoire à chaque cuisson terminée et les poser côte à côte à plat sur un torchon pour les égoutter et enlever toute trace d'humidité.

Pendant ce temps, enlever le gras et la couenne des jambons, les hacher finement et les réserver dans une assiette. Râper le fromage, réserver dans une assiette.

Dans une casserole à feu moyen, faire une béchamel rapide *, un peu épaisse, avec une noix de beurre, une cuillère à soupe rase de farine et 1/4 de litre de lait. Quand elle est prête, la sortir du feu et y incorporer 2 jaunes d'œufs et la moitié du fromage râpé. Ajouter les jambons hachés, râper une bonne pointe de muscade, vérifier l'assaisonnement en sel et poivre.

Beurrer un plat allant au four, disposer une couche de lasagnes bien jointes côte à côte, les tartiner d'une couche de farce. Remettre une couche de lasagnes et une couche de farce. Ainsi de suite, et terminer par une couche de lasagnes.

Allumer le four à température moyenne (200°).

Dans une casserole, refaire une béchamel rapide légère, avec une cuillère à soupe rase de farine, une grosse noix de beurre, 1/2 litre de lait, sel, poivre et muscade. Incorporer la moitié du fromage restant, faire couler sur les lasagnes pour les napper. Saupoudrer de fromage râpé et parsemer le plat avec la dernière noix de beurre divisée en copeaux. Enfourner à mi-hauteur. Laisser chauffer pendant 15 à 20 minutes. Passer le four au gril pendant les 5 dernières minutes pour faire gratiner le dessus du plat. Servir tel quel.

Emploi : Un plat complet avec une salade verte.

14.

Les salades

SALADES D'ACCOMPAGNEMENT

LES GRANDES SALADES PLATS COMPLETS

SALADES COMPOSÉES

Tous les astérisques renvoient à des recettes figurant à l'index alphabétique en fin de volume.

Les salades

Sous ce terme général sont à considérer trois types de plats :

La *salade verte* ou le légume cru, juste assaisonnés et relevés de petites garnitures, utilisés classiquement en accompagnement ou en hors-d'œuvre.

La *grande salade,* mélange harmonieux d'éléments divers et nourrissants ; c'est le plat complet idéal pour les pique-niques, les dîners de vacances et les buffets.

La *salade-entrée,* fins et succulents mélanges de produits raffinés. C'est le début frais et agréable d'un dîner un peu élaboré.

Les salades d'accompagnement

Les différentes salades vertes

Il s'en trouve en toute saison ; certaines apparaissent l'hiver, d'autres l'été. Il y en a enfin qui, étant en serre ou de pleine terre, sont présentes toute l'année.

QUELQUES CONSEILS

Une salade verte doit être très fraîche : *du jour,* si possible.

- Si elle doit attendre quelques jours : l'éplucher de retour du marché pour avoir toutes les bonnes feuilles, ne pas la laver aussitôt et la conserver au réfrigérateur dans une boîte hermétique sans trop la tasser. La sortir à temps du froid pour qu'elle ne soit pas glacée, mais à la température de la pièce.
- Si la salade est un peu molle et fatiguée : au lavage, la laisser tremper dans de l'eau chaude (et non bouillante !) pendant 10 à 15 minutes, elle récupère alors toute sa fermeté.
- Après le lavage qui doit être très minutieux (beaucoup de salades sont sableuses), égoutter et sécher la salade soigneusement pour éviter de « détremper » l'assaisonnement.
- À part certains cas précisés, assaisonner au dernier moment sinon la salade s'affaisse et devient de la salade « confite ».
- Éviter les trop grandes feuilles, il vaut mieux les rompre avec les doigts en 2 ou 3 morceaux. L'assaisonnement se mélange alors plus intimement et c'est tellement plus facile à manger !

SALADES D'HIVER

- **La scarole,** un peu dure et amère, n'est pas très avantageuse, car ne sont vraiment tendres que les feuilles du cœur dont il faut de plus enlever les côtes.

On peut cependant garder les grandes feuilles vertes pour les cuire et les accommoder comme des épinards en branches *.

SUGGESTIONS

Choix d'assaisonnements	*Choix de petits accompagnements*
Vinaigrette classique *	Rondelles ou quartiers d'œufs durs *
Sauce gribiche *	Rondelles fines de cœurs de céleri en branche crus

● **La chicorée frisée,** dont il faut employer les parties frisées blanches en supprimant les côtes. C'est une délicieuse salade qui peut être rustique ou raffinée selon les assaisonnements.

SUGGESTIONS

Choix d'assaisonnements	*Choix de petits accompagnements*
Vinaigrette à l'huile d'olive et au vinaigre de xérès *	Fines herbes
Fleurette au xérès *	Petits morceaux de poivrons rouges grillés * (on en trouve aussi en flacon préparés au naturel dans le commerce)
Vinaigrette classique *	Dés de pain de mie rissolés dans le beurre et frottés avec une gousse d'ail Croûte de baguette coupée en morceaux d'une bouchée, frottés d'ail, imprégnés de vinaigrette Aux lardons (voir « pissenlit »)

● **La cornette,** délicieuse salade un peu croquante, légèrement amère. Pour qu'elle soit meilleure, supprimer les côtes.

SUGGESTIONS

Choix d'assaisonnements	*Choix de petits accompagnements*
Vinaigrette à l'huile de noix	Se mélange (2/3, 1/3) avec la trévise (voir plus loin) c'est bon et décoratif
Vinaigrette aux fines herbes *	
Fleurette au xérès *	

• **La mâche,** ses petits bouquets de feuilles vert foncé sont jolis et bons. Ils sont seulement longs à éplucher et minutieux à laver.

Pour enlever tout le sable, laisser tremper dans une grande bassine d'eau, le sable tombe au fond et on recueille les feuilles avec les mains en restant en surface. Il est recommandé de recommencer l'opération plusieurs fois de suite.

SUGGESTIONS

Choix d'assaisonnements	*Choix de petits accompagnements*
Vinaigrette à l'huile d'olive *	Se mélange avec une betterave coupée en petits dés
Vinaigrette aux fines herbes *	Quartiers d'œufs durs
	Se mélange avec la trévise

• **Les endives,** cuites, sont un excellent légume. Crues, elles font de bonnes salades. Il faut les choisir bien blanches, serrées, aux feuilles extérieures non tachées. Couper le trognon dur, les trancher ensuite en quatre dans le sens de la longueur, puis en deux ou trois suivant leur taille dans le sens de la largeur.

L'endive est surtout bonne en mélange.

SUGGESTIONS

Choix d'assaisonnements	*Choix de petits accompagnements*
Toutes les vinaigrettes	Se mélange avec : mâche, betterave, cresson

• **La trévise** nous vient du Midi ou d'Italie. Elle se présente sous la forme de petits bouquets de feuilles d'un beau pourpre foncé. Croquante, ravissante, mais amère, elle ne s'emploie qu'en petites quantités en mélange avec toutes les autres salades vertes, dont elle rehausse le goût et la couleur.

• **Le pissenlit** ne se trouve pas couramment chez les marchands des villes. C'est une salade « sauvage ». Il faut le choisir jeune, blanc et tendre, bien l'éplucher et le parer, le laver minutieusement. On le mange avec des *lardons*.

***Proportions :** pour 4 personnes*
300 g de pissenlits • 100 g de poitrine fumée
1 noisette de beurre
2 cuillères à soupe de vinaigre de vin • poivre
***Préparation :** 20 à 25 minutes*
***Cuisson :** lardons, 8 à 10 minutes*

Éplucher les pissenlits, les tenir dans une bassine d'eau fraîche. Retirer la couenne et les cartilages de la poitrine fumée. La couper en lardons de 2 cm de côté. Égoutter soigneusement les pissenlits, les verser dans un saladier.

Graisser une poêle avec le beurre. Chauffer à feu moyen, ajouter les lardons et les faire rissoler en douceur pour qu'ils lâchent bien toute leur graisse en cuisant lentement.

Quand ils sont à point, verser tout le contenu de la poêle, graisse et lardons sur les pissenlits. Ajouter dans la poêle deux bonnes cuillères de vinaigre, quelques tours de moulin à poivre. Tourner pour bien mélanger et servir aussitôt avant que la graisse et les lardons ne refroidissent complètement.

Remarque : On peut aussi ajouter à cette salade des petits croûtons dorés au beurre et à l'ail (voir « chicorée frisée »).

SALADES D'ÉTÉ

• **La batavia,** à la fois tendre et croquante, est la salade que l'on mange avec plaisir au début du printemps.

Assez fragile, il faut la mélanger délicatement et au dernier moment avec l'assaisonnement.

SUGGESTIONS

Choix d'assaisonnements	*Choix de petits accompagnements*
Vinaigrette classique *	Estragon et fines herbes
Sauce gribiche *	Tomates concassées *
Fleurette au xérès *	Pignons
Vinaigrette à l'huile de noix *	Petits morceaux de noix sèches hachées grossièrement

• **La chicorée frisée** existe aussi en été, mais elle est très verte, avec un petit cœur blanc, ce qui la rend moins avantageuse.

Elle se prête aux mêmes accommodements que la chicorée d'hiver.

• **La romaine** est croquante, elle est fragile, elle est cassante et elle est exquise. Si on craint la dureté des côtes, couper les feuilles en deux dans le sens de la longueur.

SUGGESTIONS

Choix d'assaisonnements	*Choix de petits accompagnements*
Sauce gribiche *	Dés de poivrons rouges grillés *
Fleurette au citron *	
Vinaigrette aux fines herbes *	Rondelles fines de cœur de céleri cru

SALADES DE TOUTE L'ANNÉE

• **Le mesclun :** ce n'est pas une salade, mais un mélange de plusieurs salades. Il est originaire du Midi. Pour être bon, il doit être bien frais et constitué d'un mélange harmonieux de salades des champs et de salades cultivées, ce qui ne le rend pas toujours parfait en ville.

Pour le mesclun un simple assaisonnement de vinaigrette à l'huile d'olive suffit.

• **Le cresson** est particulier et un peu piquant, il est peu avantageux car seules les feuilles sont employées, il est long à éplucher et à laver. Pour toutes ces raisons, il est préférable de l'employer en petites quantités, mélangé à d'autres salades.

SUGGESTIONS

Choix d'assaisonnements	*Choix de petits accompagnements*
Vinaigrette classique	Endives crues émincées
Vinaigrette à l'huile de noix	Pommes de terre *
	Champignons crus émincés
Vinaigrette aux échalotes	Haricots blancs frais cuits *

• **La laitue :** on en trouve toute l'année, mais elle est meilleure au début du printemps. C'est la salade la plus connue, la plus employée, elle est cependant assez fade et je la préfère dans les salades composées où elle est une base fraîche et décorative. elles est fragile et à grandes feuilles. Pour la manger commodément, il faut briser les feuilles en 2 ou 3 morceaux. Pour l'avoir fraîche et croquante, il faut l'assaisonner au dernier moment et la mélanger délicatement.

SUGGESTIONS

Choix d'assaisonnements	*Choix de petits accompagnements*
Fleurette au xérès *	
Pignons hachés grossièrement	
Vinaigrette à l'huile d'olive et aux fines herbes *	Rondelles ou quartiers d'œufs durs
Vinaigrette à l'huile de noix *	Petits morceaux de noix sèches hachées grossièrement
Fleurette au citron *	
Vinaigrette à l'huile d'olive et à l'estragon *	

Les légumes frais

CHOU VERT NOUVEAU À L'ÉCHALOTE

Il sera meilleur préparé et assaisonné 1 ou 2 heures à l'avance.

***Proportions** : pour 4 personnes*
1 chou vert nouveau • 1 échalote • 1 cuillère à café de persil
*3/4 de tasse à thé de vinaigrette **
***Préparation** : 12 à 15 minutes*

Retirer les feuilles extérieures flétries du chou. Le couper en deux dans le sens de la longueur. Poser chaque moitié à plat sur la planche et la détailler très finement jusqu'à l'élargissement des côtes, comme on coupe des tranches de saucisson. On obtient ainsi de fines lanières de chou que l'on sépare avec les doigts.

Éplucher l'échalote, la hacher très finement. Laver, effeuiller le persil, le hacher finement.

Dans une terrine, préparer la vinaigrette (de préférence à l'huile d'olive). Ajouter le persil, l'échalote et le chou. Bien mélanger le tout et laisser macérer à la température de la pièce.

Au moment de servir, tourner la salade dans la terrine avant de la verser dans le saladier de service.

Accompagne bien : Confit de canard froid. Rôti de bœuf froid. Hachis parmentier.

CHOU ROUGE AUX OIGNONS

Préparer la salade 2 heures à l'avance.

***Proportions** : pour 6 personnes*
1 petit chou rouge • 2 oignons moyens
1 tasse à thé de vinaigrette
***Préparation** : 12 à 15 minutes*

Parer le chou de toutes ses feuilles extérieures. Le couper en deux et, en posant chaque moitié à plat sur la planche, les détailler en fins rubans comme il est dit pour le chou vert nouveau *.

Éplucher les oignons, les hacher finement.

Dans une terrine, préparer une vinaigrette, ajouter le chou et l'oignon, bien mélanger et laisser macérer 2 heures à la température de la pièce. Avant de verser dans le saladier de service, mélanger une autre fois.

Emploi : Hors-d'œuvre familial.
Accompagne bien : Restes de porc froid. Restes de chevreuil rôti froid.

CHOU-FLEUR À L'ESTRAGON

On peut faire cuire le chou-fleur à l'avance et le conserver dans une boîte hermétique.

Proportions *: pour 4 personnes*
1 petit chou-fleur ● 1/2 tasse à thé d'estragon haché
*3/4 de tasse à thé de vinaigrette à l'huile d'olive **
Préparation *: 10 à 12 minutes*
Cuisson *: 10 minutes*

Éplucher et préparer le chou-fleur de manière à avoir d'assez petits bouquets avec peu de tige. Le faire cuire à l'anglaise *, l'égoutter.
Laver l'estragon, le sécher, l'effeuiller et le hacher finement.
Préparer la vinaigrette. Ajouter l'estragon. Disposer les bouquets de chou-fleur dans un plat un peu creux. Les arroser avec la vinaigrette battue à la cuillère.
Ne pas mélanger et servir.

Emploi : Le légume du dîner familial.
Accompagne bien : Poulet rôti froid. Lapin rôti froid.

FÈVES FRAÎCHES À LA FLEURETTE

On peut préparer les fèves à l'avance, on les assaisonne au dernier moment.

Proportions *: pour 4 personnes*
1 kg de fèves non écossées ● 1 bouquet de cerfeuil
*3/4 de tasse à thé de fleurette au citron **
Préparation *: 30 à 35 minutes*
Cuisson *: 10 minutes*

Préparer et cuire les fèves *, les égoutter et les sécher convenablement. Les disposer dans de petites assiettes individuelles, ce qui permet de les employer en petites quantités.
Laver et sécher quelques pluches de cerfeuil en les laissant entières mais en retirant la tige.

Préparer la sauce, la verser sur les fèves, parsemer chaque assiette de 1 ou 2 pluches de cerfeuil et servir.

Accompagne bien : Restes de veau froid. Restes de gigot froid.

SALADE DE POINTES D'ASPERGES AU CERFEUIL

Les asperges se cuisent de façon à être encore tièdes au moment où elles seront consommées.

***Proportions :** pour 4 personnes*
500 à 600 g de fines asperges
2 cuillères à café de cerfeuil haché
*3/4 de tasse à thé de vinaigrette à l'huile d'olive **
***Préparation :** 20 à 25 minutes*
***Cuisson :** 8 à 10 minutes*

Choisir des asperges grosses comme le petit doigt. Les couper de manière qu'elles aient 7 à 8 cm de longueur. Bien les gratter. Les ficeler en 4 petits bottillons et les cuire à l'eau bouillante salée (v. page 465). Les retirer avec une écumoire et les égoutter sur un torchon.

Laver et sécher le cerfeuil, l'effeuiller et le hacher finement.

Faire une vinaigrette au vinaigre de vin et à l'huile d'olive, mélanger le cerfeuil. Disposer les 4 bottillons dans 4 petites assiettes individuelles. Les déficeler et les assaisonner à l'aide d'une cuillère avec la vinaigrette battue. Servir.

Emploi : Petite entrée légère. Salade raffinée à servir entre le rôti et le fromage.

Remarque : À défaut de pointes d'asperges fraîches, on trouve d'excellentes pointes d'asperges en conserve.

Les rincer sous l'eau froide et les sécher avant de les employer.

POIREAUX TIÈDES VINAIGRETTE

Calculer la cuisson des poireaux de manière qu'ils soient encore tièdes au moment de les servir.

***Proportions :** pour 4 personnes*
16 poireaux moyens • 3/4 de tasse à thé de vinaigrette
***Préparation :** 20 à 25 minutes*
***Cuisson :** 10 à 12 minutes*

Couper la racine des poireaux. Les trancher en deux de façon à les avoir tous de taille égale du vert clair au blanc (les parties vert foncé seront utilisées pour un potage, v. page 77). Retirer les feuilles dures extérieures.

Les ficeler en 3, 4 petits bottillons. Les faire cuire à l'anglaise *. Les prendre avec l'écumoire et les égoutter sur un torchon pour absorber tout l'excédent d'eau de cuisson. Les déficeler et les poser côte à côte encore tièdes dans un plat long.

Dans un bol, préparer une vinaigrette. La battre et en arroser les poireaux. Servir.

Emploi : Le légume du dîner familial. Le hors-d'œuvre familial.

SALADE DE HARICOTS VERTS À LA CIVETTE

Les haricots verts se cuisent à l'avance. On les conserve dans un torchon pour bien les sécher à la température de la pièce.

***Proportions :** pour 4 personnes*
600 g de haricots verts
3 cuillères à café de civette hachée
*1/2 tasse à thé de vinaigrette à l'huile d'olive **
***Préparation :** 20 à 22 minutes*
***Cuisson :** 10 à 12 minutes*

Choisir de préférence de jolis haricots verts frais et très fins. Les équeuter, les laver et les faire cuire à l'anglaise * à découvert pour conserver leur belle couleur verte.

Au terme de la cuisson les retirer avec l'écumoire, et les plonger dans une bassine d'*eau glacée* pour stopper net la cuisson. Les égoutter ensuite et les sécher dans un torchon. Laver, sécher la civette, la hacher finement. La verser dans une terrine, y préparer la vinaigrette, ajouter les haricots verts, les remuer délicatement pour les imprégner d'assaisonnement et servir dans un saladier de service ou des petites assiettes individuelles.

Accompagne bien : Une omelette aux fines herbes. Toutes les viandes et volailles froides. Les poissons froids pochés.

SALADE DE HARICOTS BLANCS FRAIS À LA TOMATE

Les haricots peuvent être cuits à l'avance, et après les avoir égouttés on les conserve dans une boîte hermétique. C'est aussi une excellente façon d'employer un reste à condition que les haricots n'aient pas été beurrés avant, mais soient naturels.

***Proportions** : pour 4 personnes*
2 kg environ de haricots blancs non écossés
2 oignons moyens • 2 gousses d'ail • 1 branche de thym
1 feuille de laurier • 2 tomates moyennes
3/4 de tasse de vinaigrette à l'huile d'olive *
***Préparation** : 30 à 35 minutes*
***Cuisson** : haricots, 1 heure environ*

Préparer et cuire des haricots (v. page 506). Bien les égoutter.
Préparer les tomates concassées *.
Dans une terrine, faire une vinaigrette à l'huile d'olive. Ajouter les haricots et la tomate concassée. Bien mélanger. Verser dans le saladier de service et servir.

Emploi : Le légume du dîner familial.
Accompagne bien : Restes d'épaule d'agneau farcie. Porc froid.

SALADE DE LENTILLES

Les lentilles peuvent être cuites à l'avance. On les conserve égouttées dans une boîte hermétique, débarrassées du thym et du laurier. C'est aussi une manière d'utiliser un reste.

***Proportions** : pour 4 personnes*
250 g de lentilles • 2 oignons moyens • 2 gousses d'ail
1 brindille de thym • 1 feuille de laurier
1/2 tasse à thé de vinaigrette à l'huile de noix *
***Préparation** : 10 à 15 minutes*
***Cuisson** : lentilles, 1 heure à 1 heure 30*

Tremper, cuire les lentilles (v. page 545). Les égoutter, les laisser refroidir à la température de la pièce.
Préparer la vinaigrette à l'huile de noix dans un saladier. Ajouter les lentilles, mélanger et servir.

Accompagne bien : Viandes froides de potée au chou. Charcuteries de choucroute. Confit de canard froid.

Remarque : Cette salade ne risquant pas de « confire » peut être faite à l'avance.

SALADE DE POMMES DE TERRE

***Proportions :** pour 4 personnes*
800 g environ de pommes de terre
(pour une salade simple)

Les pommes de terre en salade peuvent être exquises ou très mauvaises. Tout dépend de quelques précautions à prendre :

1. Employer des pommes de terre qui ne se « défont » pas : BF 15 ou Roseval ;
2. Les faire cuire dans leur peau à la vapeur dans le couscoussier ;
3. Attendre qu'elles soient refroidies pour les éplucher et les couper en rondelles pas trop fines : 1/2 cm d'épaisseur. On a donc intérêt à les faire cuire bien à l'avance.

À partir de ce moment, elles se prêtent à toutes sortes d'assaisonnements :

- Vinaigrette classique, ou agrémentée d'échalotes, d'oignons, de fines herbes * ;
- Mayonnaise simple *, ou aux câpres * ;
- Mélangées à d'autres ingrédients (voir « salades composées * »).

Accompagne bien : Des filets de harengs. Des saucisses de Francfort. Tous les restes de viandes rôties froides. Des restes de poissons au court-bouillon froids et assaisonnés à la vinaigrette.

SALADE DE TRUFFES

Elle est délicieuse et raffinée, mais coûteuse. Aussi on la sert en petites quantités dans des assiettes individuelles.

***Proportions :** pour 4 personnes*
8 à 10 truffes crues moyennes
*à défaut, de conserve **
2 œufs durs

Si ce sont des truffes crues, bien les laver, et les sécher.
Couper les truffes en très fines rondelles comme des copeaux. Les répartir également à plat dans les petites assiettes.

Assaisonnement : Éplucher les œufs, passer le jaune à la moulinette dans une tasse, ajouter 1 cuillère à soupe de vinaigre de Xérès, du sel, du poivre. Verser 4 cuillères à soupe d'huile d'olive en battant à la fourchette pour homogénéiser l'assaisonnement. Répartir la sauce dans les quatre assiettes.

Emploi : Entrée légère de dîner de fête.

Salades de légumes mélangés

Elles sont moins monotones que la salade à un seul élément. Les combinaisons peuvent être multiples et sont affaire d'imagination, à condition que les saveurs s'harmonisent et ne se heurtent pas.

Voici quelques suggestions :

MÂCHE, BETTERAVE, ENDIVE

Proportions *: pour 4 personnes*
1 betterave moyenne cuite • 1 endive moyenne
150 g de mâche
Préparation *: 20 minutes*

Préparer la mâche *. Préparer l'endive *. Éplucher la betterave, la couper en petits dés.
Mélanger les 3 légumes. Assaisonner.

Assaisonnement : Vinaigrette au vinaigre de vin et à l'huile d'olive *.
À servir en assiettes individuelles avec le plat principal.

LAITUE, POMMES ET NOIX

Proportions *: pour 4 personnes*
1 petite laitue • 2 pommes golden • 12 cerneaux de noix
Préparation *: 15 à 20 minutes*

Laver, éplucher la laitue en ne laissant pas les feuilles trop grandes. Couper les pommes en quatre. Retirer la peau et le cœur. Couper chaque quartier en fins croissants. Hacher très grossièrement les débris de noix. Mélanger tous les ingrédients. Assaisonner.
À servir en assiettes individuelles avec le plat principal.

Assaisonnement : Fleurette au citron *.

BATAVIA, TOMATES ET PIGNONS

***Proportions** : pour 4 personnes*
1 batavia • 2 tomates moyennes
1/2 tasse à thé de pignons • 12 petits radis roses
***Préparation** : 25 à 30 minutes*

Préparer la batavia de manière à avoir les feuilles tendres du cœur brisées en 4 à 5 morceaux chacune.

Préparer des tomates concassées *. Laver, égoutter les radis, les couper en fines rondelles. Mélanger le tout. Ajouter les pignons. Assaisonner.

À servir en assiettes individuelles avec le plat principal.

Assaisonnement : Vinaigrette classique * peu vinaigrée.

CHIFFONNADE DE LAITUE AUX LÉGUMES

***Proportions** : pour 4 personnes*
1 petite laitue
3 tomates petites et fermes, olivettes de préférence
3 fonds d'artichauts jeunes crus dits « poivrade »
1 petit poivron vert • 1 citron
***Préparation** : 25 à 30 minutes*

Retirer les feuilles vertes extérieures de la laitue. Garder le cœur. Le laver en le plongeant plusieurs fois dans l'eau la tête en bas, l'égoutter soigneusement. En commençant par les pointes des feuilles, couper finement la salade en très fines rondelles comme un saucisson pour obtenir de longs rubans fins, appelés « chiffonnade ».

Couper les tomates en rondelles de 1/2 cm d'épaisseur. Avec la pointe d'un couteau, retirer les graines.

Couper le poivron en deux, retirer la tige, les graines et les parties fibreuses. Le couper en morceaux de 2 à 3 cm de longueur et de 1/2 cm de largeur.

Parer les fonds d'artichauts, les passer au jus de citron pour qu'ils ne noircissent pas. Les couper en oblique de manière à avoir de fines languettes. Mélanger tous les ingrédients dans un saladier et assaisonner.

À servir en assiettes individuelles avec le plat principal.

Assaisonnement : Sauce gribiche *.

CHICORÉE FRISÉE AUX AVOCATS

***Proportions** : pour 4 personnes*
1 chicorée bien blanche ● 1 avocat mûr
2 tomates moyennes
***Préparation** : 30 minutes*

Préparer une chicorée frisée en ne gardant que les petites feuilles bien blanches *.

Préparer des tomates concassées *.

Ouvrir l'avocat en deux, retirer le noyau. Avec précaution, sans abîmer le fruit, supprimer la peau. Couper la chair en fines lamelles. Mélanger les 3 ingrédients dans un saladier.

À servir en assiettes individuelles avec le plat principal.

Assaisonnement : Fleurette au citron *.

SALADE DE MINI-LÉGUMES

***Proportions** : pour 4 personnes*
1 concombre moyen ● 150 g de champignons de Paris
1 pied de céleri en branche
150 g de haricots verts extra-fins
12 à 15 petits radis roses ● jus de citron
***Préparation** : 40 à 45 minutes*

Le charme de cette salade réside dans la taille très réduite des légumes ; donc les haricots verts sont coupés en morceaux de 2 cm de long et les autres légumes doivent être proportionnés à cette mesure.

Préparer le concombre *.

Éplucher, cuire et rafraîchir les haricots verts *.

Choisir les feuilles bien blanches et tendres du cœur du céleri, les couper en fines rondelles de 1/4 de cm d'épaisseur. Équeuter et laver soigneusement les radis. Les couper en fines rondelles de 1/4 de cm d'épaisseur.

Préparer les champignons, les couper en bâtonnets égaux aux haricots verts, les arroser de jus de citron pour éviter qu'ils ne noircissent.

Mélanger tous les ingrédients et assaisonner.

À servir en assiettes individuelles avec le plat principal.

Assaisonnement : Vinaigrette aux fines herbes *.

HARICOTS VERTS, TOMATES, CHAMPIGNONS

***Proportions :** pour 4 personnes*
250 g de haricots verts • 200 g de champignons
3 tomates olivettes • 1 citron
***Préparation :** 25 à 30 minutes*

Éplucher, cuire et rafraîchir les haricots verts (v. page 505).
Éplucher, laver, couper les champignons en fines lamelles *, les arroser de jus de citron.
Laver les tomates. Les couper en rondelles de 1/2 cm.
Mélanger les 3 légumes.
À servir en assiettes individuelles avec le plat principal.

Assaisonnement : Vinaigrette aux fines herbes *.

HARICOTS PANACHÉS AU BASILIC FRAIS

***Proportions :** pour 4 personnes*
300 g de haricots verts • 300 g de haricots blancs cuits
1/2 tasse à thé de feuilles de basilic un peu tassées
***Préparation :** 20 à 25 minutes*

Éplucher, cuire et rafraîchir les haricots verts (v. page 505).
Cuire les haricots blancs frais * ou employer un reste. Les égoutter convenablement.
Laver le basilic, recueillir les feuilles, les hacher grossièrement.
Mélanger les ingrédients.

Assaisonnement : Vinaigrette au vinaigre de vin et à l'huile d'olive *.

FONDS D'ARTICHAUTS AUX TRUFFES

***Proportions :** pour 4 personnes*
4 beaux fonds d'artichauts bretons frais ou de conserve
*6 truffes moyennes crues ou de conserve * • 2 œufs*
***Préparation :** 20 à 25 minutes*

Faire cuire à l'anglaise * de beaux artichauts bretons. Retirer les feuilles, ou bien retirer les fonds de la boîte et les rincer à l'eau froide. Parer les fonds pour retirer toutes les parties fibreuses.

Faire durcir 2 œufs. Couper les truffes en fins bâtonnets. Éplucher les œufs, les réserver.

Garnir chaque fond avec la julienne de truffes et verser l'assaisonnement sur le tout.

À servir après le plat principal.

Assaisonnement : Une vinaigrette sans moutarde avec peu de vinaigre de Xérès, de la bonne huile d'olive, à laquelle on ajoute les jaunes des œufs durs passés à la moulinette.

POMMES DE TERRE AU CRESSON ET À LA BETTERAVE

***Proportions** : pour 4 personnes*
400 g de pommes de terre BF 15 ou Roseval • 1/2 botte de cresson
1 betterave moyenne
***Préparation** : 20 à 25 minutes*

Faire cuire les pommes de terre dans leur peau (v. page 550).

Éplucher le cresson en ne gardant que les feuilles. Laver soigneusement et égoutter.

Éplucher la betterave, la couper en petits dés.

Mélanger les 3 ingrédients dans un saladier. Assaisonner.

Assaisonnement : Mayonnaise crémée au citron *.

SALADE RUSSE

***Proportions** : pour 4 personnes*
150 g de pommes de terre • 150 g de haricots verts
150 g de carottes • 150 g de navets
1/2 paquet de 450 g de petits pois surgelés
***Préparation** : 30 à 35 minutes*

Avec tous les légumes, faire une macédoine de légumes *. La laisser refroidir. La mélanger convenablement dans une terrine avec l'assaisonnement avant de la verser dans un saladier de service.

Assaisonnement : Mayonnaise au naturel *.

Les grandes salades, plats complets

L'agrément de ces « grandes salades » est de constituer un plat unique réunissant les éléments d'un repas complet.

Il faut cependant proportionner les ingrédients de base : viande, poisson, légume riche, avec verdure, crudités et condiments, pour réaliser une agréable harmonie nourrissante et rafraîchissante.

Dans le choix de recettes qui suit, il est prévu pour chacune d'elles une variante qui permet de passer d'une base à une autre. Ceci étant suggéré à la maîtresse de maison pour lui donner la possibilité d'innover à son tour, en restant toutefois dans la même gamme de produits : une volaille à la place d'une volaille, un poisson à la place d'un poisson.

SALADE NIÇOISE

On peut préparer tous les ingrédients à l'avance dans le saladier. Couvrir d'un papier alu et assaisonner au dernier moment.

***Proportions** : pour 6 à 7 personnes*
1 laitue • 300 g de haricots verts très fins
4 à 5 petites tomates rondes • 4 œufs
*1 poivron grillé * rouge ou vert ou en conserve à l'huile*
1 boîte de thon à l'huile d'olive de 170 g
1 petite boîte de filets d'anchois à l'huile de 45 g
*1 tasse de vinaigrette aux fines herbes et à l'huile d'olive **
***Préparation** : 30 à 35 minutes*
***Cuisson** : haricots verts, 10 à 12 minutes*

Préparer les haricots verts en les coupant en 2 ou 3 morceaux. Les faire cuire (v. page 505).

Mettre les œufs à durcir. Griller le poivron *, ou égoutter et couper en petites languettes du poivron rouge à l'huile en conserve.

Préparer la laitue *. Laver les tomates, les couper en 4 quartiers, retirer les graines avec un petit couteau.

Effeuiller le thon en morceaux de la taille d'une bouchée. Réserver sur une assiette. Sortir les filets d'anchois de la boîte à l'aide d'une fourchette et les poser sur une assiette. Éplucher les œufs durs, les couper en 4 quartiers.

Dans un grand saladier, mélanger la laitue, les haricots verts et les poivrons. Disposer ensuite harmonieusement les morceaux de thon, les quartiers de tomates et les œufs durs. Terminer en décorant avec 7 ou 8 filets d'anchois.

Dans une tasse, préparer la vinaigrette, la battre à la fourchette en la versant sur tout l'ensemble du saladier et servir aussitôt.

SALADE DE RIZ AUX MOULES ET AUX CREVETTES

Tous les ingrédients peuvent être préparés à l'avance et conservés séparément au frais dans des boîtes hermétiques. On accommode la salade au dernier moment.

Proportions : *pour 7 ou 8 personnes*
1 tasse à thé de riz • 4 à 5 moules par personne
200 g de grosses crevettes grises cuites bien poivrées
400 g de haricots verts • 5 tomates moyennes
*2 tasses à thé de sauce gribiche **
Préparation : *45 minutes environ*
Cuisson : *riz, 18 à 20 minutes • moules, 3 à 4 minutes*

Cuire le riz à la créole *, l'égoutter soigneusement.

Éplucher et couper les haricots verts en 3 à 4 morceaux, les cuire à l'anglaise *, les rafraîchir, les égoutter.

Préparer et ouvrir les moules (v. page 179), les sortir de leurs coquilles. Décortiquer les queues des crevettes.

Préparer les tomates comme il est dit à « tomates concassées * ».

Préparer la sauce gribiche.

Dans un saladier, mélanger tous les ingrédients et incorporer la sauce gribiche en remuant doucement avec 2 cuillères en bois. Verser dans le saladier de service et servir.

Variante : On peut remplacer les moules par des coques *, ou des palourdes *. Les crevettes par les intérieurs de têtes et pattes de langouste ou de homard dont les queues ont été employées dans une autre préparation (v. pages 193, 194).

SALADE DE RIZ AU HADDOCK

Tous les ingrédients peuvent être préparés à l'avance et conservés séparément dans des boîtes hermétiques. On les accommode au dernier moment.

***Proportions :** pour 7 à 8 personnes*
1 tasse 1/2 à thé de riz • 1 filet de haddock de 350 à 450 g
3 œufs • 1 paquet de petits pois surgelés de 300 g
*1 bol de mayonnaise crémée au citron **
***Préparation :** 30 à 35 minutes*
***Cuisson :** riz, 18 à 20 minutes • haddock, 8 à 10 minutes*
petits pois, 5 minutes • œufs, 10 minutes

Préparer le riz à la créole *.
Pocher le haddock * et le poser à égoutter sur un torchon.
Cuire à l'anglaise * les petits pois surgelés. Les égoutter.
Faire durcir les œufs *, les couper en 4 quartiers.
Faire la mayonnaise crémée au citron, la laisser à la température de la pièce.
Avec les doigts, effeuiller le haddock en petits morceaux de la taille d'une bouchée. Dans un saladier, mélanger le riz, le haddock et les petits pois avec la mayonnaise. Verser dans le saladier de service, décorer avec les quartiers d'œufs durs.

Variante : On peut remplacer le haddock par un reste de poisson au court-bouillon *, la mayonnaise crémée au citron par une mayonnaise aux câpres *.

SALADE DE POULET

Tous les ingrédients, sauf la poitrine fumée, peuvent être préparés à l'avance et conservés séparément au frais dans des boîtes hermétiques. On dispose et on termine la salade au dernier moment.

***Proportions :** pour 7 à 8 personnes*
*1 petit poulet rôti froid * • 1 laitue*
7 à 8 petites tomates, olivettes de préférence • 7 œufs
1 pied de céleri en branche

4 à 5 branches fines de poitrine fumée
1 bol 1/2 de mayonnaise au ketchup *
***Préparation** : 40 à 45 minutes*
***Cuisson** : poulet, 45 minutes • œufs, 10 minutes*
poitrine fumée, 5 à 6 minutes

Faire couper la poitrine fumée en tranches fines par le charcutier.

Préparer la laitue, en coupant les feuilles en 2 ou 3 morceaux.

Faire durcir les œufs*.

Laver et couper les tomates en rondelles, retirer les graines.

Préparer le céleri. Détailler les branches en fins morceaux dans le sens perpendiculaire à la longueur.

Éplucher les œufs, les couper en rondelles avec un coupe-œuf.

Désosser les morceaux de poulet, retirer la peau, trancher les chairs en fines escalopes de la taille d'une bouchée.

Faire une mayonnaise au ketchup*, la laisser à la température de la pièce.

Dans un grand saladier, disposer une couche de feuilles de laitue, de tomates, de petits morceaux de céleri, de morceaux de poulet et de rondelles d'œufs durs soigneusement superposés, tartiner généreusement de mayonnaise au ketchup et recommencer une autre couche avec les mêmes ingrédients ; tartiner également de mayonnaise et continuer jusqu'à épuisement de tous les éléments.

Retirer le cartilage et la couenne des tranches de poitrine fumée, les couper en deux dans le sens de la largeur. Dans une poêle à feu moyen, poser les tranches de poitrine fumée et les faire dorer et rissoler des deux côtés jusqu'à ce qu'elles soient croustillantes. Les retirer avec une écumoire pour ne pas prendre de graisse, les réserver sur une assiette et les disposer ensuite sur la salade. Chacun se servira en plongeant jusqu'au fond du saladier pour avoir de toutes les couches successives.

Variante : On peut remplacer le poulet par du confit de canard * débarrassé de sa peau ou un reste de dindonneau rôti *.

SALADE DE VEAU FROID, CÉLERI ET POMMES DE TERRE

***Proportions** : pour 7 à 8 personnes*
600 g de pommes de terre BF 15 moyennes
*reste de veau froid rôti * équivalant*
à 5 à 6 tranches de rôti • 3 tranches de jambon de Paris

3 échalotes • 7 à 8 cornichons moyens
*1 bol de mayonnaise au naturel**
***Préparation :** 40 à 45 minutes*
***Cuisson :** pommes de terre, 25 à 30 minutes*
céleri-rave, 10 minutes

Éplucher le céleri, le couper en petits dés et le faire cuire ferme à l'anglaise*.

Cuire les pommes de terre en robe des champs*, les éplucher et les couper en petits dés semblables à ceux de céleri.

Retirer la couenne et le gras du jambon de Paris, le couper en fins petits bâtonnets.

Parer les restes de rôti de veau en retirant le gras et éventuellement les parties nerveuses, les émincer en petites bouchées.

Couper les cornichons en fines rondelles. Éplucher les échalotes et les couper en très fines rondelles.

Faire une mayonnaise au naturel* bien relevée.

Dans un grand saladier, mélanger tous les ingrédients à l'aide de 2 cuillères en bois de manière que la mayonnaise soit bien incorporée à tous les éléments. Verser dans le saladier de service, et servir.

Variante : On peut remplacer le veau par du porc rôti ou du lapin froid, le jambon par de la langue en pot-au-feu ou de la langue écarlate prise chez le charcutier.

SALADE DE MAÏS ET HARICOTS BLANCS AUX CHARCUTERIES

Les ingrédients peuvent être préparés à l'avance et conservés séparément dans des boîtes hermétiques.

Il sera intéressant de faire cette salade quand on aura un reste de haricots et des restes de potée au chou*.

***Proportions :** pour 8 personnes*
1 boîte de maïs au naturel de 285 g
*la même quantité de haricots blancs au naturel**
1 poivron vert • 4 saucisses de Francfort • 1 jésus de Morteau
3 tranches de jambon de Paris
*1 tasse à thé de vinaigrette aux fines herbes**
***Préparation :** 35 à 40 minutes*
***Cuisson :** saucisses, 6 à 7 minutes*
jésus de Morteau, 30 à 35 minutes
haricots, 2 heures à 2 heures 30

Cuire le jésus de Morteau*. Cuire les saucisses de Francfort*. Égoutter le maïs. Cuire les haricots blancs ou employer un reste bien égoutté non beurré.

Laver le poivron, retirer la tige, le fendre en deux, supprimer les graines et les parties fibreuses. Le couper en fines lanières de 1/2 cm de large sur 2 à 3 cm de long.

Couper les saucisses de Francfort en rondelles de 1/2 cm d'épaisseur. À l'aide d'un couteau, retirer la peau du jésus de Morteau, le couper en quatre dans le sens de la longueur et détailler chaque partie en morceau de 2 cm d'épaisseur.

Retirer le gras et la couenne du jambon. Le couper en fins petits bâtonnets. Mélanger convenablement tous les ingrédients dans un saladier à l'aide de 2 cuillères en bois.

Préparer la vinaigrette dans un bol, la verser dans le saladier, mélanger à nouveau avant de présenter la salade dans le plat de service.

Variante : On peut remplacer les saucisses de Francfort par du cervelas. Le jésus de Morteau par de la langue en pot-au-feu. Le jambon de Paris par un reste de poulet rôti.

SALADE DE BŒUF

Elle est meilleure faite quelques heures à l'avance et maintenue à la température de la cuisine, sans passage au froid. Elle utilise des restes de pot-au-feu.

Proportions : *pour 4 personnes*
*400 g de restes de pot-au-feu **
1 oignon moyen • 2 carottes cuites du pot-au-feu
3 pommes de terre moyenne BF 15 • 5 petits cornichons
6 cuillères à soupe d'huile d'arachide
2 cuillères à soupe de vinaigre de vin
1 cuillère à café de moutarde blanche de Dijon
sel, poivre
Préparation : *35 à 40 minutes*
Cuisson : *pommes de terre, 30 à 35 minutes*

Faire cuire les pommes de terre en robe des champs *, les laisser refroidir.

Préparer la viande en retirant la peau, le gras et les parties nerveuses, la détailler en cubes de 2 cm de section. Couper les carottes en rondelles épaisses de 1 cm. Éplucher l'oignon, le hacher finement. Couper les cornichons en fines rondelles. Éplucher les pommes de terre, les couper en rondelles de 1 cm d'épaisseur.

Rassembler tous ces éléments dans un grand saladier.

Dans un bol, préparer une vinaigrette : délayer la moutarde, le sel et le poivre dans le vinaigre, ajouter l'huile. Verser dans le saladier et mélanger soigneusement à l'aide de 2 cuillères en bois. Laisser reposer.

Au moment de servir, mélanger la salade une fois de plus et transvaser dans un saladier de service.

Les salades composées fines entrées

On les présente en assiettes individuelles, ce qui permet de soigner leur aspect qui est aussi important que leur saveur et d'employer des quantités relativement peu importantes de produits souvent très onéreux.

Fraîches et délicieuses, elles sont l'agréable début d'un repas de fête.

FRISÉE AUX PEAUX DE CANARD

Cette salade ne peut se faire que si on utilise des magrets * dans un autre repas ou à la suite, en plat principal. On peut éplucher et préparer la chicorée à l'avance.

***Proportions** : pour 8 personnes*
2 chicorées frisées • la peau de 3 magrets
*2 tasses à thé de vinaigrette aux fines herbes **
1 noisette de beurre
***Préparation** : 30 à 35 minutes*
***Cuisson** : peaux, 4 à 5 minutes*

Éplucher les chicorées en ne gardant que les petites feuilles blanches avec le moins de côtes possible. Les laver soigneusement, égoutter et sécher dans un torchon.

À l'aide d'un petit couteau pointu, décoller la peau des magrets retirer la plus grande partie de la graisse et couper la peau en lanières de 2 à 3 cm de large sur 4 à 5 cm de long.

Préparer la vinaigrette dans un saladier, ajouter la chicorée et mélanger.

Graisser une poêle avec une noisette de beurre, la chauffer à feu moyen, ajouter les peaux de canards et les faire cuire et rissoler de tous côtés. Elles doivent être bien croustillantes. Les retirer avec l'écumoire, les mélanger rapidement avec la chicorée assaisonnée. Répartir sur les assiettes et servir.

ŒUFS DE CAILLE AU MESCLUN

Les œufs de caille se trouvent chez le volailler en toute saison. Cette salade se fait au dernier moment.

***Proportions :** pour 8 personnes*
400 g de mesclun • 4 œufs de caille par personne
3 tranches de pain de mie de 1,5 cm d'épaisseur
170 g de poitrine fumée
1 œuf de beurre et 1 noisette de beurre
7 cuillères à entremets de vinaigre de vin
eau vinaigrée • poivre
***Préparation :** 35 à 40 minutes*
***Cuisson :** œufs, 1 minute • lardons, 3 à 4 minutes*
croûtons, 3 à 4 minutes

Choisir du mesclun bien frais et bien sain (à défaut, faire un mélange de salades vertes, voir à la fin de la recette), le trier et retirer les feuilles un peu abîmées. Disposer la salade dans 8 grandes assiettes.

Retirer la croûte des tranches de pain de mie et les couper en petits dés de 1,5 cm de section. Retirer la couenne et les cartilages de la poitrine fumée, la couper en petits dés de 1 cm de côté.

Casser les œufs dans 2 assiettes creuses.

Mettre à bouillir une large casserole à demi-pleine d'eau *non salée* avec 3 cuillères à soupe de vinaigre. La laisser à température frémissante.

Dans une poêle à feu moyen, mettre l'œuf de beurre à fondre. Quand il grésille, ajouter les dés de pain de mie, les faire rissoler de tous côtés en les tournant avec une fourchette pour avoir une coloration uniforme. les retirer ensuite avec une écumoire et les poser sur un papier absorbant.

Laisser glisser les œufs d'une assiette dans la casserole d'eau frémissante. Les faire pocher 1 minute et les retirer avec l'écumoire, les poser sur un torchon. Recommencer l'opération avec l'autre assiette d'œufs. Supprimer les petits morceaux de blanc qui dépassent pour leur donner une jolie forme ovale.

Dans chaque assiette, nicher 4 œufs dans la salade.

Dans une autre poêle, à feu moyen, mettre une noisette de beurre à blondir, ajouter les lardons, les faire rissoler doucement de tous côtés. Quand ils sont cuits, éloigner la poêle du feu et retirer les lardons avec une écumoire ; les répartir également dans chaque assiette en les mélangeant au mesclun.

Remettre la poêle sur le feu, chauffer la graisse rendue par les lardons, la verser sur la verdure en évitant d'en mettre sur les œufs, car ce n'est pas joli.

Verser ensuite dans la poêle 7 cuillères à entremets de vinaigre de vin, le faire fumer et réduire pendant 1 minute, et, à l'aide d'une cuillère à café, le répartir sur le mesclun. Parsemer chaque assiette de petits croûtons. Poivrer ensuite avec du poivre gris du moulin et servir sans attendre.

Remarque : On peut remplacer le mesclun par un mélange de mâche effeuillée feuille par feuille, de batavia coupée en larges rubans et de trévise effeuillée petite feuille par petite feuille.

On peut remplacer les œufs de caille par un œuf de poule poché.

FOIES DE VOLAILLE AUX ÉPINARDS CRUS

Cette salade se fait au dernier moment, mais les épinards peuvent être épluchés, lavés, séchés à l'avance.

***Proportions** : pour 8 personnes*
300 g d'épinards crus • 12 foies de poulet ou de canard
1 œuf de beurre
7 cuillères à soupe de vinaigre de Xérès • 1 cuillère à soupe d'eau
8 cuillères à soupe d'huile d'olive • sel, poivre
***Préparation** : 30 à 35 minutes*
***Cuisson** : foies, 3 à 4 minutes*

Choisir de jeunes épinards à petites feuilles d'un joli vert frais. Équeuter soigneusement les feuilles saines et petites en retirant la nervure centrale si elle paraît un peu dure. Laver les épinards à plusieurs eaux, les égoutter et les sécher dans un torchon en évitant d'abîmer les feuilles.

Avec un petit couteau, nettoyer les foies de toutes traces de fiel (les parties vertes).

Dans un bol, faire une vinaigrette avec 3 petites cuillères à soupe de vinaigre de Xérès, du sel, du poivre et l'huile d'olive.

Dans 8 grandes assiettes, disposer un lit de feuilles d'épinards.

Dans une poêle à feu moyen, faire fondre un œuf de beurre. Quand il grésille, ajouter les foies de volaille légèrement salés et poivrés et, en les tournant en tous sens, les faire raidir et cuire rapidement pendant quelques minutes. Ils doivent être rosés quand on les coupera. Retirer la poêle du feu. À l'aide d'une spatule, poser les foies sur la planche et les découper en fines petites escalopes.

Battre la vinaigrette et la verser sur les épinards à l'aide d'une cuillère à soupe. Disposer ensuite harmonieusement les tranches de foie au centre de l'assiette.

Remettre la poêle sur le feu, quand elle est bien chaude, verser le vinaigre restant et la cuillère d'eau tout en chauffant, gratter tous les résidus de cuisson, faire réduire et fumer. Avec une cuillère à café, verser ce jus sur les foies et servir sans attendre.

CERVELLES D'AGNEAU À LA VERDURE

Tous les ingrédients peuvent être préparés à l'avance et conservés séparément dans des boîtes hermétiques.

***Proportions** : pour 8 personnes*
4 cervelles d'agneau • 200 g de mâche • 1 laitue
2 carottes moyennes • 1/2 litre d'eau vinaigrée
*sel, poivre • 2 tasses à thé de rémoulade **
1/2 tasse à thé de persil haché
***Préparation** : 40 à 45 minutes*
***Cuisson** : cervelles, 10 minutes*

Laisser couler l'eau froide sur les cervelles pendant 10 à 15 minutes, pour enlever toutes les traces de sang. Les faire cuire, les retirer et les égoutter sur un torchon (v. page 407).

Retirer les feuilles extérieures de la laitue, la laver et la préparer en chiffonnade *. Préparer la mâche en la séparant feuille par feuille. La laver à plusieurs eaux. Couper les deux extrémités des carottes, les gratter à l'économe, les laver et les râper à la grille moyenne du mouli-julienne. Mélanger ces 3 ingrédients dans un saladier.

Laver, sécher le persil, l'effeuiller et le hacher finement, le réserver. Couper les cervelles d'agneau refroidies en fines petites escalopes.

Verser le mélange de salades dans les 8 assiettes. Répartir ensuite également les tranches de cervelles d'agneau dans chacune d'elles.

Préparer la sauce rémoulade, la répartir dans les assiettes, saupoudrer de persil haché et servir.

AILES DE PIGEON AU CRESSON ET AUX CONCOMBRES

Le concombre et le cresson peuvent être préparés à l'avance et conservés séparément. On fait les pigeons et la salade au dernier moment.

***Proportions** : pour 8 personnes*
6 pigeons • 1 botte de cresson
1 concombre moyen, long et mince • 1 œuf de beurre
6 cuillères à soupe d'eau
*2 tasses à thé de vinaigrette au xérès **
sel, poivre • quelques pluches de cerfeuil
***Préparation** : 1 heure 15 minutes*
***Cuisson** : pigeons, 15 à 18 minutes*

Faire préparer les pigeons par le volailler.

Allumer le four à température chaude (235°, position 6, 7). Faire rôtir les pigeons *.

Pendant ce temps, éplucher et couper le concombre en fines rondelles, le faire dégorger (v. page 130).

Sortir le plat du four. Poser les pigeons sur la planche. Ajouter 4 à 4 cuillères à soupe d'eau chaude dans le plat et gratter tous les résidus de cuisson pour avoir un petit jus que l'on fait réduire, à consistance un peu sirupeuse ; le verser dans une casserole.

Couper les pigeons en quatre, garder les cuisses et les carcasses pour un usage ultérieur (à grognoter en famille avec des frites). Poser les ailes entre 2 assiettes creuses sur la porte du four maintenu à température douce.

Éplucher le cresson en ne gardant que les feuilles. Laver soigneusement, égoutter.

Passer le concombre sous l'eau froide, le sécher dans un torchon sans le presser et sans abîmer les rondelles (v. page 130).

Dans un grand bol, faire une vinaigrette au xérès.

Dans 8 grandes assiettes, répartir harmonieusement le cresson et le concombre. Arroser avec la vinaigrette à l'aide d'une cuillère à soupe.

Sortir les ailes de l'assiette, supprimer les ailerons. Retirer la peau des filets et les couper en petites escalopes fines. Les dresser en quantités égales sur la salade de cresson-concombre.

Faire chauffer le petit jus dans la casserole. À l'aide d'une cuillère à café, arroser les escalopes d'ailes de pigeon. Décorer de quelques fines pluches de cerfeuil et servir.

SALADE DE CRABE AUX GERMES DE SOJA

Les crabes peuvent être cuits et décortiqués à l'avance. On conserve les chairs dans une boîte au frais. On termine et on présente la salade au dernier moment.

***Proportions** : pour 8 personnes*
2 tourteaux vivants ou
2 boîtes de crabe (1 de 220 g, l'autre de 110 g)
*2 litres de nage * ou eau salée et poivrée*
la moitié de 1 boîte de germes de soja de 425 g
1 boîte de maïs (285 g) • 300 g de champignons de Paris
*2 tasses à thé de sauce gribiche * • 1 citron*
***Préparation** : 1 heure*
***Cuisson** : tourteaux, 10 à 12 minutes*

Choisir des tourteaux lourds et vivants. Préparer une nage ou porter à ébullition de l'eau fortement salée et poivrée. Cuire les tourteaux*, les retirer et les laisser refroidir à la température de la pièce ; en extraire toutes les chairs. À défaut, prendre du crabe en boîte, l'égoutter de son jus et, à l'aide des doigts, retirer toutes les parties cartilagineuses.

Verser la moitié des germes de soja dans une passoire et les rincer sous l'eau froide. Le reste sera employé chaud en légume de complément avec une viande ou un poisson. Égoutter les grains de maïs.

Préparer la sauce gribiche.

Séparer les têtes des pieds des champignons. Réserver les pieds pour un autre usage (velouté * ou sauce *) et laver les têtes à l'eau froide. Les couper ensuite en fines lamelles, arroser de jus de citron pour qu'elles ne noircissent pas.

Dans 8 grandes assiettes, répartir harmonieusement et également les 3 ingrédients et disposer le crabe en dôme au centre des assiettes.

Battre la sauce gribiche pour bien la mélanger de nouveau et assaisonner les assiettes à l'aide d'une cuillère à soupe juste au moment de les présenter à table.

SALADE D'ÉCREVISSES AUX FONDS D'ARTICHAUTS ET AUX HARICOTS VERTS

Les écrevisses, les haricots verts, les artichauts peuvent être cuits à l'avance et conservés à la température de la pièce. La préparation des fonds et des autres ingrédients, la présentation de la salade sont faites au dernier moment.

***Proportions** : pour 8 personnes*
8 écrevisses vivantes par personne
*2 litres de nage * ou*
court-bouillon instantané
5 fonds d'artichauts frais ou fonds en boîte
250 g de haricots verts extra-fins
1 laitue • 250 g de champignons de Paris • 1 citron
3 cuillères à soupe de vinaigre de Xérès
9 cuillères à soupe d'huile d'olive
3 cuillères à café d'estragon haché • sel, poivre
***Préparation** : 1 heure 30 minutes*
***Cuisson** : écrevisses, 2 minutes • artichauts, 35 à 40 minutes*
haricots verts, 10 à 12 minutes

Préparer et cuire la nage, ou employer du court-bouillon instantané.

Éplucher, cuire et rafraîchir des haricots verts * extra-fins, les égoutter et les sécher dans un torchon. Cuire les artichauts à grande eaux bouillante salée.

Châtrer et cuire les écrevisses *. Les retirer tout de suite de la nage, les laisser un peu refroidir. Séparer les têtes des queues, extraire les queues de leur carapace et les réserver dans un bol.

Avec le cœur de la laitue, faire une chiffonnade *. Laver, sécher l'estragon, l'effeuiller et le hacher finement. Le réserver. Retirer les feuilles et le foin des fonds d'artichauts, les parer de toutes leurs parties fibreuses, à défaut, égoutter et rincer les fonds d'une boîte, les parer parfaitement. Les émincer en fines petites escalopes de la taille d'une bouchée en coupant les fonds en oblique. Les arroser de jus de citron pour qu'ils ne noircissent pas. Séparer les têtes des pieds des champignons. Garder ceux-ci pour un usage ultérieur (sauce * ou velouté *). Trancher les têtes en fines lamelles et les arroser de jus de citron pour qu'elles ne noircissent pas.

Préparer la sauce avec le vinaigre de Xérès, l'huile d'olive, du sel et du poivre dans un bol.

Garnir le fond de 8 grandes assiettes avec la chiffonnade de laitue, répartir également et harmonieusement les haricots verts et les lamelles de chamoignons, réunir 8 queues d'écrevisses au centre de chaque assiette, saupoudrer d'estragon haché.

Battre la sauce avec une cuillère pour bien la mélanger, et assaisonner chaque assiette juste avant de les présenter sur la table.

Remarque : Cette salade est parfaite également avec des *queues de langoustines* (voir cuisson page 189).

SALADE DE COQUILLES SAINT-JACQUES AUX POINTES D'ASPERGES

Tous les ingrédients peuvent être préparés à l'avance et conservés dans des boîtes hermétiques à la température de la pièce. On les dresse dans les assiettes au dernier moment.

***Proportions :** pour 8 personnes*
3 coquilles Saint-Jacques par personne
1 litre 1/2 de nage (v. page 182)
5 pointes d'asperges fraîches ou de conserve par personne
1 chicorée frisée ● 4 tomates moyennes
*2 tasses à thé de fleurette au citron **
1/2 tasse à thé de persil haché
***Préparation :** 45 à 50 minutes*
***Cuisson :** saint-jacques, 3 à 4 minutes ● asperges, 8 minutes*
court-bouillon, 45 minutes

Choisir chez le poissonnier des saint-jacques lourdes et bien fermées. Lui demander de les décoquiller.

Préparer une nage et la faire cuire. Finir de nettoyer les coquillages, les cuire dans la nage *. Les retirer aussitôt à l'aide de l'écumoire et les réserver dans un bol.

Éplucher et préparer la chicorée frisée en gardant seulement les petites feuilles blanches bien séparées les unes des autres, avec le moins de côtes possible.

Si on emploie des asperges fraîches, les choisir de taille moyenne et de la catégorie blanche, conserver 4 cm de tête (les tiges seront utilisées pour un velouté *), bien les nettoyer et les cuire 8 minutes dans l'eau bouillante salée. Les égoutter avec précaution sur un torchon. Sinon, égoutter et rincer des pointes d'asperges en bocal, les égoutter sur un torchon.

Préparer des tomates concassées *. Laver, sécher, effeuiller le persil, le hacher finement.

Préparer la sauce fleurette au citron.

Avec un petit couteau bien tranchant, couper chaque noix de saint-jacques en 3 rondelles fines. Garnir le fond de 8 grandes assiettes avec les feuilles de chicorée. Répartir ensuite 9 rondelles de saint-jacques et 5 pointes d'asperges. Parsemer de tomates concassées.

Assaisonner de sauce fleurette au citron et saupoudrer de persil haché juste avant de présenter les assiettes sur la table.

SALADE DE HOMARD AUX TRUFFES

On peut cuire et préparer le homard à l'avance. On conserve les chairs dans une boîte hermétique à la température de la cuisine.

***Proportions** : pour 8 personnes*
4 homards vivants de 800 g
2 litres de nage (v. page 182) ou court-bouillon instantané
*4 truffes * de 30 g environ • 2 cœurs de laitue*
3 cuillères à soupe de vinaigre de Xérès
9 cuillères à soupe d'huile d'olive • sel, poivre
1/2 tasse à thé de cerfeuil haché
***Préparation** : 1 heure*
***Cuisson** : homard, 10 minutes*

Choisir de préférence des homards vivants de 800 g, leur chair est plus fine que celle des gros homards (moins chers), qui risquent d'être coriaces.

Les faire cuire à la nage *. Les laissre refroidir à la température de la pièce. Les décortiquer (v. page 191) et laisser les pinces entières. Réserver les têtes pour un autre emploi dans une grande salade (v. page 615), ou pour les grignoter en famille avec une mayonnaise. Couper chaque demi-queue en rondelles de la taille d'une bouchée, les réserver dans une boîte. Inciser chaque pince dans le sens de la longueur, retirer le cartilage et obtenir ainsi 8 moitiés de pinces.

Avec le cœur des laitues, faire une chiffonnade *.

Égoutter les truffes de leur jus et les couper en fins petits bâtonnets. Laver, sécher le cerfeuil, l'effeuiller et le hacher finement.

Faire la sauce dans une tasse.

Sur 8 grandes assiettes, répartir la chiffonnade de laitue. Disposer ensuite également dans chacune les morceaux de homard et la pince en élément de décoration. Parsemer ensuite avec la julienne de truffes et le cerfeuil haché. Battre la sauce avec une fourchette et à l'aide d'une cuillère à soupe la verser également dans chaque assiette et disposer à la place de chaque convive.

La langouste a exactement le même emploi que le homard.

15.

Les desserts

CRÈMES ET SAUCES

PÂTES

DESSERTS CLASSIQUES DE FAMILLE

DESSERTS DE FRUITS

DESSERTS DIVERS

Tous les astérisques renvoient à des recettes figurant à l'index alphabétique en fin de volume.

Les desserts

Ce chapitre ne prétend pas donner la liste complète des mille et un desserts de notre cuisine.

J'ai volontairement laissé de côté tout ce qui était de la pâtisserie proprement dite et qui relève de livres spécialisés. Elle n'est pas indispensable, et le bon entremets de toujours a tout autant sa place à un dîner de fête que le dessert plus apparemment raffiné et élégant.

Il doit surtout être choisi en fonction des plats qui précèdent et finit harmonieusement un repas réussi.

Les crèmes et les sauces

CARAMEL LIQUIDE

Il peut se faire à l'avance et se conserve dans un bol hermétique au réfrigérateur.

***Proportions** : pour 1 saucière*
25 morceaux de sucre n° 4 • 2 à 3 cuillères à café d'eau environ
quelques gouttes de jus de citron • 1 tasse 1/2 à thé d'eau tiède
***Préparation** : 10 à 12 minutes*

Dans une casserole à fond épais, mettre les morceaux de sucre, les humecter convenablement d'eau, mais sans excès.

À feu moyen, faire fondre le sucre en remuant avec une spatule, mais en évitant de déposer du sucre sur les parois de la casserole. Quand il est fondu, ajouter 5 à 6 gouttes de jus de citron.

Le sucre va alors passer par différents stades. Quand la coloration commence, remuer régulièrement la casserole en lui imprimant un mouvement circulaire pour que la couleur se répartisse également. Attendre que le caramel prenne une belle couleur rousse.

Retirer du feu et délayer doucement le caramel en 2 ou 3 fois avec l'eau tiède et en remuant avec la spatule. L'ensemble doit être comme une huile légère ; il s'épaissira légèrement en refroidissant.

Le verser dans une boîte et le laisser refroidir à la température de la cuisine avant de le conserver au frais.

CRÈME CHANTILLY

On peut faire la crème Chantilly le matin pour le soir. On la tient au frais au réfrigérateur.

***Proportions :** pour 250 g de chantilly*
250 g de crème fleurette • 25 g de sucre semoule
1/2 sachet de sucre vanillé
***Préparation :** 4 à 5 minutes*

Il est important que la crème et le saladier soient très froids. On les sort au dernier moment du réfrigérateur.

Dans le saladier mettre la crème fleurette et les 2 sortes de sucre. Avec le fouet à main, fouetter doucement et régulièrement pour faire doubler la crème de volume. Accélérer le mouvement du fouet jusqu'à ce qu'elle ait l'aspect de blancs d'œufs en neige.

À ce stade, arrêter de fouetter pour ne pas voir la crème Chantilly se transformer en beurre, et la mettre au réfrigérateur jusqu'à l'emploi.

Remarque : Si la crème Chantilly a rendu un peu d'eau pendant le temps d'attente, la battre d'un ou deux tours de fouet pour l'homogénéiser de nouveau.

SAUCE AU CHOCOLAT

Elle doit être servie chaude, donc elle se fait au dernier moment ; mais elle peut attendre à feu très doux sur une plaque d'amiante.

***Proportions :** pour 1 saucière*
175 g de chocolat très amer • 1/4 de litre d'eau tiède
50 g de beurre ramolli
***Préparation :** 10 à 12 minutes*

Casser la tablette de chocolat en petits morceaux dans une casserole. Ajouter 2 cuillères à soupe d'eau. Faire fondre le chocholat à feu doux.

Quand il commence à se ramollir, le tourner avec la cuillère en bois pour obtenir une pâte bien lisse. Incorporer le beurre en plusieurs morceaux successifs en travaillant bien avec la cuillère. Délayer en versant doucement l'eau restante. Porter à ébullition en tournant. Servir ensuite avec la préparation choisie.

Remarque : S'il reste de la sauce, la mettre au frais dans une boîte hermétique au réfrigérateur.

Pour la réchauffer : La mettre sur feu doux, ajouter une cuillère d'eau froide et la battre à la cuillère tandis qu'elle commence à se liquéfier.

Coulis de fruits

Ce sont des purées de fruits très liquides. Elles sont délicieuses, fraîches et parfumées. Elles se conservent 3 à 4 jours au réfrigérateur dans une boîte hermétique.

COULIS D'ABRICOTS

Il peut être employé chaud ou froid.

***Proportions :** pour 6 personnes*
14 abricots frais • 1/4 de litre d'eau
4 cuillères à soupe de sucre semoule
***Préparation :** 6 à 7 minutes*
***Cuisson :** 20 à 25 minutes*

Dénoyauter les abricots. Les mettre dans une casserole avec l'eau et le sucre.

À feu moyen, les faire mijoter pendant 20 à 25 minutes.

Quand ils sont cuits, les écraser en les passant au mixer, à défaut, à travers une passoire fine.

Si on emploie le coulis chaud, le faire réchauffer quelques instants dans la casserole, sinon le verser dans une boîte hermétique et le tenir au frais au réfrigérateur jusqu'à l'emploi.

Remarque : À défaut d'abricots frais, on peut employer des « oreillons » d'abricots au naturel en boîte.

COULIS DE FRAMBOISES

***Proportions :** pour 6 personnes*
300 g de framboises • 200 g de sucre semoule
***Préparation :** 10 à 12 minutes*

Trier chaque framboise pour voir si elles sont bien saines. Les verser dans le mixer avec le sucre en poudre. Tourner à grande vitesse pendant 2 minutes environ.

À défaut, écraser les framboises en les pilonnant à travers une passoire très fine.

Mélanger intimement la purée obtenue avec le sucre. Mettre au frais dans une boîte hermétique.

COULIS DE FRAISES

Équeuter les fraises et employer les mêmes quantités que pour le coulis de framboises.

COULIS D'ORANGES

***Proportions :** pour 6 personnes*
300 g de quartiers d'oranges épluchées
200 g de sucre semoule
***Préparation :** 10 à 12 minutes*

On ne peut dire exactement la quantité d'oranges, cela dépend de leur taille et de l'épaisseur de la peau. Les choisir en tout cas d'une espèce bien juteuse et non sanguine.

Les éplucher soigneusement en retirant toutes les parties blanches et cotonneuses.

Verser les quartiers d'oranges et le sucre dans le mixer, battre 2 minutes. Verser ensuite dans une passoire et les passer en les foulant à l'aide du pilon. Tenir au frais dans le réfrigérateur jusqu'à l'emploi.

COULIS DE POMMES

***Proportions :** pour 6 personnes*
2 belles pommes
2 cuillères à soupe bombées de sucre semoule
2 1/2 verre d'eau • 1 cuillère à soupe de rhum (facultatif)
***Préparation :** 5 minutes*
***Cuisson :** 10 à 12 minutes*

Éplucher les pommes, les couper en quatre, retirer le cœur. Couper les quartiers en fines tranches.

Mettre dans une casserole avec le sucre et l'eau. À feu moyen porter à ébullition. Couvrir et faire cuire rapidement les pommes. Passer le tout au mixer ou passer et pilonner à travers une passoire fine. Parfumer avec le rhum si on le désire.

Le coulis doit être à l'état de purée fluide, s'il était trop épais, le diluer avec un peu d'eau ; s'il était trop clair, le faire réduire sur le feu jusqu'à bonne consistance.

Le coulis de pommes se sert chaud ou froid selon l'entremets qu'il accompagne.

Crème anglaise

CRÈME ANGLAISE À LA VANILLE

Cette crème doit se faire à l'avance : la veille pour le lendemain, ou plusieurs heures avant l'emploi pour qu'elle ait le temps de bien refroidir.

***Proportions :** pour 6 personnes*
1 litre de lait • 6 cuillères à soupe rases de sucre semoule
7 jaunes d'œufs • 1 gousse de vanille
1 cuillère à soupe de kirsch (facultatif)
***Préparation :** 5 minutes*
***Cuisson :** 15 à 20 minutes*

Fendre la gousse de vanille en deux dans le sens de la longueur. Mettre le lait à bouillir avec la gousse de vanille et le sucre en poudre. Pendant ce temps, battre à la fourchette les jaunes d'œufs dans un grand saladier.

Verser petit à petit le lait bouillant sur les jaunes en délayant avec la cuillère en bois.

Remettre dans la casserole avec la gousse de vanille. À feu doux, en tournant sans cesse, faire cuire la crème. Elle ne doit surtout pas bouillir, car elle se désagrégerait ; il faut donc arrêter juste avant le point d'ébullition. Elle est prête quand on la sent épaissir au bout de la cuillère et qu'elle couvre bien celle-ci.

Retirer alors du feu et la verser dans une terrine en la passant à travers un chinois. Ajouter alors le kirsch, si on le désire, et battre doucement la crème 10 à 15 minutes pendant qu'elle refroidit pour la rendre plus légère. La mettre ensuite au réfrigérateur jusqu'à l'emploi.

CRÈME ANGLAISE AU CAFÉ

Cette crème doit se faire à l'avance : la veille pour le lendemain, ou plusieurs heures avant l'emploi pour qu'elle ait le temps de refroidir.

***Proportions :** pour 6 personnes*
1 litre de lait
3 cuillères à soupe de café soluble bombées
6 cuillères à soupe rases de sucre semoule

7 jaunes d'œufs
***Préparation :** 5 minutes*
***Cuisson :** 15 à 20 minutes*

Faire bouillir le lait et y dissoudre le café en poudre de manière à avoir un café au lait bien fort.

Procéder ensuite de la même manière que pour la crème anglaise à la vanille*.

CRÈME ANGLAISE AU CARAMEL

Elle doit se faire à l'avance : la veille pour le lendemain, ou plusieurs heures à l'avance pour qu'elle ait le temps d'être bien froide.

***Proportions :** pour 6 personnes*
1 litre de lait • 7 jaunes d'œufs
15 morceaux de sucre n° 4
2 à 3 cuillères à café d'eau
***Préparation :** 12 à 15 minutes*
***Cuisson :** caramel, 10 à 12 minutes*
crème, 15 à 20 minutes

Dans une casserole, faire bouillir le lait.

Pendant ce temps, humecter d'eau les morceaux de sucre dans une casserole. Poser sur le feu moyen et faire un caramel* bien roux.

Quand il est au point, le retirer du feu et le liquéfier en versant lentement le lait et en tournant avec une cuillère.

Faire ensuite avec ce lait au caramel une crème anglaise*.

CRÈME ANGLAISE AU CHOCOLAT

Cette crème doit se faire à l'avance : la veille pour le lendemain, ou plusieurs heures avant l'emploi pour qu'elle ait le temps de bien refroidir.

***Proportions :** pour 6 personnes*
1 litre de lait
3 cuillères à soupe de cacao amer bombées
6 cuillères à soupe rases de sucre semoule • 7 jaunes d'œufs
***Préparation :** 5 minutes*
***Cuisson :** 15 à 20 minutes*

Faire bouillir le lait et y dissoudre le cacao.

Procéder ensuite de la même manière que pour la crème anglaise à la vanille *.

CRÈME PÂTISSIÈRE

Ce dessert peut se faire la veille ou quelques heures à l'avance. On le tient au frais.

***Proportions :** pour 6 personnes*
1/2 litre de lait • 5 jaunes d'œufs
150 g de sucre semoule • 30 g de farine
1 gousse de vanille
1 cuillère à soupe d'alcool au choix
***Préparation :** 15 minutes*
***Cuisson :** 10 minutes*

Ouvrir la gousse de vanille en deux dans le sens de la longueur et la mettre dans le lait. Faire bouillir celui-ci.

Dans une jatte, battre les jaunes d'œufs et le sucre en poudre jusqu'à ce que le mélange devienne blanc et mousseux. Incorporer petit à petit la farine à ce mélange en travaillant à la cuillère. Délayer ensuite cet appareil en versant doucement le lait chaud et en tournant avec la cuillère en bois.

Remettre le tout dans la casserole et, à feu moyen, porter à ébullition en tournant sans cesse avec la cuillère en bois. La crème doit devenir épaisse et lisse après un ou deux bouillons. Si elle semble trop épaisse, on la liquifiera en ajoutant du lait froid pour avoir une consistance plus fluide.

La retirer du feu. La passer à travers un chinois et la mettre au réfrigérateur jusqu'à l'emploi.

Remarque : Telle quelle, la crème pâtissière est seulement vanillée. Selon l'emploi qui en sera fait, elle sera parfumée à des alcools variés tels que kirsch, Grand Marnier ou whisky dans la proportion de 1 à 2 cuillères à soupe pour cette quantité de crème.

CRÈME PÂTISSIÈRE LÉGÈRE

Ce dessert se fait seulement 1 heure à l'avance (le temps qu'il refroidisse), l'apport de blancs en neige en empêchant la conservation.

***Proportions** : pour 6 personnes*
1/2 litre de lait • 5 jaunes d'œufs • 3 blancs d'œufs
150 g de sucre semoule • 30 g de farine
1 gousse de vanille • 1 cuillère à soupe d'alcool au choix
***Préparation** : 20 minutes*
***Cuisson** : 10 minutes*

Faire une crème pâtissère *.

Battre les blancs d'œufs en neige très ferme et les incorporer à la crème pâtissière à l'aide d'une cuillère en bois.

Aromatiser ensuite avec l'alcool choisi.

Cette crème pâtissière légère est excellente pour garnir les petits choux, les crêpes, etc.

SAUCE SABAYON

Cette sauce n'attend pas, elle se fait au dernier moment et doit être un peu tiède.

***Proportions** : pour 6 personnes*
400 g de sucre semoule • 10 jaune d'œufs
2 verres 1/2 de vin blanc sec
***Préparation** : 10 minutes*
***Cuisson** : 12 à 15 minutes*

Dans une casserole à fond épais, mettre les jaunes d'œufs et le sucre. Les fouetter jusqu'à ce que l'ensemble soit blanc et coule du fouet en un large filet.

Verser le vin blanc et bien mélanger. Mettre la casserole sur feu très doux ou au bain-marie, et en fouettant sans cesse, chauffer jusqu'à épaississement avant le point d'ébullition, car sinon la sauce se désagrégerait. On doit avoir une sauce plus épaisse que la crème anglaise et mousseuse.

On peut la faire attendre un peu dans le bain-marie tiède avant qu'elle ne retombe.

Remarques :

1. On peut faire aussi des sabayons à d'autres vins tels que : porto, champagne.
2. On peut le parfumer au kirsch : 2 verres de vin blanc et au dernier moment incorporer 1/2 verre de kirsch.

Les pâtes

Pâte feuilletée et pâte à tarte

La pâtisserie est affaire de pâtissiers et la pâte feuilletée quelque chose de très difficile à réussir, aussi je conseille très fermement l'emploi des pâtes surgelées pour les feuilletés et les tartes. Pour celles néanmoins qui se flattent d'être bonnes pâtissières, voici une recette de pâte à tarte dite « pâte brisée », empruntée à un ami pâtissier.

PÂTE BRISÉE

Elle se fait la veille. Elle se conserve 8 jours au réfrigérateur, dans un sac en plastique.

Proportions : *pour 500 g de pâte*
230 g de farine • 20 g de lait en poudre
10 g de sucre semoule • 7 g de sel
180 g de beurre ramolli • 1 cuillère à soupe d'eau froide
1 œuf
Préparation : *15 minutes*

Sortir le beurre à temps du réfrigérateur, le couper en 6 morceaux. Sur la table de travail, faire un cratère avec les 230 g de farine. Les saupoudrer avec la poudre de lait, le sucre et le sel. Poser l'œuf et le beurre au centre de la farine. Commencer à mélanger du bout des doigts d'une main, tandis que l'autre ramène progressivement la farine vers le centre pour malaxer finalement le tout des deux mains. Ajouter l'eau petit à petit.

Dès que les différents éléments se sont agglutinés et prennent corps, terminer la pâte en l'écrasant sous la paume et en l'aplatissant sur la planche farinée d'un mouvement allongé pour l'homogénéiser.

Puis la rassembler en boule, l'aplatir légèrement, la glisser dans le sac en plastique et la laisser reposer une nuit au réfrigérateur avant l'emploi.

PÂTE À CRÊPES

Elle se fait 1 à 2 heures à l'avance.

Proportions : *pour 6 personnes*
1/2 livre de farine • 1/2 litre de lait • 4 œufs entiers
2 cuillères à soupe d'huile
2 cuillères à soupe de rhum (facultatif)
1/2 cuillère à café de sel
Préparation : *10 minutes*

Dans une terrine, mettre la farine et le sel, ajouter les œufs entiers Tourner avec la cuillère pour mélanger grossièrement les œufs avec la farine.

Ajouter un peu de lait et travailler vigoureusement pour obtenir une pâte lisse. Continuer à verser le lait lentement en délayant et en tournant énergiquement pour obtenir finalement une pâte lisse et fluide sans grumeaux.

Terminer en ajoutant l'huile et le rhum (facultatif). Bien mélanger avant de laisser reposer 1 à 2 heures.

PÂTE À CHOUX

Elle est intéressante car elle permet de confectionner de jolis desserts élégants. Les choux terminés peuvent se conserver dans un sac plastique pendant 1 semaine au réfrigérateur.

Si on recule devant la fabrication des choux, on peut toujours les commander chez le pâtissier, salés ou sucrés selon l'usage que l'on veut en faire.

Proportions : *pour 30 choux environ*
1/4 de litre d'eau et de lait par moitié
110 g de beurre à la température de la cuisine
140 g de farine tamisée • 5 œufs
1 cuillère à café de sel

1 cuillère à café de sucre semoule
***Préparation :** 15 minutes*
***Cuisson :** 30 minutes*

Allumer le four à température moyenne-chaude (220°, position 6).

Dans une casserole, verser le mélange lait-eau, le beurre divisé en morceaux, le sel et le sucre. À feu moyen, porter à ébullition.

Dès la première ébullition et le beurre fondu, retirer du feu et verser en pluie toute la farine en mélangeant en même temps avec la cuillère en bois. Remettre sur le feu et, en travaillant toujours à la cuillère, dessécher le mélange pendant 1 minute à peu près. Il est à point quand il se décolle du fond et des parois de la casserole.

Retirer du feu, laisser un peu refroidir la casserole et ajouter les œufs l'un après l'autre en travaillant énergiquement après chaque œuf pour bien l'incorporer. On doit finalement obtenir une pâte lisse et homogène. Verser la pâte dans la poche à douille (elle est indispensable pour faire de jolis choux réguliers et ronds).

Poser sur la plaque en tôle du four une feuille de papier siliconé, et en pressant doucement la poche à douille faire des petits tas ronds de 4 cm de diamètre un peu espacés.

Mettre au four pendant 15 minutes. Au bout de ce temps, entrouvrir la porte du four et laisser cuire encore 15 minutes.

Sortir la plaque du four, laisser refroidir ; les petits choux sont bons à l'emploi.

PÂTE À FRIRE

Elle se fait 2 heures à l'avance et se termine au dernier moment.

***Proportions :** pour 6 personnes*
120 g de farine • 3/4 d'un verre de lait
3 cuillères à soupe de bière • 1 œuf
1 cuillère à café de levure de boulanger
1 cuillère à soupe de lait • 1 bonne pincée de sel
***Préparation :** 20 minutes*

Dans une tasse, délayer la levure avec la cuillère à soupe de lait.

Dans une terrine, verser la farine, le jaune d'œuf, la levure et le sel. Mélanger grossièrement avec une cuillère en bois pour casser le jaune dans la farine. Réserver le blanc dans un bol.

Ajouter le 1/3 du verre de lait et la bière, travailler vigoureusement pour obtenir une pâte lisse sans grumeaux ; continuer à mélanger en versant le reste du lait et l'huile jusqu'à ce qu'on obtienne une pâte un peu fluide.

Laisser reposer à la température de la pièce.

Avant d'employer la pâte, battre le blanc d'œuf en neige et l'incorporer soigneusement.

Desserts classiques de famille

CRÊPES AU SUCRE

Le mieux est de s'installer dans la cuisine et de distribuer les crêpes à la famille au fur et à mesure. C'est ainsi qu'elles sont les meilleures, chaudes et fraîchement sorties de la poêle.

Seules les crêpes accommodées à différentes préparations peuvent être faites à l'avance.

***Proportions** : pour 6 personnes*
*pâte à crêpes * • beurre • sucre et confitures variées*
***Cuisson** : 1 crêpe, 1 minute de chaque côté*

Préparer sur la table du sucre en poudre et un choix de confitures. Sur le plan de travail à côté du feu, préparer des assiettes, la terrine de pâte, un paquet de beurre.

Bien mélanger la pâte avant de l'employer.

Utiliser une poêle dite « crêpière » de 15 cm de diamètre. La poser sur le feu moyen et la graisser avec 1 noisette de beurre.

Quand il est doré et la poêle bien chaude, verser le contenu d'une petite louche de 4 cl dans la poêle et simultanément incliner celle-ci de tous les côtés pour étaler la pâte uniformément. Laisser dorer 1 minute et, à l'aide d'une spatule passée sous la crêpe, la retourner et la faire cuire de même. La laisser glisser sur une assiette et continuer ainsi jusqu'à épuisement de la pâte.

Chacun sucre ou tartine sa crêpe de confiture.

CRÈME RENVERSÉE

Ce dessert peut se faire la veille pour le lendemain ; il n'en sera que meilleur si on le laisse refroidir complètement à la température de la cuisine. On le mettra alors au frais (non démoulé) 1 heure avant de le servir.

Proportions : *pour 6 personnes*
1 litre de lait • 6 œufs
4 cuillères à soupe bombées de sucre semoule
1 gousse de vanille
caramel :
20 à 22 morceaux de sucre n° 4
2 cuillères à soupe d'eau
quelques gouttes de jus de citron
Préparation : *15 minutes*
Cuisson :
caramel, 10 à 12 minutes • crème, 20 à 25 minutes

Fendre la gousse de vanille en deux dans le sens de la longueur. La mettre dans le lait avec le sucre en poudre, chauffer et infuser pendant 15 minutes.

Dans un saladier, battre les œufs entiers à la fourchette. Délayer les œufs en versant le lait lentement dans le saladier et en fouettant en même temps. Laisser la gousse de vanille qui continue ainsi à parfumer le mélange.

Allumer le four à température moyenne (200°, 220°, position 5, 6).

Faire un caramel * dans un moule à manqué. Quand il a atteint une belle couleur rousse, retirer le moule du feu et en le tenant par les deux oreilles, enrober les parois d'une couche régulière de caramel en l'inclinant de tous les côtés, l'opération doit se faire rapidement car, en refroidissant, le caramel épaissit et nappe plus difficilement.

Remplir le moule caramélisé avec le mélange lait-œufs en le passant à travers un chinois. Mettre dans le four à mi-hauteur et laisser cuire 20 à 25 minutes. La crème renversée est cuite quand, ayant plongé une aiguille à tricoter en son centre, cette dernière ressort lisse et propre.

Sortir du four.

Laisser refroidir à la température de la pièce, puis mettre au frais au réfrigérateur.

Démouler avant de servir : tremper le fond du moule 1 minute dans l'eau très chaude, puis passer une spatule souple entre la crème et les parois du moule. Coiffer celui-ci avec le plat de service. Retourner d'un mouvement vif et précis. Poser sur la table. Tapoter le fond du moule et le retirer lentement. Servir avec des petits fours secs si on le désire.

CROQUETTES DE RIZ
AU COULIS DE FRAMBOISES

Le coulis est fait à l'avance et tenu au frais. Les croquettes peuvent être préparées à l'avance. On les passe à la friture avant le repas et on les tient au chaud sur la porte du four.

***Proportions** : pour 6 personnes*
125 g de riz • 2 verres 1/2 de lait
4 cuillères à soupe bombées de sucre semoule
1 pincée de sel • 50 g de beurre • 4 jaunes d'œufs
1 citron • huile de friture • 1 saucière de coulis de framboises

***Pour paner** : 2 œufs • chapelure*

***Préparation** : 25 à 30 minutes*
***Cuisson** :*
riz, 20 à 25 minutes • croquettes, 6 à 8 minutes

Faire le coulis de framboises, le tenir au frais.

Sur un citron, râper 2 à 3 rubans de zestes avec le couteau économe. Verser le lait, le sucre en poudre, la pincée de sel et les zestes dans une casserole. Porter à ébullition à feu moyen. Ajouter alors le riz et laisser cuire à petit feu jusqu'à ce que le liquide soit absorbé par le riz. Retirer du feu. Enlever les zestes de citron. Incorporer le beurre et les jaunes d'œufs en mélangeant bien.

Verser le riz sur une plaque légèrement beurrée et l'étaler en une couche de 3 cm d'épaisseur. Laisser refroidir complètement.

Avec un couteau, couper la couche de riz en morceaux égaux et les tourner en forme de bouchons.

Allumer le four à température tiède. Mettre la bassine à friture à chauffer.

Dans une assiette, battre les 2 œufs comme pour une omelette. Dans une autre assiette mettre de la chapelure. Rouler rapidement chaque croquette d'abord dans les œufs, ensuite légèrement dans la chapelure.

Plonger les croquettes par 5 ou 6 dans la friture chaude (une goutte d'eau la fait grésiller), pendant 6 à 7 minutes pour chaque fournée. Elles doivent être bien dorées. Les poser sur un papier absorbant pour qu'elles soient bien sèches. Les dresser sur le plat de service et les tenir au chaud sur la porte d'entrée du four.

Servir avec le coulis de framboises en saucière.

Remarque : Un coulis d'abricots sera tout aussi bon.

GÂTEAU DE SEMOULE

Il se fait à l'avance car il se mange froid.

***Proportions :** pour 6 personnes*
3/4 de litre de lait • 150 g de semoule
100 g de sucre semoule
75 g de beurre à la température de la cuisine
2 œufs • 2 cuillères à soupe de rhum • 1 pincée de sel
caramel : 20 morceaux de sucre n° 4, 2 cuillères à soupe d'eau
quelques gouttes de jus de citron
***Préparation :** 35 minutes*
***Cuisson :** 1er temps, 15 à 20 minutes*
2e temps, 20 à 25 minutes

Dans une casserole, verser le lait, la pincée de sel et le sucre. Chauffer à feu moyen ; à ébullition jeter la semoule en pluie en remuant avec la cuillère. Laisser épaissir à petit feu jusqu'à ébullition en remuant avec la cuillère ; laisser cuire ensuite sans remuer pendant 25 minutes environ jusqu'à ce que tout le lait soit absorbé par la semoule.

Allumer le four à température moyenne (200°, position 5).

Retirer du feu, incorporer le beurre en mélangeant bien. Faire de même avec les 2 œufs et le rhum.

Dans un moule à manqué, faire un caramel *. Quand il a atteint une belle couleur rousse, retirer du feu et enduire les parois.

Verser la préparation dans le moule. Mettre au four et cuire 25 à 30 minutes. Sortir l'entremets du four et laisser refroidir à la température de la pièce. Démouler (v. page 648).

On servira en saucière au choix : Du coulis de framboises *. Un sabayon *. Une sauce chocolat *.

GÂTEAU DE SYLVIE AU CHOCOLAT

Il peut se faire à l'avance et se manger froid, ou se cuire pendant le repas et se manger chaud.

***Proportions :** pour 6 personnes*
300 g de chocolat noir et amer • 125 g de beurre
4 œufs • 1 cuillère à soupe bombée de farine
1 cuillère à soupe rase de sucre semoule
1 cuillère à café de café soluble
3 cuillères à soupe d'eau • 1 pincée de sel

1 cuillère à café de rhum (facultatif)
***Préparation** : 15 à 25 minutes*
***Cuisson** : 20 minutes environ*

Sortir le beurre à temps du réfrigérateur pour qu'il soit ramolli.

Dans une casserole, mettre le café, l'eau et le chocolat cassé en morceaux. A feu très doux, faire fondre en remuant avec la cuillère pour avoir une pâte bien lisse. Retirer du feu, ajouter le beurre morceau par morceau en travaillant le mélange. Quand tout le beurre a été absorbé, ajouter les jaunes d'œufs l'un après l'autre en tournant. Réserver les blancs dans un saladier. Incorporer ensuite la farine et le sucre en travaillant bien à la cuillère. Si on le désire, parfumer avec un peu de rhum. Allumer le four à température douce (200°, position 5). Ajouter une pincée de sel aux blancs d'œufs et les battre en neige très ferme. Mélanger délicatement et convenablement la préparation au chocolat et les blancs battus.

Beurrer un plat rectangulaire en porcelaine à feu ou à défaut une terrine à pâté. Verser le mélange, mettre à mi-hauteur dans le four doux, pendant 20 minutes environ.

Servir le gâteau dans le moule si on le mange chaud, car il faut attendre qu'il soit froid pour le démouler.

Remarques :

1. Il est *important* que le gâteau ne cuise pas dans un moule métallique, car alors il sèche trop vite sur les bords et reste liquide à l'intérieur. La porcelaine permet à la chaleur de se diffuser plus lentement.
2. Froid, ce gateau sera très bon accompagné d'une crème anglaise à la vanille *, ou d'un coulis d'orange *.

MOUSSE AU CHOCOLAT

Ce dessert doit se faire la veille, tenu au frais.

***Proportions** : pour 6 personnes*
400 g de chocolat amer • 100 g de beurre • 5 œufs et 1 blanc
1/2 tasse à thé de café noir fort • 1 pincée de sel
***Préparation** : 25 minutes*
***Fonte du chocolat** : 7 à 8 minutes*

Préparer le café noir ou diluer du café en poudre instantané dans de l'eau chaude. Le mettre dans une casserole avec la tablette de chocolat brisée en morceaux.

À feu doux, faire fondre le chocolat, tourner et mélanger avec la cuillère pour avoir une pâte bien lisse sans petits bouts de chocolat non fondus. Retirer la casserole du feu et incorporer le beurre petit à petit en veillant bien à ce que chaque morceau soit fondu avant d'ajouter le suivant.

Poser un grand saladier à côté de le casserole, casser les cinq œufs l'un après l'autre en laissant tomber le blanc dans le saladier et le jaune dans la casserole. N'ajouter un œuf dans le chocolat qu'après avoir parfaitement mélangé le précédent.

Ajouter le blanc aux autres, les battre en neige très ferme. Verser ensuite le chocolat dans les blancs et travailler le tout à la cuillère pour avoir un mélange plus homogène.

Verser dans une jolie jatte de cristal et tenir au frais au réfrigérateur quelques heures à l'avance.

Remarque : Faire fondre le chocolat dans le café rehausse, à mon avis, le goût du chocolat, mais on peut tout aussi bien n'employer que de l'eau.

VARIANTES DE LA MOUSSE AU CHOCOLAT

• Aromatisée à l'alcool

Avec ou sans café au point de départ, on peut parfumer la moussse avec de l'alcool tel que : kirsch, Grand Marnier, whisky.

On l'ajoute en dernier lieu, quand la mousse est terminée, avant de la verser dans le plat de service. Il faut bien la travailler à la cuillère pour que l'alcool se répartisse harmonieusement.

La quantité d'alcool est fonction du goût de chacun. L'important est qu'il ne domine pas au point de « tuer » le goût du chocolat.

• Aux zestes d'orange confits

***Proportions :** pour 6 personnes*
mousse au chocolat • 50 g de zestes d'orange confits
ou 2 quartiers d'oranges confits
1 cuillère à soupe de Grand Marnier
***Préparation :** 1 heure 15*

Acheter les zestes ou les quartiers chez le confiseur ou le pâtissier. Les faire tremper 1 heure dans l'eau pour les ramollir. Bien les sécher, puis les couper en morceaux minuscules.

Faire la mousse au chocolat sans café. La terminer en incorporant le salpicon de zestes et l'alcool.

• **Aux oranges fraîches à cru**

***Proportions :** pour 6 personnes*
6 cuillères à soupe bombées de mousse au chocolat
6 belles oranges
***Préparation :** mousse, 25 minutes*
oranges, 15 minutes

Faire la mousse au chocolat sans alcool et sans café.

Préparer les oranges. Avec un couteau bien affûté, couper un chapeau aux deux extrémités du fruit pour arriver à la chair. Poser l'orange debout sur une des parties coupées et, avec le couteau, retirer l'écorce au plus près de la chair pour qu'il n'y ait plus du tout de parties blanches cotonneuses. Passer ensuite la pointe du couteau entre chaque quartier pour séparer la chair du fruit de la membrane qui l'enveloppe. On obtient ainsi tous les quartiers entiers, mais sans peau.

Garnir le centre de six assiettes avec une bonne cuillère à soupe de mousse au chocolat en faisant un petit dôme. Disposer tout autour les quartiers d'oranges. Servir.

OMELETTE SUCRÉE AU RHUM

Ce dessert se fait au dernier moment.

***Proportions :** pour 4 personnes*
5 œufs • 1 blanc d'œuf
4 cuillères à soupe rases de sucre semoule
1 œuf de beurre • 1 cuillère à soupe de rhum
1 pincée de sel
1 cuillère à soupe de sucre cristallisé
***Préparation :** 10 à 12 minutes*
***Cuisson :** dans la poêle, 2 à 3 minutes*

Casser les œufs ; mettre les jaunes dans une terrine et les blancs, plus 1 autre blanc, dans une autre.

Ajouter le sucre aux jaunes. Travailler au fouet jusqu'à ce que l'ensemble devienne blanc et mousseux. Parfumer avec le rhum.

Dans les blancs, ajouter 1 pincée de sel ; les battre en neige très ferme. Puis les mélanger délicatement avec le mélange jaunes-sucre.

Dans une grande poêle, faire fondre le beurre à feu moyen. Quand il ne grésille plus, faire cuire l'omelette, puis la glisser dans le plat de service comme il est dit à « omelette au naturel * ». La saupoudrer avec la cuillère de sucre cristallisé. Servir aussitôt.

Variantes :
1. La napper de sauce chocolat * ;
2. La napper d'un coulis de fruits (v. page 637) ;
3. La fourrer avant de la replier avec : des pommes au beurre *, des fraises pochées (v. page 666).

PAIN PERDU

C'est fait au dernier moment que ce dessert est le meilleur. On peut néanmoins le faire attendre sur la porte du four, et on le mange tiède au lieu de le manger chaud.

***Proportions :** pour 6 personnes*
6 tranches de pain brioché
ou 6 tranches de pain ordinaire de campagne sans croûte
1 verre de lait • 5 œufs • 1 pincée de sel
2 œufs de beurre
1 cuillère à soupe rase de sucre semoule par tranche
1/4 de cuillère à café de cannelle en poudre par tranche
***Préparation :** 6 à 7 minutes*
***Cuisson :** 5 à 6 minutes*

Dans un large plat creux, disposer les tranches de pain côte à côte. Les arroser avec le lait tiède. Au bout de quelques minutes, les retourner pour les imbiber de l'autre côté. Éviter qu'elles ne soient trop détrempées. Les retirer du plat et les mettre sur une grille pour qu'elles s'égouttent un peu.

Dans une assiette, battre 3 œufs comme pour une omelette. Allumer le four à température tiède si le dessert doit attendre.

Dans deux poêles (c'est plus facile), à feu moyen, mettre le beurre à fondre. Passer rapidement les tranches de pain des deux côtés dans les œufs battus et les poser dans le beurre grésillant. Faire dorer sans précipitation. Les retourner à l'aide de la spatule pour dorer l'autre face. Faire glisser dans le plat de service, saupoudrer de sucre et de cannelle en poudre. Servir aussitôt si possible.

Les petits pots de crème

C'est un ancien dessert facile à faire.

En famille on servira seulement 1 pot du parfum choisi par

personne. Pour faire un joli dessert de fête, présenter à chaque convive sur de grandes assiettes individuelles 3 petits pots de couleur et de saveur différentes.

Ce dessert peut se faire le matin pour le soir.

POTS DE CRÈME À LA VANILLE

Proportions : *Pour 6 personnes*
1 litre de lait • 6 œufs
4 cuillères à soupe bombées de sucre semoule
1 gousse de vanille • 6 petits pots de porcelaine
Préparation : *15 à 20 minutes*
Cuisson : *de 50 à 60 minutes selon la taille des petits pots*

Verser le lait et le sucre dans une casserole. Fendre la gousse de vanille en deux dans le sens de la longueur, l'ajouter au lait. Faire chauffer le lait sans aller jusqu'à l'ébullition, c'est inutile. Laisser infuser 1/4 d'heure pour avoir un bon goût de vanille.

Allumer le four à température douce (150°, position 4).

Battre les œufs entiers dans une terrine. Verser le lait parfumé en délayant au fur et à mesure. Passer ce mélange à travers une passoire très fine dans un autre récipient.

Dans une large marmite à fond bien plat, disposer les petits pots en porcelaine. Les remplir de crème à l'aide d'une petite louche. En s'aidant d'un entonnoir, remplir la marmite d'eau bouillante du robinet jusqu'aux 2/3 de la hauteur des petits pots.

Mettre la marmite dans le four, la couvrir et laisser cuire pendant 1 heure environ, l'eau devant rester juste frissonnante. La crème est cuite quand on plonge une aiguille et qu'elle ressort lisse et propre.

Sortir la marmite du four et laisser ainsi refroidir dans l'eau quelques minutes. Retirer les petits pots du récipient et les laisser refroidir à la température de la pièce.

PETITS POTS DE CRÈME AU CARAMEL

Proportions : *pour 6 personnes*
1 litre de lait • 6 œufs • caramel
20 morceaux de sucre n° 4 • 3 cuillères à café d'eau
quelques gouttes de jus de citron
Préparation : *35 minutes*

***Cuisson :** caramel, 10 minutes environ*
crème, 1 heure environ

Faire chauffer le lait.

Préparer un caramel * ; le délayer avec un petit peu de lait pour le rendre liquide, puis verser la totalité du lait en mélangeant bien.

Procéder ensuite comme pour les pots de crème à la vanille.

PETITS POTS DE CRÈME AU CAFÉ

***Proportions :** pour 6 personnes*
1 litre de lait • 6 œufs
3 cuillères à soupe bombées de café soluble
4 cuillères à soupe bombées de sucre semoule
***Préparation :** 15 à 20 minutes*
***Cuisson :** 1 heure environ*

Délayer le café à l'aide du lait chaud sucré.

Procéder ensuite comme pour les petits pots de crème à la vanille *.

PETITS POTS DE CRÈME AU CHOCOLAT

***Proportions :** pour 6 personnes*
1 litre de lait • 6 œufs
4 cuillères à soupe bombées de cacao amer en poudre
4 cuillères à soupe bombées de sucre semoule
***Préparation :** 15 à 20 minutes*
***Cuisson :** 1 heure environ*

Délayer le cacao à l'aide du lait chaud sucré.

Procéder ensuite comme pour les petits pots de crème à la vanille *.

PETITS POTS DE CRÈME À L'ORANGE

***Proportions :** pour 6 personnes*
1 litre de lait
4 cuillères à soupe bombées de sucre semoule
6 œufs • 1 orange

***Préparation :** 20 à 25 minutes*
***Cuisson :** zestes, 10 minutes • pots, 1 heure environ*

À l'aide de l'économe, peler une orange de manière à avoir le zeste sans parties blanches. Le faire cuire pendant 10 minutes à l'eau bouillante. L'égoutter et le hacher en très petits morceaux. Les verser dans le lait chaud.

Procéder ensuite comme il est dit à « petits pots de crème à la vanille * ».

Pendant que les pots cuisent, mettre les quartiers d'orange à nu. Pour cela, couper un chapeau aux deux extrémités du fruit pour arriver à la chair. Poser l'orange debout sur une des extrémités coupées. Avec un couteau bien affûté, retirer d'abord la peau blanche au plus près de la chair. Passer ensuite la pointe du couteau entre chaque quartier pour séparer la chair de la membrane qui l'entoure. On obtient ainsi tous les quartiers sans peau. Les réserver dans une boîte avec le jus qui s'est écoulé pendant l'opération.

Quand les pots sont refroidis et prêts à être servis, les décorer avec un quartier d'orange et ajouter un peu de jus.

PUDDING AU RHUM ET AUX RAISINS

Cet entremets se mange indifféremment tiède ou à la température de la cuisine. On calculera la préparation de ce dessert en fonction de la température souhaitée.

***Proportions :** pour 6 personnes*
400 g de mie d'un pain de mie • 1/2 litre de lait
4 cuillères à soupe bombées de sucre semoule
2 œufs entiers • 3 jaunes d'œufs • 2 blancs d'œufs
2 cuillères à soupe de rhum • 1 gousse de vanille
100 g de raisins (Smyrne ou Corinthe)
1 noix de beurre
*1 saucière de sauce sabayon **
*ou 1 saucière de coulis d'abricots **
*ou de coulis de pommes **
***Préparation :** 25 à 30 minutes*
***Cuisson :** 1 heure environ*

Mettre les raisins à tremper et gonfler pendant 1 heure dans le rhum tiède.

Dans une casserole verser le lait et le sucre, le chauffer et y laisser infuser 10 à 12 minutes la gousse de vanille coupée en deux dans le sens de la longueur.

Émietter la mie de pain d'un pain de mie, la mouiller avec le lait. La laisser s'imbiber et gonfler convenablement pendant 10 à 12 minutes. Au bout de ce temps, la passer et la pilonner à travers le tamis dans une terrine, ajouter les raisins égouttés. Casser les œufs entiers, les mélanger avec la cuillère en bois, ajouter les jaunes d'œufs, incorporer convenablement.

Battre les 2 blancs en neige très ferme. Mélanger délicatement et soigneusement à la préparation. Parfumer avec le rhum des raisins, bien mélanger.

Beurrer légèrement le fond et les parois d'un moule à manqué. Le poser dans un large fait-tout au fond bien plat, et le remplir jusqu'à deux doigts du bord avec la préparation. Verser de l'eau bouillante dans le fait-tout jusqu'aux 2/3 du moule. Porter à ébullition sur le feu, couvrir et régler à petit bouillottement continu pendant 1 heure environ.

Au bout de ce temps, retirer le pudding du fait-tout, le laisser refroidir et se tasser dans le moule avant de le démouler dans un plat un peu creux.

Préparer la sauce choisie. La verser sur le pudding pour le napper régulièrement ; en coulant, le surplus de sauce garnira le fond du plat.

ŒUFS À LA NEIGE

La crème anglaise se fait à l'avance car elle doit être bien froide. Les œufs à la neige se font avant le repas.

***Proportions :** pour 6 personnes*
6 blancs d'œufs • 175 g de sucre semoule
*1 litre de crème anglaise à la vanille * • 2 litres d'eau*
***Préparation :** crème, 5 minutes • œufs, 25 minutes*
***Cuisson :** crème, 15 à 20 minutes • œufs, 7 minutes par fournée*

Préparer une crème anglaise à la vanille, la tenir au frais.

Réserver les blancs dans un bol au frais, sauf 1 que l'on supprime.

Dans une grande sauteuse, ou toute autre large casserole à bords bas, faire chauffer 2 litres d'eau et l'amener à température frémissante juste avant l'ébullition.

Dans un saladier mettre les blancs réservés, et, à l'aide d'un fouet électrique, les battre en neige ferme. Verser ensuite le sucre en poudre en pluie et mélanger doucement aux blancs en neige à l'aide d'une spatule en bois en coupant la masse des œufs et en ramenant du dessous sur le dessus.

Étaler sur une grande planche une feuille de papier blanc, l'humidifier avec un peau d'eau. À l'aide d'une grande cuillère à sauce, prendre un petit tas de blancs en neige et le déposer sur le papier en lui donnant la forme d'un dôme ovale. Continuer ainsi jusqu'à épuisement des blancs.

Prendre les dômes en passant une spatule par en dessous et les plonger dans l'eau frémissante en les retournant pour que le dôme soit immergé. Ne pas en mettre trop à la fois pour qu'ils ne se touchent pas. Toujours sans laisser bouillir l'eau, les pocher 5 minutes, puis les retourner et laisser pocher encore 2 minutes.

Pendant ce temps, étaler un grand torchon. À l'aide de l'écumoire, retirer les œufs à la neige et les poser à égoutter sur le torchon.

Transvaser la crème anglaise dans une grande jatte de service. Avec précaution, déposer les œufs à la neige dans la jatte. Le dessert est prêt.

Remarque : Ainsi préparés, les œufs à la neige sont le classique dessert de famille.

Pour un repas de fête, on peut les rendre un peu plus originaux en les présentant sur de grandes assiettes individuelles, et en les entourant de coulis de framboises * ou de coulis d'oranges *. Les saupoudrer ensuite de quelques amandes effilées (elles se trouvent dans le commerce), dorées au four.

RIZ AU CHOCOLAT

Ce dessert se fait à l'avance car il se mange à la température de la cuisine.

Proportions : *pour 6 personnes*
125 g de riz • 1/2 litre de lait
125 g de chocolat noir amer • 3 œufs
2 cuillères à soupe de sucre semoule • 1 noix de beurre
*2 à 3 grains de sel • 1 saucière de sauce au chocolat **
Préparation : *45 minutes*
Cuisson : *1er temps, 25 minutes environ*
2e temps, 30 minutes environ

Rincer le riz à grande eau fraîche. L'égoutter.

Casser le chocolat en morceaux dans une grande casserole, ajouter 1 cuillère à soupe de lait et les grains de sel. À feu doux, le faire fondre en mélangeant jusqu'à l'aspect de pâte lisse, ajouter le sucre et délayer progressivement avec le reste de lait. Porter à ébullition, jeter le riz dans la casserole et faire cuire à petit feu pendant 25 minutes environ jusqu'à ce que le liquide soit absorbé par le riz. Retirer du feu.

Allumer le four à température moyenne (200°, position 5).

Incorporer les 3 jaunes d'œufs au riz en les mélangeant délicatement. Battre les blancs d'œufs en neige très ferme ; les incorporer soigneusement au riz au chocolat.

Beurrer un moule à manqué. Verser la préparation jusqu'à deux doigts du bord. Mettre au four et laisser cuire pendant 25 à 30 minutes environ.

Retirer du four. Laisser refroidir à la température de la cuisine. Pour démouler passer la spatule entre l'entremets et les parois du moule. Coiffer du plat de service et retourner d'un mouvement vif et précis. Poser sur la table. Tapoter le fond du moule et le soulever lentement.

Juste avant le repas, préparer la sauce au chocolat, la tenir au chaud au bain-marie. Servir le riz au chocolat avec la sauce en saucière.

SOUFFLÉ À LA VANILLE

Les soufflés n'attendent pas. Il faut donc le faire cuire pendant le déroulement du repas pour qu'il soit parfait au moment du dessert. On peut le préparer avant le dîner et le mettre dans le four au moment voulu.

***Proportions :** pour 6 personnes*
1/2 litre de lait • 1 cuillère de farine (environ 25 g)
1 grosse noix de beurre • 4 jaunes d'œufs • 5 blancs d'œufs
3 cuillères à soupe bombées de sucre semoule
1 gousse de vanille • 1 petite pincée de sel
***Préparation :** 15 à 20 minutes*
***Cuisson :** 25 à 30 minutes*

Réserver 1/2 verre de lait froid. Dans une casserole, mettre le lait restant, le sucre et la gousse de vanille fendue en deux dans le sens de la longueur. À feu moyen, chauffer et laisser infuser la vanille pendant 1/4 d'heure.

Allumer le four à température moyenne (200°, position 5).

Dans une autre casserole, délayer la farine petit à petit avec le lait froid, en évitant les grumeaux. Verser lentement tout le reste du lait ainsi que la gousse en tournant avec la cuillère en bois. À feu doux, porter à ébullition en tournant sans cesse jusqu'à épaississement. Laisser cuire 2 minutes, le temps de quelques bouillons.

Retirer du feu. Supprimer la gousse de vanille, laisser un peu refroidir. Incorporer d'abord le beurre, puis les jaunes d'œufs un à un.

Réserver les blancs dans un saladier. Ajouter 1 pincée de sel dans les blancs, les battre en neige très ferme. Les incorporer à la préparation à l'aide d'une spatule de bois en passant du dessous sur le dessus et en coupant la masse au lieu de la tourner.

Beurrer un plat à soufflé. Le remplir avec le mélange. Mettre au four et cuire environ 25 à 30 minutes (voir cuisson à « soufflé au fromage * »). Servir sans attendre.

SOUFFLÉ AU CHOCOLAT

Mêmes remarques que pour le soufflé à la vanille.

Proportions *: pour 6 personnes*
200 g de chocolat amer
3 cuillères à soupes rases de sucre semoule
1 cuillère à soupe de lait • 3 jaunes d'œufs
6 blancs d'œufs • 2 noix de beurre • 1 pincée de sel
Préparation *: 10 minutes*
Cuisson *: 7 à 10 minutes*

Allumer le four à température moyenne-forte (225°, 230°, position 5, 6).

Dans une casserole, casser le chocolat en morceaux, ajouter le lait. Faire fondre à feu doux pour avoir une pâte lisse sans grumeaux de chocolat. Retirer du feu, incorporer une grosse noix de beurre et ajouter les jaunes l'un après l'autre.

Réserver les blancs dans un saladier, en ajouter 3 autres (les jaunes se conservent dans une boîte hermétique au frais, ils serviront pour une sauce), et une pincée de sel. Les battre en neige très ferme. Incorporer délicatement les blancs au chocolat en allant du dessous sur le dessus et en coupant la masse au lieu de la tourner.

Beurrer un plat à rôtir, le remplir avec la préparation et faire cuire rapidement. Servir sans attendre.

Remarque : Pour être bon, le soufflé doit être « saisi » sur les bords, monter légèrement sur le dessus et être encore liquide et chaud à l'intérieur ; c'est pour cela que le plat à rôtir est préférable au moule à soufflé.

Les desserts de fruits

Les salades de fruits crus

Elles varient selon les saisons. Elles sont meilleures lorsqu'elles ont macéré un peu. Il est donc recommandé de les faire 1 bonne heure à l'avance et de les tenir au frais.

• **Le procédé est simple.** Dans un saladier, mettre tous les fruits coupés en dés (les bananes et les oranges en rondelles), les arroser avec un peu d'eau, l'alcool de son choix, kirsch de préférence, et saupoudrer de sucre. On mélange le tout et on verse dans le saladier de service avant de servir.

SALADE D'HIVER

***Proportions** : pour 6 personnes*
2 pommes moyennes • 2 poires moyennes • 2 bananes
2 oranges • 3 cuillères à soupe bombées de sucre semoule
1/2 verre d'eau • 1 cuillère à soupe de kirsch

SALADE D'ÉTÉ

***Proportions** : pour 6 personnes*
4 abricots • 3 pêches • 2 poires
100 g de cerises dénoyautées
12 amandes fraîches pelées et ouvertes en deux
3 cuillères à soupe bombées de sucre semoule • 1/2 verre d'eau
1 cuillère à soupe de kirsch

Ces compositions sont des suggestions, toutes les combinaisons de fruits de saison étant possibles.

SALADE DE QUARTIERS D'ORANGES À CRU

Elle est longue à faire, mais raffinée. Elle se présente sur assiettes individuelles.

Proportions : *pour 6 personnes*
8 oranges Thomson (Navel)
4 cuillères à café de sucre semoule environ
Préparation : *35 à 40 minutes*

Il faut choisir cette espèce d'orange car elle est douce, sans pépins et les membranes se détachent bien.

Préparer les quartiers d'oranges (v. page 653). Recueillir le jus.

Dans chaque assiette, disposer les quartiers comme une jolie rosace. Saupoudrer légèrement de sucre. Arroser avec 2 à 3 cuillères à café de jus. Servir bien frais.

Remarque : On peut parfumer les oranges :
1. Soit en les arrosant de quelques gouttes de Grand Marnier ;
2. Soit en les saupoudrant légèrement de cannelle en poudre.

Les compotes

Elles sont de toutes les saisons, selon les fruits du moment, pratiques et faciles à faire.

On peut les préparer à l'avance et les tenir au frais dans des boîtes hermétiques.

Elles ont plusieurs emplois :
- Avec un seul fruit : c'est la compote de famille.
- Plusieurs compotes de fruits différents employées en petite quantité, disposées agréablement dans des assiettes individuelles, constituent un joli dessert gai et léger. On peut y adjoindre des fruits frais pour ajouter une autre note de couleur.
- Enfin, elles entrent dans la composition de nombreux entremets.

Suggestions d'assiettes de compotes : Cerises, poires, abricots. Pêches, pruneaux, fraises. Poires au vin et pêches. Pommes et framboises fraîches. Pruneaux au vin et quartiers d'oranges à cru.

ABRICOTS

Proportions : *pour 6 personnes*
24 abricots
8 cuillères à soupe bombées de sucre semoule
2 verres d'eau • 1 cuillère à soupe de kirsch (facultatif)
Préparation : *6 à 7 minutes*
Cuisson : *10 minutes environ*

Partager les abricots en deux, retirer les noyaux, les réserver.

Dans une large casserole, verser l'eau et le sucre. Porter à ébullition pendant 2 à 3 minutes. Ajouter les abricots. Couvrir et laisser mijoter pendant 10 minutes environ. Les abricots doivent être tendres et non défaits. Les retirer avec une spatule et les poser dans une jatte.

À gros bouillons, faire réduire le liquide à feu vif jusqu'à consistance de sirop léger. Parfumer au kirsch si on le désire. Verser sur les abricots.

Avec un casse-noix, casser 7 à 8 noyaux. Retirer les amandes, enlever la petite peau, les couper en deux et en parsemer la compote. Laisser refroidir avant de servir.

CERISES

Il est préférable d'employer des cerises anglaises.

Proportions : *pour 6 personnes*
1 livre 1/2 de cerises
5 cuillères à soupe bombées de sucre semoule
2 verres d'eau • 1 cuillère à soupe de kirsch (facultatif)
Préparation : *8 à 10 minutes*
Cuisson : *5 à 6 minutes*

Laver les cerises. Avec des ciseaux, couper les queues en laissant 2 cm environ.

Dans une casserole, verser l'eau et le sucre. Porter à ébullition pendant 2 minutes. Jeter les cerises. Couvrir et laisser pocher pendant 5 à 6 minutes. Les retirer avec une écumoire et les poser dans une jatte.

Faire réduire le jus à feu vif jusqu'à consistance de sirop léger. Le parfumer avec du kirsch si on le désire, et verser sur les cerises. Laisser refroidir avant de servir.

Remarque : On peut, pour plus de commodité, dénoyauter les cerises avant de les cuire, mais ce n'est pas classique.

FRAISES

Proportions : *pour 6 personnes*
750 g de fraises
4 cuillères à soupe bombées de sucre semoule
2 verres d'eau • quelques gouttes de jus de citron
Préparation : *6 à 7 minutes*
Cuisson : *1 à 2 minutes*

Laver les fraises, les équeuter.

Dans une casserole, verser l'eau et le sucre. Porter à ébullition pendant 2 minutes. Ajouter les fraises, attendre qu'un bouillon se produise. Arrêter le feu et les laisser refroidir dans la casserole.

Au bout de ce temps, les retirer délicatement avec une écumoire et les poser dans une jatte.

Faire réduire le jus à feu vif jusqu'à consistance de sirop léger, le parfumer avec quelques gouttes de jus de citron, le laisser refroidir et le verser sur les fraises.

PÊCHES

Préférer les pêches blanches aux pêches jaunes. Elles sont infiniment plus fines de goût.

Proportions : *pour 6 personnes*
6 grosses pêches
5 cuillères à soupe bombées de sucre semoule
3 verres d'eau • 1 cuillère à soupe de kirsch (facultatif)
Préparation : *7 à 8 minutes*
Cuisson : *10 minutes*

Plonger les pêches 1 minute dans l'eau bouillante. Les retirer et les peler. Fendre les pêches en deux et supprimer le noyau.

Dans une casserole, verser l'eau et le sucre. Porter à ébullition pendant 2 minutes. Ajouter les pêches, couvrir et laisser bouillir pendant 10 minutes à peu près. Les retirer avec une écumoire. Les poser dans une jatte.

Faire réduire le jus à feu vif à l'état de sirop léger. Le parfumer avec le kirsch et verser sur les pêches.

Laisser refroidir avant de servir.

POIRES À LA VANILLE

Ne pas choisir des poires trop mûres.

***Proportions :** pour 6 personnes*
6 poires moyennes • 3 verres d'eau
5 cuillères à soupe bombées de sucre semoule
1 gousse de vanille
***Préparation :** 10 minutes*
***Cuisson :** 25 à 30 minutes*

Peler les poires, les couper en deux, retirer le cœur et la tige.

Dans une casserole verser le sucre et l'eau, ajouter la gousse de vanille fendue en deux dans le sens de la longueur et faire bouillir pendant 2 minutes.

Poser les poires dans la casserole, couvrir et faire cuire à petit feu pendant 25 à 30 minutes ; elles doivent être encore fermes mais fondantes.

Les poser dans une jatte à l'aide de l'écumoire. Faire réduire le jus à feu vif à l'état de sirop léger, retirer la vanille. Verser sur les poires. Laisser refroidir avant de servir.

POIRES CUITES AU VIN

Il faut choisir des petites poires. Les laisser entières.

***Proportions :** pour 6 personnes*
12 petites poires
4 cuillères à soupe bombées de sucre semoule
2 verres de vin rouge • 2 verres d'eau
***Préparation :** 10 minutes*
***Cuisson :** 35 à 40 minutes*

Peler les poires, leur laisser la tige.

Dans une casserole, verser le vin, l'eau et le sucre. Porter à ébullition.

Disposer les poires debout, côte à côte dans la casserole. Couvrir et laisser mijoter à petit feu pendant 35 à 40 minutes.

Quand les poires sont cuites, les retirer avec une écumoire et les ranger dans une jatte.

Faire réduire le jus à feu vif à consistance de sirop léger. Le verser sur les poires.

Laisser refroidir avant de servir.

COMPOTE DE POMMES

***Proportions :** pour 6 personnes*
7 à 8 pommes reinettes ou canada)
4 cuillères à soupe bombées de sucre semoule
1 verre d'eau
***Préparation :** 15 minutes*
***Cuisson :** 35 à 40 minutes*

Couper les pommes en quatre. Les peler, retirer le cœur, couper chaque quartier en deux.

Dans une casserole, verser l'eau et le sucre. Délayer le sucre. Ajouter les pommes. Couvrir et laisser cuire à petit feu pendant 15 à 20 minutes. Au bout de ce temps, retirer la casserole du feu et écraser les pommes avec une fourchette. Remettre la casserole sur le feu et laisser cuire à petit feu pendant 5 à 10 minutes jusqu'à ce que la compote soit consistante sans liquide.

Selon l'emploi, on la laisse telle quelle, ou bien on la parfume au choix : avec 1 cuillère à soupe de rhum ou 1 cuillère à café de cannelle en poudre bien mélangée à la compote.

POMMES POÊLÉES AU BEURRE

***Proportions :** pour 6 personnes*
5 pommes moyennes (reinette ou canada) • 2 œufs de beurre
2 cuillères à soupe bombées de sucre semoule
2 cuillères à soupe d'eau-de-vie de prune (facultatif)
***Préparation :** 10 minutes*
***Cuisson :** 10 à 12 minutes*

Couper les pommes en quatre, retirer le cœur.

Dans une large poêle, à feu moyen, faire fondre le beurre. Quand il grésille, poser les quartiers de pommes si possible côte à côte. Les faire rissoler en douceur sur toutes leurs faces, jusqu'à ce que les pommes soient bien dorées et tendres à l'intérieur. En cours de cuisson, les saupoudrer de sucre qui va caraméliser légèrement dans le beurre et sur les pommes. Avec précaution, ranger les pommes dans un plat quand elles sont à point et servir.

Facultatif : Verser l'alcool sur les pommes bouillantes et chauffer quelques instants.

Emploi : Base d'autres desserts, accompagne bien le gibier.

PRUNEAUX AU VIN ROUGE

Les choisir gros, tendres, à peau fine.

Proportions : *pour 6 personnes*
300 g de pruneaux
2 cuillères à soupe bombées de sucre semoule
1 1/2 verre de vin rouge • 2 verres d'eau
1 copeau de cannelle
Préparation : *2 heures de trempage*
Cuisson : *50 minutes environ*

Dans une terrine mettre les pruneaux, les recouvrir largement d'eau tiède et laisser tremper pendant 2 heures.

Au bout de ce temps, verser dans une casserole 1 verre 1/2 de l'eau de trempage, le vin et le copeau de cannelle. Ajouter les pruneaux qui doivent être immergés. Éventuellement rajouter de l'eau et du vin. Couvrir, et à feu doux porter à ébullition. Assurer ensuite un petit mijotement continu et laisser cuire 1 heure environ, selon la quantité des pruneaux. Ils doivent être bien mœlleux et non défaits.

À l'aide de l'écumoire, les sortir et les disposer dans une jatte. Retirer le copeau de cannelle.

Verser le sucre dans le jus de cuisson. Faire bouillir à plein feu jusqu'à consistance sirupeuse. Verser sur les pruneaux. Laisser refroidir avant de servir.

Préparations diverses aux fruits

CLAFOUTIS

Il se prépare avant le repas car il est meilleur servi tiède.

Proportions : *pour 6 personnes*
400 g de cerises noires dénoyautées
5 cuillères à soupe de crème fleurette
3 œufs entiers
4 cuillères à soupe bombées de sucre semoule
4 cuillères à soupe rases de poudre d'amandes douces
(se trouve dans les épiceries)
1 cuillère à soupe de kirsch • 1 gousse de vanille
Préparation : *20 à 35 minutes*
Cuisson : *20 à 25 minutes*

Allumer le four à température moyenne (200°, position 5).

Fendre la gousse de vanille en deux dans le sens de la longueur. Dans un bol mettre la crème fleurette et la vanille.

À l'aide du petit instrument, dénoyauter les cerises. Les étaler dans le fond d'un joli plat allant au four.

Dans une terrine, casser les œufs entiers. Ajouter la crème fleurette sans la gousse de vanille, le sucre en poudre, la poudre d'amandes et le kirsch. Bien travailler le tout au fouet pour avoir une pâte fluide et lisse. La verser doucement sur les cerises dans le plat qui doit être rempli aux 2/3.

Cuire au four pendant 25 minutes. Laisser le plat à la température de la cuisine et essayer de le servir encore tiède.

C'est également très bon froid... mais non glacé.

VARIANTE DU CLAFOUTIS

Ce dessert peut se faire avec des pruneaux.

***Proportions :** 20 à 22 pruneaux*

Tremper les pruneaux dans l'eau tiède pendant 2 heures pour les faire gonfler. Les dénoyauter, garnir le fond du plat qui va au four, et poursuivre la recette.

CERISES CHAUDES À LA CRÈME ANGLAISE

On dresse ce dessert au dernier moment.

***Proportions :** pour 6 personnes*
*1 litre de crème anglaise **
1 livre 1/2 de cerises cœur de pigeon ou reverchon
2 verres d'eau
5 cuillères à soupe bombées de sucre semoule
***Préparation :** 10 minutes*
***Cuisson :** 5 minutes*

Faire la veille ou plusieurs heures à l'avance une crème anglaise. La mettre au réfrigérateur de façon qu'elle soit très froide.

Équeuter les cerises, les laver et les sécher.

Faire cuire les cerises *. Les retirer avec une écumoire et les disposer en quantités égales dans de jolies coupes ou beaux verres. Laisser un peu refroidir.

Napper avec la crème anglaise glacée.

Le contraste entre les cerises chaudes et la crème froide est délicieux. On peut accompagner ce dessert de tuiles ou de petits palmiers achetés chez le pâtissier.

Remarque : Les cerises non dénoyautées ont un goût plus authentique. Cependant, comme il est assez inélégant d'avoir à cracher les noyaux à table, on peut les dénoyauter avec un petit instrument spécial qui ne les abîme pas avant de les cuire.

CROÛTES AUX POMMES

Ce dessert se fait au dernier moment.

Proportions *: pour 6 personnes*
6 tranches de pain brioché • 6 pommes
3 œufs de beurre
2 cuillères à soupe bombées de sucre semoule
2 cuillères à soupe d'eau-de-vie de prune
Préparation *: 7 à 10 minutes*
Cuisson *: croûtes, 6 à 7 minutes • pommes, 10 à 12 minutes*

Couper des tranches de pain brioché de 1 cm d'épaisseur. Peler et couper les pommes en quartiers. Allumer le four à température tiède.

Dans une poêle, faire les pommes poêlées au beurre * ; tiédir l'eau-de-vie dans une petite casserole, verser sur les pommes et faire flamber avec une allumette en les tournant et retournant. Tenir au chaud ensuite dans le four.

Dans une large poêle, mettre à fondre 2 œufs de beurre à feu moyen. Quand le beurre grésille, poser les croûtons à rissoler en douceur d'un côté puis de l'autre.

Les retirer de la poêle à l'aide d'une spatule et les dresser sur le plat de service. Garnir chaque croûte avec des quartiers de pommes et servir, ou faire attendre dans le four tiède ouvert.

FIGUES AUX FRAMBOISES

Ce dessert se fait en plusieurs stades échelonnés sur 24 heures, mais on le termine le matin pour le soir.

Proportions *: pour 6 personnes*
18 petites figues violettes • 400 g de framboises

1 bouteille de vin de Bordeaux rouge
250 g de sucre semoule
***Préparation** : 5 minutes*
***Cuisson** : 4 minutes*
***Réduction** : 7 à 8 minutes*

La veille au soir, mettre dans une terrine de grès le vin, le sucre et les framboises.

Le lendemain matin, laver les figues, les sécher. Recueillir les framboises avec une écumoire et les passer au mixer pour avoir une purée (à défaut d'un mixer, les passer au tamis).

Dans une casserole, verser cette purée, délayer avec le vin sucré. À feu moyen, porter à ébullition. Plonger les figues dans ce mélange, laisser pocher 4 minutes.

Récupérer les figues avec une écumoire, les disposer dans une jolie jatte de cristal.

Continuer à faire bouillir le liquide de manière qu'il réduise et épaississe pendant à peu près 7 à 8 minutes. Napper les figues avec cette sauce.

Mettre au frais au réfrigérateur et servir le soir accompagné si on le désire de petits gâteaux secs (tuiles, palmiers, cigarettes, etc.).

GATEAU À L'ANANAS

Ce dessert se fait à l'avance car il doit se servir bien froid.

***Proportions** : pour 6 personnes*
12 tranches d'ananas en boîte naturel • 6 œufs
250 g de sucre semoule • 30 g de poudre d'amandes
1 cuillère à soupe de kirsch
***caramel** :*
20 à 22 morceaux de sucre n° 4 • 2 cuillères à soupe d'eau
quelques gouttes de jus de citron
1 fait-tout d'eau bouillante
***Préparation** : 15 à 20 minutes*
***Cuisson** : 1 heure*

Égoutter les tranches d'ananas. Réserver le jus dans un bol. Couper 4 tranches en morceaux de 2 cm environ. Passer les 8 autres tranches au mixer pour avoir une purée fine ; à défaut, à la moulinette.

Dans une casserole, verser la purée d'ananas, 3 cuillères à soupe de jus de la boîte et le sucre en poudre. Porter à ébullition et faire cuire

5 minutes. Ajouter les morceaux d'ananas et faire cuire encore 5 minutes. Retirer du feu.

Dans une terrine, battre les œufs entiers et la poudre d'amandes. Ajouter doucement la compote d'ananas en mélangeant à la spatule. Parfumer avec le kirsch en mélangeant bien.

Faire un caramel * dans un moule à manqué. Quand il a atteint sa belle couleur rousse, retirer le moule du feu et en le tenant par ses deux oreilles l'incliner de tous côtés pour enrober les parois de caramel.

Verser ensuite le mélange œufs-ananas. Poser le moule dans un large fait-tout. Le remplir d'eau bouillante aux 2/3 de la hauteur du moule. Chauffer sur le gaz de manière à assurer une petite ébullition continue du bain-marie. Couvrir et cuire pendant 1 heure.

Au bout de ce temps, retirer le moule du fait-tout, laisser d'abord refroidir à la température de la pièce, puis mettre au frais au réfrigérateur sans démouler.

Démouler avant de servir : tremper le fond du moule 1 minute dans l'eau très chaude, passer ensuite 1 spatule souple entre l'entremets et les parois du moule. Coiffer celui-ci avec le plat de service. Retourner d'un mouvement vif et précis. Poser sur la table. Tapoter le fond du moule, puis le retirer lentement. Remettre au frais jusqu'au moment de servir.

Remarque : On peut servir cet entremets tel quel, ou accompagné d'une crème anglaise à la vanille * bien froide.

POIRES AU CARAMEL

Les poires et la crème se font un peu à l'avance pour qu'elles aient le temps de refroidir. On termine le plat juste avant le repas.

***Proportions** : pour 6 personnes*
6 poires moyennes • 4 verres d'eau
5 cuillères à soupe bombées de sucre semoule
*1 gousse de vanille • 1/2 litre de crème pâtissière * légère*
*1 tasse à thé 1/2 de caramel liquide **
***Préparation** : 10 à 12 minutes*
***Cuisson** : poires, 25 à 30 minutes • caramel, 10 à 12 minutes*

Préparer la crème pâtissière légère 1 heure à l'avance. La mettre au frais dans le réfrigérateur dans un joli plat de service un peu creux.

Éplucher et couper les poires en 2 moitiés, les pocher *, les retirer avec une spatule, les égoutter et les laisser refroidir.

Préparer un caramel liquide *.

Disposer les demi-poires sur la crème pâtissière. Napper les fruits de caramel en le laissant couler en filets sur la crème pâtissière.

Servir accompagné de tuiles ou de petits palmiers achetés chez le pâtissier.

Remarque : Ce plat doit se consommer entièrement le jour même, car la crème pâtissière légère ne se conserve pas au-delà de quelques heures.

Desserts divers

BAVAROISE AUX FRAISES

À faire la veille.

***Proportions** : pour 8 personnes*
1,400 kg de fraises
1/2 litre de crème fleurette (crème liquide)
1 verre d'eau • 300 g de sucre semoule • 20 g de gélatine
1 citron • 1 cuillère à soupe de kirsch (facultatif)
***Préparation** : 55 minutes environ*

Plonger la gélatine dans l'eau froide pour l'assouplir. Dans une casserole à feu moyen, faire un sirop avec le verre d'eau et 200 g de sucre. Ajouter la gélatine dans le sirop bouillant et remuer jusqu'à ce qu'elle soit bien fondue. Laisser refroidir.

Laver les fraises, les équeuter, les sécher délicatement dans un torchon. Passer au mixer 1 kg de fraises. Peser la pulpe, il en faut 700 g.

Prendre 350 g de pulpe et la mélanger avec le sirop refroidi. Réserver le reste.

Couper en morceaux 300 g des fraises restantes. Réserver les dernières fraises pour la décoration.

Dans un saladier glacé, mettre la crème fleurette glacée et la battre au petit fouet à main pendant 3 à 4 minutes pour en faire de la crème semi-fouettée. Incorporer cette crème et les morceaux de fraises à la préparation pulpe-sirop. Ajouter le kirsch si on aime. Mélanger convenablement. Verser le tout dans un moule à soufflé ou un grand saladier. Mettre au réfrigérateur.

Avec les derniers 350 g de pulpe et les derniers 100 g de sucre en poudre, faire un coulis (v. page 637).

Avant de servir, démouler la bavaroise sur un joli plat. Pour cela, passer d'abord une spatule souple entre la bavaroise et les parois du moule. Puis poser le plat de service sur le moule et renverser le tout d'un coup sec. La bavaroise se décolle très facilement.

Décorer avec les fraises. Mettre le coulis en saucière et servir.

CHARLOTTE AUX POIRES À L'ANCIENNE

La crème anglaise se fait à l'avance. La charlotte se fait au dernier moment. Elle se mange chaude, mais elle peut attendre démoulée à l'entrée du four.

***Proportions** : pour 5 à 6 personnes*
8 à 10 poires moyennes • 1 large pain de mie
coupé en tranches de 1 cm et sans croûte
275 g de beurre en tout
1 cuillère à soupe de sucre semoule
1 pot de marmelade d'abricots
2 cuillères à soupe de kirsch
*1/2 litre de crème anglaise à la vanille **
***Préparation** : 1 heure*
***Cuisson** : poires, 35 à 45 minutes • gâteau, 35 minutes*

Demander au boulanger de couper le pain et d'enlever la croûte.

Éplucher les poires, les couper en 6 ou 8 morceaux dans le sens de la longueur. Retirer les pépins avec la pointe d'un couteau.

Dans une sauteuse, faire fondre à feu moyen 1 œuf de beurre. Quand il est fondu, ajouter les morceaux de poires. Saupoudrer avec le sucre en poudre et laisser cuire à couvert en retournant de temps en temps jusqu'à ce que toute l'eau des fruits se soit évaporée, cette réduction dépend de la qualité des poires. Les retirer alors avec une écumoire et les réserver sur un plat.

Dans une terrine, mettre 2 à 3 cuillères à soupe de marmelade d'abricots et le kirsch, mélanger. Ajouter les poires, les tourner dans la marmelade pour qu'elles soient bien enduites.

Faire fondre tout doucement le beurre restant dans une casserole à feu doux. Retirer les impuretés de la surface à l'aide d'une petite cuillère. Allumer le four à température moyenne-forte (200°, 285°, position 5, 6).

Prendre un moule à manqué. Découper un rond de papier blanc sulfurisé de la taille du fond du moule, le poser au fond du moule.

Couper des tranches en forme de triangles allongés égales à la moitié du diamètre du moule. Tremper ces triangles dans le beurre fondu. Tapisser soigneusement le fond du moule en faisant se chevaucher légèrement les tranches.

Préparer des tranches étroites en coupant les tranches en deux et les égaliser de manière qu'elles soient de même hauteur que le moule. Les tremper dans le beurre et garnir soigneusement les parois en les faisant se chevaucher légèrement.

Remplir le moule convenablement jusqu'en haut avec le mélange poires-abricots, en rajoutant de la marmelade pour bien combler les vides entre les morceaux de poires.

Couvrir soigneusement le dessus avec des tranches de pain également trempées dans le beurre fondu et se joignant étroitement.

Mettre au four et faire cuire environ 35 minutes jusqu'à ce que le dessus du gâteau soit bien doré.

Poser le moule sur la table, le coiffer du plat de service. Glisser la main droite protégée par un torchon ou un gant sous le moule. Tenir le plat de l'autre main et renverser le tout. Soulever doucement le moule, retirer le rond de papier. Verser la crème anglaise à la vanille bien froide en saucière et servir.

Variante :
1. Employer des pommes au lieu de poires ;
2. Parfumer à la cannelle au lieu du kirsch.

CHARLOTTE AU CHOCOLAT

Ce gâteau se fait la veille ou le matin pour le soir.

***Proportions** : pour 8 personnes*
20 à 25 biscuits à la cuillère • 400 g de chocolat
250 g de beurre • 5 œufs
4 cuillères à soupe bombées de sucre semoule
1 verre de Grand Marnier • 1 verre d'eau • 1 pincée de sel
*1 litre de crème anglaise à la vanille **
***Préparation** : 45 minutes*

Acheter les biscuits à la cuillère chez le pâtissier.

Préparer l'appareil au chocolat : dans une casserole casser le chocolat en morceaux, plonger la casserole dans un bain-marie bouillant et laisser fondre le chocolat en le tournant de temps en temps pour qu'il devienne bien lisse. Retirer la casserole du feu et incorporer morceau par morceau le beurre ramolli de manière à avoir une sorte de mayonnaise.

Prendre deux saladiers : dans l'un laisser tomber les jaunes, dans l'autre laisser tomber les blancs d'œufs.

Ajouter le sucre aux jaunes d'œufs et battre au petit fouet jusqu'à ce que l'ensemble soit blanc et mousseux. Incorporer ce mélange à la mayonnaise de chocolat en mélangeant bien le tout.

Mettre 1 pincée de sel dans les blancs et les battre en neige très ferme. Ajouter les blancs au chocolat en travaillant le tout à la cuillère pour que l'ensemble soit homogène.

Dans un grand bol, faire le mélange eau-Grand Marnier. En verser dans une assiette à soupe. Refaire éventuellement du mélange au fur et à mesure des besoins. Tremper chaque biscuit de manière qu'il soit bien humecté mais pas ramolli.

Tapisser le fond et les parois d'un moule à manqué ou d'un saladier en serrant bien les biscuits les uns contre les autres. Remplir le moule avec l'appareil au chocolat. Recouvrir également d'une couche de biscuits bien humectés. Mettre au réfrigérateur.

Faire la crème anglaise à la vanille, mettre également au réfrigérateur.

Au moment de servir, démouler la charlotte dans un plat un peu creux en s'aidant d'une spatule souple passée entre le gâteau et les parois du moule. Napper avec la crème anglaise en laissant couler de quoi garnir le fond du plat. Servir le reste de la crème en saucière.

CRÊPES AU CHOCOLAT

On peut faire les crêpes à l'avance. On les garde empilées entre deux assiettes à la température de la cuisine.

***Proportions** : pour 6 personnes*
12 crêpes (v. page 644-647)
200 g de chocolat amer • 100 g de beurre
2 cuillères à soupe d'eau • 1 petite pincée de sel
sucre glace pour saupoudrer
***Préparation** : 20 à 25 minutes*
***Cuisson** : crêpes, 12 minutes • chocolat, 5 à 6 minutes*

Allumer le four à température tiède.

Faire les crêpes, les tenir au chaud devant le four au fur et à mesure.

Dans une casserole, casser le chocolat en morceaux, ajouter une cuillère à soupe d'eau et la pincée de sel ; le faire fondre doucement jusqu'à ce qu'on ait une pâte lisse et épaisse sans grumeaux. Retirer du feu et incorporer le beurre. On doit avoir une sorte de mayonnaise facile à tartiner.

Reprendre les crêpes et un beau plat de service. Tartiner généreusement chaque crêpe de crème au chocolat. Les plier en deux et les disposer côte à côte et se chevauchant à peine dans le plat de service. Saupoudrer légèrement de sucre glace.

Mettre à chauffer dans le four, le temps du dîner. Juste avant de servir, passer le four à « gril » pour faire dorer et caraméliser rapidement le dessus des crêpes.

CRÊPES AUX POMMES

On peut faire les crêpes à l'avance. On les garde empilées entre deux assiettes à la température de la cuisine.

***Proportions** : pour 6 personnes*
*12 crêpes * • 12 cuillères à soupe de compote de pommes **
6 cuillères à soupe de gelée de groseilles
1 cuillère à soupe d'eau
***Préparation** : 20 à 25 minutes*
Cuisson :
crêpes, 12 minutes • pommes, 25 à 30 minutes
sauce, 3 minutes

Allumer le four à température moyenne-douce.

Faire les crêpes, les tenir au chaud sur une assiette devant le four.

Faire une compote de pommes parfumée au rhum avec à peu près la moitié des proportions indiquées à la recette. Bien la dessécher à la bonne consistance et la tenir au chaud.

Sur la planche, étaler chaque crêpe à plat. Sur une moitié, verser 1 cuillère à soupe de compote et replier l'autre moitié.

Disposer les crêpes côte à côte et se chevauchant légèrement dans un plat de service ovale un peu creux. Mettre à chauffer dans le four, le temps du dîner.

Dans une petite casserole, faire fondre sans bouillir la gelée de groseilles à feu doux. Quand elle est fondue, ajouter éventuellement de l'eau pour avoir une sauce à consistance d'huile. La tenir au chaud sur le feu.

Au moment de servir, sortir le plat du four et verser la sauce chaude sur les crêpes.

LES FEUILLETÉS

C'est un très joli dessert, élégant à présenter en assiettes individuelles. Les feuilletés sont faciles à faire à condition d'employer de la pâte surgelée.

On peut les faire à l'avance et les réchauffer au four au dernier moment avant de les garnir de la préparation choisie.

***Proportions** : pour 4 feuilletés*
1 paquet de pâte feuilletée • 1 œuf pour dorer
farine pour fariner la planche
***Préparation** : 25 minutes*
***Cuisson** : 25 minutes*

Allumer le four à température chaude (230°, position 7).

Étaler la pâte feuilletée au rouleau sur la planche farinée sur 1/2 cm d'épaisseur. Avec un bon couteau, couper franchement 8 rectangles réguliers de 12 cm de long sur 7 cm de large.

Sur 4 rectangles, dessiner avec la pointe d'un couteau un autre rectangle à l'intérieur à 2 cm du bord. Superposer les rectangles deux par deux en mettant le rectangle dessiné sur le dessus.

Battre l'œuf comme pour une omelette et à l'aide d'un pinceau badigeonner les rectangles de pâte en évitant de faire des coulures.

Mouiller la plaque du four, disposer les feuilletés, enfourner. Laisser prendre couleur pendant 5 minutes, puis baisser le four à température moyenne (200°, position 5). Laisser cuire et monter pendant 20 minutes. Sortir du four, retirer les couvercles formés par l'incision dessinée avant la cuisson.

Les feuilletés sont prêts à être garnis.

Remarque : Il n'est pas indispensable de superposer 2 rectangles de pâte. Un seul suffit. Mais le feuilleté est moins haut et le résultat est moins satisfaisant.

FEUILLETÉS AUX ABRICOTS ET AU SABAYON

Les feuilletés et les abricots peuvent se faire à l'avance. On fait le sabayon et on dresse les feuilletés au dernier moment.

***Proportions** : pour 6 personnes*
*6 feuilletés * • 12 abricots frais ou de conserve*
*1/2 litre de sabayon **

***Préparation** : feuilletés, 25 minutes*
abricots, 7 à 8 minutes • sabayon, 10 minutes
***Cuisson** : feuilletés, 25 minutes • abricots, 10 minutes environ*
sabayon, 12 à 15 minutes

Préparer et cuire les abricots * ou employer des « oreillons » d'abricots en conserve au naturel.

Préparer et cuire les feuilletés ou les réchauffer dans le four tiède.

Faire le sabayon, le tenir dans le bain-marie chaud.

Ouvrir les feuilletés en deux dans le sens de la longueur, à l'aide d'un couteau-scie. Poser la moitié inférieure au centre de l'assiette. La couvrir de 4 moitiés d'abricots. Arroser d'une cuillère à café de sirop de cuisson. Recouvrir avec l'autre moitié. Entourer chaque feuilleté de sabayon tiède et servir.

FEUILLETÉS AUX POIRES AU COULIS DE FRAMBOISES

Tout peut se faire à l'avance et se dresse au dernier moment.

***Proportions** : pour 6 personnes*
*6 feuilletés * • 3 poires pochées **
*1/2 litre de crème pâtissière légère **
6 cuillères à café de gelée de groseilles
*1/2 litre de coulis de framboises **
***Préparation** : feuilletés, 24 minutes • poires, 10 minutes*
coulis, 10 à 12 minutes
***Cuisson** : feuilletés, 25 minutes • poires, 20 à 30 minutes*

Préparer la crème pâtissière légère. Préparer le coulis de framboises. Préparer et cuire les poires.

Préparer et cuire les feuilletés ou les réchauffer dans un four tiède.

Trancher chaque moitié de poire en fins quartiers dans le sens de la largeur ; les réserver dans une assiette et les mettre dans le four à tiédir.

Ouvrir les feuilletés en deux dans le sens de la longueur avec le couteau-scie. Poser la moitié inférieure au centre de l'assiette. Tartiner de crème pâtissière légère, aligner dessus des morceaux de poires. Répandre tout du long une cuillère à café de gelée de groseilles. Couvrir avec l'autre moitié du feuilleté. Entourer de coulis de framboises et servir.

FEUILLETÉS AU CHOCOLAT ET À LA CRÈME AU CARAMEL

Tout se fait à l'avance et se dresse au dernier moment.

***Proportions** : pour 6 personnes*
*6 feuilletés **
*6 cuillères à soupe débordantes de mousse au chocolat **
*1/2 litre de crème anglaise au caramel **
***Préparation** : feuilletés * • mousse * • crème **
***Cuisson** : feuilletés, 25 minutes • crème, 20 minutes*

Faire la veille une mousse au chocolat très ferme, la tenir au frais.

Faire la veille la crème anglaise au caramel.

Préparer et cuire les feuilletés ou les réchauffer dans le four tiède. Les ouvrir en deux dans le sens de la longueur à l'aide d'un couteau-scie. Poser la moitié inférieure au centre de l'assiette. Remplir une cuillère à soupe de mousse au chocolat ; en s'aidant d'un doigt, la pousser et la glisser sur le feuilleté ; elle doit faire un petit dôme. Couvrir la mousse avec l'autre moitié du feuilleté sans appuyer.

Entourer chaque gâteau de crème anglaise au caramel et servir.

NÈGRE EN CHEMISE À LA CRÈME AU CAFÉ

A faire la veille.

***Proportions** : pour 6 personnes*
200 g de chocolat noir • 200 g de très bon beurre
4 œufs
2 cuillères à soupe bombées de sucre semoule
1 cuillère à soupe de café bien fort instantané
1 pincée de sel
*1/2 litre de crème anglaise au café **
***Préparation** : 35 minutes*
***Fonte du chocolat** : 6 à 7 minutes*

Sortir le beurre à temps du réfrigérateur pour qu'il soit un peu ramolli.

Choisir du chocolat de bonne qualité, noir et amer. Le casser en menus morceaux dans une casserole. Mettre une pincée de sel et le sucre. Préparer une cuillère à soupe de café très fort avec du café lyophilisé. Le verser sur le chocolat et faire fondre celui-ci en douceur, dans un bain-marie bouillant ou à feu très doux (la deuxième façon est plus rapide).

Mélanger de temps en temps à la spatule pour que le chocolat fonde uniformément et soit lisse. Retirer la casserole du feu et incorporer le beurre morceau par morceau en battant énergiquement et en n'ajoutant le morceau suivant que lorsque le précédent a été parfaitement absorbé. Quand tout le beurre est mélangé, on a une sorte de mayonnaise au chocolat très solide.

Installer un saladier à côté de la casserole de chocolat. Casser un œuf, laisser tomber le blanc dans le saladier et le jaune dans le chocolat, incorporer le jaune en travaillant bien la préparation. Faire de même pour les trois autres œufs.

Battre les blancs en neige très ferme. Verser le mélange au chocolat dans cette neige et, à l'aide de la cuillère en bois, mélanger en tournant et en soulevant de façon à avoir une parfaite homogénéité sans traces de blanc d'œuf.

Prendre un saladier de la taille voulue (ou un moule à manqué), car il doit être tout à fait plein. Le passer sous l'eau. Bien le secouer, mais laisser les parois mouillées et le remplir avec la préparation. Mettre au réfrigérateur jusqu'au lendemain.

Préparer la crème anglaise au café et la mettre au frais de la même façon.

Au moment de servir, sortir le saladier du réfrigérateur. Remplir une cuvette d'eau bouillante. Plonger le saladier 1 à 2 minutes dans la cuvette pour chauffer un peu le gâteau. Coiffer le saladier d'un plat de service un peu creux. Retourner d'un geste vif, poser sur la table, tapoter légèrement les bords du saladier sur le plat pour favoriser le décollage, puis soulever délicatement pour démouler.

Si l'extérieur du gâteau était un peu fondu par la chaleur, le remettre dans le réfrigérateur pour le raffermir. Sinon, le napper avec la crème au café, dont l'excès garnira le fond du plat autour du gâteau.

Servir avec des petits fours tels que : macarons, palmiers, sablés, etc.

PROFITEROLES À LA CHANTILLY ET À LA CRÈME ANGLAISE AU CAFÉ

On peut confectionner les choux à l'avance ou les acheter chez le pâtissier.

On fait la crème anglaise au café à l'avance et on la conserve au frais.

On fait la chantilly et on fourre les choux avant le repas.

***Proportions** : pour 6 personnes*
*30 petits choux (v. page 644) • 250 g de chantilly **
*3/4 de litre de crème anglaise au café **
***Préparation** : 30 minutes*
***Cuisson** : choux, 30 minutes • crème, 15 à 20 minutes*

Faire la crème anglaise au café suffisamment à l'avance pour qu'elle soit bien froide.

Faire la chantilly, en remplir une poche à douille.

Inciser les choux sur le côté, les remplir de chantilly, les laisser un peu entrouverts.

Dresser 5 choux sur chaque assiette. Les entourer de crème anglaise au café.

PROFITEROLES AU CHOCOLAT

On peut faire les choux à l'avance ou les acheter chez le pâtissier.

On peut faire la crème pâtissière 2 à 3 heures à l'avance.

On les fourre et on fait la sauce au chocolat juste avant le repas.

***Proportions** : pour 6 personnes*
*30 petits choux • 3/4 de litre de crème pâtissière légère **
*1 saucière de sauce chocolat **
***Préparation** : 30 à 35 minutes*
***Cuisson** : choux, 30 minutes • sauce, 5 à 6 minutes*
crème, 10 minutes

Faire les choux.

Faire une crème pâtissière légère bien parfumée au kirsch.

Remplir une poche à douille de crème pâtissière légère. Par une petite ouverture pratiquée dans le fond des choux, les fourrer de crème pâtissière.

Faire la sauce au chocolat, la tenir au chaud dans le bain-marie. Dans des assiettes individuelles, poser 5 choux, les entourer de sauce au chocolat bien chaude et servir.

Index alphabétique

G

H

P

Q

R

S

T

V

W

Table des matières

Chapitre 3
LES ŒUFS

Chapitre 4
LES HORS-D'ŒUVRE FROIDS

Chapitre 5
LES ENTRÉES CHAUDES

Chapitre 6
LES COQUILLAGES ET LES CRUSTACÉS

Chapitre 7
LES POISSONS

Chapitre 8
LES VIANDES

Chapitre 9
LES VOLAILLES, LE LAPIN ET LE CHEVREAU

Chapitre 10
LES ABATS

Chapitre 11

LE GIBIER

Chapitre 12

LES LÉGUMES

Chapitre 13

LE RIZ ET LES PÂTES

Chapitre 14
LES SALADES

Chapitre 15
LES DESSERTS

DANS LA MÊME COLLECTION

HISTOIRE ET ESSAIS

BENOIST-MÉCHIN, Jacques
Soixante jours qui ébranlèrent l'Occident (10 mai – 10 juillet 1940)

FRAZER, James George
Le Rameau d'Or (tome 1 : Le roi magicien dans la société primitive – Tabou ou les périls de l'âme)
Le Rameau d'Or (tome 2 : Le dieu qui meurt, Adonis, Atys et Osiris)

MICHELET, Jules
Histoire de la Révolution française *(2 volumes)*
Le Moyen Age *(1 volume)*
Renaissance et Réforme : Histoire de France au XVIe siècle *(1 volume)*

NAPOLÉON À SAINTE-HÉLÈNE
Par les quatre Évangélistes Las Cases, Gourgaud, Montholon, Bertrand. Textes préfacés, choisis et commentés par Jean Tulard

LITTÉRATURE

BALZAC, Honoré de
Le Père Goriot – Les Illusions perdues – Splendeurs et misères des courtisanes

BARBEY D'AUREVILLY, Jules
Une Vieille Maîtresse – Un Prêtre marié – L'Ensorcelée – Les Diaboliques – Une page d'histoire

CESBRON, Gilbert
Chiens perdus sans collier – Les Saints vont en enfer – Il est plus tard que tu ne penses – Notre prison est un royaume

DICKENS, Charles
Les Grandes Espérances – Le Mystère d'Edwin Drood – Récits pour Noël

DOYLE, Conan
Sherlock Holmes *(2 volumes)*

DUMAS, Alexandre
Les Trois Mousquetaires – Vingt ans après

FLAUBERT, Gustave
Madame Bovary – L'Éducation sentimentale – Bouvard et Pécuchet suivi du Dictionnaire des Idées reçues – Trois Contes

FONTANE, Theodor
Errements et tourments – Jours disparus – Frau Jenny Treibel – Effi Briest

GALLO, Max
La Baie des Anges, Le Palais des Fêtes, La Promenade des Anglais

GREENE, Graham
La Puissance et la Gloire – Le Fond du problème – La Fin d'une liaison *(1 volume)*
Un Américain bien tranquille – Notre Agent à la Havane – Le Facteur humain *(1 volume)*

JAMES, Henry
Daisy Miller – Les Ailes de la colombe – Les Ambassadeurs

LE CARRÉ, John
La Taupe – Comme un collégien – Les Gens de Smiley

LES MILLE ET UNE NUITS
Dans la traduction du Dr J.-C. Mardrus *(2 volumes)*

SCOTT, Walter
Waverley – Rob-Roy – La Fiancée de Lammermoor

STENDHAL
Le Rouge et le Noir – La Chartreuse de Parme – Lamiel – Armance

OUVRAGES DE RÉFÉRENCES

DICTIONNAIRE DES AUTEURS *(4 volumes)*

DICTIONNAIRE DES ŒUVRES *(7 volumes)*

DICTIONNAIRE DU CINÉMA de Jean Tulard

DICTIONNAIRE DES SYMBOLES de Jean Chevalier et Alain Gheerbrant

TOUT L'OPÉRA de Gustave Kobbé

UNE HISTOIRE DE LA MUSIQUE de Lucien Rebatet

OUVRAGES PRATIQUES

CUISINE SANS SOUCI de Rose Montigny

DIAPASON
Dictionnaire des Disques (Guide critique de la musique classique enregistrée)

ENCYCLOPÉDIE DES VINS ET DES ALCOOLS par Alexis Lichine

RÉUSSIR VOTRE CUISINE de Martine Jolly

POÉSIE

BAUDELAIRE, Charles
Œuvres complètes

RIMBAUD – CHARLES CROS – TRISTAN CORBIÈRE – LAUTRÉAMONT
Œuvres complètes

Composé par Hérissey

ACHEVÉ D'IMPRIMER POUR
LES ÉDITIONS ROBERT LAFFONT
SUR LES PRESSES DE
HAZELL WATSON & VINEY LTD
AYLESBURY (GRANDE-BRETAGNE)

Printed in Great Britain

DÉPÔT LÉGAL : OCTOBRE 1982

N° D'ÉDITEUR : S 518